中国物流与采购
CHINA LOGISTICS & PURCHASING
独到观点 独家发布 独立报道
放眼全球视野 引领本土物流 倡导权威采购
中国物流与采购
CHINA LOGISTICS & PURCHASING
《中国物流与采购》
打造中国物流业权威媒体

中国物流与采购
CHINA LOGISTICS & PURCHASING
直击北京车展

亿博物流咨询
ABLE LOGIWIS
理论发展实践
实践高于理论
集团发展历程
2007 年 2 月成立成都亿博物流咨询有限公司
2008 年 7 月成立四川楷通物流设备有限公司
2010 年 10 月成立四川亿博物流地产顾问有限公司
2009 年亿博完成物流公共信息平台系统规划，进入开发阶段
2011 年 5 月成立四川创物科技有限公司
2011 年 10 月成立佛山创物科技有限公司
2012 年 1 月成立昆明亿联物流咨询有限公司
2012 年 4 月成立成都飞邻智慧物流技术有限公司
2012 年 6 月成立成都亿创物流有限公司

GSP 物流中心整体规划设计方案

——国药集团医药物流有限公司解决方案中心

物流中心规划设计

国药集团医药物流有限公司解决方案中心以依托完整的技术团队，结合物流中心基本条件、业务形态、投资预算和运营能力预期等，已经为全国十几个现代化 GSP 物流中心的新建或改造提供整体规划设计方案和集成服务。

物流规划设计服务内容

物流中心规划设计咨询

1．物流战略咨询：在符合企业整体战略目标的前提下，根据自身发展方向和战略重点，结合战略优势，制定具有全局性、效益性、平衡性、应变性和群众性的战略方案；调研与需求分析；战略诊断（战略、组织、流程、业务、管理、文化、制度等各个方面的系统诊断）；战略分析（内外部环境分析，行业分析，业务分析）；战略方案制定（战略假设、战略方案、战略措施、KPI）；战略实施与修正（战略实施辅导、KPI 检测、战略修正与完善）。

2．物流网络规划：根据企业销售发展战略，确定物流网络结构、各级别物流中心地理布局、数量规模、存储产品和服务地理范围。根据市场对产品的订购和需求规律，确定物流配送模式（包括直接配送和中转配送的比较分析，运输模式和运输方案的确定，仓库和库存管理模式等方面）。

3．物流园区／物流中心规划：选址规划；总体布局规划；动线设计；功能设计；设备选型分析；人力资源需求规划；安全、监控需求分析；详细流程设计。

实施上线

物流设备设施实施监管，设备安装与布置的监控、系统设备的现场联调、物流设备终验、物流运营切换实施支持、数据分析与储位规划、作业流程设计与培训、现场模拟试运行、搬仓方案制定与执行、系统切换上线。

优化

1．运营优化：物流系统、流程诊断与评估；2．物流设备升级改造：设备诊断评估；3．专业培训：设备操作培训、系统操作培训、标准流程培训、运营作业培训等物流中心应用辅导。

信息系统建设

1．仓库管理系统 WMS 建设项目咨询、实施、运维服务；2．运输管理系统 TMS 建设项目咨询、实施、运维服务；3．冷链可视化信息系统建设服务；4．VMI 信息系统建设项目咨询、开发实施、运维服务等。

物流规划服务流程

步骤	工作内容	关键成果物
明确需求	现况调研．明确工作范围和目标	工作任务书（SOW）
签署合同	明确成果物及服务价格	项目合同
项目实施	按照工作任务书开始项目直至实现工作目标	项目过程成果物
结案评估	多方评估项目实施结果	自评估报告

北京吉利大学物流学院

中国物流学会产学研基地
中国物流学会常务理事单位
中国物流与采购联合会汽车物流分会理事单位
中铁汽车服务人才培养基地
远成集团物流人才培养基地
汽车保险理赔人才培养基地

物流学院、汽车物流与供应链研究院院长 龙少良

立足物流创新前沿
实力打造汽车物流与供应链特色品牌

北京吉利大学物流学院成立于 2010 年 1 月，是为适应我国物流业发展需要而组建的新兴学院。学院现有全日制在校生 522 人，包括国家统招类、定向培养类、自设专业类、自考助学类四类学生。并与国内著名高校合作，联合培养物流工程硕士。与国内外机构合作开展资质认证培训，使学生在校期间通过培训认证可获得物流师资格证书、物流职业经理人证书、物流与采购师资格证书、供应链管理师证书，为学生建立了军政产学研一体化人才培养创新模式和多层次完备的科研教学体系、职业资格认证培训体系。

学院紧紧依托吉利汽车集团、中国物流与采购联合会汽车物流分会行业平台，开设国内最具竞争力的物流管理专业（汽车物流与供应链管理方向）。先后与中铁八局汽车服务有限公司、远成集团等企业签订人才定向培养协议，并设立了中铁汽服定向班及远成定向班，定向班学生将通过参与企业实际项目，进一步锻炼实践技能。中铁、远成定向班的学生，将直接进入中铁汽服、远成集团工作。首批毕业生绝大部分就职于中铁汽服、中信信通国际物流有限公司、云南教育出版社、远成集团、北京福田物流有限公司、德利德物流有限公司等国内知名企业工作。

学院注重与行业协会、国内外研究机构、咨询公司的合作与交流，与国内外名牌大学建立了良好的合作关系，取得了丰硕成果，学院 2010 年荣获“影响 2011 物流教育杰出贡献院校奖”，学院自成立以来已获得国家级、省部级科研进步奖项达到五项，承担国家、省部级课题累计达十项。赢得了国家、地方政府和企事业单位广泛的赞誉。

2011 年 8 月我院向海军 7412 工厂推荐实习学生共 12 名。图为龙少良院长（前排左二）携全体实习生与海军 7412 工厂领导（前排左三）合影留念。

我院学生赴北汽福田怀柔工厂基地实习工作。图为我院龙少良院长（二排左五）携协全体实习生与企业领导（二排左四）合影留念。

我院 2010 级远成定向班全体学生合影留念。

物流学院、汽车物流与供应链研究院在龙少良院长的带领下，近四年来，在国内外核心刊物上发表学术论文达 50 多篇。

物流学院、汽车物流与供应链研究院近几年来出版的中国物流发展报告、学术前沿报告等汽车物流方面的著作共 8 部。

我院学生在国际报告厅成功举办物流学院 2009–2010 年度表彰大会暨迎新文艺晚会。

www.bgu.edu.cn 电话：010-60753255 传真：010-60753255

湖南现代物流职业技术学院

湖南现代物流职业技术学院创建于1965年，是一所以现代物流为主导专业的高职学院，地处湖南省会长沙市。学院是湖南省人民政府和中国物流与采购联合会共建院校，是湖南省示范性高等职业学院、湖南省示范性职业教育集团——湖南现代物流职业教育集团理事长单位。学院是经中国物流与采购联合会和全国物流职业教育教学指导委员会认定的“全国物流职业教育人才培养基地”，2010年被中国教育网、中国教育在线等评为“全国十佳优秀高职院校”。

学院占地面积近400亩，在校生5700余人，设有物流管理系、物流工程系、物流信息系、物流经贸系、公共管理系5个系部，开设了物流管理等19个专业，形成了以物流管理专业为龙头，以物流工程技术、物流信息技术、物流金融、物联网应用技术和电子商务等专业为支撑的现代物流特色专业群。其中，物流管理专业是湖南省示范性特色专业，物流信息技术专业和物流工程专业是中央财政支持的重点建设专业；物流信息技术、物流工程技术、物联网应用技术、物流金融等专业为教育部高职目录外特色专业。

文振华，教授，研究员，现任湖南现代物流职业技术学院院长，教育部高职高专工商管理类专业教学指导委员会副主任委员，中国物流与采购网物流信息化专家，全国高职高专院校人才培养工作水平评估专家，中国高等职业技术教育研究会“双证书”工作委员会副主任，湖南省促进物流业发展专家委员副主任，湖南省“十二五”物流发展规划专家组组长，湖南省物流与采购联合会副会长，湖南省物流学会副会长。

★公办全日制普通高等学院
★全国物流类高职学院
★湖南省示范性高职学院
★湖南省人民政府和中国物流与采购联合会共建院校
★全国物流职业教育人才培养基地

中国物流年鉴

2012（下册）

CHINA LOGISTICS YEARBOOK 2012

CFLP

中国物流与采购联合会编

中国财富出版社
CHINA FORTUNE PRESS

图书在版编目（CIP）数据

中国物流年鉴．2012：全2册／中国物流与采购联合会编．—北京：中国财富出版社，2012.10
ISBN 978-7-5047-4468-5

Ⅰ．①中…　Ⅱ．①中…　Ⅲ．①物流—中国—2012—年鉴　Ⅳ．①F259.22-54

中国版本图书馆CIP数据核字（2012）第220657号

策划编辑　张　茜
责任编辑　张　茜　陈凤玲　王宏琴　郑欣怡　赵　静　赵金杨
责任印制　何崇杭　王　洁
责任校对　孙会香　杨小静

出版发行　中国财富出版社（原中国物资出版社）
社　　址　北京市丰台区南四环西路188号5区20楼　　**邮政编码**　100070
电　　话　010-52227568（发行部）　　010-52227588转307（总编室）
010-68589540（读者服务部）　　010-52227588转305（质检部）
网　　址　http：//www.clph.cn
经　　销　新华书店
印　　刷　北京华正印刷有限公司
书　　号　ISBN 978-7-5047-4468-5/F·1818
开　　本　880mm×1230mm　1/16　　**版　　次**　2012年10月第1版
印　　张　41.5　　**彩插**：5.75　　**印　　次**　2012年10月第1次印刷
字　　数　1270千字　　**定　　价**　480.00元（全2册）

《中国物流年鉴》（2012）编委会

邢慷弟　上海外高桥物流中心有限公司党委书记
吕　忠　湖北华融物流股份有限公司总裁
刘占芳　中国国际货运代理协会副会长
刘秉镰　南开大学现代物流研究中心主任、教授、博导
刘景福　中物华商国际物流股份有限公司总经理
齐俊斌　大同市物流协会会长、山西万昌国际物流有限责任公司董事长
许　玲　宜昌三峡物流园有限公司董事会秘书
杨　铸　天地华宇集团总裁
杨忠洲　两湖绿谷物流股份有限公司董事长
李　敏　河北港口集团总经理、副董事长、党委副书记
李光甫　国药控股股份有限公司副总裁
李国庆　河北省物流产业集团有限公司党委书记
李国辉　澳门货运协会会长
李艳归　湖南一力股份有限公司董事长
吴爱民　开滦集团公司副总经理
何明珂　北京工商大学研究生部主任、教授、博导
何秋生　湖南省衡缘物流有限公司董事长兼总经理
汪　鸣　国家发展和改革委员会综合运输研究所副所长、研究员
沈绍基　中国仓储协会会长
宋远方　中国人民大学商学院副院长、教授、博导
宋耀征　国家统计局贸易外经统计司司长
张　俊　上海华运通仓储配送有限公司总裁
张宇峰　甘肃西部物流有限责任公司副总经理
张际庆　中国远洋物流有限公司总经理
陈显宝　北京宅急送快运股份有限公司总裁
陈嘉良　联邦快递（中国）有限公司中国区总裁
郑会友　香港物流协会会长
金希龄　上海锦江国际低温物流发展有限公司总经理
周建亚　武汉商贸职业学院物流学院院长、现代物流研究所所长
钟荣钦　台湾物流协会秘书长
姜国梁　青海省通达物流有限责任公司总经理
姜超峰　中国物资储运协会会长
贺方泉　新疆亚欧大陆桥国际物流有限责任公司董事长、总经理
贺先仁　大汉物流股份有限公司总经理

郭戈平	中国连锁经营协会会长
秦青林	上海现代物流投资发展有限公司总经理
徐胜明	四川安吉物流集团有限公司董事长
高艺林	广州百货企业集团有限公司副总经理、广州市商业储运公司总经理
高会恩	北京福田物流有限公司党委书记、总经理
倪东生	北京物资学院教授
黄有方	上海海事大学校长、教授、博导
韩　松	西安市人民政府副市长、中共西安国际港务区工作委员会书记
童建明	盐城市现代物流园区管委会主任
谢　勤	成都亿博物流咨询有限公司总经理
谢秉臻	中国美旗控股集团有限公司战略决策委员会主席
赖展京	南光物流有限公司总经理
阚盛刚	一汽物流有限公司党委书记
翟小平	长三角金属物流园集团有限公司董事长兼总裁
翟玉峰	武汉东西湖保税物流中心有限公司董事长、总经理
薄世久	北京长久物流股份有限公司董事长

特别支持单位

中国邮政速递物流股份有限公司

中国远洋物流有限公司

西安国际港务区管理委员会

戴姆勒东北亚投资有限公司

北京福田物流有限公司

南光物流有限公司

《中国物流年鉴》（2012）

主　　办　中国物流与采购联合会

承　　办　《中国物流与采购》杂志社

主　　编　何黎明

副 主 编　崔忠付　蔡　进　贺登才

编辑部主任　刘乃杰

编辑部副主任　徐小青

编　　辑　崔　冬　张　俭　吴海波　李鸿宝　王　林　宇　颖
　　　　　杜　林　贾　丽

发　　行　高　威

广告设计　阳光设计工作室

联系方式

编 辑 部　010－68391393　010－68392774

邮　　箱　xxq6429@yahoo.com.cn
　　　　　gwrshk@126.com　zgwlnj@126.com

发　　行　010－68391021　010－68392774

传　　真　010－63738995

《中国物流年鉴》（2012）供稿者

（按姓氏笔画排序）

丁　飞　马　蕾　马增荣　井夫卉　王　伟　王　敬　王广策　王文博　王宗喜　王国文
王爱军　文振华　文德华　田　征　冯耕中　方雅红　权　威　朱壮志　朱光前　朱华斌
刘长庆　刘清利　刘宇航　刘伟华　刘建华　刘缨缨　汤筠伟　孙　敏　孙新宇　杜　萌
杨坚杰　杨雅妮　李　婷　李红梅　李惠红　何　烨　汪映极　沈　玲　张　洁　张　喆
张　蕊　张小洁　张云飞　张国会　张洪炜　张晓东　张彩霞　陈忠涛　武宜刚　武美燕
林佳晓　范琳琳　周志成　赵　楠　侯国辉　洪　涛　姜　旭　姜超峰　贺登才　秦玉鸣
夏　坚　晏庆华　钱春艳　倪东生　徐　东　徐　勇　徐小青　徐金鹏　黄定政　龚卫锋
崔淑筠　阎淑君　韩　松　韩永生　韩兆轩　彭弋凌　葛美莹　曾庆宝　蒋长兵　谢　岩
谢雨蓉　谢满华　赖贞平　靳　伟　蔡青青　樊一江　穆宏宇

国家发展和改革委员会经济运行局、国家统计局贸易外经司、国家发展和改革委员会综合运输研究所、北京市统计局服务业处、江苏省发展和改革委员会经济贸易处、江西省发展和改革委员会、山东省经济和信息化委员会交通与物流处、沈阳市发展和改革委员会经济贸易处、长春市发展和改革委员会、哈尔滨市统计局、哈尔滨市发展和改革委员会、无锡市经济和信息化委员会、青岛市交通委员会物流业发展处、苏州市发展和改革委员会、杭州市发展和改革委员会、宁波市发展和改革委员会、扬州市发展和改革委员会物流办、淄博市统计局、晋中市统计局、河北省现代物流协会、吉林省物流与采购联合会、四川省现代物流协会、南昌市物流行业协会、中国散装水泥推广发展协会、中国工程机械工业协会工业车辆分会、中国木材流通协会、中国物流与采购联合会研究室、中国物流与采购联合会行业事务部、中国物流与采购联合会标准化工作部、中国物流与采购联合会科技信息部、中国物流与采购联合会物流企业综合评估委员会审核办、中国物流与采购联合会生产资料市场专业委员会、中国物流与采购联合会汽车物流分会、中国物流与采购联合会托盘专业委员会、中国物流与采购联合会冷链物流技术委员会、中国物流信息中心、北京工商大学、北京物资学院物流学院、天津大学管理学院、天津科技大学、解放军后勤指挥学院、《中国物流与采购》杂志社

《中国物流年鉴》（2012）

广告提供单位

中国邮政速递物流股份有限公司
西安国际港务区管理委员会
我的法务网
梅赛德斯—奔驰（中国）卡车
东风柳州汽车有限公司
天地华宇
宜昌三峡物流园有限公司
中铁现代物流科技股份有限公司
北京福田物流有限公司
河北港口集团有限公司
云南浩宏物流有限公司
北京长久物流股份有限公司
北京宅急送快运股份有限公司
长三角金属物流园集团有限公司
湖南星沙物流投资有限公司
中国新兴交通物流总公司
广州市商业储运公司
甘肃西部物流有限责任公司
山西万昌商贸有限公司（万昌国际物流园）
四川安吉物流集团有限公司
上海华运通仓储配送有限公司
深圳赤湾石油基地股份有限公司（宝湾物流）
一汽物流有限公司
南光物流有限公司
中物华商国际物流股份有限公司
上海锦江国际低温物流发展有限公司
中国长江金属交易中心
开滦集团国际物流有限责任公司
中铁集装箱运输有限责任公司
中铁国际多式联运有限公司
上海化学工业区物流有限公司
青海省通达物流有限责任公司
联邦快递（中国）有限公司
盐城市现代物流园区
洛阳铁路运通集团有限公司
河南中原铁道物流有限公司
武汉东西湖保税物流中心
湖北华融物流股份有限公司
厦门象屿股份有限公司
国药集团医药物流有限公司
两湖绿谷物流股份有限公司
湖南一力股份有限公司
大汉物流股份有限公司
上海现代物流投资发展有限公司
湖南中南物流有限公司（中南物流园）
中国物流有限公司
中山市秦粤物流有限公司
河北省物流产业集团有限公司
泉州美旗物流管理有限公司
大冶有色物流有限公司
湖南省衡缘物流有限公司
新华文轩出版传媒股份有限公司
广西玉柴物流集团有限公司
中国物流与采购联合会网
中国西部现代物流港管理委员会
上海外高桥物流中心有限公司
上海中石化工物流股份有限公司
天津物产集团有限公司
新疆亚欧大陆桥国际物流有限责任公司
大连锦程物流网
《现代物流报》
《物流》杂志
广东省航运集团有限公司
《中国物流与采购》杂志
成都亿博物流咨询有限公司
GSP 物流中心整体规划设计方案
武汉商贸职业技术学院物流学院
北京吉利大学物流学院
湖南现代物流职业技术学院
天津市物资贸易学校

编 辑 说 明

一、《中国物流年鉴》（以下简称《年鉴》）是中国物流与采购联合会主办、《中国物流与采购》杂志社承办的大型文献性工具书。自2002年出版发行至今，《年鉴》发行量和发行范围不断扩大，得到业界广泛好评。为使《年鉴》越办越好，我们不懈工作，努力提高《年鉴》的编辑质量，使其更具权威性、可读性和资料性，便于业界人士查询、引用、论证、存档，成为名副其实的“工具”。

二、2011年，是我国物流行业发展史上难忘的一年。这一年，“物流国九条”等一系列支持物流业发展的政策集中出台，我国物流业发展的政策环境进一步改善；中国物流与采购联合会协助中央电视台组织策划了《聚焦中国物流顽症》系列节目，集中剖析了我国物流业发展环境中的突出问题，物流业发展环境受到全社会广泛关注；工业物流、商贸物流整合加速，农业和农村物流双向对接，物流市场需求发生深刻变化，物流经营模式经历新的变革；在新的竞争形势下，物流企业整合提升步伐加快，物流企业市场集中度进一步提高，物流企业的专业化服务能力逐步增强；物流标准化工作稳步推进，物流统计工作深入细化，物流教育和培训质量提升，物流科技、管理创新和学术理论研究取得新进展，物流行业管理基础性工作日臻完善，我国物流业在不断发展中为国民经济和社会发展作出了新的重要贡献。

2012版《年鉴》延续了以往的框架结构和主体内容，以求真务实的态度，根据行业发展的变化适时调整、充实了相关内容，更加真实、全面地记录行业发展变化的轨迹，使《年鉴》了解我国物流行业发展的窗口作用更加突出。

三、2012版《年鉴》的组稿、编纂工作得到了国家发展和改革委员会、商务部、交通运输部、国家统计局等中央部委和部分地方政府物流工作牵头部门、物流行业社团组织、相关行业专业协会、中国物流信息中心、全国物流标准化技术委员会等机构以及中国邮政速递物流股份有限公司、中国远洋物流有限公司、中铁现代物流科技股份有限公司、北京长久物流股份有限公司、戴姆勒东北亚投资有限公司、西安国际港务区管理委员会、北京福田物流有限公司、南光物流有限公司、北京宅急送快运股份有限公司、长三角金属物流园集团有限公司等知名企业的大力支持，对此我们表示衷心的感谢。

四、为体例结构相对统一，对不符合《年鉴》编辑要求的来稿，编辑人员做了谨慎认真的删改，但由于时间关系，这部分稿件来不及让作者核校，请作者谅解。

五、由于编辑部人员水平所限，本期《年鉴》还留下一些疏漏和缺憾，恳请读者批评指正。欢迎大家继续对2013版《年鉴》的组稿和编辑工作给予支持！

《中国物流年鉴》编辑部

2012年8月10日

前　　言

2011 年，是我国“十二五”时期开局之年。在经济持续较快增长的推动和一系列政策措施的促进下，我国物流业取得了新进展。全年社会物流总额达 158.4 万亿元，按可比价格计算，同比增长 12.3%，增幅比上年回落 2.7 个百分点；物流业增加值为 3.2 万亿元，按可比价格计算，同比增长 13.9%，增幅比上年提高 0.8 个百分点；社会物流总费用为 8.4 万亿元，同比增长 18.5%，增幅比上年提高 1.8 个百分点；社会物流总费用与 GDP 的比率为 17.8%，同比持平。物流业为国民经济平稳较快运行提供了有力支撑，为推动发展方式转变发挥了重要作用。

一年来，我国物流业发展呈现出许多新的特点：

第一，支持物流业发展的政策集中出台。2011 年，多项支持物流业发展的政策相继出台。3 月，全国人大通过的《“十二五”规划纲要》突出强调“大力发展现代物流业”，共有 20 多处提及物流业发展的内容。6 月，国务院常务会议专题研究支持物流业发展的政策措施。8 月，《国务院办公厅关于促进物流业健康发展政策措施的意见》（国办发〔2011〕38 号）印发，被业内称为“国九条”。10 月，国务院常务会议决定，从 2012 年 1 月 1 日起，在上海市开展交通运输业和部分现代服务业营业税改征增值税试点。12 月，国务院办公厅发出国办函〔2011〕162 号《关于印发贯彻落实促进物流业健康发展政策措施意见部门分工方案的通知》，把（国办发〔2011〕38 号）文（即“国九条”）细化为 47 项具体工作，落实到 31 个部门和单位。

第二，物流业发展环境受到广泛关注。2011 年 5 月，中国物流与采购联合会协助中央电视台组织策划了《聚焦中国物流顽症》系列节目，通过《经济半小时》《经济观察》和《对话》等栏目，集中剖析了我国物流业发展环境中的突出问题，在社会上引起了极大反响，物流业发展环境受到广泛关注。

第三，物流市场需求发生深刻变化。主要表现为工业物流整合速度加快，商贸物流改造提升趋势明显，农业和农村物流积极推进双向对接。

第四，物流经营模式经历新的变革。以中储、中远、中外运为代表的仓单质押融资监管业务加快发展，公路零担货运出现了“公路货运班车总站”新模式，越来越多的物流企业介入生产企业代理采购、供应商管理库存、分销执行，供应链一体化服务能力不断增强。

第五，物流企业提升步伐加快。在快递、公路货运、汽车物流、医药物流、烟草物流、能源物流等专业细分领域涌现出一批实力比较雄厚、市场占有率较高、综合竞争力较强的物流企业。截至2011年年底，经评估认定的A级物流企业已达1506家，覆盖除西藏自治区以外大陆所有省市区。代表我国物流业发展最高水平的5A级物流企业已经达到98家，物流企业核心群体初步形成。

第六，物流区域集聚趋势明显。“长三角”两省一市创新区域物流合作模式，区域性国际物流系统逐步形成；“珠三角”地区深化区域通关改革，物流集聚效率不断提高。《东北地区物流业发展规划》发布，推进物流业逐步向节点和通道集聚。环首都经济圈概念的提出，京津冀物流合作提上议事日程。区域物流资源从分散走向整合，区域物流服务的集聚效果逐步显现。

第七，物流行业管理基础性工作日臻完善。一是物流标准化工作稳步推进。第一个由中国专家发起和主导的物流领域国际标准《ISO 18186: 2011 货物集装箱——RFID 货运标签系统》正式发布。二是物流统计工作深化、细化。三是物流教育和培训质量提升。目前，我国开办物流专业的本科院校达417所，高职高专824所，中职中专超过2000所，在校学生总数突破100万人。四是物流科技、管理创新和学术理论研究取得新进展。

总体来看，2011年我国物流业保持了平稳较快发展的势头，为国民经济和社会发展作出了重要贡献。然而，我们也要清醒地看到，物流企业生存和发展环境尚未实现根本性好转，制约我国物流业发展的深层次矛盾尚未完全解决。同时，新的困难和问题又会不断地出现在我们面前。对此，物流行业要以科学发展观为指导，把握好“稳中求进”的总基调。以落实“物流国九条”为抓手，努力营造物流业持续健康发展的良好环境，加快构建现代物流服务体系，为保持国民经济平稳较快发展和发展方式转变提供坚实的物流保障。

《中国物流年鉴》是中国物流与采购联合会主办、《中国物流与采购》杂志社承办的大型文献性工具书。十几年来，《中国物流年鉴》始终坚持不懈地记录着我国物流业发展的历程，用数字清晰反映我国物流业发展变化的轨迹，在业内外的权威性和影响力不断提高。面对物流业快速发展的新形势，《中国物流年鉴》将继续以求真务实、严谨认真的态度做好资料收录工作。同时，将不懈地改革创新，使其越做越精、越做越好。

感谢各有关方面、社会各界多年来对《中国物流年鉴》的关心、关注，希望在今后的工作中继续得到大家的支持和帮助。

2012年8月10日

目　录

上　册

第一部分　物流综合

第二部分　物流统计

第三部分 物流产业

第四部分 行业物流

下　册

第五部分　地区物流

第六部分　物流技术与装备

第七部分　政府采购

第八部分　物流教育、科技、信息化、标准化

第九部分　部分物流企业经典案例

第十部分　附录

第五部分

地区物流

北京市

2011年，在复杂多变的国内外经济环境下，北京市物流业平稳运行，健康发展，产业规模稳步扩大，从业人员稳定增长，基础设施不断完善，较好地满足了经济社会发展的物流需求，有效保障了人民群众的生产生活及城市的良性运行，促进了首都经济社会的协调发展。

一、总体运行情况

物流业增加值稳步增长。2011年，北京市物流业实现增加值562.5亿元，按现价计算（下同），比上年增长13.9%，增速比上年回落1.5个百分点；占全市地区生产总值的3.5%，与上年持平。其中，交通运输、邮政、仓储业实现增加值429.9亿元，增长12.3%，占物流业增加值的76.4%；流通加工、配送、包装业实现增加值132.6亿元，增长19.7%，占物流业增加值的23.6%（如表1所示）。

表1　2011年北京市物流业增加值及增速情况

指　标	2011年（亿元）	增速（%）	占比（%）
增加值	562.5	13.9	100
其中：交通运输、邮政、仓储业	429.9	12.3	76.4
流通加工、配送、包装业	132.6	19.7	23.6

社会物流总费用与地区生产总值的比率稳中有降。2011年，北京市社会物流总费用为2446.3亿元，比上年增长12.2%。其中，运输费用1695.1亿元，同比增长19.4%；管理费用220亿元，同比增长11.9%；保管费用514亿元，同比下降7.6%。社会物流总费用与全市地区生产总值的比率为15.1%，比上年降低0.4个百分点（如图1所示），表明2011年北京市物流业总体运行效率比上年有所提高。

物流业从业人员稳定增长。2011年，北京市物流业从业人员达到50.6万人，比上年增长4.1%，增速比上年提高1.5个百分点。其中，交通运输、邮政、仓储业从业人员33.9万人，占物流业从业人员总数的67%；制造业、批发和零售业物流从业人员16.7万人，占物流业从业人员总数的33%。

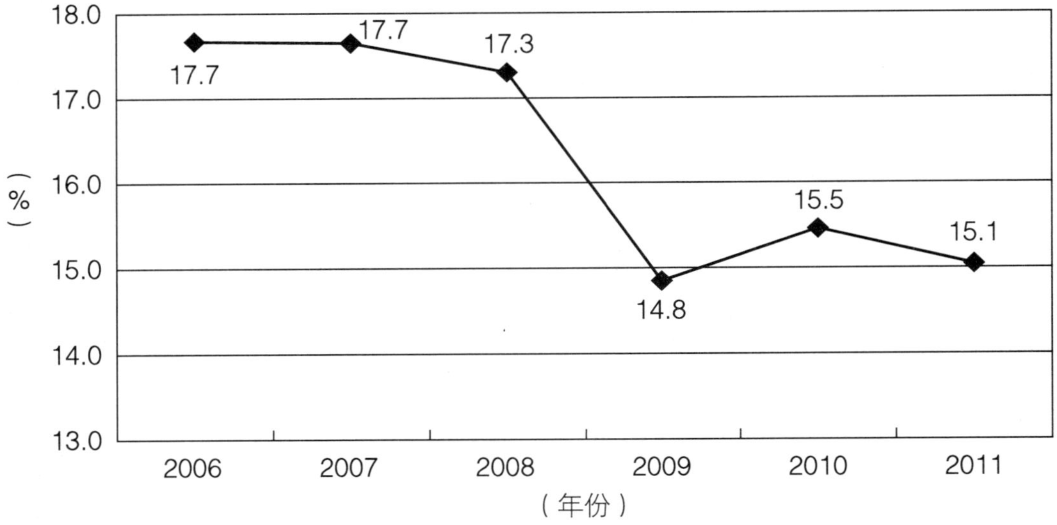

图 1　2006—2011 年北京市物流总费用与地区生产总值的比率

二、主要运行特点

1. 社会物流总额、物流业务收入增长放缓

2011 年，北京市社会物流总额达 59624.5 亿元，比上年增长 18.2%，增速比上年降低 13 个百分点。在物流服务需求增长放缓的情况下，北京市物流业务收入增速也有所回落，全年物流业务收入合计 1891.1 亿元，比上年增长 12.2%，增速降低 11.3 个百分点（如图 2 所示）。

从北京市社会物流总额构成来看，工业品、进口货物和外省市流入物品等物流服务需求均有不同程度的增长，但增速比上年均有所回落。其中，工业品、进口货物和外省市流入物品物流额分别为 12327.9 亿元、21344.4 亿

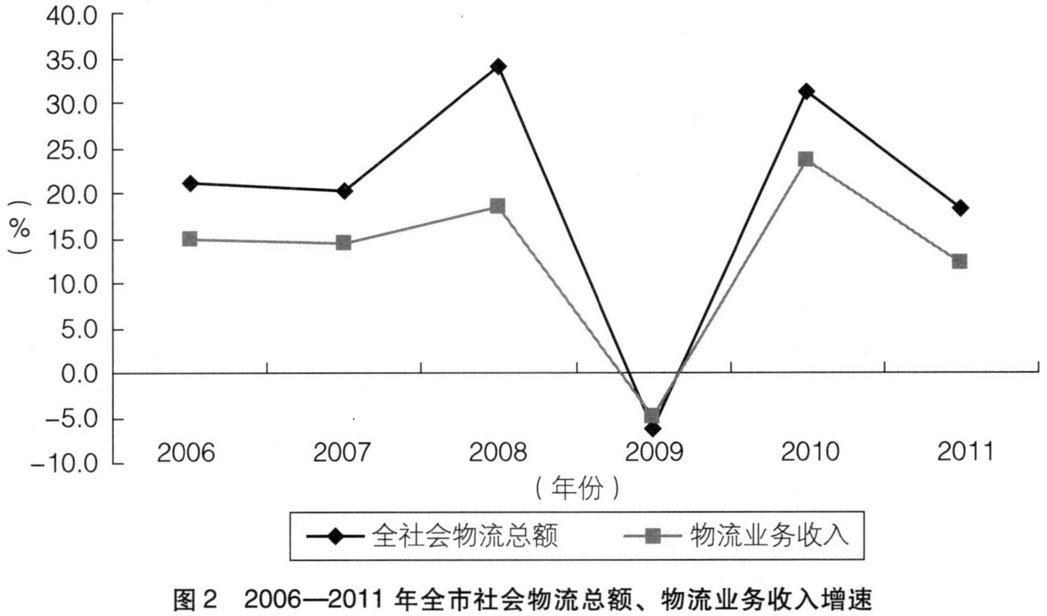

图 2　2006—2011 年全市社会物流总额、物流业务收入增速

元和25387亿元，比上年分别增长8.2%、28.2%和15.9%，增速分别回落10.7、18.3和12.5个百分点，占全市社会物流总额的比重分别达到20.7%、35.8%和42.6%。工业品、进口货物和外省市流入物品构成北京市社会物流总额的主体，是带动社会物流总额增长的主要因素（如表2所示）。

表2　　2010—2011年北京市社会物流总额及构成情况

指　标	2011年（亿元）	2010年（亿元）	增长（%）
社会物流总额	59624.5	50424.7	18.2
一、农产品	310.2	280.2	10.7
二、工业品	12327.9	11390.9	8.2
三、进口货物	21344.4	16649.1	28.2
四、再生资源	105.4	69.3	52.1
五、外省市流入物品	25387.0	21909.6	15.9
六、单位与居民物品	149.6	125.6	19.1

2. 成本压力持续增大，利润空间不断缩小

近年来，随着燃油、人工和土地等价格的持续攀升，物流企业面临的成本上升压力不断加大，导致部分物流企业利润空间呈缩小态势。2011年，北京市811家规模以上专业物流企业实现利润总额89.4亿元，同比下降15.3%。其中，航空货物运输业由上年赢利7.3亿元，转为亏损6.5亿元；道路货物运输业、装卸搬运和运输代理业、邮政业利润均出现下降，分别实现利润3.3亿元、25.9亿元和25.2亿元，同比分别下降8.5%、8.5%和15.8%。规模以上专业物流企业赢利由2010年的79.2%下降为2011年的76.4%，降低2.8个百分点。

2011年，北京市规模以上专业物流企业总成本费用利润率由2010年的5.5%下降到2011年的4.3%，总体呈现逐年下降态势。其中，道路货物运输企业赢利空间进一步收窄，全年实现利润3.3亿元，同比下降了8.5%，成本费用利润率由2010年的2.7%下降为2011年的2.2%，低于专业物流企业平均水平（如图3所示）。

3. 固定资产投资保持增长，基础设施不断改善

2011年，北京市物流及相关行业固定资产投资总体保持增长，但在不同行业间分布并不均衡，全年共完成固定资产投资314亿元，比上年增长13.5%。其中，航空运输业、道路运输业和仓储业分别完成投资176.6亿元、75.4亿元和11.2亿元，同比分别增长31.6%、37.6%和76.6%；铁路运输业完成投资46.7亿元，同比下降39.5%（如表3所示）。

物流基础设施不断完善。截至2011年年底，北京市境内道路总里程达到2.8万千米，年内净增539千米。公路里程达到2.1万千米，年内净增234千米，公路路网密度已达130.1千米/百平方千米；在全部公路中，等级公路比重达到99%；年末高速公路达到912千米，年内净增9千米。铁路运营里程达到1067千米，年内净增110.7千米。

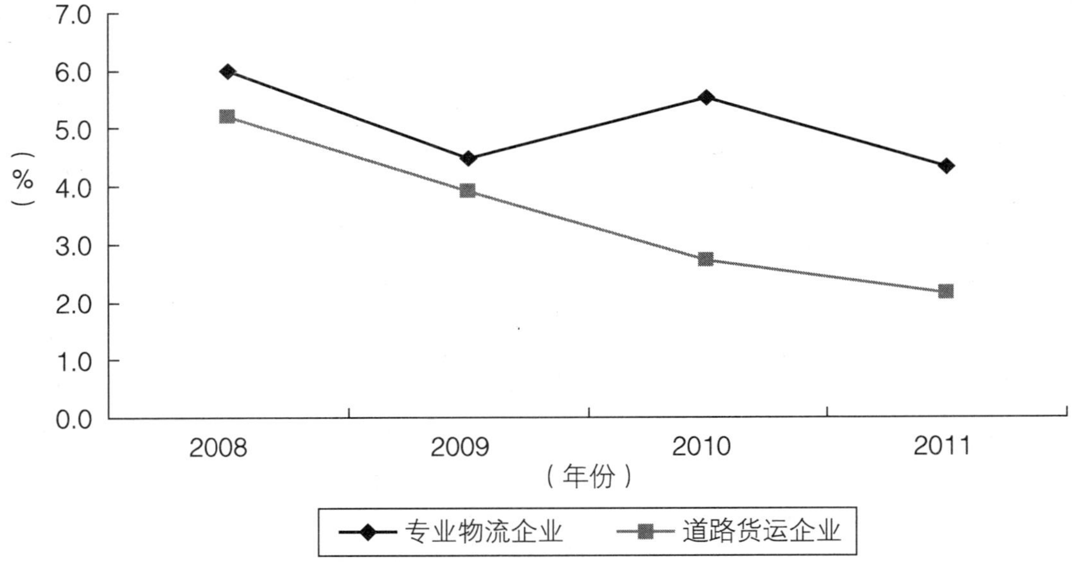

图 3 2008—2011 年北京市规模以上专业物流企业和道路货物运输企业成本费用利润率情况

表 3 2011 年北京市物流相关行业固定资产投资完成情况

行　业	2011 年（亿元）	2010 年（亿元）	增速（%）
铁路运输业	46.7	77.1	−39.5
道路运输业	75.4	54.8	37.6
航空运输业	176.6	134.2	31.6
装卸搬运和其他运输服务业	1.5	0.8	85.5
仓储业	11.2	6.3	76.6
邮政业	2.7	3.4	−22.5
合计	314.0	276.8	13.5

三、物流业发展的对策建议

2011 年，在宏观经济形势复杂多变、国内外物流需求总体趋缓的背景下，北京市物流业基本保持平稳运行。但是，受需求不足、竞争加剧、成本高涨等多重因素的影响，部分物流企业经营困难状况有继续加剧的趋势，影响物流业健康发展的“小、散、弱”等问题显得更为突出，制约着物流资源整体效能的充分发挥。因此，应不断加大政策引导力度，不断提高专业化、集约化水平，促进物流业有序健康发展。

1. 加大整合力度，引导企业集约化经营

2008 年经济普查数据显示，北京市共有 5271 家专业物流企业，其中，规模以上企业 733 家，占专业物流企业总量的 13.9%，其营业收入占全部专业物流企业的 96% 以上。尽管单从营业收入看，全市数千家规模以下企业占比较小，但是从保障城市正常运转、保障市民正常生活、保障人员充分就业的角度看，规模以下专业物流企业却发挥着不可或缺的重要作用。鉴于此，相关部门应加大全市物流资源的整合力度，促进企业集约化经营，克服资源分散、各自为战、管理落后等弊端。加强对物流企业的扶持，以政策、资金为导向，在土地使用、资金扶持、税收政策等多个方面，对重点企业、重点项目予以支持。大力培育品牌物流企业，鼓励物流企业通过兼并、收购、合资、合作等多种形式，重组整合“小、散、弱”企业，不断提高物流企业的运行效率，提升物流企业的竞争能力。

2. 继续推进硬件建设，提高专业化发展水平

近年来，北京市物流硬件设施建设不断推进，但从满足需求、提高效率的角度而言，仍存在一定的差距，仍存在专业化运输车辆和仓储设施数量较少、城市“最后一公里”物流不畅达、装卸货设施不完备等突出问题。2011年，在全市规模以上专业物流企业中，冷藏车等专用货车数量占比为16.2%，冷库面积占比不足2%，均处于较低水平，与国际化大都市的水准相差较大。相关部门对此应有足够的认识，应大力推进物流园区、物流中心、配送中心的建设与运营，在城市和市政建设上充分考虑物流服务功能的发挥，不断完善现代物流节点体系，通过引导和鼓励硬件设施改造来提升物流专业化程度，为不断提高物流整体运营效率创造良好的硬件条件。

3. 继续推进信息化建设，提高信息化管理水平

北京市物流公共信息平台已建成并投入使用，由于上线运行时间较短，尚需不断改进和完善。此外，还需不断探索创新平台运行管理模式，明确建设与维护的主体，明确运营管理制度，使平台能够整合部门、行业、企业等多方资源，实现物流数据交换、多方信息交换、管理控制、决策分析等多重功能。同时，相关部门应鼓励企业加强和完善自身信息管理系统，积极推进物流企业与客户企业的供应链整合，应用先进信息技术拓展业务范围，推进信息化对企业运营环节的渗透，改变现有信息化系统功能局限于企业内部物流管理的现状，以增强服务的能力、促进供需对接、切实提高物流效率。

（崔淑筠　张小洁　张国会　北京市统计局服务业处）

河北省

2011年是河北省实施“十二五”规划的第一年，全省经济呈现持续稳步增长的局面。据统计核算，2011年河北省生产总值实现24228.2亿元，按可比价格计算，比上年增长11.3%。其中，第三产业增加值8224.4亿元，同比增长10.5%；进出口贸易规模扩大，全年进出口总值完成536.0亿美元，同比增长27.4%。在经济持续增长和一系列政策措施的推动下，河北省物流业发展也取得了新的进展。

一、2011年河北省物流业发展情况

2011年，河北省社会物流总额达到4.97万亿元，各季度累计分别比上年同期增长12%、12.4%、15.1%、16.4%（如图1所示），全年呈现加速发展态势。其中，工业品物流总额达4.28亿元，占社会物流总额的86.1%，是拉动社会物流总额加快增长的主要动力。2011年，全省规模以上工业增加值各季度累计增速分别为15.3%、15.1%、15.9%和16.1%。与社会物流增长相适应，物流实物量实现快速增长。

与社会物流总额相适应，2011年河北省社会货物运输量和货物周转量各季度累计增速逐季提高，全年累计增速分别为20.4%和19%（如下页表所示）。在道路运输高速增长的拉动下，全社会货运量和货物周转量加快增长，道路运输成为河北省物流的主要方式。

2011年，河北省社会物流总费用为4639亿元，比上年同期增长20.6%。物流业增加值为1789.2亿元，同比增长14.8%。其中，交通运输、仓储和邮政业物流增加值为1445.2亿元，同比增长14.9%；贸易业物流增加值344.1亿元，同比增长14.1%。物流业增加值占GDP的比重为7.4%，与上年持平；占服务业增加值的比重为21.8%，比上年提高0.3个百分点。物流业对经济的拉动作用日益显现，对河北省经济结构调整和经济发展的贡献率不断提高。

2011年，河北省限额以上物流企业法人单位达到1100多家，从业人员近15万人。从区域上看，唐山、石家庄、秦皇岛、沧州和邯郸各市的物流企业数量多、规模大、效益好，是全省物流业发展的主要力量。

二、2011年河北省物流业发展的特点

总体看，2011年河北省物流业发展势头良好，具体表现出如下特点。

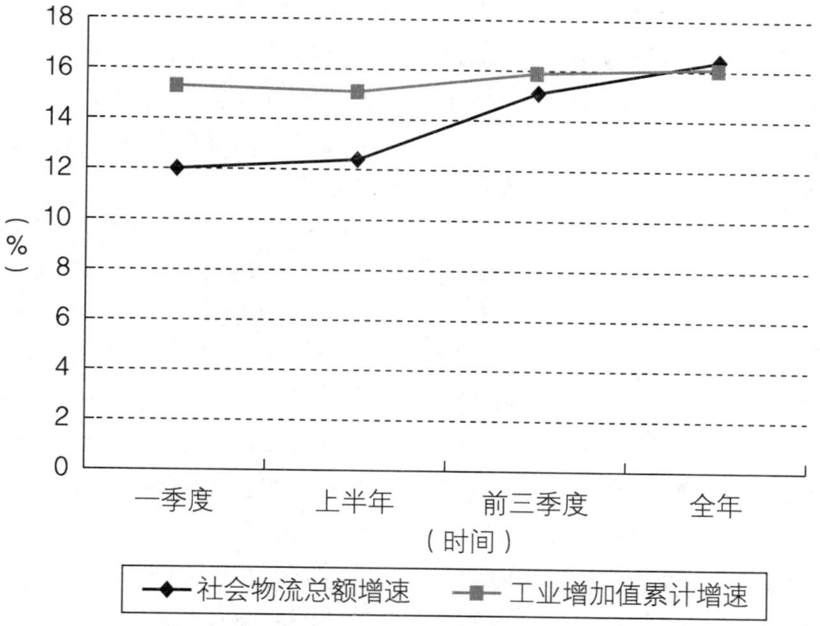

图1　2011年河北省社会物流总额增速与工业增加值累计增速对比

2011年河北省货运量与货物周转量增速比较（%）

	一季度	上半年	前三季度	全　年
全社会货运量	20.2	20.6	21.4	20.4
道路运输	19.9	22.1	23.6	22.6
全社会货物周转量	14.5	16.2	18.9	19.0
道路运输	17.9	23.3	29.2	30.1

1. 政策推动和支持作用明显

2011年，物流业界称作“政策年”。来自政府层面的扶持物流业发展的政策相继出台：3月，全国人大通过的《“十二五”规划纲要》强调“大力发展现代物流业”；6月，国务院常务会议专题研究支持物流业发展的政策措施；8月，被业内称为“国九条”的《国务院办公厅关于促进物流业健康发展政策措施的意见》（国办发〔2011〕38号）文件正式下发；紧接着国务院常务会议决定，从2012年1月1日起在上海市开展交通运输业和部分现代服务业营业税改征增值税试点；12月22日，国务院办公厅发出国办函〔2011〕162号《关于印发贯彻落实促进物流业健康发展政策措施意见部门分工方案的通知》，把（国办发〔2011〕38号）文（即“国九条”）细化为47项具体工作，落实到31个部门和单位。同时，中央和地方财政也先后对农产品冷链物流、粮食物流、服务业功能集聚区、城市共同配送系统和农村流通体系建设等重点物流项目给予资金支持。

在政府部门支持物流业加快发展的政策相继出台后，河北省政府及时召开了物流工作会议，全面安排部署了近期物流工作，提出在未来5年将重点围绕钢铁、煤炭、医药等重点领域和大宗商品物流，以服务京津市场为主的农产品冷链物流建设，商贸物流配送，国际物流及港口物流，第三方物流力求实现突破。2011年，河北省政府制定出台了《河北省现代物流业“十二五”发展规划》，组织编制了《河北省冷链物流“十二五”发展规划》、《河北省煤炭物流“十二五”发展规划》、《河北省快递服务“十二五”发展规划》等一批专项规划。其中，编制农产品冷链物流规划、煤炭物流规划在河北省尚属首次；《河北沿海地区发展规划》经国务院批准上升为国家发展战略，为沿海港口发展提出了更高的目标。此外，河北省的一些市、县政府也结合当地实际制定了物流发展规划。与物流相关的行业如交通运输、铁路、航空、港口、商务、海关和邮政等，都把物流作为重点纳入自身发展规划之中；有的在交通运输规划中提出要向现代物流转型，有的在商贸流通规划中突出了粮食、果蔬、生鲜肉禽和农产品冷链物流，还制定了与规划相配套的实施细则，等等。各级政府通过规划推动物流发展，成为2011年河北省物流业发展的显著特征。

2. 交通基础设施和港口建设发展进入最佳历史机遇期

2011年，是河北交通运输发展推动力度最大、成效最明显的一年。全省交通运输固定资产投资再创历史新高，完成额达878亿元，同比增长23%，占全省固定资产投资的1/18；占全国交通运输投资的1/17强，增幅高出全国交通运输系统16个百分点。

2011年，河北省委、省政府提出要把发展沿海经济作为建设经济强省的重要战略，举全省之力打造曹妃甸新区和渤海新区两大增长极，大力推动港口、产业和城市互动发展，秦、唐、沧沿海三市重点产业发展都把现代物流业列为其中。2011年，河北省港航发展实现历史性突破，港口货物吞吐量突破7亿吨，秦皇岛港、唐山港、黄骅港均跻身亿吨大港行列；唐山港货物吞吐量突破3亿吨大关，成为河北省第一大港，位列全国第八。河北港口集团全年共完成港口吞吐量3.61亿吨，同比增加4646万吨，同比增长14.8%。2011年7月，河北港口集团控股组建了煤炭物流公司，将建立起覆盖整个煤炭物流供应链的运行模式，成为高效的第三方煤炭物流供应商和服务商。河北省港口物流发展不断刷新的数据，标志着河北省港口物流已进入新的发展阶段。

3. 物流业投资增长趋缓

2011年，河北省物流相关行业固定资产投资增速逐季回落，全年累计完成1835.2亿元，比上年增长12.4%（如图2所示），低于第三产业投资7.6个百分点，比全省固定资产增速低11.6个百分点，并且与全省固定资产投资增速差距逐步拉大。从投资结构看，交通运输业全年投资额为59.8亿元，比上年增长4.5%，分别比一季度、上半年、前三季度增速回落41.8、3.4和0.5个百分点；邮政业全年投资额为2.9亿元，同比增长236.2%，分别比上半年、前三季度增速回落127.1和95.8个百分点。

4. 物流项目建设得到进一步重视和支持

2011年，河北省物流项目建设进一步加快，26个物流产业聚集区加快推进。19个省级物流产业聚集区和7个环首都现代物流园区编制了开发建设方案，启动了基础设施建设和招商引资；550家区内物流企业纳入省级财税优惠兑现政策范畴；99个大型物流项目列入2011年度全省重点项目建设计划，累计总投资1485亿元。河北省发展和改革委员会重点调度的100个物流业调整和振兴项目，已建成投产56个，完成投资760亿元；30个物流项目获得国家资金支持7500万元。

2011年，河北省物流企业整体水平得到提升。全省有8家物流企业列为国家首批物流业与制造业联动试点企业，1家物流企业列为国家物流税收改革试点企业。30家物流企业通过国家A级物流企业标准评估，其中，5A级物

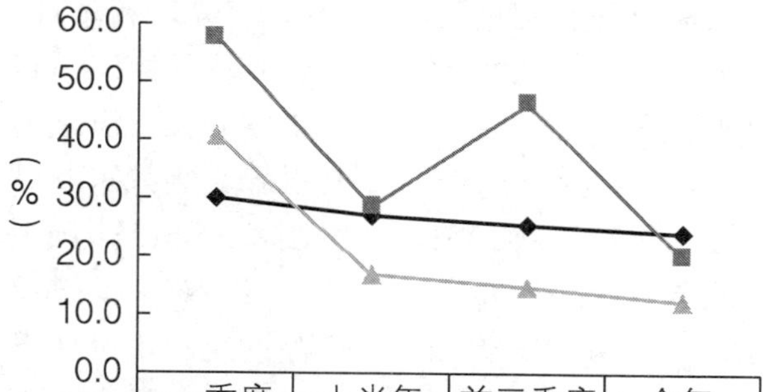

	一季度	上半年	前三季度	全年（时间）
全省	30.0	27.0	25.4	24.1
第三产业	57.6	28.6	46.3	20.0
物流业	40.6	16.9	14.8	12.4

图2　2011年河北省物流业固定资产投资增速比较

流企业5家、4A级物流企业10家、3A级物流企业11家、2A级物流企业4家。此外，2011年河北省有13人、2家企业获全国物流业劳动模范（先进个人）和先进集体称号。

5. 物流企业转型，发展速度加快

截至2011年12月底，河北省已有一批大型生产企业将物流业务从集团分离、分立出来，开滦（集团）有限责任公司、冀中能源集团有限责任公司、河北钢铁集团和华北制药集团有限责任公司相继成立了物流公司。物流公司在做好集团自身物流服务的基础上，积极开发社会物流业务，在取得自身经济效益的同时也取得了社会效益。其中，开滦（集团）国际物流有限责任公司的社会物流业务量已超过了母公司的物流需求量。据调查，2011年，河北省企业物流业务外包率已接近50%。

2011年12月，河北省开滦（集团）国际物流有限责任公司、邯郸鼎峰物流有限公司、河北新武安钢铁集团物流有限公司、沧州运输集团有限公司、河北顺邦物流有限公司、石家庄宇翔物流有限公司、唐山冀通大型货物运输有限公司和万合集团股份有限公司同时跻身“全国制造业与物流业联动发展示范企业”行列，成为推进制造业与物流业联动发展的积极力量。

6. 部分物流重点企业运行态势趋好

总体看，2011年河北省物流企业的经营情况较好，除了少部分企业经营业务出现亏损外，大部分企业的经营基本都实现了赢利。其中重点物流企业的运行走势稳步向好。

开滦（集团）有限责任公司将现代物流产业作为调结构、转方式的重要支撑，发挥集团系统整体优势，推动了集团物流产业的健康发展，2011年集团物流产业收入超过800亿元，同比增长63%，占集团总收入的59%。2011年，开滦（集团）国际物流有限责任公司在全国物流百强企业排名中位列第5，同年先后荣获全国先进物流企业、中国能源物流最佳示范基地、中国供应链管理杰出服务商等称号。

冀中能源国际物流公司成立于2011年1月，是冀中能源集团有限公司通过优化产业结构，把自身生产性物流与产业社会化物流有机结合成立的物流子公司。公司成立之初面对存款准备金率频频上调、贷款形势十分困难的经济形势，及时进行物流系统的开发升级，有效提升了物流设施专业化服务水平，拓展了公司物流业发展的空间，在短短一年的时间里就同钢铁、煤炭、焦炭等领域建立了稳定的贸易合作群，全年实现销售收入290.2亿元，完成利润总额8000多万元。在物流业普遍利润率偏低的情况下，冀中能源国际物流公司组建的第一年就达到了人均销售收入近6亿元、人均创利润总额160万元的高效水平。冀中能源国际物流公司以自己的实力在2011年相继荣获“首届中国能源物流产业大会”全部奖项，获中国物流业最佳企业、中国能源物流最佳示范基地、中国能源物流及物资管理优秀论文奖和中国能源物流十大影响力人物等荣誉称号。

冀中能源集团有限公司依托新组建的国际物流公司，利用现有自营物流、物流外包、物流联盟三种物流经营模式，积极优化企业内部物流，通过实施物资“三集中统一模式”实现了企业零库存。2011年，冀中能源集团有限公司总收入达1650亿元，实现销售收入再翻番，为冀中能源集团有限公司进入世界500强提供了强有力的支撑。

河北物流集团2011年实现销售收入261.8亿元，与上年同比增长63%；实现利润总额7006万元，同比增长50%；全年共完成实物销售量1396万吨，同比增长31%；首次跻身中国500强，名列431位；在中国物流企业50强中位列第7。

河北万合物流2011年主营业务收入达20.8亿元，实现利税8500万元。2011年被交通运输协会评为优秀商贸物流企业，被国家发展和改革委员会评为全国制造业和物流联动示范企业。

7. 物流业发展环境进一步改善

一是按照交通运输部等五部门发出《关于开展收费公路专项清理工作的通知》的要求，认真开展了专项清理工作，截至2011年年底河北省政府还贷二级公路收费站撤销工作全部完成，省内公路“乱收费”、“乱罚款”问题有所缓解。

二是物流统计工作得到加强。截至2011年年底，河北省1000多家物流企业纳入统计企业范畴，基本实现季度统计。

三是为加快发展大宗商品流通，增强河北省在钢铁、煤炭、铁矿石等大宗商品领域的话语权。2011年3月，河北省政府召开专题会议，听取开滦集团建设曹妃甸煤炭等大宗商品交易中心建设思路。会议原则同意由开滦集团建设煤炭等大宗商品交易中心，提出要站在推进国家经济结构调整、产业升级的高度深入完善建设思路，要按照高标准、数字化、标准化产品的定位推进建设，力争在一定阶段成为国家级煤炭交易中心。

三、2011年河北省现代物流业十件大事

1. 河北省物流工作会议召开

2011年2月14日，河北省现代物流业发展领导小组召开物流工作会议，提出了2011年物流工作的思路，全面安排部署了物流工作。会议提出今后5年将重点围绕以下5个方面力求实现突破：钢铁、煤炭、医药等重点领域和大宗商品物流，以服务京津市场为主的农产品冷链物流建设，商贸物流配送，国际物流及港口物流和第三方物流。

2. 一批物流发展规划陆续出台

2011年，河北省制定出台了《河北省现代物流业“十二五”发展规划》，组织实施了《河北省冷链物流“十二五”发展规划》、《河北省煤炭物流“十二五”发展规划》、《河北省快递服务“十二五”发展规划》等一批专项规划。其中，编制农产品冷链物流规划、煤炭物流规划在河北省尚属首次。

3. 26个物流产业聚集区加快推进

2011年，河北省的19个省级物流产业聚集区和7个环首都现代物流园区进展加快，编制了开发建设方案，启动了基础设施建设和招商引资，550家区内物流企业纳入省级财税优惠兑现政策范畴。

4. 开展重点问题研究

2011年，围绕落实国务院办公厅《关于促进物流业健康发展政策措施的意见（国办发

〔2011〕38号），河北省物流办各成员单位认真学习，并着手研究和制定贯彻意见，重点梳理出制约全省物流业发展的32个问题，抓紧研究解决，形成了一批物流调研课题。物流统计工作得到加强，4700家物流企业纳入统计范畴，基本实现季度统计。

5. 大宗商品交易平台建设启动

2011年，河北省政府为加快发展大宗商品物流，增强河北省在钢铁、煤炭、铁矿石等大宗商品领域的话语权，谋划并启动了大宗商品交易平台建设。

6. 港口物流取得突破

2011年，河北省黄骅港综合大港集装箱码头正式开通，标志着黄骅港从单一能源输出港转向综合大港迈出实质性步伐，全省港口吞吐量突破8亿吨。其中，黄骅港综合港区年吞吐量突破1000万吨，秦皇岛港年煤炭吞吐量突破2.5亿吨，创世界港口煤炭运输业最新纪录。河北港口集团公司吞吐量突破3亿吨。

7. 物流合作得到深化

2011年，中铁物流、江苏雨润、浙江物产、北京新发地和香港胜记仓等业内龙头企业入驻河北省投资兴业，扩大网络。河北省物流办、省发展和改革委员会和省现代物流协会组织50多人赴台湾地区学习考察物流，深化冀台物流合作。

8. 物流项目建设步伐加快

2011年，有99个大型物流项目列入河北省重点项目建设计划，累计总投资1485亿元。省发展和改革委员会重点调度的100个物流业调整和振兴项目，已建成投产56个，完成投资760亿元。

9. 获得国家多项殊荣

2011年，河北省有30个物流项目获得国家资金支持，金额达7500万元；8家物流企业列为国家首批物流业与制造业联动试点；1家物流企业列为国家物流税收改革试点；30家物流企业通过国家A级物流企业标准，其中5A级5家、4A级10家、3A级11家、2A级4家；13名同志、2家企业获全国物流业劳动模范（先进个人）和先进集体；18家物流企业荣获全国先进物流企业称号；河北物流集团首次跻身“中国企业500强”。

10. 物流协会发展壮大

2011年，河北省部分设区市和县组建了物流协会，物流协会的工作体系进一步完善，中介组织作用得到进一步加强。河北省现代物流协会和河北省金属材料流通协会分别实现换届，选举产生了新的领导集体。

（河北省现代物流协会）

吉林省

2011 年，吉林省物流业随着全省宏观经济的快速发展，运行态势总体良好，物流需求快速增长，物流业增加值增势平稳，为保证全省经济平稳快速发展发挥了支撑保障作用。与此同时，全省物流总费用增速较快，经济运行中的物流成本依然较高，全省各地区间的物流需求与服务质量差距明显，物流运行效率区域分化比较严重。

一、2011 年吉林省物流业发展的基本情况

1. 社会物流总费用增长较快，经济运行中的物流成本依然较高

2011 年，吉林省社会物流总费用为 1881.8 亿元，同比增长 22.5%，增幅比上年提高 4.5 个百分点。其中，运输费用 1080.6 亿元，同比增长 22.3%，增幅比上年提高 2.1 个百分点，占社会物流总费用的比重为 57.4%，同比下降 0.1 个百分点；管理费用为 222.9 亿元，同比增长 21.7%，占社会物流总费用的比重为 11.9%，增幅与上年持平；保管费用为 578.3 亿元，同比增长 23.0%，增幅比上年提高 8.8 个百分点，占社会物流总费用的比重为 30.7%，同比增长 0.1 个百分点。在保管费用中，利息费用为 247.7 亿元，同比增长 29.0%，占保管费用的 42.8%，同比提高 1.9 个百分点。2011 年吉林省社会物流总费用构成情况如图 1 所示，2011 年吉林省运输环节费用构成情况如图 2 所示、2011 年吉林省保管环节费用构成情况如图 3 所示，2011 年吉林省管理环节费用构成情况如图 4 所示。

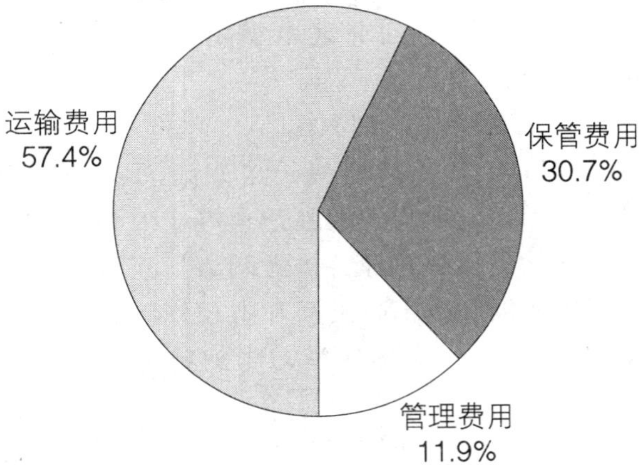

图 1　2011 年吉林省社会物流总费用构成情况

2011 年，吉林省社会物流总费用与 GDP 的比率为 17.87%，同比微降 0.04 个百分点，全省经济运行中物流成本依然居高不下。2006—2011 年吉林省社会物流总费用与 GDP 增长趋势如图 5 所示。

2. 社会物流需求增势明显，物流总额快速增长

2011 年，吉林省社会物流总额为 2.74 万

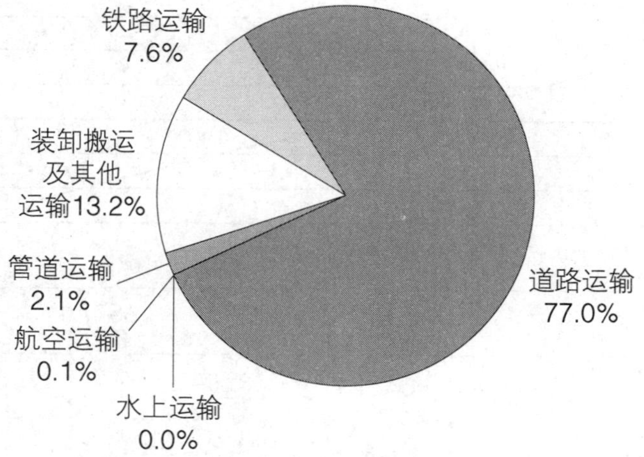

图2　2011 年吉林省运输环节费用构成情况

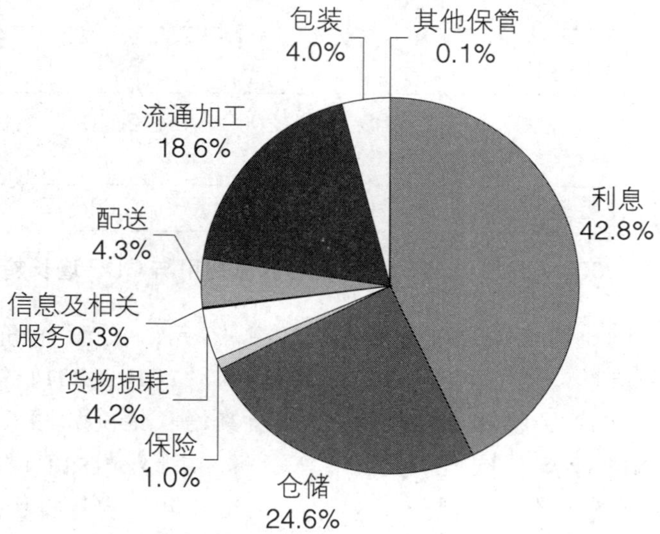

图3　2011 年吉林省保管环节费用构成情况

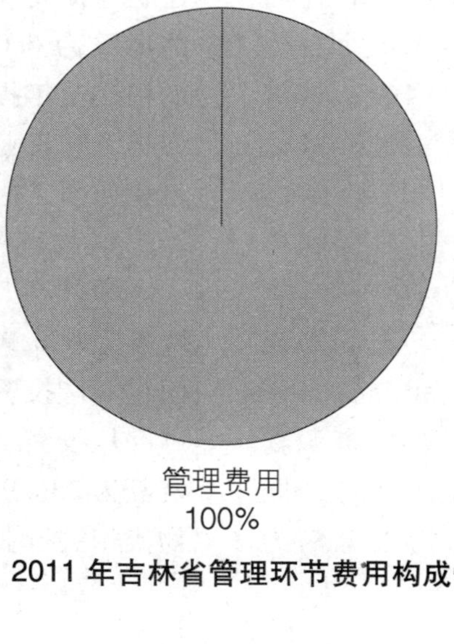

图4　2011 年吉林省管理环节费用构成情况

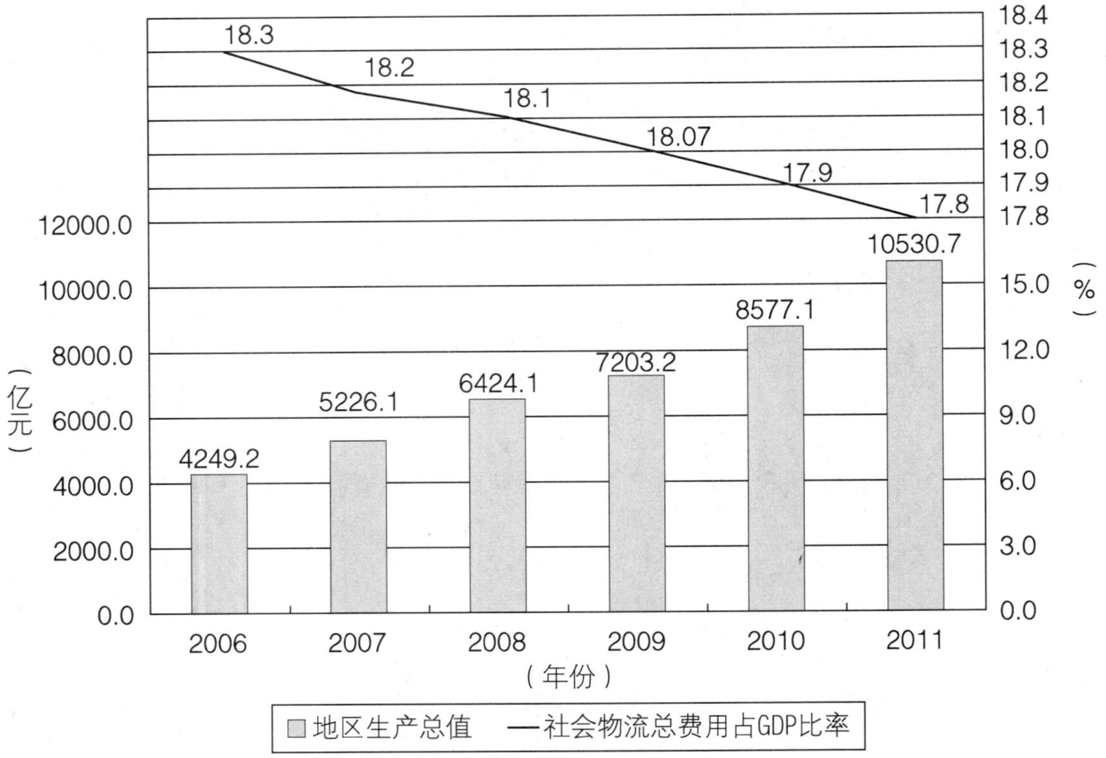

图 5　2006—2011 年吉林省社会物流总费用与 GDP 增长趋势

亿元，按可比价格计算，同比增长 18.8%，增幅比上年提高 3.4 个百分点。

从构成情况上看，农产品物流总额为 910.1 亿元，按可比价格计算，同比增长 19.8%，增幅比上年提高 5.9 个百分点，占全省物流总额的比重为 3.3%；工业品物流总额为 1.98 万亿元，按可比价格计算，同比增长 15.8%，增幅比上年提高 3.1 个百分点，占全省物流总额的比重为 72.4%；外部流入物流总额 6579.6 亿元，按可比价格计算，同比增长 26.8%，增幅比上年提高 20.7%。外部流入物流总额中，进口货物总额 1097.5 亿元，同比增长 31.3%，占全省物流总额的比重为 4.0%。外省市流入物流总额为 5482.1 亿元，同比增长 30.5%，占全省物流总额的比重为 20.0%；再生资源物流总额为 45.5 亿元，按可比价格计算，同比增长 7.5%；单位与居民物品物流总额为 29.9 亿元，按可比价格计算，同比增长 24.3%。2010—2011 年吉林省社会物流总额及其增长情况如图 6 所示。

3. 物流业增加值增幅有所提高，态势平稳

2011 年，吉林省物流业增加值为 622.0 亿元，按可比价格计算，同比增长 18.0%，增幅比上年提高 2 个百分点。物流业增加值占 GDP 的比重为 6.0%，占服务业的比重为 17.0%，增幅比上年提高 0.1 个百分点。2006—2011 年吉林省物流业增加值与物流行业相关收入增长趋势如图 7 所示。

4. 物流相关行业固定资产投资持续稳定

2011 年，吉林省物流相关行业固定资产投资额为 660.9 亿元，同比增长 15.2%，占全省固定资产投资总额的 8.9%。

从投资结构上看，交通运输业固定资产投资额为 350.9 亿元，同比增长 10.8%，占全省物流相关行业固定资产投资总额的 53.1%；仓

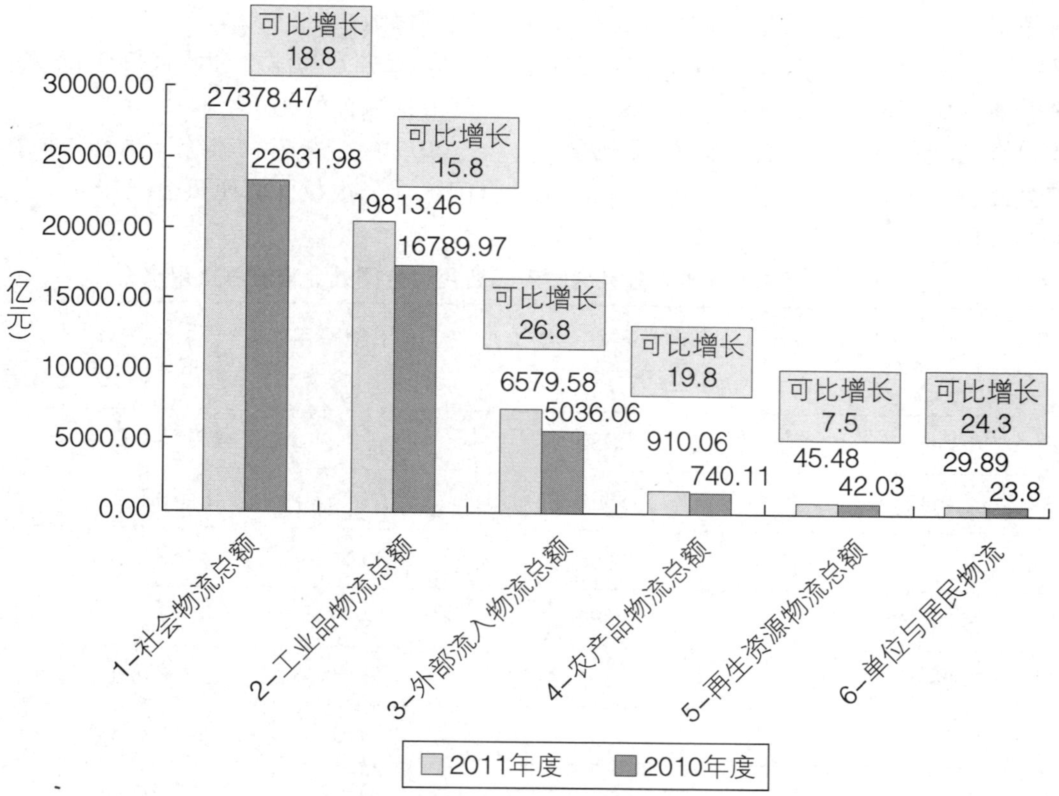

图6 2010—2011年吉林省社会物流总额及其增长构成情况

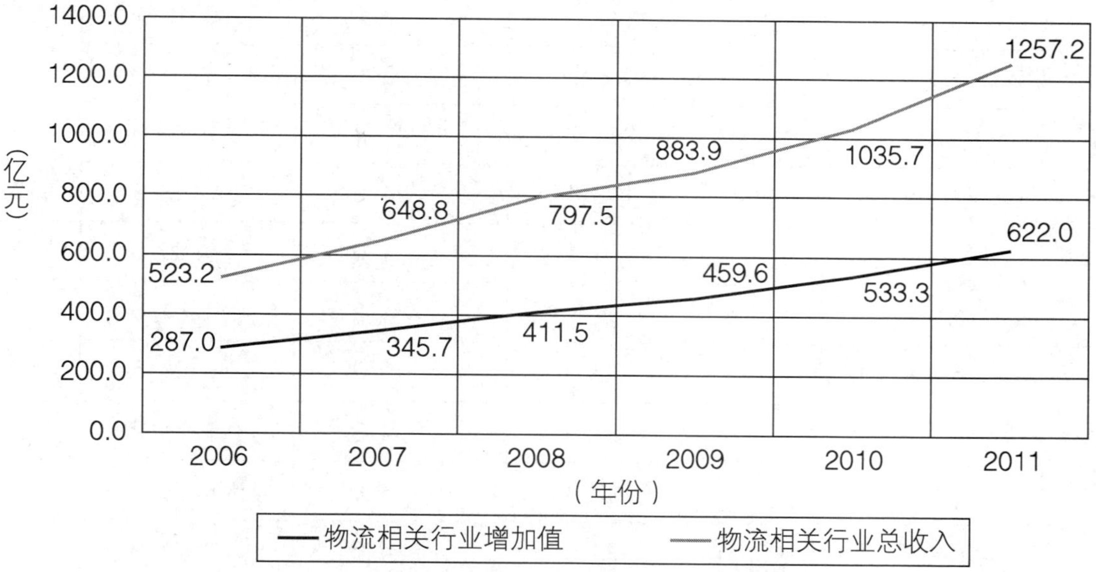

图7 2006—2011年吉林省物流业增加值与物流行业相关收入增长趋势

储业固定资产投资额为65.6亿元，同比增长91.3%，占全省物流相关行业固定资产投资总额的9.9%；邮政业固定资产投资额为1.9亿元，同比下降24.3%，占全省物流相关行业固定资产投资总额的 0.3%；贸易业固定资产投资额为 242.5 亿元，同比增长 68.8%，占全省物流相关行业固定资产投资总额的 36.7%。

随着投资的快速增长，物流业基础设施条件继续得到改善，吉林省物流业可持续发展能力得到保障。

5. 吉林省物流统计调查与核算数据占全国统计公报数据的比重

2011 年吉林省物流统计调查与核算数据占全国统计公报数据的比重情况如表 1 ~ 表 4。

表 1　2011 年吉林省社会物流总费用占全国社会物流总费用比重

指标名称	吉林省社会物流总费用（亿元）	占全省单项费用的比重（%）	全国社会物流总费用（万元）	占全国的比重（%）
一、生产总值 GDP	10530.7		471564.0	2.2
二、社会物流总费用	1881.8		84102.2	2.2
运输环节	1080.6	100	44397.0	2.4
铁路运输	82.0	7.6	3777.4	2.2
道路运输	831.4	76.9	26861.9	3.1
水路运输	0.1	0.0	4058.6	0.0
航空运输	1.2	0.1	397.9	0.3
管道运输	23.2	2.1	391.1	5.9
装卸搬运及其他运输	142.7	13.2	8910.1	1.6
保管环节	578.3	100	29475.4	2.0
利息	247.7	42.8	12139.0	2.0
仓储	142.4	24.6	7163.9	2.0
保险	6.1	1.0	280.3	2.2
货物损耗	24.1	4.2	1181.3	2.0
信息及相关服务	2.0	0.3	107.5	1.9
配送	24.9	4.3	1275.2	2.0
流通加工	107.7	18.6	6226.7	1.7
包装	23.0	4.0	1071.9	2.1
其他保管	0.5	0.1	29.6	1.7
管理环节	222.9	100	10229.7	2.2

表 2　　2011 年吉林省社会物流总费用构成与全国物流总费用构成之比

指标名称	百分比（%）	百分比（%）	比例差（%）
社会物流总费用结构	100.0	100.0	100.0
环节费用	57.4	52.8	>4.6
保管费用	30.7	35.0	<4.3
管理费用	11.9	12.2	<0.3

表 3　　2011 年吉林省物流总额占全国物流总额的比重

指标名称	2011 年吉林省物流总额（万元）	2011 全国物流总额（万元）	占全国的比重（%）
社会物流总额	27378.5	1583542.0	1.7
农产品物流总额	910.1	26312.0	3.5
工业品物流总额	19813.5	1436409.0	1.4
外部流入	6579.6	112430.0	5.9
再生资源物流总额	45.5	5928.0	1.8
单位与居民物品物流总额	29.9	2463.0	1.2

表 4　　2011 年吉林省物流相关行业增加值占全国的比重

指标名称	吉林省（万元）	全国（万元）	占全国比重（%）
物流相关行业增加值	622.0	31895.0	2.0
交通运输业中物流部分	350.9	22820.0	2.0
仓储业	65.6	2421.0	1.8
贸易业	1.9	5951.0	2.1
邮政业	242.5	703.0	1.0

二、吉林省物流行业管理工作日臻完善

1. 吉林省物流与采购联合会的领导隶属关系变更

2011 年 4 月 19 日，经由吉林省民政厅正式注册，吉林省物流与采购联合会的领导隶属关系由省商务厅变更为省发展和改革委员会。经过此次变更，吉林省物流与采购联合会的具体工作将直接由省发展和改革委员会领导管理。吉林省物流与采购联合会通过这次调整，组织关系理顺了，工作环节减少了，有利于联合会更好地发挥桥梁纽带作用，配合协助政府部门推进全省现代物流各项工作的顺利开展。

2. 建立物流统计直报系统

2011 年 7 月 21 日，吉林省发展和改革委员会、吉林省统计局和吉林省物流与采购联合会共同出台了“关于印发《全省物流统计试点工作方案的通知》（吉发改经贸联〔2011〕800 号）”，明确了三方工作的职责。2011 年，在吉林省发展和改革委员会的指导下，省联合会配合省发展和改革委员会经贸处召开了全省 2011 年度物流统计工作会议，部署全年统计工作任务并对从事统计报表具体操作人员进行了专业培训。此外，还组织召开了“2011 年度全省物流统计培训工作会议”，对全省重点物流申报企业的统计人员直报系统操作实务和国家物流成本核算工作进行了专项培训，为实现全省物流统计网络化、规范化、标准化打下了坚实的工作基础。

3. 积极促进物流企业升级

截至 2011 年年底，吉林省 A 级物流企业已达到了 31 家。其中，5A 级物流企业 4 家，4A 级物流企业 15 家，3A 级物流企业 12 家。吉林省已有 7 家物流企业步入了国家信用企业的行列，其中，最高级 3A 级企业 4 家、2A 级企业 2 家。

截至 2011 年年底，吉林省已有 21 家物流企业享受了国家税务总局税收试点物流企业的待遇。

2011 年，吉林省有三家企业分别进入中国物流示范基地和中国实验基地的行列，实现了吉林省中国物流示范基地和中国实验基地零的突破。其中，吉林龙谷物流园区、吉化集团物流园区被中国物流与采购联合会评为“中国物流示范基地”；长春市亚奇物流园区被中国物流与采购联合会评为“中国物流实验基地”。

4. 协助相关部门推荐专业人才

2011 年，在吉林省委组织部人才办组织的“百名高端现代服务业人才”推荐选拔评审工作中，吉林省物流与采购联合会负责现代物流业人才的推荐工作，相关人员认真负责积极做好推荐工作，共有 18 人入选并公示于社会媒体。

（刘清利　吉林省物流与采购联合会）

黑龙江省

2011 年是我国实施“十二五”规划的开局之年。面对新的形势和新的任务，国务院发布了《关于促进物流业健康发展政策措施的意见》（以下简称《意见》），体现了国家对现代物流业发展的重视程度不断提升，给予的支持力度不断增强、出台的政策措施越来越具体，物流业发展的外部环境得到了明显的改善。按照《意见》精神，黑龙江省也将服务业作为加快产业结构调整的战略重点，并且在省政府工作报告中明确提出，要“加快建设现代物流园区、大中型综合性现代物流中心，培育壮大现代物流企业”。在各级政府推动现代物流业加快发展的合力作用下，2011 年黑龙江省物流业在复杂多变的形势下保持了平稳增长的态势，并在很多方面取得了新的进展。

一、物流业主要经济指标平稳增长

据黑龙江省发展和改革委员会、省统计局和省物流行业协会发布的物流统计数据表明：2011 年黑龙江省社会物流总额为 1.94 万亿元，同比增长 19.3%；物流业增加值实现 669.6 亿元，同比增长 11.8%；物流业增加值占 GDP 的 5.4%，占服务业增加值的 14.9%；社会物流总费用 2313 亿元，同比增长 22.5%；社会物流总费用与 GDP 的比率为 18.5%，同比持平。上述指标表明，2011 年黑龙江省社会物流总量保持了平稳增长的势头，物流业对经济发展的贡献作用逐步增强。但受物流成本推动等因素影响，物流总费用还维持在较高的水平。

二、物流业运营主体有了新的发展

2011 年，黑龙江省的国有及国有控股大中型物流企业如农垦北大荒物流集团、大庆油田物资公司、中国一重集团齐哈尔中实运业有限公司、哈电站集团动力设备物流有限公司、黑龙江邮政速递物流有限公司和中铁快运哈尔滨分公司以其雄厚的经济实力、庞大的资产规模和得天独厚的资源优势，继续引领黑龙江省物流行业的发展；商德国际金属物流园、神舟物流集团、建恒物流、中海物流和平安运输等一大批民营物流企业，不断拓宽服务领域、扩大经营规模，继续成为物流行业的中坚力量；中外运、招商局物流、润恒物流、顺丰速运、远成物流、宅急送等国内大型物流企业进一步加快在黑龙江省内的战略布局和业务开拓，为全省区域物流发展起到了示范和推动作用。

三、物流业经济区域格局初步形成

围绕哈大齐工业走廊、高新科技产业集中

开发区等经济区的建设，结合东北老工业基地改造战略的实施，形成了哈大齐物流发展区，包括哈尔滨、大庆、齐齐哈尔市和绥化市；围绕东北亚经济贸易开发区、哈牡绥东对俄贸易加工区等经济区的建设，形成了哈牡绥物流发展区，包括哈尔滨市城区及东南部县（市）和牡丹江市、绥芬河市；围绕东部煤电化基地、三江平原农业综合开发试验区等经济区的建设，结合千亿斤粮食产能巩固提高等工程的实施，形成了东部城市群物流发展区，包括佳木斯、鹤岗、双鸭山、鸡西、七台河和伊春市；以绥芬河、东宁、同江、抚远、黑河、漠河等口岸为节点，初步形成了沿边物流发展带。

四、物流业基础设施建设步伐加快

截至2011年12月31日，黑龙江省公路建设“三年决战”总投资超过1000亿元，高速公路通车总里程达到3811千米（2012年将达到4300千米），黑龙江省的物流基础设施条件得到进一步完善。2011年年底，黑龙江省铁路营业里程已达到5832千米、公路里程已达到155592千米、内河航道营运里程已达到5495千米；民用货运汽车拥有量55.3万辆、民用运输船舶拥有量1592艘、民航航线里程达236674千米；输油和输气管道达6938千米，均比2010年有大幅提升。哈牡绥东国际物流园、商德国际金属物流园、润恒农产品国际物流园等一批大型物流节点设施项目的建设，使黑龙江省物流基础设施的整体规模和水平得到极大的提升。

五、物流业发展环境得到较大改善

《黑龙江省物流业发展“十二五”规划》已由黑龙江省政府办公厅发布实施；哈尔滨、牡丹江、佳木斯、大庆、鸡西等多个市地政府都编制实施了“十二五”物流业发展专项规划；哈尔滨市还成立了市政府主要领导任组长的物流工作领导小组及市发展和改革委员会牵头的物流工作协调联系机构；大庆市政府也成立现代服务业发展局，统筹物流工作；省交通运输厅等多部门联合开展了收费公路的专项清理；省工商局和省运管局还就物流市场，特别是空车配载市场进行了专项的清理整顿，规范物流市场秩序。

（谢　岩　黑龙江省物流协会）

江苏省

2011年是“十二五”开局之年，也是物流业发展的“政策年”。随着国家促进物流业健康发展政策措施的相继出台，《江苏省“十二五”物流业发展规划》正式发布，统一布局、重点突出、特色鲜明的物流业发展格局正在江苏省逐渐形成。

一、2011年江苏省物流业发展情况

1. 物流规模平稳较快增长

2011年，在经济持续较快增长和一系列政策措施的推动下，江苏省物流业发展继续呈现平稳较快增长的良好态势：全省社会物流总额实现14.99万亿元，同比增长23%；物流业增加值达3167亿元，同比增长12.1%；社会物流总费用与GDP的比率为15.43%，比上年下降0.06个百分点。全省货物运输总量达21.26亿吨，同比增长12.8%；货物周转量达7514亿吨公里，同比增长22.9%；港口货物吞吐量达18.1亿吨，同比增长13.7%。

2. 重点项目带动作用进一步增强

2011年，江苏省物流业以重点项目的建设和推进为支撑，有力地带动了物流业的发展。一是一批“十二五”重点物流项目顺利开工建设。列入全省“十二五”物流规划的100个重点物流项目，已有66个开工建设，全年完成投资额244亿元。总投资100亿元的张家港玖隆钢铁物流一期工程已完成投资21亿元，1号库、2号库于2011年上半年竣工并投入试运行。二是一批重点中央投资项目逐步发挥效益。苏州工业园区物流公共信息平台、宿迁粮食物流中心一期工程、苏食集团长三角肉食冷链系统等一批项目完成竣工验收并发挥效益，对全省物流业发展起到一定的示范带动作用。三是一批投资规模在5000万元以上的新建物流项目抓紧推进。据不完全统计，2011年江苏省新批投资规模在5000万元以上物流项目共76个，项目总投资达324亿元。其中，48个项目已开工建设，当年完成投资额38.6亿元。海澜之家物流园智能立体配送中心等10个项目总投资超过10亿元。

3. 物流园区集聚效应逐步显现

一是物流园区投入不断增强。目前，江苏省已有各类物流园区168家，园区建设投资额累计已超过4000亿元。其中，江苏三江现代物流中心、无锡西站物流园区等8家园区投资额超过100亿元。二是园区集聚效应有所显现。据统计，江苏省各类物流园区目前已入驻的物流企业超过2.3万家。其中，戴南不锈钢综合物流中心入驻的物流企业已超过4000家；江阴长江港口综合物流园区等一批园区2011年园区入驻企业数均超过1000家。三是物流

园区功能逐步完善。无锡西站物流园区以铁、公、水联运为特色，形成一个集商品展示、交易、技术研发、信息交流、产品加工、仓储、物流配送等功能于一体的现代化工业原料交易平台。江苏省已逐步形成一批功能较完善的物流园区，园区发展逐步呈现小区域集聚集约、大区域辐射延伸的发展态势。

4. 物流业发展模式创新步伐加快

一是供应链一体化服务能力不断增强。江苏省已涌现出苏州得尔达国际物流、江苏飞力达等一批知名的第三方物流企业。江苏飞力达国际物流股份有限公司已与宏碁、联想等五家IT制造业品牌商建立了以供应链管理为主的战略合作关系。二是供应链金融取得较快发展。据江苏省银监局调查显示，仅2011年1～8月，江苏全省股份制商业银行供应链融资业务累计融资854.62亿元，同比增长85.83%；业务客户12241户，同比增加2468户。如中信银行南京分行，以钢铁、汽车行业为重点，设立了钢铁和汽车金融专营支行，其物流金融服务成为江苏省的排头兵。三是零担货运逐步实现集约化发展。传化公路港苏州基地创建了城际货运班车总站模式，对零担货运实现集约化、客运化的管理和服务，目前已入驻的各类物流企业500多家，开通覆盖全国的货运班车线路达200多条。

5. 物流服务体系进一步完善

一是保税物流能力继续增强。苏州工业园区综合保税区进出口2011年货值首次突破千亿美元大关，位居全国特殊监管区第一名。张家港保税港区已成为全国最大的液体化工品集散地和华东地区纺织品重要的分拨中心。二是港口物流能力不断提升。南京空港已开通飞往阿姆斯特丹、芝加哥、洛杉矶、中国台北等国际（地区）的货运航班；南京港开通了中国香港、日本、韩国、越南等近洋航线。连云港港2011年货物吞吐量达16628万吨，在全国沿海港口排名为第13位；集装箱吞吐量为485万标准箱，排名为全国第9位。三是专业物流服务能力逐步提高。在汽车物流、钢铁物流、医药物流等领域，涌现出徐州润东集团、张家港正大富通、镇江惠龙港、亚邦医药等一批实力比较雄厚、市场占有率较高、综合竞争力较强的专业物流企业。其中，江苏正大富通有限公司在全国商用车配件销售服务市场营业收入排名中位居第二。

6. 物流现代化水平不断提高

充分利用物联网和新一代信息技术，使江苏全省物流信息采集的智能化水平不断提升。一是物流信息平台建设取得进展。南京、无锡和苏州等地加快推进物流公共信息平台建设，其中，南京市物流公共信息平台已处于试运行和市场推广阶段，平台已制定了统一的数据采集和交换标准，逐步探索建立物流行业交易诚信体系。二是物联网物流业务逐步开展。无锡市依托物联网应用示范城市建设，全力推动物联网相关技术在物流产业中运用。如无锡太运物流外包基地通过物联网技术，建设“智能物联网信息平台”，形成“物流企业集聚、物联网络链接、物流平台运作”的物流总部经济运作模式；无锡迅杰物流有限公司开展“公共外库”物联网关键技术研发与应用，并与无锡的柯尼卡美能达、明和等生产企业的MRP、ERP系统对接，为生产企业及其供应商提供物流供应链服务。三是物流信息化水平不断提高。2011年，苏州物流中心加大了智慧综保区项目建设力度，开发了外管局外汇监测服务系统、智能平台泊位二期、海关智能查验排队、电子派单、国检网上报检大厅等系统，实现了综合保税区内企业全部上线运行，减少了人工操作、大幅度提升了综合保税区的通关效率。

二、江苏省物流业发展存在的问题和对策

综合看来，江苏省物流业虽然一直保持较

快发展，但总体发展水平仍然偏低。从2011年物流业发展的具体情况不难发现，制约江苏省物流业发展的深层次矛盾尚未完全解决。

一是与物流业相关的固定资产投资增速回落。2011年，江苏省交通、仓储邮政业固定资产投资完成1175.81亿元，同比增长11.9%，比全省固定资产投资增速低9.6个百分点，增幅比2010年回落2.3个百分点。物流固定资产投资增速回落对物流业的发展后劲将会产生一定影响。另外，外资在江苏省物流行业加快布局，本土中小物流企业将面临更大的竞争压力。如国际工业物流巨头普洛斯集团在出资收购了传化集团物流产业60%股份后，2011年又在张家港、昆山、扬州、苏州高新区启动或准备启动新项目，项目总投资超过40亿元。

二是园区发展规划滞后，基础设施和专业化服务水平有待提高。江苏省物流园区的发展呈“多而散”的格局，有些物流园区与城市总体发展规划、交通发展规划衔接不够；有些物流园区的外部交通设施建设相对滞后，缺少集水、公、铁多种转运设施为一体的综合性物流园区；有些园区普通运输仓储能力过剩，高标准、现代化的物流设施设备缺乏，园区物流技术、装备和信息化等能力有待加强；部分物流园区传统的单一化物流服务占较大比例，多功能、综合性、一体化物流服务水平较低。

三是物流企业规模偏小，企业效益下降。从中国物流与采购联合会2011年4月至2011年12月对我国重点物流企业统计调查情况看，名列第一的中国远洋运输（集团）总公司主营业务收入为1436亿元，名列第四的厦门象屿集团有限公司主营业务收入257亿元，而江苏省只有国药控股江苏有限公司、江苏亚邦医药物流中心有限公司2家企业上榜，分别列第45位和第48位，企业规模编小。另外，2011年受国际经济下行压力增大，国际物流需求增速放缓，土地、燃油、人力等各项物流要素普遍短缺，物流企业运营成本持续攀升的影响，部分物流企业效益明显下降。无锡市38家省市级重点物流企业前三季度利税总额同比下降13.3%，其中，利润下降26.4%。

四是农产品物流问题不畅凸显民生物流发展滞后。2011年，江苏省农产品物流问题表现更为突出，一边是农民“卖菜难”，一边是居民“买菜贵”。农业和农村物流仍然是全省物流发展的薄弱环节，凸显江苏省与民生密切相关的粮食、棉花、蔬菜以及冷链、医药等物流设施相对滞后，投入和政策支持不足。

面对上述问题，江苏省政府和相关部门将重点做好以下工作，确保全省物流业持续健康发展。

一是抓规划，促进物流业转型升级。加强对《江苏省“十二五”物流业发展规划》组织实施、政策落实、项目推进等方面的监督检查与跟踪评估，督促有关部门抓紧制定或修订物流业专项规划，推进物流枢纽城市编制物流业发展规划。以规划编制实施为契机，优化物流空间布局，创新物流发展方式，促进物流业转型升级。

二是抓项目，提升物流产业竞争力。抓好列入省重大项目中的一批现代物流项目的建设进度，加强对重点领域、重点项目在土地、资金等方面的政策支持，及早发挥重点项目效益，全面提升物流产业竞争力。

三是抓民生，完善农产品物流体系。大力推进“农超对接”、“农校对接”、“农企对接”、“农批对接”等流通方式，着力推进农产品进城、日用工业品和农资下乡的农村物流服务体系建设，进一步完善农产品物流体系建设。加快建成“江苏省农产品批发市场综合信息平台”，完善提升信息采集、发布、管理功能，加强对粮、油、猪肉、蔬菜重要商品的市场监测，为市场保供稳价和重要商品调控提供第一手资料。

四是抓创新，提高物流业现代化水平。加快推进江苏省公共物流信息平台建设，推动城市公共货运、共同配送等新型物流组织方式，创新运营模式；推进物联网、云计算、多层仓库、自动分拣、托盘共用系统等新的设备和技术在物流领域的广泛应用。推进物流企业与金融机构的战略合作，推动物流与商流、资金流、信息流的集成化运作，全面提升全省物流金融服务能力和水平。

五是继续贯彻落实国务院《关于促进物流业健康发展政策措施的意见》和省政府苏政办发（2011）171 号《关于促进全省物流业健康发展的若干政策措施》，认真做好全省物流业发展的情况调研和政策研究。

（江苏省发展和改革委员会经贸处）

浙江省

2011年是实施“十二五”规划的开局之年。面对国内外复杂严峻的经济形势，浙江省以邓小平理论和“三个代表”重要思想为指导，深入贯彻落实科学发展观，坚决执行中央宏观调控政策，认真实施“八八战略”和“创业富民、创新强省”总战略，大力推进“全面小康六大行动计划”，着力稳增长、抓转型、控物价、惠民生、促和谐，全省经济社会发展取得显著成绩，人民生活进一步改善，社会保持和谐稳定，较好地完成了浙江省十一届人大四次会议确定的主要目标任务，实现了“十二五”发展的良好开局。

一、2011年浙江省经济及物流发展概况

1. 经济运行概况

（1）经济发展状况。2011年，浙江省生产总值为3.2万亿元，比上年增长9.0%。其中，第一产业增加值1581亿元，比上年增长3.6%；第二产业增加值1.64万亿元，比上年增长9.1%；第三产业增加值1.4万亿元，比上年增长9.4%。三次产业比例为4.9：51.3：43.8，人均生产总值58665元（9083美元），比上年增长7.1%。

（2）出口规模创历史新高。2011年，浙江省对外贸易创下了多项历史第一：全年出口值首次突破2000亿美元大关，首次超越上海列全国出口第3位；一般贸易进出口首次突破2000亿美元大关；民营企业出口占全省出口的比重首次超过6成，其浙江省外贸主力军的地位进一步确立；东盟首次超越日本成为浙江省第三大贸易伙伴，贸易伙伴多元化战略得到有效实施。

2011年，浙江省进出口总额3094亿美元，比上年增长22%，比全国进出口增速低0.5个百分点，全年进出口值居全国第5位。其中，出口2163.6亿美元，比上年增长19.9%，比全国出口增速低0.4个百分点，首次超越上海跻身全国第3；进口930.4亿美元，比上年增长27.3%，比全国进口增速高2.4个百分点，全年进口值居全国第6位。民营企业对出口增长的贡献率持续提高，出口1293.7亿美元，比上年增长24.8%，高于全省出口平均增速4.9个百分点，占全省出口总值的59.8%；对全省出口增长的贡献率为71.6%，比上年提高6.8个百分点。

（3）服务业增长较快。2011年，浙江省服务业增加值为1.40万亿元，比上年增加9.4%，高于GDP增速0.4个百分点，高于第二产业增速0.3个百分点，服务业增加值总量居全国第4位。其中，交通运输、仓储和邮政

业增加值为1198亿元，比上年增长9.9%，增长较快。

（4）货物周转量稳步上升，增幅同比增加。2011年，浙江省铁路、公路、水路等各种运输方式货物周转量8627亿吨公里，同比增长21.3%。港口累计完成货物吞吐量12.2亿吨，同比增长8.9%。其中，沿海港口完成8.7亿吨、内河港口完成3.6亿吨，分别增长10.4%和5.4%。

2. 交通运输概况

（1）公路运输。截至2011年年底，浙江省建成高速公路总里程达到3500千米，位居全国第11位，覆盖全省的高速公路网全面形成。2011年，全省完成道路旅客运输量218415万人、908.15亿人公里，同比增长1.3%、3.0%；完成道路货物运输量108654万吨、1434.82亿吨公里，同比增长5.1%、10.5%。

（2）水路运输。2011年，浙江省港口累计完成货物吞吐量12.23亿吨，同比增长8.9%，总量突破12亿吨。其中，宁波—舟山港货物吞吐量达到6.94亿吨，集装箱吞吐量达到1471.92万标准箱，同比增幅12.6%；宁波港货物吞吐量达4.33亿吨，同比增长5.15%，集装箱吞吐量首次突破1400万标准箱，达1451万标准箱，同比增长11.6%，增幅居全球30大港口首位，年集装箱吞吐量排名跃升至中国大陆港口第3位、世界港口第6位。此外，宁波铁水联运发展势头强劲，2011年，宁波利用沿海、沿江港口资源优势，全年完成铁水联运集装箱4.67万标准箱。宁波港通过铁路发送货物2040.6万吨，与2010年同比增加111.5万吨。增长了5.8%，占宁波铁路货物总发送量的89.4%。2011年，浙江省水路完成客运量3465.7万人，同比增长9.8%。其中，内河完成862.8万人，同比增长26.3%；沿海完成2602.9万人，同比增长5.3%。旅客周转量64365万人公里，同比增长6.6%。其中，内河完成9185.1万人公里，同比增长19.2%；沿海完成55179.9万人公里，同比增长4.8%。2011年，浙江省水路完成货运量72856.6万吨，同比增长15.2%。其中，内河完成29138万吨，同比增长9.0%；沿海完成41833.1万吨，同比增长19.8%；远洋完成1885.5万吨，同比增长19.2%。累计完成货物周转量6879.8亿吨公里，同比增长25.8%。其中，内河完成427.5亿吨公里，同比增长12.9%；沿海完成5001.3亿吨公里，同比增长23.4%；远洋完成1451亿吨公里，同比增长39.6%。

（3）铁路运输。2011年，浙江省铁路完成客运量8439万人，旅客周转量381.66亿人公里，分别比上年增长10.5%和5.2%；完成货运量4166万吨，同比增长7.2%，货物周转量312.24亿吨公里，同比增长－8.7%。

（4）航空运输。2011年，浙江省现有的杭州萧山、宁波、温州、舟山、台州黄岩、义乌和衢州7个机场共完成旅客吞吐量3004.9万人次，同比增长4.6%，突破3000万大关。比2002年的766万人次翻了两番；共完成货邮吞吐量42.4万吨，同比增长6.2%。

3. 物流基地发展概况

2011年，浙江省在“大物流”建设工程中重点抓好物流基地建设，取得了显著成绩。

（1）物流基地建设。2011年，浙江省大力推进交通物流基地网络建设，全面推进9个省级重点扶持物流基地和22个市级重点物流基地的整体建设，新建或续建项目共计53个（其中省级重点27个，市级重点26个），计划投资22.45亿元。截至2011年12月底，浙江省和省市两级部门重点扶持物流基地发展累计完成年度投资28.37亿元，完成计划的126.3%。其中，省级重点完成16.77亿元，占全年投资计划的122%；市级重点完成11.6亿元，占全年投资计划的133.1%。

2011年，浙江省共有27个交通物流基地纳入交通大物流扶持引导资金补助范围。其中，6个省级重点扶持物流基地和21个市级重点物流基地计划总投资18.02亿元。截至2011年12月底，纳入资金补助的省、市两级重点扶持物流基地累计完成投资24.82亿元，完成计划的137.7%。其中，省级重点扶持物流基地完成投资13.53亿元，占全年投资计划的137.9%；市级重点扶持物流基地完成投资11.29亿元，占全年投资计划的137.4%。

2011年，浙江省共推进4个物流基地建设，分别是嘉兴现代物流园区、宁波梅山保税港区物流园区、义乌物流园区和绍兴轻纺城现代物流园区。计划完成投资8.12亿元。截至2011年12月底，浙江省累计完成投资9.52亿元，占全年投资计划的116.5%。其中，义乌物流园区内陆口岸一期、宁波梅山保税港区物流园区集卡服务区、轻纺城现代物流园区国际物流信息平台项目已完成建设。义乌物流园区内陆口岸二期项目强夯施工基本完成，准备开始一二期下穿通道工程进场施工。

（2）物流基地评估。2011年，浙江省重点物流基地评估工作共对35家享受交通大物流专项补助资金的省、市级重点物流基地的功能、交通影响、建设和运营情况等进行了评估，实际完成32家，因未开建或工程进度缓慢而推迟评估的3家单位将列入第二次计划，此次评估成果顺利通过验收。评估表明，32家被评估的物流基地有6大突出特点。

一是各级政府成为推动物流基地建设的重要力量。由当地政府成立专职管理委员会（建设指挥部或投资建设公司）统筹基地建设和管理的达16家。

二是交通大物流补助在物流基地的建设中发挥了重要支持作用。自2008年开始，交通大物流补助总额由最初的2135万元增加到2010年度的5140.5万元，受补助基地由最初8家上升到31家。

三是物流基地促进了区域经济发展，提升了物流业的服务水平。通过有效管理物资流、商流、信息流和资金流，提高了商品周转速度，降低了企业运营成本，建立了多层次、全方位、快速高效的综合物流服务体系。

四是通过土地资源的集约化使用，提高了土地使用效率。

五是物流基地将工商、财税、运管、公安等政府监督管理服务职能集聚到同一平台上，更有利于政府部门管理物流市场，提升服务水平。

六是物流基地提高了物流行业的整体运营效率，减轻了周边道路、环境和能源的压力；同时，促进了区域现代服务业的发展，增加了就业机会。

4. 港口物流概况

浙江省是东南沿海建设大型深水港最理想的港址之一，建港条件全国乃至世界少有。港航强省战略被列为浙江交通“十二五”的重头戏。从单项投资规模来看，构建“三位一体”港航物流体系在“十二五”期间投资最大，包括港口码头、集疏运网络项目以及物流交易平台等，总投资预计达到3962亿元。2011年，浙江省各港口采取各种有效措施，确保港口生产稳步增长，全省港口货物吞吐量实现稳中有升。全省港口累计完成货物吞吐量12.23亿吨，破12亿吨。其中，沿海港口累计完成86647.1万吨，同比增长10.4%；内河港口累计完成35675.7万吨，同比增长5.4%。与此同时，浙江积极发展港航服务业，浙江全省水运运力总规模突破2000万载重吨，其中，海运运力达到1721万载重吨，居全国各省（市）第一，海洋经济大省的“蓝色引擎”正在提速。船舶交易市场蓬勃发展，截至2011年12月初全省船舶交易市场已完成船舶交易458艘次，实现交易额45.5亿元，约占全国船舶交易额的30%。此外，自开展对台海空直航后，2011年浙台海运全省港口累计完成集装箱吞吐量165989标准箱，同比增长7%；其他货物吞吐量714411吨，同比增长7%；旅客吞吐量32619人次，同比增长36%；进出港船舶合计

727 艘，同比增长 16%。

二、浙江省推进现代物流业发展开展的主要工作

为推进浙江省现代物流业持续发展，浙江省政府各相关部门积极行动开展推进工作。

一是做好国家《物流业调整和振兴规划》、《关于促进物流业健康发展的若干意见》的贯彻落实工作，梳理浙江省及有关部门支持物流业发展的政策措施，形成统一明确的物流业发展政策；修订完善一批物流业促进政策；开展对现行物流业发展政策实施状况的全面检查，找出薄弱环节，提出解决方案。

二是按照《浙江省"十二五"物流业发展规划》明确的"培育发展现代物流产业体系"，把物流业作为基础产业加大扶持力度，在落实好既有政策的基础上，规划建设一批重点物流园区、推进实施一批重点物流项目、选择培育一批重点物流企业、培养引进一批高素质物流人才和修订完善一批物流业促进政策等"五个一批"重点举措。优先满足重点物流园区建设合理的用地需求；对重点物流园区内的物流企业，优先推荐实行营业税差额征税；以及对新入园物流企业可予以减免城镇土地使用税等。

三是抓住国家《物流业调整和振兴规划》的实施契机，充分依托深水大港、块状经济和电子商务等独特优势，以港口物流、专业市场和产业集群物流、城乡配送和快递物流为发展重点，着力发展第三方物流，着力拓展物流增值服务，着力推广供应链管理，突出体制政策创新，积极推进物流业与制造业、金融业的联动发展，努力构建现代物流产业体系，为浙江省经济发展方式转变提供有力支撑。

四是把物流标准化建设作为推进物流现代化的基础工作。依托浙江省成熟的物流企业制定相关服务标准和技术标准，力争成为国家级标准，扩大浙江省在国家物流通用基础类、物流技术类、物流信息类、物流管理类、物流服务类等领域标准制定的话语权；加快物流管理、技术和服务标准的推广，鼓励企业采用标准化物流计量、货物分类、物品标识、物流装备设施、工具器具、信息系统和作业流程，提高浙江省物流业的标准化水平；加快对现有仓储、转运设施和运输工具的标准化改造，鼓励企业采用标准化的物流设施和设备；实施物流标准化服务示范工程，选择大型物流企业、物流园区开展物流标准化试点工作并逐步推广。

三、浙江省推进大物流建设的主要任务

为推进浙江省现代物流业的发展，浙江省明确了大物流建设的主要任务。

1. 贯彻实施港航强省战略，加快发展港口现代物流

（1）把大力发展港口物流作为重中之重。充分发挥浙江省深水岸线长和沿海岛屿多、建港和储运条件好的优势，依托长三角及长江流域物流市场需求，抓住国际产业转移、上海国际金融中心和国际航运中心建设、浙江海洋经济发展示范区建设等契机，重点围绕大宗商品和国际集装箱两大物流业务体系，以宁波—舟山港为核心，以嘉兴港和温州港、台州港为两翼，着力构建"三位一体"港航物流服务体系。

（2）突出抓好大宗商品交易平台建设，提高国际范围资源集聚整合能力，带动金融、信息以及其他配套服务跟进发展。充分发挥宁波梅山保税港区和洋山保税港区等海关特别监管区优势，大力发展国际中转、仓储、贸易和加工增值服务，加快形成与上海港差异化、特色化协同发展格局，全力打造亚太地区大宗商品物流主要枢纽和我国国际集装箱物流重要枢纽。

2. 加快物流园区建设，发展多式联运

（1）按照集中与分散相结合的原则，围绕海港、空港和铁路、公路场站等交通枢纽，围绕产业集聚区和开发区、专业市场和产业集群等物流需求集聚地，围绕中心城市区域分拨配送中心等，规划建设一批重点物流园区。

（2）统筹规划和发展工业园区、经济开发区、海关特殊监管区域、高新技术产业园区等制造业集聚区的物流服务体系，积极引导区内企业将物流业务外包，扩大物流需求，推动区域内物流基础设施和信息平台等共享共用。把物流高新技术开发应用作为推进物流现代化的重要举措。大力发展多式联运、特种货物、大吨位厢式货车和甩挂运输等现代运输方式。

3. 加快完善集疏运网络，构建物流快速通道

依托不同层次的物流枢纽和物流节点，合理推进物流园区建设。在继续加强杭州空港物流园区、宁波梅山保税港区物流园区、义乌物流园区等重点物流园区建设的同时，根据全省四大物流枢纽的功能分工和杭州、宁波两个全国性物流节点城市定位，依托杭州、宁波、义乌三个全省大通关试点城市条件，分类分层推进物流建设，优化全省物流业发展空间布局。

（1）突出宁波—舟山港口物流枢纽建设，充分发挥保税港区和保税物流园区等开放环境优势，积极推进“三位一体”港航物流服务体系建设，构建大宗商品物流和国际集装箱物流并重发展的国际枢纽港。

（2）加强杭州综合性物流枢纽建设，充分发挥省会城市、电子商务之都和国际空港优势，强化以空港（保税）物流为特色、配送和快递物流为基础的物流体系建设，构建全省综合物流中心。

（3）推进金华—义乌内陆型物流枢纽建设，加快直通关建设，争取设立义乌 B 型保税物流中心，强化内陆口岸和区域中转联运物流中心功能，构建以“全球小商品集散中心”为特色的浙中物流枢纽。

（4）加快温州区域性物流枢纽建设，加快铁路、航空、港口物流基地等的规划建设，充分利用其联结长三角与海西经济区的区位特点，构建浙南闽北区域性物流枢纽。在加强四大物流枢纽建设基础上，推进嘉兴、湖州、绍兴、台州、衢州、丽水等区域性物流枢纽以及县域物流节点建设和发展。

4. 继续培育物流龙头企业，推进产业互动

（1）选择培育一批重点物流企业。根据企业的规模和影响力大小、商业模式优劣、成长性高低等，选择培育一批省级重点物流企业，优先选择培育第三方物流企业和物流重点发展领域企业。各地、各部门给予更多关注和支持，进一步完善重点物流企业联系制度，改进政府服务，帮助企业协调解决发展中面临的困难和问题，在建设用地上给予倾斜，在税收政策上给予优惠，在上市融资上给予优先，在品牌创建上给予支持，促进企业更好地发展壮大，切实担当物流龙头企业的重任。而重点培育发展的物流企业包括浙江传化物流基地有限公司、浙江省八达物流有限公司及华瑞物流股份有限公司等 100 个公司。

（2）按照规划先导、适度超前、滚动开发的原则，推进实施一批符合区域和行业发展规划，具有战略性、带动性和可行性的重点物流项目。一是布局在杭州、宁波—舟山、金华—义乌和温州四大物流枢纽及其他物流节点的物流项目；二是与大宗商品物流和国际集装箱物流相关的港口物流、保税物流项目；三是服务于专业市场和产业集群的仓储与货运配载物流项目和供应链集成服务物流项目；四是构建适应城乡物流配送网络体系需要的城市配送、网货快递和乡村物流配送项目；五是加快推进适应物流信息化、标准化需要的物流信息平台、通用物流信息管理软件开发与推广和物流标准化试点项目。重点推进实施的物流项目有浙江八达物流基地建设项目、英特药业公共医药物

流平台建设项目、杭州市粮食收储有限公司粮食现代物流建设项目和杭州市石大路货运物流中心等90个项目。

（3）鼓励整合物流设施资源。支持大型优势物流企业对分散的物流设施资源进行整合，鼓励中小物流企业加强联盟合作。引导行业系统内的仓储和运输设施开展社会化物流服务，支持商贸流通企业发展共同配送。支持物流企业加强与制造企业合作，全面参与制造企业的供应链管理，或与制造企业共同组建第三方物流企业。制造企业剥离物流资产和业务，可根据《财政部国家税务总局关于企业重组业务企业所得税处理若干问题的通知》（财税〔2009〕59号）等文件规定，享受税收、资产处置、人员安置等相关扶持政策。

5. 加快交通物流公共信息平台建设和推广

积极推进物流技术创新和应用，加强物流新技术自主研发，加快先进物流设备研制，制定和推广物流标准，适时启动物联网的应用示范，以推进物流信息资源开放共享。

（1）以物流标准化、信息化和高新技术开发应用为重点，加快推进物流现代化进程。把物流信息化建设作为推进物流现代化的核心任务。重点要推动物流企业业务运营信息系统建设，支持通用信息模块软件和专业物流业务运营需要的物流信息软件开发推广。积极探索物流公共信息平台建设，包括全省物流公共信息平台、全省电子口岸大通关信息网络，以及道路、水运、铁路、航空等货运信息网络开发，提高物流公共信息服务能力。

（2）加强物流新技术的自主研发，重点支持货物跟踪定位、无线射频识别、物流信息平台、智能交通、物流管理软件、移动物流信息服务等关键技术攻关。适时启动物联网在物流领域的应用示范。加快先进物流设备的研制，提高物流装备的现代化水平。

（3）推动有关部门、重点制造企业和商贸企业、物流企业不断提高物流信息资源的开发利用水平，促进物流信息的科学采集、安全管理、有效利用、深度开发、有序交换和集成应用。

（4）推进物流信息资源开放共享，处理好安全与协同的关系，鼓励采取多种方式实现物流信息的互通交换，促进信息流、物流和资金流的协同和联动，提高物流服务效率和经营管理水平。

（5）大力推广集装技术和单元化装载技术，完善并推广物品编码体系，广泛应用条码、智能标签、无线射频识别（RFID）等自动识别、标识技术以及电子数据交换（EDI）技术，发展可视化技术、货物跟踪技术和货物快速分拣技术，尤其要大力发展和应用物联网技术，全面提高物流运营效率。

6. 重视农产品物流发展，加快推进城乡物流配送体系建设

（1）把农产品物流业发展放在优先位置，加大政策扶持力度，加快建立畅通高效、安全便利的农产品物流体系，着力解决农产品物流经营规模小、环节多、成本高、损耗大的问题。大力发展农超对接、农校对接、农企对接。完善农产品增值税政策，鼓励大型企业从事农产品物流。加快建立主要品种和重点地区的冷链物流体系。加大对农产品批发市场、农贸市场的政府投入和政策扶持。严格执行鲜活农产品绿色通道政策和配送车辆24小时进城通行、便利停靠政策。加快发展粮食和棉花现代物流基地。

（2）完善城乡配送基础物流网络。适应连锁经营业态发展需要，鼓励企业应用现代物流管理技术，在大中城市发展面向流通企业和消费者的社会化协同配送物流服务。抓好杭州城市配送物流体系建设试点，解决配送中心、城市快递、配送车辆通行、停靠和装卸作业等问题，提高城市配送的专业化水平。适应城乡一体化发展进程，着力加强以农村货运站为主体的农村物流基础设施建设，加快小件快运推广工作与乡村配送物流建设。完善药品、食品、鲜活农产品的冷藏、加工、运输和配送等物流

设施，以国家发展和改革委员会于 2011 年发布的《农产品冷链物流发展规划》为契机，提高药品、食品、鲜活农产品冷藏运输比例，支持发展农资和农村消费品物流配送中心建设。

7. 切实解决公路乱收费问题

为切实解决收费公路超期收费、违规设站（点）等突出问题，国务院办公厅发布《关于开展收费公路专项清理工作的通知》。《国务院办公厅关于促进物流业健康发展政策措施的意见》也提到要促进物流车辆便利通行，包括进一步降低过路过桥收费，减少普通公路收费站点数量，控制收费公路规模，优化收费公路结构。大力推行不停车收费系统，提高车辆通行效率。要促进物流车辆便利通行，就要降低过路过桥收费，大力推行不停车收费系统，同时加强城市配送管理，解决城市中转配送难、配送货车停靠难等问题。

8. 加强对物流业扶持力度

（1）以深化改革开放为重点，着力改善物流业发展环境。积极争取宁波—舟山港分享上海国际航运中心的优惠政策。加快口岸开放步伐，争取增加沿海港口开放口岸和内陆义乌等地航空开放口岸，不断拓展沿海保税港区及内陆口岸保税物流功能，争取设立中国（浙江）大宗商品交易中心和以大宗商品国际贸易为特色的保税港区。探索建立适应供应链管理和物流网络一体化发展的体制机制，进一步深化研究物流业税收政策、地价政策、物流金融创新和宁波—舟山港管理一体化方案，为“十二五”时期浙江省物流业大发展创造有利的发展环境。

（2）强化基础产业定位。充分认识物流业对其他产业的渗透作用和带动效应，进一步强化物流业在国民经济中的基础性作用，加大产业的规划引导力度，强化政策扶持，加快物流基础设施建设，促进物流业加快发展，进而带动其他产业发展。

（3）积极引导银行业金融机构加大对物流企业的信贷支持，拓宽融资渠道。切实减轻物流企业税收负担。完善物流企业营业税差额纳税试点办法，扩大试点范围，尽快全面推广。研究解决仓储、配送和货运代理等环节与运输环节营业税税率不统一问题。

（4）改善大宗商品仓储设施用地的土地使用税政策，加大对物流业的土地政策支持力度。科学制定物流园区发展规划，对纳入规划的物流园区用地给予重点保障。支持将工业企业旧厂房、仓库和存量土地资源用于发展物流业。

（5）改进对物流企业的管理。放宽对物流企业资质的行政许可和审批条件，逐步减少行政审批，提高审批效率。

（6）培养引进一批高素质物流人才。发挥高等院校作用，在本科院校和高职院校、技工学校中建立不同培养目标的物流教学体系，培养适应不同岗位需要的物流人才。发挥行业协会和骨干企业作用，加强与国内外培训机构的合作，开展物流人才的培训工作。提高在职培训针对性，企业高管和高级工程技术人员培训以“走出去”为主，重点学习新理念、新知识和新商业模式，企业一般员工重点提高岗位技能，新入职大学生重点提高岗位适应能力。大力推行物流职业资格证书制度，开展物流领域技能鉴定工作。通过努力，力争用 3～5 年时间，培养 150 名左右具有世界眼光、战略思维、熟悉国际惯例和规则、掌握本行业专业知识的现代物流业领军人才；引进 1000 名左右现代物流业高端人才和紧缺急需骨干人才，争取 10 名左右列入浙江省“海外高层人才引进计划”，2 名左右进入国家“千人计划”。面向国内外引进高级技术职称或博士学位的高层次物流人才，所支付的一次性住房补贴、安家费、科研启动经费等费用，可根据实际在计缴企业所得税前扣除，必要时给予适当资金补助，鼓励以智力资本入股或参与分红。

（丁　飞　方雅红　彭弋凌　范琳琳　林佳晓　浙江工商大学）

江西省

2011年，在经济增速放缓、物流市场竞争激烈的形势下，江西省物流需求持续活跃，现代物流业继续保持平稳快速的增长势头，为全省社会和经济发展作出了重要贡献。

2011年，江西省物流业运行情况如下：

一、社会物流总额

2011年，江西省物流需求仍较旺盛，社会物流总额为33856亿元，现价较上年增长27.6%，涨幅较上年同期回落4.2个百分点，但仍保持较快增长。从物流总额构成看，工业品物流总额所占比重大，达到21263亿元，同比增长37.42%，占全省社会物流总额的62.8%，所占比重较上年提高4.6个百分点；农产品物流总额为1620亿元，同比增长18.5%，占社会物流总额的4.78%；区域外流入货物物流总额为9168亿元，同比增长15.1%，占社会物流总额的27%；贸易批发购入物流总额为1674亿元，同比增长19%，占社会物流总额的4.9%；再生资源物流总额为102亿元，由于统计范围调整，同比下降幅度较大；单位与居民物品物流总额29亿元，同比增长20.8%。

二、社会物流总费用

社会物流总费用占GDP的比重稳中有降。2011年，江西省社会物流总费用为2219亿元，同比增长22%。社会物流总费用与GDP的比率为19.2%，比上年降低0.1个百分点。

在物流总费用的构成中：运输费用为1311亿元，比上年增长18.7%，占社会物流总费用的59.1%。其中，铁路运输费用为112亿元，同比增长7.1%，占运输费用的8.6%；道路运输费用为1052亿元，同比增长20.88%，占运输费用的80.37%；水上运输费用为11亿元，同比增长9.51%，占运输费用的0.8%；装卸搬运及其他运输费用为134亿元，同比增长12.8%，占运输费用的10.2%。

保管费用为654亿元，同比增长27.6%，占社会物流总费用的29.5%。其中，利息费用为253亿元，同比增长27.8%，占保管费用的38.7%；仓储费用为169亿元，同比增长27.3%，占保管费用的25.9%；保险费用为8亿元，占保管费用的1.2%；物品损耗费用33亿元，占保管费用的5%；配送费用为29亿元，占保管费用的4.4%；流通加工费用为134亿元，占保管费用的20.5%；包装费用为26亿元，占保管费用的3.9%；信息及相关服务费用为2亿元，占保管费用的0.4%。管理费用为234亿元，同比增长14.3%，占社会物流总费用的11.4%。

三、物流业增加值

2011年江西省物流业增加值稳步增长，达到759亿元，现价同比增长24%，增速快于第三产业的增速；物流业增加值占第三产业增加值的21.1%；物流业增加值占全省GDP的6.6%，比重较上年略有增加。

四、物流业固定资产投资

2011年，江西省物流相关行业固定资产投资为715亿元。

（江西省发展和改革委员会）

山东省

自2009年山东省政府发布《山东省现代物流业振兴发展规划》后，山东省物流业发展环境和条件不断得到改善，物流需求快速增长，基础设施不断完善，服务水平显著提升，对国民经济的支撑作用明显增强。

一、2011年山东省物流业发展的总体情况

2011年，山东省物流运行保持了平稳较快发展态势，社会物流需求持续增加，产业投资不断增长，物流业增加值稳步上升，为保证山东省经济平稳较快发展发挥了重要的支撑保障作用。与此同时，社会物流总费用较快增长，经济运行中的物流成本依然较高。

1. 社会物流总额增势较快

2011年，山东省社会物流总额为133922.7亿元，同比增长26.5%，增幅比上年提高3.8个百分点。其中，工业品物流总额为105145.0亿元，同比增长18.8%，占社会物流总额的比重为78.5%；省外货物流入总额为12235.3亿元，同比增长22.9%，占社会物流总额的比重为9.1%；进口货物物流总额为7117.8亿元，同比增长26.3%，占社会物流总额的比重为5.3%；农产品物流总额为5245.9亿元，同比增长3.8%，占社会物流总额的比重为3.9%；再生资源物流总额为1752.0亿元，同比增长17.3%，占社会物流总额的比重为1.3%；省外货物过境出口总额为1475.2亿元，同比增长22.9%，占社会物流总额的比重为1.1%；单位与居民物流总额为951.4亿元，同比增长20.2%，占社会物流总额的比重为0.7%。

2011年，山东省共完成货物发送量32.6亿吨，同比增长5.81%。其中，铁路发送货物2.41亿吨，同比增长10.43%；公路发送货物27.94亿吨，同比增长5.68%；水路发送货物1.59亿吨，同比增长1.52%；航空发送货物15.53万吨，同比增长3.19%；管道发送货物6262万吨。

2011年，山东省17个市中有6个市的物流总额过万亿元，它们依次是：青岛市，物流总额为25371.9亿元；烟台市，物流总额为15802.8亿元；临沂市，物流总额为15065.2亿元；淄博市，物流总额为12119.9亿元；潍坊市，物流总额为11862.0亿元；济南市，物流总额为10705.3亿元。这6个市的物流总额合计占山东全省物流总额的58.1%。此外，东营市的物流总额达到9392.7亿元，接近万亿元；还有6个市的物流总额超过5000亿元，聊城市和泰安市的物流总额超过7000亿元，威海、德州、济宁和滨州4市的物流总额均超过6000亿元，具体情况如表1所示。

表 1　　2011 年山东省及各市物流业增加值统计情况

地区名	物流业增加值（亿元）	物流增加值占 GDP（%）	物流增加值占第三产业（%）
山东省	3334.5	7.3	19.1
济南市	308.4	7.0	13.2
青岛市	569.0	8.6	18.0
淄博市	269.2	8.2	22.7
枣庄市	129.4	8.3	25.1
东营市	107.7	4.0	16.3
烟台市	252.9	5.2	14.7
潍坊市	281.1	7.9	23.0
济宁市	182.5	6.3	18.1
泰安市	129.5	5.6	14.6
威海市	130.9	6.2	16.4
日照市	115.3	9.5	26.1
莱芜市	60.7	9.9	30.3
临沂市	351.6	12.7	31.7
德州市	143.5	7.4	21.7
聊城市	137.2	7.2	23.8
滨州市	130.1	7.2	19.5
菏泽市	118.1	8.0	26.0

表 1 显示的各市物流总额及其占比情况，客观地反映了山东省 17 个市的经济总量和经济结构特点。农产品物流总额占比较高的市有潍坊市（占比为 11.1%）、济宁市（占比为 11.1%）和烟台市（占比为 9.0%），这三个市是山东省的农业大市；工业品物流总额占比居前三位的是青岛市、烟台市和潍坊市，占比分别为 12.5%、11.8% 和 9.1%；进口物流总额占比居前三位的依次是青岛市、烟台市和日照市，所占份额分别是 28.6%、16.9% 和 15.3%；外地过境物流总额占比居前三位的是临沂市、青岛市和日照市，占总额比分别为 52.3%、39.4% 和 5.1%。

2. 社会物流总费用较快增长，经济运行中的物流成本依然较高

2011 年，山东省社会物流总费用达 8124.8 亿元，增长 14.7%。其中，运输费用为 4766.9 亿元，占社会物流总费用的比重为 58.7%；保管费用为 2492.8 亿元，占比 30.7%；管理费用为 865.1 亿元，占比 0.6%。社会物流总费用与 GDP 的比例为 17.88%，与 2010 年基本持平，社会经济运行的物流成本仍然较高。

3. 物流业增加值保持平稳较快增长

2011 年，山东省物流业实现增加值 3334.5 亿元，同比增长 16.1%。物流业增加值占 GDP 的比重为 7.3%，占服务业增加值的比重为 19.14%。

从各市物流增加值总量来看，排位前三的市依次是：青岛市，物流增加值为 569 亿元；临沂市，物流增加值为 351.6 亿元；济南市，物流增加值为 308.4 亿元。从占当地同期生产总值的比重看，临沂市最高占比为 12.7%；其次是莱芜和日照，占比依次为 9.9% 和 9.5%。从物流业增加值占第三产业增加值比重看，居前三位的市依次为临沂市、莱芜市和日照市，占

比分别为31.7%、30.3%和26.1%（见表2）。

4. 物流相关产业新增固定资产增长较快，但新增固定资产投资增幅下降

2011年，山东省物流相关产业固定资产投资额为2320亿元，同比增长16.2%，增幅比山东省固定资产投资增幅低5.6个百分点，比上年下降9.5个百分点。新增固定资产1520.7亿元，同比增长38.9%。其中，交通运输业新增固定资产为623.2亿元，同比增长58.3%；仓储邮政业159.6亿元，同比增长9.7%；贸易业677.9亿元，同比增长25.2%。从17个市的情况看，物流业投资完成额增幅较高的是潍坊市、聊城市和东营市，增幅分别为114.9%、69.1%和52.2%；物流投资下降较大的三个市分别是莱芜市、德州市和济南市，降幅分别为23.1%、21.2%、10.7%。

二、山东省物流业发展的特点

1. 物流市场需求增加，物流企业快速增长

随着山东省经济发展方式转变和产业升级步伐的加快，全省物流运行模式不断出现新变化。制造企业加快资源整合、流程再造，不断释放物流资源。目前，全省80%以上的规模企业，采取多种方式分离外包物流服务功能，建立了一大批以企业集团内部服务为主、逐步面向社会服务的物流企业。物流需求不断增加，初步形成了分离分设物流中心、合资合作物流公司和全面外包主辅剥离物流公司配套等不同形式的两业联动发展模式；商贸物流加快发展，生产资料流通企业和传统批发市场升级改造，市场规模不断扩大；农产品进城、农资和日用工业品下乡带来较大的物流需求，推动了物流企业的快速增长。2011年，全省从事物流业务的企业已达17000多家，其中，有骨干企业661家、有进入全国100强的企业23家、有享受全国税收试点的企业62家、有69家企业被评为“山东服务名牌”企业。物流企业向规范经营和专业化服务延伸，专业化物流服务能力不断增强，形成了由多种所有制、不同经营规模和多种服务模式构成的具有行业特色的物流企业群体。

2. 行业物流得到快速发展，专业化物流服务水平不断提升

2011年，山东省具有行业特色的物流企业保持了较快的发展速度，钢铁、煤炭、轻工、石油化工、汽车及零部件、纺织、医药及农产品等行业不断整合物流业务，与物流企业结成战略合作联盟关系，物流供应链一体化建设扎实推进。东营市完善石化物流供应链建设，以港口、油田、炼油厂为基础，加快推动石化产品的储存、运输等供应链管理。兖州整合煤炭资源，建立了煤炭产品的加工、存储、配送的供应链系统。寿光建立了农村物流服务体系，以农产品为重点，开展冷链物流一体化建设。淄博建设危险化学品物流的跟踪与监控体系，加强危化品行业物流的推动和管理。工农商贸企业资源整合，专业化一体化物流供应链模式逐步形成，出现一批专业化物流企业，如以危险化学品物流为主的依厂物流、用国际集装罐运输化工产品的烟台德华物流，以图书物流为主的临沂新华印刷物流集团等。物流企业不断创新服务方式，供应商管理库存、供应链金融、卡车航班、保税物流等服务新模式得到推广运用。

3. 物流基础设施建设逐步完善，物流信息化技术得到充分应用

2011年，山东省物流基础设施建设成效显著，综合运输体系正在加快形成，多种运输方式衔接的联运、转运枢纽规划建设步伐加快，各地贯彻物流业振兴发展规划，物流园区、物流中心建设进度加快。山东省已有物流园区245个，在建园区94个，规划新建园区37个，物流中心407个。物流园区资源逐步整合，信息化水平和园区服务功能不断提升，园区内积聚了大量物流企业，拉动了社会就业，带动了区域经济的发展。山东盖世物流、德州运达物流等一批重点园区显示了良好的企业效益和社会效益。

表 2　　2011 年山东省及各市物流总额统计情况　　单位：亿元

	合　计	其中：农产品物流总额	工业品物流总额	进口货物物流总额	外地货物过境总额	外地货物流入总额	再生资源物流总额	单位与居民物品物流总额
山东省	133922.7	5245.9	105145.0	7117.8	1475.2	12235.3	1752.0	951.4
济南市	10705.3	330.3	5225.6	281.1	—	4639.2	56.0	173.1
青岛市	25371.9	404.7	13181.3	2049.8	4763.4	4790.7	123.0	59.0
淄博市	12119.9	166.2	9575.6	205.0	—	2115.2	10.7	47.2
枣庄市	4243.8	180.1	3491.7	14.4	—	441.5	98.4	17.7
东营市	9392.7	156.0	8177.4	378.4	—	649.1	12.7	19.0
烟台市	15802.8	460.7	12351.4	1204.8	155.2	1550.7	80.0	67.1
潍坊市	11862.0	571.9	9606.5	240.6	—	1270.0	75.5	97.5
济宁市	6431.9	571.3	4124.7	172.8	—	1490.0	17.0	56.1
泰安市	7018.0	297.5	4728.7	41.1	—	1901.4	18.3	31.1
威海市	6989.0	186.9	5288.8	399.2	223.2	827.9	25.0	37.9
日照市	4842.5	150.4	2713.9	1093.5	620.5	237.5	6.3	20.4
莱芜市	2032.8	66.6	1384.4	232.0	—	328.0	12.0	9.8
临沂市	15065.2	398.0	5913.9	207.0	6324.0	1092.0	1099.0	31.3
德州市	6563.4	306.4	5285.5	60.4	—	780.0	90.0	41.0
聊城市	7131.4	342.8	5408.6	244.1	—	1042.4	54.8	38.7
滨州市	6155.3	277.4	5110.2	248.4	—	474.6	4.5	40.2
菏泽市	4836.2	278.1	3577.5	83.9	—	837.6	16.8	42.4

2011 年，山东省物流业信息化建设不断推进，仓储管理、运输管理、采购管理、客户关系管理系统得到普遍应用，从事物流业务的企业中有90%以上建立了内部局域网，其中20%是针对部门级业务流程；企业资源计划（ERP）和供应链管理（SCM）软件应用开始普及，RFID等物联网技术在车辆监管、物品定位管理、自动识别分拣、配载配送和路径优化技术等开始应用，出现了网上交易、金融、检测、配送等集成化电子商务服务的信息平台。物流信息平台、物流服务平台，仓储管理系统、运输管理平台、电子报关等一批先进适用的信息化项目，为全省现代物流业的发展起到了重要的技术支撑作用。

4. 制造业与物流业联动发展成效显著

山东省制造业与物流业联动发展起步早，发展速度快，成效显著。近几年，按照山东省委、省政府第二、第三产业剥离工作的部署，全省相关部门加快了推进制造企业释放物流需求、剥离物流服务环节的工作。2011 年，山东省政府办公厅下发了《关于加快推动制造业与物流业联动发展的实施意见》，首批启动了40个项目，在全省范围内开展了制造业与物流业联动发展示范工程。经调研显示，实施意见的出台推动了全省供应链一体化运作，示范工程带动作用明显，85%以上的制造企业采用现代物流管理的理念和方法实施流程再造，并在仓储、运输和配送等多个环节实施了物流剥离、合作和服务外包，取得明显经济效益。2011年，山东省社会物流总费用与 GDP 的比率为17.88%，同比下降0.7个百分点，相当于新增社会效益 276 亿元，物流运行效率不断提高，潍柴动力、山东海化集团、首钢东星、冰轮集团、鲁南制药、济钢集团等制造企业实施主辅分离，开展供应链一体化管理，企业物流成本平均下降11%以上。张裕集团实施物流外包产成品吨公里运价比过去下降了45%；山钢集团推进水铁联运和供应链整合后，年降低物流成本3亿元；山东立晨物流与临工沃尔沃联动发展，提供供应链管理一体化服务，联动发展合作后2011年为临工沃尔沃节约物流费用30%。

总体看来，山东省经济的平稳发展为全省现代物流业的发展提供了广阔的市场空间和服务需求。未来几年，随着宏观经济稳步发展和山东省政府促进物流业健康发展政策措施的出台，全省物流运行和企业经营活动一定会更加健康有序。

表3　　2011 年山东省及各市物流行业投资完成额统计情况

地市名称	固定资产投资（亿元）	物流相关行业固定资产投资（亿元）	其中			各市物流投资额占山东省的比重（%）	物流投资占全部投资（%）
			交通运输业（亿元）	邮政仓储业（亿元）	批发零售业（亿元）		
山东省	25928.4	2320.0	1039.8	335.1	945.0	100.0	8.9
济南市	1934.3	147.8	96.3	13.7	37.8	6.4	7.6
青岛市	3502.5	400.9	259.7	34.8	106.4	17.3	11.4
淄博市	1499.2	120.4	—	—	—	—	—

（山东省经济和信息化委员会）

四川省

2011年，四川省围绕“两个加快”，牢牢把握“高位求进、加快发展”的工作基调，着力强化“投资拉动、产业支撑”，加快推进地震灾后恢复重建和灾区发展振兴，全力保持经济平稳持续较快发展，着力保障和改善民生，全省经济社会保持良好发展态势，物流业稳定发展，效率不断提高，实现了“十二五”的良好开局。

一、综合经济发展

2011年，四川省实现地区生产总值（GDP）为21026.7亿元，比上年增长15.0%。其中，第一产业增加值2983.5亿元，比上年增长4.5%；第二产业增加值11027.9亿元，比上年增长20.7%；第三产业增加值7015.3亿元，比上年增长10.9%。三次产业对经济增长的贡献率分别为4.3%、70.0%和25.7%。人均地区生产总值为26133元，比上年增长15.9%。三次产业结构由上年的14.4∶50.5∶35.1调整为14.2∶52.4∶33.4。

1. 工业经济增长较快

2011年四川省实现全部工业增加值9491亿元，比上年增长21.6%，对经济增长的贡献率为62.4%。新建投产规模以上工业企业855户，年末规模以上工业企业户数达11860户。全年规模以上工业增加值比上年增长22.3%。

2. 农业生产稳步发展，农村经济运行良好

2011年四川省粮食作物播种面积比上年增长0.6%。油料作物播种面积达1232.8千公顷，比上年增长1.1%；药材播种面积98.8千公顷，比上年增长3.9%；蔬菜播种1205.6千公顷，比上年增长3.8%。全年粮食总产量比上年增长2.1%。其中，小春粮食产量比上年增长3.2%；大春粮食比上年增长1.9%。经济作物中，油料产量278.4万吨，比上年增长3.7%；棉花产量1.5万吨，比上年增长3.2%；麻类产量6.1万吨，比上年下降4.8%；烟叶产量24.9万吨，比上年增长1.6%；蔬菜产量3573.6万吨，比上年增长6.4%；茶叶产量18.6万吨，比上年增长10.0%；水果产量776.6万吨，比上年增长7.4%。

3. 投资规模继续扩大

2011年，四川省完成全社会固定资产投资15141.6亿元，比上年增长17.7%（按可比口径）。

4. 消费品市场平稳较快增长

2011年，四川省实现社会消费品零售总额7837.4亿元，比上年增长8.1%。

二、物流业稳定增长

2011年，四川省社会物流总额已达到40011亿元，按可比价格计算，同比增长9.2%，保持较快增长，但增幅比上年下降6.7个百分点。2011年，四川省工业品物流总额达到27972.59亿元，占全部物流总额的比重为69.9%，在2010年的基础上又上升1.5个百分点。

2011年，四川省公路、铁路、航空和水路等运输方式完成货物周转量1909.4亿吨公里，比上年增长11.6%。全省铁路营运里程达3532公里，高速公路通车里程达3009公里；全省内河港口年集装箱吞吐能力达100万标准箱。2011年四川省公路、铁路、航空和水运方式完成运输量的情况见下表。

2011年四川省公路、铁路、航空和水路运输方式完成运输量统计表

指　标	单　位	绝对数	比上年增长（%）
货物运输周转量	亿吨公里	1909.4	11.6
公路	亿吨公里	1139.1	15.6
铁路	亿吨公里	672.6	4.6
民航	亿吨公里	7.6	-0.8
水路	亿吨公里	90.2	20.1

2011年，四川省社会物流总费用增长较快，经济运行中的物流成本依然较高。初步测算，2011年社会物流总费用为3947.63亿元，比上年增长20.5%，增速比上年高4.1个百分点，比全国物流总费用增速18.5%高2个百分点。

社会物流费用占GDP比率下降加快。初步测算，2011年四川省社会物流总费用与GDP的比率为18.8%，比上年降低0.6个百分点，比全国17.8%低1个百分点，在2010年与全国水平差1.6个百分点的基础上有较大提高，说明四川省物流总体运行水平正在加快向现代化、规模化转变。

三、四川省现代物流协会积极推动物流业发展

2011年，在四川省发展和改革委员会的指导和支持下，四川省现代物流协会（以下简称协会），按照省委省政府建设西部经济高地、加快物流业发展的总体要求，坚持为会员、为企业、为政府服务的宗旨，各项工作取得了新的进步。

1. 积极推进相关政策实施

贯彻国务院《物流业调整和振兴规划》（国发〔2009〕8号）、“国八条”、“国九条”文件精神，组织学习宣传贯彻活动。围绕四川省委九届四次全会确定把四川建设成为中国西部经济战略高地、“西部物流中心”的精神开展工作。按照省政府发布的《四川省西部物流中心建设规划》引领物流行业健康发展。按照省发展和改革委员会要求，积极促进部分企业物流项目列入省重点项目；落实国务院关于促进物流业发展的实施意见，向政府相关部门提出具体建议；参与完成《四川省物流业中长期发展研究》、正在组织完成《“十二五”四川省冷链物流发展规划》。

2. 组织评选全国物流劳模

按照国家人力资源与社会保障部、中国物流与采购联合会的要求，协会与省发展和改革

委员会、省人力资源与社会保障厅联合组织全省参与评选四川“全国物流行业先进集体劳动模范和先进工作者”活动，经各市州推荐、审核小组评选、全省公示。四川省“成都市现代物流发展领导小组办公室”获得“全国物流行业先进集体”称号，有12人获得“全国物流行业劳动模范”称号，有4人获得“全国物流行先进个人”称号。

3. 成功举办展会和论坛

2011年11月，由四川省现代协会主办的“2011第四届中国西部（成都）国际物流与交通产业博览会”在成都举办。博览会共吸引了美国安博、普洛斯、中海集团、四川航空、招商局物流、遂宁物流港、泸州港、安得物流、重庆轮船集团、奔驰重卡、江淮汽车、丰田叉车等300余家企业参展。同时博览会邀请到了甘肃、青海、云南、陕西、宁夏、内蒙古、重庆、贵阳等西部省（市）物流行业组织组团参会。同期还举办了“2011西部物流产业发展高峰论坛”，有来自物流及相关产业的300余位代表参加了论坛。论坛上举行了“首届西部物流百强企业授牌典礼”，“西部物流百强企业”评选活动是首次由西部省（市）区物流行业组织联合举办的，计划每两年举办一次，意在打造“西部物流百强企业”品牌。四川省有28家物流企业入选西部百强榜单。

4. 做好物流统计工作

四川省政府极为重视物流统计工作，多次召开会议研究推进全省物流统计工作。四川省政府办公厅在《关于建立物流统计分析制度的通知》（川函〔2011〕125号）中进一步明确协会做好物流统计季度分析的职责，省发展和改革委员会、省统计局极为重视。四川省现代物流协会已与省发展和改革委员会、省统计局三家联合对外发布了“2009年四川物流运行情况通报”和“2010年四川省物流运行情况通报”。为使物流统计信息更准确，协会还专门组织“物流统计及直报系统填表培训会”，对相关企业人员进行培训。

物流统计工作作为协会承担的政府委托和联合推进的重要事项，将成为协会重要的日常工作，成为指导行业发展和政府制定政策的重要依据。

5. 推进国家A级物流企业的评审认定工作

2011年，在四川省政府相关部门和中国物流与采购联合会的支持下，省A级物流企业的认定工作得到企业的积极响应和支持，工作全面开展。四川省现代协会在成都、泸州、遂宁召开“国家A级物流企业标准宣贯培训班”后，又在攀枝花等地推进标准的贯彻实施，先后有近300多人参加培训。截至2011年年底，四川省获得A级物流企业认证资质的物流企业达51家，其中2011年新增物流企业27家，是历年A级物流企业增加数量最多的一年。2011年，四川省4A级物流企业已达到12家。

6. 进一步扩大物流企业税收试点

2011年，协会与省发展和改革委员会共同完成17家物流税收试点企业的审核推荐工作，获国家税务总局批准14家。截至2011年年底，四川省已获批物流税收试点企业33家，有效解决了试点企业营业税重复纳税问题，减轻了企业税务负担，有力地支持了物流产业发展。2011年11月，协会与省发改委审核推荐了32家企业进入税收试点系列，待国家税务总局审批。

此外，2011年四川省有二重万路、东方物流等5家企业被国家发改委列为“全国制造业与物流业联动示范企业”。2011年，协会加强对外交流，积极参与相关活动，接待国家、河南、山东、陕西、湖南等省的政府和物流行业组织来川做发展现代物流考察，对推动四川省现代物流健康发展，做了大量工作，发挥了桥梁和纽带作用。

（文德华　四川省现代物流协会副会长兼秘书长）

沈阳市

2011 年，面对国内外较为复杂的发展环境，沈阳市深入贯彻落实《沈阳市贯彻落实国务院〈物流业调整和振兴规划〉的实施意见》精神，全力推动重点物流项目和基础设施建设，扎实推进制造业与物流业联动发展、物流企业差额纳税试点申报等工作，全市物流业继续保持平稳较快发展态势。

一、2011 年物流业发展基本情况

1. 物流业增加值增幅放缓

2011 年，沈阳市物流业增加值实现 241.1 亿元，比上年增长 7.5%，但增幅有所回落，比上年同期回落了 4.3 个百分点；物流业增加值占地区生产总值的比重为 4.1%，占服务业增加值的比重为 9.2%，分别比上年同期回落 0.5 和 1.1 个百分点，物流业对地区生产总值增长的贡献率保持在 2.8%，比上年同期回落了 1.2 个百分点。

2. 货运总量增长较快

2011 年，沈阳市铁路、公路、航空货运总量达到 19405.7 万吨，比上年增长 11.9%，继续保持平稳增长势头。其中，铁路货运量实现 504.1 万吨，比上年下降 6.3%；公路货运量实现 18897 万吨，比上年增长 12.5%；民航货运量实现 4.3 万吨，比上年略下降 0.5%。全市铁路货物周转量达到 247.4 亿吨公里，同比增长 14.9%；公路货物周转量达 289.55 亿吨公里，同比增长 13.1%；民航货邮周转量达 8437.7 万吨公里，同比下降 0.1%。

3. 物流业固定资产投资增势强劲

2011 年，沈阳市物流业固定资产投资仍然呈现较快增长态势，且增势更加明显。全市物流业固定资产投资总额已实现 265.8 亿元，比上年增长 121.1%，增幅高于全社会固定资产投资 91.9 个百分点，且高于上年同期 97.7 个百分点，占服务业固定资产投资总额的 9.1%，位列服务业 14 个行业中的第 2 位。

4. 物流基础设施日趋完善

2011 年以来，沈阳市铁路、公路、航空场站和货运枢纽等基础设施建设加快。沈彰开发大道、四环快速路等项目均已开工建设；T3 航站楼工程已开展施工；以现代物流理念建设的各类物流集中发展区、物流中心、配送中心规模逐渐壮大；金杯、沈飞、新松等现代装备制造业企业发展势头良好；立体仓库、托盘、货架、集装箱、机动工业车辆和自动拣选设备等物流技术装备发展迅速。

5. 重点物流项目建设取得新进展

2011 年，沈阳市重点物流项目建设奋力提速。经争取，沈阳综合保税区正式获得国务院批准，成为继大连保税区后辽宁省第二个综合

保税区；沈阳国际物流港、美的集团东北家电物流及生产基地、沈阳副食集团冻品联盟总部、上海宇培集团宇航物流中心、中储股份辽宁物流产业园、营口港法库内陆港等一批重大物流项目接连启动，增强了沈阳市物流发展保障能力；东北汽配商贸中心、东北农副产品交易中心、辽宁联合物流、佳怡物流、沈阳副食集团塔湾物流中心等一批在建项目竣工投产，助推全市物流业结构优化升级。

二、沈阳市物流业发展的对策措施

总体看来，沈阳市物流业发展取得了一些成绩，但制约行业发展的瓶颈问题尚未完全解决，一是专业化的物流服务供给能力明显不足，“大而全”、“小而全”的企业物流运作模式还占有相当比例，无法满足市场需要；二是物流市场不规范，准入门槛低，丢失、损坏货物，卷款潜逃现象屡有发生；三是物流人才储备不足，导致物流企业发展后继乏力。这些问题如不妥善解决，将会影响全市物流业发展的进程。

为此，沈阳市政府要着力做好以下工作：

一是培育物流企业品牌。推动第三方物流企业通过信息和管理技术集成创新，拓展增值服务空间，提升物流服务能力。在继续扩大开放和引进国际知名物流企业的同时，培育一批为石化、汽车、医药、电子、连锁商业、食品等行业提供服务的专业化、社会化第三方物流企业；支持一批本市物流企业与国内外知名物流企业进行合资合作，组建战略联盟，形成规模化、专业化的品牌物流企业。

二是推动物流业规划的实施。紧密围绕全市“十二五”物流业发展规划的指导思想和目标任务，加强同各有关部门的协调配合，对规划的重点物流园区和项目实施动态监测；密切关注物流业发展动向和变化趋势，研究分析规划的落实和推进过程中的实际问题，不断深化完善物流业发展的思路和措施，保障“十二五”物流规划的顺利实施。

三是加快物流业与制造业联动发展。积极推进大型制造业企业尤其是沈机床、沈重、远大等工业企业，通过改革和企业重组等措施，逐步将物流业务从生产中分离出来。实施一批制造业和物流业联动发展的示范工程和重点项目。

四是加大政策扶持力度。认真贯彻落实“国九条”，结合我市的实际情况，在财政、税收、土地、工商、金融等方面建立和完善物流业发展具体政策，促进我市现代物流业加快发展。并根据国家发展和改革委员会文件精神对物流配送、农产品冷链物流等方面项目，积极争取国家资金支持。

五是加快构筑人才培养体系。引导物流企业与教育机构紧密结合，加强物流实训基地建设，采取定向培养、委托培养等方式，共同实施教学培训，提高物流人才的本土开发能力，提高物流从业人员的专业素质。同时，鼓励物流企业积极面向海内外引进物流领域的高层次人才，从而吸收国内外先进的物流管理模式和物流信息技术，实现以人才实力提升竞争实力。

（汤筠伟　沈阳市发展和改革委员会经贸处处长）

长春市

2011年，随着长春市经济的平稳较快增长，长春市物流业的整体运行情况良好，各项物流指标均有不同程度上扬，重点物流项目建设进展顺利。

一、物流业运行情况

1. 物流业各项指标完成情况

2011年，长春市社会物流总额达12565.3亿元，同比增长16.5%，占国家物流总额的0.79%。其中，工业品物流总额为7015.7亿元，占长春市社会物流总额的55.8%；外部流入物流总额为5034.9亿元，占全市社会物流总额的40.1%；农产品物流总额为469亿元，占全市社会物流总额的3.7%；再生资源物流总额为35.5亿元，约占全市社会物流总额的0.3%；单位和居民物品物流总额为10.2亿元，约占全市社会物流总额的0.1%。

2011年，长春市社会物流总费用为687.8亿元，同比增长15.7%。其中，运输费用362.1亿元，占全市社会物流总费用的52.6%；保管费用为239.9亿元，占全市社会物流总费用的34.9%；管理费用为85.77亿元，占全市社会物流总费用的12.5%。2011年，长春市社会物流总费用与GDP的比率为17.18%，比上年下降0.67个百分点。

2011年，长春市物流业增加值为276.7亿元，同比增长18.6%，占全市服务业的比重为14.7%，对GDP的贡献率为6.34%。

2. 物流企业发展情况

近几年，在国家陆续出台一系列推动物流业发展的政策带动下，长春市物流企业的数量和规模均有增长的趋势。

截至2011年12月末，长春市企业物流及物流相关企业已经发展到3676户，其中，物流企业3032户，占总数的82.5%；企业物流644户，占总数的17.5%。

在所有普查企业中，工商注册企业2144户，未注册企业1532户。其中，工商注册的企业物流644户，占普查总数的17.5%；工商注册的物流企业1500户，占普查总数的40.8%。

截至2011年12月末，长春市物流企业总资产在50万元以下的有2319户，在50万~500万元的有495户，在500万元以上的有218户。在企业物流中，注册资金达1000万元以上的有101户，占企业物流总数的15.7%，比物流企业高出13.9个百分点。

在物流企业中，运输型企业有2285户，占物流企业总数的75.4%；仓储型企业290户，占物流企业总数的9.6%；综合型企业457户，占物流企业总数的15.1%。

在3032户物流企业中，为一汽整车生产提供产前、产中、产后全方位服务的有250户；为农产品加工业服务的物流企业有126户；从事省内社会物流业务配送的物流企业有1356户，涵盖了省内县级以上城市；从事国内物流专线业务的物流企业有813户，省会级以上城市实现了全覆盖；外省市进驻长春市的全国连锁性分公司有18户；从事危险品、大型设备、冷链等专业运输、仓储业务的物流企业有32户；其他企业437户。全市应用物流信息化管理系统的企业有1440户，占企业总数的46.6%。

3. 物流基础设施建设情况

2011年，长春市共完成公路货物周转量223.8亿吨公里，同比增长20%；民航共完成货邮吞吐量6.2万吨，同比增长1%。全年货物运输总量约1.2亿吨。

2011年，长春市完成道路新建和扩建长度达109.6公里。截至2011年年末，长春市道路总面积达5912.6万平方米，道路总长度达2681.6公里。

2011年，长春市物流仓储面积达315万平方米，其中冷库面积为15.4万平方米。

数据显示，长春市已有运输车辆7.8万多辆，装卸设备4856台。其中，个体运输车辆3.1万多辆，占总数的39.7%；物流企业运输车辆总数为4.79万辆，占总数的61.4%。长春市物流企业经营线路有85条，基本覆盖了全国各省主要城市。

截至2011年年末，长春市铁路里程已达400余公里，公路通车里程已达2万余公里，航空货运航线已达到50条；长春市建有陆港、空港口岸2个，保税仓库2个；已建成各类商品市场170个。长春市基本形成了以市级商贸中心和环城物流集散节点组成的流通业空间布局。

4. 区域性批发市场建设情况

东北亚石材陶瓷物流仓储基地、长春东北亚国际采购中心、长春中泰实业中泰—新光复路市场、长春高力北方汽贸城等10个项目基本完工并投入营业；在建的有中机（长春）物流科技园、长春雨润全球采购中心、吉林省隆源农资物流园、长春国际工业品交易中心等8个项目；还有兽药批发市场等2个项目正在规划中。

5. 行业资信体系建设得到加强

长春市自2009年开始“诚信物流企业评选”工作后，相关主管部门从完善全市物流行业信用体系建设、规范物流市场、增强企业信用意识的高度入手，坚持不懈地推进该项工作开展。2011年，全市又评选出13家诚信物流企业。截至2011年年末，长春市共评选出“诚信物流企业”58家。这58家物流企业是长春市物流行业“诚信为本”的形象代表，同时也为其他企业树立了诚信榜样，对加强长春市企业诚信建设起到了积极的作用。

二、物流业发展特点

1. 主导产业优势明显

2011年，长春市的汽车和农产品加工两大支柱产业物流发展迅猛，在社会经济中发挥着重要作用。其中，汽车物流的增加值在第一季度就呈稳步上升态势，进入第二季度汽车物流增加值占物流业增加值的比重就已经超过70%，第三、第四季度发展变缓，但是总体趋势良好；农产品加工物流发展一路平稳，在长春市农产品加工业的龙头企业大成、皓月、德大的发展带动下，为其服务的物流企业营业收入增速均在12%以上。

2. 新的物流发展格局正在逐渐形成

目前，长春市正在向“六二二零”的物流产业格局迈进，新的物流发展格局正在逐渐形成。“六”是指汽车、二道、长江路、绿园、兴隆保税、净月绿色六大物流集中区；“二”是指长春内陆港和长春空港；“二零”是指二十个区域性批发市场。此外，依托公路枢纽规划建设十个物流配送中心及货运分拨中心。

3. 物流发展环境逐渐改善

2011 年 1 月，长春市政府正式印发了《长春市人民政府关于支持物流业发展的意见》（长府发〔2011〕3 号），明确了支持全市物流业发展的鲜明态度，提出了相关支持政策。2011 年，长春市公共物流信息平台运行情况良好，网络信息化已经开始影响长春市物流业的发展，并将产生更加深远的影响。2011 年 3 月，长春市直各相关部门开展了针对物流配货站影响市容、市貌，扰民占道等问题的专项整治工作，为长春物流业发展营造良好的市场经营环境。

三、推进物流业发展的重点工作

长春市物流业发展取得了一些成绩，然而物流企业规模不大、行业发展规范程度不高、缺少统一行业管理标准是影响物流行业发展的主要问题。为此，长春市要继续加强管理和引导工作，为推进全市物流业发展创造良好的环境。

1. 抓好长春物流信息平台建设

物流信息公共平台将建立中小企业信息管理系统，建立物流信息资源储备库；建立 GPS 车辆定位管理系统，物流车辆的具体位置 24 小时全天候清晰可见；建立银联运单管理系统，完善电子结算功能，避免物流企业携带现金的风险，该系统具有杜绝携款潜逃事件发生的实用性；建立网上申请物流银行贷款功能，通过信息平台申请中小企业小额贷款，该业务具有方便快捷，手续简单的特点；完善物流人才培训功能，通过信息平台可以有效链接吉林大学物流人才培训基地，为中小企业培训物流管理人才；开通 96656114 物流咨询查询功能，96656110 物流举报功能，开通 96656315 物流投诉客服功能。

2. 全面开展物流企业大普查工作

物流业在长春市乃至全国起步都比较晚，属于朝阳产业，除一些成熟的具有一定规模的物流企业外，70% 以上的物流企业都是从运输行业转型而来，行业发展不够规范。目前，长春市有大小物流企业和企业物流近 3000 多家，其中一半以上都没有在工商部门登记注册，不利于统一管理，必须早日规范。同时，在物流业快速发展，在国家和各地方高度重视物流业的今天，对长春物流行业来讲，摸清物流企业数量、了解物流仓储能力、运输能力等情况也十分必要。因为物流企业普查有利于在长春物流信息平台上建立长春物流企业信息储备库，将长春广大物流企业全部录入物流信息资源中心；有利于为进一步开展长春物流统计工作奠定拓展性基础，为物流统计工作提供真实的统计基础数据；有利于治理整顿长春物流市场秩序和环境，为规范物流企业经营提供准确信息和必要条件；有利于为政府提供与物流相关产业决策的参考依据。

3. 进一步改善长春市的物流环境

长春市物流业虽然取得了不小的成就，但其历史遗留的小、散、乱问题始终是阻碍发展的顽疾。占道经营、污染环境、噪声扰民、堵塞交通等问题已经成为影响城市发展、破坏城市和谐的物流诟病。对此，物流相关部门应切实加大管理力度，坚决治理物流顽疾，全力改善物流环境。由于该项工作涉及问题较多，在开展过程中有一定困难，因此，要加强部门协调，要有相应的措施。

4. 积极争取国家项目资金支持

从 2009 年开始国家对物流业的重视程度逐渐加大，给予的资金支持力度也在不断调整。已持续两年在扩大内需、物流业调整和振兴规划、粮食流通、批发市场等领域下达资金计划。长春市经贸流通领域连续两年都争取到了国家项目资金的支持，对促进全市物流业发展起到了推动作用。2011 年，长春市已将海吉星农产品物流配送中心等3个项目上报国家，力争获得一定比例的国家资金支持，确保项目顺利进行。

5. 继续实施物流企业信誉资质评定

为了加强行业自律，促进物流行业健康发展，长春市物流相关部门从2009年开始启动诚信物流企业评定工作，取得了很好的效果。未来几年，长春市还将继续把这项工作开展下去，为长春市物流企业营造良好的诚信氛围和长效的信用资信体系打下坚实的基础。

6. 切实贯彻物流政策

2011年1月12日，《长春市人民政府关于支持物流业发展的意见》（长府〔2011〕3号）正式出台，该政策从土地、税收、规划、金融、财政、工商等多个方面对物流企业进行了不同程度的扶持。未来几年，长春市物流相关管理部门要密切关注政策的贯彻落实情况，认真细致地答复好物流企业咨询的有关政策方面的问题，同时协调好涉及的相关部门的政策执行问题，确保各项物流政策贯彻落实。

7. 持续做好项目储备和包装工作

项目建设是推动行业发展的载体和动力，长春市物流相关部门要持续抓好项目储备工作，不断完善项目储备库，及时更新项目数据，不断上大项目、上好项目，将项目储备工作落到实处。在储备项目的同时还要做好项目的包装工作，准确定位项目功能，合理摆放项目位置，使项目符合产业布局规划，符合城市总体规划，及时调度项目建设进展进度，督促未开工项目抓紧开工，建设中的项目早日竣工。

8. 加强完善物流统计工作

物流统计工作是根据国家发展和改革委员会、中国物流采购联合会的相关指示精神，结合长春物流业发展实际开展一项的现实性非常强的工作，自该项工作开展以来得到了市委、市政府的主要领导的充分肯定和高度评价，也为全市物流政策的制定提供了科学依据，为全市经济政策的制定提供了重要的参考价值。因此，长春市物流相关部门要继续加强完善物流统计工作，确保统计数据更准确、更全面。

（长春市发展和改革委员会）

哈尔滨市

2011 年，哈尔滨市物流运行呈现较快增长，物流需求显著增加，物流运行效率较高，物流业增加值快速增长。2011 年，哈尔滨市物流业发展具体呈现如下特点。

一、社会物流总额快速增长

2011 年，哈尔滨市社会物流总额为 10938.88 亿元，同比增长 15.6%，高于全国 3.3 个百分点。其中，工业品物流总额为 6249.50 亿元，同比增长 16.1%；外埠流入货物总额为 4013.02 亿元，同比增长 15.5%，其中，进口货物物流总额 180.63 亿元，同比增长 13.8%；农产品物流总额为 647.70 亿元，同比增长 12.1%；再生资源物流总额为 22.06 亿元，同比增长 17.3%；单位与居民物品物流总额为 6.60 亿元，同比增长 8.9%。哈尔滨市社会物流的详细情况见下表。

2011 年哈尔滨市社会物流基本情况统计表

指　标	2011 年（亿元）	增长（%）
一、社会物流总额	10938.88	15.6
1. 农产品	647.70	12.1
2. 工业品	6249.50	16.1
3. 外埠流入货物	4013.02	15.5
其中：进口货物	180.63	13.8
4. 再生资源	22.06	17.3
5. 单位与居民物品	6.60	8.9
二、社会物流总费用	699.52	19.2
1. 运输费用	407.13	17.8
2. 保管费用	192.46	22.4
3. 管理费用	99.93	18.8

续 表

指　标	2011 年（亿元）	增长（%）
三、物流增加值	283.43	15.8
1. 交通运输业	208.70	15.8
2. 仓储邮政业	18.11	14.2
3. 其他行业	56.62	16.2
四、全社会固定资产投资额	3011.97	32.1
其中：物流业	265.93	
1. 交通运输业	129.80	
2. 仓储邮政业	27.29	
3. 其他行业	108.84	

二、社会物流需求潜力较大

2011 年，哈尔滨市社会物流需求系数为 2.58，低于全国 0.78 个点，全市社会经济发展对物流的依赖度明显低于全国，并且需求潜力较大。从物流实物量增长情况看，全市货运量达 1.14 亿吨，同比增长 12.8%；货运周转量为 223.88 亿吨公里，同比增长 12.0%。其中，道路货运量 0.90 亿吨，同比增长 17.6%；道路货运周转量 179.03 亿吨公里，同比增长 18.1%。

三、社会物流总费用中保管费用增速较高

2011 年，哈尔滨市社会物流总费用为 699.52 亿元，同比增长 19.2%，高于全国 0.7 个百分点；与全市生产总值的比率为 16.5%，低于全国 1.3 个百分点。其中，运输费用 407.13 亿元，同比增长 17.8%；保管费用 192.46 亿元，同比增长 22.4%；管理费用 99.93 亿元，同比增长 18.8%。保管费用中，利息费用 113.73 亿元，同比增长 27.4%，拉动社会物流总费用增长 4.2 个百分点。此外，有些小比重类别增长过快对保管费用的增长也有一定的影响，如货物损耗增长高达 55.8%、配送增长 41.7%、信息费用增长 23.6%。

四、物流增加值增长快于社会经济的增长

2011 年，哈尔滨市物流增加值为 283.43 亿元，同比增长 15.8%，增幅高于全市生产总值 3.5 个百分点，高于第三产业增加值 3.8 个百分点，高于全国物流增加值 1.9 个百分点，比上年提高 0.9 个百分点。其中，交通运输业 208.70 亿元，增长 15.8%；仓储邮政业 18.11 亿元，增长 14.2%；其他行业 56.62 亿元，增长 16.2%。

五、物流业固定资产投资比重下降

2011 年，哈尔滨市社会固定资产投资总额 3011.97 亿元，同比增长 32.1%。其中，物流业固定资产投资额 265.93 亿元，占全社会固定资产投资总额的比重为 8.8%，比 2010 年下

降 4. 6 个百分点。物流业中，交通运输业固定资产投资额为 129. 80 亿元，占固定资产投资总额的 48. 8%；仓储邮政业固定资产投资额 27. 29 亿元，占固定资产投资总额的 10. 3%；其他行业固定资产投资额 108. 84 亿元，占固定资产投资总额的 40. 9%。

（哈尔滨市统计局　哈尔滨市发展和改革委员会）

无锡市

2011年，无锡市物流运行形势总体良好，虽然物流需求增幅较上年有所回落，但仍然保持了较快的增长态势，为保证国民经济平稳较快发展发挥了重要的支撑保障作用。

一、社会物流总额平稳较快增长

2011年，无锡市社会物流总额达2万亿元，比上年增长15.0%，增幅比上年回落8.8个百分点。全市GDP总量与物流总额相比的物流需求系数为2.92，即全市每单位GDP产出需要2.92个单位的物流总额来支持。

从社会物流总额的构成情况看，工业品物流总额为1.57万亿元，比上年增长14.8%，占社会物流总额的78.2%，是带动全市社会物流总额增长的主要因素；进口物流总额为1946.36亿元，比上年增长14.2%，占社会物流总额的9.7%，这表明全市进口货物物流重回快速增长通道；农产品物流总额为78.79亿元，比上年增长1倍，占社会物流总额的0.4%；再生资源物流总额为10.3亿元，比上年增长17.0%，占社会物流总额的0.05%；单位与居民物品物流总额为12.48亿元，比上年增长32.3%，占社会物流总额的0.05%；外省市商品购进额为2320.54亿元，比上年增长15.0%，占社会物流总额的11.6%。

二、社会物流总费用与GDP的比率稳中有降

2011年，无锡市社会物流总费用达1037.07亿元，比上年增加151.49亿元，比上年增长17.1%；社会物流总费用与GDP的比率为15.07%，比上年下降0.31个百分点，物流运行效率有所提高。无锡市社会物流总费用的构成情况如下。

1. 运输费用

2011年，无锡市社会物流总费用中运输费用为503.06亿元，比上年增长18.9%，占社会物流总费用的48.5%。其中，铁路运输费用为1.01亿元，比上年下降2.9%，占运输费用的0.2%；道路运输费用为340.54亿元，比上年增长18.1%，占运输费用的67.7%；水上运输费用为86.55亿元，比上年增长26.9%，占运输费用的17.2%；航空运输费用为4.41亿元，比上年增长6.5%，占运输费用的0.9%；管道运输费用为1.19亿元，与上年持平，占运输费用的0.2%；装卸搬运及其他运输费用为69.37亿元，比上年增长15.0%，占运输费用的13.8%。

2. 保管费用

2011年，无锡市社会物流费用中保管费用

为407.11亿元，比上年增长16.1%，占社会物流总费用的39.3%。其中，利息费用为141.45亿元，比上年增长15.9%，占保管费用的34.7%；仓储费用为97.4亿元，比上年增长16.2%，占保管费用的23.9%；保险费用为5.02亿元，比上年增长10.6%，占保管费用的1.2%；货物损耗费用为19.08亿元，比上年增长13.8%，占保管费用的4.7%；信息及相关服务费用为1.59亿元，比上年增长16.9%，占保管费用的0.4%；配送费用为32.13亿元，比上年增长18.7%，占保管费用的7.9%；流通加工费用为95.99亿元，比上年增长16.3%，占保管费用的23.6%；包装费用为14.46亿元，比上年增长15.7%，占保管费用的3.6%。

3. 管理费用

2011年，无锡市社会物流费用中管理费用为126.9亿元，比上年增长13.7%，占社会物流总费用的12.2%。

（无锡市经济和信息化委员会办公室）

苏州市

近年来，苏州市全面贯彻落实国家和江苏省关于加快发展现代物流业的决策部署，把大力发展物流业作为实施新一轮服务业跨越发展的重要抓手，明确目标任务、落实支持政策、创新工作举措、优化发展环境，改善了全市经济运行环境，提高了制造业和服务业协调发展水平，促进了经济结构的战略性调整和发展方式的加快转变。苏州市物流业保持了持续快速健康发展的态势。

1. 物流规模持续扩大

2011 年，苏州市围绕新一轮服务业跨越发展的目标，依托全市 3.3 万亿元产值的工业基础，狠抓制造业分离，发展现代物流业，积极发展保税物流、港口物流、IT 物流、商贸与城乡配送物流，全市物流业总规模保持平稳快速增长趋势。2011 年苏州市全社会货运量达 15601 万吨，同比增长 16.1%；全社会货运周转量达 1498375 万吨公里，同比增长 21.1%。全市物流业增加值达 350 亿元，同比增长 20%。物流业增加值占服务业增加值的比重为 7.6%，占地区生产总值（GDP）的比重 3.3%。物流业增加值总量居全省第 2 位，约占全省物流业增加值总量的 11%。

2. 集聚效应不断增强

近几年苏州市依托港口、交通枢纽、开发区、制造业集聚区和商贸集中区，建设了一批投资多元、功能集成、特色鲜明的物流园区和物流基地。截至 2011 年年底，苏州市累计已建、在建的物流园区（含中心、基地）超过 30 家。其中，省级物流业集聚区 7 家，市级物流业集聚区 6 家。物流园区累计入驻企业 7000 多家。其中，传化公路港苏州基地创建了一个城际货运班车总站模式，已入驻各类物流企业 500 多家，日发布货运信息 2000 余条，开通覆盖全国的 200 多条货运班车线路，2011 年实现营业总额近 15 亿元，上缴利税近 5000 万元。

3. 港口物流逆势增长

随着江苏省和苏州市支持沿江港口发展政策效应的进一步显现，张家港保税港区的创新发展和太仓港“苏港联动”、“昆太联动”、“区港联动”的深入，苏州港经受住了国际市场持续低迷的严峻考验，保持了良好发展态势。2011 年，全港完成货物吞吐量 3.8 亿吨，集装箱吞吐量达到 468.5 万标箱，分别比上年增长 15.6% 和 28.6%；总量分别列全国沿海港口第 5 位和第 10 位。其中，太仓港区货物吞吐量突破 1 亿吨，达 10253 万吨，比上年增长 27.2%，集装箱运量 306 万标准箱，比上年增长 38.3%；张家港港区货物吞吐量达 22051 万吨，比上年增长 11.5%；集装箱运量 130.7 万标准箱，比上年增长 16.3%；常熟港区货物吞吐量达 5701 万吨，比上年增长 13.1%；集装箱运量32万标准箱，比上年增长3.9%。

4. 保税物流优势凸显

2011年，苏州全市充分发挥综合保税区的独特优势，完善配套服务设施和保税物流政策功能，创新通关模式和陆空联运、区港联动等便捷化业务方式，实现了保税加工、贸易和口岸物流的统一，保税物流的政策效应持续放大。苏州工业园区综保区2011年监管货值达1001.9亿美元，同比增长24%，位列全国特殊监管区域第一；监管货运量360.3万吨，比上年增长20%，SZV虚拟空港、虚拟海港、口岸功能不断完善。苏州高新区综合保税区2011年监管货值462亿美元，比上年增长51%；进出口总值105.7亿美元，比上年增长20%，建成进口食品（化妆品）集中监管示范区。昆山综合保税区2011年完成进出口额157.7亿美元，同比增长40.3%；保税物流金额为682.7亿美元，同比增长3.4%，截至2011年年底，保税物流园的一期、二期、三期保税仓库和物流场站全部投入使用。2011年，张家港保税港区完成进出区货运总量达1081万吨，货值167亿美元，港区的化工品市场升级为“江苏化工品交易所”，随着港区建设项目的陆续完工，棉花保税物流交易中心、进口消费品展示交易中心、粮油交易市场、进口葡萄酒交易市场、名贵木材国际采集中心等一批新兴物流载体成功开业启用。

5. 运营主体成长迅速

在苏州市政府积极发展民营物流企业，大力引进外资物流企业，着力推进物流社会化、专业化发展的政策推动下，苏州市第三方物流企业有了较快发展，基本形成了多种所有制市场主体共同发展的格局。苏州得尔达、中外运苏州高新物流、苏汽国际物流、苏州天天、昆山飞利达、江苏新宁、张家港正大富通、张家港澳洋顺昌、常熟安达洲、吴江物流中心、苏州盛丰等一批物流企业迅速成长，涌现出一批营业额达数亿元的物流企业。其中，飞利达股份成功在深圳创业板上市。截至2011年年底，苏州市已有新宁股份、飞利达股份2家上市物流企业，共募集资金77400万元。全年新增中国物流与采购联合会认定的A级以上物流企业57家，其中，3A级物流企业19家、4A物流企业11家；全市累计共有3A级以上物流企业101家，省级重点物流企业38家。物流企业一体化运作能力显著提高，开展运输、仓储、配送、加工、代理中两项业务以上的综合型物流企业快速增长，形成了一支门类齐全、运作高效、竞争充分的市场主体。

6. 重点项目进展顺利

2011年，苏州市交通运输、仓储和邮政业完成固定资产投资181.9亿元，比上年增长23.2%。苏州港共完成投资24亿元，新增万吨级码头2个、千吨级码头8个；新增吞吐量900万吨，累计已建成各类生产性码头泊位224个，其中万吨级以上泊位106个。已列入江苏省“十二五”物流发展规划的重点项目进展顺利。张家港玖隆钢铁物流一期工程完成投资10亿元，1号库、2号库计划2012年上半年完工并试运行，3号库计划2012年7月份完成，一般商务区正在规划设计；张家港国际汽配物流中心完成可行性研究报告编制和项目备案，正在办理用地手续和进行开工准备；张家港正大富通连锁汽配服务中心完成投资35000万元，已建立杭州、上海、南京、徐州、张家港五个配送中心，累计建设仓储面积5.3万平方米；昆山（千灯）普罗斯物流园完成投资8652万元，基槽开挖基本完成；昆山众品冷链物流园证照已办理完毕，土地已挂牌，已完成投资1000万元；吴江新地现代物流项目已完成土地平整和方案设计，开始土建施工；越海全球物流一期工程已建成，二期工程已完成用地、规划、建设等各类手续报批，3号库桩基工程完工；苏州物流中心现代物流公共信息平台完成投资3200万元，一期工程已建成，二期正在建设供应链金融物流信息系统的采购、监管子系统。

7. 信息化水平稳步提高

苏州市在推进现代物流业发展的同时注重信息技术的应用。目前，电子数据交换技术、信息扫描及射频识别技术、物联网技术等现代管理技术在苏州市物流行业中得到广泛的应用，苏州市物流信息化水平不断提升。苏州交通物流信息平台运行良好，与传化物流基地、白杨湾物流中心等企业级信息平台、苏州市运政 GPS 综合管理系统、GIS 系统对接运行，实现了对运输车辆的实时跟踪和运输企业的 GIS 定位。江苏正大富通汽配连锁有限公司商用车配件物流信息化服务平台已形成“供应链管理子、内部管理、客户自助服务”三个逻辑子系统，技术服务中心建成了在线技术服务支持。苏州南环桥市场建成了农产品冷链流程食品安全追溯、市场准入检测和 GPS 车辆全程监控三大信息保障系统。

8. 发展环境进一步改善

苏州市在发展现代物流的工作中积极贯彻国务院《物流业调整和振兴规划》和《国务院办公厅关于促进物流业健康发展政策措施的意见》精神，全面落实制造业分离发展现代服务业的各项优惠政策，切实减轻物流企业税负，加快物流管理体制改革，加大对物流业的投入，引导支持物流企业转型升级。一是通过政府引导资金、贷款贴息补助等方式，支持物流企业信息化改造和重点物流基础设施建设。二是组织开展供应链金融服务，积极实施仓单质押、融通仓等物流金融服务，创新物流金融服务模式。三是支持发展供应链管理、工贸结合、物商互动等综合服务型物流和 VMI 和 DC 等先进物流业态，推进海关总署水陆两路快速通关试点，推广虚拟口岸直通放行、“一区多点”、“预报即放”、网上无纸化报关、“5 + 2” 24 小时全天候通关等新模式，大大提高了物流速度和物流效率。

尽管苏州物流业发展情况较好，但也存在着一些不容忽视的问题。一是物流成本上升压力加大。物流人才和技工普遍缺乏，物流企业人工成本上升较快；柴油供应紧张、价格偏高，路桥通行费居高不下，运输成本持续上涨，企业赢利空间减小。二是物流税负较重，增加值和税收流失严重。仓储业营业税税率（5%）偏高，仓储企业纳税压力较大。江苏物流业实际税费偏高以及上海港、宁波港集装箱运输优惠政策，江西等周边省、市的开票奖励政策，长期以来造成苏州物流出现“业务外流牵引税源外流”和“外地超低税负政策加速税源外流”，物流企业利用联运抵扣和借壳开票等方式使全市物流业增加值和营业税损失较多。苏州市物流业发展中出现的这些问题，已引起苏州市政府及相关部门的高度重视，苏州市将按照“十二五”规划目标，采取有效措施，注重企业发展指引，持续优化物流业发展环境，加快推进全市物流企业转型升级，推动苏州市物流业的发展实现新的突破。

（苏州市发展和改革委员会经济贸易处）

连云港市

物流业是以现代运输业为重点，以信息技术为支撑，以现代制造业和商业为基础，集系统化、信息化、仓储现代化为一体的综合性产业。2011 年，连云港市物流业继续快速发展，主要总量指标实现历史突破，为实现“十二五”时期发展目标打下良好基础。

一、社会物流总额规模继续扩大

据统计，2011 年随着连云港市工业经济和外贸进口的快速发展和物流规模的不断扩大，全市社会物流总额完成接近 4000 亿元，达到 3926. 79 亿元。其中，工业品物流总额为 2535. 39 亿元，较上年同期增长 36. 1%，占物流总额的比重为 64. 57%；农业品物流总额为 150. 60 亿元，占物流总额的比重为 3. 84%；进口货物物流总额为 197. 56 亿元，同比增长 23. 1%，占物流总额的 5. 03%；外省市商品购进额为 1038. 30 亿元，同比增长 64. 8%，占物流总额的 26. 44%；再生资源商品销售额为 2. 06 亿元，单位与居民物品物流总额为 2. 87 亿元（如图 1 所示）。

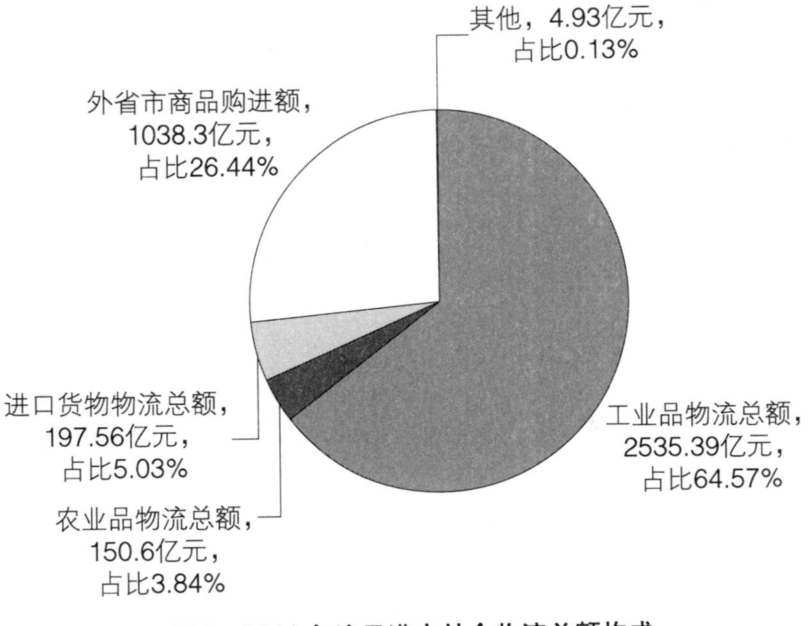

图 1　2011 年连云港市社会物流总额构成

二、社会物流总费用平稳增加

2011年，连云港市社会物流总费用为231.68亿元，其中，运输费用120.94亿元，占社会物流总费用52.2%；保管费用94.76亿元，占社会物流总费用40.9%；管理费用15.99亿元，占社会物流总费用6.9%，物流费用与GDP的比率为16.4%，较“十一五”期间物流费用与GDP平均17.3%的比率有较大下降，但较2010年物流费用与GDP平均16.2%的利率有所上升（如图2所示）。

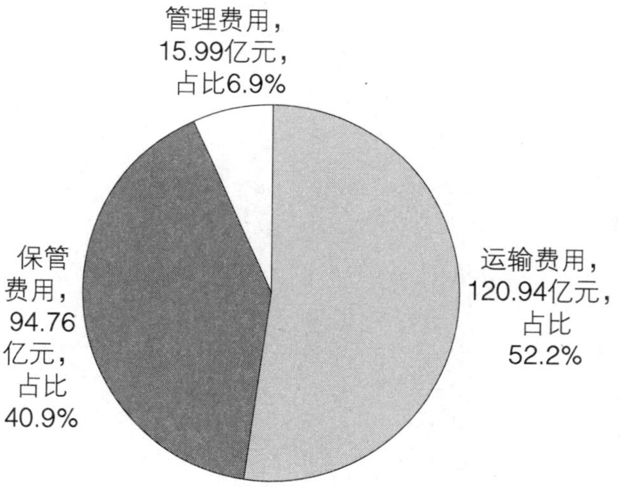

图2　2011年连云港市社会物流总费用构成

在物流费用构成中，运输费用占52.2%，说明连云港市物流发展还处于以相对传统运输逐步向配送、加工和仓储等一体化方向转变的过程中。

三、物流业增加值突破100亿元

2011年，连云港市物流业实现增加值达到101.37亿元。其中，交通运输、仓储、邮政实现增加值为81.99亿元，较上年增长14.6%；贸易增加值为19.38亿元，同比增长14.9%。物流业增加值占服务业增加值的比重约为18.4%。

四、主要货运量指标快速增长

1. 公路货运

2011年，地方交通运输量增加明显，连云港市公路货运量为1.12亿吨，同比增长15.0%；货运周转量达到77.82亿吨公里，同比增长16.0%。

2. 内河货运

2011年，连云港市内河货运量为1622万吨，同比增长16.0%；内河货运周转量突破百亿吨公里，达到113.54亿吨公里，同比增长16.1%。

3. 沿海货运

2011年，连云港港累计完成吞吐量1.66亿吨，同比增长23.1%，增幅在全国沿海主要港口排名中居第3位，仅低于北部湾港和唐山港；集装箱运输量完成485.20万标准箱，同比增长25.4%，在全国首批沿海主要集装箱港口中增长继续排名第一位。

4. 民航铁路

2011年，民航连云港机场货邮吞吐量为现3378吨，同比增长14.7%；境内铁路货运量为5300万吨，同比增长5.8%。

五、重点物流企业运行良好

根据《江苏省重点物流基地和物流企业认定办法》，自2006年起，连云港市有7家企业被省现代物流工作联席会议办公室确定为江苏省重点物流企业。这7家重点企业是：连云港港口集团有限公司、江苏新为多式联运有限公司、中外运陆桥运输有限公司、连云港港口物流有限公司、连云港凯达国际物流有限公司、江苏天缘物流有限公司和亚欧大陆桥商务股份有限公司。2011年，这7家省重点物流企业实现主营业务收入116.52亿元、利税3.93亿元，实现利润2.55亿元，与2010年相比总收入继续有所增长，但利税和实现利润均略有下降，这充分说明在人力资源成本上升、价格竞争加大、资金使用成本上升等因素影响下，物流企业利润空间有所缩小，需要引起重视。

（朱壮志　武宜刚　张洪炜）

扬州市

近年来，扬州市以建设“区域性物流中心”为目标，不断优化物流发展环境、完善物流基础设施、加强项目载体建设，物流业总体规模不断提升，现代物流服务体系逐步完善。

一、2011 年扬州市物流业基本情况

1. 物流业总体规模不断提升

2011 年，扬州市物流业实现增加值 100.62 亿元，同比增长 16.6%，占全市 GDP 比重达 3.83%。全社会公路货物运输量实现 6881 万吨，同比增长 16.9%；货物周转量 846227 万吨公里，同比增长 20.3%；全市水路货物运输量实现 4231 万吨，同比增长 23.5%，货物周转量 1419446 万吨公里，同比增长 25%；港口货物吞吐量 8453 万吨，同比增长 14.5%，集装箱吞吐量 41.4 万标准箱，同比增长 30.0%；国税收入 2029 万元，同比增长 44.6%，地税收入 30292 万元，同比增长 29.4%。

2. 基础设施日益完善

目前，扬州市沿江港口建设已初具规模，拥有各类码头泊位 71 个，其中，万吨级码头泊位 17 个、千吨级码头泊位 22 个；港口吞吐能力达 5000 万吨，初步建成以扬州港六圩港区为龙头，仪征港区、江都港区为两翼的“一港三区”规划布局。全市内河港口拥有各类码头泊位 244 个，千吨级泊位 8 个，吞吐能力达 4000 万吨。全市现拥有航道 184 条，总里程 2289 公里，其中干线航道 13 条，航道里程 2160 公里。全市现拥有公路里程达 10230 公里，其中等级公路占比达 87%。目前，扬州市已开工建设宁启铁路复线电气化扬州段工程和江都苏中机场，已建设货运场站 10 个，已有省、市级物流集聚区 8 个，基本构建了“物流园区—物流中心—配送中心”的物流网络体系。

3. 专业物流体系发展迅速

截至 2011 年年底，扬州市围绕三产产业特色，初步形成了粮食、冷链、汽车、医药、快递等专业物流产业。粮食物流方面，重点建有邗江区的扬州粮食加工储运中心和宝应湖粮食物流中心等项目；冷链物流方面，有高邮戚伍水产冷链物流、扬州食品工业园农产品加工及冷链物流配送基地等 5 家重点企业，冷库的仓储容量达 11.2 万吨；汽车物流方面，主要有赛克物流等一批汽车及零部件物流项目；医药物流方面，建有江苏省内规模最大、自动化程度最高的国药控股医药物流配送中心项目，年底将交付使用；快递业务方面，形成了以邮政速递为主体、社会快递为补充的市场竞争格局。

4. 物流园区建设持续推进

扬州市建有市级以上物流集聚区 8 个，其

中江苏省发展和改革委员会认定的省级集聚区2个。2011年，扬州市区四大物流园区实现营业收入145亿元、同比增长50.9%；实现税收8500万元，同比增长26.8%。港口物流园5号泊位堆场二期（6万平米）基本竣工，正在洽谈普洛斯物流园、渤海粮油物流交易中心等一批专业物流项目。长江石化物流中心建成各类储罐286.22万立方米，其中，保税储罐50.33万立方米；商贸物流园一期开发面积达77.8%，新签约的苏宁电器扬州区域物流中心项目正在着手规划设计；公铁水联运物流集聚区信息平台建设初见成效，国药控股医药物流项目主体工程已经竣工；高扬国际商贸中心仓储用地、中亚糖烟酒配送中心等2个项目地块顺利摘牌。此外，仪征汽车物流园、江都沿江港口物流园、槐泗运河物流园等正在规划建设中。

5. 物流项目进展顺利

2011年扬州市计划投资17.0亿元，实际完成计划投资15.5亿元，投资计划完成率为91.1%。扬州市有已列入江苏省"十二五"物流产业发展规划的重点物流项目8个，项目总投资达157.9亿元。其中，扬州市港口物流园完成5号泊位建设，集装箱吞吐量增至60万标准箱；扬州槐泗运河物流园首发项目扬州粮食加工储运中心一期工程已完成11幢仓储用房，仓储容量达8.1万吨，3座千吨级码头投入使用，集办公、交易、检测、信息等功能于一体的综合楼也已封顶。汇银华东家电物流已与美的等国内知名家电企业签订战略合作协议，项目一期60亩土地开始挂牌上市，正进行开工前准备工作。江都沿江码头物流园中远码头二期工程已获国家交通运输部港口岸线使用批复，已于2011年年底开工建设；海昌2号泊位已投运，1、3号泊位正在进行廊道皮带安装；海螺1、2、3号引桥已通车，码头设备正在安装，不久将试投运；中信泰富码头上横梁施工结束，1、2号引桥施工中，3号引桥已通车，面板铺设达75%；龙奥钢管给配中心正在抓紧拆迁，很快将开工建设。扬州农产品加工及冷链物流配送基地正与雨润集团、润恒物流、亚邦物流等投资方洽谈项目建设事宜。仪征市汽车物流园翔安物流项目、众磊物流项目、景和汽车物流项目已经开工建设，赛克整车及零部件物流扩建项目正在开展前期工作。大地物流项目正在开展前期工作。城市物流配送中心（扬州公路港）项目正在招商。

6. 物流企业蓬勃发展

扬州市现有物流业户19329家，其中物流企业3160家；货车33046辆，其中市区12274辆。在积极引进中远、中外运等知名物流企业进驻的同时，广陵三笑物流、高邮诚信物流、江都方正物流等本土第三方物流企业正在兴起。江苏扬州港务集团有限公被评为物流企业省级技术中心和2010年度"全国先进物流企业"。扬州外轮代理有限公司、扬州市天成国际集装箱货运有限公司、三笑物流有限公司先后于2009年、2011年被中国物流与采购联合会评为"国家3A级物流企业"；江苏省九州交通物流集团和江苏扬港集团通过"国家4A级物流企业"评审。

扬州现代物流协会抓紧对现有物流信息平台的升级和改版，改版后的物流信息平台将更具有观赏性、实用性、新颖性，将为市领导和相关部门掌握物流信息提供极大的方便。

二、2011年扬州市现代物流业开展的重点工作

2011年，按照扬州市市委、市政府提出的把扬州"打造成区域性物流中心"的发展目标，全市物流工作得到强势推进，扬州市政府相关部门重点抓了以下几方面的工作。

1. 编制规划，理顺机制，优化发展环境

一是编制物流规划。在深入调研、广泛征求意见的基础上，提出了扬州市未来五年现代物流业发展的目标、模式及策略。二是成立指

挥部。2011年年初，根据扬州市委、市政府安排，正式成立现代物流产业发展指挥部，进一步理顺物流业发展体制机构，扬州市发展和改革委员会服务业处明确人员抓好物流工作。三是优化环境。为进一步改善物流业发展环境，相关部门出台《关于鼓励促进市区现代物流业加快发展的意见》、草拟《扬州市现代物流业提速发展行动计划（2011—2015）》，并向80多家物流企业进行了政策宣传，加大物流业税收扶持政策的落实力度，做好物流业统计等基础性工作。

2. 优化布局，释放需求，加强资源整合

一是抓好成果转化，推动物流园区布局优化。为贯彻落实扬州市第六次党代会精神，在市分管领导带领下，赴苏南、浙江等地考察学习，形成《加强信息化专业化组织化建设，推动我市现代物流业提速发展》调研报告；会同各县（市、区），以新的产业布局和城市布局为基础，启动物流园区规划调整工作。二是创新举措，推进企业物流业务分离。在2010年分离66家企业物流业务的基础上，2011年新分离物流企业9家，占全部分离企业的52.9%，新增税收102.4万元，占全部新增税收的72.3%，进一步推动了物流业市场化发展。三是着力整合社会闲散物流，理清马路货运市场整治思路。依据调查情况，计划高起点规划建设苏中公路港，为马路货运市场整治工程打造平台和载体。

3. 加强储备，注重招引，推进项目建设

一是立足规划，强化项目储备。结合江苏省和扬州市“十二五”物流业发展规划编制工作，争取9个物流项目列入省规划、项目总投资128.9亿元，排定全市“十二五”物流重点项目68个、项目总投资288.3亿元，极大地丰富了物流项目储备库。二是用好政策，强化资金扶持。2011年扬州市争取国家和江苏省项目扶持资金620万元，当年安排市级服务业引导资金120万元用于物流项目建设，有力地支持了扬州粮食储运加工中心等一批项目建设。三是加强推介，扩大招商引资成果。2011年扬州市分别在香港、北京举办的扬州服务业招商推介活动中，大力推介扬州现代物流业，共签约物流项目13个，项目总投资88.5亿元。

三、扬州市物流业发展存在的主要问题和发展思路

2011年，扬州市物流业发展成效显著，但仍存在一些问题。

1. 物流潜力未能充分释放，物流市场专业化程度不高

扬州市的绝大多数制造企业传统意识强，自我配套比重较大，管理粗放，专业化发展程度低。调查表明，在扬州市工业企业中，企业自有仓储占全社会仓储面积的70%以上，仅有20%的原材料物流和15%的产品销售物流由第三方物流企业承担，制约了第三方物流市场的发展。此外，扬州市物流业缺乏健全的物流市场机制，地区封锁和行业垄断还比较严重，存在不正当行政干预和不规范经营行为，尤其是在物流领域的仓储与运输环节存在着大量的无序竞争。

2. 马路货运市场顽疾未能解决，物流企业总体竞争力不强

目前，在扬州市市区已登记的营业实体近8000户，户均持有车辆1.7辆，不仅低于先进地区3.9辆的均持指数，也低于江苏省每户均持车辆2.2辆的平均水平，扬州市物流企业总体规模小、社会化程度低下、服务功能单一，基本上以运输或仓储为主，难以满足客户提出的多样化需求，基本上不能提供定制化的物流增值服务。同时，市区马路货运市场膨胀蔓延，扰乱了物流市场，阻塞交通、损坏道路，造成不公平竞争和税费的流失，严重影响了市容市貌和群众生活。

3. 物流园区存在有效需求缺乏等问题

扬州港港口吞吐量相对不足，制约了港口物流园的发展。这其中既有物流需求不旺的问题，也有本地货源流失的问题。公铁水物流集聚区公路、铁路、水运的叠加效应未能显现；商贸物流园目前仅有市场集聚，未能形成供应链物流体系；石化物流中心仓储能力已适度超前，但产业发展和物流运作尚需加快进度。

4. 资金、土地等要素瓶颈制约企业发展

2011 年，随着国家宏观调控政策的不断加大，物流企业融资难的问题更加凸显，企业的还贷负担也随之不断加重。此外，由于用地审批时间长，对企业项目开工建设有较大影响，不少物流企业面临物流基地建设投入不足的问题。如扬州港 5 号泊位，江都港 3 号、4 号泊位码头、新港码头二期等一系列项目需要追加投资，企业面临资金缺口较大。能源价格不断攀升，导致企业运营成本不断上升。汽油、柴油、水电等一系列价格的上涨，给企业带来较大成本压力，不断地挤压着企业的利润空间。加之运输固定成本包括人员工资、行车过路费、差旅费等上涨明显，给物流企业的成本带来很大压力，影响了企业的赢利水平。

5. 物流标准化和信息化建设缓慢

扬州市有部分物流园区及企业在标准化及信息化建设方面均做了一些工作，如三笑物流、赛克物流中心建立了公司内部的物流管理信息中心，发挥了一定的作用，但绝大多数的信息平台还处于建设阶段，并未实行真正意义上的信息化资源共享。物流标准化进展缓慢，部分行业尚未有标准化的体系。

6. 物流项目落地难

根据江苏省政府发展服务业相关政策，物流用地享受工业用地价格，由于受到园区拆迁成本和招商引资考核体系的影响，物流项目用地难以享受到工业用地价格，政府缺少相应的调控手段。同时，受土地指标限制和对发展现代物流重要性的认识偏差，许多物流项目排不上当地政府的用地计划，严重制约了物流业的健康快速发展。

上述几个问题不解决，扬州市现代物流业发展将会受到影响，因此，在日常工作中要扎实推进《扬州市现代物流业提速发展行动计划(2011—2015)》，重点做好以下几项工作。

1. 优化利用基础设施，构建完善物流体系

立足现有公、铁、水、空等基础设施，与三次产业和城市布局融合互动，围绕扬州港口经济体建设目标，大力构建港口物流体系。加强制造业与物流业融合发展，围绕汽车船舶、机电装备、石油化工和“三新一书一网”等主导产业和新兴产业，重点培育汽车物流、金属钢材物流、化工物流、快递物流等专业物流，构建工业物流体系，提升制造业集聚区物流配套水平；依托专业市场，以配送中心为载体，推进全市商贸物流体系优化升级。

2. 推动物流载体转型，加强物流资源整合

一是重新调整物流园区规划，强化载体资源整合。发挥长江、运河黄金水道优势，加强码头资源整合，重点打造沿江、沿运河物流园区，推动扬州港口物流园区向港口经济发展，公铁水联运物流集聚区向公路港转型，长江石化物流园区做大石化保税物流规模；发挥公路连环成网优势，打造城市配送中心和公路港型物流园区；抢抓空港投入运营机遇，打造空港物流园区，全面提升多式联运发展水平。二是在政府的主导下形成发改、规划、国土、建设、交通、公安、税务、工商、环保、城管等部门合力，实施“退城进园”工程，彻底整治马路货运市场整治，整合社会零散物流资源。三是贯彻落实《关于鼓励和引导我市大企业实施非核心业务分离试点的方案》，加大重点骨干企业内设物流业务分离力度，2012 年推动 15 家以上企业实施物流业务分离。

3. 推广运用新技术，搭建产业发展新平台

一是按照“智慧扬州”的总体部署，认真组织开展“2012 智慧物流推进年”活动，促

进物联网等新技术在物流领域的应用，重视先进适用技术的研发应用和行业标准的制订推广，提高物流企业自主创新能力。积极倡导供应链服务理念，搭建物流业联动发展平台，促进物流业与相关产业互动融合。二是整合物流企业和物流环节，启动第四方物流平台构建工程。重点做好物流信息、服务、行为规范标准化、规范化工作。发展电子商务物流，建立地区物流公共信息平台、交易平台和共享平台，推动第四方物流的研究和实践。

4. 培育行业骨干企业，有效增强产业动力

积极推进 A 级物流企业培育工作，制定《扬州市现代物流示范企业认定和扶持暂行办法》，开展市级物流示范企业认定申报工作。实施“物流大企业培育计划”，着力培育和扶持一批在信息化、标准化、品牌化、专业化等方面绩效显著的物流龙头企业和成长型企业。加强招商引资力度，全方位开展境内外物流业招商推介，招引一批物流大企业、大项目入驻，提升全市物流产业层级。

5. 强化对现代物流协会的管理

办好《扬州物流》杂志，加快《扬州现代物流网》的建设，发挥协会与企业和政府的桥梁作用。

6. 开展调查研究，探索“物流围城”问题解决方案

会同相关部门，从城市规划入手，完善城市物流配送网络，研究制定配送车辆便利通行政策措施，优化配送车辆交通管理，鼓励建设适应电子商务和连锁经营需求的城市物流配送项目。实施“最后一公里”工程，以商贸物流园为载体，打造城市配送中心，构建物流信息、电子商务、卫生检测检疫、价格发布等公共服务平台，为市区及周边提供安全、高效、廉价的城市配送业务，解决“物流围城”问题。

（夏　坚　朱华斌　沈　玲　扬州市发展现代物流业领导小组办公室）

杭州市

2011 年，杭州市物流业发展迅速，物流业在经济运行、产业规模、设施建设、经营管理、政策体制等方面取得了明显进步，对全市经济社会的贡献日益凸显，促进了打造长三角“物流港”的步伐不断加快。

一、经济运行态势良好

2011 年，杭州市实现生产总值（GDP）7011.80 亿元，按可比价格计算，比上年增长 10.1%，连续 21 年保持两位数增长。其中，第一产业增加值 236.07 亿元，第二产业增加值 3322.15 亿元，第三产业增加值 3453.58 亿元，分别比上年增长 2.5%、9.8% 和 11.0%。在全市经济持续增长的带动下，2011 年杭州市物流业增加值达到市政府年初确定的目标。

二、产业规模较快增长

2011 年，杭州市物流总额达到 2 万亿元，同比增长 25%；全市物流业实现增加值同比增长 12%，物流业总费用由 12.5% 降为 12.2%。2011 年，杭州市社会货物运输总量 2.88 亿吨，比上年增长 11.2%；杭州货运周转量年均增长 2%。

三、物流业的重大基础设施项目建设布局开始启动

2011 年，杭州市三年行动计划中的“五园十心多点”物流节点布局已基本全面动工。下沙物流园区已开工建设，物流信息平台已进入。空港物流园区征地已完成，B 类保税物流及快件物流园区也已进入施工期。铁路物流货场站已完成了仓前一期的建设，仓前二期也已开工。白鹿塘铁路货运场站的改扩建正在积极进行中。

四、基础支撑体系不断完善

截至 2011 年年底，杭州市物流基地建设初具规模，初步形成了一批以物流为核心功能和特色的物流集聚区和大型物流综合体。综合交通网络不断完善，功能性、枢纽性重大基础设施建设取得突破，在嘉兴独山港区投资建设的杭州—嘉兴联建码头一期项目投入运营，以“一绕十射”高速公路为骨架的现代公路网络已覆盖全市城乡，杭甬运河通航，铁路客运专线建设启动，萧山机场二期项部分已完工，信息平台建设持续推进，为物流业发展奠定了重要基础。

五、物流企业迅速成长

杭州经济社会的持续快速发展带来物流需求的迅猛增长，物流服务社会化程度提高，制造业、商贸业物流的外包项目增加，一批面向社会提供货物配送、商品分销、货运代理等专业化服务的第三方物流企业不断成长。一些跨国企业相继进入杭州，提升了杭州物流产业层次和对外开放水平。

六、电子商务物流和专业市场配套物流加快发展

为推动电子商务的发展，杭州市坚持推进电子商务与物流的对接，使淘宝网、英特医药网、百库书城网、网盛生意宝、珍诚药业电子商务的单子能与物流企业对接，加快了电子商务的发展。如百库书城网通过与小件快运企业的合作，交易额突破1亿元，24小时内完成送货。网盛生意宝以18%的月均增长，珍诚药业电子商务物流业务增长60%，利润增长9倍。

杭州是个市场大市，大市场如没有良好的与之配套的物流服务也将制约市场的发展。2011年在相关部门的指导下，杭州市各大市场都相继完善了配套的物流配送体系，有力地推动了大市场的发展。目前，杭州市23个千亿元以上的市场都拥有专业的第三方物流提供配套的服务支持，市场越办越好。

七、政策体制建设取得进展

2011年，根据中央鼓励物流业发展的“国九条”精神，杭州市相关部门制定了杭州市鼓励物流业发展的若干政策意见，已上报市政府。

2011年，杭州市政府相关部门完成了《杭州市“十二五”现代物流业发展规划》的修编工作，在征求有关部门意见的基础上已上报市政府，与规划局共同制定了物流业空间布局规划也已上报市政府。根据《中共杭州市委关于制定杭州市国民经济和社会发展第十二个五年规划的建议》和市发展和改革委员会关于“十二五”专项规划编制的要求，杭州市物流相关部门在充分调查研究的基础上，以发挥综合交通优势为切入点，以企业为主体，以市场为导向，以信息技术为手段，以降低物流成本和提高物流效率为核心，以多层复合、多式联运、多业联动为路径，加快发展现代物流业，建立现代物流服务体系，实现物流的社会化、专业化、规模化经营，提升杭州产业综合竞争力和城市综合功能，率先建成长三角重要的综合交通物流中心。在规划中，一是坚持“政府规划，企业运作，市场引导，政策扶持”的发展原则；二是发挥杭州市发展现代物流的比较优势，积极参与到长三角地区、全国物流资源的配置中去，提出准备的产业、服务、功能定位；三是明确杭州现代物流发展“打造长三角综合交通物流中心”的总体目标，以及包括物流服务体系、流通体系、物流网络、多式联运系统等各个方面的具体目标；四是明确现代物流的发展战略，综合考虑杭州产业空间布局和交通运输网络状况，合理配置综合性物流中心、物流基地、物流园区、区域性物流中心、城乡物流配送体系建设等；五是明确打造长三角“物流港”的总体政策导向，废除各类不符合国家法律法规规定的由部门或地方制定的地区封锁、行业垄断、市场分割的有关规定，避免规划与实际执行脱节。此外，围绕“构筑大都市、建设新天堂”的战略目标，以打造“购物天堂、美食之都”为契机，以满足消费需求为宗旨，以市场为导向，完成了《新形势下改善杭州消费环境的对策研究》课题的修编工作。为在现有基础上进一步提高城市整体消费环境，课题组针对杭州市城市发展定位，结合杭州城市化进程与人口布局变动趋势，立足杭

州客观实际，根据《杭州市国民经济和社会发展第十二个五年规划纲要》、《杭州市城市总体规划》、《杭州市区商业网点2003—2010年发展规划纲要》、《杭州市现代服务业发展规划》等对新形势下改善杭州城市消费环境对策进行研究。

针对企业与道德实际问题进行物流配送研究。根据浙江省把杭州作为城市配送试点城市的设想，杭州市物流办率先在浙江省内开展了物流配送的调研。通过调研，率先在医药物流、城市居民必需品物流的配送上试点进行配送，并解决了部分物流企业车辆难进城、难配送的困难。

八、物流标准化建设工作取得新进展

2011年，杭州市物流主管部门与杭州技术标准监督局和物流协会共同制定了物流园区的标准、冷链物流标准和信息化平台标准，已批准实施。杭州市物流标准化建设工作取得新进展。

（杭州市发展和改革委员会）

宁波市

物流业是宁波市的优势产业，也是服务业的六大支柱产业之一。2011年，宁波市物流业继续保持较快发展，在物流重点领域，新型业态发展、智慧物流建设等诸多方面呈现新的特色和亮点。

一、物流业规模持续扩大

2011年，宁波市物流总额达到1.7万亿元，同比增长18.8%；物流业增加值达到581.2亿元，同比增长15.6%；物流业增加值占GDP比重达到9.7%，占服务业比重的24.0%，进一步确立和巩固了宁波市物流业的产业地位。物流产业体系的逐步完善，使宁波市初步形成了以港口物流为龙头，商贸物流、专业物流等为配套的发展格局。2011年宁波市社会物流总额构成及增长变动情况见表1。

表1　2011年宁波市社会物流总额构成及增长变动情况

项　目	数额（亿元）	同比增长（%）	所占比重（%）
农产品物流总额	319.4	14.6	1.9
工业品物流总额	14011.1	19.4	82.6
进口货物物流总额	2444.2	16.6	14.4
再生资源物流总额	177.5	12.2	1.0
邮政总额	4.1	8.0	0.2
社会物流总额	16956.2	18.8	100

2011年，宁波市共完成货运量3.1亿吨，同比增长8.2%。其中，铁路、公路、水路、民航分别完成货运量2168.9万吨、15280.0万吨、13771.0万吨和8.5万吨，同比分别增加了5.3%、5.1%、12.3%和5.1%；完成货物周转量1970.0亿吨公里，同比增长25.9%，实现较快增长，其中水路货物周转量占比达到85.7%，比重较上年提高了1.5个百分点。2011年宁波市全社会客货运输量情况见表2。

表 2　　2011 年宁波市全社会客货运输量情况

类　别		完成值	2011 年所占比例（%）	2010 年所占比例（%）	同比增速（%）
货运量（万吨）		31228.4	100	100	8.2
运输方式	铁路（发送量）	2168.9	6.95	6.74	5.3
	公路	15280.0	48.93	53.09	5.1
	水路	13771.0	44.1	40.14	12.3
	民航（吞吐量）	8.5	0.02	0.03	5.1
货物周转量（亿吨公里）		1970.0	100	100	25.2
运输方式	公路	281.5	14.3	15.6	15
	水路	1688.5	85.7	84.4	27.1

二、物流通道网络不断完善

随着交通基础设施的加快建设，宁波市综合运输体系初具规模。公路路网格局基本形成，“一环六射”的高速公路网基本建成。干线公路网络不断完善且等级逐步提高，农村公路提前实现村村通并进入联网建设阶段。“六线一枢纽”的铁路网络布局加快建设。沿海专业码头建设加快推进，港口结构与布局、集疏运网络不断调整和完善。民航机场设施建设工程加快开展，国际、国内航线网络加密与完善。“四横、五纵、五条片区连接线”的城市快速路网布局、主次干道和支路网建设加快推进，使宁波市的路网能力和连贯性不断加强和完善。

三、物流基地加快建设

2011 年，宁波市主要物流基地工程加快建设。梅山保税港区保税物流中心二期工程等一批重点项目继续推进；镇海大宗货物海铁联运物流枢纽港的核心项目——大宗生产资料交易中心已建成投用；现代国际物流园区普洛斯仓库、中外运项目建成运营；其他重点物流基地重点项目也有序推进，使宁波市物流业发展的空间布局加快形成。

四、港口物流业稳步发展

一是积极拓展海铁联运市场。宁波港以江西海铁联运市场扩展为重点，大力拓展集装箱海铁联运市场的腹地，2011 年成功开通了上饶—宁波集装箱“五定”班列、台州—宁波集装箱班列，并积极推进开通成都—宁波海铁联运班列准备工作。截至 2011 年年底，宁波港域已对义乌市、金华市、衢州市、上饶市、鹰潭市、南昌市、台州市 7 个省内外城市开通集装箱班列。全年宁波港通过铁路实现集装箱发送 37780 标准箱，同比增长 91.9%；集装箱到达 24304 标准箱，同比增长 58.7%。全年海铁联运箱量完成 4.7 万标准箱。

二是完善浙江省内外“无水港”布局。宁波港“无水港”建设先后从浙江省内布点，然后逐步向江西等省外内陆地区稳步推进。截至 2011 年年底，宁波市已在杭甬线的萧山、绍兴、慈溪、柯桥和浙赣线的义乌、金华、衢州、上饶、鹰潭等地设立“无水港”。2011

年，“无水港”累计业务量合计完成22.8万标准箱，同比增长104.5%。

三是通过腹地拓展，港口物流业保持较快增长。2011年，宁波港口全年完成货物吞吐量4.3亿吨，同比增长5.2%，为年度计划的108.4%，位居全球第6位、大陆港口第4位。其中，外贸货物吞吐量2.3亿吨，同比增长9.5%。共完成集装箱吞吐量1451.2万标准箱，同比增长11.6%，为年度计划的103.7%，稳居全球第6位、大陆港口第3位。

五、物流企业发展壮大

截至2011年年底，宁波市实际从事物流相关业务的企业达5129家。其中，交通运输企业1715家，占总数的33.4%；装运及搬运企业104家，占总数的2.0%；货代企业2170家，占总数的42.3%；仓储企业446家，占总数的8.7%；邮政及快递企业727家，占总数的13.2%；配送企业126家，占总数的2.5%；流通加工及包装企业62家，占总数的1.2%。宁波市物流市场的不断发展和完善，培育了宁波公运、宁波海运、宁波外运、九龙物流、富邦物流、宁波外轮、宁波船务代理等一大批在长三角及国内具有一定影响力的本地物流企业迅速成长，形成了一支门类齐全、机制灵活、运作高效、竞争充分的市场主体。

六、智慧物流建设进展良好

一是企业信息化建设加快。目前，宁波市已有90%的企业使用了物流信息系统和信息技术，其余的企业正在计划使用或者开发管理信息系统。在使用信息系统的企业中，使用最多的是仓储管理系统（WMS），占比为25%。次之的是全球定位系统（GPS），占比为23%。使用运输管理系统（TMS）的企业占比为21%，使用AS/RS或AGV小车的企业占比为4%，使用GIS技术的企业占比为2%。在物品的分拣技术使用方面，有69%的企业使用一维条码技术，有17%的企业仍沿用人工分拣操作，有3%的企业使用了RF技术，有4%的企业使用了RFID技术，有4%的企业使用了便捷式数据终端技术。对自身所用物流信息系统功能的要求方面，28%的企业期望能与客户进行信息的共享，21%的企业希望能够处理日常业务，期望实现提升品牌价值、优化操作和业务查询的企业占比分别均为17%。

二是宁波港智能闸口系统进一步完善。宁波港自2008年开始推进全港的智能闸口系统建设以来，已经安装50多套RFID智能识别设备，为15000多辆集装箱车提供RFID识别卡。集装箱车辆通过闸口时间由过去的约2分钟减少至30秒左右，不仅保证了进出港业务单证数据的准确性和及时性、大幅度提高了港口的吞吐能力、加强了闸口业务的计划性管理，而且还减少了闸口处理的业务用工数量，改善了闸口作业人员的工作环境，降低了闸口作业安全隐患，提升了集装箱码头服务形象，同时为调度人员监控进出港车辆的分布情况，适时调整机械设备和人力的分配，提供了更直接的手段。

三是园区“一卡通”试点逐步推开。2011年，宁波港区与园区的“一卡通”试点工作已在义乌物流园区、传化物流基地、宁波港区、衢州物流园区等五个物流园区（港区）展开。其中，宁波港区与义乌物流园区“一卡通”项目的实施已有初步成果。已在宁波港区办理RFID识别卡的货运车辆，在义乌物流园区进出时无须停车便可通行，系统会自动读取识别货运车辆上RFID识别卡的信息（包括车牌号和驾驶员信息），然后智能放行“持卡”货运车辆通过。货运车辆通过时间从原有的1分钟减少至30秒。

七、业务模式创新发展

一是甩挂运输试点不断推广。自2008年

宁波港铃与物流公司开展集装箱甩挂运输以来，宁波市甩挂运输取得了较快发展。2011年，全市甩挂试点范围继续扩大，在宁波港铃与物流有限公司和浙江百富物流有限公司两家交通部甩挂试点单位的基础上，又新增市级甩挂试点单位6家。截至2011年年底，宁波市列入甩挂运输试点的企业达到8家，其中，集装箱甩挂运输试点企业有6家，分别是宁波恒胜物流有限公司、浙江百富物流有限公司、宁波港铃与物流有限公司、宁波港集装箱运输有限公司、宁波富邦物流有限公司、宁波文昌国际物流有限公司；干线甩挂运输试点企业有2家，分别是中通物流有限公司、慈溪公铁联运有限公司。其中慈溪市公铁联运有限公司甩挂运输项目被评为省级干线甩挂运输试点项目，宁波港集装箱运输有限公司甩挂运输项目、宁波恒胜物流有限公司甩挂运输项目被评为省级集装箱双重运输试点项目。

二是集装箱双重运输不断推广。宁波港集装箱双重运输逐步形成了以萧山“无水港”为中心，上饶、鹰潭、衢州、金华、义乌、慈溪、绍兴等“无水港”为节点的“分点放箱、集中管理”模式，网络覆盖面不断扩大。在萧山、绍兴双重基本成功的基础上，2011年，宁波市又在义乌、袍江、柯桥等地推广双重运输模式。截至2011年年底，共完成双重运输业务量12.5万标准箱，其中调头转向箱超过40%，为企业拓展内陆腹地市场作出了贡献。

八、物流公共平台加快建设

一是第四方物流市场创新发展。截至2011年年底，宁波市第四方物流市场会员数达到8350家，同比增加1500家，增幅达21.9%。会员范围涵盖货主、物流企业、园区、专业市场等各类实体。服务范围已延伸至杭州、温州、嘉兴、绍兴、台州、金华等省内城市，以及北京、上海、郑州、佛山、聊城等省外大中型城市。会员企业通过第四方物流市场形成的交易量达17.7亿元，其中通过第四方物流市场支付的结算额达5亿元。目前，第四方物流市场已推出GPS物流监控平台、AIS船舶监控平台、智能闸口、RFID电子铅封产品、物流金融、海运通和陆运通等平台特色服务。

二是宁波电子口岸平台功能进一步完善。宁波电子口岸平台利用网络通信技术，整合现有口岸通关系统资源，构筑联接政府与政府、政府与企业、企业与企业的协同电子政务与电子商务于一体的国际物流信息平台，实现企业通关服务、口岸监管辅助、口岸数据交换和展示等综合功能，服务能级不断攀升。截至2011年年底，电子口岸平台用户累计达到13060家，比上年增加1251家，同比增长10.6%。用户涵盖货主、货代、仓库堆场等不同类型企业。

三是IBM智慧物流平台启动建设。IBM于2010年8月9日与宁波签订战略合作框架，决心全力将“智慧物流”的理念付诸实施。2011年5月11日，IBM中国开发中心（宁波）暨智慧物流解决方案中心正式落户宁波，这意味着宁波智慧物流云平台建设的全面启动。IBM围绕宁波智慧物流平台的总体规划咨询、系统建设和用户应用以及宣传和市场开拓来开展工作。目前，已进行宁波智慧物流平台第一期建设，除物流管理系统的开发、部署和试点运行外，建设中的项目还有供应链数据大交换平台和智慧物流手机。下一步将推进宁波智慧物流平台运行维护和推广。

九、物流业发展环境进一步优化

一是编制实施《宁波市“十二五”物流业发展规划》，引导宁波物流业持续健康发展。二是制定和实施《宁波市智慧物流试点工作实施方案》，明确了宁波市智慧物流建设指导思想、基本原则和发展目标，重点任务及分工以及未来智慧物流建设的重点工程。三是印发了《宁波市甩挂运输试点工作实施方案》，指导物流企业在全市范围开展甩挂运输试点。

（李惠红　宁波市发展和改革委员会）

南昌市

2011年，在南昌市委、市政府的高度重视下，经过全社会的共同努力，南昌市物流业快速发展，物流业发展规模继续保持扩大的态势，总量和增速进一步提高，一个多层次、多业态、多品种，全方位、开放统一的现代物流体系逐步形成，为全市社会经济发展提供了积极支持，对南昌经济发展起到了积极的推动作用。

一、南昌市物流业发展概况

1. 物流产业规模不断扩大

2011年是“十二五”规划的开局之年，也是物流业发展史上难忘的一年，3月份全国人大十一届四次会议审议通过的《“十二五”规划纲要》，再次突出强调“大力发展现代物流业”；6月份温家宝总理主持召开国务院常务会议，专题研究支持物流业发展的政策措施；8月份《国务院办公厅关于促进物流业健康政策措施的意见》出台。陆续的政策和措施对南昌市物流业的发展产生了极大的促进作用。

2011年，南昌市社会物流业总额实现10296亿元，同比增长18%；全市物流业增加值实现301亿元，同比增长12%；货物运输周转量为320.15亿吨公里，同比增长3.2%。

2. 物流企业快速崛起，影响力加大

截至目前，南昌市已登记注册的不同类型物流企业达800多家，其中具有现代物流企业特征的大中型物流企业有30多家。总部设在南昌市的物流企业中，获得A级物流企业评定等级的有12家，其中，获得3A级以上等级的有7家（江西九州通药业有限公司是4A企业）。南昌市获国家四星级仓库的有1家，三星级仓库的有2家。2011年江西省有16家企业纳入全国物流景气指数调查，其中南昌市有8家物流企业进入调查榜中。

2011年，在国家人力资源和社会保障部与中国物流与采购联合会联合表彰的活动中，南昌市的江西交远物流有限公司、江西新华发行集团有限公司的赵希和同志、江西京九物流有限公司的戴志波同志、南昌物流行业协会的高学敏同志分别被授予全国物流行业先进集体和劳动模范、先进工作者的称号。

3. 物流业发展环境得到较大改善

（1）物流业发展的领导机构不断健全。南昌市为了适应物流业发展新形势的需要，多次对现代物流业发展领导小组进行调整。近两年，南昌市为了加强国际物流和保税物流发展，将江西机场集团公司、南昌铁路局等单位充实到物流业领导小组中来，使领导小组统一规划、协调和管理的职能更强。同时，为了增进企业与政府之间的联系和沟通，促进物流行业自律，对南昌物流行业协会的工作加强了业务指导。

（2）促进物流业发展的政策不断完善。为了加快物流业的发展，南昌市专门以市委、市政府名义印发了《关于把南昌建设成区域性现代物流中心的若干意见》，提出了加快物流业发展的工作措施，制定了促进物流业发展的优惠政策。

（3）物流企业和物流市场秩序不断规范。为使南昌市的物流企业规范发展，南昌市政府部门制定了《南昌市物流企业评估与认定指标》地方标准，经江西省质监局批准已正式实施。为了规范物流市场秩序，南昌市近几年重点对全省最大的日用品市场洪城大市场周边物流市场进行了专项整治，引导市场物流业务外移到周边的兴发物流中心和银燕物流配送中心，实现物流资源的科学布局和合理利用，促进了城市配送功能体系的完善。

4. 物流业发展布局得到较好优化

（1）物流业发展规划不断落实。南昌市政府于2007年编制出台了《南昌市2007—2020年物流业发展规划》。近几年，南昌市不断加大规划的贯彻落实力度，加快推进了物流企业退城进郊工作，江西省物资储运总公司等一批物流企业正在往城外物流基地迁移，南昌商业储运总公司等物流企业正在进行合作改造，加快实现城内展示、城外物流的格局。同时，南昌市对不符合规划的新物流项目，要求其对选址重新调整，使全市物流资源科学合理布局。

（2）公共物流区建设不断推进。在科学规划的基础上，按照不同的功能定位要求，南昌市重点推进了3个物流基地、8个物流中心和15个物流配送中心等公共物流区规划建设工作。目前，全市正在建设的3个物流基地，总占地面积达8500亩。南昌市将充分发挥3个物流基地的不同功能特点，实现3个物流基地优势互补，努力降低物流成本，提高经济运行效率。

（3）重大物流项目不断发展。南昌市推进的南昌保税物流中心等一批集散功能强的物流基地项目建成开业，截至2011年12月，南昌保税物流中心进出口总额已突破2亿美元。提升改造了一批物流中心项目，小蓝物流中心兴发物流项目引进由英国TNT物流公司控股的TNT—华宇物流公司，昌东物流中心昌大瑞丰物流项目开设了3000平方米的公共保税仓，开辟了物流服务的新领域。同时，南昌市加快规划建设了南昌华南城、银燕物流等一批大型现代物流企业。

5. 物流市场得到较快发展

（1）物流信息化水平不断提升。南昌市按照信息化发展的要求，加快推进了一批物流信息化龙头企业的发展，带动了物流企业信息化水平的提升，逐步构筑和完善了企业物流信息平台。江西新华物流公司自行研发“出版物商流网络智能化管理系统”，整合商流、物流、信息流、资金流，形成四流合一的操作平台，为江西省新华书店连锁经营提供了有力的技术支撑。

（2）现代物流市场不断培育发展。在物流市场的培育过程中，南昌市积极推行物流一体化管理以及物流招标、物流业务外包等现代物流管理方式，使物流业的发展与支柱产业相结合，促进了全市物流市场的培育发展。江铃汽车集团、江中制药集团等大型生产企业都通过企业自身内部物流资源整合、物流业务外包等方式优化和分离企业物流，对南昌市物流市场的培育起到了积极促进作用。

6. 专业物流得到较强提升

（1）国际物流和保税物流不断增强。一是加快推进了进出口贸易物流体系建设，南昌市积极推进进出口贸易物流体系基础项目建设，重点加快了南昌保税物流中心和昌北航空物流中心等公共物流区发展。二是大力推进海铁联运功能的提升。2011 年，南昌至深圳、厦门、上海、香港海铁联运共计承运外贸集装箱超过 1.5 万个标准箱。南昌市正在形成以昌北航空物流中心、江西集装箱码头等交通设施场所以及保税物流中心、保税仓库、出口加工区等口岸资源为依托，以海铁联运、河海联运为纽带的进出口物流体系。

（2）农产品冷链物流功能不断拓展。伴随着南昌市现代农业和现代商贸流通业的不断发展，农产品城乡需求不断扩大，对物流业的发展特别是冷藏物流的发展提出了新的需求，促进了江西煌上煌集团公司和江西从玉农业发展有限公司等一批现代农产品流通企业的不断发展壮大。南昌市以开展商务部农产品现代流通综合试点工作为契机，抓住扩大消费发展机遇期，促进了南昌深圳农产品批发市场、南昌水产品批发市场和南昌肉食品批发市场等一批重点农产品冷链项目建设，扩大了南昌市冷库容量，完善了冷链运输系统，保障了食品安全。

7. 行业协会作用日渐明显

2011 年 5 月，南昌市物流行业协会通过换届选举，产生了新一届的领导班子。新班子力求在服务功能、开展特色活动、加强自身建设等方面有所创新、有所突破，继续发挥江西物流网（www. jx56. org）和会刊《南昌物流》行业宣传平台，促进协会会员企业与银行的仓单质押工作稳步开展，发挥纽带作用。积极反映会员企业与行业的诉求。2011 年，南昌市物流行业开展了诚信经营物流企业评选活动，有 6 家物流企业被评为南昌市诚信物流企业，它们分别是：江西省南昌商业储运总公司、江西省物资储运总公司、江西长兴物流有限公司、江西交远物流有限公司、江西龙河物流有限公司和南昌市洪城大众货物运输有限公司。

二、南昌市物流业发展的问题和对策

目前，南昌市物流业发展的基础还比较薄弱，总体上还处于现代物流发展的起步阶段。南昌市物流业存在的一些问题具体表现在以下几个方面：

一是物流业总体处于粗放经营阶段，管理水平和服务质量有待提高。受行业条状分割、县区块状分割的影响，物流资源分布的条块特点明显，对物流资源的整合和一体化运作形成体制性障碍，导致物流资源综合利用水平较低。同时，物流企业之间缺乏有效的协作与合作，物流项目之间的功能配套和优势互补性不强。这种条块分割式的管理体制使得全社会的物流过程分割开来，在相当程度上影响和制约了物流产业的发展，这种状况在信息化程度较低的发展时期特别明显。同时受历史条件的限制和南昌市城市建设步伐加快的影响，南昌市目前有一批老的国有储运公司和运输公司位于城市的中心位置，与物流业发展的布局要求不相符，这既影响物流企业自身的发展，又影响物流资源的有效利用和物流业整体功能的发挥。

二是促进物流业发展的政策力度不大，影响项目的快速推进。物流业是支撑经济发展的重要服务行业，具有一定的公益性，但其投入大、回收期长，建设项目需要一定的土地，需要政府部门给予足够的政策和资金支持。目前，南昌市扶持物流业发展的政策不多、力度不大，已有的政策涉及面也比较窄、局限性比较大，扶持力度有限；对物流业的投资力度也不大，投资总额较小，重大物流业项目也较少，这些直接制约了南昌市物流业的发展，也削弱了南昌市物流业发展的后劲。

三是第三方物流市场还不够健全，物流业规范化、标准化程度低。目前，南昌市的生产企业以自我服务为主的物流活动模式在很大程度上限制和延迟了高效率专业化物流服务的需求产生和发展，大量潜在的物流需求还不能转化为有效的市场需求，第三方物流市场发展受阻。南昌市大部分物流企业规模小，既没有规范的管理和服务标准，又没有完善的物流设施和服务网络，技术水平和信息化程度也比较低，能够提供物流整体解决方案或物流全程服务的企业很少，难以适应中高端物流需求者的需求和大型制造、商贸企业供应链管理一体化的要求。有的物流企业通过低价和不规范手段入市竞争，给大型的、规范化运作的物流企业带来损失，并且扰乱了物流市场秩序，制约了物流市场的健康发展。

四是税收制度不能适应行业的特点，影响物流企业发展。南昌市物流业近几年来在各方面的高度重视下得到了快速发展，但税收制度不合理严重影响了物流企业的发展。同时，税务部门在征收土地使用税等方面，也未能充分考虑物流行业的特点而与其他行业一样收取和处理，使物流企业的发展举步维艰，这个问题也影响到物流企业的整合兼并。目前，南昌市的物流市场迫切需要通过兼并、联盟等手段，整合社会资源，提供优质高效的一体化物流服务，加快培育和发展具有竞争力的现代物流企业，或引进一些大型高端的现代物流企业落户南昌，来主导全市物流市场的发展。

要解决上述问题，南昌市政府主管部门应采取积极行动，一是加大对物流业的政策扶持力度。二是加大对物流业发展的政府性投入。三是抓好重大项目建设，推进物流业与制造业融合发展，培育物流需求。四是打造物流枢纽基地，推进重点领域物流发展，推进公共物流区建设。五是突出抓好信息化建设，推进物流标准和新技术推广。六是发展第三方物流，打造行业龙头企业，推进物流市场主体建设。七是加强物流行业基础工作，推进物流市场秩序建设。八是继续优化物流发展环境，推进物流示范内容建设。九是继续加大对行业协会的支持扶持力度，促进协会的进一步发展和壮大。切实为物流业的发展创造宽松的环境，确保南昌市物流业规范快速发展。

（南昌市物流行业协会）

青岛市

青岛物流业发展起步较晚，但近年来发展较为迅猛，青岛市被国家列为重点发展的九大物流区域之一。几年来，青岛市紧抓山东半岛蓝色经济区建设的发展机遇，以海港、空港和陆路三大物流系统建设为主线，以物流大项目建设和品牌主体培育为核心，以物流定向招商为突破口，以物流信息化建设为引领，现代物流业实现了平稳较快发展。

2011 年，青岛市物流业实现增加值 569 亿元，同比增长 10.9%，连续两年实现两位数增长，物流业增加值占全市服务业增加值的比重为 18%；实现社会物流总额 25371.9 亿元，同比增长 16.6%；社会物流总额达到 25371.9 亿元，同比增长 16.6%。

一、物流业发展环境进一步优化

2011 年，山东省政府和青岛市政府陆续推出了一揽子支持物流业又好又快发展的政策措施，为青岛市物流业发展创造了良好的政策环境。2011 年 7 月，《青岛市“十二五”现代物流业发展规划》编制完成并出台，为青岛市“十二五”期间现代物流业的发展提供了规划指导。根据青岛市委常委会纪要精神，2011 年由市发展和改革委员会牵头、交通和财政等部门共同研究拟定的《关于促进青岛市现代物流业进一步发展的意见》初稿基本编制完成。下一步将由政府、协会、院校、企业和相关部门的专家组成的评审委员会对初稿进行评审，再根据评审专家的意见和建议进一步修改完善确定终稿。青岛市政府相关部门不断推出积极的政策、采取有效的措施，使得全市物流业保持健康快速发展势头。

二、重点项目建设稳步推进

2011 年，青岛市在物流骨干项目建设加速的带动下物流产业发展增速显著。物流园区建设形成了以龙头项目带动产业链发展的新特点。青岛物流分拨交易中心二期、即墨金世纪物流三期、胶州福兴祥冷链物流等 10 余个投资过亿元的物流重点项目相继竣工，带动青岛市迈向半岛物流中心的步伐进一步加快。为港口配套从事国际物流的占地 3000 亩的前湾国际物流园项目和占地 1000 亩的保税港区物流园项目基础设施工程已全面完工，中铁联集青岛集装箱中心站运行平稳，物流综合服务平台按计划推进；为铁路集装箱站配套服务的占地 2700 亩的胶州湾物流园项目、占地 1800 亩的城阳综合物流园项目、占地 1600 亩的楼山物流园项目的建设稳步推进，其中正城阳综合物流园和娄山物流园的企业入驻率达到 96% 以上。总投资1.5亿元的天驰冷链物流项目主体工程已完工，已进入设备安装调试阶段；总投资1.95亿元的春明神鹿仓储物流项目已竣工验收；总投资12亿元的冠宇农产品仓储物流基础设施建设已经完成，道路硬化和2座万吨冷库已完工，5.4万平方米的办公楼冷风库已经准备开工；总投资1.5亿元的老三东物流分拣、仓储车间主体完工，冷风库地基开挖已完成；总投资1.5亿元的品品好粮食物流立筒仓已建成，1、2号平房仓正安装调试设备，3、4号平房仓正准备施工。总投资4亿元的西元庄物流配载大棚、零担配载商铺、冷冻保鲜库已投入使用，4350平方米的三产综合服务楼已完工。2011年3月，总投资3亿元的青岛物流分拨交易中心二期8个专线作业区已经建设完成并投入使用。物流分拨交易中心的1、2号楼基础施工已结束，正进行主体建设，3号楼正进行基础施工。总投资1.1亿元的北药鲁抗药品配送中心主体已封顶；总投资2亿元的利群市区综合物流中心物流仓库已封顶，综合楼即将封顶。

三、物流定向招商取得新成效

2011年，青岛市物流业发展以物流定向招商为突破口，物流定向招商工作扎实稳步推进，成效显著。规划占地2690亩的董家口港区物流园已确定中国香港新源、青岛华骏、中国外运、新兴际华和淡水河谷等大型物流项目入驻，相关前期工作已启动。物流定向招商工作稳步推进：海南椰风集团投资3亿元建设的汇海通达物流已签约；总投资1亿元建设1.1万平方米智能化仓储物流中心从事内衣、针织服装营销的红纺智能化物流项目已签约并完成规划设计；青岛烟草投资6亿元建设的占地200亩的烟草物流项目已签约。海丰集团投资7000万美元建设国际物流园项目资金已到位；由江苏雨润食品投资7亿美元建设的占地1400亩的雨润物流项目已注册，正进行规划方案设计，计划2012年开工；由赛轮有限公司联合美国投资商投资1.5亿美元建设的占地400亩的赛轮国际轮胎分销批发基地项目，已进入内外销比例等投资细节沟通阶段；新加坡丰树物流建设物流中心计划进入选址阶段；中韩物流项目外商选址建设二期；由中信信通物流投资1.5亿元设立青岛总部项目正在谈判洽商阶段；总投资14亿元的黄河钢铁物流交易中心已注册，正办理前期手续。

四、国际物流一体化取得突破性进展

2011年，青岛市物流业发展在国际物流一体化方面取得突破性进展。

2月20日，青岛至洛杉矶货运航线正式开通，这是青岛机场开通的首条洲际航线，也是青岛市贯彻蓝色经济战略和“十二五”规划精神，打造区域性门户枢纽机场的重大举措。青岛至洛杉矶货运航线的开通，改写了青岛市航空没有洲际航线的历史，很好地满足了青岛外向型经济产业蓬勃发展对外出口货物运输量日益增长的需求，使得青岛生产的产品出口美洲不再绕路其他城市转运，减轻了企业的成本负担，确保了运输货物的完好性与时效性要求。

8月31日，中韩陆海联运汽车货物运输项目青岛通道正式开通，开创青岛市国际物流一体化发展的新局面。中韩陆海联运汽车货物运输项目实施后，中韩两国的货运车经日照港或韩国平泽港由客滚船搭载进入对方境内后，往返中韩两国的货物在途中无须经过多次装卸，直接由对方的牵引车牵引运抵目的地，可从工厂直达客户。由于中韩陆海联运汽车货物运输项目具有高效、经济、节能、环保优点，可有效缩短货物运输在途及滞港时间，减少装卸损耗，节省多次装卸产生的费用，提高物流效率和降低费用，实现“门到门”直达运输服务，被形象地比喻为铺就了两国间的“海上高速公路”。为确保中韩陆海联运汽车货物运输项目顺利实施，青岛市交通、口岸、保监、边防等部门共同协作，有效地解决了挂车保险、边防检查、检疫消毒等问题，使青岛港口岸现有设施设备的作用得以充分发挥，大大提高了两国间物流畅通的效率。中韩陆海联运项目开通数月，从青岛港至仁川港进出口挂车达9批64车次，货物运输量199.4吨，货值1570万美元。青岛通道已成为青岛市物流产业发展新的增长点。

五、商贸物流发展步伐加快

利群集团、维客集团、利客来集团和北方国贸在原有物流配送中心建设的基础上，投入近5亿元扩建物流配送中心和生鲜物流配送中心，仓储面积达30多万平方米。农产品冷链物流方面，新建农产品物流配送中心2处、冷链系统1处。完善产地预冷、销地冷藏和保鲜运输、保鲜加工等设施。特别是利群集团的福兴祥物流三期生鲜冷链加工配送中心正式建成并投入使用，该中心是目前国内最先进的生鲜冷链加工配送中心之一，总建筑面积3.8万平方米，实现年加工畜产品2万多吨、果蔬产品9万多吨、水产品1825吨、主食品2823多吨和日配品165.2吨，生鲜配送额达2亿元。

六、物流企业标准化示范化建设登上新台阶

2011年，青岛市物流相关部门在海尔物流等6家企业通过国家级、省级物流业服务标准化试点示范验收的基础上，对全市物流业的情况进行了摸底调查，掌握了行业服务标准化的状况。通过对服务标准化水平较高的企业进行试点示范，扩大试点面，有效地发挥了试点企业的示范辐射带动作用。特别是对中储物流国家级试点示范单位进行重点帮扶，引导企业使用统一的标准、完善标准体系、提高物流标准化水平和提升物流服务质量，力争通过国家级验收。

2011年，青岛市已有青岛物流分拨交易中心有限公司、青岛金世纪实业有限公司2家企业新评为国家4A级物流企业；山东怡之航集装箱物流有限公司和青岛天璇物流有限公司由3A级升级至4A级。此外，2011年中储发展股份有限公司青岛分公司和青岛春明神鹿物流有限公司获评全国制造业与物流业联动发展示范企业。

七、加快物流信息化升级转型

2011年，青岛市物流相关部门立足同时推进、结合开展的原则，强化全市物流公共信息服务平台和重点集聚区服务平台的建设工作。一是鼓励各物流集聚区发展物流公共信息服务平台项目，如支持李沧区娄山物流园信息化服务平台一期正式上线，门户网站、信息平台对外开放；帮助青岛远通物联技术有限公司的物流公共信息服务平台项目、青岛物流分拨交易中心的青岛物流分拨交易中心信息平台项目和青岛盛鼎置业有限公司的青岛西部商贸区信息服务平台项目申请国家服务业发展引导资金平台类补助。二是完成了全市物流公共信息服务平台实体注册的工作和对市场客户群体需求的调查分析，为全市物流公共信息服务平台试运营做好了积极的准备。

（青岛市交通运输委员会）

淄博市

物流业是以现代运输业为重点，以信息技术为支撑，以现代制造业和商业为基础，集系统化、信息化、仓储现代化为一体的综合性产业。近年来，淄博市以科学发展观为指导，调整产业结构，优化产品布局，经济持续稳定快速发展，为物流业发展提供了强大的需求和机遇，产业规模和效益平稳较快增长，公共服务水平不断提高，已成为带动区域经济结构调整和经济发展方式转变的强大引擎。

一、物流业发展基本情况

2011 年，淄博市物流业增加值实现 269. 25 亿元，占服务业增加值的 22. 7%，占全市 GDP 的 8. 2%。

1. 物流总体规模

2011 年，淄博市社会货物物流总额为 12119. 94 亿元。其中，农产品物流总额为 166. 24 亿元，占社会货物物流总额的 1. 4%；工业品物流总额为 9575. 60 亿元，占社会货物物流总额的 79. 0%；进口货物物流总额为 204. 98 亿元，占社会货物物流总额的 1. 7%；外地流入货物总额为 2115. 21 亿元，占社会货物物流总额的 17. 5%；再生资源物流总额为 10. 70 亿元，占社会货物物流总额的 0. 1%；单位与居民物品物流总额为 47. 21 亿元，占社会货物物流总额的 0. 4%。

2011 年，淄博市社会物流总费用为 713. 41 亿元。其中，运输费用 409. 52 亿元，占社会物流总费用的比重为 57. 4%；保管费用 225. 60 亿元，占社会物流总费用的比重为 31. 6%；管理费用 78. 30 亿元，占社会物流总费用的比重为 11. 0%。在保管费用中，利息费用 92. 91 亿元，占保管费用的 41. 2%。

2. 项目建设投资情况

2011 年，淄博市 25 个重点物流项目总投资 119. 2 亿元，已完成投资 51. 7 亿元。其中 3 个项目已竣工，结转项目推进有力，陆续投产见效。2011 年，淄博市物流相关行业固定资产投资 120. 38 亿元。其中，交通运输业固定资产投资 29. 67 亿元，仓储、邮政业固定资产投资 45. 69 亿元；贸易业固定资产投资 45. 02 亿元。新申报项目增势强劲，项目建设接续有力。2011 年，淄博市物流相关行业新增固定资产投资 92. 78 亿元。其中，交通运输业新增固定资产投资 20. 56 亿元，仓储、邮政业新增固定资产投资 30. 68 亿元，贸易业新增固定资产投资 41. 54 亿元。

3. 物流企业健康成长，物流基地正在形成

据初步统计，淄博市已有物流企业 1061 家，注册资本 100 万元以上的物流企业有 208 家。其中，年营业收入过 3000 万元的物流企

业有53家，龙头物流企业的发展速度明显加快。以依厂物流、正本物流、中汇物流、志博远物流和齐鲁国际塑化城等一批化工物流企业为依托的我国江北重要化工物流基地正在形成；淄博保税物流中心（B型）和液体危化品保税仓库投入运营，鲁中国际保税物流基地初具规模；依托全市69条铁路专用线和金泰铁路、和济物流、鲁中煤炭物流等一批公铁联运物流企业，构建了鲁中公铁联运枢纽；依托张店区和周村区309国道周边商贸城和批发市场群，鲁中商贸物流中心影响力不断扩大。

二、淄博市物流业发展环境不断改善

2011年淄博市物流业发展的各项数据说明全市物流业的发展态势良好，发展环境得到改善。

1. 政府扶持力度不断加大，为物流业发展营造了良好环境

为推动淄博市物流产业快速健康发展，淄博市经信委制定并印发了《淄博市物流业发展规划》（以下简称《规划》）和《2012年淄博市物流工作要点》。《规划》明确提出了物流业的发展方向、主要任务、总体布局等，是指导我市物流业的总纲，防止盲目开发和低水平重复建设。同时，为加快重点物流项目建设进度，提升物流企业的核心竞争力，促进物流企业做大做强，规范物流市场和行业管理，淄博市出台了相关的物流业重点项目管理办法和物流企业评价考核办法，明确物流业发展职责和目标任务，推进物流业工作开展和落实。

2. 交通运输网络进一步完善，为物流业发展奠定了基础

淄博市地处鲁中腹地，地理位置优越，运输半径500公里内的区际三纵三横和市域六纵九横干线路网基本形成，构筑起“高速淄博”主框架。到2011年年末，国省道通车里程达1201.3公里，公路通车总里程达10486公里，公路密度每百平方公里176.18公里。另外，淄博市境内胶济铁路、张八铁路、辛泰铁路、张东支线贯通全市，拥有铁路专用线69条。输油管道三条，分别为东营至辛店线输油管道、东营至辛店含硫油专用输油管道和黄岛油库至齐鲁石化输油管道，输油能力年逾千万吨。

2011年，淄博市拥有各种运输车辆50340多万辆。全社会货运量为2.87亿吨，其中，铁路货运量0.23亿吨，道路货运量2.54亿吨，管道货运量0.10亿吨；全社会货运周转量为1028.27亿吨公里，其中，铁路货运周转量151.07亿吨公里，道路货运周转量858.20亿吨公里，管道货运周转量19.0亿吨公里。

三、物流业发展的对策

2011年，淄博市物流运行形势虽然总体良好，除传统仓储、运输为主的物流业态外，第三方物流理念逐步得到企业重视，在优化物流项目结构和应用物流新技术等方面也做了大量工作，但是仍然存在一些不足。一是社会物流总费用较高。2011年，淄博市社会物流总费用与GDP的比重为21.7%，与其他一些物流发展较发达地区相比淄博市社会物流总费用较高，经济运行中的物流成本较高。二是物流市场体系有待进一步规范。目前，淄博市许多企业物流部门附属于企业内部，物流部门规模小、效率低、成本高，流通费用占生产成本的比例居高不下，社会化、专业化的第三方物流尚未真正发展和普及。少数规模较大的专业化物流公司也仅仅服务于企业自身或较大型的企业，其他中小企业的物流服务基本上处于自营的初级发展阶段。三是信息技术应用水平还比较低。目前，淄博市多数物流企业采用传统运作方式，通信手段甚至还停留在使用电话、传真方式上，完善的物流信息管理系统、电子数据交换技术和货物跟踪系统等尚未得到普遍应

用，商流、物流、信息流不能实现及时传达，现代物流系统要求的服务快速及时、节约、规模化、库存调节等目标无法实现，因而极大地影响了企业运作效率和行业竞争力的提高。

总体来看，淄博市要继续推进现代物流业的发展，需要做大量的工作。第一是各级各部门要切实增强机遇意识，增强加快物流业发展的责任感和紧迫感，统一认识，坚定信心，科学谋划，发挥优势，努力在新一轮竞争中抢占发展先机，推动物流业实现突破性发展。第二是要加快推进淄博保税物流中心、齐鲁化工物流园区、鲁中公铁联运物流园区、鲁中商贸物流园区重点物流园区的建设，通过打造鲁中物流“旱码头”，提升淄博市物流业的竞争力。第三是要推进物流业与制造业之间的联动发展。第四是要大力发展第三方物流。第五是重视发展电子商务物流。第六是要加强引进和培养物流专业人才。只要认真做好这几项工作，淄博市物流业一定能够取得新进展。

（淄博市统计局）

晋中市

晋中市是连接华北、西北、中原诸省的重要通道。发展现代物流业不但对晋中市调整产业结构、实施跨越赶超战略起到推动作用，而且可以创造就业岗位、缓解社会就业压力，有利于全市稳定和谐发展。

2011 年，晋中市的生产总值达到 890.2 亿元，位居山西省第 7 位。晋中市经济实力的不断增强，为晋中物流业的加快发展提供了坚实的物质基础。参考中国物流与采购联合会对物流产业的统计测算办法，结合晋中市经济发展的实际情况进行分析，综合得出晋中市 2011 年物流产业发展的基本情况。

一、晋中市物流产业发展现状

1. 物流产业增加值稳定增长

2011 年，晋中市现代物流业稳定发展，推动全市服务业的快速发展。初步核算，2011 年晋中市物流产业增加值占全市 GDP 的 17.8%，约为 158.9 亿元，比上年增长 19.5%。如下图所示。其中，交通运输和仓储业增加值占物流产业增加值总量的 57%，批零业占 42.7%。其中批发零售业的增加值增长最为突出，占比也较上年有所增长。具体情况如表 1 所示。

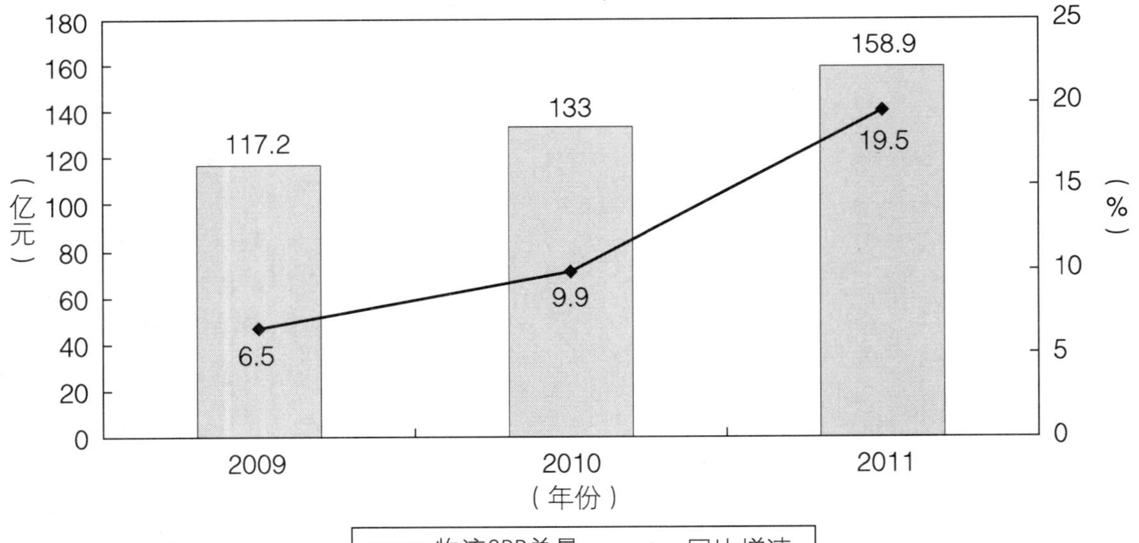

连续 3 年晋中市物流 GDP 总量及增幅

表 1　　晋中市 2011 年物流产业增加值

指标名称	绝对额（亿元）	绝对额比上年增长（%）	构成（%）	占比与上年相比（%）
交通运输和仓储业	90.6	15.7	57.0	-1.9
邮政业	0.4	0.0	0.3	0.0
批发和零售业	67.9	25.0	42.7	2.7
合计	158.9	19.5	100.0	—

注：交通运输业包括铁路和道路货运业。表中未包含包装服务业、装卸搬运和其他运输服务业。

2. 物流项目建设迅猛推进，相关投资持续增长

物流相关行业投资额与新增固定资产是直接反映物流产业发展潜力的主要指标。2011 年晋中市物流相关行业固定资产投资完成额和新增固定资产持续增长。全年物流相关行业投资完成额为 63.5 亿元，比上年同期增长 13.9%。其中，道路运输业以 54.1 亿元的投资位居各行业之首，仓储业以 5.5 亿元的投资位列第二。与 2010 年各行业投资情况相比，道路运输业和邮政业增速明显，但铁路运输业、仓储业、批发业和零售业投资完成额同比下降。

2011 年，晋中市物流产业新增固定资产额为 18.8 亿元，比上年同期增长 5.8%。在物流各相关行业中，新增固定资产额位于前列的是道路运输业和铁路运输业，其新增固定资产额分别为 13.5 亿元和 0.8 亿元。与 2010 年相比，批发和零售业出现负增长。具体情况如表 2 所示。

表 2　　2011 年晋中市物流相关行业固定资产投资情况

	投资完成额（万元）	增幅（%）	新增固定资产额（万元）	增幅（%）
铁路运输业	6446	-35.1	8000	17.6
道路运输业	540810	27.4	135012	34.5
仓储业	54700	-12.1	31150	13.8
邮政业	354	19.6	650	—
批发业	13750	-36.1	5068	-73.8
零售业	18660	-51.9	7978	-66.3
物流产业合计	634720	13.9	187858	5.8

注：由于缺乏测算资料，本表分别以铁路运输业、道路运输业（均包含旅客运输和相应的辅助活动）代替铁路货运业、公路货运业。投资以当年有工作量的项目计算合计。

2011 年，晋中市物流项目建设加速推进。三晋综合保税物流港建设启动，山西能源工业国际分销物流港等项目建设加快，太原地区货运（物流）中心获得铁道部批复，方略保税物流中心功能延伸工程获得核准，中国外运长航集团山西公司综合物流基地、美特好农产品加工配送中心等项目前期推进顺利，现代物流业发展势头强劲。

围绕三晋综合保税物流港成型建设发展，晋中市努力打造全省乃至全国一流的现代综合物流港。截至目前，港内建成、在建和拟建大型现代物流项目有20多个。其中，已建成（部分建成）投产项目7项，在建项目5项，拟建项目8项，概念项目7项，总投资达到400多亿元，完成投资近20亿元。山西能源工业国际分销物流港项目是晋中市正在倾力打造的三晋综合保税物流港项目之一，与此同时，在北起太旧高速，南至榆次工业园区，东到172库，西接太原小店区的面积约50平方公里的区域内，三晋综合保税物流港已渐成雏形：山西粮食物流中心、山西田森农副产品加工配送中心、山西滋育丰源医药有限公司医药仓储基地、榆次汇隆农产品综合市场有限公司农产品综合市场等一个个项目正在紧张建设当中。而已经建成投入运营的山西三晋国际商贸物流城、山西新华书店集团有限公司山西新华物流中心、山西金利恒钢材市场、山西吉隆斯商贸股份有限公司家家利配送中心、兰田汽贸国际物流园、太原铁路分局集装箱货运、中铁快运有限公司铁运物流配送等7个项目构成了三晋综合保税物流港的重要主体。

3. 物流企业增长快、种类多

随着晋中市经济的快速发展，晋中市物流量明显增加，物流企业快速增长。截至2011年年底，晋中市登记注册的交通运输、仓储、邮政企业达到2520家。其中，内资企业256家，私营企业661家。除了单纯的货物运输企业，又新生了专门提供服务信息的物流企业。全市注册资本在1000万元以上的物流企业已达15家，各类仓库近百个，铁路货运站场27个。

晋中市作为煤焦资源大市，煤焦运输是支撑全市物流业的重要行业之一，2011年全市销售原煤6555.3万吨，较2010年销量提高了1229.65万吨，同比增长23.09%。2011年全市外运出省原煤4167.7万吨，占总销量的63.6%，同比增长23.1%；较2010年同期的3385.9万吨增运781.8万吨。其中，通过铁路出省原煤1510.6万吨，同比增长36.55%，快于公路运输20个百分点；通过公路出省2657.1万吨，同比增长16.56%。

4. 大型物流企业规模较大、辐射力强、拉动内需明显

已建成投产的晋中市开发区宝丰隆物贸有限公司、太原铁路分局集装箱货运、中铁快运有限公司铁运物流配送项目、家家利物流配送、山西金利恒钢材市场、顺源通物流仓储中转基地和信息中心项目和山西新华图书物流中心、三晋国际商贸物流城、烟草物流配送中心等是上规模、有特色、辐射力强的现代物流专业市场、物流中心、物流基地。

2011年1月成立的晋中晋煤煤炭销售有限公司（以下简称晋煤公司）是由山西省煤炭运销集团晋中有限公司和山西省晋中国有资产经营有限公司共同出资组建的晋中区域煤炭销售企业。晋煤公司作为晋中区域煤炭销售的主体，从2011年2月1日开始，对全市范围内合法地方煤炭企业，各大集团整合晋中地方煤炭资源组建的煤炭生产企业和洗煤厂、焦化厂、储（售）煤场所生产、经营，并通过公路运输出省、出县的原煤、混煤、精煤、工程煤及其副产品，供电厂、洗煤厂、焦化厂用煤、铁路上站煤炭及煤矿铁路专用线发运的煤炭进行统一销售和物流配送。晋煤公司利用丰富的煤炭资源，结合自身优势不断创新机制，逐步向现代化大型煤炭物流旗舰企业发展。2011年晋煤公司完成销售230亿元，实现利润4300万元，成为晋中市最大的煤炭物流销售企业。

5. 中国晋商物流信息网上线运营

2011年11月，由晋中市运管局主办的中国晋商物流信息网正式上线运营。该信息网上线运营后明显提升了全市物流信息化服务水平，减少了货运资源的浪费。中国晋商物流信息网平台主要由物流信息、物流专线等子平台

组成，货源信息、运力信息、从业人员信息等内容通过平台进行融汇、整合。主要立足本省辐射全国，服务于山西省道路货运（物流）企业、货运物流站场、个体货运业主、货运信息部、仓储服务业户、货源单位、个体货主、个体车主、个体驾驶员等。通过为山西省道路物流服务供需各方搭建信息沟通的桥梁，提供货运（物流）信息交流服务，应用互联网、定位、短信和呼叫中心等技术手段，整合山西省物流信息资源，提高货运效率，推进行业节能减排，提升山西省物流信息化水平，促进山西省现代物流体系建设。

《山西省公路、水路交通运输“十二五”发展规划》明确提出，到2015年，要建成以综合交通网络为基础，以物联网公共信息和保税政策平台为依托，以重点物流工程建设为抓手，培育第三方物流企业，推进物流产业链的无缝连接，形成专业化、信息化、集约化的现代物流体系。晋商物流信息平台是山西省区域化信息中心、物流中心和配送中心建设的重要组成部分，晋商物流信息平台正式启动和运行，有利加速晋中市乃至山西省物流信息的交流和物流资源的整合，对推进山西省现代物流业的快速发展有着积极的作用，标志着晋中市物流业进入了一个崭新的发展阶段。

6. 物流行业发展优势凸显

现代物流业是一个新型的跨行业、跨部门、跨区域、渗透性强的复合型产业，具有多功能、一体化、综合性服务的特点，是引导生产、促进消费的先导行业，属新兴的第三产业，其在国民经济中的作用和地位日益凸显。晋中市地理位置优越，交通便利，发展现代物流业具有得天独厚的优势。

（1）地理位置优势。晋中市地处山西中部，具有天然的“浅内陆、近沿海”的区位优势，紧邻武宿机场和鸣李铁路集装箱货场，是省城太原的南大门。太旧、太长、大运三条高速公路和108、307、榆邢、榆盂、榆长五条干线公路以及同蒲、太焦、石太三条铁路由此交会，太中银、大西两条高铁过境，道路交通条件十分便利，是山西省的地理性交通枢纽，具有得天独厚发展现代物流的区位优势。依托优越的自然条件，全市正努力建成服务晋中、太原，辐射晋东、晋南，融入环渤海经济圈的区域物流中心。

（2）产业资源优势。晋中市是山西的产煤大市，有丰富的煤炭资源优势。近年来，纺织机械、汽车零部件、医药化工等工业行业发展迅速，加上部分工业发展在全省甚至全国居于领先地位，内外贸产品流通和交换的总量和频度不断加大，促使物流行业迅速成长。

（3）政府引导政策支持优势。在国家陆续出台一系列加快物流业发展的政策推动下，特别是物流“国八条”的出台和山西省物流发展规划研究的实施，为晋中市发展现代物流业指明了方向。晋中市政府努力营造物流业健康发展的良好环境，一方面，将制订现代物流发展规划纳入为晋中市重点规划项目之一，明确了大力发展现代物流业的决心，使物流企业经营者信心逐渐增强；另一方面，加大了政策和资金扶持力度，加强用地支持，加快人才引进和培养，全面改造、提升、整合现有各类商品市场，集中规划建设一批有规模、有特色、有辐射力的专业市场、物流中心、物流基地，为物流业的发展提供了有力保障。

（4）物流基础设施优势。随着晋中市物流行业固定资产投资力度的不断加大，晋中市物流基础设建设施日益完善。晋中市境内有铁路专线70余条，包括石太客运专线、石太线、南同蒲线、太焦线、阳涉线、介西线6条铁路干支线560余公里，地方铁路墨左线25公里，还有30余条企业专用线160余公里，加上新建成的太中银铁路22公里、大西客运专线132公里，总里程近900公里。晋中市已成为山西省非常重要的一个铁路交通枢纽。晋中市现有铁路货运站场27个，其中大型铁路货场年吞吐量达1230万吨；公路通车里程14963公里，其中，高速公路455公里、一级公路399公里、二级公路2170公里。2011年全市完成公路货运量为7201万吨，完成货物周转量为146.4亿吨公里。贯穿晋中市境内的交通网络将与京、津、冀、豫、陕、蒙、甘的交通网络以及环渤海经济带连成一片，晋中市作为区域性交通枢纽已渐具雏形。

目前，晋中市各类仓储设施逐步完善，容量较大。城乡商业网点密布，大中城市内新型商业经营业态不断出现，2011年全市限额以上批发和零售法人达208家，比上年增长11.8%；营业面积87.6万平方米，从业人员2万余人。批发和零售业的迅速发展，带动了各种配送机构的蓬勃兴起。

（5）太原晋中同城化发展加快，居民收入提高。随着太原晋中同城化发展加快，极大地促进了晋中市物流业的发展。同时，在晋中市城乡居民收入取得较快增加的带动下，2011年晋中市城镇居民人均可支配收入18978.6元，比上年增长15.5%；农村居民人均纯收入6912.5元，比上年增长19.0%。居民消费的持续较快增长已成为晋中市现代物流发展的内在条件。

二、晋中市物流业发展中存在的问题

1. 物流产业增加值占GDP比重偏低

2011年，晋中市第三产业增加值占GDP总量的36.9%，虽然较上年上升0.2个百分点，但低于第二产业增加值在GDP中54.9%的比重，三产规模有待提高，经济结构仍需优化。第三产业成为加快推进产业结构调整、增加就业的重要途径，作为占三产增加值48.4%的物流业，仅占全社会GDP的17.8%，比重明显偏低，距离2015年物流业增加值将占服务业增加值比重的60%、占GDP比重的30%的目标仍有一定差距。

2. 物流固定资产投资比例偏低

2011年，晋中市第二产业完成固定资产投资额占全社会投资的55.2%，比上年同期提高2个百分点。第三产业在完成固定资产投资额占全社会投资的40.8%，比上年同期提高1.6个百分点。物流相关行业投资完成额为63.5亿元，占三产投资额的26.8%。反映出全市物流固定资产投资比例偏低，发展物流需要继续扩大相应投资。

3. 部分物流企业规模偏小，专业程度低

第二次全国经济普查数据显示，晋中市现有批发和零售业企业法人单位2015个、个体户41726个，从业人员分别为3.69万人和8.62万人。其中，限额以上的企业只占总体个数的0.3%，从业人员占总数的11.6%。限上企业的比重偏低，规模效应不足，大型连锁超市经营企业数不多；限下企业及个体户受到自身分布偏散、商品附加值低、需求弹性低的影响，对物流服务需求不高。

截至2011年年底，晋中市已登记注册的交通运输、仓储、邮政企业达到2520家，其中个体工商户1603家，占单位总数六成以上，这些个体户普遍规模不大，提供服务单一，专业程度不高。

4. 小型企业发展艰难，部分企业发展存在局限性

随着产业结构的调整和经济的发展，大批小规模物流企业经营出现困难，提供运输、仓储等单一服务的传统物流企业受到严重冲击。由于资费和成本较高，部分物流企业如邮政公司相对于社会物流，竞争力受限。

5. 物流以道路运输为主，新型物流形态缺少

现阶段晋中市大多数物流企业以从事单一功能的运输、仓储和配送，很少能提供物流策划、组织及深入到企业生产领域进行供应链全过程的管理，绝大部分企业缺乏现代增值服务，现代物流服务方式与水平还难以满足经济

发展的需求。

6. 企业运输成本高，营业利润少

据调查资料显示，2011年晋中市物流企业的营业收入同比增加，营业利润却同比减少。主要原因是近年来油价一直持续上涨，人工、原料成本受物价上涨因素影响也不断提高，企业的运输成本过高，费用支出比较大。尽管相关部门出台了一系列相应政策缓解这种压力，但是高额的运输成本仍是限制物流业发展的重要因素。

三、晋中市加快发展物流业发展的建议

依据国家和山西省发展物流业的规划精神，以及山西省发展物流业的总体部署，晋中市立足优越的区位优势，抓住"大太原经济圈"建设重要机遇，按照山西省转型发展、跨越发展的战略要求，重点谋划的山西省产业转型的标志性工程，打造三晋综合保税物流港的建设。目前，该区域已汇集各类企业上千家，初步形成了机械装备制造、能源化工、农副产品加工、电器、金属材料制品和高新技术等产业集群，具备了发展"铁（路）公（路）机（场）"立体化大型现代物流得天独厚的基础。按照三晋综合保税物流港项目的建设规划，项目将在"十二五"期间，建成山西省乃至全国规模最大、功能最全的"1+7"大型现代化内陆物流港，即建成1个核心功能区，7个涵盖煤机、商贸、粮食、农产品、图书、机电、建材的专业物流园区。带动晋中市相关产业的联动发展，成为晋中市的新兴主导行业和区域经济新的增长点。

为加快三晋综合保税物流港快速成型发展，晋中市围绕区位交通优势和周边产业基础，重点谋划和建设了一批带动性强、辐射范围广、经济社会效益高的重大项目，以项目促园区，以园区带项目，努力打造全省乃至全国一流的现代综合物流港。据测算，通过整合资源和发展海、铁、陆多式联运及航空运输，尤其是方略保税物流中心功能延伸工程，使三晋综合保税物流港具备保税物流功能，实现了陆路、海路、空运与国内国际市场的直接联通。届时，区域范围内工商企业可降低库存50%～60%，节约流通成本15%左右，将有效推动晋中太原同城化发展的进程。预计到2015年，港内项目全部建成投产后，可实现营业收入1000亿元以上，年上交税金60亿元以上，可提供就业岗位5万个以上，带动运输、餐饮等服务行业增加就业岗位10万个以上。

鉴于发展现代物流业对区域经济发展和社会和谐都会产生积极重要的作用，建议相关部门在以下方面给予必要的关注和支持推动。

1. 进一步优化交通运输网络

依托高效、便捷、安全的综合交通运输体系，改造提升物流组织和物流运行方式。利用晋中市紧邻太原可作为太原城市容量的补充，且地价、劳动力价格较太原偏低，依托太原作为中心城市的影响和辐射，与太原合作共赢，主动融入"大太原经济圈"。加快建设以公路为基础，以铁路为骨干，航空和城市道路协调发展的高效便捷、有机衔接的综合交通运输网络。

2. 建立综合协调机制

现代物流业是一个综合性行业，是一项与经济和社会发展各个方面密切相关的系统工程，涉及发展和改革委员会、经贸、财政、规划、环保、建设、交通和公安等若干部门。促进物流业发展必须加强领导，整体协调，形成各部门密切配合、市区县共同推进的工作机制。政府部门应建立物流业发展的综合组织协调机制，负责统一编制、协调各部门、各区域的物流发展规划和物流行动计划。

3. 规划和引导物流建设

支持重大物流工程建设、培育大型物流企业、引导物流资源整合和传统物流改造提升、

扶持农产品批发市场建设。可以设立现代物流业发展专项资金，采取财政贴息或补助方式用于物流发展。

4. 鼓励传统运输及物流服务企业和中小物流企业进行升级改造、兼并重组

传统运输及物流服务企业根据现有资源利用先进的信息技术对企业进行改造升级，开展采购代理、加工配送、储运分拨等现代物流业务，逐步实现向现代物流的转变；对中小物流企业进行兼并重组，促进传统物流业转型升级，大力扶持有一定基础的企业向现代物流企业转型，鼓励其向集团化、规模化发展。

5. 重视物流专业技术人才培养

积极培养掌握现代物流服务管理技术，具备全面的综合业务素质，对仓储、运输、装卸、包装、配送等物流各环节都有全面的了解，能够维护、管理与客户的关系的专业人才。要制订人才队伍建设规划，优化人才环境，造就一批拥有自主知识产权以及创新能力的流通科技人才，保障物流业的发展科学健康。

6. 大力发展第三方物流

大力发展第三方物流，以满足生产经营企业集中精力搞好主业、把相关物流活动以合同方式委托给专业物流服务企业的需求，同时，通过信息系统与物流企业保持密切联系，实现对物流全程管理控制。

7. 加强企业金融、税收政策支持

应加强对物流业的金融服务力度，在银行信贷方面给予物流企业支持，尽快解决中小物流企业融资难的问题。进一步改进、完善有利于物流企业发展的税收减免政策，争取使更多的物流企业享受税收优惠政策，帮助物流企业渡过难关。

（张彩霞　晋中市统计局）

第六部分

物流技术与装备

2011 年中国工业车辆行业

2011 年是工业车辆行业面临严峻考验的一年，在国内外经济形势复杂多变，市场竞争更加激烈的情况下，机动工业车辆月销售量呈现出前高后低的走势，全年总销售量首次超过 30 万台，再次刷新历史纪录，实现了销售量的新突破。

一、2011 年我国工业车辆市场概况

根据工业车辆分会 2011 年采录汇总报告销售量数据显示，2011 年机动工业车辆销售和非机动工业车辆销售情况均好于 2010 年。

2011 年，机动工业车辆各月销售情况如表 1 所示，全年各月销售走势如图 1 所示。

（一）机动工业车辆销售情况

2011 年，机动工业车辆销售量达到 31.38 万台，与 2010 年同期的 23.24 万台相比，上升了 35.03%。

1. 内燃叉车销售情况

2011 年共销售内燃平衡重乘驾式叉车 230641 台，与上年同期的 179667 台相比，上升了 28.37%。销售的内燃平衡重乘驾式叉车中柴油叉车 213569 台，其余为汽油叉车（含双燃料）。2011 年内燃叉车各月的销售情况如图 2 所示。

表 1　2011 年机动工业车辆各月销售情况　单位：台

类别 名称 / 月份	Ⅰ类 电动平衡重乘驾式叉车	Ⅱ类 电动乘驾式仓储叉车	Ⅲ类 电动步行式仓储叉车	Ⅳ类＋Ⅴ类 内燃平衡重式叉车（实心、充气轮胎）	Ⅰ～Ⅲ类电动叉车	Ⅰ＋Ⅳ＋Ⅴ类平衡重式叉车	Ⅰ～Ⅴ类工业车辆
1	2248	888	3528	14951	6664	17199	21615
2	1761	598	2459	14645	4818	16406	19463
3	2624	816	3436	27157	6876	29781	34033
4	2639	821	2861	22953	6321	25592	29274

续 表

类别名称 / 月份	Ⅰ类 电动平衡重乘驾式叉车	Ⅱ类 电动乘驾式仓储叉车	Ⅲ类 电动步行式仓储叉车	Ⅳ类+Ⅴ类 内燃平衡重式叉车（实心、充气轮胎）	Ⅰ～Ⅲ类电动叉车	Ⅰ+Ⅳ+Ⅴ类平衡重式叉车	Ⅰ～Ⅴ类工业车辆
5	2681	992	3648	21901	7321	24582	29222
6	2688	1049	3649	20942	7386	23630	28328
7	2688	1105	3475	19648	7268	22336	26916
8	2600	1046	3455	20910	7101	23510	28011
9	2769	1099	4055	19239	7923	22008	27162
10	2421	1069	3649	16144	7139	18565	23283
11	2482	1277	4331	17001	8090	19483	25091
12	2433	1086	2779	15151	6298	17584	21449
合　计	30034	11846	41325	230642	83205	260676	313847

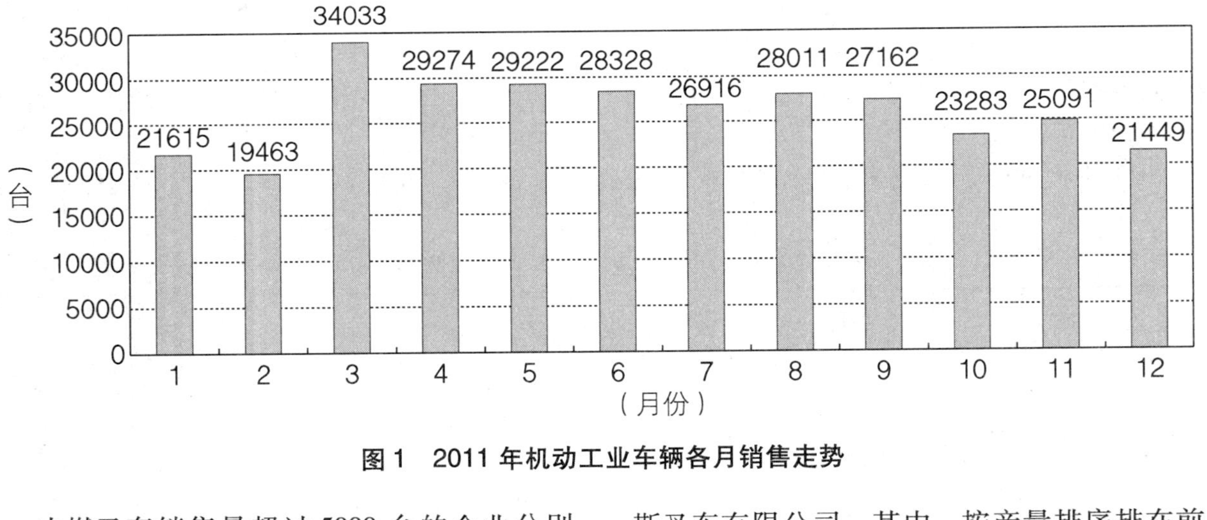

图 1　2011 年机动工业车辆各月销售走势

内燃叉车销售量超过 5000 台的企业分别是安徽叉车集团有限责任公司、杭叉集团股份有限公司、龙工（上海）叉车有限公司、台励福机器设备（青岛）有限公司、广西柳工机械股份有限公司、安徽江淮银联重型工程机械有限公司、山东山推机械有限公司和浙江省美科斯叉车有限公司。其中，按产量排序排在前 5 位的企业销售量共为 155011 台，占内燃平衡重乘驾式叉车销售量的 67.21%；排在前 10 位的企业销售量共为 182114 台，占内燃平衡重乘驾式叉车销售量的 78.96%。

在 230641 台内燃平衡重乘驾式叉车的销

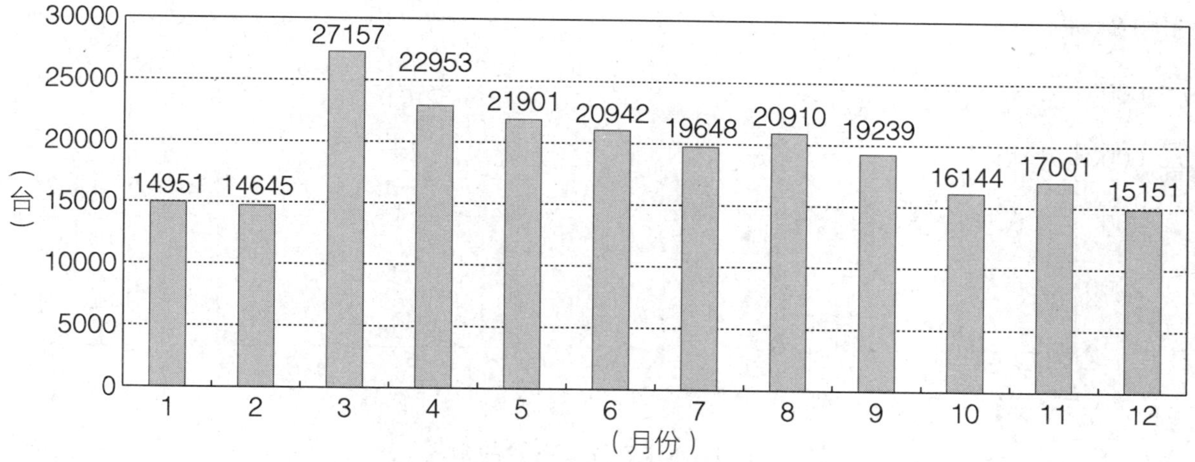

图2 2011年内燃叉车各月的销售情况

售量（含出口）中，按起重量吨位级分的销售情况分别是：0.0~1.199吨位级190台，占总销量的0.08%；1.2~1.999吨位级5786台，占总销量的2.51%；2.0~2.999吨位级29238台，占总销量的12.68%；3.0~4.999吨位级176262台，占总销量的76.42%；5.0~9.999吨位级16242台，占总销量的7.04%；10.0~42.0以上吨位级（含正面吊）2923台，占总销量的1.27%。

在185996台内燃平衡重乘驾式叉车的销售量（国内）中，按起重量吨位级分的销售情况分别是：0.0~1.199吨位级180台，占总销量的0.10%；1.2~1.999吨位级1970台，占总销量的1.06%；2.0~2.999吨位级11056台，占总销量的5.94%；3.0~4.999吨位级157137台，占总销量的84.48%；5.0~9.999吨位级13493台，占总销量的7.26%；10.0~42.0吨位级（含正面吊）2160台，占总销量的1.16%。

2011年，销售内燃平衡重乘驾式叉车中含有空箱叉车、重箱叉车、空箱正面吊、重箱正面吊等共计474台，相比2010年的418台增长了13.40%。销售单位主要有三一集团（三一港口机械有限公司）、卡哥特科（上海）贸易有限公司（原香港卡尔玛亚太有限公司）、林德（中国）叉车有限公司、大连叉车有限责任公司和安徽叉车集团有限责任公司。

2011年，销售内燃平衡重乘驾式叉车中含有侧面式叉车共计223台，与2010年的214台相比增长了4.21%。销售单位主要有安徽叉车集团有限责任公司、厦门厦工机械股份有限公司、镇江福马叉车有限公司和杭叉集团股份有限公司。

2. 电动叉车销售情况

电动叉车（包括电动平衡重乘驾式叉车和各类电动仓储叉车）2011年销售量为83206台，与上年同期的5742台相比增长了57.76%。2011年电动叉车各月的销售情况如图3所示。

（1）电动平衡重乘驾式叉车分吨位销售情况。2011年，全国共销售电动平衡重乘驾式叉车30035台，与上年同期的22960台相比增长了30.81%。

按销售量排序排在前6位的企业依次是安徽叉车集团有限责任公司、杭叉集团股份有限公司、林德（中国）叉车有限公司、上海力至优叉车制造有限公司、台励福机器设备（青岛）有限公司和丰田产业车辆（上海）有限公司。其中，排在前3位的企业销售量共为17384台，占电动平衡重乘驾式叉车销售量的

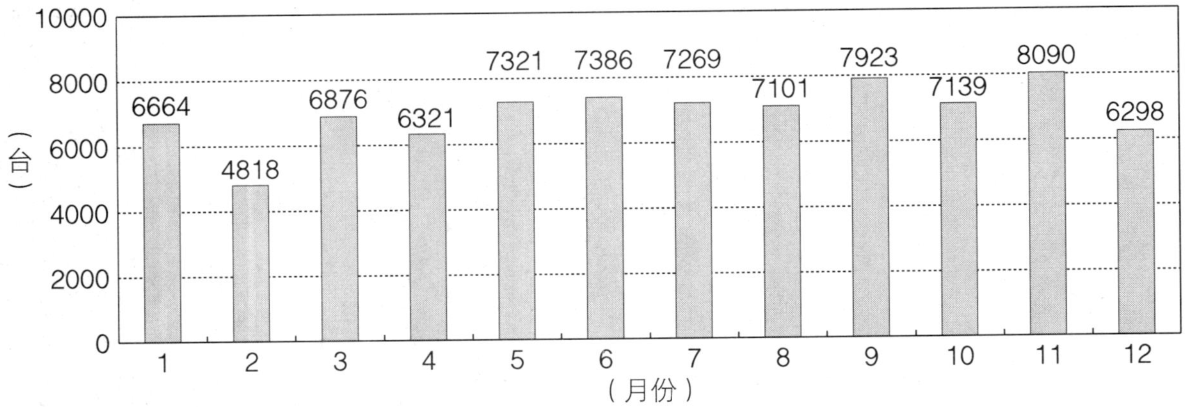

图3 2011 年电动叉车各月的销售情况

57.88%；排在前6位的企业销售量共为22010台，占电动平衡重乘驾式叉车销售量的73.28%。

电动平衡重乘驾式叉车按起重量吨位级分的销售情况是：0.0～1.199吨位级销量为1005台，占总销量的3.35%；1.2～1.999吨位级销量为13194台，占总销量的43.93%；2.0～2.499吨位级销量为7637台，占总销量的25.42%；2.5～2.999吨位级销量为3493台，占总销量的11.63%；3.0以上吨位级销量为4706台，占总销量的15.67%。

（2）电动仓储叉车（包括电动乘驾式仓储叉车、电动步行式仓储叉车等）的销售情况。2011年，全国共销售电动仓储叉车53171台，与上年同期的29782台相比增长了78.53%。

按销售量排序排在前6位的企业依次是浙江诺力机械股份有限公司、浙江中力机械有限公司、林德（中国）叉车有限公司、杭叉集团股份有限公司、宁波如意股份有限公司和宁波力达物料搬运设备厂。其中，排在前3位的企业销售量共为25700台，占电动仓储叉车销售量的48.33%；排在前6位的企业销售量共为39963台，占电动仓储叉车销售量的75.16%。

3. 各地区叉车销售情况

从2011年销售到国内各省、区、市的234115台机动工业车辆的流向看，沿海地区和经济发达地区市场情况仍然较好，边远地区和经济欠发达地区的叉车销售市场情况逐年向好。按地区销售的情况是东北地区共销售16982台，占市场份额的7.25%；华北地区共销售31898台，占市场份额的13.62%；华东地区共销售108273台，占市场份额的46.26%；中南地区共销售52964台，占市场份额的22.62%；西南地区共销售12665台，占市场份额的5.41%；西北地区共销售11333台，占市场份额的4.84%。2011年各省、自治区、直辖市叉车销售数量和市场份额情况如表2所示。

表2 2011年各省、自治区、直辖市叉车销售数量和市场份额情况

排序	省、自治区、直辖市名称	销售量（台）	2011年占市场份额（%）	2010年占市场份额（%）	同比增长（%）
1	江苏省	29218	12.48	12.34	0.14
2	广东省	27832	11.89	12.54	-0.65

续 表

排序	省、自治区、直辖市名称	销售量（台）	2011 年占市场份额（%）	2010 年占市场份额（%）	同比增长（%）
3	山东省	24276	10.37	11.04	−0.67
4	浙江省	19074	8.15	8.94	−0.79
5	上海市	15125	6.46	6.72	−0.26
6	河北省	9680	4.13	3.77	0.36
7	福建省	9298	3.97	3.84	0.13
8	北京市	8754	3.74	3.39	0.35
9	辽宁省	8530	3.64	3.14	0.50
10	河南省	8229	3.51	2.82	0.69
11	安徽省	7640	3.26	3.03	0.23
12	湖北省	6481	2.77	2.71	0.06
13	天津市	6341	2.71	2.97	−0.26
14	四川省	5354	2.29	2.12	0.17
15	湖南省	4757	2.03	2.04	−0.01
16	黑龙江省	4612	1.97	1.67	0.30
17	山西省	4203	1.80	1.86	−0.06
18	广西自治区	4191	1.79	1.67	0.12
19	陕西省	4137	1.77	2.04	−0.27
20	吉林省	3840	1.64	1.50	0.14
21	江西省	3642	1.56	1.46	0.10
22	新疆自治区	3116	1.33	1.26	0.07
23	内蒙古自治区	2920	1.25	0.94	0.31
24	重庆市	2878	1.23	1.33	−0.10
25	云南省	2841	1.21	1.25	−0.04
26	甘肃省	2460	1.05	1.18	−0.13
27	海南省	1474	0.63	0.73	−0.10
28	贵州省	1354	0.58	0.69	−0.11
29	青海省	812	0.35	0.36	−0.01
30	宁夏自治区	808	0.35	0.54	−0.19
31	西藏自治区	238	0.10	0.11	−0.01

（二）轻小型搬运车辆市场情况

2011年，工业车辆分会会员单位报告共销售非机动工业车辆（手动及半动力液压托盘搬运车和手动液压装卸车）168.6万台（其中，国内市场销售287298台、出口1368578台、贴牌30155台），比2010年的151.02万台增长了11.64%。

（三）固定平台搬运车销售情况

2011年，固定平台搬运车的销售量为86台，与上年同期的155台相比下降了44.52%。

（四）牵引车销售情况

2011年，我国牵引车销售量为923台（其中，电动牵引车为277台、内燃牵引车为646台），与上年同期的828台相比上升了11.47%。

按销售量排序排在前6位的企业依次是江苏靖江叉车有限公司、林德（中国）叉车有限公司、大连叉车有限责任公司、卡哥特科（上海）贸易有限公司、丰田产业车辆（上海）有限公司和浙江省美科斯叉车有限公司。其中，排在前3位的企业销售量共为699台，占牵引车销售总量的75.73%；排在前6位企业的销售量共为834台，占牵引车销售总量的90.35%。

二、2011年工业车辆出口情况

2011年，工业车辆分会会员单位报告出口叉车及装有升降或搬运装置的工业车辆共187.03万台，与2010年的出口量158.01万台相比增长了18.36%；出口金额13.21亿美元，与2010年的出口金额7.56亿美元相比增长了74.73%。187.03万台工业车辆分别出口到171个国家和地区。2004—2011年我国工业车辆出口情况如表3所示。

表3　2004—2011年我国工业车辆出口情况

年　度	出口数量（台）	同比增长（%）	出口金额（美元）	同比增长（%）
2004	831919	50.03	202987162	70.39
2005	913835	9.85	295980207	45.81
2006	1252382	37.05	459960810	55.40
2007	1710729	36.60	789904667	71.73
2008	1666411	-2.59	1032741549	30.74
2009	942242	-43.46	466315333	-54.85
2010	1580085	67.69	756331867	62.19
2011	1870262	18.36	1321538437	74.73

1.2011年机动工业车辆出口情况

2011年机动工业车辆出口为84249台，与2010年的47143台相比增长了78.71%。其中，电动叉车（含巷道堆垛机）出口为33689台，与2010年的出口量19706台相比增长了70.96%；内燃叉车（含集装箱叉车）出口为50560台，与2010年的出口量27437台相比增长84.28%。2004—2011年机动工业车辆出口数量和金额情况如表4所示，出口走势如图4所示。

表 4　　2004—2011 年机动工业车辆出口数量和金额情况

年　度	出口数量（台）	同比增长（%）	出口金额（美元）	同比增长（%）
2004	9696	103.19	102061755	89.05
2005	16462	69.78	178385261	74.78
2006	26588	61.51	290735210	62.98
2007	48871	83.81	529515401	82.13
2008	60333	23.45	722682384	36.48
2009	27558	-54.32	309421396	-57.18
2010	47143	71.07	517832892	67.36
2011	84249	78.71	1014556246	95.92

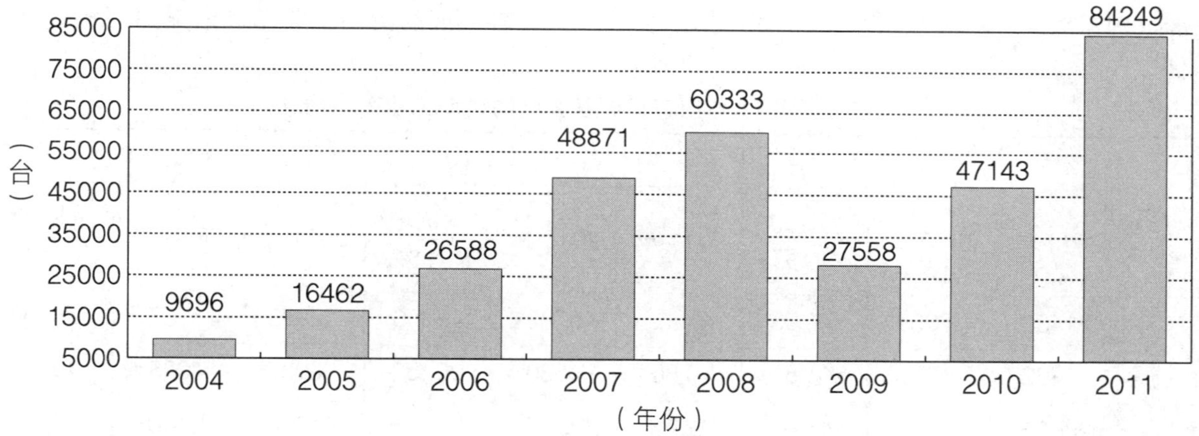

图 4　2004—2011 年机动工业车辆出口数量情况

（1）出口世界各大洲的机动工业车辆数量占比情况。在 2011 年出口的 84249 台机动工业车辆中，美洲占比 31.66%、欧洲占比 29.21%、亚洲占比 25.44%、非洲占比 8.06%、大洋洲占比 5.63%；在出口的 33689 台电动叉车（含巷道堆垛机）中，欧洲占比 37.68%、美洲占比 28.90%、亚洲占比 25.06%、大洋洲占比 6.03%、非洲占比 2.33%；在出口的 50560 台内燃叉车（含集装箱叉车）中，美洲占比 33.50%、亚洲占比 25.69%、欧洲占比 23.56%、非洲占比 11.88%、大洋洲占比 5.37%。2011 年我国出口世界各大洲的机动工业车辆数量占比情况如表 5 所示。

（2）出口世界各大洲的机动工业车辆同比增长情况。2011 年，在出口的 84249 台机动工业车辆中，大洋洲同比增长 241.93%、欧洲同比增长 83.69%、美洲同比增长 81.24%、亚洲同比增长 64.35%、非洲同比增长 47.58%；在出口的 33689 台电动叉车（含巷道堆垛机）中，大洋洲同比增长 310.30%、欧洲同比增长 75.47%、美洲同比增长 73.41%、亚洲同比增长 46.00%、非洲同比增长 35.52%；在出口的 50560 台内燃叉车（含集装箱叉车）中，大洋

表 5　　2011 年出口世界各洲的机动工业车辆数量占比情况

洲　名	机动工业车辆		电动叉车		内燃叉车	
	数量（台）	占比（%）	数量（台）	占比（%）	数量（台）	占比（%）
亚　洲	21430	25.44	8442	25.06	12988	25.69
非　洲	6793	8.06	786	2.33	6007	11.88
欧　洲	24605	29.21	12695	37.68	11910	23.56
拉丁美洲	18538	22.00	3221	9.56	15317	30.29
北美洲	8137	9.66	6514	19.34	1623	3.21
大洋洲	4746	5.63	2031	6.03	2715	5.37
合　计	84249	100	33689	100	50560	100

洲同比增长 204.03%、欧洲同比增长 93.34%、美洲同比增长 86.07%、亚洲同比增长 78.97%、非洲同比增长 49.32%。2011 年出口世界各大洲的机动工业车辆情况如表 6 所示。

表 6　　2011 年出口世界各大洲的机动工业车辆情况

洲　名	机动工业车辆			电动叉车			内燃叉车		
	2011 年	2010 年	同比增长（%）	2011 年	2010 年	同比增长（%）	2011 年	2010 年	同比增长（%）
亚　洲	21430	13039	64.35	8442	5782	46.00	12988	7257	78.97
非　洲	6793	4603	47.58	786	580	35.52	6007	4023	49.32
欧　洲	24605	13395	83.69	12695	7235	75.47	11910	6160	93.34
美　洲	26675	14718	81.24	9735	5614	73.41	16940	9104	86.07
大洋洲	4746	1388	241.93	2031	495	310.30	2715	893	204.03
合　计	84249	47143	78.71	33689	19706	70.96	50560	27437	84.28

从出口数量看，2011 年出口的机动工业车辆按叉车类型的出口量排序，位列前 5 位的国家和地区情况如表 7 所示。

在机动工业车辆的出口中，电动叉车为 33689 台，占出口总量的 39.99%；内燃叉车为 50560 台，占出口总量的 60.01%。2011 年机动工业车辆出口构成情况如表 8 所示。

2. 2011 年非机动工业车辆（轻小型搬运车辆）出口情况

2011 年，非机动工业车辆（轻小型搬运车辆）出口销售量共为 1786013 台，与上年同期的 1532942 台相比增长了 16.51%。2011 年非机动工业车辆（轻小型搬运车辆）各月出口情况如表 9 所示，出口走势如图 5 所示。

表7　　2011年出口的机动工业车辆按叉车类型的出口量排序情况

排　序	电动叉车		内燃叉车		其他未列名叉车	
	国家名称	数量（台）	国家名称	数量（台）	国家名称	数量（台）
1	美　国	6016	巴　西	7351	美　国	361185
2	德　国	3214	俄罗斯	4675	德　国	255839
3	俄罗斯	2095	阿根廷	4450	比利时	82589
4	澳大利亚	1842	土耳其	3366	俄罗斯	80101
5	巴　西	1283	澳大利亚	2328	法　国	64219

表8　　2010—2011年机动工业车辆出口构成情况

年　份	机动工业车辆（台）	电动叉车		内燃叉车	
		出口量（台）	所占比例（%）	出口量（台）	所占比例（%）
2011	84249	33689	39.99	50560	60.01
2010	47143	19706	41.80	27437	58.20

表9　　2011年非机动工业车辆（轻小型搬运车辆）各月出口情况

月　份	1	2	3	4	5	6
数量（台）	148894	73380	162676	128871	160372	156005
月　份	7	8	9	10	11	12
数量（台）	168554	155371	166238	135137	162822	167693

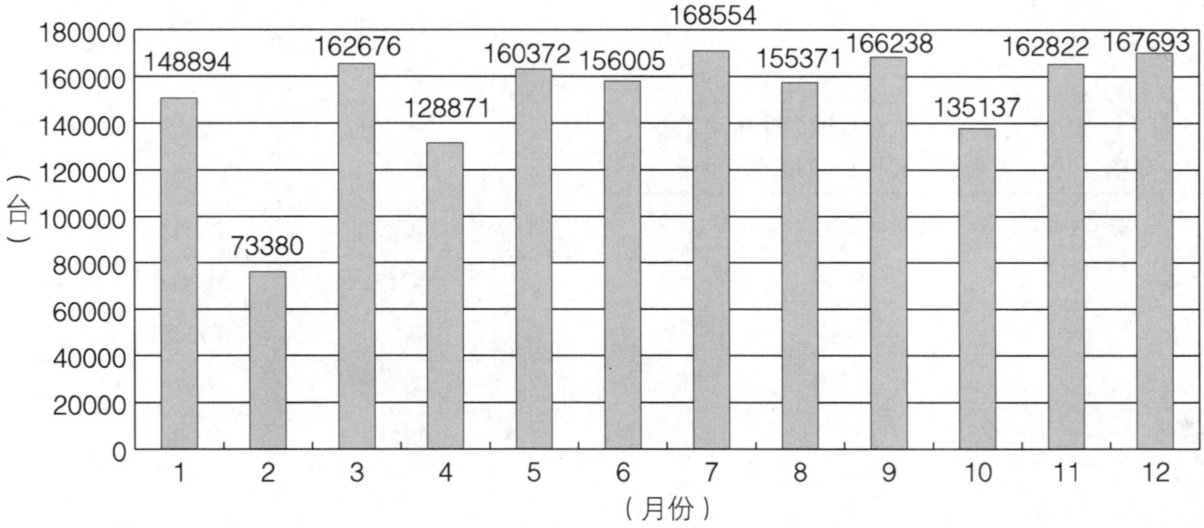

图5　2011年非机动工业车辆各月出口情况

(1) 2011 年非机动工业车辆（轻小型搬运车辆）出口世界各大洲情况如表 10 所示。

表 10 2011 年非机动工业车辆（轻小型搬运车辆）出口各大洲情况

洲 名	数量（台）	占比（%）
亚 洲	343109	19.21
非 洲	36570	2.05
欧 洲	841163	47.10
拉丁美洲	140418	7.86
北美洲	388787	21.77
大洋洲	35966	2.01
合 计	1786013	100.00

从表 10 可以看出，出口到欧美的非机动工业车辆（轻小型搬运车辆）占出口非机动工业车辆（轻小型搬运车辆）总量的 76.73%。其中，欧洲占比达 47.10%、美洲占比 29.63%，亚洲只占 19.21%。

(2) 2011 年，出口到欧洲各国的非机动工业车辆（轻小型搬运车辆）按数量排序，位列前 10 位的国家数量和占比情况如表 11 所示。

表 11 2011 年出口到欧洲各国的非机动工业车辆（轻小型搬运车辆）按数量排序情况

排序	地区和国家名称	数量（台）	占比（%）
	欧 洲	841163	100.00
1	德 国	255839	30.41
2	比利时	82589	9.82
3	俄罗斯	80101	9.52
4	法 国	64219	7.63
5	意大利	59012	7.02
6	荷 兰	49519	5.89
7	英 国	41494	4.93
8	瑞 典	35537	4.22
9	西班牙	32781	3.90
10	波 兰	25704	3.06

从表 11 可以看出，出口到以上 10 个欧洲国家的非机动工业车辆的数量占出口到欧洲总量 841163 台的 86.40%。其中，出口到排序前 7 位国家的数量占出口到欧洲总量的 75.22%；出口到德国的数量占出口到欧洲总量的 30.41%。

(3) 2011 年出口到美洲的非机动工业车辆（轻小型搬运车辆），按数量排序位列前 10 位的国家数量和占比情况如表 12 所示。

表 12 2011 年出口到美洲各国的非机动工业车辆（轻小型搬运车辆）按数量排序情况

排序	地区和国家名称	数量（台）	占比（%）
	美 洲	529205	100
1	美 国	361185	68.25
2	巴 西	48959	9.25
3	加拿大	27602	5.22
4	墨西哥	25314	4.78
5	阿根廷	18356	3.47
6	智 利	15368	2.90
7	秘 鲁	6573	1.24
8	哥伦比亚	6006	1.13
9	厄瓜多尔	3816	0.72
10	委内瑞拉	3797	0.72

从表12可以看出，2011年出口到美洲排序前6位的国家非机动工业车辆（轻小型搬运车辆）占美洲总量的93.87%。

三、2011年我国工业车辆进口情况

2011年，我国从30个国家和地区共进口叉车及装有升降或搬运装置的工业车辆15632台，与2010年的进口量14644台相比增长了6.75%；进口金额为3.68亿美元，与2010年的进口金额3.89亿美元相比下降了5.32%。其中，电动叉车（含巷道堆垛机）为9264台，与2010年的进口量8181台相比增长了13.24%；内燃叉车（含集装箱叉车）为1912台（其中集装箱叉车51台），与2010年的进口量1914台相比下降了0.1%；未列名叉车4456台，与2010年的进口量4549台相比下降了2.04%。2004—2011年我国工业车辆进口情况如表13所示。

表13 2004—2011年我国工业车辆进口情况

年度	进口数量（台）	同比增长（%）	进口金额（美元）	同比增长（%）
2004	15103	-3.37	208570176	13.43
2005	14920	-1.21	238796519	14.49
2006	14938	0.12	285835052	19.70
2007	16549	10.78	347486220	21.57
2008	13807	-16.57	343233710	-1.22
2009	9652	-30.09	293627560	-14.45
2010	14644	51.72	389169560	32.54
2011	15632	6.75	368447853	-5.32

2011年，在我国进口的11176台机动工业车辆中，欧洲占比为48.32%、美洲占比为11.67%、亚洲占比为39.66%、大洋洲占比为0.35%；在进口的9264台电动叉车（含巷道堆垛机）中，欧洲占比为55.57%、美洲占比为11.29%、亚洲占比为33.14%；在进口的1912台内燃叉车（含集装箱叉车27台）中，欧洲占比为13.18%、美洲占比为13.49%、亚洲占比为71.29%、大洋洲占比为2.04%。

四、2011年行业发展呈现的特点与未来关注的要点

从2011年工业车辆分会的统计数据分析来看，表现最亮眼的应该是电动仓储类叉车，比2010年增长了78.53%。可以说，两方面的因素是直接导致仓储叉车增长的主要原因：一方面是近年来国内物流仓储业的快速发展，制造和流通领域对仓储需求越来越大，物流效率提高、仓储管理智能化、人工成本增加、服务水平提升等对现代物流业提出了更高的要求，同时电子商务的蓬勃发展、区域物流中心建设、城市仓储用地紧张等实际问题，促使电动仓储叉车的使用价值得到进一步体现。另一方面是国内仓储叉车生产企业的产品出口形势比较乐观，行业内涌现出多家专业生产仓储叉车的企业，他们根据欧美等主要市场的需求，生产出越来越多有竞争力的产品类型。

那么，世界和中国仓储叉车的需求情况如何？境内电动仓储叉车生产销售的现状又是怎样的情况？从2011年世界工业车辆的统计数据中可以看出，全年世界电动乘驾式仓储叉车（Ⅱ类车）和电动步行式仓储叉车（Ⅲ类车）总销量为351410台，占总销售量941808台的37.31%。2011年世界各大洲仓储叉车销售量如表14所示，2011年世界主要国家仓储叉车销售情况如表15所示。

表 14　　2011 年世界各大洲仓储叉车销售量

洲　名	Ⅱ类车（台）	Ⅲ类车（台）	仓储车（台）	Ⅰ～Ⅴ类车总销量（台）	仓储车占总销量比例（%）
欧　洲	32956	160460	193416	324073	59.68
美　洲	23466	60463	83929	207485	40.45
亚　洲	31592	32753	64345	373697	17.22
非　洲	870	2123	2993	17194	17.41
大洋洲	2540	4187	6727	19359	34.75
总　计	91424	259986	351410	941808	37.31

表 15　　2011 年世界主要国家仓储叉车销售情况

国　家	Ⅱ类车（台）	Ⅲ类车（台）	仓储车（台）	Ⅰ～Ⅴ类车总销量（台）	仓储车占总销量比例（%）
中　国	7723	17970	25693	236257	10.88
美　国	17296	44856	62152	139919	44.42
德　国	6604	37516	44120	73000	60.44
日　本	16596	3715	20311	65268	31.12
法　国	5365	32401	37766	53500	70.59
意大利	2598	16242	18840	30744	61.28
巴　西	2023	4376	6399	22771	28.10
俄罗斯	2410	6208	8618	22593	38.14
韩　国	2343	1454	3797	20661	18.38

表 14 和表 15 的数据均来自世界工业车辆统计协会。从这些统计数据可以看出，虽然我国的叉车销售量位列世界第一位，但仓储叉车的销售占比远远低于其他国家。

根据工业车辆分会统计，我国境内生产企业 2011 年共销售Ⅱ类车 11846 台，其中，国产品牌 7238 台、外资品牌 4608 台。主要生产企业是杭叉集团股份有限公司、林德（中国）叉车有限公司、安徽叉车集团公司宝鸡合力叉车厂和上海力至优叉车制造有限公司。2011 年我国电动乘驾式仓储叉车销量和内外资品牌占比情况如表 16 所示。

2011 年，我国境内生产企业共销售Ⅲ类车 41325 台。其中，国产品牌 34034 台、外资品牌 7291 台。主要的生产企业是：浙江诺力机械股份有限公司、浙江中力机械有限公司、宁波如意股份有限公司、宁波力达物料搬运设备厂和林德（中国）叉车有限公司。2011 年我国电动步行式仓储叉车销量和内外资品牌占比情况如表 17 所示。

从以上数据可以看出，物流仓储叉车中的高起升拣选车、地面拣选车、电动牵引车、侧向堆垛车、货叉前移式叉车、门架前移式叉车等目前还是主要由外资品牌占据市场主导地位。

表 16　　2011 年我国电动乘驾式仓储叉车销量和内外资品牌占比情况

产品名称	起重量（吨）	内资		外资		主要生产企业
		数量（台）	占比（%）	数量（台）	占比（%）	
低起升托盘搬运车和平台搬运车	≤2.0	3374	81.54	764	18.46	杭叉、林德、合力
	>2.0	275	85.40	47	14.60	杭叉、合力
高起升堆垛车	0.0～1.199	53	100.00			杭叉
	1.2～1.499	1636	99.94	1	0.06	杭叉、合力
	1.5～1.999	627	99.68	2	0.32	杭叉、合力
	≥2.0	29	85.29	5	14.71	合力、杭叉
货叉前移式叉车	0.0～1.199	2	100.00			
	1.2～1.499			7	100.00	海斯特
	1.5～1.999	5	7.46	62	92.54	海斯特
	≥2.0	20	64.52	11	35.48	友高、海斯特
门架前移式叉车	0.0～1.199	39	22.29	136	77.71	力至优、美科斯
	1.2～1.499	89	7.44	1107	92.56	林德、永恒力、力至优
	1.5～1.999	635	25.64	1842	74.36	力至优、林德、丰田、合力、杭叉
	≥2.0	443	53.70	382	46.30	杭叉、力至优、合力
高起升拣选车				84	100.00	永恒力、海斯特、林德、丰田
侧向堆垛车（操作台可起升）	≤1.25			45	100.00	林德、永恒力
	>1.25			80	100.00	永恒力、林德
侧向堆垛车（操作台在下面）	≤1.0	2	16.67	10	83.33	林德、永恒力
	>1.0≤1.25					
	>1.25	6	30.00	14	70.00	永恒力、美科斯、丰田
侧面式和多向叉车	0.0～1.199	2	100.00			台励福
	1.2～1.499					
	1.5～1.999					
	≥2.0	10	100.00			台励福

表 17　　2011 年我国电动步行式仓储叉车销量和内外资品牌占比情况

产品名称	起重量（吨）	内资		外资		主要生产企业
		数量（台）	占比（%）	数量（台）	占比（%）	
低起升托盘搬运车和平台搬运车	≤1.6	3648	90.30	392	9.70	诺力、力达、林德、合力
	>1.6≤2.0	3741	83.08	762	16.92	如意、诺力、林德
	>2.0	1389	75.82	443	24.18	诺力、力达、合力、海斯特
低起升驾驶式平台托盘搬运车	≤1.6	342	92.43	28	7.57	力达、合力、林德
	>1.6≤2.0	975	31.41	2129	68.59	林德、永恒力、丰田
	>2.0	1043	77.78	298	22.22	中力、力达、合力、永恒力
低起升乘驾/步行式托盘搬运车	≤1.6	3925	100.00			中力、力达、合力
	>1.6≤2.0	2095	93.74	140	6.26	中力、力达、海斯特
	>2.0	778	98.98	8	1.02	中力、力达、合力
高起升堆垛车	0.0～1.199	4267	91.78	382	8.22	诺力、力达、中力
	1.2～1.499	3081	71.44	1232	28.56	诺力、中力、林德
	≥1.5	6194	95.69	279	4.31	诺力、如意、中力
高起升驾驶式平台堆垛车	0.0～1.199	433	100.00			力达、合力
	1.2～1.499	391	65.49	206	34.51	力达、林德、合力
	≥1.5	109	61.93	67	38.07	美科斯、林德、海斯特
前移式叉车	0.0～1.199					
	1.2～1.499	149	99.33	1	0.67	诺力
	≥1.5	587	100.00			如意
地面拣选车				68	100.00	林德、永恒力
平衡重式叉车		796	99.50	4	0.50	如意、力达
牵引车		91	9.65	852	90.35	丰田、林德、永恒力

从上述世界各大洲仓储叉车的销售量可以看出，仓储叉车的主要市场还是在欧美国家。根据工业车辆分会的统计数据，2011 年我国境内企业共出口电动乘驾式仓储叉车（Ⅱ类车）4508 台，相比 2010 年同期的 1689 台增长了 166.90%；共出口电动步行式仓储叉车（Ⅲ类车）21629 台，相比 2010 年的 9608 台增长了 125.11%。境内企业出口仓储叉车量排序前 10 位的国家情况如表 18 所示。

表 18　　境内企业出口仓储叉车量排序前 10 位的国家情况

Ⅱ类车			Ⅲ类车		
排序	国家	数量（台）	排序	国家	数量（台）
1	美　国	1431	1	美　国	4928
2	巴　西	239	2	德　国	2751
3	阿根廷	207	3	俄罗斯	1028
4	新加坡	201	4	土耳其	764
5	巴拿马	198	5	瑞　典	693
6	韩　国	176	6	阿根廷	664
7	意大利	165	7	波　兰	638
8	土耳其	121	8	泰　国	563
9	印　度	114	9	印　尼	562
	印　尼	114	10	法　国	532
	洪都拉斯	114			
10	比利时	109			

主要出口仓储叉车的境内企业是杭叉集团股份有限公司（Ⅱ类车）、合力叉车有限公司（Ⅱ类车）、浙江诺力机械股份有限公司（Ⅱ类车、Ⅲ类车）、浙江中力机械有限公司（Ⅱ类车、Ⅲ类车）、宁波如意股份有限公司（Ⅲ类车）、宁波力达物料搬运设备厂（Ⅲ类车）、林德（中国）叉车有限公司（Ⅱ类车、Ⅲ类车）、上海力至优叉车制造有限公司（Ⅱ类车）、青岛克拉克物流机械有限公司（Ⅱ类车、Ⅲ类车）和浙江省美科斯叉车有限公司（Ⅱ类车、Ⅲ类车）。

综上所述，目前我国仓储物流业正处于蓬勃发展时期，通过分析国家“十二五”规划重点任务和重大举措，不难看出物流业和服务业在其中的重要性，通过比较我国市场与世界主要经济体间仓储叉车占比情况，显示出国内市场距离世界主要国家仓储叉车在整体销售量中的比重还相差甚远，因此，未来电动乘驾式仓储叉车和电动步行式仓储叉车在中国会有非常好的发展空间，我们的叉车生产企业和配套企业应该抓住机遇，努力发展电动仓储叉车的品种和优质可靠的配套件，使我国仓储叉车产品在市场竞争中越走越好。

（张　洁　中国工程机械工业协会工业车辆分会秘书长）

2011 年中国托盘业

2011 年，我国托盘行业在国际经济复苏缓慢、国内人工费大幅升高、用工难未改善的大环境下，生产规模持续扩大，发展依然呈上升趋势，整体表现出以下几个特点。

一、生产规模持续扩大

2008 年，中国物流与采购联合会托盘专业委员会（以下简称“托盘委”）进行第二次全国托盘调查时，统计的木托盘、塑料托盘、纸托盘、金属托盘和复合材料托盘的总量为 1.9 亿～2.2 亿个，但这个数字没有含一次性托盘和非正规生产托盘的数量。如果把一次性托盘和非正规生产托盘的数量计算在内的话，我国实际拥有托盘的总量应该是 4 亿个左右。2009 年是我国托盘发展的小高峰，当年的托盘增长率在 30% 以上；2010 年和 2011 年托盘的增长有所放缓，但增长率仍然保持在 25% 以上。按此推算，2011 年我国托盘的拥有量总计约为 8.1 亿个，其中包括一次性托盘和非正规托盘。2008—2011 年我国托盘数量的增长情况如下图所示。

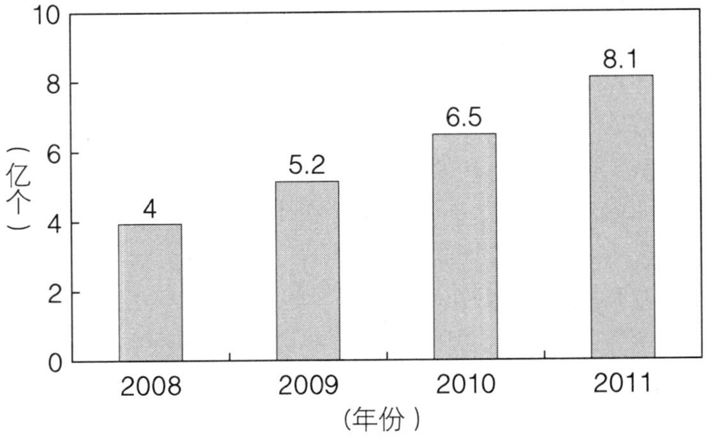

2008—2011 年我国托盘数量增长情况示意图

从图 1 不难看出，我国托盘的拥有数量近几年一直呈持续增长的态势，而且增长率处于较高水平。这主要是进入 21 世纪以来，我国经济高速发展带动了物流业的发展，进而促使物流和相关企业关注托盘、使用托盘和生产托盘。由于托盘在供应链中扮演着很重要的角色，是物流各环节有效匹配、衔接、顺畅与贯通不可或缺的设备设施，因而自2005年我国从政府的层面扶持推动现代物流业发展以来，我国托盘业的发展也随之日趋向好。尤其是最近几年，托盘生产企业不断扩大生产规模、大量引进设备使我国托盘的数量3年间翻了2倍，销售额不断增长，国内几个著名的大型塑料托盘生产企业年销售额均在3亿元人民币以上。

二、托盘业发展新动向

2011年，我国托盘业发展出现了一些令人欣喜的动向。

1. 注重新材料、新产品和新技术的研发

在全球性的节能、环保、低碳发展的背景下，我国近几年加大了节能减排力度，在工业和信息化部、发展和改革委员会等七部委联合下发的《机电产品包装节材代木工作方案》指导下，托盘生产企业纷纷投入人力、物力和财力研制以材代木托盘。深圳宝兴物流托盘有限公司率先成功开发的利用树枝、木屑和包装废弃物制造再生人造板的技术，已生产出优质复合材料托盘，累计为国家节约24万立方米木材，相当于再造14000多顷森林，减少二氧化碳排放33万吨。无锡前程木业包装有限公司、广东罗浮山林场木器工艺卡板厂等木托盘生产企业，投资购置山地植树造林，寻求解决原材料不足的难题。上海力卡、上海庆豪、上海鑫鹏和山东力扬等大型塑料托盘生产企业，积极开展托盘新材料、新产品和新技术的研发设计工作，创新成果实现了塑料托盘产品的更新换代。南京林业大学李大纲教授、北京石油化工学院陆晓中教授等专家学者，致力于托盘新材料、新工艺研究，不断推出新的研究成果。其中，陆晓中教授研制出的利用城市垃圾中的废塑料袋为主要材料生产的托盘，已进入试用阶段。随着托盘生产技术的成熟，我国的托盘生产已开始向组合化、智能化、可折叠、易回收和易装载方向发展，其中箱式塑料托盘技术新成果十分突出。苏州工业园区安华物流系统有限公司研制的可折叠塑料托盘箱，面向汽车行业，紧跟汽车工业发展个性化的需求量身定做，实现了供需双方的共赢，给我国的托盘生产企业提供了一个可资借鉴的成功案例。

2. 塑料托盘需求增加，木托盘生产萎缩

据预测，我国塑料托盘的数量占托盘总量的比例已从2008年的11%增至2011年的15%左右。2011年，我国塑料托盘的需求量又有了新的增长。与此同时，塑料托盘新产品层出不穷。为了满足市场需求，不少有实力的托盘生产企业积极行动起来。如上海力卡、上海庆豪、山东力扬等大型塑料生产企业购买土地、扩建厂房、增置设备，以适应快速膨胀的客户需求。

2011年，木托盘因木材资源紧缺、供给不稳定的因素，产量和需求量双双下跌，据估算木托盘的数量占托盘总量的比例已由2008年的86%降至2011年的80%左右。在木材资源供应紧张的情况下，木托盘的生产原材料也在发生着变化，用边角余料代替好木料，用杨木、杂木代替松木，用树枝、刨花、灌木代替木材等的做法成为木托盘生产企业求生存的新途径。那些有实力的木托盘生产企业开始购置山地、植树造林，从源头解决原材料供给不足的问题。此外，由于木材资源短缺、价格持续上涨的原因，以及复合材料的生产工艺水平提高、甲醛含量降低、成本上升较慢的原因，近几年模压托盘、木塑托盘、人造板托盘的产量和市场销量明显增加。纸托盘中的一些产品因基本解决了防潮和低承载等先天不足问题，产销量也出现了上升。

3. 托盘生产向机械化发展

2011年春节后，全国性的“用工荒”情

况也殃及托盘生产企业。在进城务工、外地劳务人员大幅度减少、物价上涨、人工费升高、企业利润空间进一步缩小的情况下，托盘生产企业开始考虑用机械代替人工，以提高生产效率、降低人工成本。较早考虑并付诸行动的是天津开发区新创科工贸有限公司。该企业几年前就开始采用机械生产木托盘，随后又从西班牙引进了全自动托盘生产线，2011 年年初全自动托盘生产线正式投产后该企业的生产和销售跃上了一个新台阶。广东罗浮山林场木器工艺卡板厂也从欧洲订购了一套全新的木托盘生产线，计划 2012 上半年投入使用。汕头托百利机械实业有限公司结合我国现状，自主研制了一批木托盘机械化生产设备。2011 年 4 月，该企业在汕头召开了产品展示会，现场展示了自行设计、研制的各种托盘生产机械，已获得多家托盘生产企业订购。种种迹象表明，我国的木托盘生产企业已开始向托盘生产机械化、自动化方向迈进。

三、托盘租赁、托盘共用、托盘质量认证呼声高涨

在经营环境越来越严峻、企业压力越来越大的现状下，托盘生产企业、租赁企业和用户企业开始认识到托盘租赁、托盘共用和托盘质量认证与他们的密切联系。在托盘委组织的各类活动中，扩大托盘租赁业务、构建托盘共用系统、实施托盘产品质量认证的呼声十分高涨，意见也格外统一。有些企业和专家学者还专门设计了方案，提出了建设性意见。出现这种状况的原因，一是由于许多用户企业开始认识到使用托盘的优越性，也想尝试使用托盘，但当考虑使用托盘的性价比、回收和放置场所等实际问题后，又望而却步。于是想到了租赁托盘。二是由于一些托盘生产企业，一方面害怕托盘共用系统建立后，托盘企业倒闭增多危及自己的生存；另一方面，又想参与托盘共用系统，从中得到实惠。三是一些遵纪守法、具有一定规模和生产能力、产品质量又比较好的托盘生产企业担心随着托盘业的兴起，投身于托盘热潮中的企业增多，良莠不齐会导致鱼龙混杂，于是，强烈要求相关部门尽早学习欧美日韩等的做法，实施托盘认证制度，从行政管理和规章制度上严把质量关，给自己开辟出一条顺利成长之路。

四、托盘标准制修订进程加快

2008 年 3 月，国家标准委发布了《联运通用平托盘主要尺寸及公差》标准。其后的三年期间，托盘委进一步加大了托盘标准制修订的工作力度，投入大量人力和财力进行调研、申报和组织工作。向上申报并获批的《木质平托盘》等六个标准项目，于 2011 年下半年在京召开了项目进展审查会，于同年 11 月中旬又按计划要求在无锡召开了三个项目的初稿审定会。此外，2011 年上半年按规定又申报了《托盘共用系统管理规范》等八个标准项目。托盘委员会已申报的《托盘共用系统重点技术标准研究》（共有五个子课题）于 2011 年年初召开了项目分工会议，逐项进行了落实。《联运通用平托盘　性能要求》（GB/T 4995）和《联运通用平托盘　试验方法》（GB/T 4996）两个标准的修订工作也已接近收尾。

2011 年，经托盘委牵头、申报和组织实施的托盘标准项目总计达 16 项之多。我国托盘制修订进程正在大大加快。

五、托盘国际交流与合作不断推进

亚洲托盘系统联盟（APSF）是亚洲地区唯一托盘国际化组织，自 2006 年成立以来，以中、日、韩三国为核心，广泛团结泰国、新加坡、中国台湾等国家和地区托盘业界人士开展了托盘标准调研、地区托盘共用系统研发及

培训等项工作。在中、日、韩三国政府相关部门的关注下，业界已在讨论三国间托盘共用与循环等问题，有望在数年内实现三国间托盘统一标准、统一标志和统一质量要求。2011年年底在天津举办的“2011托盘国际会议暨2011全球企业家年会”创历届规模之最、人气之最和效果之最，充分体现了全球托盘大家庭的团结、和谐、合作与共赢。

（靳 伟 中国物流与采购联合会托盘专业委员会常务副主任）

第七部分

政府采购

2011 年中国政府采购

一、2011 年我国政府采购概况

（一）2011 年我国政府采购工作

2011 年，我国政府采购规模已达 1.13 万亿元，政府采购支出占全国财政总支出的 10%，共为国家节约资金 1500 多亿元。其中，集中采购规模达到 86%，资金平均节约率约为 12%。与 2002 年 1009 亿元的规模相比，10 年间我国政府采购规模共增长了 10 倍。

1. 国采中心规范采购成效显著

中央国家机关政府采购中心（以下简称“国采中心”）是全国政府采购的领头羊和风向标。《政府采购法》颁布 10 年来，国采中心在工作中始终坚持管理精细化、操作规范化，不断健全和完善规章制度，先后制定了《中央国家机关政府集中采购工作规程》、网上竞价操作规程等 40 多项制度办法，编制了货物类采购文件通用范本及计算机等 12 类招标文件范本，并制定了采购项目分级审核、采购需求公开征求供应商意见等制度，使采购行为得到进一步规范。此外，国家机关采购中心一直十分注重落实国家的有关产业政策，如严格执行节能产品强制采购、落实国家信息安全政策等。自 2004 年实行清单制度以来，节能产品采购额达 99.21 亿元，占同类产品采购额的 82.42%。

2011 年，中央国家机关政府集中采购规模为 170.39 亿元，是 2003 年集中采购规模 7.1 亿元的 24 倍。近 10 年来，中央国家机关政府集中采购累计额为 907.26 亿元，共节约资金 138.08 亿元，资金平均节约率约达 13.21%，取得明显的经济效益和社会效益。2011 年，中央国家机关集中采购规模中公开招标比例达到 70% 以上。

2. 政府采购规模快速增长，经济和社会效益大幅提高

2011 年，地方政府采购工作取得了可喜的成绩，采购规模日益扩大，资金节约率不断提高，政府采购在地方经济建设中发挥了极其重要的作用。

天津全市 2011 年共完成政府采购预算 210.5 亿元，比 2010 年增加 42.1 亿元、增长 25%；实际采购支出 175.5 亿元，比 2010 年增加 41.1 亿元；节约资金 35 亿元，节支率达 16.6%。其中，货物采购为 60.1 亿元，比 2010 年增长 78%。2011 年天津市共完成集中采购 100.3 亿元，占实际采购支出总额的 57.2%；完成分散采购 72.2 亿元，占实际采购支出总额的 41%。全年公开招标额达 148 亿元，占实际采购支出总额的 84%，比上年增加 41.1 亿元、增长 38%。

重庆市 2011 年下达市级政府采购计划 59.4 亿元，比 2010 年增长 23.5%，完成年度计划 168.6%。全年市级政府采购规模首次突破 60 亿元，达到 60.36 亿元，比 2010 年增长 23%，超额完成年度目标任务。

河北全省 2011 年政府采购规模达到 437.35 亿元，比 2010 年增长 10.5%，占当年全省财政支出的 12.46%，节约资金 43 亿元，资金节约率为 9%。其中，公开招标采购额为 382.88 亿元，占总采购规模的 87.55%，比 2010 年提高近 2 个百分点。采购国内生产的产品合同金额为 436.17 亿元，占采购总额的 99.73%；采购进口产品合同金额 1.18 亿元，仅占采购总额的 0.27%。从中标企业规模划分看，中小企业中标金额达 299.99 亿元，占采购总额的 68.6%。节能、节水产品采购金额为 80.54 亿元，比 2010 年同期增加 42.77 亿元，占同类产品采购总金额的 95.15%。

山西全省 2011 年政府采购规模为 136 亿元，比 2010 年增长 16.68%。其中，省级政府采购规模为 51.14 亿元，同比增长 23.92%。全省实施政府采购预算共 1270.77 亿元，实际支付 1117.9 亿元。同时，全年共节约预算资金 152.87 亿元，资金节约率为 12.03%。

黑龙江全省 2011 年政府采购规模为 218.3 亿元，比 2010 年增加 73.0246 亿元，增幅为 50.27%。其中，货物采购 99.6802 亿元，比 2010 年增加 1.8203 亿元；工程采购 112.3665 亿元，比 2010 年增加 70.9413 亿元；服务采购 6.2525 亿元，比 2010 年增加 2630 万元。

安徽全省 2011 年政府采购规模达到 555.61 亿元，比 2010 年增长 34.81%。其中，省本级采购规模突破 50 亿元，全省采购国内产品的比重达到 99% 以上。

山东全省 2011 年实际完成政府采购额 846.99 亿元，比 2010 年增加 173.09 亿元，增长 25.7%。全年节约预算资金 118.7 亿元，比 2010 年增加 13.21 亿元，资金节约率达 12.5%。其中，中小企业采购合同额为 692.16 亿元，占政府采购合同总金额的八成以上。

湖北全省 2011 年政府采购规模突破 300 亿元大关，达到 306 亿元。自 2007 年突破 100 亿元以后，以每两年 100 亿元的速度增长。

湖南全省 2011 年政府采购规模为 260.98 亿元，比 2010 年增长 23.61%。其中省本级采购规模为 54.90 亿元，较 2010 年增加 13.34 亿元。

海南全省 2011 年完成采购金额 32.07 亿元，节约公共资金 9.2 亿元。其中，政府采购节约资金 1.53 亿元，药品采购节约资金 7.68 亿元，节约率分别为 23.4% 和 29.2%，

四川全省 2011 年政府采购规模为 292.95 亿元，比 2010 年增加 47.23 亿元。

云南全省 2011 年政府采购规模达到 247.9 亿元，较 2010 年的 196.4 亿元增加 51.5 亿元，增长 26.2%，节约资金 21.7 亿元，节支率为 8.1%。

内蒙古自治区 2011 年政府采购中心共接受各类政府采购项目 556 项，已完成 514 项。其中，按标前、标后分段组织实施项目 239 项，组织完成协议供货采购项目 275 项。全年接受采购项目的总预算金额为 292521.15 万元，已完成采购预算 237315.52 万元（包括上年结转项目 9274.87 万元），实际签约金额 18187.35 万元，比采购预算节约资金 19128.17 万元，平均节资率为 8.06%。

广西壮族自治区 2011 年完成政府采购预算 615.05 亿元，比 2010 年增加 275.78 亿元、增长 81.28%；完成采购金额 551.23 亿元，比上年增加 252.77 亿元、增长 84.69%，全区共节约政府采购资金 63.83 亿元，节支率为 10.38%，节约财政资金比 2010 年增加 23.01 亿元，同比增长 56.37%。其中，工程类采购继续占主要支柱地位，工程类采购达 303.27 亿元，比货物类多出 97.82 亿元，占政府采购规模的 55.02%。

新疆维吾尔自治区 2011 年政府采购规模为 136.67 亿元，比 2010 年增加 32.98 亿元，节约资金 11.98 亿元，节支率为 8.06%。其中货物采购 66.62 亿元、工程采购 59.73 亿元、服务采购 10.32 亿元，分别比 2010 年增加 12.53 亿元、19.38 亿元和 1.05 亿元。

河南省郑州市 2011 年完成政府采购预算 101.6 亿元，实际支付政府采购资金 89.3 亿元，同比增长 19.6 亿元，增长率为 28%；节约采购资金 12.3 亿元，综合节支率为 12.2%；政府采购支出占一般预算支出的比例为 15.8%。其中，工程采购占采购总规模的比例为 71.1%，服务采购占采购总规模的比例为 10.1%。

（二）2011 年我国政府采购工作的主要新进展

2011 年，我国政府采购工作充分发挥政府采购制度的政策功能，在扶持中小企业发展、惠及民生等多个方面都发挥了重要作用，并取得了较好的政策效果。

1. 政府采购扶持中小企业的发展

2011 年，在国内外大环境的影响下，占企业总数 99% 的中小企业发展遇到了新的瓶颈，政府相关部门把扶持中小企业发展的工作摆在了突出位置，制订各种积极措施帮助中小企业渡难关。财政部会同有关部门积极研究制定政府采购扶持中小企业发展办法，在调整中小微型企业标准的基础上，正式发布了中小企业划分标准，形成了国家扶持小型微型企业发展的基础；组织多次专题调研，提出促进中小企业发展的一揽子政策，如金融、财税及暂免征部分行政事业性收费等政策；与有关部门共同安排 14 亿元资金，支持 533 户担保机构发展；向 8 万中小企业提供 4200 亿元贷款担保；安排 45 亿资金支持中小企业开展技术改造、加快发展新兴产业，促进中小企业结构调整；通过举办第 8 届中国国际中小企业博览会等方法多渠道帮助中小企业开拓市场；组建了 99 个国家中小企业公共服务示范平台，并为支持服务平台网络和中小企业创业基地建设安排了 5 亿元资金；为提升中小企业管理水平设立企业经营管理人才素质提升工程专项资金。浙江、江苏、新疆、天津等省市区出台了优先购买中小企业产品，提供相关服务等举措。多项扶持政策取得了明显效果。

2011 年 9 月，财政部正式下发了《财政部关于开展政府采购信用担保试点工作的通知》（以下简称《通知》）（财库〔2011〕124 号）。《通知》明确，旨在支持和促进中小企业发展、推进政府采购诚信体系建设的政府采购信用担保试点工作将从 2012 年 1 月 1 日起在中央本级和北京、黑龙江、广东、江苏、湖南、河南、山东、陕西等省（市）开展暂定为期 2 年的政府采购信用担保试点工作，扶持中小企业发展。为了保证试点工作的顺利开展，财政部随《通知》一同下发了《关于开展政府采购信用担保试点工作方案》（以下简称《方案》）。《方案》明确了本次工作的指导思想、基本原则和总体要求，并对专业担保机构的选择及要求、担保试点的业务品种、监督检查等作了规定。

2011 年 12 月 29 日，财政部、工业和信息化部联合出台《政府采购促进中小企业发展暂行办法》（以下简称《暂行办法》）（财库〔2011〕181 号），《暂行办法》明确提出，我国政府采购制度将结合国内实际，采取预留采购份额、降低门槛、价格扣除、鼓励联合体投标和分包等具体措施促进中小企业发展，并将通过政府采购计划管理、合同管理、报告和公开制度、信息化建设等措施保证该项政策落实。《暂行办法》具体明确，面向中小企业采购的预算应当占政府采购项目预算总额的 30% 以上；面向中小企业采购的政府采购项目预算中，预留给小型和微型企业的不能低于 60%。《暂行办法》将政策措施细化，使政府采购支持中小企业发展有了可操作性。

2. 财政部推行中央单位批量集中采购方式

自2011年8月财政部推行中央单位批量集中采购试点工作正式开展后，中央单位批量集中采购已完成了两期，第三期批量集中采购也在按计划积极开展中。从整体来看，批量集中采购试点工作开展顺利并取得了良好效果。从试点范围看，试点部门已由第一、第二期的27个部门、44个部门增加到第三期的57个部门。从价格看，根据官方提供数据，台式计算机、打印机的采购中标价比协议价分别低了10%～15%、7%～8%，都比市场价低10%。从各界反应看，中央单位普遍对试点认可度较高，有不少主管部门认为批量集中采购能够有效规范下属机构的采购行为，促进建立部门内部监管机制。可以说将采购需求归集、统一采购的做法，是深化集中采购的工作方向。

3. 我国为加入GPA做出了进一步的努力

2011年，我国继续不断为加入GPA努力。2月，国家财政部印发了《2011年政府采购工作要点》，该工作要点表明我国将继续按照开展GPA谈判的整体工作部署来安排国内准备和对外谈判工作，继续做好双边和多边框架下谈判工作，与美国、欧盟等GPA参加方积极沟通交流，在政府采购领域拓展国际交流合作的广度和深度。6月2日，在陕西西安召开了全国GPA谈判应对工作和政府采购工作会议。6月22至24日、28至29日，WTO《政府采购协定》研讨会分别在武汉和北京举行。9月9月，在厦门隆重举行了世界贸易组织成员政府采购市场及体制研讨会。9月19至23日，我国加入了WTO《政府采购协议》第二轮谈判，谈判中我方代表团分别与美国、欧盟各方开展双边谈判，并积极参与多边磋商，与WTO秘书处对下一步谈判安排交换了意见。11月30日，我国政府提交已承诺的第三批出价清单至世界贸易组织。12月15日，商务部部长陈德铭在日内瓦表示了我国希望加入GPA的强烈意愿。截至2011年年底，我国已三次向世界贸易组织提交了涉及开放项目的出价清单。这一年，财政部废止了政府采购扶持自主创新的三个办法。

4. 政府采购向规范化迈进

经过十余年的发展，我国政府采购制度从简单到复杂逐步完善不断规范。2011年，从中央到地方政府纷纷根据自身实际情况，不断地对现有制度进行修正，使制度更加规范、更具操作性，政府采购制度向规范化迈进。

财政部在2011年对政府采购管理工作从制度上进行了一系列的完善和细化。

一是完善政府采购信息发布制度。2011年，财政部在我国政府采购信息发布媒体《中国政府采购报》、“中国政府采购网”开辟固定栏目，发布财政部政府采购信息公告。从2011年1月7日到2011年12月9日，财政部共发布了30个公告。二是完善协议供货制度，在中央单位对台式计算机、打印机试行批量集中采购。2011年年初，财政部公布了《2011年中央单位批量集中采购台式计算机和打印机基本配置参考》。三是加强、细化对集采工作的管理。2011年，财政部开展对中央三大集中采购机构进行定期考核，通过考核加强管理以及促进集采机构内部工作的完善。四是加强对社会代理机构的管理。财政部的上述工作无不体现出政府采购要坚持科学化、规范化的理念。

此外，政府采购在倡导使用正版软件、加大民生支出方面继续发挥特有的功能。2011年2月，财政部印发《关于进一步规范和加强政府机关软件资产管理的意见》，强调要切实加强正版软件的采购工作，严格执行软件正版化的有关规定，全面采购和使用正版软件。对需要购置纳入政府集中采购目录的软件资产，应当严格按照有关规定，实行政府集中采购。2011年，按照国家保民生促发展的政策，各级政府采购加大了民生支出。

二、2011年政府采购大事件

1. 公务用车配备新标准出台

2011年1月6日，中共中央办公厅及国务院办公厅印发了关于《党政机关公务用车配备使用管理办法》的通知。办法规定，党政机关配备公务用车应当严格执行以下标准：一般公务用车配备排气量1.8升（含）以下、价格18万元以内的轿车，其中机要通信用车配备排气量1.6升（含）以下、价格12万元以内的轿车。自新标准出台后，1994年出台的沿用16年之久的“老标准”废止。

2. 国务院将制定《政府采购法实施条例》列入立法计划

2011年2月，国务院办公厅发布《关于印发国务院2011年立法工作计划的通知》（国办发〔2011〕3号），159件急需制定或修订的法律和行政法规项目被列入2011年的立法计划。其中，制定《政府采购法实施条例》被归为规范行政行为、加强政府自身建设需要制定和修订的行政法规之一。

3. 财政部首度考核中央部门集中采购机构

2011年3月，中央部门集中采购机构首次纳入中央集中采购机构年度考核范围，中国人民银行、国家税务总局和海关总署下设的三个集中采购机构被列为考核对象。此次考核是自《政府采购法》颁布以来对中央部门集中采购机构的首次考核。

4. 财政部力推批量集中采购

2011年5月23日，为进一步规范政府采购行为，深化集中采购工作，财政部印发了《关于进一步推进中央单位批量集中采购试点工作的通知》（财办库〔2011〕87号），正式启动中央单位批量集中采购试点工作。批量集中采购试点既是推进政府采购制度改革，遏制超标采购的必然要求，又是贯彻落实党中央、国务院厉行节约要求，推进党风廉政建设的一项重要措施。总体来看，批量集中采购试点工作进展顺利，取得了积极效果。

5. 全国GPA谈判应对工作暨政府采购工作会议顺利召开

2011年5月26～27日，财政部在陕西省西安市召开了全国GPA谈判应对工作暨政府采购工作会议。会议的主要任务是总结“十一五”时期政府采购工作，分析当前政府采购制度改革面临的形势和任务，明确“十二五”时期深化政府制度改革的基本思路，部署当今和今后一个时期的重点改革任务及加入GPA谈判应对工作。

6. 我国首个省级统一论证进口产品清单出炉

2011年8月，浙江省省财政厅在全国率先对政府采购进口产品进行统一论证，并公布了2011—2012年度第一批全省统一论证进口产品清单，主要包括正电子发射计算机断层扫描仪（PET/CT）、直线加速器（LA）等14类医疗设备，有效期为1年。在有效期内，浙江省内各级采购单位申请采购清单内的产品，无须再提供专家论证意见和主管部门审查意见，可直接报同级财政部门审核。此做法旨在增强专家论证的可信度，以减少重复论证，并通过公示让进口产品采购接受社会的广泛监督。

7. 财政部开展政府采购信用担保试点工作

2011年9月，财政部下发《关于开展政府采购信用担保试点工作的通知》（财库〔2011〕124号），决定从2012年1月1日起在中央本级和北京、黑龙江、广东、江苏、湖南、河南、山东、陕西等省（市）开展暂定为期2年的政府采购信用担保试点工作。此次工作旨在提升政府采购监管水平，推进社会诚信体系建设，并维护政府采购当事人的合法权益。

8. 我国提交加入GPA第三次出价清单

2011年11月30日，我国向WTO提交了加入WTO《政府采购协定》（GPA）的第三批出价清单，北京市、上海市、天津市、江苏省和浙江省5个次中央级政府的171个实体首次被纳入其中，中央实体采购的准入门槛有所降低，其中建筑业最受关注，但仍高于其他成员国。据了解，地方政府、准入门槛和国有企业是美欧等GPA成员方对上一份清单不满的主要原因。

9. 公务用车选用车型目录管理细则出台

2011年11月14日，为降低行政成本，推进节能减排，规范党政机关公务用车采购管理，由工业和信息化部、国务院机关事务管理局、中共中央直属机关事务管理局制定的《党政机关公务用车选用车型目录管理细则》正式发布。该细则对公务车的范围、申报企业及车型条件等进行了详细规定。

10. 政府采购促进中小企业发展办法发布

2011年12月29日，财政部、工业和信息化部发布了《政府采购促进中小企业发展暂行办法》（财库〔2011〕181号），暂行办法自2012年1月1日起施行。暂行办法通过采取预留采购份额、评审优惠、鼓励联合体投标和分包等措施，提高采购中小企业货物、工程和服务的比例，促进中小企业发展。

（倪东生　马　蕾　王　敬　井夫卉　王爱军
北京物资学院商学院）

第八部分

物流教育、科技、信息化、标准化

2011 年中国物流教育与人才培养

一、物流人才培养情况

1. 物流教育情况

进入 21 世纪后，我国物流教育工作从无到有、由小到大不断发展，逐渐成熟，如今已形成了中职、专科、本科、硕士和博士的梯形人才培养结构。每年可为物流一线输送具有专业理论知识的适用人才。截至 2011 年年底，在我国 430 所本科院校中就读物流管理、物流工程和采购管理三个专业的在校生人数为 105071 人，当年有 22772 名学生从这三个专业毕业；在 923 所专科院校中学习物流管理、物流工程两个专业的（其中物流管理设有国际物流、物流信息化、仓储与配送等专业方向）在校生人数为 242649 人，当年有 96295 名毕业生毕业；在 925 所中职学校中学习设物流服务与管理专业（下设仓储与配送、运输业务、港口物流、物流客户服务、快递业务等专业方向）的在校生人数为 106616 人，当年有 37251 人从物流服务与管理专业毕业。此外，还有不同层次的物流专业在校生人数约 45 万人。

2. 物流从业人员培训认证情况

经过多年发展，我国物流从业人员的培训认证工作取得了明显成绩，形成了一定的品牌效果。目前，在国内有一定影响力的培训认证品牌是：中国物流与采购联合会、中交协和部分省市的劳动部门的认证机构。

2003 年中国物流与采购联合会受劳动部的委托，制定了《物流师国家职业标准》，并于当年下半年开展物流师职业资质培训认证，截至 2012 年 5 月，共有 31.4 万人参加培训，21.1 万人考试通过认证。

2005 年受联合国和世贸组织的委托，中国物流与采购联合会在国内开展 ITC 全球采购与供应链项目培训认证，到目前为止，共有 2.47 万人参加培训，1.67 万人考试通过认证。

二、物流教育与培训的特点

目前，我国物流教育与培训主要有以下几方面特点：

1. 职业资格认证培训与市场需求结合更为紧密

中国物流与采购联合会新开发的物流师职业资格认证模块化系列培训教材借鉴了国际通行的培训教材，充分结合我国物流业的实际运作，以岗位需求为导向，以提高从业人员专业能力为目标，引领我国职业培训的发展方向，得到了企业的广泛好评。

2011 年，中国物流与采购联合会在物流师职业资格系列认证中新增加了针对一线岗位从业人员的物流员职业资格认证项目。物流员的培训认证工作刚刚起步，是对全国物流师职业资格认证体系的进一步完善，是推动技能型物流人才培养的创新，对改变目前一线岗位从业人员文化水平较低、物流相关知识缺乏、生产力低下的状况具有重要作用。

在由传统物流向现代物流的转变过程中，许多物流企业经营者从提高企业市场竞争力和企业长远发展的战略角度考虑，对自我能力的提升有了更高的要求。于是满足高端人才职业发展需求的各种面向企业高管的专业培训受到欢迎，为物流培训发展注入了活力。

此外，企业按照行业特点开展的各种专业内训，使行业的从业人员水平整体上有了显著提高。

2. 物流教育越来越贴近行业发展对人才的需求

经过多年发展，我国的物流教育更加注重与行业发展同步，适应行业发展对人才的需求。如2011年中国物流与采购联合会举办的“顺丰杯”第三届全国大学生物流设计大赛。虽然它是在前两届大赛成功举办的基础上的一种延续，但是，这种延续是创新的延续，其中有了新的内涵和亮点。第三届大赛得到了顺丰速递的大力支持，顺丰速递不但给予冠名赞助比赛支持，而且全程参与大赛，用企业的真实经营状况和业务数据作为大赛的案例，引导学生学以致用地提出解决方案。一方面，可以解决企业生产活动中的实际问题；另一方面，可以实际检验学生的学习能力和动手能力。

大赛以广泛的参与度、规范的管理、高水平的竞争在高等院校物流人才培养模式创新、实现物流教学与实践的结合等方面，取得了丰硕的成果，受到教育部和广大高校的高度重视。全国300多所学校开展了校园赛，有4000多名指导教师和3.8万名学生参加了校园赛；共有348支参赛队通过审核取得了进入全国设计大赛的资格，创下历史新高。

举办大赛活动推动了校企合作，使物流教学与实践更加有机地结合。通过比赛，激发了大学生的学习热情和创新能力，大赛中的许多解决方案思路新颖、巧妙，融入了大量新理念和新技术，得到了企业的高度评价。通过大赛大学生的组织策划能力、协调能力和实际动手能力得到锻炼和提高，院校则进一步清晰了人才培养的方向。本大赛已成为教育部高等学校本科教学质量与教学改革工程全国性重点大赛之一，也是教育部七个质量工程之一。

此外，本科物流院校的学科定位也更加注重以行业需求为方向。如2011年召开的第十一届全国高校物流教学研讨会，就是以“提高质量、科学发展”为主题，围绕着物流专业建设和人才培养、大学生物流设计大赛等，在物流专业内涵建设、国际化采购人才培养模式、加强国际交流、推动专业建设、弘扬科技创新推动成果转化以及物流院长/系主任几个方面进行交流和讨论。院校代表和教师通过研讨更加了解产业发展走势，把握学科发展核心。此类研讨会已经成为物流学科建设的平台，深刻影响物流教育的发展方向。

2011年举行的第九届物流青年骨干教师高级研修班中，研修班主讲老师以资深企业专家为主，在研修模式和研修班组织管理等方面引入新的形式，为研修与产业紧密结合做了有益的探索，受到参加研修教师的高度评价和充分肯定。

3. “物流”进入一级学科目录的专业设置

物流业的快速发展使物流专业得到了国家教育主管部门的重视，确定了学科地位，“物流”进入一级学科目录的专业设置。

全国高校物流教学指导委员会（以下简称教指委）于2010年10月4日向教育部呈报了《关于申请在管理学门类下增设物流管理与工程类专业的报告》。

报告认为，物流专业作为新兴学科服务的产业明确，设立“物流管理与工程”学科有强大的物流产业发展背景和人才需求，跨学科门类设置专业不利于质量监督管理，作为一级学科有利于物流专业人才培养，符合科学规范设置专业的原则，有利于学科建设和产业同步发展，将物流专业纳入一级学科条件已经成熟。

按照本次教育部高等学校本科专业目录修订指导思想，遵循科学规范、主动适应、科学发展的原则，为主动适应经济社会全面发展对物流人才培养的要求，教指委向教育部建议在“管理学”门类下设置“物流管理与工程”类一级学科。

教指委、联合会向行业主管部门国家发改委、工信部和商务部积极反映相关情况。国家发改委、工信部、商务部和联合会分别致函教育部，建议在“管理学”门类下设置“物流管理与工程”类一级学科。目前，教育部已批准物流类专业进入一级学科目录。

4. 行业在物流学科建设上的引领作用日益明显

一是行业指导委员会组织举办2011年全国职业院校物流技能大赛。2011年，全国物流职业教育教学指导委员会组织举办的“龙工杯”全国物流技能大赛的比赛项目贴近企业岗位需要，内容涵盖了仓储、搬运、包装、配送、信息等物流业务内容，以及叉车、单证两项单项赛和基础理论知识的比赛，与学校专业骨干课程结合紧密，裁判标准和评分细则完全按照企业实际运作要求制定。大赛得到全国中职物流专业学校的积极响应，来自全国36个省、市、自治区和计划单列市的代表队，238名参赛选手参加了比赛，是上年的两倍。

大赛得到了教育部、行业、企业的大力支持。中国龙工控股（集团）为本项赛事冠名，并为大赛提供设备支持，北京络捷斯特公司、上海环众物流咨询公司为比赛提供技术支持，保证了大赛的顺利进行。获奖选手同时也获得了助理物流师职业资格证书。大赛邀请业内企业观摩大赛，成为企业发现人才和培养人才的渠道。

二是成功举办对话活动。2011年9月，中国职业教育与物流行业发展对话活动在成都举办。本次对话活动由中国物流与采购联合会、成都市人民政府、全国物流职业教育教学指导委员会共同主办。来自全国各地物流行业协会特邀专家学者，物流企业领导、人力资源负责人和代表，全国中、高职物流及相关专业职业院校领导、专业负责人和骨干教师、教育培训机构及大众媒体代表共数百人参加了会议。

教育部鲁昕副部长在会上发表重要讲话。她指出了目前职业教育中存在的三大问题，并重点对教育部与物流行业共同做好物流职业教育提出了十项重要任务，她希望全国物流职业教育教学指导委员会不断完善行业岗位标准、教材标准及教学指导方案等一系列工作。她特别希望在中国物流与采购联合会和教育部、企业和学校的共同努力下，推动我们国家的物流职业教育迈上新的台阶，取得新的成果，为提高物流产业的国际竞争力，为物流产业的发展培养出更多合格的人才。

会上，首批34家企业获得“全国物流职业教育人才培养基地”名称，46家学校和企业签订了《校企合作协议》。大会在发挥院校和企业共建物流专业、人才培养、校企合作和工学结合工作中的带头、示范和辐射作用，将对我国职业教育的改革、创新和发展，带来深刻的影响。

三是开展中职物流骨干教师能力拓展培训班。全国物流职业教育教学指导委员会举办中职物流骨干教师培训班。培训班通过物流生产实践中的仓储、运输和国际货代等核心活动的现场教学实践系统学习了基于数字化教学资源的物流实训课的设计和实践的相关内容，提升了基于工作过程导向的物流实训教学设计能力和教学实践能力，拓展了物流教学思路，深入物流企业调研并就企业遇到的问题提出解决方案，增强了解决实际问题的能力，达到了更新教师教学理念、提高教师教学水平的目的。

四是中职教学体系建设专项调研。中国物流与采购联合会向教育部提交了未来十年物流人才需求报告。报告从行业背景与发展趋势分析、企业对专业技能人才需求分析、行业企业发展对专业技能人才的新需求等几个方面做了详细的阐述，为中等职业教学体系建设提供了翔实的基础，也为下一步制定物流企业岗位设置及能力要求做好准备。

三、物流人才培养的成果

一是教育与培训相结合，在一定程度缓解了物流人才紧缺的问题，为物流产业的快速发展提供了人才支撑，物流企业员工队伍素质明显提高。

二是物流人才培训市场混乱的现象有所改观，培训认证质量逐步提升。

三是物流学科建设和人才培养取得重大突破。物流已经从目录外专业进入专业目录，列入二级学科，并在本科专业目录中列入大类专业，下列物流管理、物流工程、采购管理三个专业。中、高职均列入重点支持发展专业。

四是行业组织在物流教育中的引领作用得到充分体现。由于物流教育的行业特点，教育部专门成立了本科院校物流教指委和职业院校物流行指委，秘书处均设在中国物流与采购联合会。在物流人才培养模式创新、教学改革、师资培养、国际合作与交流、教材建设、试验室和实训中心建设、教学标准制定、教学成果的展示与交流、校企合作及集团化办学等领域均取得可喜成绩。

五是全国职业院校物流技能大赛和全国本科院校物流设计大赛引领了物流人才培养模式的创新，更贴近企业对物流人才培养的要求，教学水平和毕业生能力、素质都得到显著提高。

四、物流教育存在的主要问题

一是物流教育中存在“枣核”状结构现象，即两端小中间大。目前紧缺的是高素质的物流一线岗位技能人才和高端物流管理人才，而在实际人才培养中，这方面的人才培养规模明显不足，根据物流教育分层次结构分析，本科和专科在校生规模占到77.3%，而处于两端的高端人才和一线技能型人才培养规模只占到22.7%。根据调查分析，物流一线从业人员占全部从业人员比重的85%，技能型人才培养规模明显不足。

二是物流企业岗位培训工作仍需要加强。目前不少企业单纯追求效益，忽视员工培训和员工能力和素质的提高，缺乏投入，领导重视不够。另外，忽视对教育的重视，把教育视为教育部门和院校的事，没有把教育放到为企业和社会培养合格人才的高度去重视。

三是一线岗位人才待遇低，难以吸引和留住人才。物流一线技能和管理岗位人才跳槽现象非常突出。

四是培训市场仍不规范，培训良莠不齐，浪费了大量资金和资源。

扩大目标培养人群，加强对一线岗位技能型和高端管理型人才的培养，进一步规范培训市场，将是下一阶段人才培养工作的重点。

（中国物流与采购联合会培训部）

2011年中国物流科技

2011年，我国物流运行形势总体良好，物流业增加值加快增长，为保证国民经济平稳较快发展，发挥了重要的支撑保障作用。2011年度中国物流科技奖申报项目的质量与数量都有大幅度的提高。共收到来自物流企业、科研院所及高校等社会各界的近200个申报项目，经专家评审组及评审委员会的审议，共评出获奖项目69项。其中，科技进步奖一等奖10项、二等奖25项、三等奖34项。申报单位主要为物流软件企业、第三方物流企业、设备制造企业及高等院校。项目主要涉及钢铁、化工、有色、建材、石油、医药、烟草、汽车、机电、电信、农业和连锁零售业以及高等院校等行业物流过程的各种技术，如物流设备研发制造、企业信息管理系统、物流信息平台研发及应用、供应链管理模式研究与实践、区域物流发展规划和教材著作等软科学研究以及专业领域，如轮胎制造与翻新、冷链物流和钢铁物流。

2011年度中国物流科技奖获奖项目专业性强、科技水平较高，代表了我国物流科技的发展趋势，反映了我国现代物流业科技发展的水平。总体来看，物流科技项目具有以下几大特点：

一、铁路、航空、港口和公路运输的调度管理系统已渐入最优化

目前，我国大宗商品的运输方式主要还是铁路、公路、航空和水路，提升运输过程中的物流信息化程度，就可以有效提高运输方式的物流效率，进而大幅降低运输方式的物流成本。

1. 铁路运输方面

目前我国铁路货运用车有60多万辆，每年进入编组站（技术站）进行调车中转作业的车辆数以亿计，车辆在编组站中转作业一次，不仅要消耗大量的人力物力，而且还将产生8小时左右（2008年国家铁路网40个大型编组站的车辆有调中转作业时间为8.4小时）的滞留时间。按目前我国铁路车辆循环时间在五天左右计算，车辆的中转滞留时间就要占三成左右。因此，减少铁路车辆的中转次数就可以减少铁路网络上编组站的配置数量和规模，即可大大降低物流成本与周转时间，产生可观的直接经济效益。

由北京交通大学研发的《铁路运输集结成本与压缩物流中转时间的联合优化技术》项目通过信息管控及优化算法等技术，很好地解决

了铁路直达运输集结成本与压缩物流中转滞留时间的联合优化问题。铁路运输集结成本与压缩物流中转时间的联合优化技术在加快车辆周转及最大化利用现有编组站能力方面取得了明显的效果。该项目已在广州、沈阳、太原等车站应用，年直接经济效益近 8 亿元。

此外，铁路运输通道的合理布局缓解了公路运输，降低了以汽油换煤炭的可能性，减少了生态环境及大气环境污染，增加了环境效益，为运输企业节能减排作出了重大贡献，符合了国家节能减排的政策要求。

2. 航空运输方面

来自中国民航局的数据表明，我国航空货运物流业已进入发展的关键时期，大型机场货运站物流系统工程建设已成为保障航空货运物流高效运转的关键手段，市场年增长率在 30% 以上，发展空间巨大。

一直以来发达国家在大型机场货运物流系统工程方面的研发水平较高。但是，由于地域、文化、现场需求的调研成本高等原因，不符合我国市场的需求。由于我国在这一领域的研发还处于起步阶段，又没有独立在国内大型国际机场实际应用的案例，无法满足国内机场对货运物流系统工程技术的需求。

由兰州交通大学、兰州正远科技有限公司、深圳中集天达空港设备有限公司共同完成的项目《大型机场货运物流系统工程关键技术研究及产业化》以大型机场货运物流系统为研究对象，通过对航空运输中具有高安全和高可靠性要求的大型机场货运物流系统工程的技术开发，解决了多系统多设备并行运行技术、专业化航空物流运输信息平台及大型数据库安全运行等关键技术难题，掌握了该工程系统的核心技术，在技术创新中形成了完整的自主知识产权。

该项目打破了国外大公司的技术垄断，填补了国内在机场货运物流系统工程关键技术的空白，并且实现国产化。目前，该项目已经成功应用于广州新白云国际机场、北京首都国际机场货运站等物流系统工程，并即将在浦东机场扩建工程、深圳机场等国家级大型工程项目中推广应用，形成了良好的产业前景。

3. 在港口运输方面

国外对大型集装箱码头操作系统的研发早于我国，但随着码头建设的发展和客户需求的不断提升，原有技术的功能与先进性方面已不具有特别优势。国外产品售价普遍高昂；其技术与服务提供商远在国外，解决问题响应慢，周期长；国外产品不大符合我国的国情；国外产品不提供知识产权，使本地维护的可能微乎其微，不能满足业务发展的快速反应要求的弊端令国内物流企业望而生畏。国内系统专注的领域往往过于单一、应用范围狭窄、前瞻性不高、集成度过小、无法满足现行业务增长和日后发展扩充需要的缺陷，也让企业生畏。

大连集发科技有限公司研发的项目《集发科技智能集装箱码头操作系统（TOP +）》既借鉴了国外大型产品的开发经验，也与本土业务流程紧密结合，适合我国国情与操作习惯。同时，系统在诸多方面处于国际领先水平，如无线终端可视化的界面、预警及冲突分析、计划指导操作功能，都是使集装箱码头采用最少的信息化投入获得最佳的生产效率的先进功能。该系统完成了集装箱码头作业基础数据的分析、挖掘与增值，模块化设计使项目便于重组与集成。可以说，是技术先进、功能完备、理念超前的新一代集装箱码头操作系统。

二、医药及烟草行业的仓储、拣选和配送优化技术已趋成熟，可移植能力较强

我国医药业的信息化建设晚于欧美发达国家 15 ~ 20 年，医药流通信息化建设存在信息化管理机制陈旧、配送中心与计算机系统不健

全、扩展规模与管理能力不相匹配、专业人才匮乏、缺乏有效的连锁化业务管理系统和经济效益不高的问题。要全面实施《全国药品流通行业发展规划纲要》，落实《医药经营质量管理规范》，大力推进新医改，医药企业的管理必须由粗放型向集约化转变，物流运作方式必须从传统的批发模式向供应链管理模式转变。两个转变离不开物流信息化的支持，物流信息化对整个医药行业健康发展的重要性就更加凸显。

我国医药市场的集中度仅为20.7%，远低于发达国家85%以上的水平，难以保证医药配送的准确安全率。《医药经营质量管理规范》和新医改的推进都对医药集中配送的安全性、准确性以及规模化、专业化提出了严格的要求，也对医药配送企业的发展提出了挑战。由于国外医药配送技术及设备成本高，难以适应我国国情，因此开发新一代现代化医药配送物流技术和装备迫在眉睫。

由北京起重运输机械设计研究院研发的《新一代医药配送中心成套物流装备系统创新工程》项目针对我国传统医药配送存在的总体规划水平低、物流成本高、配送效率低、拣选差错率高和信息化水平低的问题做了深入研究探索，开发出以先进的物流装备技术为支撑，在物流系统整体规划的基础上，实现集信息、存储、管理、监控、执行于一体的高技术密集型医药配送中心物流系统。该系统采用信息技术、自动控制技术、网络技术，用于支持药品流通的采购、存储、配送、销售的综合性物流服务，从而实现对医药物流的准确控制，满足医药配送中心的高效化、信息化、标准化和专业化的要求。

该项目的技术流程框架如图1所示。

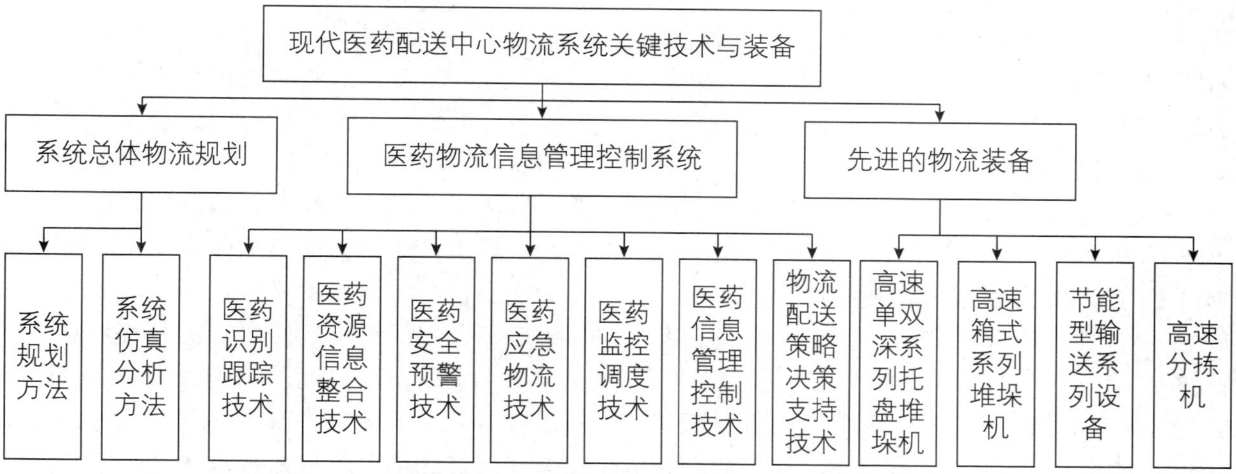

图1 新一代医药配送中心成套物流装备系统创新工程技术流程框架

该项目自2006年研发以来已成功应用于国药、哈药等近15家医药配送中心，每年完成医药配送额近1500亿元，为医药流通企业创造利润约15亿元。至今该项目仍稳定运行，药品拣选差错率在万分之一以下，远低于国际通行的万分之三的差错率指标，完全可以替代进口产品，且成本远远低于国外同类产品。

最值得一提的是，该类系统只要稍加调整，即可成功移植到化妆品、酒类和食品等行业的物流分拣作业，示范性和可移植性较强。

三、信息化技术应用于食品安全追溯系统成果可喜

食品安全可追溯体系是一套有效监管农产品质量安全的路径，通过条码能追溯到产品的生产班组、生产时间和物流流程。近几年，在

政府的指导和社会企业的多方配合和积极探索下，我国的食品安全追溯体系建设工作取得了一定的进展，并积累了宝贵的经验。

上海农业信息有限公司完成的项目——《上海世博会蔬菜质量安全管理与追溯系统》就是在食品安全追溯系统建设工作的一次成功探索。

《上海世博会蔬菜质量安全管理与追溯系统》是在已建成并投入使用的“蔬菜安全生产管理系统”、“农产品安全监控信息平台”和“蔬菜物流管理系统”的基础上，整合电子标签、条码和WEBGIS技术建立的蔬菜质量安全管理与追溯系统。该系统经采集蔬菜生产管理数据，流通配送等数据信息，可通过蔬菜产品商品条码、QS码或批号获取蔬菜的溯源信息、生产企业或基地信息，还可将追溯数据按标准导出到其他系统。通过有效的安全监控管理，该系统可实现对蔬菜质量管理全过程的追溯，规范蔬菜生产各环节和质量安全管理。同时，通过实现信息的查询和统计等功能，为用户提供更生动直观的信息和分析功能。

上海世博会期间，上海市的115家中心厨房中有103家使用了食品溯源系统，其余12家供外国馆使用的中心厨房未强制使用。所有入园的食品原料、半成品、加工食品都通过该系统进行了登记。

实践证明，该系统在拦截系统风险方面具有强大的功能。世博会期间系统发现了数家企业擅自从非备案的供应商采购供世博食品原料，还及时追踪100多件抽检不合格食品的来源和流向，真正实现了蔬菜“从农田到餐桌”的安全追溯。

四、橡胶循环利用技术硕果累累，多项技术已处世界领先

1. 预硫化轮胎翻修关键技术与成套设备

目前，我国的轮胎年产量已超过6.5亿条，居世界第一位。同时我国每年产生废旧轮胎超过2亿条，轮胎报废量达300万吨，轮胎翻修量仅1500万条，新胎和翻修胎之比远远低于世界平均水平10∶1，旧胎翻修率仅占新轮胎产量的4%左右，远低于发达国家10%～15%的水平。

由于我国轮胎翻修企业绝大多数为较小型企业，工艺装备落后，自动化水平较低，多为手动操作，翻修胎整体质量不高。因此，如何在保证安全的前提下以低成本实现废旧轮胎的循环再使用，不仅是物流运输企业的期望，更是建设资源节约型和环境友好型社会的要求。

可喜的是，随着我国对废旧轮胎综合利用的重视，轮胎翻修与循环利用技术已经取得了突破性的进展，多项工艺方法及硫化设备已经达到国际领先水平并填补了国内外的技术空白。

软控股份有限公司的《预硫化轮胎翻修关键技术与成套装备的研发》项目技术工艺涵盖了旧轮胎翻修全部工序，主要包括针孔检查机、气压检查机、激光散斑检验机、X射线检验机、轮胎打磨机、环形胎面硫化机、上环形胎面成型机、胎面自动贴合机、翻胎硫化罐等关键装备，根据轮胎翻修的工艺过程特点，采用预硫化翻修技术对旧轮胎进行翻新。具有设备稳定性强、操作维护简便、规格更换方便、安全性能好的特点，整体技术达到国际先进水平。经过验证，经过该关键技术与成套装备翻修的轮胎耐磨性能可超过新胎的10%～15%，寿命可超过新胎寿命的10%～20%，平均行驶里程可超过新胎的10%～20%。一条轮胎一般可翻修3～4次，使用寿命为新胎的3～5倍，大大节约了资源和能源。

该项目产品除销往鞍山、青岛等国内多个地区轮胎翻修企业和物流企业，还出口至美国、加拿大等多个国家，得到了广大用户的好评。软控股份有限公司的项目产品已累计实现

销售收入 2800 万元，利税 820 万元，创外汇 124 万美元。

预硫化轮胎翻修关键技术与成套装备的成功研发及推广填补了国内该技术的空白，扭转了我国在预硫化轮胎翻修关键技术和成套装备上长期依赖进口的状况，大大提高了我国旧轮胎翻修的质量和水平，对促进我国轮胎翻修业、物流业等相关行业健康发展起到了积极作用。同时，该项目有效节约了轮胎生产的资源和能源，减少了废旧轮胎对环境的污染，符合我国节能环保的相关政策。

2. 常压塑化法

20 世纪 90 年代，我国自主创新发明了动态法生产直生胶。由于此项新工艺从根本上解决了水油法废水污染问题，因而推动了我国再生胶工业的大发展和大普及。至今，我国 95% 以上的再生胶生产企业均采用动态法生产再生胶。

平陆康乐橡塑科技开发有限公司研发的新再生胶生产工艺技术——常压塑化法，与之前的动态法相比工艺技术更加科学、更为先进。用常压塑化法生产再生胶省去了锅炉、尾气净化装置和管道等设施，与动态法生产相比，可节省投资 40%；可节电 30%。不用锅炉，省去烧煤，若按一年消耗 3000 吨计算，每年可节省 40 余万元。此外，用常压塑化法生产的再生胶的品质高，其性能接近天然胶和合成胶，平均售价可达 6000 元/吨，比目前普通轮胎再生胶每吨高出 2500 元左右，若按年产 1 万吨计算，每年可为企业增收 2500 万元。

3. （特）巨型工程轮胎翻新硫化罐设备

由青岛国盛达科技公司研制的特巨型轮胎翻新硫化罐，是将巨工程轮胎翻新使用的专有设备，被誉为“世界硫化第一罐”。此设备不仅可以对一般的载重卡车和工程车的轮胎进行硫化翻新，更可以实现对轮毂直径为 53 寸、57 寸及 63 寸重达 5.5 吨的（特）巨型工程车轮胎进行硫化翻新，这一翻新罐设备技术填补了国际特巨型轮胎无模硫化罐设备的空白。目前，轮胎市场上一条直径为 57 寸的（特）巨型新胎售价在 50 万元左右，而经过翻新再利用的轮胎售价仅为 15 万元，而且可以达到新胎使用寿命的 85% 以上，此项技术可带来的经济效益是非常可观的。这一技术创新打破了国际大国对我国（特）巨型工程车轮胎出售的垄断。

五、物流教育及人才培养紧跟时代步伐

进入 21 世纪以来，我国物流事业面临的经济和政策环境持续得到改善，物流产业地位在国家层面得到确立，政府把发展现代物流业列入“十二五”规划，全社会对物流的认识更加全面，成熟物流理论研究和物流教育水平显著提高。我国物流业的发展步伐加快。

现代物流业的快速发展，激发了全社会对物流人才需求的升温，推动了物流人才培养规模的迅速扩大，要求物流教育及时跟进，不断创新。与此同时，社会对各类物流教材和专业书籍，特别是对理论水平高、实用性强的教材和专业书籍的需求更加迫切。北京物资学院敏锐地发现了问题，及时组织专业师资编写并出版了《物流管理基础》一书。

该书在物流基本概念及发展历程、物流系统、物流的功能及其合理化管理、配送与配送中心、物流客户服务、物流信息系统、库存管理、供应链物流管理、物流成本管理、物流管理组织等方面系统介绍了最新物流管理理念和技术方法，借鉴和吸收了国内外最新物流理论与实践研究成果。同时，在物流客户服务、第三方物流、物流园区、物流业等方面内容的阐述具有一定的创新性和前瞻性。该书贴近实际、贴近行业、贴近读者，有很强的实用性，

深受读者好评，对我国物流人才的培养起到了积极作用。

北京物资学院在教育工作中不但注重教材质量，还注重教学创新，物流教学理论研究与实践结合，学院研究完成的《物流类专业实验教学平台的构建与应用》项目提出了“知识＋技能＋能力＋素质＋经历＋经验”六位一体的物流实验教学理念。该项目以扩展实验教学的内涵，确立了“来源于企业，而又高于企业”的实验教学内容开发原则；实现大实验教学平台的构建，将实验室充分融于学校和社会的大系统之中，利用社会资源，以培养高等应用型人才为指导，充分发挥校企联动的优势，实现课堂理论教学、实验室实验教学与企业实际应用的一体化。

该项目建成了新型产、学、研良性互动的实验教学平台运行模式，保持实验教学平台的可持续发展，扩展实验教学服务功能，扩大该平台的受益面，积极实现实验技术的工程转化，创造了良好的经济效益和社会效益。建成了国内首家物流博物馆，成为北京市乃至全国重要的物流知识普及中心，对我国物流历史的保存和整理以及物流基本理论的推广发挥了重要作用。

六、物流企业数字化进程加快，实现物流、信息流、资金流三流合一

现代物流业的不断推进，迫使物流企业加快数字化的进程，以提升企业的竞争力，从而降低物流成本，提高管理水平和服务水平。

1. 基于 WCDMA 的物流调度管理系统

在传统的物流公司，客户通过电话或者网络下单后，客户服务中心要及时分派业务人员（司机）订单任务，由于业务人员接受任务时通常在驾驶或者取派中很不方便。尤其接受任务后，客户对地址的描述多是令人头痛的老大难问题，客户通常在登记时，只填写标准地址，如：××路××号。如果业务人员之前没有去过，通常寻找起来会比较费时费力，往往要跟客户通几次电话才能找到目的地。中国联通集团公司根据自身优势，利用 WCDMA 的数据网络，开发出“基于 WCDMA 的物流调度管理系统”实现基于终端的位置及任务互动，很好地解决了上述的问题。

基于 WCDMA 的物流调度管理系统，将任务通过 WCDMA 数据网络实时发送到业务人员的专业终端里，业务人员在完成上一单任务后，可以随时查看最新的并带有 GPS 经纬度信息的任务，只要根据终端内置的地图，就可以准确地找到目的地。通过 WCDMA 群组语音对讲功能，业务人员可以通过蓝牙耳机方便地与后台调度中心及其他业务人员及时沟通。在群组中，除了可以发布语音任务外，还可以发布文字、位置信息、图片和视频信息。通过这些功能的组合，可以全面解决移动中的办公任务沟通问题。

2. 智能一体化配送系统

北京汇通天下物联科技有限公司开发的“智能一体化配送系统”，是汇通下运用物联网技术实现以“信息整合运力”的服务平台。通过网络、一体化配送支付终端（PDAPOS）、全球定位系统（GPS）、移动通信技术等手段集成实时签收数据、实时支付数据、全程位置数据等物流全过程数据，实现资金流信息流的一体化即时反馈、全国物流 KPI 的自动监控，逐步实现分拨效率和投递员管理的持续优化。如图 2 所示。

智能一体化配送系统的总体架构模式是以系统平台为中心，向下终端车辆、配送员通过设备提供信息到系统平台上，向上与企业内部业务系统、物流系统相连，提供订单跟踪、服务管理、智能调度、智能配送等功能。

系统帮助企业实现物流从发货到签收全过程可视化管理，信息数据真实可靠。提高效率，降低成本。

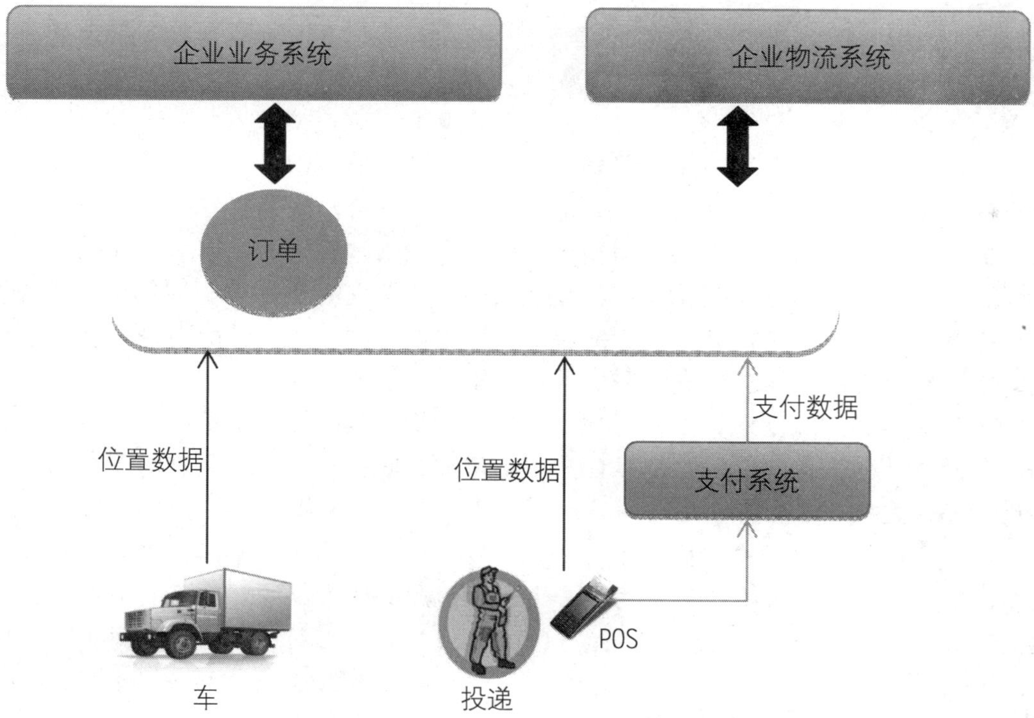

图2　智能一体化配送系统示意

七、供应链模式创新，信息技术提升企业竞争力

为了能够长久的保持竞争力，把企业做大做强，成长型企业普遍坚持自主创新，以期在业务模式、企业运营、获利能力上挖掘并建设自身核心优势，而供应链信息技术的应用，对成长型企业的发展壮大意义非凡。

现在市场的真正竞争不是企业与企业之间的竞争，而是供应链与供应链之间的竞争。这句话高度概括了供应链的重要性。在很多行业中，制造成本的降低几乎走到了极限，销售额的增加也难有大的突破，对供应链的优化和细化最有可能成为成长型企业的另外一个利润源。更重要的是，对供应链的优化和细化，并不仅仅是一个与效率和成本相关的话题，对那些希望加快自己的市场反应速度，更好地满足客户需求的成长型公司来说，选择合适的供应链，可能就等于选择一款生死攸关的防身或攻击性利器。

由于供应链管理本身覆盖面很广，不但涉及企业本身多个部门，同时也关联整个产业链的上下游机构，因此，处于不同供应链角色的企业必然有不同的供应链能力提升切入点，依据自身特点逐步建设与完善供应链核心竞争力。

1. 开滦集团的煤炭物流“三位一体”新模式

开滦集团根据自身的经营管理情况和煤炭行业的特点，开发应用了煤炭物流“三位一体”新模式。即煤炭供应链管理体系、煤炭战略储备体系、煤炭市场交易体系“三位一体”，同步推进。该模式是立足于资源型企业转型发展、煤炭产业升级，在对煤炭供运需现状深入研究分析的基础上，将现代物流理论与煤炭专业物流的实践相结合的具体成果。“三位一体”新模式，率先提出了煤炭供应链概念和煤炭供应链管理概念；在煤炭供应链管理的基础上，以开滦两港储配煤基地为试点，率先实现了配煤理论在供应链管理中的应用；以两港储配煤基地为支撑，率先提出数字化配煤，将数字化技术应用于配煤实践中，实现了多样化来煤加工配置形成标准化的煤炭产品；率先在产品标准化基础上提出建设交易市场的思路，两港储配煤基地为交易市场提供标准化产品交割和相关煤炭物流服务，提高了煤炭交易市场标准化合约的流动性；借助交易市场与供应链联盟共同构成的网络及两港储配煤基地，率先实现了交易市场的平台化、网络化运营；以标准化产品、个性化服务率先推动了煤炭行业传统煤炭营销观念的转变，煤炭企业必将由传统单一的产品供销商向供应链管理服务商转变，为客户提供完整的供应链管理服务。

2. 电信行业供应链管理信息系统

北京泛太的电信行业供应链管理信息系统，是根据国内外供应链管理的经验，结合电信行业客户和物流现状所开发的电信行业供应链管理信息系统。它不仅提供了单一的采购或物流服务的解决方案，而且提供了向更高层次的价值链全链条的整合和优化服务的一体化解决方案。

该系统针对电信行业的核心矛盾，通过资产数据前移，即把事后的数据变成事前的数据管理，实现企业的可视化管理、实现企业仪表盘式的功能、实现需求和供应动态匹配、实现资产账实相符，从而使企业建立了一整套的事前、事中和事后的管理体系，通过精细化管理大幅降低运营与维护的成本，实现科学动态决策，达到资源合理化配置。它能充分满足目标客户和企业自身管理需求，有效地提高管理质量，降低运营成本，适应市场变化，优化工作流程。

3. 家电全程供应链第三方物流服务平台

芜湖安得物流股份有限公司，针对家电行业全程供应链第三方物流业务协作程度低、信息共享不畅、服务流程和质量不规范等问题，对家电第三方物流综合服务平台商业模式、关键技术、研发的系统和示范应用进行了研究，开发了“家电全程供应链第三方物流服务平台”。

该平台以家电第三方物流综合服务平台商业模式为基础，围绕商业模式创新，研究突破供应链全程第三方物流信息采集技术、供应链全程第三方物流业务协同技术以及供应链全程第三方物流物联化关键技术，研发制定家电第三方物流服务标准。构建家电供应链第三方物流综合服务平台，并在家电下乡第三方物流服务、家电逆向物流第三方物流服务、家电网购物流第三方物流服务以及家电全程供应链综合物流服务四大领域开展示范应用。

八、物流综合体系研究深入、仿真技术发展迅速

目前，我国物流综合体系的研究是以第三方物流企业和区域物流为示范对象，充分利用企业现有的物流资源和信息网络资源，通过系统分析物流服务在生产、加工、储藏、包装、运输和销售等供应链环节中物流与信息流集成规律，结合优化仿真技术、信息技术、可视化技术、供应链预警技术和协同优化技术的集成应用，确定物流系统内部和物流系统之间信息共享与交流的关键控制点和关键因素。建立面向整个供应链成员的物流公共服务业务集成平台，构建资源集聚、信息集聚和功能集聚的经济高效的现代物流科技支撑平台，提高物流运营体系的科技含量和物流服务的可视化管理水平。

物流综合体系的研究又带动了物流仿真学的发展。复杂的物流系统运作的成败事关重大，而仿真方法是完善、推进和校验物流系统的有效方法。仿真系统在物流领域主要应用于物流系统优化、运输调度、设备操作、成本估

算和库存控制等领域。已经发展成为现代物流体系中不可或缺的一部分。

随着物联网时代的来临和科技信息技术的再升级，现代物流业科技发展将呈现以下趋势：

1. 信息化程度将进一步提高，信息化应用将进一步普及

物流信息化是传统物流转型为现代物流的重要标志，信息化技术的应用贯穿于物流的各个环节，对于降低成本提高效率起到了至关重要的作用。目前，大中型物流企业的信息化建设已基本实现全覆盖，下一步建设重点将是如何完善和提升。而小型民营物流企业也将顺应行业发展潮流，逐步转变经营和管理理念，加大对信息化改造的投入，最终实现物流行业全面进入信息化时代。

2. 物流企业对科技的投入和改造将更趋理性化

科技创新与技术进步对物流企业发展的推动作用毋庸置疑，绝大多数物流企业都已实现技术升级。现阶段及未来一段时期物流企业将要解决的是如何让科技与业务相融合，要避免盲目跟风攀比地搞科技建设和项目改造，要量体裁衣，合理化推进。显然高度信息化、充分机械化、适度自动化的模式不失为一种优势选择。

3. 政府将加强物联网基础性投资建设，促使物联网技术突破闭环应用

物联网技术的发展与应用将引领现代物流业步入智慧物流的新发展阶段。目前，无线射频 RFID、卫星定位 GPS、地理信息 GIS 及移动通信等主流物联网技术已经在物流企业得以综合应用，但绝大多数仍局限于企业内部的闭环应用，且投入成本较高，需要政府投入以推动相关技术应用范围的扩大。如政府在高速公路、运河及主要铁路沿线加装公用式 RFID 读写器，并开放管理平台和各级政府交通管控平台，帮助物流企业监管物流运输环节，这些举措对于保障危险品运输和食品安全都将起到极大的促进作用。

4. 基础性技术研发及原始创新能力将大幅提升

基础技术的原始创新是我国物流科技领域实现自主创新的根基。多年的实践说明，充分发挥中国物流与采购联合会科技平台的作用，有效组织企业、院校和科研机构的力量开展攻关，将大幅度提升物流科技核心技术和原始创新的能力。

5. 科技发展将步入企业主导产业技术研发的新机制

企业作为市场的主体，对产品和技术创新最为敏感。只有落实企业主导产业技术研发创新的体制机制，实现企业主导的技术研发和创新，鼓励企业合作研发关键共性技术，共担风险、共享成果，才能建立有效的产、学、研相结合的技术创新体系，才能推进科技成果的产业化发展。

“十二五”时期，我国物流业发展仍将处于重要的战略机遇期，面临新的形势。保持经济平稳健康运行和加快发展方式转变，物流业发展将面临新课题；发展现代产业体系和坚持扩大内需战略，物流需求将出现新变化；新的开放战略和新的竞争环境，物流企业将面临新挑战；区域经济协调发展和城镇化加快推进，区域物流将形成新格局；物流基础设施网络的完善和新科技革命的深入，物流运作将出现新模式；日益紧张的能源、资源、环境约束压力，物流发展方式必将实现新突破。

现代物流业的跨越式发展离不开科技的支撑，要借助技术进步与和科技创新打造出更多具有活力、实力和强大竞争力的现代物流企业。最终在“十二五”末期建立成布局合理、技术先进、节能环保、便捷高效、安全有序并具有一定国际竞争力的现代物流服务体系。

（刘宇航　中国物流与采购联合会信息中心）

2011 年中国物流信息化

“十二五”时期是我国经济结构战略性调整和转变经济发展方式的重要时期，是推动信息化、工业化深度融合和加快经济社会各领域信息化进程的重要阶段。在经济持续较快增长和一系列政策措施的推动下，2011 年我国物流业取得了高速发展，物流信息化呈现了前所未有的发展高潮，为“十二五”时期物流业的发展打下了良好基础。

一、国家对物流信息化工作高度重视

2011 年 8 月，《国务院办公厅关于促进物流业健康发展政策措施的意见》（国办发〔2011〕38 号）提出了促进物流业健康发展的九条新政（俗称物流“国九条”），其中第六条明确指出要推进物流技术创新和应用，主要内容包括：加强物流新技术的自主研发，重点支持货物跟踪定位、无线射频识别、物流信息平台、智能交通、物流管理软件、移动物流信息服务等关键技术攻关。适时启动物联网在物流领域的应用示范。加快先进物流设备的研制，提高物流装备的现代化水平。加强物流标准的制定和推广，促进物流标准的贯彻实施。鼓励物流企业应用供应链管理技术和信息技术，地方各级人民政府对物流企业的物流信息平台建设要积极给予扶持。推动有关部门、重点制造企业和商贸企业、物流企业不断提高物流信息资源的开发利用水平，促进物流信息的科学采集、安全管理、有效利用、深度开发、有序交换和集成应用。调整完善物流企业申请高新技术企业的认定标准，具备条件的物流企业可以享受高新技术企业的相关政策。推进物流信息资源开放共享，处理好安全与协同的关系，鼓励采取多种方式实现物流信息的互通交换，促进信息流、物流和资金流的协同和联动，提高物流服务效率和经营管理水平。

交通运输部也高度重视信息化工作，提出必须把推进交通运输信息化建设摆在“十二五”规划中的突出位置，通过一批带动性强的行业重大信息化项目的实施，全面提高交通运输智能化、现代化水平。2011 年 4 月 27 日，交通运输部根据《交通运输“十二五”发展规划》，编制了《公路水路交通运输信息化“十二五”发展规划》，提出了公路水路交通安全应急、出行服务、市场监管、决策支持等方面的信息化建设任务和重点，充分体现了发展现代交通运输业的要求，描绘了交通运输信息化发展的蓝图，提出了信息化建设的行动纲领，对“十二五”时期公路水路信息化发展具有重要的指导意义。

2011 年 3 月 14 日，商务部、发展和改革委员会、供销总社组织编制了《商贸物流发展专项规划》，该规划确定了9项重点工作内容，其中第五条引导和鼓励商贸物流模式创新和第六条提高商贸物流科技应用水平，都提到了促进商贸物流信息化的内容，主要包括：建立物流电子商务平台，采用先进技术，加大信息技术在商贸流通领域的推广应用力度，支持商贸流企业与物流企业、生产企业通过共用信息系统，实现数据共用、资源共享、信息互通，提高企业对市场变化的反应能力和供应链管理水平。加大物联网在商贸物流中的推广应用，提高我国商贸物流现代化、智能化水平，推动智慧物流的发展。

2011年10月19日，商务部发布《“十二五”电子商务发展指导意见》，明确提出了三项工作任务，其中明确要结合城市商贸流通体系建设、“万村千乡市场工程”配送体系建设和乡镇综合商贸服务中心建设，鼓励整合利用现有物流配送资源，建设物流信息协同服务平台和共同配送中心，完善电子商务物流服务体系。

2011年9月22日，国家邮政局发布《邮政业标准化“十二五”发展规划》，该规划明确提出了完善标准体系，支撑邮政业“十二五”战略目标；研制基础通用类标准，推动行业转型升级；研制一批接口标准，促进产业联动发展；开展高新技术在邮政业的应用研究，适时制定相关标准；制修订邮政普遍服务相关标准，推动邮政公共服务均等化；拓展研制快递服务标准，促进快递服务上水平；全面提升标准实施力度，确保标准实施效果；扎实推进企业标准化工作，提升企业管理和服务水平；积极参与国际标准化工作，提升国际竞争力七项主要任务。

2011年11月28日，工业和信息化部发布了《物联网“十二五”发展规划》，该规划明确了智能物流和智能交通属于物联网重点领域应用示范工程中的两个项目。智能物流包括建设库存监控、配送管理、安全追溯等现代流通应用系统，建设跨区域、行业、部门的物流公共服务平台，实现电子商务与物流配送一体化管理。智能交通包括交通状态感知与交换、交通诱导与智能化管控、车辆定位与调度、车辆远程监测与服务、车路协同控制，建设开放的综合智能交通平台。

2011年12月，国家标准化管理委员会发布了《标准化事业发展“十二五”规划》，该规划第五条明确提出要拓展服务业标准化领域，其中针对物流服务提出了制修订第三方物流、物流供应链、物流公共服务平台、物流设施设备、冷链服务、物流园区、电子商务、货运代理、仓储等公共类物流，邮政快递、汽车、医药、农产品、大宗矿产品和重要工业品等专业类物流的管理、技术、服务和信息标准。无论是政府的政策还是相关部门的法规、规划，都对物流信息化工作给予了明确的支持和高度重视。

二、物流企业信息化建设的投资率较低，信息化应用的经济效益初步显现

2010年，工业和信息化部信息化推进司委托工信部电子科学技术情报研究所，联合中国物流与采购联合会等协会，建立物流信息化动态监测工作体系，开展物流信息化发展动态监测工作。2011年8月30日，工业和信息化部信息化推进司发布了2010年第四季度的物流信息化动态监测分析报告。该报告对我国物流企业信息化的建设情况进行了量化分析，客观反映了2010年我国物流企业信息化建设的现状。

1. 物流企业信息化基本建设

（1）物流企业信息化投资率较低。动态监测显示，2010年有82.75%的物流企业进行了信息化投资，但投资率较低，其中，31.03%的企业信息化投资率不足1%，34.48%的企业

信息化投资率为 1% ~5%；仅有 17.24% 的企业信息化投资率超过 5%。

（2）信息化人员比重较低。动态监测显示，2010 年有 48.28% 的物流企业信息化人员比重不足 5%，20.69% 的物流企业信息化人员比重为 5% ~20%，仅 13.79% 的物流企业信息化人员比重超过 20%。虽然专业信息化人员比重不足，但信息化人员已成为传统物流企业转型升级的重要力量。总体来看，有 82.75% 的物流企业拥有信息化人员，其中 44.83% 的物流企业拥有 10 人以上信息化人员。

（3）信息化基础设施较为完善。动态监测显示，2010 年第四季度，有 93.1% 的企业拥有计算机，86.21% 的企业拥有内部宽带网，其中，31.03% 的企业人均计算机拥有量达到 50% 以上，44.83% 的企业内部宽带网达到 50M 以上。

2. 物流企业信息技术应用

（1）条码、电子标签等技术得到基本应用。动态监测显示，2010 年第四季度，条码、电子标签以及电子单证等技术在物流企业中得到基本应用。其中，条码应用率达到 72.22%，电子标签应用率达到 43.75%，电子单证应用率达到 68.42%，这些技术的应用在很大程度上提升了物流企业的信息化水平，如图 1 所示。

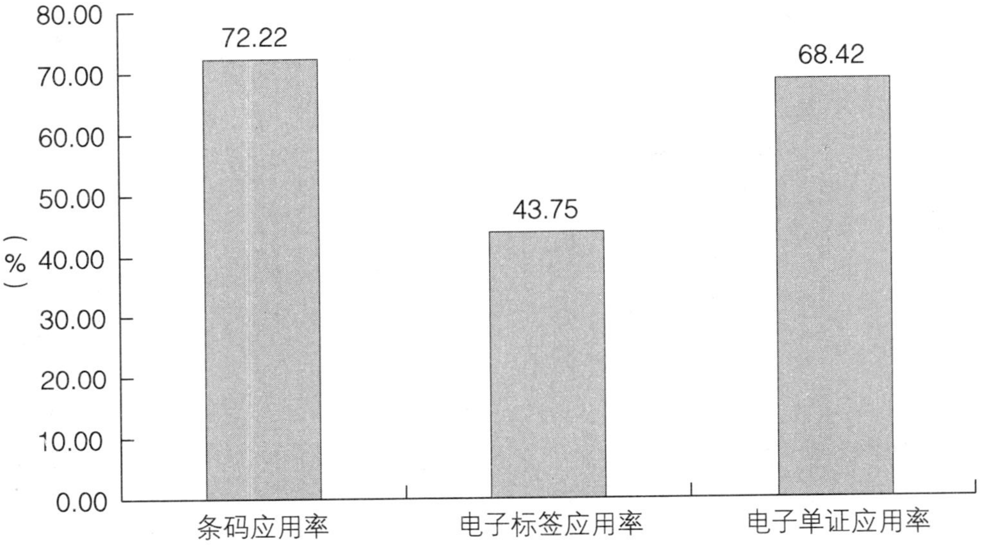

图 1　物流业信息技术单项应用情况

（2）物流软件的应用大多停留在基本应用阶段，深度应用不足。动态监测显示，2011 年物流业物流软件普及率达到 77.59%，但物流软件的应用依然停留在基础应用阶段，深度应用不足。其中，51.72% 的企业对仓储、运输、库存、配送、采购以及客户管理等基本应用软件的使用率超过 50.0%，仅 24.14% 的企业对 ERP（企业资源计划系统）、SCM（供应链管理）、车辆调度、装载优化等深度应用软件的使用率达到 50.0% 以上。

（3）专业化信息交换方式应用程度较低。动态监测显示，2010 年，在物流企业与外部主体业务信息交换中，专业化信息交换方式的应用不足，EDI（电子数据交换）的使用率仅占 12.32%；电话、传真仍然是主要的信息交换方式，分别占 37.00% 和 18.64%；互联网作为新的信息技术应用率较高，达到 31.59%。如图 2 所示。

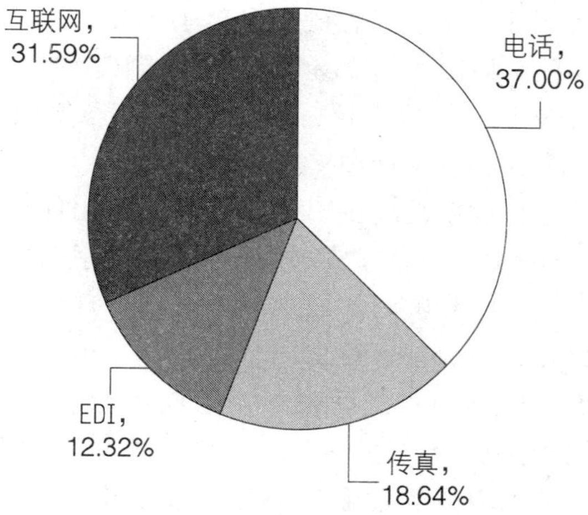

图2　物流企业与外部主体的业务信息交换方式情况

3. 物流企业信息化应用效果

（1）订单（运单）准时率较低。动态监测2010年，物流企业订单（运单）准时率较低，订单（运单）准时率达到80%以上的企业仅占58.62%，20.69%的企业订单（运单）准时率不足50%，无法满足客户需求。这说明，我国的物流企业迫切需要企业加大信息化建设力度，提升信息技术的应用水平，提高订单（运单）准时率。

（2）大部分企业物流成本得以降低。动态监测显示，2010年，有62.5%的企业物流成本得以降低，其中，29.17%的企业物流成本降低率达到10%以上，20.83%的企业物流成本降低率为5%～10%，企业信息化建设的经济效益初步显现。

三、产业物流信息化发展迎来了快速发展时期

产业物流已经成为物流市场的主要热点，产业物流信息化如何向专业化深入是一个非常值得关注的问题。所谓专业化深入，是指“十二五”期间物流要更多地为产业结构调整和发展方式转变服务，为传统产业的集约化、规范化和创新发展服务。这就提出了物流要融入专业领域的问题。从信息化角度来看，物流要融入专业领域主要有以下三种趋势。

1. 通过物流信息系统的应用向专业领导延伸

（1）中铁铁龙集装箱物流公司开发的铁路冷链物流智能化信息系统，实现了全供应链的信息实时与透明，对加强冷链物流信息资源整合、推进物联网建设、促进信息资源的共享与传递产生了积极作用。该信息系统有助于对生产、运输、仓储等各环节制度行之有效地监管标准，推动国内冷链行业标准的建立。该信息系统有效提高我国铁路乃至国内冷链、化学品及更广范围货物的运输安全和物流效率起到了表率和示范作用。

（2）中国外运股份有限公司（简称中国外运）结合对化工物流业务流程的分析梳理、统一操作规范，通过有针对性的开发建设了一个完整的系统平台，实现了其下属化工物流业务经营单位在化工物流操作的统一规范和流程的优化改造，促进了业务的整合，使得中国外运化工物流业务整体实现信息化，实现了中国外运化工物流业务的集中统一管理及化工物流系统与公司其他系统的有效对接和协同集成。中国外运凭借国内完善的网络和庞大的资源，为化工物流客户提供“一站式”的综合化工物流服务，包括化工工程物流、固体化工品物流、液体化工品物流和化工专用运输船舶经营与代理等专业服务，以及配套基础建设，覆盖从工程物流、采购物流直至分销物流的每一个环节。

化工物流具有专业性与特殊性，中国外运的化工专业物流信息系统，具有一定的行业代表性和典型性。该系统的成功建设，有助于推动我国化工物流业信息化水平的提高，推动化工物流业务的标准化、规范化进程。目前，不少国际化工品生产巨头已将中国外运的相关物

流服务流程和规范作为其在中国地区的物流服务标杆。

2. 通过流程创新实现发展专业物流

（1）锐特信息技术有限公司（以下简称锐特）利用企业级（BtoB）数据自动化交互和传输技术，即EDI（电子数据交换）方案有效地解决了美的的供应链伙伴每年需要交换大量单据的问题。锐特的经验是专业物流的发展必须进行流程创新。

一是业务流程要创新改造。流程创新之前，美的企业内部和业务伙伴之间已形成了相应的业务操作流程，而采用EDI之后业务操作流程必须要随之创新调整，调整后的流程通过EDI平台固化下来，形成了统一的、规范的数据交互模式，有利于专业物流的高效发展。

二是要加强积极有效的沟通。锐特在项目进行过程中要反复与美的企业内部和美的的合作企业的多个业务部门进行业务合作，因此沟通至关重要。要把与美的合作伙伴之间的沟通结果汇总给美的，并为其做相应的说明和解答。锐特认为沟通大大加快了项目实施的进程，对美的专业物流的发展起到了促进作用。

三是要根据美的业务伙伴的实际情况，推荐最简便的解决方案。这样可以最迅速地推广EDI的应用。

（2）时力科技开发（以下简称时力）的中国西部金属电子交易中心在模式上有以下三个创新：

一是业务模式创新。时力提出并确立了物流交易集成化管理体系，建立统一的物流交收服务规则，形成为电子交易配套服务的统一、规范、专业的物流服务系统，实现交易过程中信息流、物流和资金流的统一。

二是交易模式创新。时力在国内率先提出并实现了现货挂牌交易、现货远期交易、竞价拍卖交易、竞价招投标交易、电子超市交易、网上商城交易、在线协商交易和专场交易8种BtoB电子交易模式在同一平台上的整合，实现了8种交易模式的交易、交收、结算功能以及交易管理、交易监控、财务管理、行情分析、统计查询和系统管理多项功能。

三是创造性地提出了新的高效信用保证方案。针对国外基于较成熟社会信用体系的履约保证机制在我国尚不成熟的电子商务环境下很难普及，时力创造性提出了以定金、担保金履约保证机制为基础的电子交易信用保证方法，实现了保证金、违约金的系统高效实时划拨，解决了国内“支付宝”等履约保证机制在效率上无法满足远期交易等电子交易模式实时性需求的重大技术问题。

3. 技术的创新推动专业物流的快速发展

（1）南昌市烟草公司基于物联网的烟草商业企业物流作业管理全程信息化系统使用的关键技术有两个，一个是通过长期的跟踪调研发现烟草商业企业物流建设与运营管理中存在的问题；另一个是采用系统集成的方法，运用现代先进成熟科技来解决特定的行业问题。

他们首次针对卷烟配送中心联合工房作业全程符合现代物流管理思想，基于RFID技术，涵盖卷烟配送中心各个作业环节的数字化仓储管理系统。在采用平库工艺的仓储环节与采用半自动分拣工艺的分拣环节之间，设计出一套高度信息化、适度自动化的对接工艺方案，该方案不仅初期建设成本低，而且用工人数少，易于使用维护，是提高配送中心精细化管理水平关键工艺方案。他们运用GIS平台，建立了一套满足卷烟配送中心需求的，能够大幅度降低配送运输成本的车辆智能调度算法。

（2）中国电信集团开发的东风创普商用车物流与销售跟踪管理系统，融合了物联网应用技术，重组了整车物流管理流程，全面提升了汽车行业风险管控的能力。

一是在车辆标签识别上采用最先进、最成熟的RFID射频识别技术，使电子标签无法复制，克服了传统的基于一维码打印标签存在容易复制的弊端，确保了数据的真实性和准确性，为车辆唯一性管理提供了可靠的依据。

二是借助中国电信先进的3G无线网络，在进行车辆信息上传时，可实现GIS坐标和电子标签信息同时上传。随时随地为车辆销售管理及售后服务提供准确丰富的参考信息。

三是系统采用的是广泛使用的成熟的技术，如GPS、RFID和3G技术，有效规避了项目的风险。

四、物流公共信息平台依然是制约物流信息化发展的重要因素

1. 物流公共信息平台的标准化建设上有所突破

物流公共信息平台依然是物流信息化的制约因素，信息共享、互联互通已经成为物流信息化发展的一个瓶颈。怎样突破瓶颈？2011年来自政府部门的行动给了人们希望。2011年交通运输部已经明确提出在试点示范基础上，把浙江省物流信息公共平台建设成国家交通物流信息共享平台。该信息平台实现了与浙江电子口岸、宁波电子口岸、顺丰快递等信息系统互联，完成了与中国电信的手机定位链接，中远物流和中远集运已开始接入平台以推动其与上下游客户数据对接。此外，黑龙江省、内蒙古自治区、福建省、安徽省和湖北省也已启动区域平台的实质性对接工作。“十二五”期间，国家交通运输物流信息共享平台将全面提升平台的信息服务能力和水平，实现国内12个港口（物流园区）和日本、韩国的港口信息系统互联，把服务网络向东盟以及其他亚洲国家延伸。

但是商业性信息平台的标准化及互联互通上依然进展不大，现在的状况是企业的物流信息化工作进展不大，尽管已经积累了很多经验，梳理了很多样板和典型，但是，在实现社会化的互联互通、信息共享方面仍然缺乏特别好的成功案例。

2. 专业性的物流信息平台发展迅速

尽管通用性的公共信息平台由于没有解决好标准化及信息互联互通的问题，发展遇到了瓶颈，但专业性的物流信息平台发展比较迅速，已成为了一个新的发展方向。

北京明伦高科开创性地以长江物流网等地方商业物流信息平台为基础，将平台日常运营的商业数据作为中国应急物流公共信息平台的基础数据，通过采集、筛选、汇总、分析、统计等工作，为应急救灾提供决策辅助。该平台的构建和完善，填补了我国没有全国性应急物流公共信息平台的空白，可以为政府应对突发事件提供支持，有助于减轻和降低突发事件带来的影响和损失。

三峡物流园是以经营农产品、农副产品为主的综合物流企业。主要提供国内外水果，国内蔬菜、干菜、调味品、副食、粮油和肉、鱼、禽、蛋等冷冻品的批发交易、展示直销、物流配送、电子商务和信息发布全方位服务。宜昌三峡物流园信息平台的建立有效地支持了物流园的业务模式运营，打造具有农业特色的核心业务、增强物流园的竞争力。

3. 物流公共信息平台的定位必须准确，商业模式必须清晰

福建省交通物流公共信息平台的建设正在进行有益的创新模式尝试：即由政府和企业共同投资，企业负责运营。

这种创新模式有以下几个好处：

一是实现了政府监管信息向社会开放并提供适当服务，有利于社会公共平台的建设。

二是避免了重复建设，利于交换标准的推广。

三是商业模式有所创新。既有政府部门的监管，又有企业的诚信建设，通过企业运营发挥市场的调节杠杆作用，有利于信息平台的良性发展。

五、物联网依然是物流信息化发展的热点

2011 年，物联网在物流信息化上的应用越来越多，技术越来越成熟。物联网的应用基本上在三个层面：采集信息端、传输阶段和信息应用加工层面。

在采集层面，智能终端是一个发展趋势，就是把物品识别、定位、传感等几个基本功能进行整合。智能终端作为物流信息化的硬件设备，现在趋向于两种基本形式：车载终端和手持终端。这是因为在物流的过程中，无论是货的流动轨迹还是人的流动轨迹，通过这两种终端实现追踪和控制是最为便捷高效的。

在传输阶段移动互联网技术扮演着越来越重要的角色。移动互联网技术本身不是难点，现在难的是运营商的商业模式怎么能够把这项技术很好地普及，让企业在物流过程中得到效益。

在信息应用层面，即在建设数据中心技术上，企业越来越转向数据中心的模式进行发展，对于数据本身的管理、数据挖掘、商业模型建立等技术的应用会越来越多，这也给平台创新带来了发展机遇。一方面，云计算会为数据平台提供技术服务；另一方面，公共服务也在形成云计算的平台和云计算服务。

六、电子商务是促进物流信息化发展的强大动力

2011 年，我国电子商务市场交易额达 6 万亿元，同比增长 33%，我国电子商务服务产业迎来其发展的“黄金年代”。但目前绝大多数电商企业为了吸引客户、提高流量，不断进行价格战、广告战，虽然规模越做越大，但财务上持续亏损，基本是在赔本赚吆喝。估计 2011 年电商全行业亏损总额达到 20 多亿美元，很多电商企业最终没有熬过资本的冬天，如西米网、淘鹊网、APP 金光大货栈等 BtoC 网站相继停运或转型。即便是体量庞大的大型电商也开始“节衣缩食”，如京东商城宣布对金额不足 39 元的订单收取 5 元运费，当当向商户分摊“促销费”。

总体看，目前物流仍然是制约我国电子商务发展的重要因素。现阶段我国发展电子商务的基础条件仍较弱，首先是物流基础薄弱，如航空和铁路与客户端的接入效率不是很高；其次信用环境还很欠缺，电子商务物流的投诉率很高。

虽然京东商场、凡客等电商企业为了降低物流成本、提高反应速度，自建了物流体系，但物流成本仍居高不下。主要原因是网点还不多，覆盖面不广，还没有建立起自己完善的物流配送体系，同时自建物流体系这也不符合物流社会化的发展趋势，极不利于降低物流成本。明智的做法是物流企业加快提高自身的信息化水平，加强与电商企业的信息共享和互联互通，提高自身的服务水平，让电商企业真正信赖物流企业，实现互利共赢。

（晏庆华　中国物流与采购联合会网络事业部）

2011 年中国物流标准化

2011 年是《全国物流标准专项规划》主要工作任务的落实年。这一年，物流标准化工作在制定完善基础类和公共类标准的同时，依据物流服务对象的专业化发展需求，重点加强了专业物流标准化工作；这一年，在各级政府、部门的高度重视下，地方物流标准化工作取得了新的进展。

综合来看，2011 年我国物流标准化工作有以下特点。

一、新形势对物流标准化工作提出了新的要求

国务院发布的《质量发展纲要（2011—2020 年）》中提出，到 2015 年，服务业质量发展的具体目标是：生产性服务业质量全面提升。在金融服务、现代物流、高技术服务、商务服务、交通运输和信息服务等重点生产性服务领域，建立健全服务标准体系，全面实施服务质量国家标准。重点提升外包服务、研发设计、检验检测、售后服务、信用评价、品牌价值评价、认证认可等专业服务质量，促进生产性服务业与先进制造业融合。培育形成一批品牌影响力大、质量竞争力强的大型服务企业（集团）。生产性服务业顾客满意度达到 80% 以上。现代服务业（包括现代物流）的标准化工作重点是：积极拓展服务业标准化工作领域，建立完善细化、深化生产性服务业分工的质量标准与行业规范，进一步制定完善生活性服务业标准，建立健全重点突出、结构合理、科学适用的服务质量国家标准体系，重要服务行业和关键服务领域实现标准全覆盖，扩大服务标准覆盖范围。

2011 年 12 月，国家标准化管理委员会发布了《标准化事业发展“十二五”规划》，该规划提出“制修订第三方物流、物流供应链、物流公共服务平台、物流设施设备、冷链服务、物流园区、电子商务、货运代理、仓储等公共类物流，邮政快递、汽车、医药、农产品、大宗矿产品和重要工业品等专业类物流的管理、技术、服务和信息标准”的物流标准体系建设重点。

《质量发展纲要（2011—2020 年）》和《标准化事业发展“十二五”规划》为物流标准化工作提出了新的工作要求，即标准要关注需求，要建立健全服务标准体系，要能为企业提高质量管理水平、提升核心竞争力提供技术支持；标准要根据物流业的特点，要抓重点领域、重点问题，要以提升效率、促进生产、规范市场为主线，为协调物流各环节的有效运作提供规范；标准要为政府管理提供理论支撑，要引领行业健康发展。

二、物流标准制修订工作取得新进展

2011 年，我国物流标准的制修订工作取得了新进展。一是全国物流标准化技术委员会组织开展了“2011 年度物流与生产资料流通国家标准编报”的工作，经过秘书处的前期征集和遴选，选取了 32 项前期预研较充分、行业需要的国家标准项目，向国家标准化管理委员会申报立项（详见表 1）。

表 1　2011 年新编报的标准项目

序号	项目名称（中文）	制修订
1	共用系统用托盘维修管理规范	制定
2	平托盘最大工作载荷	制定
3	共用系统塑料平托盘质量	制定
4	电能计量器具塑料周转箱尺寸及技术要求	制定
5	电能计量器具瓦楞纸箱尺寸及技术要求	制定
6	废旧蓄电池回收与管理通用规范	制定
7	钢铁物流统计指标体系	制定
8	共用系统用托盘电子标签（RFID）应用规范	制定
9	共用系统用托盘作业规范	制定
10	化工产品逆向物流绩效评估指标	制定
11	物流企业化工产品逆向物流基本条件	制定
12	化工产品逆向物流通用服务规范	制定
13	化工产品逆向物流作业规范	制定
14	化工产品物流突发事件的处理	制定
15	化工品逆向物流方案设计要求	制定
16	家电物流干线运输规范	制定
17	家电物流配送服务要求	制定
18	家电物流配送中心仓储作业规范	制定
19	家电物流配送中心服务规范	制定
20	家电物流企业服务条件	制定
21	家电物流信息服务规范	制定
22	汽车物流统计指标体系	制定
23	塑料吹塑平托盘	制定

续 表

序号	项目名称（中文）	制修订
24	托盘共用系统管理规范	制定
25	托盘共用系统信息化管理规范	制定
26	药品储存仓库技术条件	制定
27	钢铁物流包装标识规范	制定
28	钢铁物流互联网公共商务信息平台建设	制定
29	钢铁物流互联网信息交互技术规范	制定
30	钢铁物流验货操作规范	制定
31	钢铁物流作业规范	制定
32	物流企业岗位人员能力要求	制定

二是已列入国家标准制修订计划的51项物流标准（见表2）在制工作稳步推进，这些标准涵盖了物流企业分类、物流园区、专业物流统计、物流企业从业人员能力要求、仓储作业，以及库房、货架、托盘等物流设施设备的基础类、公共类标准，也涉及了汽车物流、冷链物流、医药物流、水产品物流、家电物流、钢铁物流、应急物流、化工产品逆向物流和电力物流等专业物流的重点标准，大部分将于2013年年底前完成。

表2　　2011年正在制修订的标准项目（已列入国家制修订计划）

序号	项目编号	项目名称（中文）
1	20061424－T－469	联运通用平托盘　性能要求
2	20061425－T－469	联运通用平托盘　试验方法
3	20070133－T－469	物流中心术语
4	20075394－T－469	配送中心分类
5	20075400－T－469	物流财务风险评估
6	20075402－T－469	物流设施与设备术语
7	20075403－T－469	物流设施与设备图示符号
8	20075406－T－469	物流咨询从业人员职业资质
9	20075407－T－469	物流咨询服务质量标准
10	20075408－T－469	物流咨询企业资质和等级标准
11	20080042－T－469	人造纤维车载物固定装置

续 表

序号	项目编号	项目名称（中文）
12	20090299 – T – 469	物流企业分类与评估指标
13	20091367 – T – 469	物流企业冷链服务条件评估
14	20091368 – T – 469	媒介购物的物流服务质量要求
15	20091369 – T – 469	汽车物流服务评价指标
16	20091370 – T – 469	整车物流质量监控要求
17	20091371 – T – 469	水产品冷链物流服务规范
18	20091372 – T – 469	物流园区服务规范及评估指标
19	20091373 – T – 469	医药生物冷藏箱通用规范
20	20091374 – T – 469	药品冷链物流安全监控技术服务规范
21	20091375 – T – 469	医药物流服务规范
22	20100330 – T – 469	仓储货架使用规范
23	20100331 – T – 469	仓储绩效指标体系
24	20100332 – T – 469	仓单要素与格式规范
25	20100333 – T – 469	低温仓储作业规范
26	20100334 – T – 469	钢制平托盘
27	20100335 – T – 469	搁板式货架
28	20100336 – T – 469	阁楼式货架
29	20100337 – T – 469	公路物流主要单证要素与格式要求
30	20100338 – T – 469	库房货架一体化仓库
31	20100339 – T – 469	冷库用货架
32	20100340 – T – 469	模压平托盘
33	20100341 – T – 469	木质及木制品箱式托盘
34	20100342 – T – 469	木质平托盘
35	20100343 – T – 469	汽车物流术语
36	20100344 – T – 469	汽车物流信息系统功能及基本要求
37	20100345 – T – 469	汽车零部件物流　塑料周转箱尺寸系列及技术要求
38	20100347 – T – 469	数控升降柜技术条件

续 表

序号	项目编号	项目名称（中文）
39	20100348－T－469	塑料箱式托盘
40	20100350－T－469	通用钢制运输、周转、仓储托盘箱
41	20100351－T－469	物流单证基本要求
42	20100353－T－469	物流景气指数统计指标体系
43	20100354－T－469	物流园区统计指标体系
44	20100355－T－469	悬臂式货架
45	20100356－T－469	液压高度调节板
46	20100357－T－469	液压升降平台
47	20100358－T－469	应急物流企业条件评估
48	20100359－T－469	应急物资仓储设施设备
49	20100360－T－469	重力式货架
50	20100361－T－469	自动化立体仓库安装、维护与保养
51	20102389－T－469	应急物资投送包装及标识

2011年，有9项国家标准通过专家审查。9项标准依次是《工业货架设计计算》、《出版物流　退货作业规范》、《出版物流　接口作业规范》、《通用仓库及库区规划设计参数》、《口岸物流服务质量规范》、《冷链物流作业分类与基本要求》、《食品冷链物流温度追溯管理要求》、《药品冷链物流运作规范》和《物流服务合同准则》（详见表3）。

表3　　2011年已通过审查及已报送国家标准委员会的标准

序号	标准名称	状态
1	《工业货架设计计算》	已报送
2	《出版物流　退货作业规范》	已报送
3	《出版物流　接口作业规范》	已报送
4	《通用仓库及库区规划设计参数》	已报送
5	《口岸物流服务质量规范》	已报送
6	《冷链物流作业分类与基本要求》	已报送
7	《物流作业货物分类和代码》	已报送
8	《食品冷链物流温度追溯管理要求》	正在报送
9	《药品冷链物流运作规范》	正在报送
10	《物流服务合同准则》	已审定

2011年，有6项物流国家标准正式批准发布。6项标准分别是《物流作业货物分类和代码》、《工业货架规格尺寸与额定荷载》、《组合式塑料托盘》、《快递服务 第1部分：基本术语》、《快递服务 第2部分：组织要求》、《快递服务 第3部分：服务环节》，这6项国家标准将于2012年5月1日正式实施。这批标准的发布将为填补物流标准的空白，对推进我国物流专用设备规范化，提高物流作业服务水平，规范行业企业自律，促进行业健康发展都具有重要指导意义。

三、物流标准化基础性课题研究取得成果

广泛调查研究，深入了解物流领域的发展和标准化需求，把物流标准化理论研究与标准制修订紧密结合，是物流标准化工作的新实践。2011年，物流标准化基础性研究主要开展了以下工作：

一是重点完成了“冷链物流等重点物流领域关键技术标准研究”质检公益科研专项研究。通过研究，依据专业物流的发展现状、为上游产业服务的范围及标准化的需求，在物流标准体系框架下建立了以汽车、医药、食品、水产品等产业服务范围为框架的专业物流标准体系框架；针对发生特殊事件如自然灾害，从国家部委管理需求出发，建立了以应急物流各功能环节、各组成要素、各参与方为基础的应急物流标准体系框架；从单证的来源和需求入手对物流单证进行了分类，建立了物流单证标准体系及标准需求表；在分析我国物流产业统计发展现状的基础上，建立了以基础物流单元、中观物流、宏观物流为层次的，包括企业物流、行业物流、区域物流及社会物流的物流统计标准体系框架；完成了21项国家标准的研制。

二是全面开展了“家电物流等重点物流领域关键技术标准研究”质检公益科研专项研究，这项研究包括家电物流、钢铁物流、化工产品逆向物流以及托盘共用系统等重点领域标准化需求研究和23项重点标准的研制。

上述基础性研究有效地保障了标准的质量，为发展物流标准化奠定了理论基础，为标准项目的制修订提供了保障。

四、物流标准的宣传贯彻取得初步成效

一是进一步深入贯彻《物流企业分类与评估指标》国家标准。中国物流与采购联合会通过物流企业评估工作开展标准的宣传贯彻，推动物流企业做大做强，促进引导我国物流业创新、规范、健康快速发展。截至2011年年底，中国物流与采购联合会经过评审共向社会陆续通告了十三批共1547家A级物流企业名单。各级政府也加大扶持物流业发展的力度，目前已有11个省、3个单列市、10个省会城市、18个市县区出台了相关政策，这些政策多数以标准所界定的A级企业为主体，有些地区还建立了重点物流企业联系制度，进一步带动了区域物流的健康发展。

二是通过中国物流与采购联合会的网络平台广泛宣传物流标准，改进网页，建立了物流标准查询，改版《物流标准化电子动态》刊物，通过扩大刊物发放范围进一步强化标准化的宣传工作。

三是汇总梳理了我国现行的与物流有关的国家标准、行业标准和地方标准，通过汇总分析，完成并出版了《物流标准目录手册》。《物流标准目录手册》收集了我国已颁布的、现行有效的物流国家标准、行业标准和地方标准601项，物流标准化信息涵盖量翔实，能够真实客观地反映物流标准化的现状。此外，《物流标准目录手册》易携带，非常方便使用者随用随查，起到了加强现有标准在行业中的引导和规范作用。

五、各地方物流标准化工作取得新突破

一是部分省市相继成立了省市级物流标准化技术机构、标准化联盟。2011 年，北京、上海和重庆三市以及广东、安徽、湖北、山东等省先后出台了本地区物流标准化的相关指导性文件，明确把生产性服务业、现代服务业、物流业标准化作为地区标准化重点工作任务之一，有些省市明确了物流标准化工作的重点工作以及实现目标的保障措施等，更多的省市通过加大标准化的资金投入，对标准化工作提供经费保障。

二是物流地方标准取得了可喜的成绩。如北京市结合区位特点，在没有国家标准、行业标准的领域中，以地方标准的研究和制定为重要抓手，出台了有代表性的《道路危险货物运输安全技术要求》、《道路货运代理及货运辅助业经营规范》和《城市中心区货运汽车营运技术要求》地方标准；上海市先后发布实施了《口岸通关单证数据元目录》等 5 项地方标准；广东省开展了《基于 RFID 技术的数字化仓储管理》和《电子商务企业物流服务流程规范　自设物流》等 10 余项物流相关标准的制定工作，以完善广东省的物流标准体系；山东省在“十一五”期间制定完成了《物流零担货运服务规范》、《物流配送服务质量规范》、《物流常温仓储服务规范》、《物流质押监管服务质量规范》、《物流运输服务质量规范》、《物流采购服务质量规范》和《物流快运服务质量规范》7 项标准，2011 年正在制定的有《山东省物流园区等级划分与评定》、《山东省物流企业等级划分与评定》、《危险品运输与仓储服务质量规范》、《农产品（果蔬）冷链物流服务质量规范》、《农产品（粮食）物流作业标准》、《生产性物资配送质量管理规范》、《棉花及棉制品仓储服务规范》、《物流安全防护技术管理规范》、《物流报检中介服务规范》、《物流报关中介服务规范》、《工程施工物流服务规范》和《水产冷链物流服务规范》等地方标准；河南省承担了国家标准《条码技术在仓储配送业务中的应用指南》和《基于 eb－XML 的销售数据报告报文》两项标准的制定工作；安徽省出台了《安徽省道路普通班车客运服务规范》、《安徽省农村道路客运服务规范》以及《安徽省物流企业分级与评价要求》3 项物流地方标准；江西省制定了《南昌市物流企业认定和等级评估指标》地方标准；重庆市构建了电能计量器具物流标准体系表，制定了电能计量中心物流系统的构建标准，制定了电能计量器具包装、运输、仓储和装卸等物流过程标准；沈阳市作为老工业基地依托制造业为核心，已经完成《沈阳地区制造业与物流业两业联动调查》、《沈阳地区物流供需市场调查》以及《装备制造业物流　产品追溯信息编码》等科研报告和地方标准。

（李红梅　中国物流与采购联合会标准化工作部主任）

2011 年我国物流与供应链领域科研情况统计报告

经过对美国科学引文索引（SCI）文献库、科技会议论文引文索引（CPCI－S，原 ISTP）文献库、美国工程索引（EI）文献库、社会科学引文索引（SSCI）文献库、中国学术文献总库（CNKI）文献库、国家自然科学基金网、全国哲学社会科学规划办公室以及中国高校人文社会科学信息网七个检索数据库中 2011 年国内外物流与供应链相关文献的发表情况检索统计，并与 2010 年的一些相关数据进行对比，得出 2011 年国内外在物流与供应链领域的科技研究情况：2011 年虽然国内外物流与供应链领域科技论文数量在部分数据库中有所减少，但是总体趋势还是增长的。数据表明，我国的物流科研水平呈不断提高的发展态势，而且与国外物流业发达国家之间的差距在不断缩小。

一、2010—2011 年各文献数据库论文发表、项目情况统计

以下数据均由 2012 年 7 月 4 日检索所得，检索范围为 2010—2011 年所发表的物流与供应链相关科技论文。根据检索条件，汇总 SCI、CPCI－S、EI、SSCI 等数据库，结果如表 1 所示。

表 1　2010 年和 2011 年各文献数据库发表关于物流和供应链文献统计

数据库名称	2010 年文献量（篇）	2011 年文献量（篇）	增长率（%）
SCI（主题检索）	13004	14703	13.07
CPCI－S	2447	1220	−50.14
EI	6940	6447	−7.10
SSCI（主题检索）	5134	5659	10.23
自然基金网	83	110	32.53
国家哲学社会科学规划办公室	9	12	25.00
中国高校人文社会科学信息网	124	101	−18.55

续 表

数据库名称	2010 年文献量（篇）	2011 年文献量（篇）	增长率（%）
中国学术期刊网络出版总库	5992	6518	8.78
中国优秀硕士学位论文全文数据库	1124	1519	35.14
中国博士学位论文全文数据库	72	94	30.56
中国重要报纸全文数据库	6328	3317	-47.58
中国重要会议论文全文数据库	510	217	-57.45

二、SCI 文献库统计分析

1. 检索条件

在 Web of Science 数据库中，以“logistics”或“supply chain”为检索条件，以主题为检索范围时，勾选 SCI 数据库，得到 2011 年 SCI 文献 14703 篇，较之 2010 年的 13004 篇增长了 13.1%。而在相同条件下，以标题为检索范围，检索得到的 2011 年的 SCI 文献为 998 篇，相较于 2010 年发表量 872 篇增长了 14.4%。可见在 2011 年中，无论从主题还是标题检索所得的发表文献数量都有所上升，物流领域的学术研究呈现出一派盛况。

2. 作者单位及地区

从表 2 中可看出我国近两年在物流研究领域上迅猛发展，2010 年和 2011 年两年在 SCI 中按标题检索的文献数量排名都相当靠前，并且远远高于排名靠后的国家，走在了科研的最前端，与一直处于绝对领先地位的美国的差距也在逐步减小。按主题检索得出的表 3 则更为有力地佐证了这一观点。虽然起步较晚，但近年来依托国内稳定繁荣的经济发展和政府对物流市场发展的政策鼓励，作为“第三利润源”的物流业发展具有很强的后劲态势。同时，物流行业管理进一步规范，政府的物流产业政策继续向有利于贸易便利、市场公平竞争的方向发展，而物流企业运营环境也在国民经济产业结构调整和经济全球化竞争中得到了显著的改善。与此同时，移动条码识别技术、信息采集技术、企业内外信息的传输、订单的处理跟踪结算等业务的实施，为提高物流企业运营效率提供了必要而关键的技术条件。企业通过完善供应链，加强信息化建设，建立互动网络平台，实现与客户的信息共享和供应链各个环节的透明化、标准化。运用 VMI 等供应链管理技术，加强物流上下游企业的联系，完善供应链伙伴之间的紧密联系和协商合作，是物流企业占据高端市场的必然选择，也是未来发展的主流趋势。

表 2　2010 年和 2011 年 SCI 数据库中关于物流和供应链文献发表数量最多的十个国家（按标题检索）

国家/地区	2010 年文献数量（篇）	百分比（%）	国家/地区	2011 年文献数量（篇）	百分比（%）
美　国	226	25.92	美　国	253	25.35
中国（大陆）	123	14.11	中国（大陆）	161	16.13
中国台湾地区	67	7.68	中国台湾地区	67	6.71
英　国	57	6.54	英　国	66	6.61

续 表

国家/地区	2010 年文献数量（篇）	百分比（%）	国家/地区	2011 年文献数量（篇）	百分比（%）
加拿大	46	5.28	德　国	65	6.51
德　国	37	4.24	加拿大	43	4.31
西班牙	34	3.90	西班牙	40	4.00
印　度	31	3.56	意大利	37	3.71
荷　兰	31	3.56	伊　朗	35	3.51
伊　朗	30	3.44	法　国	31	3.11

表 3　　2010 年和 2011 年 SCI 数据库中发表关于物流和供应链文献数量最多的十个国家（按主题检索）

国家/地区	2010 年文献数量（篇）	百分比（%）	国家/地区	2011 年文献数量（篇）	百分比（%）
美　国	4877	37.50	美　国	5316	36.16
中国（大陆）	905	6.96	中国（大陆）	1168	7.94
加拿大	876	6.74	英　国	1050	7.14
英　国	864	6.64	加拿大	909	6.18
德　国	682	5.25	德　国	797	5.42
日　本	637	4.90	日　本	715	4.86
西班牙	575	4.42	意大利	653	4.44
荷　兰	571	4.39	澳大利亚	652	4.43
意大利	568	4.37	西班牙	633	4.31
澳大利亚	522	4.01	荷　兰	632	4.30

2011 年按标题检索的论文发表数量最多的机构是中国香港理工大学（29 篇），其发表数量也远远超过了第二名的德克萨斯 AM 大学（12 篇）和并列第三的密歇根州立大学（10 篇）、宾夕法尼亚州立大学（10 篇），领跑在各大科研机构的最前面；且较 2010 年同样获得第一的数量来看，领先优势更加凸显。由此可以看出，中国香港近年物流业的发展呈上升态势，为我国的物流业发展起到了榜样和带头作用。而按照主题检索来看，哈佛大学（424 篇）、华盛顿大学（218 篇）、加州大学旧金山分校（215 篇）三所老牌美国名校占据霸主地位，从中可见美国高校的物流科研实力的确不容小觑。

3. 发表期刊分布

SCI 2011 年按标题检索所得的发表文献中，刊登量第一名的是《国际生产经济学》杂志（*International Journal of Production Economics*）共 67 篇，占 6.71%；《国际生产研究》杂志（*International Journal of Production Research*）刊登了相关文章共 50 篇，占总数量的 5.01%，位居第二；排名第三的《专家系统与应用》（*Expert Systems With Applications*）刊登了 38 篇

相关文献，占3.81%。另外，刊登量超过20篇的期刊还有《欧洲运筹学》杂志（*European Journal of Operational Research*，*EJOR*）。而按主题检索所得文献中，刊载数量超过100篇的有《公共科学图书馆·综合》（*PLOS ONE*）（232篇）、《BMC公共卫生》（*BMC PUBLIC HEALTH*）（199篇）、《国际生产经济学杂志》（*International Journal of Production Economics*）（143篇）、《专家系统与应用》（*Expert Systems With Applications*）（108篇）、《国际生产研究杂志》（*International Journal of Production Research*）（102篇）。

三、CPCI－S文献库统计分析

1. 检索条件

在Web of Science数据库中，以“logistics”或“supply chain”为关键词，若以主题为检索范围，勾选CPCI－S数据库、检索2011年的文献数据，并与2010年同时期的文献篇数进行对比可得出：2011年出版的文献为1220篇，2010年出版的文献为2447篇，总数有明显的下滑趋势，下滑超过50%。若以标题为搜索对象，在相同条件下进行检索，则可检索到2011年的文献篇数为460篇，相比于2010年的896篇，也有明显的减少。

2. 作者单位及地区

仍以主题为检索范围，对2011年入库并出版的1220篇文献进行分析，并与2010年的文献的相关情况进行对比。在精练检索结果中以团体作者进行分类可以看到，IEEE以135篇的数量仍居于第一，其次是EBM ORG COMM的82篇和TANGER LTD的8篇，IEEE占了11%（详细情况见表4）。

表4　2010年和2011年团体作者发表关于物流和供应链文献篇数统计（仅取前五名）

2010年		2011年	
团体作者	发表数量（篇）	团体作者	发表数量（篇）
IEEE	394	IEEE	135
ASME	22	EBM ORG COMM	82
NORTHEASTERN UNIVCHINA	18	TANGER LTD	8
EBM ORG COMM	16	ACM	3
ACM	4	IOP	3

若以机构名称进行分类，北京交通大学和匹兹堡大学均以12篇的数量居于榜首，其次是武汉科技大学（11篇）和哈佛大学（10篇）。因为2011年的文献发表总篇数显著下滑，每个大学发表文献篇数与2010年相比也明显下降。2010年的同一时期，论文发表前三的机构分别为北京交通大学（53篇）、武汉科技大学（51篇）和哈尔滨商业大学（47篇）。可以看出，物流作为一门新兴产业，它前期的一些探讨性的研究以及领域初期的一些研究已经达到一种完满境界，其后需要的是更加深入的研究以及更加深刻的探讨，并且以后的研究数量会减少、研究难度会加大，这就更加需要良好的科研环境和科研氛围。我国的北京交通大学和武汉科技大学，还有其他一些学校仍能够保持可观的科研输出，表明了我国在物流业方面的发展仍然是值得期待的。

而以国家/地区进行分类则更能说明以上

观点。在国家/地区的分类中，我国以 473 篇的文献数量居于榜首，其总数量超过排名第二的美国近 200 篇之多。

3. 发表期刊分布

在 CPCI - S 文献库精练检索结果的来源出版物栏中进行检索，发现排名第一的是《先进的材料研究》（*Advanced Materials Research*）68 篇；排第二的是《工业工程和商业管理国际会议》（*International Conference on Engineering and Business Management EBM*2011 *VOLS*16）82 篇；《应用力学和材料学》（*Applied Mechanics and Materials*）以 60 篇数排名第三。与 2010 年相比较，可以得出，物流业的研究成果已经被越来越多的期刊采纳，从中可知物流业发展之迅速。

四、EI 文献库统计分析

1. 检索条件

在 EI Village 中以“logistics”或“supply chain”为关键字，以“Subject/Title/Abstract”为检索项，检索 2011 年的文献发表情况，共检索到 6447 篇文献资料。其中，我国占了 2488 篇，其次为美国 1137 篇和德国 336 篇（详见表 5）。与前几年相比，我国依然保持了在物流科研上的高度热情，论文发表量近几年一直保持在第一名，并且超过第二名的美国发表文献总数的两倍之多，这在一定程度上反映了我国对物流这个新兴产业的高度重视，并且在物流领域内已有了属于自己的权威。

表 5　2011 年各国发表关于物流和供应链文献数量情况（取前五名）

国家/地区	2011 年发表的关于物流和供应链的文献数量（篇）
中国（大陆）	2488
美　国	1137
德　国	336
英　国	298
中国台湾地区	228

以关键字“logistics”或“supply chain”并且作者地区为“China”为检索条件，以“Subject/Title/Abstract”为检索项，时间跨度为“2011 to 2011”进行检索，检索到文献 2488 篇。若与 2010 年的数据对比可以看出，2011 年我国的文献量呈下降趋势，但仍然保持较大比重（详见表 6）。从这些数据也可以看出，我国的物流产业正在向更加成熟的领域发展，一些初期初级的研究及论文已经饱和，需要向更深入更高等级扩展，论文研究也是逐渐从量向质改变。

表 6　EI 数据库中我国作者发表文献数量百分比

年份	EI 中的文献数量（篇）	我国发表的文献数量（篇）	所占百分比（%）
2010	6940	3203	46. 15
2011	6447	2488	38. 59

2. 作者单位及地区

从数据库 Refine Results 板块的作者单位中可以发现，大部分的论文文献出自我国高校的物流专业，我国高校师生的物流科研水平可见一斑。分析 2011 年的各大高校文献数量可知，哈尔滨商业大学管理学院排名第一，发表了 23 篇论文；其次是北京理工大学经济管理学院发表了 18 篇；再次是同济大学经济管理学院发表了 17 篇。其中，哈尔滨商业大学是我国第一批开设物流管理专业的大学。与前几年对比可知，我国各高校的物流科研水平逐渐靠近，文献篇数差距逐渐缩小，分布更加均匀（详情见表 7）。

表 7　　2010 年和 2011 年发表关于物流和供应链文献数量前十的单位

2010 年		2011 年	
作者单位	文献数量（篇）	作者单位	文献数量（篇）
北京交通大学经济管理学院	46	哈尔滨商业大学管理学院	23
哈尔滨商业大学管理学院	41	北京理工大学经济管理学院	18
西南交通大学管理学院	38	同济大学经济管理学院	17
天津大学管理学院	35	西南交通大学交通运输学院	16
香港理工大学工程学院	32	北京物资学院信息学院	15
西南交通大学物流管理学院	31	华南理工大学工商管理学院	15
西南交通大学交通运输学院	27	天津大学管理学院	14
同济大学经济管理学院	26	武汉理工大学管理学院	14
天津科技大学管理学院	24	华中科技大学管理学院	13
杭州电子科技大学	23	北京大学经济管理学院	13

3. 发表期刊分布

在 EI 文献库 Refine Results 板块的期刊分布中可以发现：2011 年《先进材料研究》（*Advanced Materials Research*）期刊中收录的文献最多，有 180 篇，其次是《2011 年电子商务和电子政务国际会议》（2011 *International Conference on E – business and E – government*）159 篇，《科学管理和服务国际会议》（*International Conference on Management and Service Science*）99 篇。其中发表关于物流和供应链文献数量前五的期刊情况见表 8。

表 8　　2011 年发表关于物流和供应链文献数量前五的期刊

期刊名称	文献数量（篇）
Advanced Materials Research	180
2011 *International Conference on E – business and E – government*	159
International Conference on Management and Service Science	99
Applied Mechanics and Materials	93
Communications in Computer and Information Science	81

五、SSCI 文献库统计分析

1. 检索条件

SSCI 数据库中以“物流”或“供应链”为关键词，以主题为检索范围的结果显示，2011 年相关文献数量达 5659 篇，相比于 2010 年的 5134 篇有所上升；而以标题为检索范围进行检索，得到文献数量为 673 篇，相比 2010 年的 649 篇有小幅增加。这表明，2011 年我国物流研究领域的研究热情不减。

2. 作者单位及地区

按标题检索，得出 2011 年物流文献发表前五的机构分别是中国香港理工大学（22 篇）、宾夕法尼亚大学（12 篇）、密歇根州立大学（11 篇）、俄亥俄州立大学（10 篇）、中国香港城市大学（9 篇）和田纳西大学（9 篇）。对比 SCI 的统计数据可知，排名前三的三所高校不论是在自然科学还是社会科学领域的物流研究成绩都十分突出，而中国香港理工大学更是拥有卓越的领先地位。前五名中中国香港高校占据两所，凸显中国香港高校的物流科研实力非同寻常。

从表 9 可以看出，美国在社会科学领域的物流研究处于绝对龙头地位，在按标题检索的文献统计中美国更是以 239 篇的数量占据总量的 35.51%。而我国大陆、英国和中国台湾地区的物流发展也在努力地互相追赶当中。因此，我国仍需进一步提升物流相关技术，调整产业结构，规范行业管理，渐趋达到世界领先水平。

表 9　发表关于物流和供应链文献数量前十的单位（按标题检索）

2010 年		2011 年	
国家/地区	文献数量（篇）	国家/地区	文献数量（篇）
美　国	233	美　国	239
中国（大陆）	81	中国（大陆）	78
英　国	51	英　国	72
中国台湾地区	49	中国台湾地区	60
德　国	37	德　国	31
加拿大	33	加拿大	25
西班牙	26	西班牙	23
瑞　典	23	澳大利亚	19
荷　兰	20	伊　朗	19
韩　国	18	韩　国	19

3. 发表期刊分布

在 SSCI 文献库中，2011 年按标题检索排名前五位的期刊是：《国际生产经济学》杂志（*International Journal of Production Economics*）总共 47 篇，占 6.98%；《非洲商业管理》杂志（*African Journal of Business Management*）发表了 35 篇，占 5.20%；《国际实物分销与物流管理》发表了 35 篇，占 5.20%；《供应链管理国际期刊》（*Supply Chain Management An International Journal*）以发表数量 32 篇，占

4.75%的比例位居第四；排名第五的是《国际生产研究》杂志（*International Journal of Production Research*），发表数量26篇，占3.86%。而在主题检索中《国际生产经济学》杂志（*International Journal of Production Economics*）（98篇）、《非洲商业管理》杂志（*African Journal of Business Management*）（78篇）分别占据第二、第三的位置，名列第一的是《BMC公共卫生》（*BMC PUBLIC HEALTH*）（137篇）。

六、中国期刊全文数据库文献统计分析

1. 中国学术期刊网络总库文献库

在中国知网（http://www.edu.cnki.net）收录的数据库中找到中国学术期刊网络出版总库，并以"物流"和"供应链"为关键词，两者关系为"或者包含"，并选择中英文扩展检索项，分别检索2010年和2011年的文献发表情况，其间一些有代表性的学科如表10所示。

表10　不同学科中发表物流和供应链相关文献的数量

学科类别	2010年的数量（篇）	2011年的数量（篇）
宏观经济管理与可持续发展	2801	3180
企业经济	1641	1695
工业经济	823	992
贸易经济	486	578
计算机软件及计算机应用	361	288
交通运输经济	281	245
公路与水路运输	196	189

通过检索可得：2011年中国学术期刊网络出版总库中的相关文献有6518篇，而2010年度同一时期有5992篇，增长趋势明显。而与2010年相关刊物出版物流或供应链文献的情况相对比，2011年有了明显的增长。刊发该领域论文文献的主要刊物如表11所示。

表11　发表物流或供应链相关文献数量超过50篇的期刊

期刊名	发表数量（篇）	期刊名	发表数量（篇）
物流技术	437	中国商贸	129
物流工程与管理	395	中国流通经济	72
物流科技	347	科技管理研究	54
价值工程	157	中国市场	54
物流技术与应用	52		

表12反映了发表物流或供应链文献的作者及其单位的相关情况。由表12可得：2011年在物流供应链领域发表论文的高产作者的篇数都比较平均，且10篇以上的要比2010年多，

这充分说明了我国在这一领域的重视以及这一领域的可挖掘性，这些高质量的论文为我们研究物流领域增添了很大的辅助作用，也为我国发展物流奠定了足够的理论基础。其中，北京交通大学以130篇仍居于第一名，其后是北京物资学院（81篇）、西南交通大学（78篇）、上海海事大学（67篇）、重庆大学（67篇）和华中科技大学（55篇）。这些大学的科研气氛浓郁，讲师教授的科研积极性高，着实为我国的物流事业作了很大的贡献。

表12　　发表物流或供应链相关文献数量在10篇及以上的作者及单位

作者姓名	相关单位名称	文献数量（篇）
马士华	华中科技大学	17
周永务	华南科技大学	13
陈菊红	西安理工大学	12
滕春贤	哈尔滨理工大学	12
仇　莉	燕山大学	12
王　旭	重庆大学	11
唐小我	电子科技大学	10
周根贵	浙江工业大学	10

文献中关键字代表了物流科研的主趋势。表13统计了2010年和2011年两年间前十位关键字词频出现情况。从中可以看出2010年和2011年关键字词频出现情况变化不大，供应链、物流和供应链管理的出现频率仍靠前。

表13　　2010年和2011年文献关键词出现频率情况统计

2010年		2011年	
关键词	词频（次）	关键词	词频（次）
供应链	899	供应链	873
物　流	768	物　流	827
供应链管理	179	供应链管理	209
第三方物流	165	电子商务	171
电子商务	156	对　策	146
对　策	120	第三方物流	134
逆向物流	112	物流管理	131
物流管理	105	农场品	97
物流企业	86	物流业	93
现代物流	85	逆向物流	89

2. 中国优秀硕、博学位论文文献库

（1）中国优秀硕士学位论文文献库。在中国期刊全文数据库（http：//www. edu. cnki. net）中，选择中国优秀硕士学位论文文献库。以“物流”、“供应链”为关键词，它们的逻辑关系为“或者包含”，分别检索2010年和2011年的文献情况，得到记录如表1所示，分别为1124篇和1519篇。中国优秀硕士学位论文主要的论文类别是行业指导、基础研究和工程技术。这些学位论文包含的学科专业主要有企业管理（501篇）、管理科学与工程（495篇）、计算机应用技术（58篇）、交通运输规划与管理（39篇）等。2011年物流、供应链相关论文发表数量前10位的高校如表14所示。

表14　　2011年物流和供应链相关文献年发表数量排序前10位的高校

高校校名	发表数量（篇）
北京交通大学	86
上海交通大学	73
华南理工大学	59
天津大学	55
电子科技大学	53
吉林大学	53
华中科技大学	45
西南交通大学	38
山东大学	36
兰州大学	35

（2）中国博士学位论文全文数据库。在中国期刊全文数据库（http：//www. edu. cnki. net）中，选择中国博士学位论文全文数据库，以“物流”、“供应链”为关键词，它们的逻辑关系为“或者包含”，分别检索2010年和2011年的文献情况，得到数据如表1所示，分别为72篇和94篇。中国优秀博士学位论文主要的论文类别是基础研究、行业指导和政策研究。这些学位论文包含的学科专业主要有管理科学与工程（62篇）、企业管理（13篇）、农业经济管理（6篇）等。2011年物流、供应链相关文献发表数量位居前5位的高校如表15所示。

表15

2011年物流、供应链相关文献发表数量位居前5位的高校

高校校名	发表数量（篇）
中南大学	8
北京交通大学	7
哈尔滨工业大学	6
中国科学技术大学	6
武汉理工大学	6

3. 中国重要会议文献库

在中国期刊全文数据库（http://www.edu.cnki.net）中，进入中国重要会议论文全文数据库，以“物流”、“供应链”为关键词，逻辑关系为“或者包含”，分别检索2010年和2011年收录的会议文献情况。经检索可得，中国重要会议上发表的论文中包含的主要关键词及词频如表16和表17所示。

表16 2010年中国重要会议发表的物流与供应链相关科技文献中位居前五位的关键词统计

关键词	词频
物　流	32
供应链	26
供应链管理	12
物联网	11
闭环供应链	7

表17 2011年中国重要会议发表的物流与供应链相关科技文献中位居前五位的关键词统计

关键词	词频
供应链	12
物　流	7
闭环供应链	6
物联网	5
博弈论	4

4. 中国重要报纸文献库

在中国期刊全文数据库（http://www.edu.cnki.net）中，进入中国重要报纸全文数据库，以“物流”、“供应链”为关键词，逻辑关系为“或者包含”，分别检索2010年和2011年的文献情况。经检索可得，2010年我国报纸发表文献6328篇、2011我国报纸发表文献3317篇，同比下降幅度将近50%。

表18列示了2010年和2011年发表的物流和供应链相关文献排名前十位的报纸。其中，《中国邮政报》2011年超越了《中国商报》，位居第一。对比2010年的情况，《中国包装报》和《中国企业报》退出了前十位的行列，而《中国冶金报》和《北京商报》则挤进了前十位的行列。

表18 2010年和2011年我国刊载物流与供应链相关的文献数量前十位的报纸

排序	2010年		2011年	
	报纸名称	刊载数量（篇）	报纸名称	刊载数量（篇）
1	中国商报	152	中国邮政报	111
2	中国邮政报	144	国际商报	67

续 表

排序	2010 年		2011 年	
	报纸名称	刊载数量（篇）	报纸名称	刊载数量（篇）
3	中国经营报	105	现代物流报	63
4	现代物流报	99	中国经营报	62
5	中国包装报	91	第一财经日报	56
6	中国企业报	90	医药经济报	53
7	第一财经日报	86	中国冶金报	50
8	上海证券报	85	21 世纪经济报道	49
9	21 世纪经济报道	84	上海证券报	44
10	医药经济报	81	北京商报	44

七、国家自然基金网统计分析

在网站 http：//isis. nsfc. gov. cn 项目检索中，以项目主题词“物流”或“供应链”为检索条件，检索 2009 年和 2010 年国家自然基金网批准项目。剔除不相关课题，检索结果如表 19 所示。总体上看，物流项目数增长幅度较小，供应链数目增长幅度较大，项目数总体增长率达到 32. 53%。

表 19　国家自然基金网 2010 年和 2011 年获批项目数

物流项目数（个）		供应链项目数（个）		项目数合计（个）		项目数增长率（%）		
2010 年	2011 年	2010 年	2011 年	2010 年	2011 年	物流项目	供应链项目	合计
25	28	58	82	83	110	12	41. 38	32. 53

八、国家社科基金项目统计分析

在网站 http：//www. npopss – cn. gov. cn 的立项信息中找到 2011 年国家社科基金年度项目的公布列表。在公布的项目评审结果中，以“物流”、“供应链”为关键词找出关于物流或供应链的一般项目，通过审核的结果如表 20 所示。从表中可以看出，2011 年的国家社科基金项目数比 2010 年有小幅度的增长。

表 20　2010 年和 2011 年国家自然基金批准的物流和供应链项目统计

物流项目数（个）		供应链项目数（个）		项目数合计（个）		项目增长数（个）		
2010 年	2011 年	2010 年	2011 年	2010 年	2011 年	物流项目	供应链项目	合计
4	5	5	7	9	12	1	2	3

九、教育部人文社会科学一般项目统计分析

在网站 http：//sinoss. net 中公布的《2011 年教育部人文社会科学研究一般项目（规划基金项目、青年基金项目、自筹经费项目）立项一览表》中，搜索与“物流”或“供应链”有关的一般项目（包括一般项目中的青年基金项目），结果如表 21 所示。从表中不难看出，2011 年项目数较 2010 年有较明显的下降，一般项目下降达 18.92%。

表 21　2010 年和 2011 年教育部人文社会科学一般项目的批准情况

项目类别	物流项目数（个）		供应链项目数（个）		项目合计数（个）		项目增长率（%）		
	2010 年	2011 年	2010 年	2011 年	2010 年	2011 年	物流项目	供应链项目	合计
一般项目	20	14	54	46	74	60	-30.00	-14.81	-18.92
青年基金项目	13	8	37	33	50	41	-38.46	-10.81	-18.00

十、本统计报告数据源和方法

本文所涉及七个检索数据库，分别是美国科学引文索引（SCI）文献库、科技会议论文引文索引（CPCI－S，原 ISTP）文献库、美国工程索引（EI）文献库、社会科学引文索引（SSCI）文献库、中国学术文献总库（CNKI）文献库、国家自然科学基金网、全国哲学社会科学规划办公室以及中国高校人文社会科学信息网。

《科学引文索引》（Science Citation Index，SCI）是由美国科学信息研究所（ISI）1961 年创办出版的引文数据库。它与 EI（工程索引）、ISTP（科技会议录索引）并称为世界三大科技文献检索系统。SCI 在充分考虑了期刊的学术价值的基础上，运用引文数据分析和同行评估相结合的方法，收录了全世界出版的数、理、化、农、林、医、生命科学、天文、地理、环境、材料、工程技术等 150 多个学科领域，近 6381 种期刊。因而，SCI 检索系统被国内外学术界作为制订学科发展规划和进行学术排名的重要依据，是国际公认的反映基础学科研究水准的代表性工具。其网络版数据库 SCI－E 更是方便了读者的检索与研究。

《科技会议论文引文索引》（Conference Proceedings Citation Index－Science，CPCI－S），创刊于 1978 年，由美国科学情报研究所编制，专门收录、报道国际最新出版的科学技术会议记录资料的文摘信息，包括专著、丛书、预印本以及来源于期刊的会议论文。数据涵盖了社会科学、艺术与人文科学领域的会议文献。

《社会科学引文索引》（Social Sciences Citation Index，SSCI），为 SCI 的姊妹篇，亦由美国科学信息研究所创建，是目前世界上可以用来对不同国家和地区的社会科学论文的数量进行统计分析的大型检索工具。SSCI 全文收录 1809 种世界最重要的社会科学期刊，内容覆盖人类学、法律、经济、历史、地理、心理学等 55 个领域。收录文献类型包括研究论文、书评、专题讨论、社论、人物自传、书信等。选择收录（Selectively Covered）期刊 1300 多种。

《工程索引》（the Engineering Index）是供查阅工程技术领域文献的综合性情报检索刊物，简称 EI，1884 年创刊，由美国工程信息公司编辑出版。每年摘录世界工程技术期刊约 3000 种，还有会议文献、图书、技术报告和学

位论文等，报道文摘约15万条，内容包括全部工程学科和工程活动领域的研究成果。数据库每年新增500000条工程类文献，数据来自5100种工程类期刊、会议论文和技术报告，原始文献来自40余个国家，涉及的语言多达39种。每期附有主题索引与作者索引，每年还另外出版年卷本和年度索引，年度索引还增加了作者单位索引。为广大科研工作者提供了很大的便利。

中国学术资源总库（CNKI）是中国知网的核心资源，是由众多院士、科学家、专家学者参与策划、编纂的我国知识信息资源的大规模集成体。目前中国知网已实现了国内25%的知识资源的数字化和网络化共享，集结了7000多种期刊、近1000种报纸、18万本博士/硕士论文、16万册会议论文、30万册图书以及国内外1100多个专业数据库，是全球信息量最大、最具价值的中文数据库网站。

《科学基金网络信息系统》（Internet－based Science Information System，ISIS）是由国家自然科学基金委员会于2000年委托香港城市大学和爱瑞思软件（深圳）有限公司共同开发完成的。该系统旨在辅助科学基金项目的全过程精细化管理。自2003年全面推广以来，有力地推动了我国科技管理信息化建设的步伐。

全国哲学社会科学规划办公室是全国哲学社会科学规划领导小组的办事机构。其主要职责是负责制订全国哲学社会科学发展规划和年度计划方案、具体管理和筹措国家社会科学基金、检查中长期规划和年度计划实施情况，交流社会科学研究信息、组织对重大课题研究成果的鉴定、验收和推广。

中国高校人文社会科学信息网（简称社科网）是以服务人文社会科学研究、服务社科研究管理、服务人文社科资源及成果推广应用为宗旨，以成为人文社会科学的资料信息中心、网络出版中心、信息发布中心、网络管理中心和咨询服务中心为目标的教育部社会科学司指导下建设的为人文社会科学服务的专业性门户网站。社科网自2001年建设以来，分别在科研管理软件、科研项目管理、社科新闻资讯、成果网络出版等方面为高校人文社会科学的发展作出了应有的贡献，获得全国高校人文社科研究工作者和社会的广泛好评。

（赖贞平　何　烨　杨雅妮　蔡青青　杨坚杰　浙江工商大学）

第九部分

部分物流企业经典案例

2012

《中国物流年鉴》

CHINA
LOGISTICS
YEARBOOK

企业展示

中国邮政速递物流股份有限公司

中国远洋物流有限公司

三峡物流园

北京长久物流股份有限公司

天地华宇

北京福田物流有限公司

南光物流有限公司

中国邮政速递物流股份有限公司

——用心每一步

中国邮政速递物流股份有限公司（简称中国邮政速递物流）是经国务院批准，中国邮政集团于2010年6月联合各省邮政公司共同发起设立的国有股份制公司，是中国经营历史最悠久、规模最大、网络覆盖范围最广、业务品种最丰富的快递物流综合服务提供商。

中国邮政速递物流在国内31个省（自治区、直辖市）设立全资子公司，并拥有邮政货运航空公司、中邮物流有限责任公司等子公司。

截至2010年年底，公司注册资本80亿元人民币，资产规模超过210亿元，员工近10万人，业务范围遍及全国31个省（自治区、直辖市）的所有市县乡（镇），通达包括港、澳、台地区在内的全球200余个国家和地区，营业网点超过4.5万个。

中国邮政速递物流主要经营国内速递、国际速递、合同物流、快货等业务，国内、国际速递服务涵盖卓越、标准和经济不同时限水平和代收货款等增值服务，合同物流涵盖仓储、运输等供应链全过程。拥有享誉全球的“EMS”特快专递品牌和国内知名的“CNPL”物流品牌。

中国邮政速递物流坚持“珍惜每一刻，用心每一步”的服务理念，为社会各界客户提供方便快捷、安全可靠的门到门速递物流服务，致力于成为持续引领中国市场、综合服务能力最强、最具全球竞争力和国际化发展空间的大型现代快递物流企业。

中国远洋物流有限公司
——务实，协调，创新，进取

中国远洋物流有限公司成立于2002年1月8日，是中国远洋控股股份有限公司所属全资子公司，是居中国市场领先地位的国际化第三方物流企业。

中远物流定位于“整合的物流服务提供商”，以做“最强的物流服务商、最好的船舶代理人”为目标，秉承“服务客户最优，回报股东最大”的经营理念，在电子、化工、航空、电力、汽车、会展、融资物流领域为国内外客户提供全程物流解决方案，提升供应链管理品质；为全球国际贸易商提供海运和空运货代服务，为海内外船东提供中国港口的船务代理服务，实现客户价值最大化。

中远物流以现代科技化管理为手段，以高素质人才队伍为基石，以国际化物流服务体系和领先服务为优势，以传统运输代理业务为基础，以建设现代科技为物流操作平台，以客户满意体系有效运行机制，有效整合物流资源，培育核心竞争力，做大做强综合性的运输服务体系，为广大客户实现价值最大化架设安全、便捷通道，为国内外广大船东和货主策划科学、经济的物流解决方案，提供全过程的高效、优质的服务。

国际化，中远物流与您同行

中远物流总部在北京，在中国设立了8家区域公司400多个业务分支机构，与40多家海外国际货运代理企业签订了长期合作协议，在美洲、亚洲、欧洲设有多家海外公司和代表处，形成了遍及中国、辐射全球的服务网络系统。在北美、西亚、西欧拥有各类仓储和运输资源。中远物流拥有和控制4000余辆各类运输车辆，大件运输车辆395轴线，11000多载重吨。在中国运营300多个堆场、危险品库、冷库、立体自动化分拨中心。

中远物流拥有完全知识产权的“公路大件运输决策系统”、“大件货物滚装上下船计算机模拟系统”等物流技术获国家专利和科技成果奖。在推广通用物流信息技术的基础上，自主研发综合物流管理信息系统、配送中心信息系统和船代、货代业务等专业信息系统，建立了安全快捷的数据交换和电子商务平台。

中远物流建立了完善的企业管理体系，通过英国BSI的ISO 9001（2000）、14001（2004）和OHSAS18001（2007）综合管理体系认证，与中国人民大学合作开发并应用客户完全满意度测评系统（TCSS），寻求规范化管理和个性化服务、标准化流程和多样化需求的结合，形成了自我约束、改进、创新、发展的循环管控机制。

中远物流凭借自身雄厚实力以及不断改进的优质服务，确立了在中国物流市场上的行业领先地位，获得了很高的社会声望。

在历届“中国物流百强企业”评比中，中远物流均荣登榜首。

在2005年我国首批5A级物流企业评定活动中，中远物流排名第一。

在历次中国货运业大奖评比中，中远物流囊括了各个物流奖项的第一。

2011年4月份，中远物流为“首届北京国际设计三年展”提供全程会展物流服务。将来自40多个国家的约500位艺术家的2000多件艺术品顺利运抵展区并完成布展。中远物流出色的工作得到了清华大学、国家博物馆以及海内外业界人士的赞扬。

2011年8月，中远物流创造了世界上最大的真空蒸馏塔和焦炭罐滚装/滚卸及海运纪录。

中远物流，每一天都在用激情与稳健创造着物流业的奇迹！

中国远洋物流有限公司（中国外轮代理有限公司）

地址：北京市朝阳区八里庄北里220号中远物流大厦
邮编：100025
电话：010-51568000
传真：010-51568118

网址：www.cosco-logistics.com.cn，www.penavico.com.cn
中国远洋物流有限公司客户服务系统
免费服务热线：8008105158/8008105156
E-mail：service@cosco-logistics.com.cn

三峡物流园有限公司

——三峡门户 川鄂咽喉

1.2011年4月8日，在宜昌参加省域副中心城市调研会议的湖北省委领导和宜昌市委领导来到三峡物流园视察调研，实地了解三峡物流园项目进展情况。

2.2011年6月2日，三峡物流园正式成为中国仓储协会会员单位。

3.2011年7月18日，湖北省发改委领导来到三峡物流园的施工现场，对项目建设情况进行参观考察。参观了物流园项目的工地建设情况，并详细的了解了工程的施工进度以及园区整体规划方案。

4.2011年7月26日，三峡物流园一期工程开标会举行，来自重庆、浙江等地17家通过资格预审的投标单位参与了7个施工标段的竞争。

5.2011年7月30日，宜昌三峡物流园物流信息系统规划方案评审会召开。相关政府领导及清华大学、华中科技大学等全国十余所高校，甲骨文、IBM、方正科技等22家信息科技公司的专家出席会议。

6.2011年8月30日，从国家工业和信息化部传来喜讯，三峡物流园园区信息系统规划方案被评为中国物流与采购信息化优秀案例，同时三峡物流园公司被授予“物流信息化动态监测定点联系企业”称号。

7.2011年9月28日，总投资18.8亿元，占地1154亩，集物流信息交易、商品展销、仓储配送、电子商务等于一体的鄂西超大综合性物流中心——宜昌三峡物流园在市火车东站北侧奠基开工。

8.2011年11月9日，湖北省政府领导和宜昌市委领导一行十余人来到宜昌三峡物流园项目施工现场，视察项目建设情况。

9.2012年1月，三峡物流园被中国工商银行三峡分行等12家单位联合授予“2011年度最具价值物流基地”称号。

10.2012年1月，2011中国品牌与传播大会宜昌品牌年度总评榜揭晓，中国品牌与传播大会组委会、中国品牌研究院、中国品牌传播协会、湖北日报传媒集团三峡晚报等四家单位联合授予“宜昌最具价值物流基地”的称号。

北京长久物流股份有限公司

——至诚、志专、致远

北京长久物流股份有限公司（简称长久物流），注册资本1.62亿元，系吉林省长久实业集团有限公司（简称长久集团）的核心子公司，总部设在北京，业务涵盖乘用车及商用车运输、仓储、零部件配送、增值服务等业务内容。长久物流凭借优质的服务和先进的技术，已实现了信息化、网络化、自动化、电子化、标准化，使得公司成为目前国内最大的现代化汽车物流民营企业之一。

秉承“至诚、志专、致远”的企业价值观、“敬业、求实、创新、奉献”的企业精神和“真诚服务，奉献价值”的服务理念，长久物流制定出一整套严谨、科学的物流管理体系和运营流程，在业内赢得了广大客户的高度赞誉。长久物流在全国各地设有多家全资、控股子公司，业务网点达40余处，已形成以华北、东北、华东、华南、西北、西南为基地的全国大循环汽车物流资源网络布局，乘用车和商用车综合运输能力达150万辆，服务团队数千人，固定资产超亿元，年产值超过20亿元的全国性现代化大型汽车物流综合服务供应商。长久物流还先后与长安民生物流、奇瑞汽车、大连港等多家汽车服务商成立合资公司，建立了深层战略合作关系。

长久集团从事物流业务20年之久，经过了20年的专业积累，无论是在承运经验上，还是在服务品质上都得到了改善和升华。如今，长久物流的战略布局正在稳步展开。依托传统业务模式，长久物流针对产业链上的新兴需求，不断推出增值服务，培养企业利润的新增长点。零部件物流版块上，长久物流在拓展零部件集货及运输、零部件仓储及分装、入厂物流、售后备件物流等业务；国际业务方面，开展KD件包装及运输、港口作业及保税服务、整车出口物流业务。

长久物流2003年通过ISO 9001：2000标准质量管理体系认证；2006年被中国物流与采购联合会评为5A级综合物流企业；2008年，长久物流以绝对优势中标“奥运火炬传递”核心车辆承运项目，成为2008北京奥运火炬传递全程物流服务唯一指定承运商，为奥运火炬在中国境内113个城市的传递活动提供运输服务；2008年长久物流被评为“中国物流改革开放30年旗帜企业”。

2011年11月，长久物流获得自营进出口资质，标志着长久物流从此可依法自主地开展进出口业务。长久物流的专业化服务得到了业界及客户的高度认可，获得众多荣誉，如“2010中国物流十大成长力企业”、“中国物流百强企业”、“2011中国物流管理创新性企业”等。

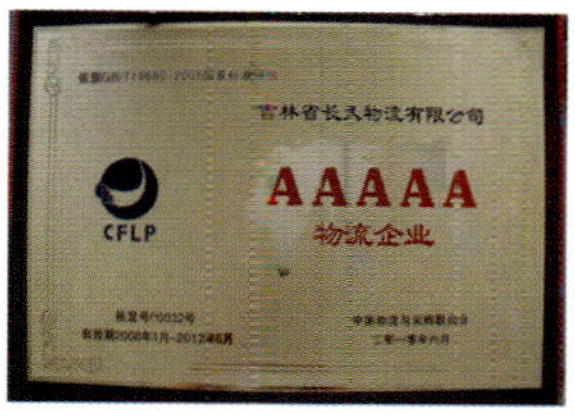

天地华宇
——定日达

天地华宇为国家首批AAAAA级资质的物流企业，1995年成立于广州，总部设在上海。目前公司运营着中国最大的私营公路运输网络之一。截至2012年3月在全国600个大中城市拥有56个货物转运中心、1500家营业网点、3000余台运输车辆和16000名员工。超过16年的经营使天地华宇成为中国公路运输的公认名牌，奖项连连，仅于2011年在中国物流与采购联合会第九届企业家年会上荣获“中国物流管理创新型企业”大奖，该年在中国物流界率先获得“最佳呼叫联络中心”大奖、阿里巴巴物流供应商客户满意度排名第一等殊荣。

作为中国公路快运业的领军企业，天地华宇于2009年2月率先推出中国首个覆盖全国的高端公路定日快运服务产品——“定日达”。该产品以其“准时、安全、优质服务”的特性，让客户以不到航空货运1/3的价格，享受堪比航空货运的高性价比服务。目前，“定日达”服务水平已成为包括世界500强在内的众多企业级客户公路快运的首选。

定日达
DAY DEFINITE

除“定日达”之外，天地华宇还提供“零担运输”和“整车特运”等服务产品，同时提供多种增值服务，以满足不同客户的需求。我们拥有多样化的客户群，包括中小企业和财富500强企业客户。天地华宇始终将客户满意度作为衡量我们工作的标准。

天地华宇秉持“投资于人”的管理理念，通过不断加强员工培训、职业规划并给予其良好的发展平台，来促进员工素质和职业技能的提升，进而为客户提供更加优质的服务。

北京福田物流有限公司

——激情 创新 转型 发展

北京福田物流有限公司创建于2002年5月6日，员工3000余人，年营业额近17亿元。公司下设8个分公司、12个销售物流部、17个生产物流部、22个办事处和3个中转库，拥有丰富的物流资源，物流网络遍布全国。

自创立以来，北京福田物流公司立足汽车物流，大力拓展第三方物流，致力于为客户提供优质高效的供应链服务，坚持走管理创新、机制创新和科技创新之路，为社会和员工创造价值，为行业的进步做出贡献，形成了以销售物流、国际物流、生产物流、供应物流、售后物流为核心的五大业务格局。

科技引领未来。在技术创新领域，北京福田物流公司自主开发了TMS等信息系统平台，确立了以TMS、WMS、FMS、GPS、RFID、Call—Center等为骨架的信息系统，通过OA办公系统、视频会议系统、RTX通信系统等管理手段，致力科技强企之路。

经过多年不懈努力，北京福田物流公司在物流界收获了众多荣誉。2011年，公司先后被评为“中国物流百强企业”、“中国汽车物流行业十大影响力品牌”、全国通用仓储企业50强第26位、“品牌价值百强企业”、中国物流业与制造业联动发展杰出示范企业，“仿真系统在生产物流中的应用”荣获中国物流与采购联合会汽车物流分会颁发的“汽车物流行业创新奖”。同时，公司总经理高会恩获得物流业界的最高荣誉——“全国物流行业劳动模范”荣誉称号。

近年来，北京福田物流公司抓住新的发展机遇，不断提升专业化水平。2010年，公司正式启动了面向未来的“十二五”规划，秉承“低成本、高效率、专业化”的客户服务宗旨，到2015年，公司年营业收入将达到40亿元，逐步实现业务全球化，引领汽车行业供应链发展及标准制定，成为中国物流行业最优秀的整体物流解决方案提供商之一，为中国物流事业做出更大的贡献。

南光物流有限公司
——充分利用政策 积极寻求发展

南光物流有限公司（以下简称南光物流）有着悠久的历史，长期以来一直致力于配合国家和澳门每一个重要经济发展时期的经济建设，对我国的经济发展起到了积极的推动作用。随着南光集团“根植澳门，继续做好并延伸现有业务；进军内地，重点发展房地产、农副产品及物流业务；稳健投资，积极寻求新的效益增长点”的发展战略的逐步推进，南光物流率先将物流业务延伸到珠海及内地其他地区，业务有了明显的增长。在珠海保税区、珠澳跨境工业区和珠海高栏港等地建立了大型物流基地，通过配套齐全的“一条龙”综合物流服务建立起内地与澳门便捷、高效的物流通道；同时，也已在上海、成都、重庆等城市设点，并着手在内地经济发达地区通过投资、兼并、参股和控股等多种途径进行物流网络布局。

为充分利用珠海的特殊政策优势和带来的机遇，南光（集团）有限公司积极参与珠澳跨境工业区珠海园区的投资建设，由南光物流组建珠海通宇物流有限公司，在珠澳跨境工业区珠海园区建设综合物流服务中心（以下简称中心）。中心占地1.07万平方米，仓库共6层，总面积1.6万平方米，内设2500平方米的恒温仓库；主要功能包括中转、保税库存及库存管理、配送以及其他增值服务。依托南光物流丰富物流资源及先进的综合物流管理信息系统，中心面向珠澳两地市场，对应客户需求的多样化，提供量身定做的物流方案，根据市场需求指定相应的综合物流解决方案。中心提供的综合物流服务包括专业仓储服务、VMI/JMI管理、MILKRUN循环收货、广域物流网络管理、条码/RFID、JIT配送、厂内物流管理、逆向物流、供应链信息网络、国内货运代理，同时亦提供包括委托检验/加工/组装、进出口代理及外汇收付、按单包装、商务代管、进出口报关、出口退税等增值服务。中心自运作以来，在跨境一日游（为客户提供进出跨境工业区专用口岸运输业务）、进口分拨中心和保税VMI+JIT配送等业务方面取得较好的效果。跨境一日游对于供应链上游的国内出口加工型供应商企业，货物进跨境工业区就视同出口，可以立即退税。而下游企业只需从跨境工业区进口货物，向海关以“加工贸易手册”方式申报进口，就能享受进口料件免缴关税、增值税的待遇。大大缩短了退税周期，加快资金流转。进口分拨中心模式可将从世界各地进口的货物（其中包括国内转至保税仓的货物）暂存在南光拥有的海关特殊监管区域内仓库，进行分拣、简单加工、拆拼箱后，根据国内采购商的需求进行批量送货，以满足不同客户的多样化需求。保税VMI+JIT模式主要为珠海的大型加工贸易企业提供保税VMI服务。境外原料商的保税原材料整批存入中心保税仓库，然后根据制造企业的需求分批进行配送。中心提供的JIT配送满足了制造企业原材料零库存的需求；中心对原材料实行精细化管理，符合制造企业生产线的需求;中心可为众多企业提供保税仓储与配送服务。在仓库的所有进口货物均可以在一定时期内长期存放，不需要缴纳任何关税，到具体需要进入国内时进行报关征税或加工贸易手册进口。为制造企业减少库存、降低管理成本（仓库管理、通关等）及通关风险，可有效规避市场风险、最大限度地保证合格品按需纳入工厂、由多对一变成一对一使操作简化等。南光物流上述业务的主要服务对象包括国内加工贸易型企业、海外制造商、海外贸易商社、进出口贸易商，货物涉及电子信息、通讯、精密仪器、新能源、新材料等行业的各类高附加值进出口商品。

南光物流在资源不断扩大与整合优化的基础上，按照“做精澳门业务，做大做强国内业务，本着源自澳门、服务全中国的理念，致力于成为区域和特定细分行业领先的现代物流企业”的发展战略，以“服务最优、成本最低”的经营理念，竭诚为海内外客户提供快捷、安全、准确、定制化和一体化的综合性国际第三方物流服务，期望与广大合作伙伴共同发展物流事业。

中国外运的船代、货代业务网上服务系统

一、公司简况

中国外运股份有限公司（简称“中国外运”）成立于2002年11月，于2003年2月13日在香港成功上市。作为中国领先的大型综合物流服务企业，中国外运集海、陆、空货运和仓储码头服务、快递、船务代理及货运代理业务为一体，为国内外客户提供综合物流服务，其业务主要由分布在全国各地的所属子公司（含控股）实行专业经营。在营运实践中，公司培育和形成了综合物流所必须的全程方案设计、组织、协调、管理等综合服务能力。公司拥有齐全、结构均衡的战略资产。公司注重一体化营销体系和标准化业务操作平台的建设，建立起分工协作的一体化经营模式，打造了以海陆空货运体系为支撑，以战略资产为依托的一体化综合物流服务平台。中外运是中国最大的国际货运代理公司、最大的航空货运和国际快件代理公司、第二大船务代理公司。

2011年中国外运的主营业务收入达437亿元人民币，比2010年增长2.8%；经营利润8.7亿元人民币，同比增长11.5%。

中国外运的服务网络覆盖中国，遍及全球主要经济区域。其除自身拥有一个覆盖中国重要战略和沿海地区的服务网络外，通过控股子公司中外运空运发展股份有限公司设立的分支机构，拥有覆盖国内主要城市和经济活跃地区的航空货运和快递服务网络；通过与母公司中国外运长航订立的多项服务协议，得以利用其所拥有的中国最庞大的服务网络；同时，通过与国际战略合作伙伴结成的同盟关系，在世界主要经济区域建立起强大的海外代理网络。

二、船代、货代业务网上服务系统简介

中国外运于2005年启动了船代、货代业务网上服务系统（以下简称网上服务系统）的建设。2006年首先在上海口岸试点，目前已在辽宁、天津、山东、连云港、江苏、湖北、重庆、浙江、福建和广东多个省市，共计十余个主要口岸公司推广和运行。该网上服务系统采用“以我为主、合作开发、自行维护”的建设方式，由内部的业务和IT专家与外部信息技术公司合作开发，紧密贴近客户需求，有效地支持了公司水运船代、货代集中订舱业务的创新和发展。

1. 网上服务系统的总体解决方案

中国外运网上服务系统采用中国外运自主研发的Fros（Framework of sinotrans）技术框架。

该框架依托 J2EE 标准平台和 B/S 应用环境，是中国外运自主研发的一整套开发标准和技术方案，旨在提高对复杂业务的适应能力和应变能力。

网上服务系统前台展现采用了基于 Ajax 方案的 Ext 框架，并在其基础上进行企业级封装，提供了丰富的基类以及工具类，大大提高了开发效率；中间层采用业界领先的 Spring 技术；后台采用 Oracle 数据库。

中国外运网上服务系统总体划分为系统管理、船代、货代三大核心模块，同时提供 EDI 接口、邮件和短信服务、WebService 接口服务等功能，系统总体架构如图 1 所示。

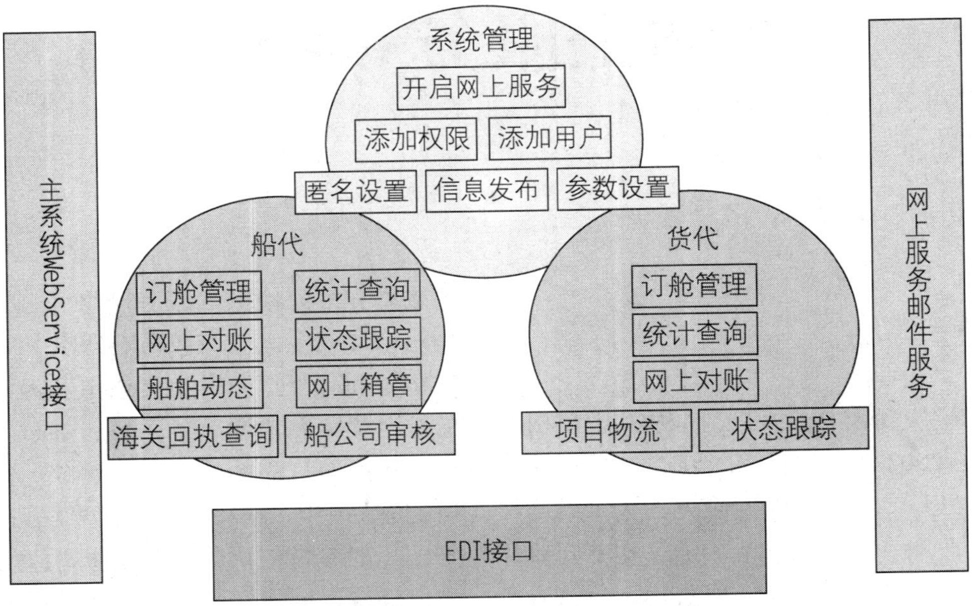

图 1　中国外运网上服务系统总体架构

2. 网上服务系统的作用

（1）有效解决信息反馈的及时性和准确性问题。通过网上服务系统相关部门将订单的关键节点及状态展现给订舱客户，客户能在网上查询主动获取信息。由于种种原因不能及时确认和/或签发提单的情况——在网上列明，客户登录网上服务界面后可以看到具体原因（如图 2 所示），使客户能够及时跟踪和了解到提单的领取时间，以减少客户的成本。

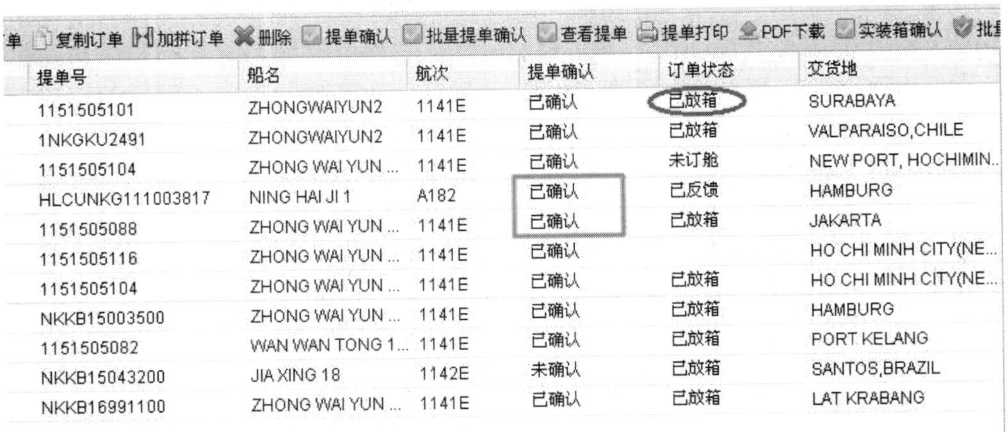

提单号	船名	航次	提单确认	订单状态	交货地
1151505101	ZHONGWAIYUN2	1141E	已确认	已放箱	SURABAYA
1NKGKU2491	ZHONGWAIYUN2	1141E	已确认	已放箱	VALPARAISO,CHILE
1151505104	ZHONG WAI YUN ...	1141E	已确认	未订舱	NEW PORT, HOCHIMIN...
HLCUNKG111003817	NING HAI JI 1	A182	已确认	已反馈	HAMBURG
1151505088	ZHONG WAI YUN ...	1141E	已确认	已放箱	JAKARTA
1151505116	ZHONG WAI YUN ...	1141E	已确认		HO CHI MINH CITY(NE...
1151505104	ZHONG WAI YUN ...	1141E	已确认	已放箱	HO CHI MINH CITY(NE...
NKKB15003500	ZHONG WAI YUN ...	1141E	已确认	已放箱	HAMBURG
1151505082	WAN WAN TONG 1...	1141E	已确认	已放箱	PORT KELANG
NKKB15043200	JIA XING 18	1142E	未确认	已放箱	SANTOS,BRAZIL
NKKB16991100	ZHONG WAI YUN ...	1141E	已确认	已放箱	LAT KRABANG

图 2　网上服务系统的网上服务界面

同时，以多通道、多来源（如与船公司、码头等各方）的数据交互和印证，保障订舱客户第一时间取得订舱确认（或放箱指令）信息。

（2）有效解决了签发提单的时效问题。目前中国外运出运美国、欧盟等地区的货物通常在船开前 24 小时就已经核对和确认了提单，也带动了其他航线上提早了提单确认的时间。但中国外运又发现订舱客户仍会有因不能及时获得提单而提出抱怨甚至投诉。经过在内部进行细致分析后，采取了优化内部流程、提高签发提单速度的举措：即对提单打印设定具体控制点和打印标准，在操作中加入一个控制点，对于提单打印时间制定了明确的标准，从而将签发船公司提单的服务标准提高至船开一个工作日后签发提单的水平。

（3）有效解决了资金安全与信用风险的问题。船公司为保障其运费能够安全、及时地收回，通常采用缩短账期的措施防范信用风险，此举间接地将风险转加给中国外运。为此，中国外运在严控信用客户数量及期限和金额的基础上，对客户的提单发放进行严格控制。超期或超额客户的提单均不予发放，并通过网上服务将业务结算日主动告知客户，提请客户及时结清费用。如图 3 所示。

图 3　网上服务系统的费用结算界面

订舱平台一方面以电子邮件形式主动发送收款计划让客户知晓近期应付款金额，另一方面内部加快同城托收效率，并将授信客户逾期作为对客服人员收入的考核内容。

该网上服务系统立足于突破中国外运水运船代、货代业务的发展瓶颈，创新经营模式、优化业务流程，在集中订舱的发展策略指引下，以集中建设船货代业务管理信息系统为基础，通过网上服务系统建设，进一步规范了内部的订舱渠道和操作规范，并通过公共订舱服务扩大了业务规模、服务能力、市场能力和客户满意度均得到大幅提高。

该网上服务系统主要服务于货代、船公司和货主，将内部的业务处理系统与互联网对接，延伸至合作伙伴，进而向社会开放，为客户提供网上订舱、提单确认、费用对账、箱管、运输状态全程跟踪等服务内容，为客户提供了快捷、透明的“一站式”服务。以此为基础，部分区域公司已经初步形成了完整的国际海运订舱业务的电子商务模式。

中国外运的网上服务系统搭建了订舱客户和船公司之间互动的桥梁，改变了传统的订舱模式，有效地加快了信息传递速度，提高各类单证处理效率，省去了大量的纸质单证传递；大幅度地提高了单证信息的准确性，减少人为差错；简化了电话、传真等传统的业务沟通环节，降低企业沟通成本和运营成本，使得整个海运过程更方便、更快捷，并可为客户提供高度安全、高度个性化的服务。

三、实施网上服务系统的主要效益分析与评估

1. 实施网上服务系统的效益情况

以中国外运华东公司所属某分公司为例，将实施网上服务系统前的2005年与实施网上服务系统后2006—2011年的相关数据进行对比，可得出结论：业务量（箱量）逐年增加，业务处理能力成倍提高，业务人员数量有所减少，效果明显。详情如下表所示。

年份 数据	2005	2006	2007	2008	2009	2010	2011
箱量（标准箱）	343074	361326	485159	550000	456606	596875	657271
平均月箱量（标准箱）	28590	30110	40430	45833	38051	49740	54773
平均从业人数	125	126	117	112	125	121	117

注：2009年因世界范围的经济危机，箱量数据有所下降。

2. 信息化实施对企业业务流程改造与竞争模式的影响

网络服务系统的迅速推广应用，为客户提供了方便快捷高效的服务，获得了客户的广泛认同，一些服务水准已逐渐成为行业的标杆服务水平。

一是客户服务质量明显提升。网络服务系统的大量原始数据由客户方直接转入外运系统，无须二次录入，极大避免了业务初始环节的人工差错，与客户就信息的往来在网上均有据可查，减少了无谓的纠纷，使中国外运的服务质量得到了显著的提升。

二是降低了营运成本和各项成本。通过网络服务系统实现了与外部单位的电子信息交互，形成了信息的有效共享，提高了数据的精确性，降低了差错率，减少了人工处理的步骤，从而使运营成本得以降低。基于工作效率的提高，人工成本和办公费用等公司直接成本得到有效降低。

三是提高了社会生产效率。网络服务系统在提升中国外运的服务质量和服务水平的同时，缩短货主、贸易商的订舱时间，提高了订舱成功率，提高了社会生产效率。

3. 信息化实施对提高企业竞争力的作用

中国外运以“客户为中心”为服务精神，以降低客户经营成本为服务目标，以实施海运主系统及网上服务系统为切入点，推动业务的整合和组织结构的调整，实现了业务流程和服务产品的标准化，实现了业务系统与其他管理系统的集成，提高了自身的业务经营管理水平和核心竞争力，为产业升级和企业转型奠定基础。

（1）提高了行业服务质量。通过业务流程标准化，业务服务自动化，提高操作效率；作为该行业中的龙头企业，这些标准化的业务流程和自动化的业务服务一经提供，也很快成为

该行业中的服务标准，从而使得整个口岸的行业服务质量提到提升。

（2）降低了运营成本。通过优化、简化和自动化业务流程，统一管理，降低了成本。

（3）加强了人才培养。通过项目的实施，造就一批业务骨干、IT 骨干和项目管理人员。

四、实施网上服务系统的主要体会和推广意义

建设中国外运网上服务系统的初衷是服务客户、为客户创造价值。同时，也规范了内部的服务和管理。两者的相辅相成使各个参与方得到了实惠，实现了多方受益的良性循环。中国外运也因此增强了服务能力、提高了管理水平和扩大了客户群。

该系统是一个由公司总部集中开发、建设和部署的应用系统，业务流程的规范化和信息标准化非常重要。为满足各地业务模式和业务需求的差异，首先进行了业务流程梳理，对主要业务流程形成统一标准，并通过分公司参数配置等技术手段来满足各地的差异化需求。

该系统在建设初期就考虑到以后在全国的推广实施问题，所以项目组在试点实施时就逐步建立起总部—省级公司技术人员—业务公司关键用户的三级实施和运维体系，并形成了一套实施运维的标准流程和文档。因此，后来在投入有限资源的条件下在全国推广实施，不但满足了各地的差异需求，也为公司节省了费用。

（中国物流与采购联合会网络部）

中远网络物流信息科技有限公司的中远综合物流信息系统

一、企业概况

中国远洋物流有限公司（以下简称中远物流）是淘宝项目的主要用户，该公司的规模和实力居于国内领先地位，是我国最大的第三方现代物流企业。现有总资产 60 亿人民币，人员 11000 人，在海内外设有 320 个分公司或办事处。拥有营运车辆 1222 辆，仓库和堆场 154 万平方米；拥有 8 条以“中远号”命名的集装箱班列。

中远物流作为国内最大的综合性物流公司，依靠中远集团的船队和全球网络，以国际航运为依托，擅长为结合国际国内物流需求的客户提供一站式物流服务，已经树立了“家电物流、汽车物流、展运物流、电力物流、化工物流、零售物流”等物流行业品牌，承接了中美文化展、达利现代艺术展、神州五号展、神州七号展、三峡工程、连云港田湾核电和秦山核电等重大物流项目，在铁路、公路、航空、驳船等物流通道有全面的综合物流服务能力。

淘宝网是亚洲最大网络零售商圈，致力于创造全球首选网络零售商圈，由阿里巴巴集团于 2003 年 5 月 10 日投资创办。淘宝网目前的业务范围跨越 CtoC（个人对个人）、BtoC（商家对个人）两大部分。淘宝商城主要为各大品牌商家以及有一定实力的企业经营，国内外知名品牌已经纷纷入驻淘宝商城。淘宝商城与淘宝网共享超过 9800 万会员，为网购消费者提供快捷、安全、方便的购物体验。提供 100% 品质保证的商品，7 天无理由退货的售后服务，提供购物发票以及购物现金积分等优质服务。

根据 2007 年第三方权威机构调研，淘宝网占据中国网购市场 70% 以上市场份额，占据 CtoC 市场 80% 以上市场份额。

二、项目背景

2010 年 6 月，中远物流和淘宝签订淘宝商城家电物流配送协议。中远物流启动淘宝项目，相继在北京、上海、杭州、成都等地成立物流配送中心，实施淘宝商城 BtoC（商家对个人）家电配送业务。

中远物流经过梳理总结出淘宝商城 BtoC 家电配送业务的几个关键要点。

一是淘宝物流业务日下单量大、物流业务涉及环节多、配送范围广、物流动态要求实时反馈。

二是淘宝业务要求物流反应速度要快，大家电仓内操作时效要求为每天 2 个波次。每波次产生的订单需在4小时内操作完成，打印1小时，拣货1小时，复核和包装各0.5小时，发货1小时。第一波次：截至上午10：00的订单。库内作业完成从前一日16：00后至当日10点前的订单。第二波次：截至下午16：00的订单。库内作业完成当时10点至16点的订单。

三是小家电仓内操作时效要求为每天3个波次。每波次产生的订单需在4小时内操作完成，打印1小时，拣货1小时，复核0.5小时，包装1小时，发货0.5小时。

中远物流认为实施淘宝项目必须通过现代信息技术做支撑，并确定了基本原则。

淘宝项目以为中远物流提供全部的信息外包服务为宗旨，以提高用户的经济效益和社会效益为服务重点，使“中远物流”放下包袱，全力发展物流主业，利用淘宝项目先进的科技手段，为客户提供全方位的第三方物流服务。

淘宝项目以客户需求为主导，通过业务有效驱动与技术应用拉动相结合，建立贯穿各业务环节的操作和管理信息协作管理，并在第三方物流信息系统外包服务中，提出“控制塔”（Control Tower）理论，帮助用户实现以下四个功能。

一是获取并掌握全供应链EtoE的动态信息，包括协作商的信息。

二是整个供应链环节贯穿“VCM”概念：可视化（全程跟踪），可控（异常事件处理），可量度（KPI）。

三是实现大量的统计分析手段，完成各种复杂报表。

四是体现业务上的集中式呼叫中心和完善的客户服务。

三、解决方案

淘宝项目使用中远综合物流信息系统。

中远综合物流系统是中远网络物流信息科技有限公司研发的一个集仓储运输配送为一体的物流协同管理系统，支持多仓库、多运输中心、多项目、多货主，以客户订单为驱动，以业务状态流转实施仓储配送业务。该系统具有多项优势。

一是采用业务数据集中式管理，使全国各地的仓储配送业务都在总部的同一管理监控之下；采用基础数据本地化管理，使业务操作更加快捷迅速。

二是系统采用多数据库分隔机制，为海量物流业务提供强力支持。

三是通过控制物流业务状态流转，有效监控物流订单的完成。

四是采用中间件消息机制，使各业务单元既相互关联又相互独立。

五是预留各种外部接口，使系统方便与合作方的系统通信对接。中远与淘宝报文通信接口主要有中远接收淘宝基础数据（仓库信息、货主信息、货物信息）、中远接收淘宝订单信息和取消订单信息等九个。

六是采用流程定制方式，可以按照业务中心、项目设定不同的业务操作流程，使物流业务操作性高，人性化程度高。

七是通过多业务中心、多仓库协同运作，整合仓储配送物流资源，进行优化调度，提高物流资源使用率，节约物流成本。

八是通过系统各种设置使系统的自动化程度很高。例如：根据配送范围自动选择物流公司；根据库存周转规则自动生成拣货计划；根据不同仓区、仓管员自动生成拣货方案；使用PDA、扫描枪等设备完成拣货、出库、装车等业务。

九是设置KPI监控考核管理，通过成功关键因素和KPI指标体系将企业的经营目标和发展计划进行分解，并且根据KPI指标体系动态的关注企业绩效变化状况。

十是强大的运价体系，使系统中产生的物流费用有据可依，使总部利于监控各地物流业务资金的流动情况。

十一是灵活的商务审核体系使商务系统可根据不同业务情况定制管理流程。

十二是通过收付两条线的控制，使物流业务中应收应付、核销、坏账、损失账等业务管理透明；使业务—商务—财务资金流在系统中一目了然。

十三是强大的统计分析报表作为企业决策分析的依据，使应用企业领导实时了解业务运营状况，并发现企业经营过程中的短板，及时纳入到企业的经营改进计划之中。

1. 技术方案

（1）组件化原则。组件化开发，所有的 C#软件包都将以组件的方式展现。

（2）通用性设计原则。所有组件具有更好的可复用性、可扩展性，开发人员可以根据自己的业务需求自行扩展框架内的功能，同时不影响框架自然的实现机制。

（3）可配置性原则。框架级的调用、系统级的调用采用配置文件进行配置，可以减轻程序员编码的工作量，达到框架内组件的调用更加灵活的效果。

（4）与业务交互采用 MVC 模式。UI 界面的展示与业务交换彻底分离，使程序变得更加清晰并易于维护，同时增加了业务模块的可复用性。

（5）跨平台问题的解决（NETFRAMEWORK 平台）。程序升迁到更高版本时，只需要统一修改框架即可实现，不会对业务模块产生任何影响。

（6）集成化设计原则。各种服务集成于服务端，开发人员只要定义，即可实现某些业务功能。

（7）提供多种利于编程的开发工具包。框架将提供生成表结构、表的 DAO、SQL 模板、配置文件等工具，便于程序员迅速开发。

（8）技术架构和业务高度分离。实现技术架构与业务操作的彻底分离，不会因为业务架构的改变而影响后台服务端软件包，反之亦然。

（9）同时支持多个异构数据库。

2. 创新技术

（1）服务端技术框架研究。服务端架构主要由协议接口层、服务层、业务模型层、数据库持久层和架构支持库组成。该架构主要基于 FOCUS 的后台架构的思想加以扩展和补充，旨在提高开发效率、降低开发成本、提高系统的可维护性和提升应用系统运行效率。

该服务端架构由四层结构组成，请求数据由协议接口层开始接收，接连流向架构的各个部分，每个层次负责处理不同的工作。层次之间耦合性很低，仅为数据耦合。

该架构不涉及业务的实现部分，架构为应用系统提供充分的接口，架构的整体流程和层次关系对应用系统封闭，对应用系统开放具体的逻辑实现。

（2）服务层架构研究。服务层描述应用系统的对外服务信息，作为控制器，该层次负责把业务数据拆包成业务模型所需要的结构，并调用相关的业务模型。该层次可理解为原 FOCUS 架构中的 COMMAND。服务层提供对表的数据库服务，只要开发人员声明了某个表的服务，即可完成该表的增删改查的工作，并且可以支持主从表一起提交的操作。声明式的服务定义也可以把业务模型中的某个方法，快速声明为服务。开发人员也可以编程式开发特定的服务。

（3）数据库持久层研究。数据库持久层负责对数据库的访问，可以把业务数据存储到数据库中或从数据库中提取数据。该架构在 JDBC 基础上薄薄的封装了一层，发扬了使用 JDBC 所带来的运行效率和直观性，摒弃了使用 JDBC 所造成的烦琐工作。并采用 DAO 模式访问数据库，封装了大量高效的 SQL。对表的查询、更新和删除提供数据权限控制，具体的权限控制逻辑可在应用系统中实现。

（4）架构支持库研究。架构支持库包括应用系统支持库、应用开发工具库和应用系统快速开发工具。这三部分有效支撑架构的运转和应用系统的开发，特别是应用开发工具库提供了大量的工具箱，大大地提高了开发人员的工作效率。

四、系统效果

中远物流使用中远综合物流信息系统实现了客户需求的多样性和内部运作的灵活性，通过使用本系统的交互式开放的应用，对物流业务实现了全程控制和管理，其中包括订单管理、配送中心管理、运输管理、资源调用、库存管理、货物状态管理、商务结算以及客户关系管理等服务，实现物流业务的协同作业。试点项目提供的信息外包服务包括四个方面。

中远物流利用本平台为国内多家知名家电品牌提供第三方物流管理服务。业务人员通过系统分配角色和密码登陆门户网站，可实现对物流活动的全程跟踪管理，查询相关的订单执行情况和状态。

中远物流利用本平台为国内多家汽车制造企业提供入厂物流和整车配送服务。系统提供从汽车 CKD 进口、MILK RUN 收货、入库、出库、配送到每个工位、整车下线运输乃至零配件供应的全部管理过程。

中远物流利用本平台为国际知名的超市企业提供配送中心的全面外包管理。系统提供从供应商供货、配送中心内部拆包分装以及配送到各个门店的全程服务。

中远物流通过淘宝项目的数据交换平台与多家大型企业实现了与其 ERP 系统的无缝对接，企业客户在自己 ERP 系统中的物流指令推广数据交换平台传递到相应的信息系统中，而信息系统对其指令的执行情况也会及时地传递到企业客户的 ERP 系统中去，因而提高了数据的准确性和业务的运行效率，使得“中远物流”和客户关联更紧密，实现了企业间 BtoB 服务。

先进的信息系统应用使“中远物流”始终站在中国物流市场的前列。“中远物流”没有了后顾之忧，用全部精力去探求关注物流客户乃至其上下游的客户更深层次的需求，由于项目平台的技术先进性，使“中远物流”和客户在信息技术层面上达到良好的沟通和理解，也使“中远物流”能够快速实现客户在物流业务方面不断变化的要求，并提供最佳的业务解决方案，保证在业务层面上与客户形成良好的日趋紧密的合作关系。

淘宝项目平台的应用，使“中远物流”已经连续多年保持中国物流业务排名第一的称号，连续多年获得中国最佳物流公司、中国最佳船代公司、中国最佳货代公司等荣誉称号。在严重金融危机市场下，“中远物流”的利润仍然以 20% 的速度增长，取得 8 亿元人民币的经济效益，2012 年将保持继续增长的势头，取得更好的经济效益。

五、信息化主要效益分析与评估

目前，淘宝项目应用中远综合物流系统实时接收淘宝订单信息，并将业务流程状态实时反馈。在全国共设立 13 家大的 RDC，根据各地业务情况的不同，定制不同的操作流程，物流业务操作简洁流畅，日下单量在 3000 左右，在“聚划算”等活动期间，日订单量更是以几倍、十几倍增长。2011 年“双 11”期间，淘宝日下单量更是达到了 2 万余单。

中远综合物流系统的引入，大大提高了淘宝物流订单的流转速度，提高了物流业务运作效率，使淘宝能够快速的响应买家的需求，提高用户的满意度和忠诚度，降低了物流成本，提高了企业市场竞争能力。其主要作用体现在以下几个方面。

一是订单处理过程快速及时，淘宝订单从下单到出库一般不会超过4个小时。

二是整合物流资源，可以多业务中心统一调配物流资源，提高物流资源使用率，节约物流成本。

三是全国各地多个业务中心仓库集中信息管理，为物流规模化提供强有力的支持。

四是因为各地仓库实物库存、锁定库存可以实时监控，所以使零库存成为可能。极大地减少了货物仓储成本，降低了物流成本，提高了货物的流通速度。

（中国物流与采购联合会网络事业部）

中国石化化工销售公司的化工销售物流信息系统

一、公司概况

中国石化化工销售有限公司（以下简称化工销售有限公司）是中国石油化工股份有限公司（以下简称中国石化）注册成立的专业公司，隶属中石化化工板块，是我国最大的化工产品专业经营公司。负责中国石化旗下企业生产的石化产品资源统筹、国内外市场营销、产品销售、用户服务以及中国石化所属企业相关化工原料的采购和供应等工作。

2010 年，中国石化化工销售公司经营总量达 3266 万吨；2011 年，中国石化化工销售公司经营总量超过 3700 万吨。

二、项目背景

在全球经济复苏缓慢、经济发展不稳定的复杂形势下，化工销售有限公司面对许多挑战。首先是随着国内产能的快速扩张、自贸区协议的签署以及中东产品的大量进入，市场竞争更加激烈；其次是客户群日益复杂、营销策略多样、市场需求不确定性加大；最后是客户对物流服务的要求日益严苛，物流服务的质量直接影响到客户的忠诚度。面对挑战，化工销售有限公司必须要实施信息化创新策略，提升自身的竞争实力。对化工销售有限公司来说，实施信息化创新策略必须要考虑自身的实际情况，一是物流始终贯穿于销售工作的每一个环节，覆盖了从产品出厂到运输、仓储直至销售到客户的全流程；二是化工销售物流完全不同于其他行业的物流，具有复杂性、专业性和危险性的特点。

按照化工销售有限公司的“国内领先、国际知名供应商”近期目标和“国内领先、国际一流贸易商”战略目标的要求，结合化工销售有限公司“十二五”发展规划，通过全面梳理化工物流流程，化工销售公司决定实施信息化创新策略，构建化工销售物流信息系统（以下简称信息系统）。对化工销售有限公司而言，信息系统必要性体现在以下几个方面。

一是要围绕营销网点建设，支撑公司营销体制创新。为紧紧抓住客户、牢牢占领市场，化工销售有限公司在市场前沿设立营销网点，目前已设立经营部和代表处 32 个，初步完成了国内网点布局，并且派出业务人员，开展了零售业务，由原来的二级管理体制（本部、区域分公司）变成了目前的三级管理体制（本部、区域分公司、经营部）。设立营销网点，将销售业务和工作人员放到市场一线，是化工销售完善营销渠道、提高定价话语权和灵活性的重要举措，是公司的重要战略。未来几年，随着营销网点的完善，客户经理的增加，围绕经营管理创新，物流工作如何通过创新实现跨越式发展是必须要面对的问题。信息系统的建设，不仅可以成为物流管理工作的核心抓手，还可以为物流工作创新提供支撑，促成物流管理迈上更高的台阶。

二是要拓展海外市场，打造国际物流竞争能力。目前，化工销售的业务范围，已经从原来单纯的国内销售，扩展到目前在国内外市场同时开展销售和贸易，化工销售的发展目标是成为国际一流的石化产品贸易商。根据这个要求，国际物流的水平将在很大程度上影响到化工销售在海外市场的竞争力。因此，依托信息系统，按照内外贸一体化的要求，尽快完成进出口物流的规范化、专业化管理，是增强化工销售有限公司国外影响力的重要保证。

三是要降低物流成本，提升化工板块整体效益。2011 年，化工销售有限公司承担的物流费用达到 21 亿元，物流费用占公司总费用的 70% 左右。因此，物流成本的降低直接影响到整个化工板块的效益提升。运用信息系统，充分发掘已有数据，为成本控制与物流优化提供依据；依托优化软件，进一步优化资源流向与物流方案，降低运价水平，提高运输效率，是未来发展的重要方向。

四是要紧密联系上下游，提高物流服务质量。化工销售有限公司负责中国石化旗下企业生产的石化产品资源统筹、国内外市场营销、产品销售、用户服务以及中国石化所属企业相关化工原料的采购和供应等工作，因此，化工销售的物流链长且复杂。其物流的起点包括中国石化生产企业、国内外部供应商与国外供应商产品的采购，其物流的终点包括中国石化生产企业的互供与保供、国内客户与国外客户的产品销售。由此，信息系统的建设作为沟通上下游的桥梁，对服务企业，以市场为导向统一产销共识，为客户提供贴心的物流服务起到重要的支撑作用。

五是要跟踪产品流向，增强物流精细化管理水平。化工销售有限公司目前自身无运输实体，主要委托第三方承运商运输公司产品。这些产品中的很多品种属于危险化学品（爆炸品、压缩气体和液化气体、易燃液体、易燃固体、自燃物品和遇湿易燃物品、氧化剂和有机过氧化物、有毒品和腐蚀品等）与易制毒化学品（国家规定管制的可用于制造毒品的前体、原料和化学助剂等物质）。因此，只有依托高效的信息系统，对产品运输、仓储的管理具体到物流服务商、运输工具甚至单品货物的层面，全方位、多视角监控化工物流的所有节点，密切跟踪在途产品的实际流向与动态，严格管理物流服务商，才能控制物流风险，防范经营风险。

三、信息系统的主要架构和技术方案

1. 主要架构

（1）系统架构。系统架构分为标识层、采集层、传输层与业务层。其中，业务层又分为物流操作作业、物流监控管理与物流战略决策三个层面。如图 1 所示。

（2）功能架构。如图 2 所示。其中，细线框的内容是一、二期的功能，粗线框的内容为三期的功能。

2. 技术方案

本系统技术架构从底层至顶层分别是：数据源、数据采集平台、核心数据库、数据访问和交互层、综合应用平台和信息展示层。如图 3 所示。

如图 3 所示，数据源是技术架构的基础，由 6 个部分组成。各部分的情况如下。

（1）关系型数据源，主要包括使用 Oracle 和 SQL Server 等类型的系统，目前本系统集成这类数据源的系统有 ERP、CRM、BW、TBM 等。

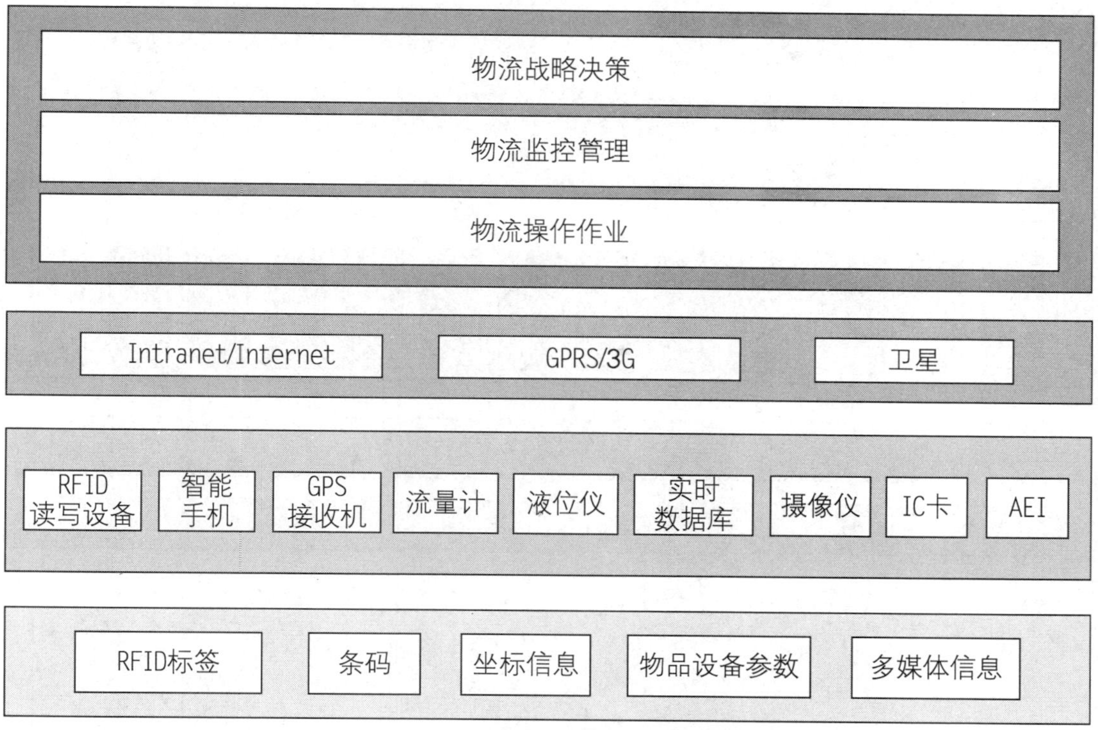

图1 信息系统架构示意

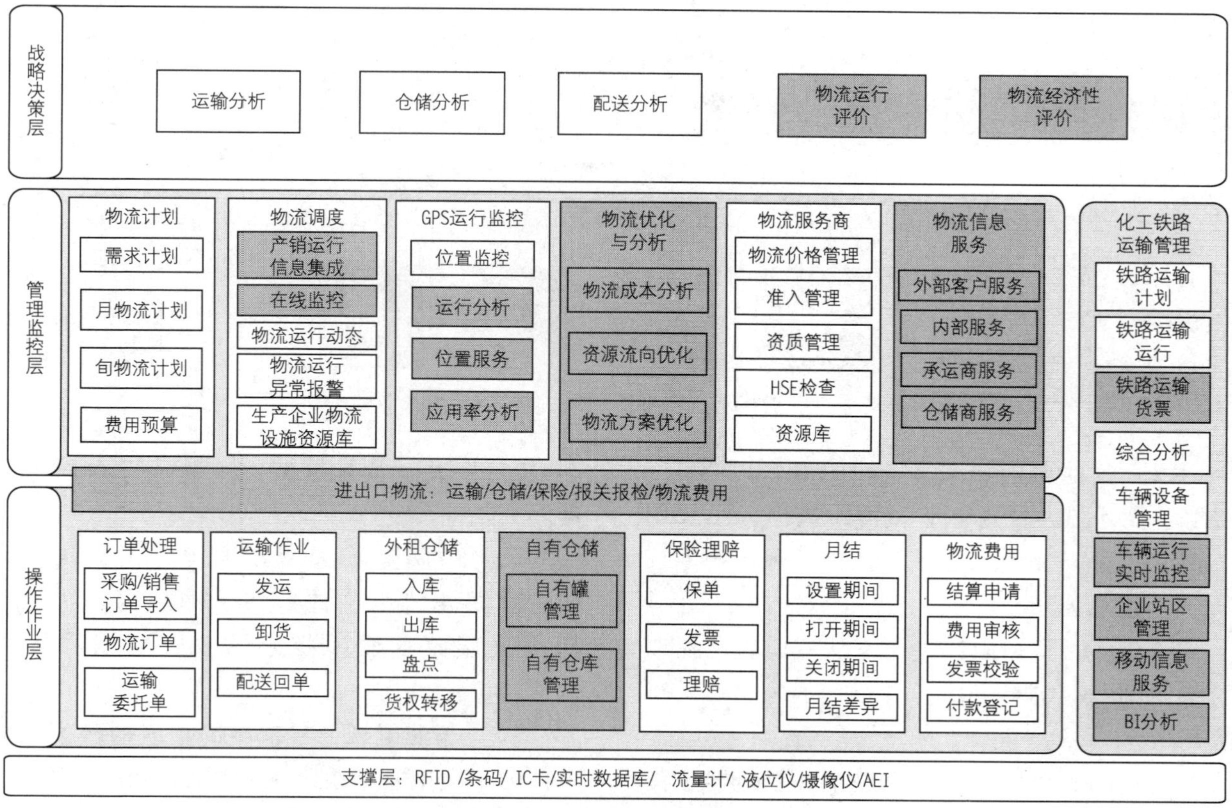

图2 信息系统功能架构示意

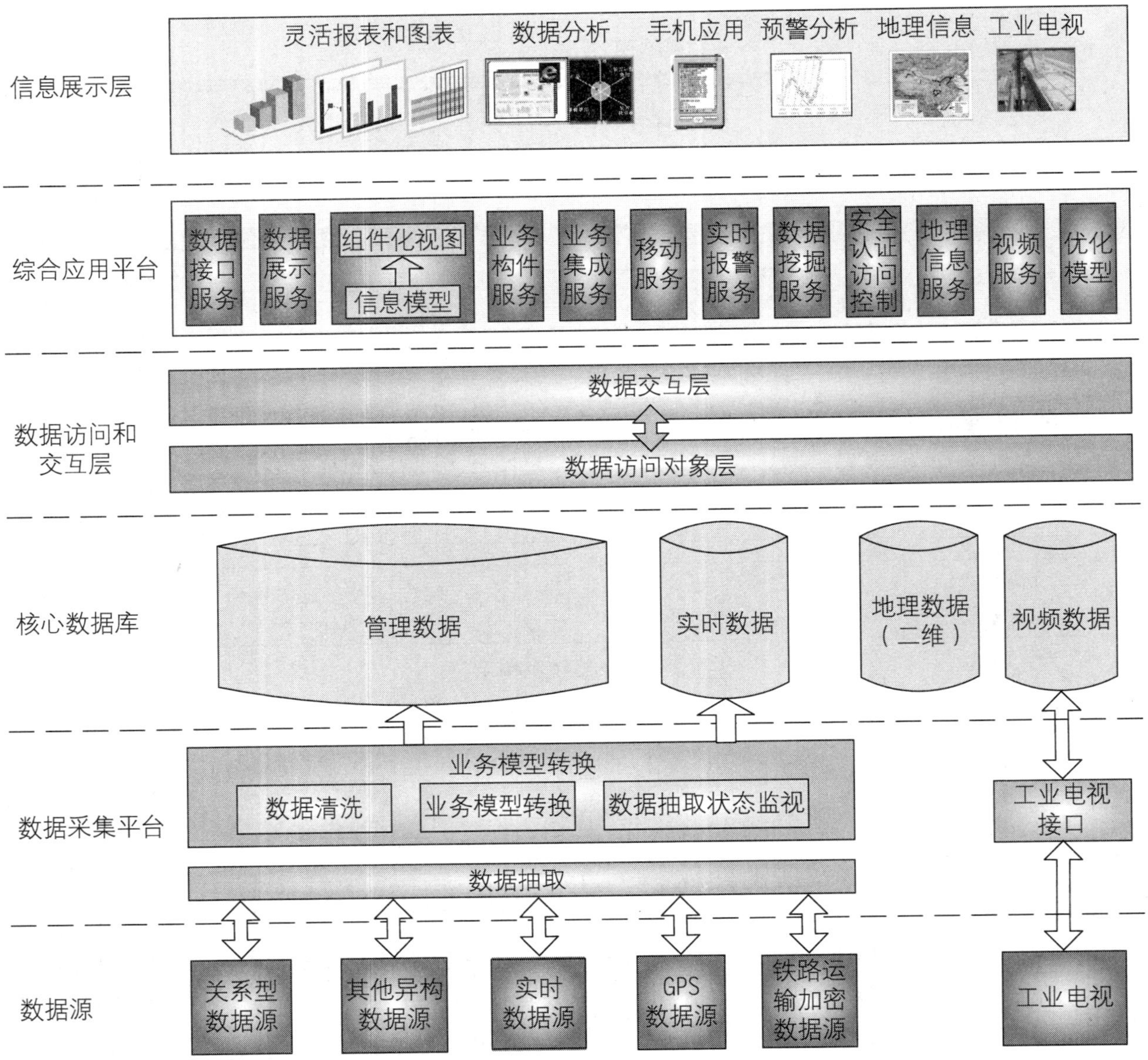

图3　系统技术架构示意

(2) 其他异构数据源，使用 Excel、XML、照片、设计图表及其他非结构化数据，主要用于手工导入的数据，包括历史数据和一些系统基础信息的维护。

(3) 实时数据源，主要是从液体罐区抓取的各种动态数据，用于本部了解实时运行情况。

(4) GPS 数据源，主要是车、船运输工具在行驶中的位置信息，由中间接口程序访问外部 GPS 系统，提取数据、转换、写入核心数据库。

(5) 铁路运输加密数据源，化工铁路运输管理模块使用这种方式传输数据，功能包括接收存储加密数据包文件，转换写入数据库。

(6) 工业电视，包括本部集成的多家仓储单位的工业电视数据，通过中国石化内部高速网络传递到总部，供视频监控和展示。

四、信息系统主要的功能

1. 信息采集与集成共享

信息系统以ERP采购订单和销售订单为处理的起点，对订单执行过程中的各节点数据进行了采集，做到数据一次录入全网共享。

信息系统与关联系统间通过接口程序，实现了数据集成共享。如采购订单运价、销售订单运费均集成到ERP；中转仓库出入库信息自动集成到ERP；GPS定位信息集成到信息系统；信息系统中物流费用信息集成到BW等。

运输委托任务安排支持多承运商多式联运、发运信息输入支持多承运商多式联运、卸货作业支持多承运商多式联运、配送回单打印、发运信息审核等。

2. 物流计划应用

为优化物流方式，合理安排运力运量，现已实现本部及区域分公司层面物流计划的编制、下达、调整、查询等功能，形成物流计划报表。

区域公司产品部门在CRM中提出产品物流需求计划（主要包括生产企业、产品大类、产品小类、产品流向的目的地，此外还包括运输目的地、运输方式、装运类型等物流建议），物流运行管理系统导入CRM系统的产品物流需求计划，物流部本着物流优化、合理化的原则，结合中转库及运力平衡情况，在系统中编制相应的产品物流计划。

3. 物流运行预警

本系统应用层面包括了众多的外协单位，是化工销售有限公司物流服务商的操作与监控平台。物流运作由于涉及部门、岗位多，业务流程长，原因不详，责任不清，产品到货及时率不能得到有效保证。信息系统中开发的物流运行异常报警模块，将订单的不同处理环节进行了科学划分，包括集成、下达、审核、发运、到货、全部到货等，依据不同的运输距离、运输方式，设定了合理的异常报警逻辑关系。

系统能通过形象的绿灯、红灯、黄灯，自动地对每一环节超时订单进行报警显示。依据配套的管理制度，要求相关岗位对红灯报警信息进行及时处理，并在系统中填报超时原因。经过处理后的红灯信息，自动转换为黄灯信息。

借助于该模块，实现了物流运行过程的有效监控，提高了化工销售有限公司物流管理与客户服务水平。

4. GPS集成应用

化工销售有限公司通过长达两年的技术调研与试点工作，通过引入第三方GPS监控平台以及新开发的使用方案，集中信息系统平台统一对车船监控，有效解决了技术与应用难点，实现了GPS信息的集成与在途产品的有效监控。

信息系统的“物流运行管理—GPS运行监控”模块下，开发了相关的GPS运行监控子模块，分别是运输工具位置信息、GPS运行异常报警、GPS数据转发工作状态、GPS完好率统计表、GPS到达自动检测日志。

项目将GPS定位信息与物流信息系统中的商流信息有机集成，改变了GPS传统应用模式，对GPS应用内涵拓展具有示范性作用；创新建立的承运单位GPS终端设备及数据转发软件高效监控模式、利用已有数据自动判断送到地信息与预警功能，提升了GPS项目的智能化管理水平，推进了物联网在中国的应用。

5. 物流费用实时计算与优化

（1）物流成本分析。根据各区域分公司与承运商、仓储服务商签订的计费协议，本系统对运费、仓储费用进行自动计费，并实现了在系统中进行费用结算。

通过科学的数据逻辑架构，方便、快捷和高效的展现手段，实现了物流费用的精细化管理。

（2）化工原料互供计划优化。根据历史计划量与实际流向，评估企业互供建议的合理性；运用优化软件，根据需方企业的需求与供方企业的资源情况，结合流向约束与运输成本，制订优化的化工原料互供计划，降低运输成本和仓储成本；对优化的方案进行比对分析，支撑物流经济性评价。

（3）物流费用追溯。为追踪产品全流程物流费用情况，寻求最终客户分摊物流成本，需对物流费用进行追溯，对不同的采购订单、不同入库日期入库的，系统建立一个物流号，对每个物流号的物料系统计算其每吨的物流费用，可以为每个物流号建立一个数据记录，由后台程序自动建立物流号，并形成可追溯的数据结构。这样，每个销售订单的总体物流费用就是数量×每吨物流费用，数量为发货量。每吨物流费用=上一节点每吨物流费用+上一节点至本节点的每吨运费+本节点的每吨入库费用+本节点的其他每吨入库费用+本节点的每吨仓储费（如果是包租的，则按每日物流号的库存量为权重进行分摊）+（本销售订单每吨出库费用+本销售订单每吨运费），最终可以以OD表和OD图的形式展现。

（4）返程车利用。中石化化工销售资源分布广，本着合作共赢的原则，努力为承运单位降低运营成本提供便利条件，鼓励各承运单位之间，尽量利用物流服务商资源库内的运输工具，实现返程车利用。

系统为提高车辆利用率、降低服务商营运成本而搭建的信息交互界面，实现了返程车辆、返程线路的查询、推荐和返程车利用统计功能。

6. 物流服务深化应用管理

为提高物流服务水平和物流服务满意度，系统提供WAP访问方式和Web方式进行访问查询，突破了传统单一系统应用局限。

实现客户多途径对其产品物流信息的查询，对于物流发货、在途、到货情况，为客户提供短信提醒的功能，同时，客户可以通过在CRM平台进行物流服务满意度评价，并返回至物流信息系统，及时查找原因，促进物流服务；实现客户经理对库存情况和客户物流状态情况的查询，并将其客户物流状态的情况，及时提醒通知；实现物流服务商在线联机帮助功能、公告信息查询模块，便于后续分析提高。

7. 自有仓储管理

系统的化工销售自有仓库管理实现了基于订单驱动的物料进销存管理，是库区的核心业务。涵盖了库区与物料有关的12种作业业务，并且实现了计量自动化和罐量自动计算功能，大大提高了库区作业的准确程度、及时性和信息的完整性，降低了人工作业的不确定性，提升了公司和库区的精细化水平。

实现了接口管理控制、出入库管理、超期管理、货权转移管理、转罐管理、清罐管理、盘点管理、台账和报表管理、综合展示等，为自有库区的精细化管理提供了强有力的抓手。

8. 进出口物流业务管理

进出口物流业务的线上管理，实现了订单处理、运输作业、仓储作业、保险、报关报检、物流费用等功能模块，突出化工销售业务特点，即内外贸一体化的特色，以集中统一的信息平台连接市场和资源，同时为公司内部各单位、外部客户和物流服务商提供服务。

五、信息系统的推广意义

由于信息系统在系统框架设计、流程再造、单据处理中，能有效克服物流类型多样性与复杂性带来的困难，并统筹考虑商流、资金流与信息流，实现了“四流”的统一，因而对业界具有借鉴意义。

一是在信息系统中开发了强大的计费管理模块，将物流服务合同中的计费条款信息转换为信息系统的计费协议与计费规则。操作简单，适用性强，实用性高。信息系统实现了对物流费用实时及精准化计算。物流计费引擎技术在国内处于领先水平。

二是在第三方物流管理中，信息系统对产品的运输管理和监控具体到了物流服务商、运输工具层面；在产品物流状态管理上，已经区别并掌握了待装、在途、到货等不同阶段的信息；对在途产品的实际流向与动态具备了实施监控功能。这些技术在国内具有先进性。

三是在 GPS 集成应用上，将地域分布广阔的众多承运商 GPS 信息进行集成应用，国内暂无先例。在产品流向监控上，通过设定巧妙的逻辑关系，利用地理解析技术自动进行异常报警亦具有先进性。

四是信息系统中 BI 报表分析功能，将物流运作中的关联信息单元，如产品大类、产品小类、产品牌号、承运单位、运距、运输方式、发运地、到货地、生成企业等信息高效集成，并可以方便高效组合产生不同报表，满足不同使用者的需求，具有较强的实用性。

（中国物流与采购联合会网络部）

浙江中烟的基于 RFID 的多层平库卷烟成品仓储信息管理系统

一、公司概况

浙江中烟工业有限责任公司（以下简称“浙江中烟”）由浙江中烟工业公司改制而成，是中国烟草总公司的全资子公司。浙江中烟拥有杭州、宁波两个卷烟生产制造基地，并持有甘肃中烟工业有限责任公司近 40% 的股份。浙江中烟主要从事烟草制品的生产和销售、烟用物资和烟机零配件的经营、烟叶进口和卷烟出口业务、与烟草制品生产销售相关的生产经营，多元化经营和资产经营等。

浙江中烟有内设机构 16 个部门，以及杭州、宁波 2 家卷烟厂，拥有员工 3500 余人，资产总额近 250 亿元。

2011 年，浙江中烟共生产卷烟 244 万箱，实现销售收入 416.4 亿元，实现税利 274.34 亿元。浙江中烟效益总量在行业中排名第 6 位，单箱税利在行业中排名第 3 位。税利总量和利润总量等各项经济运行质量指标居烟草行业领先地位。

二、项目建设背景

2009 年 2 月，国务院审议并原则通过了《物流调整与振兴规划》，物流成为了继钢铁、汽车、船舶、石化、纺织、轻工、有色金属、装备制造、电子信息之后的第十大支柱产业；同年 5 月，全国烟草行业现代物流建设工作会议在南京召开，会议明确提出了烟草物流是烟草行业的核心业务，建设烟草现代物流，是中国烟草面向未来提升核心竞争力的重要支撑。

卷烟成品仓储是烟草现代物流的一个重要组成部分，在烟草供应链中起着至关重要的作用，高效合理的仓储可以帮助烟草工业企业加快卷烟成品流动的速度，降低成本，保障生产的顺利进行，并可以实现对烟草资源的有效控制和管理。从浙江中烟卷烟成品物流现状看，由于未实现对卷烟的全程动态追踪，常常因为存储位置不确定、流量流向难以掌握而造成作业混乱、流程流转时间长等问题。因此，基于浙江中烟仓储现状建立功能全面、技术先进实用、运行稳定可靠的卷烟成品仓储信息管理系统具有重要的意义。

卷烟成品仓储信息管理是指广泛使用现代化技术对卷烟成品仓储过程中的各类信息，包括卷烟成品出入库、调度、库位、各项特征等的采集与统一管理；对仓储各项业务形成相应的电子单据作为业务数据结果并用于分析管理，全面提高仓储管理水平和服务效率。

目前国内的企业对各种数据的采集还停留在原始的阶段，缺少实时沟通与联合作业的信息交流平台，缺少对出入库、调度等仓储各个环节进行信息标准化采集和交换的手段，缺少能够提炼各种信息实现宏微观决策支持的支持信息。造成各环节制度、技术、组织等各方面的差别以及所存在的信息失真和延迟等因素的影响，造成数据不能通用、不准确，因此影响了各环节的相互联系，使得信息不能充分共享、需求不能准确传递、反映不及时等，最终导致仓储运作不能够达到高度统一与协调，从而减弱了仓储的效果。

目前，国内烟草工业企业物流中心大多采用条码扫描技术作为仓储管理中货物流和信息流同步的载体，但是随着企业对信息化要求的不断提高，条码技术因自身存在的信息无法更改、存储容量小、读取信息不方便等缺点已无法满足企业的要求。RFID 技术以其非接触、可重复使用、快速扫描、读取方便快捷、数据容量大和使用寿命长等优点在物流仓储行业获得越来越多的认可。在此背景下，浙江中烟作为国家发展和改革委员会首批信息化试点示范工程单位（RFID 方向），按照“高度信息化、适度自动化”的设计思路，开展基于 RFID 的多层平库卷烟成品仓储信息管理系统建设工作，通过在传统仓库管理信息系统中引入 RFID 技术解决了条码的不足，实现了货物的先进先出、电子货位管理和作业流程监控管理，提高了仓储管理和控制的精度，从而在数字化和信息化的基础上最大限度提高物流仓储作业管理效率。

三、解决方案

按照仓库的结构分类，在物流仓储中常用的仓库有自动化仓库和多层平库。自动化仓库具有机械化和自动化程度高等优点，但结构复杂、配套设备多等特点决定其建造和维护成本高、对设备供应商过度依赖等缺点；同时，自动化仓库存储弹性小，难以应付高峰的需求，对可存储的货物品种也有一定限制，需要单独设立存储系统用于存放长、大、笨重的货物以及要求特殊保管条件货物。而多层平库具有建造和维护成本低、存储弹性大等优点，能够很好地满足卷烟存储的要求，且具有极大的推广应用价值，因此，本项目采用多层平库存储卷烟成品。

国内现有的仓储管理系统主要有两种，一种是由功能比较简单的管理系统与人工记忆相结合，这种方式不仅费时费力，而且容易出错，使得物品仓储环节效率低下，给企业带来不可估量的损失；另一种是基于 RFID 技术的自动化仓储管理系统。这种方式虽然增加了查询和盘点精度，加快了出入库的流转速度，但现阶段由于管理理念、体制、技术标准及成本因素，使这种系统的实际应用相对较少。基于此，本方案提出一种基于 RFID 的多层平库卷烟仓储信息管理系统（以下简称系统），该系统不仅具有基于 RFID 技术的自动化仓储管理系统的优点，同时也能够在多层平库仓储条件下实现自动化仓库式的运作模式。

基于 RFID 的多层平库卷烟成品仓储管理系统设计采用三层架构。

第一层是采集，主要是通过 RFID 设备以及其他自动识别设备采集数据，包括货位电子标签、件烟条码、无线数据终端、叉车数据采集终端系统等。

第二层是移动，即通过无线通信技术，把采集到的数据传递到中央数据库，包括无线接入设备和相关的网络设备。

第三层是管理，对采集的数据进行管理，包括数据库服务器、网络服务器等设备和仓库管理系统软件。

1. 系统组成

基于 RFID 的多层平库卷烟成品仓储管理系统组成如图 1 所示，系统由硬件部分和软件部分组成。

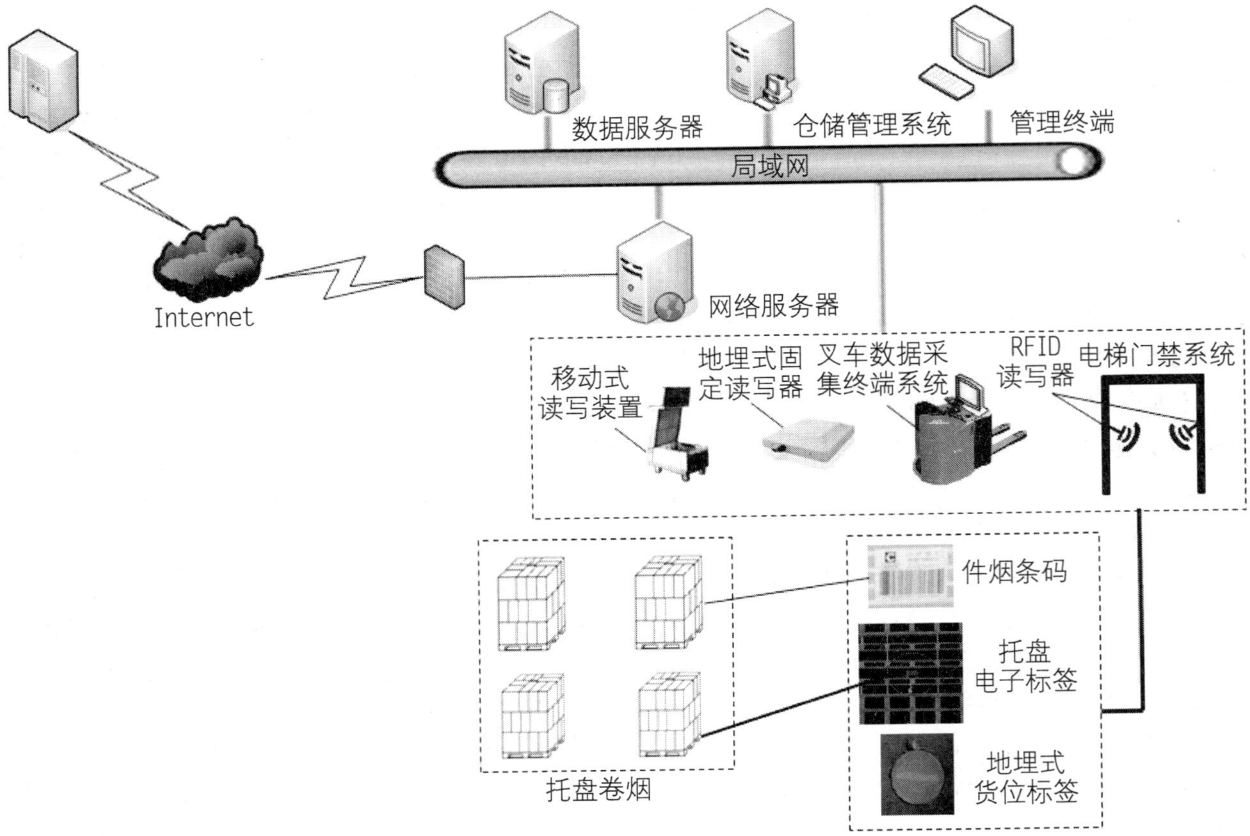

图1 基于RFID的多层平库卷烟成品仓储管理系统组成

（1）硬件部分。主要由地埋式货位标签、托盘电子标签、移动式读写装置、地埋式读写器、叉车数据采集终端系统、电梯门禁系统、管理系统服务器、管理终端机组成。

地埋式货位标签。该货位标签为国内烟草行业首创，由无源RFID电子标签、铜片、结构件组成，用于对平库内的托盘货位进行管理，库内每一托盘位上安装了唯一对应的地埋式货位标签。

托盘电子标签。安装于塑料托盘上的无源RFID电子标签，用于采集托盘上的卷烟信息，同时对该托盘进行标记。

移动式读写装置。该装置为国内烟草行业首创，由扫描枪、固定式RFID读写器及天线、PC机、移动式小车组成，用于对托盘上的件烟进行调整。

地埋式读写器。埋于月台装卸口的固定式RFID读写器，用于对销售出库的托盘卷烟进行出库扫码。

叉车数据采集终端系统。该系统为国内烟草行业首创，由固定式RFID读写器及天线、移动数据终端、防撞块组成，根据作业状态固定于叉车上，用于采集出入库的托盘卷烟信息，并可对托盘卷烟信息进行调整。

电梯门禁系统。由电梯、固定式RFID读写器及天线组成，用于出入非底层（即二楼及以上）需要电梯运载的托盘卷烟信息进行采集。

（2）软件部分。包括RFID中间件、数据库系统、仓库管理信息系统等。

RFID 中间件。主要包括两层次功能：第一个层次是为后一个层次提供改善 RFID 在互联网上性能和功效的服务；第二个层次是负责与 RFID 硬件设备之间的通信，对 RFID 读写器所提供的数据进行过滤、整理。

仓库管理信息系统。控制流程各环节的动作，完成卷烟入库管理、盘点调拨管理、拣货出库管理以及整个系统的数据备份、数据查询、数据统计、报表生成、报表管理。

2. RFID 工作模式

卷烟成品件烟生产下线时，以每托盘 30 件卷烟为一垛，通过机械手对件烟进行组垛，并通过固定式扫描器采集每一个垛对应的件烟条码信息，同时把这些件烟条码数据进行压缩，通过电子标签读写设备将该压缩信息写入到垛托盘上安装的电子标签中。

（1）入库管理。当车辆到达仓库大门时，门口安装的 ECT 设备感应到车辆信息，并自动把该车辆信息传送到仓库的 WMS 系统；WMS 系统根据车辆信息与其对应的入库单据关联，自动分配入库卷烟的存放货位，并通过无线网络把入库单下发到库区装卸人员的叉车数据采集终端系统上；装卸人员根据叉车数据采集终端系统上的单据提示进行入库装卸作业；当装卸人员把该托盘卷烟放到库内指定货位上时，此时叉车数据采集终端系统上的 RFID 读写器读取该货位上的地埋式电子货位标签，系统提示成功读取到地埋标签信息，表明完成了该卷烟托盘的入库作业任务。此入库过程完成了托盘、卷烟、货位三者的关联，同时实现了托盘卷烟的货位数字化管理。

当完成入库单据上所示的所有卷烟入库任务时，该单据在叉车数据采集终端系统中自动消失。卷烟入库作业信息流如图 2 所示。

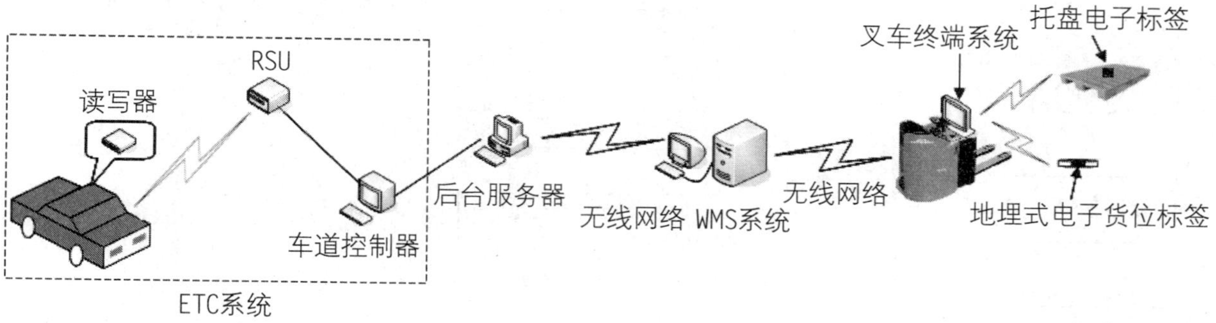

图2　卷烟入库信息流示意

当入库的指定货位非仓库的底层时，须通过电梯环节完成入库任务。在仓库的每一个电梯门口均安装了固定式 RFID 读写器及天线，在电梯厢体内安装工业一体机，并通过有线网络与外部进行通信（这些装置构成的系统统称为“电梯门禁系统”）。当卷烟托盘到达电梯门口时，首先利用电梯门禁系统获得该托盘卷烟信息，并把该信息传送到 WMS 系统，WMS 根据获得的信息，把该托盘卷烟对应的任务单据下发到电梯内的一体机上；电梯司机根据一体机上显示的任务单据信息把托盘卷烟送到指定的楼层；当到达指定楼层出电梯时，电梯口的 RFID 读写器读取托盘卷烟信息，并把该信息传送到 WMS 系统，WMS 获得该信息后，发送指令取消电梯一体机上此托盘卷烟的任务信息，表明此托盘卷烟已到达指定楼层，完成电梯环节；读取电梯门禁后放到指定货位的入库环节与底层入库一致。系统入库流程如图 3 所示。

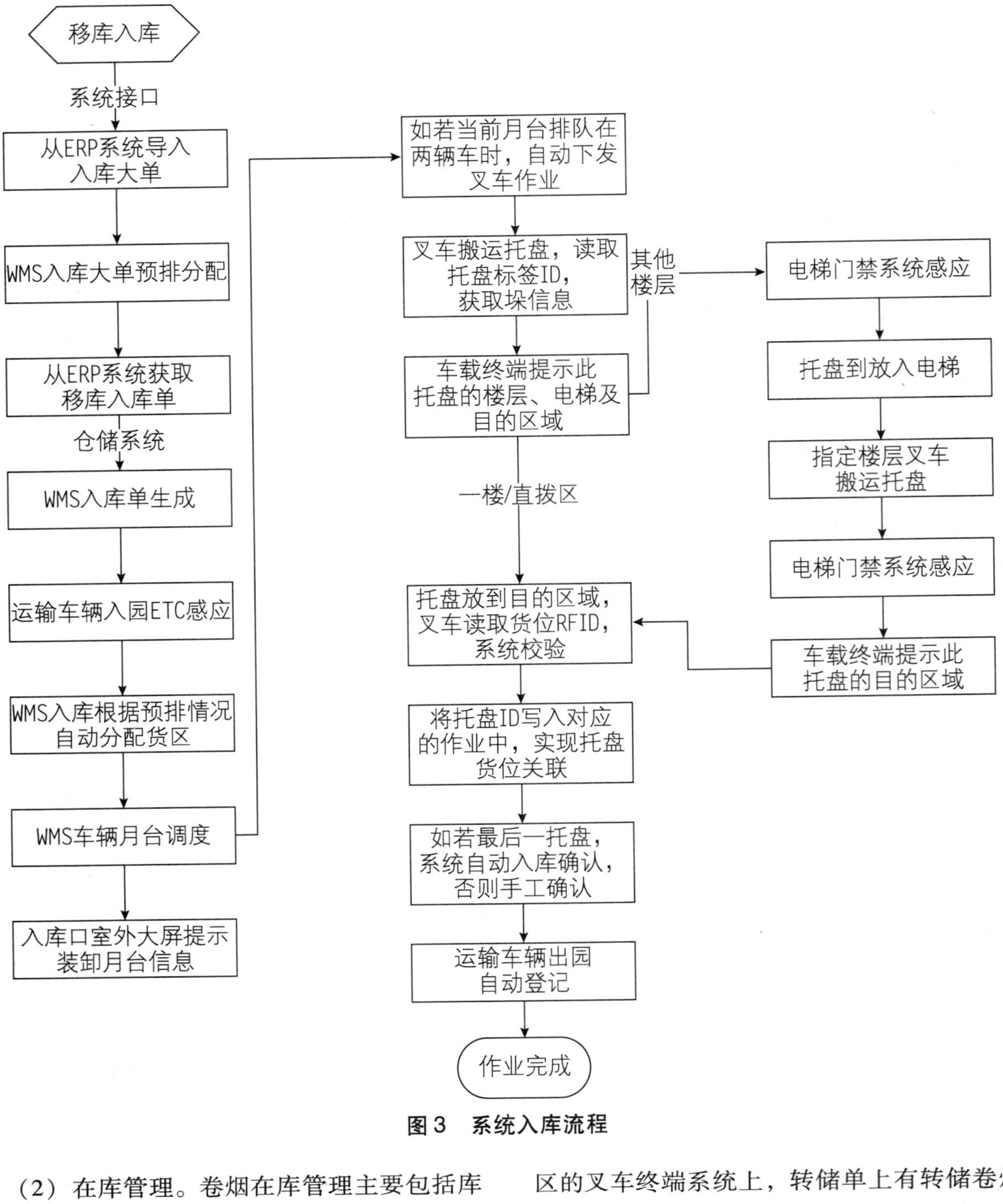

图3 系统入库流程

（2）在库管理。卷烟在库管理主要包括库内转储与盘点两部分内容。

库内转储是根据库内业务的需要，把卷烟从库内某一库区移到另一库区的过程。库内转储的过程与入库过程类似，首先业务人员根据需要在 WMS 系统上制作转储单，并下发到库区的叉车终端系统上，转储单上有转储卷烟的各种信息，包括卷烟品牌规格、数量、原存放位置、须转储目的地等，库内装卸人员根据转储单上信息进行转储作业。当叉车叉起一托盘卷烟时，叉车数据采集终端系统上的 RFID 读写器读取托盘上的电子标签，获取该托盘的卷烟信息；当把托盘卷烟放到指定的转储货位上时，叉车数据采集终端系统上的 RFID 读写器读取该货位的地埋式电子货位标签，系统提示读取到该标签时，表明已成功完成该托盘卷烟的转储作业。与入库过程类似，整个转储过程通过 RFID 技术的应用，实现了转储全过程的透明化、精确化、无纸化管理。

在库盘点有三个步骤：盘点前，业务人员选择所需要的盘点策略，生成相应的盘点指令，并将盘点任务下发到指定的叉车终端系统；盘点时，指定的盘点工通过叉车数据采集终端系统上的 RFID 读写器读取需盘点区域的货位电子标签，将该货位信息回传至 WMS 系统，WMS 系统根据获得的货位信息获取该货位的卷烟信息，并下发到叉车数据采集终端系统显示；同时，利用叉车数据采集终端系统的 RFID 读写器读取该托盘上的电子标签，获取其卷烟信息，并在叉车数据采集终端系统上显示；盘点工根据托盘电子标签上获得的卷烟信息与 WMS 系统上获得的账面库存进行核对，核对完毕后，盘点工再与现场实物进行核对，并将核对结果记录在叉车数据采集终端系统上，上传至 WMS 系统。

（3）出库管理。卷烟出库过程的信息流走向与入库过程类似，当车辆到达仓库大门时，门口安装的 ECT 设备感应到车辆信息，并自动把该车辆信息传送到仓库的 WMS 系统；WMS 系统根据车辆信息与其对应的出库单据关联，按照系统设定的出库规则自动分配出库卷烟，并通过无线网络把出库单下发到库区装卸人员的叉车数据采集终端系统上，装卸人员根据叉车数据采集终端系统上的出库单据提示到指定货位取货。

当装卸人员用叉车叉起一托盘卷烟时，叉车数据采集终端系统上的 RFID 读写器读取该托盘上的电子标签，获得该托盘上的卷烟信息；在库区内，每一个月台的指定区域内都安装了 RFID 读写器，当托盘卷烟到达出库车辆所在的月台上时，须在该月台指定的 RFID 读写区域内进行扫码，以获得该托盘卷烟的信息，并实时传送到国家烟草专卖局一号工程系统中；经一号工程读取后的托盘卷烟才可放至出库车辆，至此，该托盘卷烟的出库任务完成；当完成出库单据上所示的所有卷烟出库任务时，该单据在叉车数据采集终端系统中自动消失。

当出库卷烟不在底层时，其出库过程须经过电梯环节，整个电梯过程与入库过程相仿。系统出库流程如图 4 所示。

3. 系统的优势

本系统成功将整个仓储系统与射频识别技术相结合，能够高效地完成各种业务操作，改进仓储管理。具体来说能够较为突出地实现以下几项主要功能。

（1）实现了卷烟的先进先出管理。库存管理依靠手工方式，只能实现楼层级的管理，根本无法区分各批次的库存卷烟，从仓库出货时无法做到卷烟的先进先出管理，导致部分卷烟长期存在仓库中，影响卷烟产品的品质和公司的形象，而利用 RFID 技术，可以对卷烟信息及时、准确地收集，实现货位管理。对于每一批入库的卷烟，其入库时间、存放货位等信息均存入托盘货位标签并由系统自动记录，当卷烟出库时可在此基础上实现卷烟的先进先出管理。

（2）提高了卷烟查询的准确性。托盘电子标签能够存储大量信息，可以对卷烟的各种特性（如年限、地点、品种、等级等）进行描述，并存入管理系统进行管理，在查找时更加准确、快捷。

（3）优化了出入库业务流程，提高了工作效率。结合计算机技术和托盘管理，可以在很大程度上优化业务流程。入库时，卷烟托盘电子标签数据传入管理系统后，由系统自动分配货位，而后装卸人员在叉车终端系统的指示下快速的将托盘卷烟存放到指定货位。出库时，

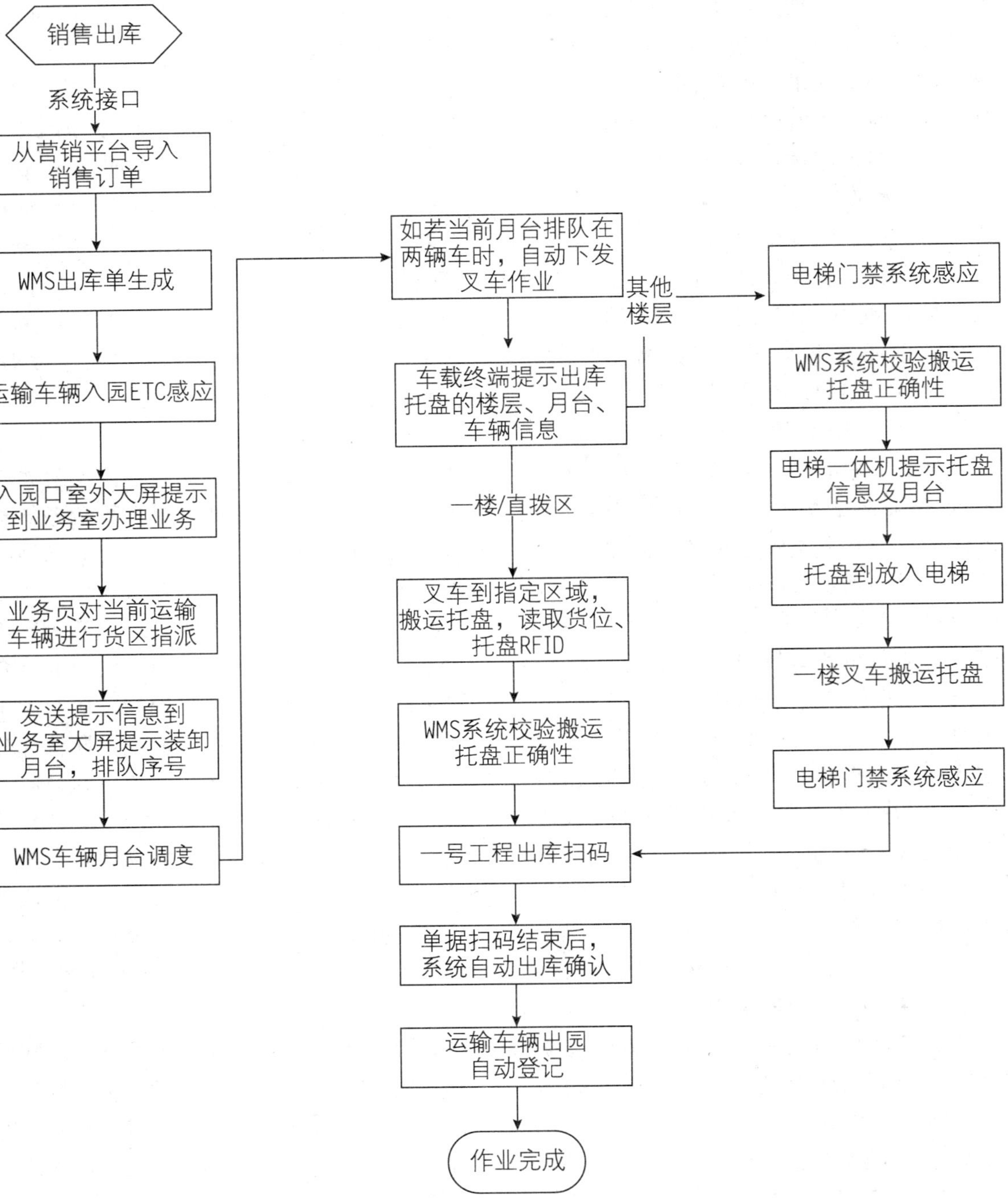

图 4 系统出库流程

管理系统根据销售订单需求，按照先进先出的总体原则对出库卷烟进行自动分配，装卸人员在叉车终端系统的指示下快速的将托盘卷烟运送到运输车辆上。通过对托盘的有效管理和运用，减少了卷烟的搬运次数，提高了出入库的运行效率。

（4）动态掌握库存信息，简化了盘点作业。利用 RFID 技术可以随时动态掌握库存信息，从而提高数据的实时性，精确掌握卷烟情况，优化合理库存，从而简化了盘点作业。

（5）卷烟实时追踪，实现调度图形化管理。利用 RFID 技术可以实时追踪卷烟调度，实现图形化管理的功能。这一功能使得库存卷烟移动可以非常直观、迅速地以图形化的方式反映出来，极大地提高了仓储精细度。

（6）给管理者与决策者提供了及时准确的库存信息。库存信息依靠手工报表、人工统计的方式来实现，会导致公司领导和物流中心等相关部门无法及时确切了解仓库的库存信息。此外，随着公司业务的发展，日进出卷烟数量、品种逐步扩大，客户需求也日趋复杂，能否实现仓库库存的实时管理已经成为影响建立快速、高效的运营体系的重要因素。利用 RFID 技术，管理人员和相关部门可以通过管理系统实时、准确地掌握仓库的库存情况，为经营决策提供科学的依据。

（7）在多层平库仓储条件下实现了自动化仓库式的运作模式。通过应用研制的托盘货位标签，实现了同层平库内托盘卷烟的货位化管理；同时，通过设计电梯门禁系统，优化仓储业务流程，实现了托盘卷烟在空间纵向上运行轨迹的自动跟踪与管理，使卷烟在多层平库仓储条件下实现了自动化仓库式的运作模式，具有重要的推广价值。

四、系统成效

1. 系统运行效果

系统运行前后效果对比如下表。

系统运行前后效果对比表

序号	衡量指标	公式或衡量方式	
		实施前	实施后
1	物流作业单据处理差错率	5%	0.1%
2	入库车辆到达至完成入库时间	平均 30 分钟	平均 10 分钟
3	销售订单下达至完成装卸时间	平均 2 天	平均 4 小时
4	卷烟在库时间	平均 10 ~15 天	平均 3 ~5 天
5	仓库货位利用率	80%	95%
6	物流设备资源利用率	72%	85% 以上
7	卷烟成品全程跟踪率	20%	100%
8	物流作业管理人员	120 人	85 人

2. 直接经济效益

浙江中烟基于 RFID 的多层平库卷烟成品仓储信息系统落地应用，可产生直接经济效益约 925 万/年。

（1）每年节约物流装卸费用 425 万元。2011 年，浙江中烟发往省内 1137.5 万件，以平均装 300 件烟节省 4 人 ×0.3 小时计算，共节省 4.55 万人时；发往省外 1106.5 万件，以平均装 300 件烟节省 4 人 ×0.3 小时计算，共节省 4.426 万人时，不计商业卷烟配送中心节省人时，共节约人时 8.976 万人时。按照装卸人员平均年费用，年共节省人时费用 425 万元。

（2）仓储库位的有效利用率提高 20%。按照先进先出、就近取货等仓储存货原则实现了仓库的智能化管理，缩短了卷烟在库时间，提高了库存周转效率，仓储库位的有效利用率进一步提高。理论测算，在现有产能、库容不发生变化的情况下，可减少20%的外租仓库面积，减少费用500万元/年。

3. 间接经济效益

（1）卷烟库存进一步降低，库存占用资金进一步减少，理论测算可减少10%库存存货，2000箱（平均库存存货减少量）×3400元/箱/月（单箱库存资金积压成本）×12月=8160万元。

（2）通过对卷烟成品在仓储环节的数字化、智能化、可视化管理，提高了对卷烟成品的质量和安全的管理能力，以及在发生质量问题时的追溯能力，提高了产品的市场占有率和客户满意率。理论测算可产生经济效益在1500万元/年。

4. 社会效益

系统采用的卷烟联运平托盘方式已推广至全国139家烟草商业公司，用托盘联运的卷烟占浙江中烟全年总销量的74.5%；同时，由浙江中烟牵头制定了一个行业标准——《卷烟联运平托盘电子标签应用规范》（YCT_ 272—2008）。

本项目是浙江中烟作为国家发展和改革委员会首批信息化试点示范工程单位（RFID方向）的重点项目，项目所采用的基于RFID的仓储应用模式至今已在全国多个烟草工业企业推广应用，起到了良好的示范效应。

（中国物流与采购联合会网络部）

信息化供应链助推物流效率

——中国邮政速递物流入厂物流项目案例

一、合作双方的基本情况

中国邮政速递物流股份有限公司（以下简称中国邮政速递物流）是中国邮政集团旗下的企业，主营速递和物流两大业务。中国邮政速递物流的合同物流业务深入客户供应链核心环节，为高科技、汽车、快消品、医药、服装等行业的客户提供生产支持物流、销售物流、市场支持物流、专业解决方案、供应链金融方案有机整合的物流服务。

A 客户是一家财富全球500强公司，是汽车零部件行业的跨国公司，是全球汽车安全系统行业的领导者，在全球30多个国家和地区有80个子公司和合资企业，在我国的5个城市拥有11家独资或合资公司。2011年，A客户的净销售额为82.32亿美元，同比增长15%，在我国市场的销售额为9.82亿美元，同比增长21%。

二、物流服务的合作内容

仓储业务是供应链服务的核心。近年来，中国邮政速递物流通过不断完善信息系统功能、引入自动化操作设备、加强员工培训等，持续提升仓库运作效率和增值服务能力。同时，把仓储服务能力与运输配送网络优势有机结合起来，为客户提供供应链综合物流服务，得到多家跨国公司和国内行业领先客户的认可。

中国邮政速递物流为A客户的多家工厂提供物流服务，合作内容覆盖原材料入厂物流、VMI仓库及协同库存管理、供应商补货管理、JIT配送、成品运输等供应链多个环节。VMI服务中，物流服务商成为连接客户和供应商的关键因素。物流服务商的协同管理能力和作业效率，直接影响着供应链的效率。

中国邮政速递物流多年来在为跨国公司和国内行业领先企业提供物流服务的过程中，充分认识到供应链信息共享对供应链效率提升的重要作用和信息系统在仓储管理能力及管理效率中的重要角色，持续投资于信息系统功能的提升。在为A客户提供服务时，以信息系统为核心，把入厂物流管理延伸到上游供应商生产环节，供应商根据VMI仓库信息系统提供的实时建议补货计划安排生产和出货，并通过信息系统直接生成供货标签及相关交接单据。通过这些措施，A客户实现了基于VMI管理协同下的按需生产。在双方的共同努力下，实现了对整条供应链的服务水平和运作成本的有效控制，VMI库存准确率、储位使用率、库容满载率和补货及时率均达到100%，取得了合作共赢的效果。

三、信息共享支持供应链运作效率提升

1. 对供应商的支持

库存信息共享：各供应商通过统一的信息系统平台，共享库存量信息与库存变动情况，提高供应链反应速度与准确性，从而降低供应链整体库存水平。

及时传递补货指令：由中国邮政速递物流项目组汇总上下游信息，多途径向供应商发布补货指令，减少传统补货指令下达过程中的放大效应，从而精确控制供应链的最优库存。

简化作业流程：通过互联网和电子商务端口，使各个供应商可以共同使用一个作业平台，遵循相同的标准与流程。

作业协同规范：对于货品标签、分析报表、作业单据、信息格式等进行规范，减少了沟通成本，消除不必要的手动干预，节省了时间和金钱，提高了作业协同水平。

2. 对 A 客户形成的支持

提高供应链透明度：A 客户可以提取仓库和供应商的库存数据，在途库存和在途时间等信息，提高了信息透明度，满足 A 客户的原材料供应和内部的各种管理和监控需要。

提高作业效率：WMS 系统与 A 客户 ERP 系统无缝对接，根据生产数据直接向 WMS 下达补货指令。

供应商考核管理：对供应商的补货及时率、物料品质、破损率进行统一管理，生成相关报表供 A 客户使用。使 A 客户在外包仓储服务的同时，仍能对供应商进行有效管理。

库内作业对外可视化：自动邮件推送功能可提供库内作业日、周、月业务报表，以及费用、劳动力考核等管理报表，提高管理水平。

3. 对物流服务的支持

与供应商系统无缝衔接：协同平台与 WMS 的无缝对接，极大缩短仓库收货、验货等环节的作业时间。

供应商收货窗口管理：规范供应商送货作业，综合制订供应商送货时间窗口，减少月台收货压力。

库内作业全程可视化：库存管理、货品跟踪、上架、拣货、补货、发运等过程实现可视化管理。

库存管理：对库存水平进行严格控制是入厂物流的基本特性之一，通过对供应商发货环节、收货环节和补货指令发布环节进行控制，严格控制库存水平，同时保证库存准确率。

出货响应：通过持续优化拣货模式、库内存储布局、发运流程等途径，不断满足客户多频次、大批量的出货要求。

动态拣货模式：在保证 FIFO 的规则前提下，允许拣货人员根据现场实际情况调整拣货建议，以提高出货效率。

四、完善的项目管理体系

对合同物流大客户，中国邮政速递物流均建立总部直管的项目管理体系（如图 1 所示）。对项目解决方案、仓储及增值服务、信息系统等由总部团队制定和实施，各地项目组负责日常运作。完善的项目管理体系，是项目运作质量的保障。

五、运作模式

仓库实行 7×24 小时作业制，VMI 仓库作业分为入库作业、出库作业、库存管理、需求预测、供应商管理和运输配送等作业环节。原材料由各个供应商根据送货指令送至 VMI 仓库，中国邮政速递物流依据 A 客户生产计划、库存控制要求、看板需求对库存、供应商实施有效管理，并通过看板拉动实现即时配送，确保 A 客户自身零库存平稳生产。VMI 库存管理运作模式如图 2 所示。

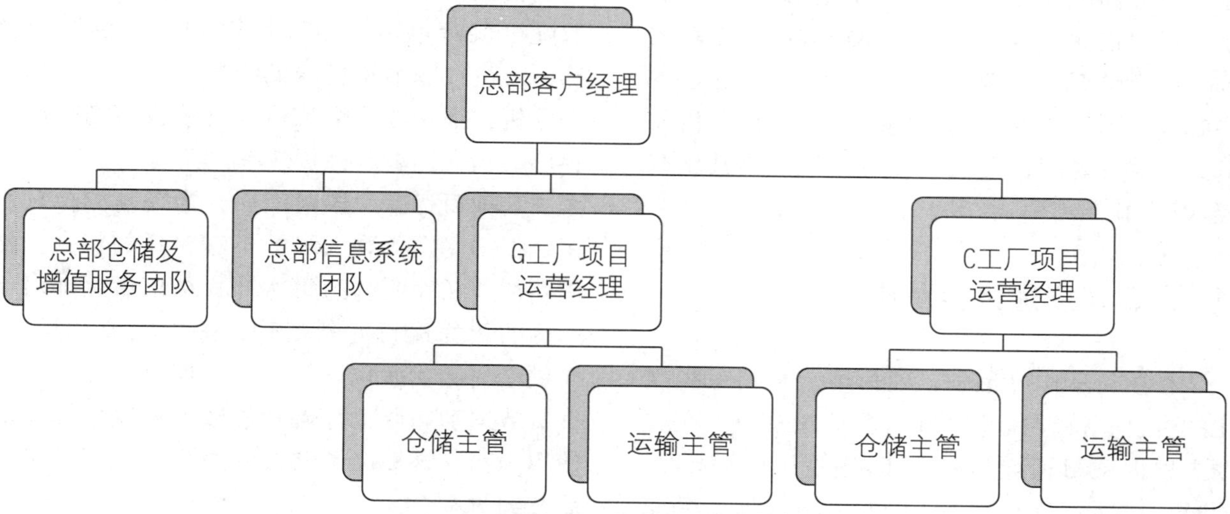

图1 中国邮政速递物流的项目管理体系

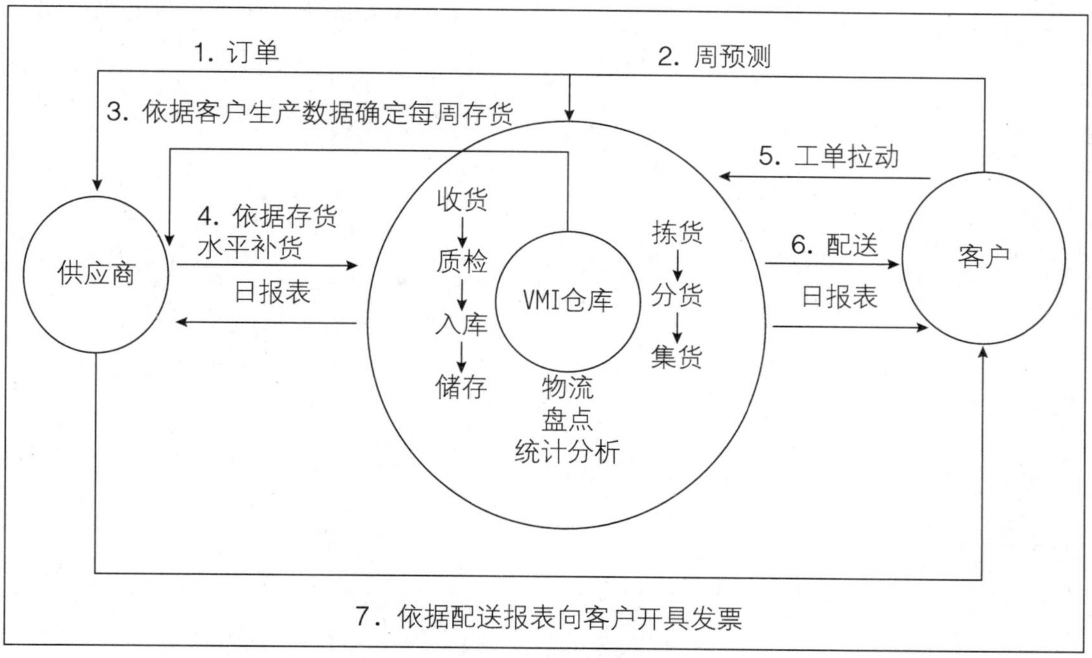

图2 VMI库存管理运作模式

A客户工厂与供应商交换的信息不仅仅是库存信息，还包含企业的生产计划、需求计划、采购计划、质量体系、退货信息，以及供应商的交货、补库和运输等计划信息。在供应链管理系统中，VMI仓库作为纽带将A客户和供应商连接在一起，构成一个三方共赢系统，达到供应链整体成本降低的目的。对A客户而言，库存由供应商管理，既减少了库存成本，又能专注自身核心业务。对供应商而言，提高了产品管理的专业化水平，并可从VMI仓库获取专业的物流服务，包括软件应用、专业指导、后勤设备和人员培训等一系列服务。

中国邮政速递物流提供的VMI服务允许供应商获得A客户生产中对其产品的真实需求信

息，供应商利用这些第一手信息设定库存水平，可以消除因信息不对称导致的额外库存成本，有效降低了安全库存水平。同时，通过中国邮政速递物流提供的协同平台，缩短了供需双方的交易时间，使供应商更好地控制其生产经营活动。

六、持续优化和提升

在项目运作过程中，项目组会不断审视优化的机会，持续提升项目运营管理效率。在实践中根据项目运作特点，不断优化操作流程。同时，在项目管理中推行 5S 现场管理、标准化作业等方法，全面提升项目作业能力和水平，巩固稳定运营质量。

在项目运营初期，库内货物的库位分配采取随机存储策略，而拣货模式是按供应商拣选，人员在库内拣货的动线较长。经过运营数据分析，把库位分配策略改为按供应商分区域存储，大大提高了拣货效率。

在项目运营一段时间后，为提高储位利用率，根据库内货物大多数不够整托的特点，把周期性并托作业改为每次补货结束后立即对于库内的货物进行并托处理，提高储位利用率；在供应商储位面积计算上，根据供应商的历史存货数据动态调整存储货位数量和供应商仓储使用面积，既提高了储位利用率，又帮助供应商节约成本。

（中国邮政速递物流股份有限公司）

构建多式联运体系 提升港务区服务品质

西安国际港务区是国家深入实施西部大开发战略重点发展的生产性服务业示范园区。《关中—天水经济区发展规划》和《中共中央、国务院关于深入实施西部大开发战略的若干意见》中明确提出支持和推进西安国际港务区发展。西安国际港务区以建设内陆外向型经济先导区，构筑中国最大的国际型内陆港、黄河中上游最大的商贸物流中心为战略目标，以支撑平台建设为基础，以优化现代服务业体系为路径，以大通关机制建设为抓手，以国际化大都市现代服务业核心功能区建设为方向，大力发展以公路、铁路、海运、空运为核心的多式联运业务，努力将西安国际港务区打造成为西部内陆地区开发开放的战略高地。

一、完善内陆港功能，强化多式联运基础

西安国际内陆港作为外向型交通枢纽，其港口功能发挥有赖于基础支撑平台的作用。通过三年多的不懈努力，西安国际港务区国际陆港口岸服务功能已建成并投入运营，“港口后移、就地办单、海铁联运、无缝对接”的梦想已变成现实。一是 2011 年 2 月 14 日，国务院正式批准设立西安综合保税区，西安成为了全国第 14 个、西北首家拥有综合保税区的城市，西安开放型经济的发展拥有了一个更加广阔和坚实的平台；二是西安铁路集装箱中心站作为全国 18 个具有国际先进技术设备和物流功能的集装箱中心站之一，东连郑州中心站，西接兰州中心站，南靠重庆、成都中心站，北临包头、呼和浩特集装箱作业站，具有连东进西、承南启北的功能和作用；三是西安公路港以信息交易为核心，以公路运输为依托，与多种运输方式相衔接，立足西安、服务西北、辐射新亚欧大陆桥，成为实现公、铁、海、空多式联运的综合交通枢纽。西安公路港与西安铁路集装箱中心站、西安综合保税区共同构成三大支撑平台，三大平台通过物理连接、功能叠加、效应倍增，形成无缝连接的多式联运体系，使得西安国际内陆港的港口功能、辐射范围和能力得到了极大的提升，为西安市打造国际化大都市现代服务业核心功能区提供了内外沟通的重要支持和保障，大大促进西北地区外向型经济发展。

二、建立“港区联动”机制，探索全国大通关模式

借助西安的产业和地理优势，西安国际港

务区努力探索全国大通关模式，通过东连西进、南下北上，主动与沿海港口、沿边口岸、新亚欧大陆桥沿桥城市、主要物流园区建立战略合作伙伴关系，形成覆盖全省、沟通全国、联通世界的物流网络。目前，西安国际港务区已经与上海港、天津港、连云港港、青岛港开展实质性业务合作，天津港在国际港务区设立西安营销中心，合作成立西安陆港津安国际物流有限公司，并已顺利开展集装箱箱管业务；连云港港西安国际港务区服务中心已正式成立；西安综合保税区上海物流分拨中心落户洋山港，“区港联动”效应不断发挥。西安国际港务区与霍尔果斯口岸、阿拉山口口岸、秦晋豫物流港、鄂尔多斯东胜区、榆林能化基地物流园、汉中褒河物流园等签订了战略合作协议；与兰州、嘉峪关、乌鲁木齐等多个新亚欧大陆桥沿桥城市建立了广泛、深入的交流合作关系；与招商集团合作，开通直达霍尔果斯口岸、阿拉山口口岸的公铁多式联运线路，这有利于国际港务区有效整合新欧亚大陆桥的国际贸易和国际物流资源，推进新欧亚大陆桥畅通，推动我国“陆上开放”与“海上开放”并重的对外开放新格局的形成。

三、开通“五定班列”，构建快速出海通道

“五定班列”是国际通行的高效便捷的铁路运输组织形式，指在主要城市、港口、口岸间铁路干线上组织开行的“定点（装车站和卸车站固定）、定线（运行线固定）、定车次（班列车次固定）、定时（货物发到时间固定）、定价（全程运输价格固定）”的快速货物列车。目前，西安铁路集装箱中心站与沿海港口之间已经开通“五定班列”，具有“运行高速、手续简便、运期保证、安全优质、价格优惠”五大特点和优势，经中心站装运的来往货物实现了优先配车、优先装车、优先挂运、优先放行、不准停限车、不准分界口接、不准保留、不准中途解体、不准变更到站、严格按图行车的直通车运输。“五定班列”这条绿色通道的顺利开通和高效运行，极大地降低了货物进出口成本、优化了陕西省、西安市乃至整个西部的物流环境，进一步推动了西安国际港务区与各大港口、口岸多式联运业务的发展，为西部发展外向型经济、发展现代物流业、承接沿海产业转移奠定了坚实的基础。

西安铁路集装箱中心站通过开行“五定班列”，进一步整合国际货运业务，不断完善服务功能，运输组织模式进一步优化。一是从设施设备、作业方式、运输组织等方面采用世界先进技术超前建设，设有完善的铁路装卸到发设施，可实现集装箱班列整列到发；二是服务功能设有一关一检和堆存区、仓储区、修箱区等专业区域划分，可满足不同需求；三是配备了现代化的集装箱装卸搬运设备及先进的堆场管理及调度监控系统，实现了高效率自动化运作；四是配备先进完备的信息管理系统，实现现场业务办理流程、集装箱状态查询以及途中跟踪，做到与港口、海关、银行等相关业务系统的无缝衔接，改变传统作业模式，极大提升作业效率。

2011 年西安铁路集装箱中心站共开行“五定班列”104 列，4989 车，全年共完成 75757 标箱，其中发送 33748TEU，到达 42009TEU，国际箱发送完成 15250TEU。五定班列主要货源品类主要有四大项：果汁、汽车零配件、太阳能板、有色金属，发送量占总发送量 62%。货源覆盖陕西全境、甘肃天水、山西运城等地，发挥了对陕西及周边地区产业发展的辐射带动作用。

四、推进信息化建设，打造物流综合信息服务平台

随着物流水平的提高，集装箱管理方法日

趋成熟，集装箱管理的信息化水平已经成为当今物流业的另一个重要标尺。按照陕西省“十二五”规划所提出“把西安国际港务区建设成国家级一流物流园区”的要求，西安国际港务区以科技立区为手段，引入信息化技术，构建起西安国际港务区物流综合信息服务平台。

基于RFID与智能传感器技术的物流综合信息服务平台集装箱物流运输监控管理系统，集成了RFID、GPS、GPRS、GIS、智能传感器等多种技术，将采集到的集装箱各种状态信息在运载工具上实时显示，并通过无线传输发送到远程监控中心。显著提高了集装箱多式联运的透明度，实现了集装箱的定位跟踪与查询，在运输过程中实时获得集装箱内的货物信息，及时发现集装箱货物的温度、湿度、震动以及集装箱的在途开启状态等信息，不仅实现对集装箱的定位，而且可以有效管理其装载的货物以及运输途中的安全问题，达到及时发现问题、及时处理的目的。

物流综合信息服务平台的建立，缩短了物流信息流转环节，提高了物流效率，降低了物流成本，极大地提升了国际港务区多式联运业务的物流信息化水平。

（韩　松　西安市副市长　西安国际港务区党工委书记）

发挥枢纽优势　助推三峡区域大物流

——宜昌三峡物流园有限公司

宜昌三峡物流园有限公司（以下简称公司）成立于2009年11月，注册资本3.5亿元。公司是湖北稻花香集团组建的大型综合物流企业。

宜昌三峡物流园（以下简称三峡物流园）是宜昌市规划建设的大型综合性物流项目。三峡物流园项目作为湖北省委省政府推进长江经济带新一轮发展的重点项目、三峡现代物流中心的首个核心启动项目，由湖北稻花香集团投资18.8亿元开发建设。三峡物流园建设的总体思想是，引进卓越的管理理念、先进的物流技术、专业的人才团队，在探索现代物流的过程中形成自身的核心竞争力，把三峡物流园打造成为鄂西渝东最大的现代化、综合性物流园。

一、依托宜昌区位优势，构建区域大物流

宜昌市位于湖北省西部、渝鄂湘三省市交汇地，区域位置处在以武汉、郑州为中心的中部物流区域和以重庆、成都、南宁为中心的西南物流区域的交接处，长江物流通道、中部地区南北物流通道和煤炭物流通道的交汇点，承担着西南、中南和华东等地的物资中转和接运重任，在全国的物流区域分布与通道规划中的地位十分突出。宜昌作为长江中上游地区重要的交通枢纽和中转港，将发展成为长江中上游的区域性物流中心城市，成为长江经济带五点一线（上海—南京—武汉—宜昌—重庆）格局的一个重要节点，为长江经济带的腾飞提供有力的支撑。

三峡物流园处在宜昌市东站附近的物流规划区内，紧临宜昌火车东站、长途汽车站、三峡高速公路网，距离临江坪码头仅6公里，距离三峡国际机场仅14公里。东站路、城乡路、花溪路等城市主干道将三峡物流园与宜昌市四通八达的立体交通网络互联。

三峡物流园的规划建设主旨就是要依托宜昌独特的区位优势，构建适应区域经济发展的区域大物流。

二、高起点、高标准、高质量，建设优质物流基础设施

三峡物流园总占地面积约1154亩，总建筑面积80.8万平方米，主要划分为农副产品和工业品展销中心、冷链和仓储配送中心、物流信息交易中心三大功能区。为把三峡物流园真正建设成为鄂西渝东最大的现代化、综合性物流园，三峡物流园从设计到建设始终坚持高起点、高标准、高质量建设优质物流基础设施的原则。

1. 农副产品和工业品展销中心

农副产品和工业品展销中心（又称农贸城）采用高架桥双层立体结构设计，以 3.75 公里的高架桥做纽带把分布在展销中心两层楼内的 2800 间展销店铺立体连接、互连贯通，实现了铺铺相连、铺铺临街。农副产品和工业品展销中心采用前店后仓的独特经营模式，可实现果蔬、粮油、副食品、干调、水产、冻品等农副产品全天候一站式采购，为三峡物流园成为鄂西渝东最大的农副产品集散地奠定了坚实的基础。

2. 冷链和仓储配送中心

冷链和仓储配送中心由 10 万吨级冷库、20 万平方米仓库组成，共有 4 栋冷库、8 栋站台库、2 栋设备库和 1 栋热带水果库。冷库和站台库均为 3 层立体库，单体冷库面积约为 2.1 万平方米，库容约为 3 万吨。单体站台库总建筑面积约为 2.2 万平方米，每层约 0.7 万平方米，层高 7.2 米，配备多台 5 吨大型的轿厢货梯、10 吨行车和层高 10.6 米现代化的高位货架，内部配有可实现托盘码垛、叉车运输和货架存储，物流作业自动化水平很高。此外，三峡物流园内配套建有住宿公寓和 7 万平方米的大型车辆停车场等现代公共服务设施，提升了三峡物流园的服务品质。

3. 物流信息交易中心

物流信息交易中心内设 500 间货代办公室和 150 个网上交易席位，可以实现远程交割和由金融机构主导的第三方支付。物流信息交易中心搭建的“一中心两体系五平台六通道”物流信息平台，可提升三峡物流园的核心竞争力，吸引国内外知名物流企业以及区域货代园区入住，实现信息共享、辐射全国。

三、细化物流功能，确保区域物流提档升级

为实现把三峡物流园真正建设成为鄂西渝东最大的现代化、综合性物流园的建设目标，三峡物流园在设计建设的过程中注重细化物流功能，确保区域物流提档升级。

1. 做专冷链物流

三峡物流园规划设计以 10 万吨冷库资源为依托，做专冷链物流促进行业内资源的有效整合。通过自身的发展，把所涉及的生产、加工、仓储、运输、配送、销售等各环节有机结合起来考虑，充分挖掘自身的优势，向食品冷冻加工、冷藏运输及冷冻食品批发销售等物流环节延伸，提供加工、分拣、拣选、改包、贴标等多样化的延伸服务，将冷库功能由传统冷库的“低温仓储”型向以满足客户需求和多品种配送为目的的冷链物流型发展。

2. 做强物流配送

物流配送位于物流系统的最末端，处于支线运输、二次运输和末端运输的位置，核心是必须根据客户需求对货物进行“有组织、有计划”地“配”，进而实现“低成本、快速度”地“送”。在电子商务快速大发展的局面下，物流业发展的滞后使得物流配送面临前所未有的窘境。三峡物流园的规划建设特别关注做强物流配送，不但规划建设现代化的物流信息平台，还明确了引进和培育优秀的管理团队，配置专业化的物流设施设备，制定集货、分拣、加工、配货、配装、配送运输、送达服务等标准化流程体系的规划，意在通过做强物流配送切实提高末端物流的效率，满足市场的需求。

3. 做大物流信息平台

三峡物流园物流信息平台的建设是提升园区核心竞争力的重要手段和必要措施。本着“战略一致、先进实用、系统规划、持续扩展、成熟应用”的原则，三峡物流园将构建“一中心两体系五平台六通道”的信息平台构架。通过三峡物流园专业的管控能力和强大的信息系统，实现对三峡物流园的仓储设施、入驻物流企业、社会车辆等物流资源进行管理、运营，组织共同配送。近期三峡物流园集公共信息服

务、园区管理服务、企业应用服务、辅助业务服务为一体的多功能、专业化、网络化的物流信息平台建设即将完成，待其投入运营稳定后，园区的信息化建设将转向物流系统社会化，以实现信息、资源的共享，支持多式联运、供应链整合的业务发展。

四、整合优势资源，构建农副产品产、供、销一体化供应链

宜昌市现有较好的批发市场体系，如粮油专业批发市场、果蔬专业批发市场、副食品批发市场、集贸市场等形成了市场网络体系。批发市场是宜昌市主要的农产品流通渠道，具有明显的优势。三峡物流园在规划设计和建设中清醒地认识到，要实现三峡物流园真正建设成为鄂西渝东最大的现代化、综合性物流园的建设目标，必须要确保宜昌市农产品流通渠道的优势更加明显，要建设好以批发市场为核心的农产品供应链。因此，三峡物流园的规划建设尤为注重整合优势资源，构建农副产品产、供、销一体化供应链。一方面抓源头（专业合作社、种植养殖基地等）建设，一方面抓渠道（批发商、经销商、超市卖场、集贸市场等）建设。在与农副产品供应链上游和下游各成员建立合作伙伴关系、对供应链资源进行优化整合时，一是加强园区农产品批发市场基础设施建设和标准化建设，打造鄂西渝东最大的现代化农副产品集散地，不断实现农产品物流集约化发展；二是引导并应用现代先进的交易和管理方式，如电子交易、一卡通等；三是构建批发市场的信息共享平台，以批发市场为核心节点，将农产品生产、加工、流通和消费等环节有机结合起来。信息在批发市场汇集、筛选、整理后，在各个层面上进行传递，以实现供应链纵向一体化。

按照三峡物流园的建设规划，三峡物流园将发展成为区域的农产品价格形成中心、信息传递中心，以起到指导农产品生产与消费的作用，实现农产品的产、供、销的一体化。同时，构建成熟的批发市场物流体系，使之规模化、集约化发展，从而满足农产品现代物流的需求。

五、实践现代管理方法

为使三峡物流园跻身现代化物流园区行列，三峡物流园在管理中不断更新管理理念，推行现代管理方法，提升服务质量。一是组织专人落实 ISO 9000 质量体系认证机制的工作。三峡物流园把 ISO 9000 质量标准引入到日常的经营和管理中，以体系认证为目标，针对组织的管理结构、人员、技术能力、各项规章制度、技术文件和内部监督机制等组织专人专班推广执行。二是导入卓越绩效模式，开展全面质量管理的标准化、规范化和具体化建设，不断优化内部管理流程、整合管理方法、提升管理效率、完善绩效评价，全面提升三峡物流园的综合竞争力。

六、人才引进 + 员工培训 + 校企合作，构建可持续人才体系

为构建可持续的人才体系，三峡物流园本着“人才兴企、以人为本”的理念，采取人才引进 + 员工培训 + 校企合作的方法，构建可持续的人才体系。一是公开向社会聘请高级人才或专业管理团队。二是不断强化员工定向、定期培训机制。公司积极引导员工个人职业规划与园区发展目标相结合，对所有员工分专业、分阶段进行持续有效的培训。这不仅提高了员工的工作技能和综合素质，也增强了企业凝聚力。三是三峡物流园与高校建立合作。目前，三峡物流园已与三峡大学、三峡职业技术学院等高校建立合作，开展双向的人才培养、员工培训、实习实训等一系列计划，力求培养出更

符合社会和企业发展需要的人才，实现院校和企业双方受益、多方共赢。

本着“立足物流、内联外引、服务社会”的宗旨，三峡物流园项目将立足宜昌和三峡翻坝物流节点，整合区域物流资源，辐射川渝和恩施、荆楚、武汉等地。运营后的三峡物流园将实现年货物吞吐量720万吨，年交易额达150亿元，预计年创税收过亿元，可带动约3万人就业。

自三峡物流园运营至今已荣获“湖北省现代服务业示范园区”、“2011年度最具价值物流基地”、“物流信息化动态监测定点联系企业”、“2012年度宜昌消费者信赖品牌”等荣誉。

（宜昌三峡物流园有限公司）

打造国内领先的专业化综合物流服务提供商

中铁现代物流科技股份有限公司（以下简称“中铁现代物流”）是由世界500强企业中国铁路物资股份有限公司（以下简称“中国铁物”）控股的国有大型第三方物流公司，成立于2002年，注册资本1.18亿元，具有深厚的铁路背景。公司以钢材为主的大宗生产资料综合物流服务为核心、铁路物流和金融物流服务为特色，拥有七大业务板块，业务涉及钢铁、煤炭、矿石等大宗生产资料、快速消费品、汽车等诸多领域。

中铁现代物流总部设在北京，在北京、上海、天津、重庆、广州、武汉、西安等主要枢纽城市设有多家子公司，控制协调遍布全国多个配送中心及作业部，依托先进的物流信息系统支持，形成了以枢纽城市为核心、覆盖全国的网络体系。

一、专业化的战略定位

近几年来，中铁现代物流在钢材、煤炭、铁矿石等大宗生产资料方面不断开展业务，经过深入研讨、认真比对，在新版战略中提出了“打造国内领先的专业化综合物流服务提供商”的宏伟目标，同时按照“专业化经营”的业务发展思路，中铁现代物流总部按业务板块设立了基础物流、港口物流、铁路物流、金融物流、钢铁物流、煤炭物流、机电接运七个事业部，强化了专业化管理，形成了业务专业化指挥体系和集成运营能力。专业化经营使中铁现代物流更容易把握市场方向，洞悉市场变化，理顺市场业务发展情况，为公司各项业务开展提供科学性决策。

同时，在“专业化战略”的指引下，中铁现代物流进一步明确了自身的核心业务和重点发展领域：“以大宗生产资料综合物流服务为核心”。未来中铁现代物流会紧密围绕中国铁物铁路产业综合服务和钢铁产业链核心业务，加强中国铁物系统内业务协同，立足于具有全国性营销网络的大客户开发，增加社会物流市场份额，提高物流业务市场竞争力。未来五年是中铁现代物流全面振兴的关键时期，是不断打造核心竞争力、做大做强物流业务的重要时期，公司会重点发展各项业务的增值服务等，力争成为中国物流行业的领先企业。未来十年，中铁现代物流会以全国性物流业务运作为基础，立足国内，突破海外，构建一体化的供应链运作体系，形成有竞争力的供应链集成服务能力，成为供应链一体化和专业化综合物流服务提供商。

二、专业化的业务模式

在“专业化战略”的指引下，中铁现代物流形成了基础物流、港口物流、铁路物流、金融物流、钢铁物流、煤炭物流、机电接运七大业务板块齐头并进、协同发展的专业化业务模式。

基础物流是中铁现代物流的传统和支柱业务，是发展其他业务的基础。业务类型以专业化的仓储及在途库存管理、流通加工、区域配送、干线运输、短途配送、多式联运等业务环节为主，基础物流业务是配合其他业务板块形成为一体化服务的重要支撑，也是实现供应链集成服务的重要组成。

港口物流是中铁现代物流的新兴潜力业务，主要包括港口国际货代业务、港口国内货代业务、国际和国内海运等。港口国际货代业务主要提供进出口货物通关、商检、货代、转运等代理服务；港口国内货代业务主要为客户提供港口理货、收发货和货权控制等业务；国际和国内海运业务是指为客户提供国内、国际海运租船、订舱服务。

铁路物流是中铁现代物流的战略型业务，是发挥背景优势而着力打造的优势业务，主要业务为铁路基建物资代理服务和铁路基建项目物资供应。2009 年 3 月，中铁现代物流总部整合组建了新的铁路物流事业部，各分子公司陆续设立铁路物流部与总部铁路物流事业部对口，开始在全国范围内开展铁路物流业务。新机构的建立，进一步明确了铁路物流业务的发展定位和发展方向，中铁现代物流的专业化经营优势和铁路物流服务特色进一步发挥。

金融物流是中铁现代物流的战略型业务，是打造核心竞争力的关键业务，目前公司操作的金融物流业务模式主要是金融监管和采购执行，金融监管分为商品车类和非车类，其中非车类业务以大宗生产资料为主。采购执行是中铁现代物流受银行等金融机构的委托，签订多方协议，代其客户向上游卖方采购，对货物实施监管，并提供代理结算等服务的业务。经过六年的发展，公司金融物流业务战略定位更加清晰、业务模式不断创新、金融资源更加丰富、客户资源不断发展、网络布局更加完善，防控体系基本健全。

钢铁物流是中铁现代物流发挥钢铁贸易能力、发展一体化物流的重要业务，主要为控货型代理业务，目前协同金融物流大力推进钢铁类采购执行业务。钢铁物流作为中铁现代物流发挥钢铁贸易能力、发展一体化物流的重要业务，以市场需求为起点、以钢铁贸易为基础，通过整合上下游客户资源、内部资源等供应链资源，目前与许多重要供应商和客户结成稳定的合作伙伴关系。

煤炭物流是中铁现代物流发挥煤炭贸易能力、发展一体化物流的重要业务，以企业资金优势为依托，实施上控资源、下通终端用户的模式布局，目前协同金融物流大力推进煤炭类采购执行业务。根据中铁现代物流的发展战略，为更好的实现以大宗生产资料综合物流服务为核心、以供应链集成服务为重点的发展愿景，于 2010 年在总部成立煤炭物流事业部。煤炭物流事业部的设立标志着公司在大宗生产资料中对煤炭类业务的重点扶持，同时也标志着公司煤炭业务的发展将步入快速发展的通道，为中铁现代物流成为专业化的综合物流服务提供商提供坚实的业务载体。

机电接运是中铁现代物流传承历史的特色业务，主要是为铁道部从国外采购的机电设备办理到达国内港口后的清关、运输、仓储、分送至施工现场、组装工厂或其他指定收货人的一种综合物流服务。它源于中国铁物铁路机电产品接运工作，至今已开展十余年。中铁现代物流在机电接运领域具有强大的品牌优势、经验优势和渠道优势，可提供项目物流、工程物流和大件运输等服务。

三、专业化的竞争优势

一个企业能够存在的根本，在于其服务客户时所拥有的竞争优势。在“专业化战略”的指引下，中铁现代物流经过探索、发展与积淀，已经形成了自身独特的竞争优势。

品牌优势。中铁现代物流是中国首批“AAAAA级综合服务型物流企业”、中国首批“AAA级物流信用企业”、“中国物流示范基地”、“中国物流产学研基地”、“中国能源物流最佳企业”、“中国物流管理创新型企业”、“中国物流最具影响力企业”、“中国最具竞争力物流企业”、“全国实施卓越绩效模式先进企业”，连续三年被世界品牌实验室授予“中国500最具价值品牌”，连续多年被评为“中国物流百强企业”。中铁现代物流名噪业界，名扬全国。

服务优势。中铁现代物流的基础物流、港口物流、金融物流、钢铁物流、煤炭物流、铁路物流、机电接运等业务板块都已具备整合能力和一体化运作能力。中铁现代物流在铁路产业综合服务的领域不断延伸、内涵不断丰富、水平不断提高，在初期铁路物资代理服务的基础上大力拓展了铁路基建投标业务，在系统内物资代理和投标物资供应中占有重要地位。备受国内外关注的中国铁物非洲矿业项目于2011年12月开始商业运营后，中铁现代物流积极为项目提供物流设计方案，在全球租船市场激烈竞争的情况下，为项目提供了当月签约、当月租船、当月装运及当月组团赴现场监装的高效港口物流一体化服务。

创新优势。创新是企业可持续发展的生命线，是中铁现代物流得以生存和发展的基础，中铁现代物流在业务开展和公司治理中都在不断进行创新，从高层到一线操作员工都具有创新的意识，在企业内部也逐渐形成创新的机制。创新业务模式、创新管控方式、创新激励机制，同时，积极鼓励员工进行创新，特别是随着企业员工队伍的年轻化、知识化、高学历、高素质等人才结构的变化，更是带来了理论创新、制度创新、业务创新、模式创新和管理创新。创新使中铁现代物流形成新的经营机制、新的赢利模式和新的管控格局，在业务结构、人员结构、产权结构和治理结构上都得到了优化与改善，企业发展方式和发展质量得到了根本性的转变和提升。创新成了中铁现代物流人的一种基本特质，成为中铁现代物流在逐渐发展壮大过程中不变的主旋律。

当一个企业发展到一定阶段，就会面临两条道路：多元化经营还是专业化经营。纵观国内外物流企业的发展史，中铁现代物流经过10年的发展，认真汲取国内外物流企业的经验，结合自身实际，在多元化经营与专业化经营两条道路上选择了后者，专业化能够带给中铁现代物流更多前行的力量。面对蓬勃发展的中国物流市场，中铁现代物流将秉承传统、开拓创新，向中国领先的专业化综合物流服务提供商迈进！

（张云飞　中铁现代物流科技股份有限公司）

FleetBoard® 车队管理系统

一、FleetBoard® 车队管理系统应用案例简述

2011 年，天津 A 物流公司总经理刘先生购置 100 台标配了 FleetBoard® 车队管理系统的梅赛德斯—奔驰 Actros 2644 6x2 牵引车。

A 公司是一家以短途粮食运输为主营业务的企业。在使用初期的前 2 周，由于受驾驶员的驾驶习惯局限以及对车辆了解生疏，A 车队整体平均油耗超过了百公里 42 升。这其中空转油耗（总油耗和行驶油耗之间的差值，即为空转油耗，是影响油耗的重要标准）高得惊人，达到了百公里近 3 升。得知此消息后，梅赛德斯—奔驰卡车驾驶员培训师借助 FleetBoard® 车队管理系统提供的驾驶员评分系统，对 A 公司的驾驶员进行了针对性的培训。在第 6~9 周车队平均油耗有了显著下降，降幅达百公里近 7 升！空转油耗也得到了较好的控制。然而，专业培训师离开后 A 公司车队的驾驶员出现了正常的习惯性遗忘，导致在第 9~10 周期间 A 公司车队的油耗出现了明显的上升反弹。

A 公司管理层意识到光靠驾驶员培训是不够的，必须根据 FleetBoard® 车队管理系统提供的驾驶员评分来制定合理的薪金奖励机制，有意识地强化培养驾驶员按规程操作驾驶的主动意识，帮助驾驶员养成良好的驾驶习惯，才能从根本上降低运营成本。因此自第 10 周起，在 A 公司的薪金奖励机制出台后，车队整体油耗持续呈现下降趋势。使用 14 周以来，车队平均百公里油耗降幅超过 10 升！FleetBoard® 车队管理系统能够保进物流企业内部发展形成良性循环的作用得到了体现。

二、案例分析

1. 转变观念

通过 A 公司 14 周的使用可以看出，FleetBoard® 车辆管理系统提供的车队平均驾驶员评分从开始时最低的 7.6 分已经上升到了超过 9 分。而他们在欧洲的同行们整体的平均驾驶评分也只有 8.3 分。驾驶员们证明了中国的驾驶员不仅可以驾驭高端的奔驰卡车，而且可以比欧洲的驾驶员们做得更好！这是一个非常了不起的成就，而且对于驾驶员本人的自信心也是一个极大的鼓舞。FleetBoard® 车辆管理系统因此可以起到促进物流企业内部发展形成良性循环的作用！

2. 影响 FleetBoard® 对驾驶员评分的因素

（1）驾驶员的制动习惯。FleetBoard® 车

辆管理系统的驾驶习惯评分与无磨损制动的使用有着直接关系。

FleetBoard® 车辆管理系统对驾驶员的驾驶习惯进行准确的评分，而影响驾驶评分的关键因素就是前瞻性驾驶。试想如果一个驾驶员在500米外看到路口的红灯，却依然脚踩着油门踏板，等到了离红灯只有50米处采用急刹车，那么这个驾驶员就不具备驾驶的前瞻性，这不仅会造成高油耗，同时也会对车辆造成不必要的磨损，除此之外也会威胁到交通安全，有百害而无一利。

奔驰卡车为驾驶员提供发动机制动和排气门制动两挡无磨损制动方式，不仅可以有效降低油耗，还可以减少磨损保护车辆。驾驶员可以对制动行为进行提前预判后打开无磨损制动，配合少量的制动踏板使用即可达到减速或停车的目的。因此无磨损制动的使用成为了前瞻性驾驶的重要组成部分。

FleetBoard® 车辆管理系统为使用者提供全面而详细的车辆运行数据，这当中就包括了无磨损制动距离和踏板制动距离。

（2）驾驶员的停车次数。FleetBoard® 车辆管理系统对驾驶员的评分同样与停车次数相关。过多的停车次数是造成高油耗的另一个元凶，而这同样逃不过 FleetBoard® 车辆管理系统的"法眼"。通过系统中提供的详细数据，我们甚至可以计算出一位驾驶员每行驶1公里的平均停车次数，而这对于车队的整体管理也是十分重要的。

3. FleetBoard® 对于驾驶员的评分，优化车队管理，降低运营成本

油耗是关系到物流运输企业运营成本的重中之重，FleetBoard® 车辆管理系统从根本上帮助您优化车队管理，降低运营成本。FleetBoard® 车辆管理系统对驾驶员的评分与油耗有着最直接的关系，其中绝大多数油耗高的驾驶员评分都比较低，而同时油耗相对低的驾驶员评分普遍较高。可见 FleetBoard® 车辆管理系统对驾驶员的评价是通过准确的数据和科学的逻辑算法推算得出。A 公司在短短3个多月的时间内就实现了企业竞争力的提升，目前已经将其业务拓展到山东、西安等省市。

三、专业的 FleetBoard® 车队管理系统

1. FleetBoard® 车辆管理系统与 GPS 系统的区别

戴姆勒集团旗下的 FleetBoard® 子公司是一家在欧洲市场占据领先地位的远程信息处理服务供应商，旨在为物流行业客户提供全方位的远程信息系统解决方案。而在这一整套 FleetBoard® 解决方案中，GPS 定位也仅仅是最为基本的功能之一，其所占比重和对客户的意义尚不及整套系统的5%。FleetBoard® 车队管理系统拥有比 GPS 强大得多的功能模块：在保养维护模块中，客户可清楚地掌握所有车辆的维护预测信息以及车辆当前的详细数据，及时规划保养项目，优化时间分配，节省时间成本；在远程诊断模块中，可轻松查找到故障车辆当前的故障代码和故障评级，查看故障历史记录，甚至实时查看车上近1800个传感器数据，这极大地缩短了故障车辆的停机时间，将客户的运营风险降至最低！而 FleetBoard® 车队管理系统的核心——强大的驾驶员评分系统。可以对驾驶员的驾驶习惯做出科学的分析与评价，为客户制定针对性的驾驶员培训和合理的薪金分配机制提供强有力的依据。经过与国内客户的合作测试，我们发现 FleetBoard® 的驾驶员评分系统不仅科学准确而且有效地帮助客户降低了油耗和运营成本，客户也对这套系统赞不绝口。

2. FleetBoard® 车队管理系统帮助企业科学的进行资源管理和分配

油耗确实是评价驾驶员水平高低的一个重要标准，但是如果单纯凭油耗的高低来判定一

个驾驶员的好坏，未免有失公正。对于在各种复杂路况上行驶的驾驶员，这个难度应该加入到我们的评价体系，以保证评价的客观公正。FleetBoard® 车队管理系统借助奔驰卡车先进的 CAN 总线，对总线上的所有传感器数据进行采集，综合考虑了路况起伏坡度、车身载重量以及道路停车的需要，准确生成相应的难度系数，同时将该系数纳入到驾驶员评分的计算，使得驾驶员的评分更加地准确和公正。

借助 FleetBoard® 驾驶员评分和相应的难度系数，我们的合作测试客户已经将高得分的司机分配到高难度系数的路段，而得分相对较低的司机则被分配到难度较低的路段。从而进一步降低了运营成本。

油耗非常重要但不代表全部，合理而公正地评价驾驶员，科学的资源管理和分配才是降低运营成本的根本所在。

3. FleetBoard® 车队管理系统服务费的价值

FleetBoard® 车队管理系统全面而且强大。不仅实现了行驶时车辆数据的采集，并且引入难度系数，以此对驾驶员的驾驶习惯进行评判，算法精确，对驾驶员的评价公正、准确。

通过我们进行此次案例研究发现，即使将所有驾驶员月薪提升 3000 元的情况下，国内使用标配 FleetBoard® 奔驰卡车用户的运营成本可以明显低于其他欧系品牌和国产品牌车辆。FleetBoard® 每个月 500 元的服务费相比降低的运营成本与提升的员工收益，这些价值远超每月 500 元。

（张　蕊　梅赛德斯—奔驰卡车中国市场总监）

打造一流电商物流服务品牌

——宅急送聚焦 BtoC 的发展战略

近年我国电子商务呈现出井喷式发展，带动了网络购物成交规模不断扩大。据中国电子商务研究中心发布的《2011 年度中国电子商务市场数据监测报告》，2011 年，我国网络零售市场交易规模达到 8019 亿元，突破 8000 亿元大关，同比增长 56%。预计 2014 年交易规模将是 2011 年的 2.4 倍，接近 2 万亿元。据中国电子商务研究中心监测数据显示，截至 2011 年 12 月底我国网络购物快递企业营收规模达 780.6 亿元，同比增长 89%。预计到 2012 年将达 1450 亿元。人们惊呼我国已经进入了网购时代。

面对快速膨胀的市场，仔细分析我国网购市场的情况可以发现，目前我国网购以 CtoC 交易为主，其交易额占到网购总量的 75%；BtoC 交易占比只有 25%，但网购潜能巨大。如图 1 所示，尽管网购每个业务板块交易额的绝对值都在快速增长，但 BtoC 的占比增长率远高于 CtoC。这就表明 BtoC 比 CtoC 有着更快的增长速度，是我国网上零售市场持续发展的核心推动力。网购各业务板块交易额占比增长率变化如图 1 所示。

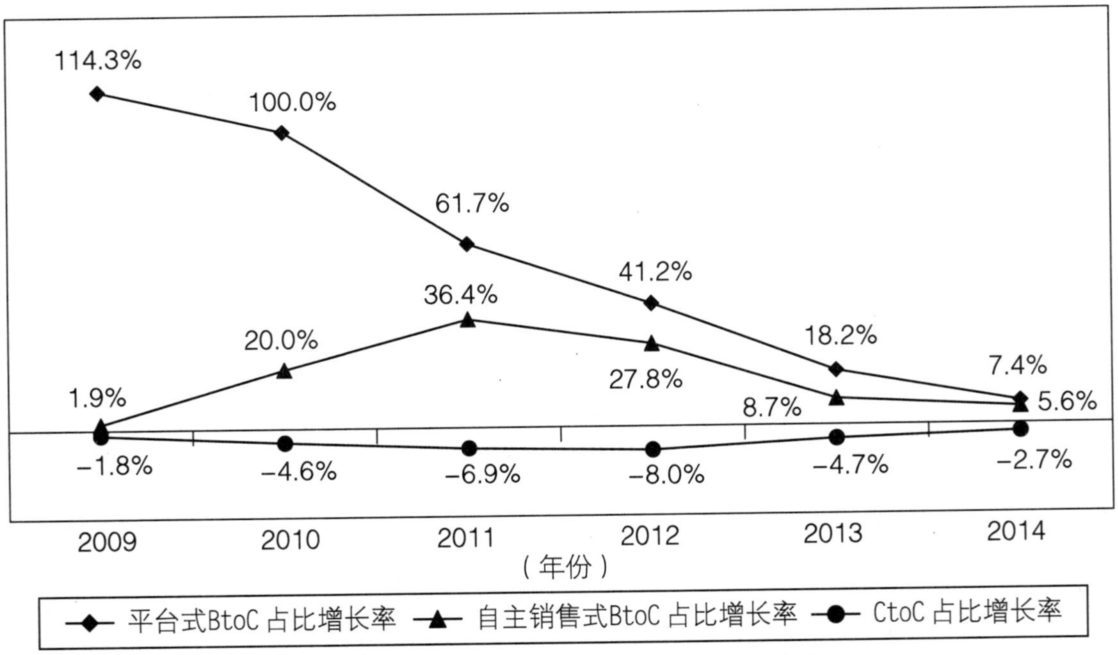

图 1　图购各业务板块交易额占比增长率变化

宅急送是我国快递业的元老企业，早在1998年开始涉足电视购物领域，经过十多年的探索践行，电子商务已成为宅急送的核心业务。面对网购和快递发展失衡出现的各种问题，宅急送认真审视自己的发展道路，于2010年提出了聚焦BtoC打造电商物流服务品牌的发展战略。

宅急送认为，电商企业非常期盼与优质的快递企业合作。快递企业只有了解电商的需求并提供相应的物流解决方案，并不断推出满足电商企业需求的新服务，才能与电商实现双赢。为此，宅急送着手从下述六个方面提升服务能力。

1. 推进网络纵深发展，顺应电商发展趋势

目前，宅急送拥有32家直营分公司，覆盖了全国31个省、自治区、直辖市，可提供快递服务的县级以上城市达2007个，可操作COD业务的县级以上城市达1794个。宅急送网络发展由省会—地级—县级城市不断继续推进，“最后一公里”进一步延伸至县乡镇，顺应了电子商务重点市场向二三线城市转移的趋势。宅急送可按照电商企业的需求，提供“干线运输+区域全境配送”的整体物流解决方案，也可提供“省内末端配送服务”。

2. 提高末端服务质量，提升妥投率

提高末端服务质量，提升妥投率具体包括七项内容。

一是提供多种服务组合。除了标准服务以外，还提供代收货款、开箱验货、退货换货、保险报价、仓储五项附加服务和夜间派送、EDI数据交换、COM系统客户端自助服务、实时查询、运单自助打印五项目增值服务，电商企业可选择附加服务、增值服务与标准服务进行组合，使得订单管理效率更高，为买家提供更多、更新的购物体验。

二是提供晚间派送服务。在每天晚间18：00—21：00时间段提供COD货物派送服务。

三是提供法定假日派送。面向项目客户提供法定假日派送服务。

四是提供先验货后签收。向卖家提供“先验货后签收”服务，让买家购物更放心。

五是提供手机短信服务。当货物派送前，系统自动给收货人发送短信提示。

六是提供移动POS刷卡。货到刷卡，买家支付货款方便、快捷。

七是提供电商辅助销售。派送时通过小件员的侧面推荐，提高买家对产品的认可度，促成商品交易。

宅急送推出一系列的末端服务，大幅提高了货物妥投率，电视购物的妥投率达到90%，网购业务的妥投率超过95%。

3. 多种返款模式，减轻电商企业资金压力

一是为有代收货款需求的客户提供四种返款方式，即“一周一返”、“一周两返”、“T+3”滚动式返款和使用分账功能POS的“T+1”滚动式返款（具体如图2所示）。

二是自助研发了客户端——COM系统具有对账功能，最大限度确保资金安全和实现快速返款。

三是对直营网络推行“收支两条线”资金管理，每天分公司入账的代收货款全部转入总公司账户，降低资金风险。同时，全面推广移动POS机的使用，加快代收货款入账速度。

4. 储运一体化服务，省力省时省成本

一是为客户提供“总仓+全国配送”和“分仓+区域配送”两种模式的储运一体化服务。

二是为客户提供仓储管理服务。包括总分仓模式管理、信息系统支持、包装分拣、库存报表等一系列服务。

总分仓模式管理：即给客户提供总分仓模式的管理，减轻客户操作难度。

系统支持：即给予客户COM、CRM、WMS系统的支持，使客户操作更为便利。

包装分拣：即给予客户专业的货物分拣包装，使货物完整配送到达。

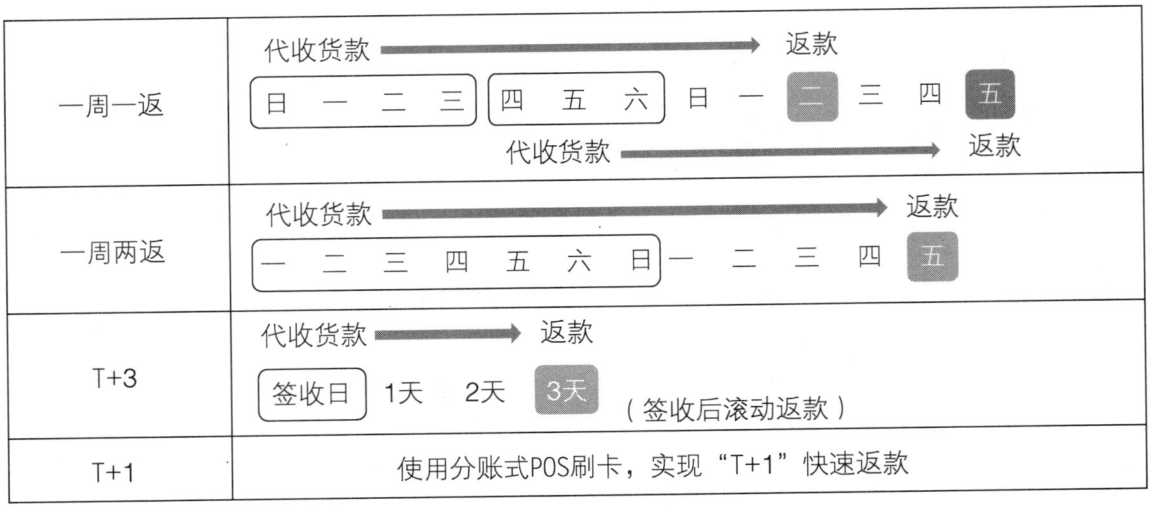

图2 多种返款模式示意

库存报表：即定期提供给客户专业的库存报表，方便客户实时了解情况。

5. 屏蔽敏感信息，强化客户信息管理

宅急送从运单和业务系统两个方面加大客户信息保护力度，避免敏感信息外泄。

一是运单加密，即 COD 运单对收件人电话和手机号进行“加密”，确保客户信息安全。

二是信息数据屏蔽，即信息系统对敏感信息实行“屏蔽”，防止客户信息外泄。

6. 强化返货管理，降低货物在途风险

为提高妥投率，宅急送根据客户需求提供多次派送服务。此外，宅急送建有严格的返货制度规范，确保当出现因买家原因造成货物未妥投的情况时，降低货物的在途风险。宅急送还提供返货服务。返货操作规范的内容包括：第一，统一管理，即所有确认需要返货的货物，营业网点做到日日清库；第二，标准化操作，即所有返货均与正向操作一致；第三，一票到底，即返货无需更换运单，原运单一票到底；第四，货物交接，即所有返货由委托客户逐票签字签收。

宅急送将通过持续提升服务能力、业务创新，保持在电子商务物流配送领域领先的地位，为电商企业提供更加优质的服务。

（汪映极　北京宅急送快运股份有限公司）

至臻至诚服务客户

——亿博物流咨询的广珠铁路珠海物流园规划设计

一、关于亿博物流咨询

成都亿博物流咨询有限公司（以下简称亿博物流咨询）成立于2007年，是亿博集团的下属子公司之一。六年来，亿博物流咨询依托专业优势，致力于传播先进的物流技术和理念，为推进我国物流业加快发展发挥了积极的作用。亿博物流咨询的管理团队具有丰富的专业知识和一线经验，擅长物流战略咨询、物流工程咨询（包括物流园区和配送中心）、供应链管理设计与优化和信息平台规划设计。亿博物流咨询致力于为各级政府和大中型企业服务，已成功推出十大物流服务产品系列、成功运作200多个大中型物流咨询项目，业务遍布全国各地。亿博物流咨询是国内唯一的物流园区全面解决方案提供商，可以向客户提供交钥匙工程，同时，在钢铁、烟草、汽车、医药等相关领域赢得了业内广泛的认可和良好的口碑。凭借多年来取得的丰硕理论研究成果、宝贵的实践经验和良好的口碑，当之无愧地跻身于我国专业物流咨询公司之列。

2010年，亿博物流咨询在“第六届中国国际物流节”上同时荣获中国物流业大奖之“2010中国物流品牌价值百强企业奖”和“2010中国物流经典解决方案奖”；2011年，亿博物流咨询在第七届中国国际物流节上同时荣获“2011中国品牌价值百强物流企业奖”和“2011中国企业物流管理创新大奖”，同年，亿博咨询当选为云南省物流与采购联合会副会长单位，同时中国物流学会产学研基地（公路港）落户亿博，亿博将承担起中国物流学会区域物流研究、运作、实习、实验的任务。

二、广珠铁路珠海物流园的规划设计

1. 背景介绍

广珠铁路珠海物流园区依托于广珠铁路，由珠海交通集团投资建设。广珠铁路珠海物流园区的规划设计是亿博物流咨询2010年承接的由珠海交通集团委托的地区性物流园区项目。项目从设计到交付历时两个月，项目设计方案得到珠海交通集团的高度认可。

2. 关于园区选址

广珠铁路珠海物流园区选址于珠海西部广珠铁路珠海西站与斗门站一侧，分为两大园区（珠海西物流园与斗门物流园），分别位于高栏港经济区与富山工业园所属相关区域，总规划面积约5450亩，未来将与高栏港区共同构成珠海物流产业发展带，也将成为珠海物流产业发展高地。

3. 关于园区的总体定位

经过广珠铁路珠海物流园项目组为期两个月的实地调研和数据论证，广珠铁路珠海物流园区将根据其资源禀赋、产业基础、物流基础设施和能力的现状，以及珠海在区域物流板块中的比较优势，适应珠海市建设“珠江口西岸核心城市，形成珠江口西岸交通枢纽，建成现代化区域中心城市和生态文明的新特区”的战略定位，坚持“跳出珠海看珠海、跳出珠海求发展”的基本指导思想，实现“资源整合、模式创新、典型示范”的战略构想。广珠铁路珠海物流园区将以珠海港打造国家综合运输体系重要枢纽以及广珠铁路的建设为契机与支撑；以珠海现代产业的快速发展为依托，将园区打造为以“一带两园”为格局；以区域物流服务为基础，以临港物流服务为核心；以综合物流基本服务与物流延伸服务为目标，集信息服务、多式联运、保税仓储、现代物流、供应链管理等多功能于一体，立足珠海及粤西地区的临港型综合性物流园区。

4. 关于园区的功能规划方案

按照广珠铁路珠海物流园区的总体战略定位，亿博物流咨询把园区的功能规划为“一带两园”格局＋四大平台，具体规划方案如下。

“一带两园”格局：一带是指珠海物流产业聚集带，两园是指珠海西物流园与斗门物流园。

（1）珠海西物流园区。根据珠海西物流园的市场定位，亿博物流咨询为珠海西物流园设计了八个服务区，以确保园区的物流作业运营高效有序。

一是综合服务区。综合服务区是珠海西物流园的中枢神经、指挥中心，也是广珠铁路珠海物流园区总部中心，提供集中行政办公、系统总控、业务信息处理等服务。

二是口岸服务区。口岸服务区设有联检大楼、查验站场、保税仓储区，是园区进行口岸物流服务区域。联检大楼是集海关、商检、管理公司等部门的主要办公区域，是珠海西物流园口岸服务区的标志性建筑，更是一个地区对外形象的体现，未来将成为园区铁海联运、临港物流的口岸管理中心。查验站场主要是提供海关、检验检疫现场查验的场所，包括了查验仓库、拆箱查验场、查扣货物仓库、X 光机查验场、货物检疫处理等设施。保税仓储区是经海关批准设立的专门存放保税货物的特殊监管场所，珠海保税仓储区的建设可开展以下三种保税物流运作。①吸引外资加工贸易企业可以利用保税区的物流功能，从保税区进口原材料，将半成品或成品出口保税区，完成加工贸易手册的核销工作，将各种转厂手续变成进出口手续，从而大大提高物流效率节省物流成本；②吸引在中国采购的国际企业将采购出口货物的配送中心设在保税仓储区，直接对国外市场进行货物配送，从而解决销售地高成本配送问题；③吸引进口企业将进口货物先保税仓储在保税区内，再根据实际的销售数量和形式进行货物清关工作，进而减少供应链体系的资金积压成本（海关税金占用流动资金）和适应中国企业的不同销售形式（免税销售和完税销售等）。

三是国际物流区。国际物流区主要是作为临港国际物流企业的运作平台，并满足其现场管理、物流运作的场地需求，主要功能是提供国际物资的仓储、分拣、配送等服务功能，其次是提供国际集装箱的存管、调度、租赁、短驳、拼掏箱、维修保养等服务功能。

四是多式联运区。多式联运区依托广珠铁路珠海西站，为社会零散物资、特种大宗物资或集装箱开展铁海联运、公铁联运等多种联运业务，成为珠海多式联运的公共运作平台。

五是铁路作业场站。铁路作业场站主要是提供铁路装卸作业的公共区域，包括了社会零散物资、特种大宗物资或集装箱等专用装卸作业区。此外，铁路作业场站还设有联运服务区。联运服务区主要提供联运经营企业现场办公、转运车辆调度、联运物资集运服务，除提供现场办公、公共停车、过磅等公共服务外，也可作为大中型联运企业的区域物流中心。

六是仓储配送区。仓储是现代化生产流通中不可或缺的一部分，是物资在进入下一环节的中转站。仓储的功能在于调节，它能够调节生产环节、销售环节、回收环节中的物资存储、中转，合理的仓库规模及位置的设定，能够促进生产的效率、缩短产品从生产到消费在时间和空间上的距离，并能够降低企业的仓储成本。在仓储配送区内按业务需要还划分了三个区域。公共仓储区主要通过开发建设标准仓库，提供高标准的公共仓储服务，在珠海地区打造具备相当规模的公共仓储中心，对珠海现有仓储资源进行整合，一举改变当前珠海市仓储资源分散、单体仓库规模偏小、缺乏高水平的仓储服务的现状。定制仓储区通过定制化的仓储服务，主要承担珠海市本地大型企业（如格力、BP等）和产业链配套企业的工厂外仓储功能，打造珠海市规模最大的定制仓储基地和先进仓储服务示范样板。大宗物资仓储区珠海西物流园可充分借助珠海现代临港产业、装备制造业的发展契机，为重点企业提供定制化的大宗原材料、产成品物资的仓储配送服务，实现园区与产业的联动发展。

七是商贸交易区。商贸交易区主要是满足珠海市工业园区企业（如装备工业）对大宗生产资料（特别是钢材、有色金属类工业物资）集中采购、物流金融（如仓单质押、期货交割）的需求，提供大宗生产资料商贸展示、交易、物流金融服务，提升园区的服务功能，形成商流、信息流、资金流、物流的高度融合。

八是流通加工区。珠海西物流园流通加工区主要是为生产企业、物流企业、工贸企业提供包装、分割、计量、分拣、刷标志、拴标签、组装等流通加工增值服务，完善园区的综合服务功能。

（2）斗门物流园。根据斗门物流园的市场定位，亿博物流咨询为斗门物流园设计了六个服务区，以确保园区的物流作业运营高效有序。

一是公路物流区。公路物流区的建设主要是打造珠海市现代公路物流公共设施平台，将其建设成为珠海设施最为先进、配套最为齐备的现代化公路物流中心。公路物流区主要包括货运配载、货运停车场、汽修汽配（特种车辆检测）以及相应的配套服务设施。

二是多式联运区。斗门物流园多式联运区与珠海西站物流园多式联运区功能基本相同，主要是依托广珠铁路斗门站，开展社会零散物资、特种物资或集装箱铁海联运、公铁联运、水陆联运等多式联运业务。

三是仓储配送区。斗门站仓储配送区与珠海西站仓储配送区基本相近，除提供企业定制仓储、公共仓储设施外，可对斗门区快速发展的农渔业提供现代化的冷链仓储、加工、配送服务。另外，也可对珠海西部中心城区的快速发展提供城市配送（如商超消费品配送中心）服务功能，以实现城市功能的集约化发展。

四是流通加工区。斗门物流园流通加工区主要是为生产企业、物流企业、工贸企业提供包装、分割、计量、分拣、刷标志、拴标签、组装等流通加工增值服务，完善园区的综合服务功能。

五是配套服务区。主要提供园区经营企业职工生活、住宿、休闲、超市购物等基本生活配套设施，为园区运营提供后勤保障。其次，设立司机之家，为公路物流区社会车辆驾驶员提供经济性商务酒店，满足流动性人员住宿、生活的需求。

六是商贸交易区。商贸交易区主要是满足珠海市工业园区企业对大宗生产资料、生产耗材、机电等产品集中采购的需求。其次设置物流装备展示交易区，为珠海市生产企业、物流企业提供物流仓储、运输设备集中采购、维护平台。

四大平台的主要内容如下。

（1）区域物流产业的集聚平台，临港物流服务平台。广珠铁路珠海物流园区（一带两园）由广珠铁路珠海段配套设施（珠海西站与斗门站）共同构成。沿广珠铁路沿线高栏港、珠海西站、斗门站构成了“三点一线”的格局，共同构成了珠海未来物流产业聚集带，将成为珠海现代物流产业发展的集聚平台，彻底改变珠海原有社会物流小、散、乱的落后面貌。其次，广珠铁路珠海物流园区确定将临港物流服务作为园区未来发展的核心，从世界港口发展的经验来看，临港物流与港口是一种相辅相成、互促共进的关系，港口的竞争力决定了临港物流的价值，临港物流加强了港口与腹地的联系，临港型物流园为港口完善其物流服务功能，提高核心竞争力、满足物流需求提供了平台。

（2）提高企业和城市核心竞争力的公共基础设施平台。按照物流园区的定义，物流园区是为了实现物流设施集约化和物流运作共同化，或者出于城市物流设施空间布局合理化的目的而在城市周边等区域，集中建设的物流设施群与众多物流业者在地域上的物理集结地。珠海物流企业及物流设施的现状是规模小，分散于城区及工业园区各处，一些企业因社会物流的不匹配还自建了物流系统。这些因素一方面造成了生产性企业的供应链管理成本居高不下，另一方面给城市交通带来了严重的影响，不利于区域经济的协调发展。园区的建设可以集聚相关物流资源，实现集约化效益，降低企业成本。其次，可优化城市功能，成为企业及城市提高核心竞争力的公共基础设施平台。

（3）现代制造业与现代服务业联动发展的示范性服务平台。近年来，现代制造业与现代服务业联动发展得到了国家、地方政策的大力支持，现代服务业和先进制造业双轮驱动，有利于区域经济的协调发展，有利于企业竞争力可持续提升。广珠铁路珠海物流园区位于珠海高栏港经济区、富山工业园区内，是珠海发展海洋工程装备制造基地、清洁能源基地、石油化工基地、家用电器产业集群、临港先进制造业的核心工业区。构建与产业发展联动的现代物流服务基地有利于珠海现代产业可持续发展，有利于推动珠海经济的全面发展。

（4）珠江口西岸地区现代物流培训、咨询服务平台。物流是一个实践性较强的专业，现代物流业是一个高技术服务业，由于我国物流教育体系起步较晚、历史较短，因此，在未来一段时期内，物流高级人才的培养更多地要依靠在实践中培养。在国内，应用型的高端物流人才短缺局面短期难以改变。因此，可以利用物流园区的资源优势开展物流培训咨询，物流培训咨询既可以面向物流园区内企业又可以面向物流园区外部企业，既可以面向在职人员又可以面向在校学生。

（成都亿博物流咨询有限公司）

紧跟行业发展，走特色办学之路

湖南省现代物流职业技术学院（以下简称学院）是一所物流类高职院校。多年来，学院坚持职业教育为经济服务的办学方针，坚持职业教育管理体制、运行机制和人才培养模式的不断创新，走出了一条独具特色的办学之路。

1. 办学坚持专、精、特

学院的物流管理专业被立项为湖南省首批重点建设的“示范性特色专业”，物流信息技术专业和物流工程技术专业为中央财政支持的重点建设专业，会计专业（物流企业会计方向）为省级精品专业。

专——学院专注于物流产业的发展，并紧紧围绕现代物流所涉及的商流、物流、资金流和信息流来构建一个以物流管理专业为龙头，物流信息技术、物流工程技术、物流金融等物流类相关专业为支撑的现代物流专业群，按照专一、专注和专心的专业建设理念来打造学院的专业特色。

精——学院紧紧对接物流产业的发展，将物流人才培养链深度融入物流产业链的发展，并根据产业链对人才链的要求，通过校企合作、共同开展专业调研、共同建设专业等形式，先后成功地申报了物流信息、物流工程、物流园区金融管理和物联网应用技术专业等目录外专业，从而使学院成为了开设教育部目录外专业最多、专业设置最精细、对接物流产业发展最紧密的高职院校，有效地践行了学院对接产业设专业的专业建设理念，卓有成效地彰显了学院的专业特色。

特——学院按照“用现代物流理念来培养现代物流人才”的办学理念，“面向市场办学院、对接产业设专业、对接岗位开课程”，通过校企合作、集团化办学等形式有效地整合与共享了各类专业建设资源，先后建立了由学院专业教师、物流企业专家、物流行业权威人士和职业教育专家组成的院系二级专业建设委员会，实行了校企双专业带头人制度，确保每个专业都分别有来自学校和企业的两个专业带头人，每个专业都有一个由学校和企业专兼职教师组成的“名师引领、双师素质”的教学团队；建立了校企人员互聘互访制度，校企合作共同实施了“100 名骨干教师进企业实践、100 名企业专家进课堂教学、100 名专业教师到国外学习”的“三百工程”；学院先后与 110 家企业合作共同建设了 100 多家校外顶岗实习实训基地和 20 余个校内生产性实训基地。此外，学院与相关合作单位共同开发了《湖南省物流管理专业技能抽查考试标准》、《湖南省中职教师专业技能培训考核标准》和与《湖南省物流管理专业技能抽查考试标准》相配套的“现代物流仿真实训系统，共同构建了基于湖南省物流公共信息平台的融政府法规、产业规划、行业动态、企业资讯、专业学习于一体的现代物流专业教学资源库。学院经过几年不懈地探索和实践所形成的专业办学的鲜明特色，得到了省内外物流行业、企业以及教育主管部门领导和专家们的高度肯定。

2. 建立职业教育集团，促进学院教育教学质量和办学水平的全面提升

职业教育集团化办学是新形势下整合职业教育资源、实现优势互补、谋求多赢的新举措，也是实现职业教育为经济服务、实现校企合作、走产学研结合之路、推动职业教育向规模化、集约化、连锁化方向发展的新模式。学院建立现代物流职业教育集团主要考虑三个方面的需要。

一是积极响应并贯彻落实《国务院关于大力发展职业教育的决定》等职业教育方针政策和文件精神的需要。

二是学院自身发展资源整合与共享，优势互补与共赢发展的需要。当今的社会是一个互动与交换的社会，作为职业院校要想实现和谐持续发展，单靠自身的努力是难以有效地实现又好又快发展的，它必须尽可能地整合更多的资源来为学院的教育教学发展服务。按照“校企合作、资源共享、优势互补、互惠互利、共赢发展”的原则来建立职业教育集团可以有效地整合与共享学校、企业和行业乃至科研院所的各类师资、设备、设施、场地等教育资源，促进学校和企业等职业教育主体的互利共赢，从而有效促进学院教育教学质量和办学水平的全面提升。

三是基于行业产业发展与振兴的需要。随着国家对物流产业的日益重视，特别是2009年国务院颁发《现代物流业调整和振兴规划纲要》以来，全国物流产业迎来了蓬勃发展的春天。但由于受传统物流理念和企业发展条件的影响，绝大多数物流企业存在着物流专业人才严重不足、物流设备设施简陋、物流装备技术落后、物流信息技术严重缺失的问题，迫切需要找到一个切实可行的解决方案。校企合作、集团化办学无疑是一个优选方案。因为，通过校企合作、集团化办学企业不仅可以共享学院的人才优势与技术优势，解决当下物流专业人才严重不足、物流信息技术严重缺失的问题，企业还可以与院校共同培养自身所需的物流人才、共同优化企业的物流流程、共同编制企业的发展规划、共同研发企业所需的信息技术。这些共同的培养、优化、编制和研发活动就是针对企业的自身情况为企业量身定制的最佳解决方案，对企业未来的快速发展无疑是非常有益的。可以说，建立职业教育集团是实现校企多元联动、产学研紧密合作、将职业教育深度融入产业发展的多赢举措。

3. 注重产学研紧密合作

学院在坚持特色办学全力培养物流人才的同时，还注重产学研的紧密合作，积极参与本地区物流业的课题研究和物流项目建设。

湖南省物流公共信息平台是学院主持的湖南省“十一五”重点科技计划科技攻关课题“基于面向服务的机构智能敏捷的第三方物流管理信息技术研究”而建立起来的。通过这个课题，学院申报了国家专利的软件著作权，正是有了这个课题的攻关研究，才有其后的湖南省物流公共信息平台的建设。2010年，由湖南省物流与采购联合会牵头与湖南现代物流职业技术学院和领军企业联合承建了为全省物流行业、企业、政府及金融机构等提供综合性服务的湖南省物流公共信息平台。该物流公共信息平台建设共分三期，2010年8月完成了平台一期工程，包括门户网站、“物流E通”车货配载系统、GPS监控系统、“物流E通”手机、SOA集成平台、SAAS物流管理软件等10个子系统，向全社会提供服务。二期工程的重点包括电子商务、物流金融和物联网的深入应用。在平台生产网上将投产电子商务系统，融入采购与物流交易；在后台系统中将开通网上融资和支付

结算服务业务功能；将 GPSone 定位系统进一步升级为 LBS 系统；开通统一的智能监控服务功能；通过数据交换平台对接更多的省级物流公共信息平台和银行信息系统；进一步拓展“物流 E 通”手机的应用功能。三期工程重点包括企业间协同作业、物流电子政务和物流金融的深入拓展。将 OA 平台升级为协同 OA 平台；对接政务单位，实现网上电子政务服务；对接保险公司及其他更多的金融机构，开通网上保险服务业务；建设多式联运系统，开通水铁联运、公水联运等业务，逐步实现一票制联运；继续增加“物流 E 通”手机的应用功能。物流公共信息平台不但把所有的物流企业联成一体互通互联，还使政府和企业顺畅对接，政府相关部门和所有的物流企业通过这个平台形成有效的连接和资源共享，优化了资源，节约了物流成本，提升了物流管理的效率。目前，这个平台已经与六个兄弟省的平台连通成功。有朝一日全国建成一个大的物流信息网络平台，可以提供一个供应链一体化的解决方案。

（文振华　湖南现代物流职业技术学院院长）

宝湾物流：做有影响力的本土物流园区开发商与运营商

随着我国经济的快速发展，工业化和城市化进程的加快，物流地产在不断升温的同时也面临一地难求的困境。宝湾物流作为中国本土主要的物流园区开发商，面对困境认真审视自己，坚定了做有影响力的本土物流园区开发商与运营商的决心和信心。

一、发挥本土优势不断做大做强

宝湾物流是深圳赤湾石油基地股份有限公司（简称“深基地”）旗下的公共物流服务品牌。继承母公司深基地 30 多年经营国际著名石油后勤服务基地的丰富经验，宝湾物流在短短几年间快速成长，相继在长三角、珠三角、环渤海等经济区域的战略城市投资开发了十多个大型物流园区项目，已建成及在建的高标准现代物流仓储设施近 120 万平方米，已成为一家国内领先的高端物流基础设施提供商。宝湾物流园区目前已吸引了众多国际著名物流企业、生产企业、商贸企业进驻，仓库出租率接近 100%。

除了投资开发和建设，宝湾物流还全资拥有并悉心经营所有的物流园项目。通过标准仓储设施开发或专业仓库定制开发，提供出入库装卸、设备租赁、流通加工、运输配送、供应商库存管理、物流金融等灵活的增值服务，竭诚为来自国内外知名的制造商、零售商和第三方物流公司提供高效、优质、安全的物流设施服务。

多年来宝湾物流在项目选址、规划设计、工程建设方面，在投入使用后的物业管理和供应链业务合作方面，都已经形成了科学的标准化流程，特别是拥有一大批现代物流园区开发与管理的专业人才，这些是宝湾物流发展的坚实基础。宝湾物流将充分发挥本土优势继续做大做强，提升行业竞争力。

二、坚持以服务取信于客户

宝湾物流把与客户建立好战略合作关系看做是做好宝湾物流特色品牌的关键。因此，坚持以服务取信于客户始终是宝湾物流不变的经营理念。

宝湾物流具备较雄厚的股东实力、良好的政府关系网络、丰富的现代物流设施建设和运营的经验。凭借丰富的经验和敏锐的眼光，宝湾物流抓住了物流地产的发展机遇，通过充分的市场调研与项目评估，在主要物流枢纽和城市配送中心等战略节点处，按照国际标准建造了现代化存储设施，以满足各类潜在客户的不同需求。目前，宝湾物流在全国主要物流节点城市的布局初步成型，取得一定的先发优势。

宝湾物流视客户为自身发展的根本，坚持以服务取信于客户。与业内一些物流园区开发商把建好的仓库出售或者外包给第三方去管理的做法不同，宝湾物流自建、自有、自营所有的物流园区，提倡“优质优价”的管理理念，将母公司近 30 年来在赤湾石油后勤基地为来自全球的石油公司做一流服务的国际标准带到各地的物流园区，每个园区都有专门的队伍进行管理，认真为客户解决每一个问题。经过多年的实践，宝湾物流已逐渐获得众多国内外知名企业的认可，如香港利丰集团、中外运、戴姆勒—奔驰、大众、联合利华、屈臣氏、一号店、京东商城等。宝湾物流通过为客户尽心尽力提供优质服务，提升了物流园区的赢利能力，各物流园区的经营效益逐年提升，与客户间的战略合作关系日益稳定，赢得了客户普遍好评。

三、应对机遇和挑战以管理取胜

近几年，在国家和各地政府对物流行业扶持力度不断加大的推动下，物流地产成为新的投资热点。物流地产的不断升温引发了新的问题浮出水面。一是物流地产业市场前景被广泛看好，吸引了不少知名电商企业、民营快递公司、工业企业甚至地产公司，他们不断涌入物流地产市场，客观上加剧了物流地产的竞争。二是随着国家土地政策收紧土地供应日益紧张，加上物流园区占地面积大、投资强度及税收贡献均逊于大多数工业项目的特点，物流园区开发项目拿地越来越困难。三是本土物流开发商与进入国内的国外强大的同行相比明显处于劣势。特别是现阶段本土物流开发商无论是在融资方式还是融资成本受政策限制可为空间较小，难于与国外物流企业抗衡。

面对这些难题宝湾物流认为，目前的物流地产市场是机遇与挑战并存，只要从自身做起，加强管理，就可以抓住机遇应对挑战。宝湾物流加强管理包括两个方面的内容：一是继续科学合理进行物流园区布局，除在更多城市开发物流园区外，也可采取收购、兼并、合营等多种方式尽快形成覆盖全国主要经济中心的物流园区网络，以提升对战略性大客户的服务半径与能力；二是需积极研究和利用现有融资政策和方式，争取以较低成本取得长期的大量资金，推动园区的滚动开发。

宝湾物流对未来发展也充满了信心。宝湾物流在新一轮五年规划中明确提出了到 2015 年实现宝湾物流园区规模比 2011 年翻一番，业务网点覆盖全国主要经济中心城市，力争成为行业内有影响力的优秀企业的目标。

（深圳赤湾石油基地股份有限公司）

第十部分

附录

第二届全国物流行业先进集体、劳动模范和先进工作者评选工作

关于表彰全国物流行业先进集体、劳动模范和先进工作者的决定

各省、自治区、直辖市人力资源社会保障厅（局），福建省公务员局，新疆生产建设兵团人事局，物流行业牵头部门、各地物流行业协会：

近年来，全国物流行业广大干部职工高举中国特色社会主义伟大旗帜，坚持以邓小平理论和“三个代表”重要思想为指导，深入贯彻落实科学发展观，全面贯彻执行国务院《物流业调整和振兴规划》，抓住机遇，深化改革，开拓创新，爱岗敬业、无私奉献、拼搏实干、团结协作，涌现出一大批成绩显著、贡献突出的先进集体和个人。

为表彰先进，树立榜样，弘扬正气，激励全国物流行业职工的积极性、主动性和创造性，开创“十二五”规划新局面，人力资源社会保障部、中国物流与采购联合会决定，授予北京祥龙物流有限公司等50个单位“全国物流行业先进集体”荣誉称号，授予赵全利等239名同志“全国物流行业劳动模范”荣誉称号，授予王玉昌等58名同志“全国物流行业先进工作者”荣誉称号。被授予“全国物流行业劳动模范”和“全国物流行业先进工作者”荣誉称号的人员，享受省部级先进工作者和劳动模范待遇。希望受到表彰的先进集体和先进个人把荣誉作为新起点，谦虚谨慎，再接再厉，继续发挥模范表率作用，不断作出新的更大贡献。

全国物流行业广大干部职工要以受表彰的先进集体和先进个人为榜样，高举中国特色社会主义伟大旗帜，紧密团结在以胡锦涛同志为总书记的党中央周围，认真学习贯彻党的十七大和十七届六中全会精神，深入贯彻落实科学发展观，团结拼搏，扎实苦干，争创一流，创新奉献，为促进物流行业健康发展，夺取全面建设小康社会新胜利，谱写人民美好生活新篇章而努力奋斗。

附件：1. 全国物流行业先进集体名单
2. 全国物流行业劳动模范名单
3. 全国物流行业先进工作者名单

人力资源和社会保障部　中国物流与采购联合会
二〇一一年十二月六日

附件 1：

全国物流行业先进集体名单

（共 50 个）

北京市

北京祥龙物流有限公司

北京医药股份有限公司

北京长久物流股份有限公司

北京和众奥顺达物流有限公司

北京春溢通物流有限公司

天津市

中储发展股份有限公司天津物流中心

天津天保国际物流集团有限公司

河北省

开滦集团国际物流有限责任公司

秦皇岛港股份有限公司

内蒙古自治区

内蒙古巴运汽车运输有限责任公司

山西省

山西方略保税物流中心有限公司

辽宁省

中储发展股份有限公司沈阳物流中心

辽宁绿源肉业有限公司

大连保税物流区管委会

吉林省

长春一汽国际物流有限公司

黑龙江省

黑龙江农垦北大荒物流集团有限公司

上海市

上海新跃物流企业管理有限公司

上海陆上货运交易中心有限公司

西本新干线有限公司

江苏省

江苏金陵交运集团有限公司

江苏正大富通汽配连锁有限公司

中国外运陆桥运输有限公司

浙江省

宁波龙星物流有限公司

浙江英特物流有限公司

振石集团浙江宇石国际物流有限公司

安徽省

芜湖安得物流股份有限公司

福建省

福州港务集团有限公司

厦门象屿股份有限公司

江西省

江西交远物流有限公司

山东省

海程邦达国际物流有限公司

山东汶汇港物流有限公司

山东丰源远航物流贸易有限公司

河南省

河南省发展和改革委员会服务业发展办公室

河南长通运输有限公司

湖北省

湖北省发展和改革委员会财金贸易处

湖南省

湖南廉桥医药有限责任公司

广东省

广州市嘉诚国际物流股份有限公司

深圳市物流与供应链管理协会

广东欧浦钢铁物流股份有限公司

广西壮族自治区

柳州市桂中海迅物流有限公司

海南省

海南港航控股有限公司

重庆市

重庆市发展和改革委员会经贸流通处（重庆市现代物流业工作联席会议办公室）

四川省

成都市现代物流业发展领导小组办公室

贵州省

贵州省发展和改革委员会经济贸易处

云南省

云南新储物流有限公司

陕西省

陕西省发展和改革委员会经济贸易处

甘肃省

甘肃西部物流有限责任公司

青海省

青海省物资产业集团总公司

宁夏回族自治区

中冶美利物流有限公司

新疆维吾尔自治区

新疆大陆桥集团有限责任公司

附件2：

全国物流行业劳动模范名单

（共239名）

北京市

赵全利　中国烟草总公司北京市公司物流中心仓储分拣部主任
张建卫　中国外运股份有限公司总裁
金跃良　中铁物资集团有限公司董事长兼党委书记
蔡丰祥　中铁快运股份有限公司北京分公司总经理兼党委书记
李少陵　北京京粮物流有限公司总经理兼党委书记
李　强　北京市东方友谊食品配送公司冷链物流事业部副经理
于　平　北京超市发连锁股份有限公司配送中心专管员
李全兴　博大世通国际物流（北京）有限公司副经理
吴　桉　华润物流（北京）有限公司执行董事
薛怀全　中铁联合物流股份有限公司常务副总经理
鲜于运科（朝鲜族）北京京津港国际物流有限公司常务副总经理
张月琳　北京新发地农产品股份有限公司副总经理
高会恩　北汽福田汽车股份有限公司物流事业部经理
郭妨军　北京顺鑫农业发展集团有限公司副总经理兼党委副书记
刘晓利　北京顺丰速运有限公司业务总监
王泰山　北京冠捷国际物流有限公司副总经理
刘景福　中物华商国际物流股份有限公司执行董事
龚　力　北京九州通医药有限公司业务副总经理
孙志钢　北京西南物流中心有限公司经理
武阿彬　中铁现代物流科技股份有限公司业务总监
韩　剑　北京空港物流基地开发中心副经理

天津市

张　舰　天津丰田物流有限公司董事长
王以柱　天津静海国家粮食储备库储运科长
邢　策　天津市彤彤物流有限公司董事长
司福爱　蓟县尤古庄粮食购销有限公司经理

程进祥　天津市物流货运中心副董事长
尚林刚　天津华康物流有限公司经理
高爱国　天津市南方物流有限公司副总经理
崔金江　天津安达物流有限公司副总经理
孙　明　中国天津外轮代理有限公司货运公司经理
韩　涛　天津市正中农贸市场开发有限公司经理

河北省

冯　卫　唐山市佳源贸易有限公司总经理
刘建恒　河北省物流产业集团有限公司副总裁
李建忠　冀中能源集团有限责任公司副总经理
卢鹏飞　河北冀物金属回收有限公司总经理
吴清杰　河北好望角物流发展有限公司副董事长
傅同军　开滦集团国际物流有限责任公司总经理助理
张　超　河北省烟草公司邯郸市公司主任
赵清修　中铁物资集团华北有限公司副董事长
徐志华　沧州市骋宇铁路有限责任公司副董事长
宗树明　现代物流报社社长

内蒙古自治区

蔡建军　内蒙古中储物资储运有限公司副总经理
郝文玉　神华北电胜利能源有限公司销售公司经理
郑新民　赤峰中昊运输有限公司总经理
刘中华　内蒙古巴运汽车运输有限责任公司临河一公司经理
李　俊　乌兰察布华通物流有限公司总经理

山西省

张　树　山西煤炭运销集团有限公司副总经理
苏建民　山西物资产业集团有限责任公司董事兼党委副书记
赵　阳　太原钢运物流有限公司董事长
陈文晋　山西物产长风物流有限责任公司执行董事

辽宁省

殷向阳　沈阳中深集团副总经理
李鲁建　鞍钢汽车运输有限责任公司董事长
张　红（女）本溪溪源实业有限公司副总经理
张秀丽（女）营口港务集团物流公司经理
魏仁田　铁岭东北物流城有限公司总裁

陈　茹（女）盘锦金社裕农乡村百货超市连锁有限公司副总经理
胡国柱　葫芦岛交通运输服务中心主任
于庆新　中铁铁龙集装箱物流股份有限公司董事
隋　军　中海北方物流有限公司总经理

吉林省

李延春　吉林省长久实业集团有限公司副总裁
赵晓光　吉林龙谷物流有限公司总经理
戴晓清　吉化集团公司物流中心部门经理

黑龙江省

任德琛　哈尔滨动力设备物流有限责任公司董事长
黄太文　大庆油田物资公司园区筹备组长
毛成麒　哈尔滨市邮政物流公司滨江网点经理
潘　勇　商德金属股份有限公司副总经理
崔京旭（朝鲜族）东宁县吉远物流有限公司业务经理
车永全（蒙古族）黑河大黑河岛港埠有限公司业务经理

上海市

王笃鹏　上海中外运化工国际物流有限公司总经理
杜国华　上海华敏储运有限公司副董事长
于宗祥　上海市锦江航运有限公司锦江之光轮党支部书记
顾　敏　上海佳吉快运有限公司上海分公司经理
沈大为（女）中国货运航空有限公司欧洲区经理
浦林祥　上海北芳储运集团有限公司总经理
梁　辉　上海中石化工物流股份有限公司经理
胡东平（女）上海医药物流中心有限公司行政总监
陈云亮　东方国际物流（集团）有限公司副总经理
顾爱明　上海金山石化物流有限公司部门经理
徐维宗　远成集团有限公司董事兼部长
唐雪春（女）中国外运华东有限公司海运分公司经理
郭天民　上海东方久信集团有限公司信息部经理
原　媛（女）上海新景程国际物流有限公司市场销售部经理
王　键（女）上海欣海报关有限公司报关员
甘丽华（女）锦海捷亚国际货运有限公司华东区海运客户部客服主任
赵乐平（女）上海大众交通国际物流有限公司副总经理
钱宏文　上海晶通化轻发展有限公司总经理
唐惠芝　新杰物流集团股份有限公司董事长

张建强　上海虹迪物流科技有限公司运作总监

江苏省

刘义琪　南京远方物流集团有限公司董事长兼总经理
包一林　江苏太运集团有限公司总经理
陆俊勇　中外运高新物流（苏州）有限公司总经理
陈厚华　江苏中联物流有限公司董事长
丁幼奇　江苏飞力达国际物流股份有限公司副总经理兼工会主席
杨卫东　中铁大桥局集团第四工程有限公司大桥物流基地负责人
张　勇　江苏凤凰出版传媒股份有限公司物流分公司经理
梁　军　无锡高新物流中心有限公司口岸事业部经理
严　红（女）上药山禾无锡医药股份有限公司储运部仓库主任
赵厚杰　徐州医药股份有限公司淮海医药物流中心项目部经理
夏　金　常州高新区出口加工区投资开发有限公司物流部经理
梁奇宇　苏州物流中心有限公司办公室副主任
陈　波　南通港口集团有限公司生产部部长
殷东海　连云港港口集团有限公司企业发展部部长

浙江省

胡江潮　浙江省物产集团公司董事长兼党委书记
娄才根　浙江华瑞集团董事长
于珏霖　浙江省八达物流有限公司董事长
徐虎祥　浙江传化公路港物流发展有限公司副总裁
杨　莹（女）浙江大田国际货运有限公司销售经理
周　飞　桐庐金弘货运有限公司车队队长
顾明岳　宁波金洋化工物流有限公司总经理
方　奕　宁波港股份有限公司干部
朱清明　宁波海运集团有限公司综合管理部经理
林晨杰　温州市东风运输有限公司项目经理
黄小明　温州市瓯海货运市场有限公司常务副总经理
胥爱良　浙江兴一物流有限公司船队管理
狄　挺　绍兴市集亚物流基地有限公司副总经理
汤春柳　衢州柳丰物流有限公司物流研究所主任
刘慧仓　浙江陆通物流有限公司业务主管
孙仁勇　临海市江南物流中心有限公司市场拓展部经理
王宏伟　浙江鸿汇医药物流有限公司总经理助理
王凌飞　义乌市交通发展有限责任公司第一分公司江东货运市场主任

安徽省

武　凯　安徽蓝宇物流有限公司业务总监
汪晓秀　芜湖港储运股份有限公司常务副总经理
孙宗华　安徽快捷物流有限公司总经理
金志远　安徽通华物流有限公司矿运联队党支部书记兼队长
王　军　安徽华源医药股份有限公司董事长兼党委书记
凌宏杰　安徽华运物流（集团）有限责任公司总经理

福建省

林　辉　福建八方物流股份有限公司副总经理
刘用旭　福建盛丰物流集团有限公司董事长兼总裁
陈久群　福建省盛辉物流集团有限公司业务部经理
陈光忠　福建万集物流有限公司总经理
柯　东　厦门港务发展股份有限公司董事
李冬敏（女）厦门市嘉晟对外贸易有限公司董事
刘漳旺　福建鑫展旺物流有限公司财务总监
邱志强　石狮市侨联物流有限责任公司企业策划助理
陈登辉　福建兄弟物流有限公司副董事长
赖根中　福建信运冷藏物流有限公司副总经理

江西省

何德顺　赣西物流有限公司副总经理
赵希和　江西新华发行集团有限公司副总经理
饶英跃　江西安泰物流有限公司董事长
戴志波　江西京九物流有限责任公司总经理

山东省

杜永模　山东省邮政速递物流有限公司总经理
盖守岭　山东盖世国际物流集团有限公司总经理
吴学明　中国外运山东有限公司总经理
丛建波　威海港集团有限公司董事长
吴明炜　烟台交运集团有限责任公司物流经营部部长
刘洪锋　聊城交通汽运集团有限责任公司业务部主任
王顺举　青岛远洋大亚物流有限公司副总经理
韩春生　山东京博物流中心有限公司副总经理
左海年　烟台御海国际物流有限公司物流总监
马新平　山东锐特物流有限公司副经理
史晓青　青岛东雍国际物流有限公司副总经理

王怀海　菏泽交通集团总公司总工程师
郭方泉　日照三运实业股份有限公司物流部经理
张玉亮　潍坊市钢联金属材料有限公司部门经理

河南省

丰中原　中储发展股份有限公司郑州物流中心总经理
朱新强　河南煤业化工集团国龙物流有限公司总经理
文全顺　河南省邮政速递物流有限公司新乡市分公司项目经理
王　琳（女）河南省豫鑫物流股份有限公司常务副总经理
计云峰　河南万里运业有限责任公司副总经理
刘　斌　河南中博股份有限公司副总经理
朱添福　河南众品生鲜物流有限公司信息总监
阮中福　信阳市运输集团有限责任公司零担公司经理
吴国强　郑州交通运输集团有限责任公司物流分公司经理
李　刚　安钢集团汽车运输有限责任公司副总经理
李德海　河南中原铁道物流有限公司常务副总经理
翟来彬　新乡市新运交通运输有限公司储运分公司经理
魏长龙　河南长通运输有限公司常务副总经理

湖北省

翟玉峰　武汉东西湖保税物流中心有限公司总经理
程　明　大冶有色物流有限公司副总经理
吴　贞　湖北盛辉物流有限公司执行经理
陈建华　武汉商贸国有控股集团有限公司董事长
吴贵东　襄阳风神物流有限公司执行经理
朱华强　武钢交通运输有限责任公司经理
杜玉成　葛洲坝集团湖北物流有限公司副董事长
万启雄　武汉捷利物流有限公司副总经理

湖南省

陈奕志　湖南粮食集团有限责任公司塔吊司机
贺金生　大汉物流股份有限公司董事
姜向林　湖南丰厚物流投资有限公司副总经理
沈桂武　株洲中南谷物城投资经营有限公司董事
侯光昆　衡阳衡钢鸿华物流有限公司董事长
张自强　湖南湘通物流有限公司副总经理
罗辉进　湖南龙骧联运物流有限责任公司董事

广东省

刘　洪　广东南粤物流股份有限公司董事长兼党委书记
张健民　广东鱼珠物流基地有限公司总经理兼党委书记
陈子召　广东广弘食品集团有限公司董事长兼党委书记
彭舜章　广东南储仓储管理有限公司董事
曹　健　佛山高明珠江货运码头有限公司董事
程建伟　广州市裕丰企业集团有限公司经营副总裁
蔡　军　广州华新商贸有限公司物流总监
钟百胜　深圳市腾邦物流股份有限公司董事局主席
赵吉和　深圳市通捷利物流有限公司董事
陈礼豪　广东欧浦钢铁物流股份有限公司董事长
朱文胜　珠海港通投资发展有限公司副总经理
管金虎　东莞市南方物流有限公司东莞分公司经理
龙土金　湛江市霞山水产品批发市场有限公司副董事长
吴土新　茂名市环宇实业发展有限公司董事副经理
张　艳（女）江门市安捷物流有限公司营运总监

广西壮族自治区

黄爱琼（女）广西物资集团桂林储运总公司部门经理
龙　强　广西柳州市国联运输有限责任公司总经理
黄紫阳（壮族）广西壮族自治区邮政速递物流有限责任公司业务总监
潘福云　中国铁路物资柳州物流有限公司总经济师
林心群　广西桂华物流有限公司董事

海南省

林阿勇　中海海南物流有限公司总经理
纪贵忠　海南福鼎物流有限公司副总经理

重庆市

刘荣明　重庆公路物流基地建设有限公司董事长
谢小平（女）重庆市永川商务集团有限公司经理
肖剑雄　重庆港九股份有限公司副总经理
赖小鹏　重庆公路运输（集团）公司第六分公司副经理
胡　丽（女）重庆中集物流有限公司副总经理

四川省

杨　毅　四川川橡天发物流有限责任公司总经理
庭治宏（女）四川省宏图物流有限责任公司董事长

张　灵　宜宾天畅物流有限责任公司部门经理
李　峰　攀钢集团西昌新钢业物流有限公司车队队长
曾强国　成都中铁西南国际物流有限公司董事
王英文　四川省物流产业股份有限公司一分公司部门经理
唐友彬　南充市粮油批发市场副主任兼物流部主任
李羌生　招商局物流集团成都物流有限公司总经理

贵州省

田宏顺（土家族）贵州南长城企业集团董事长
邓剑江　贵州山水物流有限公司董事
陈宗云　遵义金土地绿色产品交易有限公司董事

云南省

刘　伟　云南云天化联合商务有限公司物流总监
甘家昌　云南交通运输有限责任公司董事长兼党委书记
朱显亮（彝族）云南锡业集团有限责任公司物资储运公司副经理
杨　珣（女）云南空港物流有限公司经理

陕西省

苏　琦　陕西省商业储运总公司副总经理
李宝安　中储发展股份有限公司西安分公司总经理兼党委书记
孙继民　陕西华誉物流有限责任公司副董事长
白席能　延安利源物流有限公司副总经理
纪晓明　陕西苍山茶业有限责任公司副董事长
周胜利　陕西红光钢铁物流有限责任公司董事长兼总经理

甘肃省

阎　杰　兰州金轮实业有限责任公司董事长兼总经理
张连虎　窑街煤电集团有限公司运销公司副经理
高　勇　甘肃储备物资管理局五三四处机械班班长
张　珩　甘肃西部物流有限责任公司党委副书记

青海省

李世文　青海省富康医药集团有限责任公司总经理

宁夏回族自治区

袁责钧　宁夏众一物流有限公司总经理

新疆维吾尔自治区

孙学军　新疆兆中快运物流有限公司副总经理

郭　瑾　新疆中远国际货运有限公司总经理

陈　瑜（女）新疆安信物流有限公司副总经理

附件3：

全国物流行业先进工作者名单

（共58名）

河北省

张彦民　承德市发展和改革委员会服务业科科长
王玉昌　河北省发展和改革委员会服务业处调研员
杜宝军　秦皇岛市交通与物流协会会长

内蒙古自治区

周　媛（女）内蒙古物流协会副秘书长
李　岩（女）内蒙古自治区发展和改革委员会经贸流通处调研员
张志刚　通辽市物流办公室主任

山西省

张　升　朔州市物流与采购联合会会长
赵泽华　太原市物流商会副会长

辽宁省

张金利　营口市发展和改革委员会经贸流通科科长
宫之光　大连市港口与口岸局物流处副调研员

吉林省

易　万　长春市发展和改革委员会经济贸易处处长
刘鹤翩（女）四平市发展和改革委员会经济贸易科科长

黑龙江省

张晓萍（女）哈尔滨市发展和改革委员会经济贸易处处长

江苏省

管　明　江苏省经济和信息化委员会交通与物流处处长
罗沈福　苏州市经济和信息化委员会副主任
刘　宁　常州市经济和信息化委员会交通与物流处科长

蒋雪芬（女）扬州市经济和信息化委员会交通与物流处科长
李建新 靖江市开发区管理委员会副主任
童建明 盐城市现代物流园区管理委员会副主任兼党工委副书记

浙江省

叶正富 宁波市服务业综合发展办公室副主任
韩建忠 嘉兴市秀洲区三产发展局干部

安徽省

蒋宗明 安徽省物流与采购联合会副会长兼秘书长
鲍根稳 芜湖市物流行业协会秘书长

福建省

魏重德 福建省经济贸易委员会经济运行局调研员
李霹雳 厦门市交通运输局物流与行业协调处处长

江西省

高学敏（女）南昌市物流协会副秘书长
褚 巍 新余市加快推进现代物流业发展领导小组办公室干部

山东省

谭颜铭 山东省经济和信息化委员会交通与物流处处长
赵悦杰 淄博市物流协会会长
岳明见 东营市经济和信息化委员会交通与物流科科长
于冰心（女）青岛市交通运输委员会副主任科员
刘树民 临沂市经济和信息化委员会交通与物流科科长、临沂市现代物流协会秘书长

湖北省

詹 刚 湖北省发展和改革委员会财贸处主任科员
杨美仁 宜昌市发展和改革委员会主任
熊 伟（土家族）恩施自治州发展和改革委员会财经贸易科科长

湖南省

彭艾珍（女）湖南省发展和改革委员会财贸处处长
苏明德 湖南省推进现代物流与发展工作领导小组办公室副主任、《现代物流》主编、高级经济师
马道旺（回族）邵阳市商务局局长
杨兴龙 长沙市商务局高级会计师

广东省

马仁洪　广东省物流行业协会常务副会长兼秘书长
张　强　广州物流协会副会长
古菁华（女）深圳市宝安区高新技术产业园区办公室副主任
黄建明　广东省经济和信息化委员会生产服务业处处长

广西壮族自治区

汤雪军　柳州市发展和改革委员会服务业科科长

重庆市

杨继光　重庆市渝北区发展和改革委员会主任
景　丽（女）重庆市万州区发展和改革委员会财金科科长

四川省

王　程　四川省发展和改革委员会经济贸易处副处长
周汉知　中国西部现代物流港管理委员会主任
严　莉（女）遂宁市发展和改革委员会产业发展科科长
周　朗　攀枝花市发展和改革委员会服务业处科长

贵州省

罗茂兰（女、彝族）贵阳市商务局物流处科长

云南省

王所明　曲靖市工业和信息化委员会经济运行科科长

陕西省

高伏荣　陕西省发展和改革委员会副总工程师
张万善　西安市发展和改革委员会财金贸易处处长

青海省

祁霄云　青海朝阳物流园区建设领导小组办公室副主任

宁夏回族自治区

朱锁林　宁夏回族自治区经济和信息化委员会运行监测协调处主任科员

新疆维吾尔自治区

郑明建　新疆石河子经济技术开发区管理委员会副主任

陈秀芝（女）中国物流信息中心高级经济师

2010 年中国物流企业主营业务收入前 50 名企业名单及说明

根据国家发展和改革委员会、国家统计局《社会物流统计核算与报表制度》的要求，2011 年 4 月至 2011 年 12 月，中国物流与采购联合会组织实施了重点物流企业统计调查。借鉴国际通行的经验和做法，结合中国物流发展的实际情况，我们根据重点物流企业统计调查结果，提出了中国物流企业 50 强排名。

2010 年 50 强物流企业主营业务收入共达 5927 亿元，同比增长 35.6%。在 50 强物流企业的主营业务收入中，排名第 1 位的中国远洋运输（集团）总公司超过千亿元，排名第 50 位的达到 15.4 亿元，同比增加 3.2 亿元、增长 26.2%。

根据物流企业主营业务收入统计调查数据进行排序，是一项公益性的活动。我们希望通过中国物流企业 50 强排名，客观真实反映物流企业改革发展成果，推动我国物流企业做大做强，提高我国物流业竞争力。现将排序结果予以通告。

2011 年中国物流企业 50 强名单

排名	企业名称	主营业务收入（万元）
1	中国远洋运输（集团）总公司	14361517
2	中国外运长航集团有限公司	9158012
3	中国海运（集团）总公司	6416347
4	厦门象屿集团有限公司	2572523
5	中铁物资集团有限公司	2266728
6	中国物资储运总公司	2196617
7	河北省物流产业集团有限公司	1639090
8	河南煤业化工集团国龙物流有限公司	1620129
9	中国石油天然气运输公司	1461160

续 表

排名	企业名称	主营业务收入（万元）
10	顺丰速运（集团）有限公司	1136000
11	中铁集装箱运输有限责任公司	1062759
12	安吉汽车物流有限公司	1004817
13	朔黄铁路发展有限责任公司	955798
14	中国国际货运航空有限公司	857856
15	五矿物流集团有限公司	800000
16	中铁快运股份有限公司	772478
17	云南物流产业集团有限公司	748013
18	北京华油天然气有限责任公司	706176
19	海丰国际控股有限公司	603266
20	中国石油化工股份有限公司管道储运分公司	600737
21	中国铁路物资总公司	504157
22	嘉里大通物流有限公司	495171
23	重庆港务物流集团有限公司	475257
24	国电物资集团有限公司	458797
25	东方国际物流（集团）有限公司	381493
26	联邦快递（中国）有限公司	361130
27	天地国际运输代理（中国）有限公司	358691
28	武汉商贸国有控股集团有限公司	354060
29	广东省航运集团有限公司	337646
30	中外运—敦豪国际航空快件有限公司	333944
31	成都中铁西南国际物流有限公司	298689
32	山西太铁联合物流有限公司	283074
33	一汽物流有限公司	270800
34	德邦物流股份有限公司	260000
35	中钢国际货运公司	256468
36	宝供物流企业集团有限公司	233600
37	新时代国际运输服务有限公司	225240

续 表

排名	企业名称	主营业务收入（万元）
38	青海省通达物流有限责任公司	221979
39	中铁特货运输有限责任公司	210038
40	甘肃西部物流有限责任公司	210029
41	青岛福兴祥物流股份有限公司	207082
42	浙江省八达物流有限公司	204458
43	上海现代物流投资发展有限公司	197871
44	大新华物流有限公司	191245
45	国药控股江苏有限公司	181164
46	洛阳铁路运通集团有限公司	178451
47	唐山海港远大物流有限公司	168655
48	江苏亚邦医药物流中心有限公司	158816
49	上海佳吉快运有限公司	156905
50	北京宝供福田物流有限公司	153784

（中国物流与采购联合会　中国物流信息中心）

2011年中国连锁百强名单和主要外资连锁企业经营情况统计

2011年中国连锁百强名单

会员	序号	企业名称	销售规模（万元）		门店总数（个）
☆	1	百联集团有限公司		11820757	5604
★	2	苏宁电器股份有限公司①	*	11000000	1724
★	2	国美电器有限公司②	*	11000000	1737
★	4	华润万家有限公司		8270000	3977
★		其中：苏果超市有限公司		3300800	2001
★	5	康成投资（中国）有限公司（大润发）		6156700	185
★	6	重庆商社（集团）有限公司		4780262	325
★		其中：重庆百货大楼股份有限公司		2995631	263
★	7	家乐福（中国）管理咨询服务有限公司		4519581	203
★	8	百胜餐饮集团中国事业部③		4340000	4450
★	9	沃尔玛（中国）投资有限公司	*	4300000	271
★	10	物美控股集团有限公司		4107499	2609
★	11	大商股份有限公司④	*	3560000	170
★	12	山东银座商城股份有限公司		3067037	93
★	13	农工商超市（集团）有限公司		3024551	3374
★	14	江苏五星电器有限公司（百思买）		2748330	279
★	15	海航商业控股有限公司		2340000	468
★	16	宏图三胞高科技术有限公司		2321435	251

续 表

会员	序号	企业名称	销售规模（万元）		门店总数（个）
★	17	中百控股集团股份有限公司		2305342	838
★		其中：武汉中百连锁仓储超市有限公司		1468969	203
	18	石家庄北国人百集团有限责任公司		2187276	133
☆	19	武汉武商集团股份有限公司	*	2064129	92
★		其中：武汉武商量贩连锁有限公司	*	1070940	85
★	20	永辉超市股份有限公司		2038000	204
★	21	北京王府井百货（集团）股份有限公司		2009393	25
★	22	长春欧亚集团股份有限公司		1990319	50
★	23	文峰大世界连锁发展股份有限公司		1945371	990
★	24	利群集团股份有限公司		1905687	838
★	25	天虹商场股份有限公司		1895938	51
★	26	特易购（TESCO）	*	1800000	121
	27	烟台市振华百货集团股份有限公司⑤		1788360	106
★	28	新一佳超市有限公司		1753400	116
★	29	金鹰国际商贸集团（中国）有限公司		1642767	26
★	30	百盛商业集团有限公司		1642617	52
★	31	山东家家悦集团有限公司		1624500	573
	32	新世界百新中国有限公司	*	1550000	39
★	33	乐天玛特		1541077	75
★	34	安徽省徽商集团有限公司⑥		1509734	2998
★	35	合肥百货大楼集团股份有限公司⑦		1480000	186
☆	36	北京首商集团股份有限公司⑧		1402992	18
★	37	人人乐连锁商业集团股份有限公司		1384204	126
★	38	锦江麦德龙现购自运有限公司	*	1380000	54
★	39	银泰百货（集团）有限公司		1367318	29
★	40	好又多管理咨询服务（上海）有限公司	*	1300000	99
★	41	欧尚（中国）投资有限公司		1269626	45
★	42	山东新星集团有限公司		1239079	652

续 表

会员	序号	企业名称	销售规模（万元）		门店总数（个）
★	43	北京京客隆商业集团股份有限公司		1221200	251
★	44	山东潍坊百货集团股份有限公司		1213215	417
	45	北京菜市口百货股份有限公司		1166196	12
★	46	武汉中商集团股份有限公司		1150060	46
★	47	辽宁兴隆大家庭商业集团		1126076	30
★	48	福建新华都购物广场股份有限公司		1099757	112
	49	郑州丹尼斯百货有限公司		1080000	27
	50	茂业国际控股有限公司		1042986	38
★	51	江苏华地国际控股集团有限公司		1017578	34
★	52	卜蜂莲花	*	1001900	52
★	53	广州屈臣氏个人用品商店有限公司	*	1000000	1100
★	54	广州市广百股份有限公司		930900	29
★	55	步步高商业连锁股份有限公司		843919	186
★	56	北京迪信通商贸有限公司		813912	1320
★	57	麦当劳（中国）有限公司	*	810000	1400
★	58	伊藤洋华堂		748588	13
★	59	永旺		666170	30
★	60	成都红旗连锁股份有限公司		662388	1129
★	61	湖南友谊阿波罗控股股份有限公司		623351	11
	62	宜家家居		571513	9
★	63	三江购物俱乐部股份有限公司		567143	151
☆	64	济南华联商厦集团股份有限公司		550493	24
★		其中：济南华联超市有限公司		311029	19
	65	南京中央商场股份有限公司	*	550000	8
★	66	北京翠微大厦股份有限公司	*	540000	5
★	67	四川省互惠商业有限责任公司	*	520000	1270
★	68	广州友谊集团股份有限公司		500000	6

续 表

会员	序号	企业名称	销售规模（万元）		门店总数（个）
★	69	阜阳华联集团股份有限公司		482158	603
	70	中国春天百货集团	*	481000	17
	71	卓展集团控股有限公司	*	480000	3
★	72	邯郸市阳光百货集团总公司		461000	121
★	73	山东威海百货大楼集团股份有限公司		456000	36
★	74	北京市顺义国泰商业大厦		450891	14
	75	长沙通程控股股份有限公司	*	434952	69
★	76	百佳超市（中国内地）		429853	46
★	77	青岛维客集团股份有限公司		421713	13
★	78	山东全福元商业集团有限责任公司		409200	125
★	79	上海如家酒店管理有限公司		396000	1426
★	79	东方家园家居建材商业有限公司		396000	27
★	81	北京超市发连锁股份有限公司		389824	119
★	82	山西美特好连锁超市股份有限公司		387772	58
★	83	浙江人本超市有限公司		377076	1028
★	84	湖南佳惠百货有限责任公司（集团）		370920	231
★	85	广东大参林连锁药店有限公司		367000	1100
★	86	老百姓大药房连锁有限公司	*	366000	590
★	87	深圳市海王星辰医药有限公司		362000	2883
★	88	加贝物流股份有限公司		348000	314
★	89	山西省太原唐久超市有限公司		307360	1106
★	90	中国全聚德（集团）股份有限公司		301743	87
★	91	广西南城百货股份有限公司		300353	27
	92	浙江华联商厦有限公司		296500	73
★	93	中山市壹加壹商业连锁有限公司		289652	44
★	94	雄风集团有限公司		286528	129
	95	重庆和平药房连锁有限责任公司		285000	2520

续 表

会员	序号	企业名称	销售规模（万元）		门店总数（个）
	96	内蒙古民族商场有限责任公司		280783	4
★	97	汇银家电（控股）有限公司	*	280000	164
★	98	青岛利客来商贸集团股份有限公司		270080	401
	99	南宁百货大楼股份有限公司		265907	9
★	100	心连心集团有限公司		252093	54
		合 计		165073982	55407

注：1. ★表示为中国连锁经营协会会员企业，☆表示其下属公司为协会会员企业。

2. 数字前面带*为估计值。

3. 百强统计采用销售规模的口径，包括含税的直营店、加盟店、输出管理等以公司品牌经营的所有连锁店的销售总额，以及对外批发的销售额，除此外的销售额不计入内。

4. 销售规模或门店数量以特许加盟为主的企业不列入本表，将纳入“2011年特许百强”榜。

5. 部分企业数据说明：

①苏宁电器股份有限公司销售额为含税的上市公司营业收入，其不含税年报数据为9388864.4万元。

②国美电器有限公司销售额为含税的上市公司营业收入加上非上市部分的估计数。

③百胜餐饮集团中国事业部数据不含内蒙古小肥羊餐饮连锁有限公司数据。

④大商股份有限公司销售额为含税的上市公司营业收入。

⑤烟台市振华百货集团股份有限公司控股济南人民商场。

⑥安徽省徽商集团有限公司数据不含生产资料销售。

⑦合肥百货大楼集团股份有限公司数据不含批发市场交易额。

⑧北京首商集团股份有限公司包含北京新燕莎控股（集团）有限责任公司和北京西单友谊百货集团数据。

另：欧尚（中国）投资有限公司所报数据为不含税数据。卜蜂莲花数据为上市公司的数据，不含非上市部分。

2011 年主要外资连锁企业经营情况

会员	序号	百强序号	企业名称	销售规模（万元）		门店总数（个）
★	1	5	康成投资（中国）有限公司（大润发）		6156700	185
★	2	7	家乐福（中国）管理咨询服务有限公司		4519581	203
★	3	8	百胜餐饮集团中国事业部①		4340000	4450
★	4	9	沃尔玛（中国）投资有限公司	*	4300000	271
★	5	14	江苏五星电器有限公司（百思买）		2748330	279
★	6	26	特易购（TESCO）	*	1800000	121
★	7	30	百盛商业集团有限公司		1642617	52
	8	32	新世界百货中国有限公司	*	1550000	39
★	9	33	乐天玛特		1541077	75
★	10	38	锦江麦德龙现购自运有限公司	*	1380000	54
★	11	40	好又多管理咨询服务（上海）有限公司	*	1300000	99
★	12	41	欧尚（中国）投资有限公司		1269626	45
	13	49	郑州丹尼斯百货有限公司		1080000	27
★	14	52	卜蜂莲花	*	1001900	52
★	15	53	广州屈臣氏个人用品商店有限公司	*	1000000	1100
★	16	57	麦当劳（中国）有限公司	*	810000	1400
★	17	58	伊藤洋华堂		748588	13
★	18	59	永旺		666170	30

续 表

会员	序号	百强序号	企业名称	销售规模（万元）		门店总数（个）
	19	62	宜家家居		571513	9
★	20	76	百佳超市（中国内地）		429853	46
	21		易买得	*	240000	16
		合 计			39095955	8566

注：1. ★表示为中国连锁经营协会会员企业。

2. 数字前面带*为估计值。

3. 百强统计采用销售规模的口径，包括含税的直营店、加盟店、输出管理等以公司品牌经营的所有连锁店的销售总额，以及对外批发的销售额，除此外的销售额不计入内。

4. 企业数据说明：

①百胜餐饮集团中国事业部数据不含内蒙古小肥羊餐饮连锁有限公司数据。

另：欧尚（中国）投资有限公司所报数据为不含税数据。卜蜂莲花数据为上市公司的数据，不含非上市部分。

2011 年度货代企业百强（综合）名单

排名	公司名称	综合榜营业额（万元）
1	中国外运长航集团有限公司	10311252
2	中远国际货运有限公司	4470926
3	中国物资储运总公司	2645075
4	敦豪全球货运（中国）有限公司	1213044
5	中钢国际货运有限公司	750956
6	锦程国际物流集团股份有限公司	737470
7	大连中铁外服国际货运代理有限公司	635480
8	建发物流集团有限公司	627932
9	嘉里大通物流有限公司	621556
10	振华物流集团有限公司	553013
11	中通远洋物流集团有限公司	497953
12	中铁联合物流股份有限公司	446805
13	深圳市华运国际物流有限公司	434090
14	上海亚东国际货运有限公司	385976
15	海程邦达国际物流有限公司	350981
16	东方国际物流（集团）有限公司	338129
17	天津天保国际物流集团有限公司	302287
18	中成国际运输有限公司	296363
19	江苏众诚国际物流有限公司	279009

续 表

排名	公司名称	综合榜营业额（万元）
20	嘉宏国际运输代理有限公司	277441
21	上港集团物流有限公司	261429
22	上海环世物流有限公司	250000
23	近铁国际物流（中国）有限公司	247790
24	天津克运国际物流集团有限公司	247565
25	连云港东大国际货运有限公司	243816
26	民生国际货物运输代理有限公司	231682
27	上海远天船务有限公司	224855
28	上海青旅国际货运有限公司	211012
29	新时代国际运输服务有限公司	205231
30	硕达（上海）国际货运有限公司	201362
31	宁波雅戈尔国际贸易运输有限公司	198518
32	日通国际物流（中国）有限公司	196301
33	广西运德汽车运输集团有限公司	186327
34	青岛远洋大亚物流有限公司	168008
35	中铁国际多式联运有限公司	165507
36	江苏飞力达国际物流股份有限公司	159394
37	宁波港东南物流有限公司	150911
38	厦门速传物流发展股份有限公司	136459
39	北京泽坤国际货运代理有限公司	135343
40	广西超大运输集团有限责任公司	131650
41	无锡中旅新侨国际货运（代理）有限责任公司	125260
42	青岛全球捷运物流有限公司	121165
43	中海集装箱运输浙江有限公司	119559
44	深圳市递四方速递有限公司	116157
45	利通物流有限公司	106149
46	天津京铁鑫诚国际货运代理有限公司	99208
47	连云港凯达国际物流有限公司	98392

续 表

排名	公司名称	综合榜营业额（万元）
48	江苏凯通国际物流有限公司	98320
49	天津丰田物流有限公司	94915
50	江苏恒隆物流有限公司	94647
51	忠进国际货运有限公司	90286
52	中经得美国际快运代理有限公司	89109
53	深圳市海格物流股份有限公司	84949
54	环发讯通（天津）国际货运代理有限公司	83078
55	广西瑞通运输集团有限公司	81239
56	东方中天（河南）航空服务有限公司	80151
57	永顺国际货运代理有限公司	79350
58	上海邮申国际货运有限公司	78815
59	江苏远洋新世纪货运代理有限公司	73573
60	上海东浩外服国际物流有限公司	73400
61	达升物流股份有限公司	72000
62	上海佳达航空国际货运代理有限公司	71484
63	中设国际商务运输代理有限责任公司	70166
64	辽宁港捷国际物流有限公司	68538
65	宁波简达国际货运代理有限公司	67500
66	大航国际货运有限公司	64594
67	通用技术集团国际物流有限公司	64359
68	上海美设国际货运有限公司	62094
69	江苏远东物流有限公司	61207
70	江苏苏亚国际货运有限公司	59500
71	深圳市华展国际物流有限公司	58717
72	深圳新合程供应链股份有限公司	58184
73	大连联泰国际货运代理有限公司	58026
74	中菲行国际货运代理（上海）有限公司	56199

续 表

排名	公司名称	综合榜营业额（万元）
75	航都（厦门）国际货运代理有限公司	55112
76	嘉友国际物流（北京）有限公司	54950
77	华捷国际运输代理有限公司	53578
78	广州欧华国际货运代理有限公司	51682
79	辽宁富德国际货运有限公司	49615
80	上海经贸国际货运实业有限公司	49513
81	大连宇航国际运输代理有限责任公司	48421
82	江苏海航国际物流有限公司	47454
83	上海外经贸国际货运有限公司	47380
84	重庆美联国际仓储运输（集团）有限公司	47153
85	山东朗越国际运输服务有限公司	46555
86	新景程国际物流有限公司	46033
87	上海通运国际物流有限公司	45243
88	深圳市柏威国际货运代理有限公司	43042
89	青岛思锐国际物流有限公司	41242
90	上海高信国际物流有限公司	40021
91	杭州泛远国际物流有限公司	39061
92	深圳市森邦国际货运有限公司	38700
93	上海东方福达运输服务有限公司	37901
94	深圳市长帆国际物流有限公司	37333
95	浙江海洲国际货运代理有限公司	36492
96	温州顺衡速运有限公司	36316
97	辽宁朝晖骏光国际货运代理有限公司	35732
98	浙江双马国际货运有限公司	34181
99	中海环球空运有限公司	33637
100	福州万全物流有限公司	30330

2011 年度货代企业民营 50 强名单

排名	公司名称	营业额（万元）
1	锦程国际物流集团股份有限公司	740238
2	中通远洋物流集团有限公司	497953
3	深圳市华运国际物流有限公司	434090
4	上海亚东国际货运有限公司	385976
5	江苏众诚国际物流有限公司	279009
6	上海环世物流有限公司	250000
7	连云港东大国际货运有限公司	243816
8	上海远天船务有限公司	224855
9	宁波雅戈尔国际贸易运输有限公司	198518
10	广西运德汽车运输集团有限公司	186327
11	江苏飞力达国际物流股份有限公司	159394
12	北京泽坤国际货运代理有限公司	135343
13	广西超大运输集团有限责任公司	131650
14	青岛全球捷运物流有限公司	121165
15	深圳市递四方速递有限公司	116157
16	忠进国际货运有限公司	90286
17	江苏恒隆物流有限公司	94647
18	深圳市海格物流股份有限公司	84949

续 表

排名	公司名称	营业额（万元）
19	广西瑞通运输集团有限公司	81239
20	东方中天（河南）航空服务有限公司	80151
21	宁波达升国际物流有限公司	72000
22	上海佳达航空国际货运代理有限公司	71484
23	宁波简达国际货运代理有限公司	67500
24	江苏苏亚国际货运有限公司	59500
25	深圳市华展国际物流有限公司	58717
26	深圳新合程供应链股份有限公司	58184
27	大连联泰国际货运代理有限公司	58026
28	辽宁富德国际货运有限公司	49615
29	江苏海航国际物流有限公司	47454
30	重庆美联国际仓储运输（集团）有限公司	47153
31	新景程国际物流有限公司	46033
32	青岛思锐国际物流有限公司	41242
33	杭州泛远国际物流有限公司	39061
34	深圳市长帆国际物流有限公司	37333
35	浙江海洲国际货运代理有限公司	36629
36	温州顺衡速运有限公司	36316
37	浙江双马国际货运有限公司	34181
38	山东泛亚国际货运有限公司	31778
39	福州万全物流有限公司	30330
40	青岛翔通报关行有限公司	27049
41	上海密尔克卫国际集装箱货运有限公司	25733
42	上海茂鸿国际货运有限公司	22689
43	河南世通国际物流有限公司	21466
44	北京百福东方国际物流有限责任公司	20400

续 表

排名	公司名称	营业额（万元）
45	陕西易通国际货运有限公司	16976
46	大连康宁物流有限公司	14823
47	浙江金剑国际货运有限公司	11797
48	天津嘉合运通国际物流有限公司	11578
49	杭州汉德国际货运代理有限公司	10981
50	北京赛福国际货运代理有限公司	6954

2011 年度货代企业海运 50 强名单

排名	公司名称	营业额（万元）
1	中国外运长航集团有限公司	7049416
2	中远国际货运有限公司	4285719
3	中钢国际货运有限公司	729755
4	锦程国际物流集团股份有限公司	564530
5	中通远洋物流集团有限公司	495037
6	振华物流集团有限公司	448792
7	深圳市华运国际物流有限公司	348350
8	敦豪全球货运（中国）有限公司	308033
9	中国物资储运总公司	287382
10	中成国际运输有限公司	251179
11	连云港东大国际货运有限公司	243816
12	江苏众诚国际物流有限公司	239800
13	东方国际物流（集团）有限公司	233678
14	海程邦达国际物流有限公司	226382
15	嘉宏国际运输代理有限公司	220909
16	建发物流集团有限公司	211442
17	上海远天船务有限公司	210000
18	天津克运国际物流集团有限公司	200451
19	上海环世物流有限公司	200000
20	民生国际货物运输代理有限公司	197323

续 表

排名	公司名称	营业额（万元）
21	嘉里大通物流有限公司	187688
22	天津天保国际物流集团有限公司	179073
23	上海亚东国际货运有限公司	177956
24	青岛远洋大亚物流有限公司	158140
25	宁波港东南物流有限公司	150911
26	中海集装箱运输浙江有限公司	116204
27	江苏凯通国际物流有限公司	98320
28	青岛全球捷运物流有限公司	96482
29	江苏恒隆物流有限公司	94647
30	硕达（上海）国际货运有限公司	85970
31	厦门速传物流发展股份有限公司	83951
32	环发讯通（天津）国际货运代理有限公司	82727
33	忠进国际货运有限公司	74608
34	中设国际商务运输代理有限责任公司	70166
35	宁波简达国际货运代理有限公司	67500
36	通用技术集团国际物流有限公司	62689
37	辽宁港捷国际物流有限公司	58178
38	江苏远东物流有限公司	55413
39	达升物流股份有限公司	52268
40	深圳市华展国际物流有限公司	50409
41	天津京铁鑫诚国际货运代理有限公司	49531
42	江苏飞力达国际物流股份有限公司	46241
43	利通物流有限公司	44267
44	近铁国际物流（中国）有限公司	43528
45	辽宁富德国际货运有限公司	42275
46	深圳市长帆国际物流有限公司	37257
47	青岛思锐国际物流有限公司	35980
48	江苏海航国际物流有限公司	35388
49	新景程国际物流有限公司	34728
50	浙江海洲国际货运代理有限公司	34368

2011年度货代企业空运50强名单

排名	公司名称	营业额（万元）
1	敦豪全球货运（中国）有限公司	683174
2	中国外运长航集团有限公司	380796
3	嘉里大通物流有限公司	259479
4	上海青旅国际货运有限公司	203592
5	新时代国际运输服务有限公司	202431
6	日通国际物流（中国）有限公司	144505
7	近铁国际物流（中国）有限公司	132702
8	北京泽坤国际货运代理有限公司	127868
9	无锡中旅新侨国际货运（代理）有限责任公司	125260
10	硕达（上海）国际货运有限公司	112981
11	深圳市递四方速递有限公司	112867
12	海程邦达国际物流有限公司	110713
13	东方中天（河南）航空服务有限公司	80151
14	锦程国际物流集团股份有限公司	74601
15	上海佳达航空国际货运代理有限公司	71484
16	上海邮中国际货运有限公司	67285
17	中经得美国际快运代理有限公司	67214
18	东方国际物流（集团）有限公司	60906
19	利通物流有限公司	60739
20	嘉宏国际运输代理有限公司	50822

续 表

排名	公司名称	营业额（万元）
21	深圳市华运国际物流有限公司	46656
22	上海亚东国际货运有限公司	40284
23	华捷国际运输代理有限公司	36843
24	广州欧华国际货运代理有限公司	36415
25	上海环世物流有限公司	36000
26	上海东方福达运输服务有限公司	35948
27	深圳市柏威国际货运代理有限公司	34430
28	中菲行国际货运代理（上海）有限公司	31592
29	山东朗越国际运输服务有限公司	29720
30	中海环球空运有限公司	29657
31	江苏飞力达国际物流股份有限公司	28616
32	大连宇航国际运输代理有限责任公司	26621
33	厦门速传物流发展股份有限公司	25656
34	上海中太国际货运代理有限公司	25219
35	航都（厦门）国际货运代理有限公司	24376
36	上海东浩外服国际物流有限公司	21000
37	上海经贸国际货运实业有限公司	19380
38	大航国际货运有限公司	18388
39	上海高信国际物流有限公司	18081
40	上海翔运国际货运有限公司	17936
41	上海华加国际货运代理有限公司	16919
42	大连京大国际货运代理有限公司	16535
43	青岛翔通报关行有限公司	14373
44	江苏恒联国际物流有限公司	12872
45	北京腾昌国际运输代理服务有限公司	12133
46	大连联泰国际货运代理有限公司	11697
47	中外运一日新国际货运有限公司	11020
48	杭州汉德国际货运代理有限公司	10981
49	北京西运国际货运代理有限公司	10578
50	北京明邦运通国际运输服务有限公司	10204

2011年度货代企业陆运20强名单

排名	公司名称	营业总额（万元）
1	中国外运长航集团有限公司	847747
2	大连中铁外服国际货运代理有限公司	635480
3	中铁国际多式联运有限公司	165507
4	中国物资储运总公司	138465
5	上港集团物流有限公司	97909
6	广西超大运输集团有限责任公司	65825
7	广西瑞通运输集团有限公司	58260
8	天津京铁鑫诚国际货运代理有限公司	49677
9	嘉友国际物流（北京）有限公司	48550
10	永顺国际货运代理有限公司	35000
11	锦程国际物流集团股份有限公司	34242
12	近铁国际物流（中国）有限公司	28689
13	江苏飞力达国际物流股份有限公司	28645
14	振华物流集团有限公司	28333
15	民生国际货物运输代理有限公司	23668
16	敦豪全球货运（中国）有限公司	19558
17	深圳新合程供应链股份有限公司	13133
18	重庆美联国际仓储运输（集团）有限公司	8990
19	深圳市海格物流股份有限公司	7813
20	上海环世物流有限公司	7500

2011 年度货代企业仓储 20 强名单

排名	公司名称	营业总额（万元）
1	中国外运长航集团有限公司	361273
2	中国物资储运总公司	298814
3	嘉里大通物流有限公司	48474
4	江苏飞力达国际物流股份有限公司	44332
5	近铁国际物流（中国）有限公司	40825
6	敦豪全球货运（中国）有限公司	40579
7	锦程国际物流集团股份有限公司	35084
8	天津克运国际物流集团有限公司	35020
9	振华物流集团有限公司	33719
10	青岛全球捷运物流有限公司	23518
11	东方国际物流（集团）有限公司	20354
12	深圳市华运国际物流有限公司	17859
13	中远国际货运有限公司	16317
14	日通国际物流（中国）有限公司	14475
15	天津港国际物流发展有限公司	10233
16	重庆美联国际仓储运输（集团）有限公司	9754
17	大连联泰国际货运代理有限公司	9657
18	中钢国际货运有限公司	9181
19	上海亚东国际货运有限公司	8930
20	广西瑞通运输集团有限公司	8206

2011年度中国物流与采购联合会科技进步奖获奖项目名单

科技进步奖获奖项目主要完成单位

序号	奖 项	项目名称	主要完成单位
1	一等奖	铁路直达集结成本与压缩物流中转时间的联合优化技术	北京交通大学
2	一等奖	大型机场货运物流系统工程关键技术研究及产业化	兰州交通大学、兰州正远科技有限公司、深圳中集天达空港设备有限公司
3	一等奖	西本新干线电子交易平台系统	西本新干线股份有限公司、西本新干线电子商务有限公司、上海西本网络科技有限公司
4	一等奖	多网合一流通领域跨地域物流服务平台	上海海鼎信息工程股份有限公司
5	一等奖	新一代医药配送中心成套物流装备系统创新工程	北京起重运输机械设计研究院
6	一等奖	电信行业供应链管理信息系统	北京泛太物流有限公司
7	一等奖	开滦集团煤炭物流“三位一体”新模式	开滦集团国际物流有限责任公司
8	一等奖	港口城市物流集散道路规划设计及控制成套技术研究应用	上海海事大学、天津市市政工程设计研究院
9	一等奖	预硫化轮胎翻修关键技术与成套装备的研发	软控股份有限公司
10	一等奖	高等教育“十一五”国家级教材《物流管理基础》	北京物资学院、中国物资出版社

续 表

序号	奖 项	项目名称	主要完成单位
11	二等奖	综合型物流园规划方法体系及工程示范	清华大学深圳研究生院
12	二等奖	物流类专业实验教学平台的构建与应用	北京物资学院
13	二等奖	集发科技智能集装箱码头操作系统（TOP +）	大连集发科技有限公司
14	二等奖	上海世博会蔬菜质量安全管理与追溯系统	上海农业信息有限公司
15	二等奖	家电行业全程供应链可视化第三方物流服务平台	芜湖安得物流股份有限公司
16	二等奖	吉联综合物流管理平台项目	上海吉联新软件股份有限公司
17	二等奖	高频次小批量电子商务订单现代物流中心	宝供物流企业集团有限公司
18	二等奖	基于 WCDMA 的物流调度管理系统	中国联合网络通信有限公司
19	二等奖	国家物品识别网络标准体系研究	中国物品编码中心
20	二等奖	钢铁物流中物联网技术研究与应用	中储发展股份有限公司汉口分公司、武汉理工大学
21	二等奖	智能一体化配送系统	北京汇通天下物联科技有限公司
22	二等奖	国药控股“国家药网”物流网络化管理建设项目	国药控股股份有限公司
23	二等奖	吉林省主要鲜活农产品物流系统的组织与优化模式研究	北京城市学院、吉林大学农学部、电果网（北京）农产品有限公司
24	二等奖	汽车零配件生产企业采购物流系统集成与优化	天津丰田物流有限公司、天津大学
25	二等奖	港务综合业务管理平台	天津东软金算盘软件有限公司
26	二等奖	《市场流通法》课题研究	北京物资学院
27	二等奖	基于 3G 的物流车辆多媒体调度管理系统	中国联合网络通信有限公司广东省分公司、深圳市普天宜通网络有限公司
28	二等奖	基于 LBS 的路运可视化监控管理公共服务系统	合肥维天运通信息科技股份有限公司
29	二等奖	易网通开放式供应链物流信息平台	易网通电子网络系统（深圳）有限公司

续 表

序号	奖 项	项目名称	主要完成单位
30	二等奖	中国外运宝马项目 TMS 统一运输管理平台项目	中国外运物流发展有限公司
31	二等奖	太原烟草卷烟配送中心系统集成	山西省烟草公司太原市公司、北京帝欧物流科技有限公司、中国普天科技股份有限公司
32	二等奖	基于 RFID 条码技术的 WMS 系统开发	广州风神物流有限公司
33	二等奖	TWQX –5 新型伸缩皮带输送机	深圳市天和双力物流自动化设备有限公司
34	二等奖	全洲供应链物流一体化信息管理系统	全洲药业集团有限公司
35	二等奖	常压塑化法生产高品质再生胶	平陆康乐橡塑科技开发有限公司
36	三等奖	农产品协议流通公共服务信息系统	浙江大学城市学院、全国城市农贸中心联合会
37	三等奖	基于公共移动平台的手持终端邮政速递应用系统	博韩伟业（北京）科技有限公司
38	三等奖	中远盐田保税仓综合物流管理信息系统	中远网络物流信息科技有限公司
39	三等奖	基于智能手机终端的冷链物流信息平台开发与应用	柳州市农业生产资料有限责任公司
40	三等奖	诺瓦中小型医药配送中心仓储系统	上海诺瓦物流技术有限公司
41	三等奖	一种大直径圆环类大件货物的变位运输方法	四川东方物流有限公司
42	三等奖	快速消费品主数据同步系统开发与应用	中国物品编码中心
43	三等奖	物流车辆车载多媒体一体机——车 E 通	洛阳市大一物流有限公司、深圳市国网物流信息有限公司、洛阳市国通电子科技有限公司
44	三等奖	汽车供应链优化调度的集成技术及应用	中港物流（厦门）有限责任公司、华侨大学物流系统工程研究所
45	三等奖	人民币回笼现金物流管理系统	北京科创融鑫科技有限公司、中国金融电子化公司、中国人民银行杭州中心支行货币金银处
46	三等奖	虹迪电子商务仓储管理系统	上海虹迪物流科技有限公司

续　表

序号	奖　项	项目名称	主要完成单位
47	三等奖	内蒙古红山物流公共信息平台	内蒙古红山物流有限责任公司、北京恩源科技有限公司、赤峰大宗商品有限公司
48	三等奖	港口专用拖板翻转装置	天津港第五港埠有限公司
49	三等奖	大宗商品物流金融交易融资平台	北京顺邦钢联电子商务有限公司
50	三等奖	《烟草物流设备　条烟分拣设备》行业标准	普天物流技术有限公司、中烟电子商务有限责任公司、北京兰德瑞尔科技有限公司
51	三等奖	铁路小件货物快运品名分类与代码表应用	中铁快运股份有限公司
52	三等奖	轿运车计算机三维演示及二维配载系统	安吉汽车物流有限公司
53	三等奖	叉车托盘作业适用的 RFID 智能仓储研发与规模化应用	威海港集团有限公司、威海国际物流园发展有限公司、捷玛计算机信息技术（上海）有限公司
54	三等奖	基于 GPRS 全程自动死锁与监控系统	上海安吉速驰储运有限公司
55	三等奖	建设沈阳综合保税区的模式研究	沈阳大学、武汉理工大学
56	三等奖	铁路物流经营基地汽车衡管理信息系统	甘肃铁联运输服务有限责任公司
57	三等奖	农产品物流框架体系构建	曲阜师范大学、兰州商学院
58	三等奖	基于物联网的烟草商业企业物流作业全程信息化管理系统	江西烟草公司南昌公司、北京中软国际信息技术有限公司
59	三等奖	我国物流业发展现状、问题及对策研究	北京物资学院、国家统计局服务业调查中心
60	三等奖	可视化运输管理软件——千里眼 3000	上海晋宝物流有限公司
61	三等奖	基于智能和自动化的仓储系统研究及应用	上海锦胤软件科技有限公司
62	三等奖	汽车整车与配件综合交易管理平台	徐州工程学院、中国汽配城
63	三等奖	斜交翻新半钢工程机械轮胎	庆云华泰橡胶制品有限公司
64	三等奖	6S 物流综合管理与服务体系	广东广信通信服务有限公司

续 表

序号	奖 项	项目名称	主要完成单位
65	三等奖	装甲装备器材保障物流经济性研究	装甲兵工程学院技术保障工程系、装甲兵工程学院训练部、装甲兵工程学院装备再制造工程系
66	三等奖	我国铁矿石战略储备研究	中国物资出版社
67	三等奖	“我的物流”电子商务配送物流快递在线平台	东方普惠科技（北京）有限公司
68	三等奖	物流与采购移动智能数据采集终端与管理平台	北京亿美软通科技有限公司
69	三等奖	物联网技术综合运用	北京长久物流有限公司

科技进步奖获奖项目主要完成人名单

序号	奖 项	项目名称	项目主要完成人名单（按贡献大小排序）
1	一等奖	铁路直达集结成本与压缩物流中转时间的联合优化技术	林柏梁、王喜富、彭辉、耿令乾、纪寿文、聂英杰、许红、邵琳、杨月芳、王志美、纪丽君
2	一等奖	大型机场货运物流系统工程关键技术研究及产业化	闫军、张伟、雷斌、齐金平、宋宇博、李建国、柴获、王焕民、代存杰、李小平、郑祖华
3	一等奖	西本新干线电子交易平台系统	虞钢、潘建华、屠建平、马骏、郑平、盛志诚、刘敏、毛毅炯、胡振宁、彭定友、王兵阳
4	一等奖	多网合一流通领域跨地域物流服务平台	陈庆洪、行喜欢、施伟、田剑、曹丽娜、严萍、黄志华
5	一等奖	新一代医药配送中心成套物流装备系统创新工程	陆大明、陈涤新、徐庆才、秦叙斌、侯娟、周薇、滕旭辉、宋守定、吴宇东、赵峰、魏兰
6	一等奖	电信行业供应链管理信息系统	苏树平、王晓霞、彭建春、赵彦斌

续 表

序号	奖 项	项目名称	项目主要完成人名单（按贡献大小排序）
7	一等奖	开滦集团煤炭物流“三位一体”新模式	吴爱民、傅同军、张求实、杜占栓、聂树生、张子春、潘卫华、侯玉生、史向波
8	一等奖	港口城市物流集散道路规划设计及控制成套技术研究应用	韩皓、白子建、任乐、柯水平、沙梅、朝鲁、李明剑、王鹏飞、余静、王正、秦天保
9	一等奖	预硫化轮胎翻修关键技术与成套装备的研发	袁仲雪、蓝宁、宋汀、曲蔚、张希望、孟鹏、王孔茂、都强、刘永禄、王报林、赵德仁、刘常
10	一等奖	高等教育“十一五”国家级教材《物流管理基础》	翁心刚
11	二等奖	综合型物流园规划方法体系及工程示范	缪立新、戚铭尧、李强、杨朋、雷超、徐青青
12	二等奖	物流类专业实验教学平台的构建与应用	王成林、张旭凤、张耀荔、刘俐、李彦萍、田雪
13	二等奖	集发科技智能集装箱码头操作系统（TOP+）	范海燕、李国臣、吴佳琪、陆旭、王雪冰、刘静雅、孙润溪、徐健美、王艳丽
14	二等奖	上海世博会蔬菜质量安全管理与追溯系统	杨张兵、何荣勋、王海山、张向飞、庄洁、严绚丽、吴春辉、彭海涛、宣毅
15	二等奖	家电行业全程供应链可视化第三方物流服务平台	卢立新、王鲲、卢少艺、陈俊金、陈居文
16	二等奖	吉联综合物流管理平台项目	潘文艺、顾钱彬、陈和林、孙剑锋、刘钰、芮秀、葛增良、吴雨槟、陈春峰
17	二等奖	高频次小批量电子商务订单现代物流中心	程锡礼、苏骅、冯杰、伍春江、肖雄山、王魁恒、陈仕填、杨芬、陈健杭
18	二等奖	基于WCDMA的物流调度管理系统	田文科、季绪浩、成洁、马卓、宋孝光、曾胜群、耿之轩、李健、江勇

续 表

序号	奖 项	项目名称	项目主要完成人名单（按贡献大小排序）
19	二等奖	国家物品识别网络标准体系研究	张成海、罗秋科、黄燕滨、李素彩、刘晓冬、王毅、张旭、韩树文、胡辽克
20	二等奖	钢铁物流中物联网技术研究与应用	孙荣、李文锋、史凌峰、葛艳红、陈欢、鲍军荣、万涛、钟叶、高新书
21	二等奖	智能一体化配送系统	翟学魂、吴海波、黄丛、闽早华
22	二等奖	国药控股“国家药网”物流网络化管理建设项目	曹国钧、宋军、罗继伟、万勇
23	二等奖	吉林省主要鲜活农产品物流系统的组织与优化模式研究	杜文龙、吴勇民、陈肇隆、范文晶、樊雪梅、张宇、梅士伟、郭慧馨、颜颖
24	二等奖	汽车零配件生产企业采购物流系统集成与优化	唐志忠、李波、袁鹏、李咏梅、倪锦峰、王楠、田美光、金基男、周治
25	二等奖	港务综合业务管理平台	闫美云、马维平、孙一玲、于海军、李佳、张伟
26	二等奖	《市场流通法》课题研究	尚珂、李惠阳、刘茵、王惠玲、阎章荣、尚琤、赵娴
27	二等奖	基于3G的物流车辆多媒体调度管理系统	李稷楠、刘武良、王伟波、官鑫林、叶磊鹏
28	二等奖	基于LBS的路运可视化监控管理公共服务系统	冯雷、叶圣、张道胜、周涛、徐进、王立波
29	二等奖	易网通开放式供应链物流信息平台	陈鹏
30	二等奖	中国外运宝马项目TMS统一运输管理平台项目	魏世奇、武靖、张历兵、沈天添
31	二等奖	太原烟草卷烟配送中心系统集成	董文彦、董旭红、蒋伟芳、翁强、陈伟、赵汝雄
32	二等奖	基于RFID条码技术的WMS系统开发	吴荣树、吴峻、方彦兵、章信开、胡云、黄曦、吴贤隆、吴永强、鄢明举
33	二等奖	TWQX -5新型伸缩皮带输送机	池祖后、段小仁、孙福泽、徐冀江
34	二等奖	全洲供应链物流一体化信息管理系统	周求华、张齐祥

续　表

序号	奖　项	项目名称	项目主要完成人名单（按贡献大小排序）
35	二等奖	常压塑化法生产高品质再生胶	白景星、胡康福、史春花、张江北、裴庆丰
36	三等奖	农产品协议流通公共服务信息系统	鲍立威、范晓清、吕清楚、邬家瑛、蔡颖、马增俊、王秀昕
37	三等奖	基于公共移动平台的手持终端邮政速递应用系统	万起光、李代万、张红文、李昕
38	三等奖	中远盐田保税仓综合物流管理信息系统	周英明、王顺利、余浩、蔡创、刘祎慈、王兴成、杨永伟
39	三等奖	基于智能手机终端的冷链物流信息平台开发与应用	邵铭、唐艳荣、邓力、张成安、王大溪、陈海燕、伍良启
40	三等奖	诺瓦中小型医药配送中心仓储系统	陆巍、董玉磊、康梁、金翊
41	三等奖	一种大直径圆环类大件货物的变位运输方法	唐晓兵、魏荣华、邹年和、张良彬、邹文杰、郑声桂、邓继明
42	三等奖	快速消费品主数据同步系统开发与应用	张成海、罗秋科、李道溢、毛凤明、朱立琦、李月川、张文梅
43	三等奖	物流车辆车载多媒体一体机——车 E 通	王楠、蔡璞
44	三等奖	汽车供应链优化调度的集成技术及应用	丁元振、张潜、胡日东、陈燕武、朱晓曦、赵菊红、沈忠明
45	三等奖	人民币回笼现金物流管理系统	李焰白、苗波、左悠、田岚、石建军、岳东峰、李晶晶
46	三等奖	虹迪电子商务仓储管理系统	张建强、戴海峰、朱成文、杨锰、黄浩
47	三等奖	内蒙古红山物流公共信息平台	闫晓峰、潘玉军、党文娟、雷胜杰、康延林、李松涛
48	三等奖	港口专用拖板翻转装置	皮云生、付永刚、徐智鹏、曹娜、张宁
49	三等奖	大宗商品物流金融交易融资平台	肖晖、李小敏、涂斌
50	三等奖	《烟草物流设备　条烟分拣设备》行业标准	田萍、赵汝雄、朱镇鸿、黄国厚、陈柏英、史亚召、金涧
51	三等奖	铁路小件货物快运品名分类与代码表应用	陈京亮、王尊官、朱玉梅、曾新华、周卓敏、刘鹏程、崔宝亮
52	三等奖	轿运车计算机三维演示及二维配载系统	陈琦峰、忻坚敏、莫金康
53	三等奖	叉车托盘作业适用的 RFID 智能仓储研发与规模化应用	王国兴、宋鲁荣、高飞、吉宁、张大鹏、吕伟、赵明明
54	三等奖	基于 GPRS 全程自动死锁与监控系统	沈飞、李晓春、郁卫军、薛丽、孙导蔚、朱剑辉
55	三等奖	建设沈阳综合保税区的模式研究	程巍、赵韬、金永利、赵双新、蒋晓梅、李俊静、洪斌

续 表

序号	奖　项	项目名称	项目主要完成人名单（按贡献大小排序）
56	三等奖	铁路物流经营基地汽车衡管理信息系统	芦卿忠、龚涵、栾守伟、宋红军、周宝宪、尹德智
57	三等奖	农产品物流框架体系构建	李学工、王学军、王磊、郭丽彬、吴庆军、朱莉雅、辛玉颉
58	三等奖	基于物联网的烟草商业企业物流作业全程信息化管理系统	李文、周胜、罗春兰、罗敏、万群、曾璘操、韩劲
59	三等奖	我国物流业发展现状、问题及对策研究	吴海建、罗新东、周丽、徐敏、高和鸿、郭茜、韩嵩
60	三等奖	可视化运输管理软件——千里眼 3000	叶忠强、杨博、王海、胡志华、朱世迪、陈煜、刘毅
61	三等奖	基于智能和自动化的仓储系统研究及应用	祝锦楼、杨晓燕
62	三等奖	汽车整车与配件综合交易管理平台	张中强、陈建明、张晶、唐金超、贾晓菊、张兵、梁子倩
63	三等奖	斜交翻新半钢工程机械轮胎	崔文华、范忠泉、刘志凯、宋国军、杨洪儒、刘军英
64	三等奖	6S 物流综合管理与服务体系	周素华、陈晖、何建斌、陈静仪、陈勃、卢蔚清、黎彦婷
65	三等奖	装甲装备器材保障物流经济性研究	纪红任、倪明仿、王树礼、张海、李新、刘克胜、吴秀鹏
66	三等奖	我国铁矿石战略储备研究	王波、贾玉泉、马军、尚林达
67	三等奖	“我的物流”电子商务配送物流快递在线平台	张振斌、许武斌、岑燕清、苏春娜
68	三等奖	物流与采购移动智能数据采集终端与管理平台	邱予枫
69	三等奖	物联网技术综合运用	陈钢、侯兵兵、黄雪

（中国物流与采购联合会科学技术奖励办公室）

2011 年中国物流与采购行业十件大事

1. 温家宝总理主持召开国务院常务会议，研究部署促进物流业健康发展工作；国务院办公厅印发《关于促进物流业健康发展政策措施的意见》，提出九条政策措施。

2. 《“十二五”规划纲要》多处提及物流发展相关内容，并单列一节，再次强调“大力发展现代物流业”。

3. 国务院常务会议决定，从2012年1月1日起，在上海市开展交通运输业和部分现代服务业营业税改征增值税试点。

4. 中央电视台连续三周播出《聚焦中国物流顽症》系列节目，集中报道我国物流业发展中遇到的突出问题。

5. 交通运输部等五部门联合发出《关于开展收费公路专项清理工作的通知》，启动专项清理工作。

6. 智能物流列入工业和信息化部《物联网“十二五”发展规划》重点领域应用示范工程。

7. 第一个由中国专家发起和主导的物流领域国际标准《ISO 18186：2011 货物集装箱——RFID货运标签系统》正式发布。

8. 人力资源和社会保障部、中国物流与采购联合会联合开展物流行业劳动模范评选表彰工作，50个先进集体、239名劳动模范和58名先进工作者受到表彰。

9. 商务部、国家发展和改革委员会、供销总社联合印发《商贸物流发展专项规划》。

10. 综合反映物流业总体运行状况与趋势的中国物流行业景气指数进入试运行阶段。

（中国物流与采购联合会研究室）

2011年中国物流十大年度人物

（以姓氏笔画为序）

王龙雏　福建省厦门象屿股份有限公司董事长
石魁英　山西煤炭运销集团有限公司常务副总经理
李洪国　泰德煤网股份有限公司董事长
李艳归　湖南一力股份有限公司董事长
陈键宾　嘉里大通物流有限公司董事，总经理
杨忠洲　两湖绿谷物流股份有限公司董事长
恽　绵　德利得物流总公司运营总监
唐会占　盛唐集团——万和国际物流有限公司董事长
虞健民　中国外运股份有限公司副总裁
翟玉峰　武汉东西湖保税物流中心有限公司董事长

（中国物流与采购杂志社）

2011年"中国物流示范基地"、"中国物流实验基地"名单

中国物流示范基地（5家）

中国西部现代物流港
吉化集团公司物流中心
临沂经济技术开发区现代物流园
西安国际港务区
江阴石化物流园

中国物流实验基地（13家）

山东荣庆物流有限公司
上海宝钢物流有限公司
武汉武钢集团汉阳钢厂
浙江省八达物流有限公司
长春市亚奇物流有限公司
万和国际钢铁物流园区
佛山市亚洲国际家具材料交易中心有限公司
上海金山石化物流有限公司
云南浩宏物流有限公司
临沂天源国际物流有限公司
深圳市深国际华南物流有限公司
秀山（武陵）现代物流园区
青岛港口投资建设（集团）有限责任公司

（中国物流与采购联合会行业部）

2011年物流企业信用评价A级信用企业名单（第六批、第七批、第八批）

第六批（共17家）

AAA级信用企业10家（排名不分先后）

四川东方物流有限公司
山西太铁联合物流有限公司
合肥朝阳物流有限公司
武汉武钢集团汉阳钢厂
福建八方物流股份有限公司
青岛海尔物流有限公司
上海宝钢物流有限公司
上海贝业新兄弟物流有限公司
佛山市亚洲国际家具材料交易中心有限公司
北京空港物流基地开发中心

AA级信用企业7家（排名不分先后）

宁波恒胜物流有限公司
珠海公交信禾物流有限公司
上海中外运化工国际物流有限公司
渤海石油运输有限责任公司
浙江合运物流有限公司
临沂天源国际物流有限公司
深圳市深国际华南物流有限公司

第七批（共18家）

AAA级信用企业15家（排名不分先后）

开滦集团国际物流有限责任公司
中国兵工物资总公司
天津市物资集团总公司
石狮市侨联物流有限责任公司
重庆长安民生物流股份有限公司
北京百利威物流有限公司
上海物资贸易股份有限公司
长春市亚奇物流有限公司
山东荣庆物流有限公司
广东物资集团汽车贸易公司
佛山市佛航物流集团有限公司
兰州金轮实业有限责任公司
河南省旭安隆物流有限公司
中创物流股份有限公司
云南浩宏物流有限公司

AA级信用企业2家（排名不分先后）

宁波名扬物流集团有限公司
上海物资贸易股份有限公司黑色金属分公司

A级信用企业1家（排名不分先后）

福建建宁铙山和兴物流有限公司

第八批（共 13 家）

AAA 级信用企业 11 家（排名不分先后）

甘肃西部物流有限责任公司

盛唐国际贸易集团有限公司

四川长虹民生物流有限责任公司

潍坊鲁东物流有限公司

甘肃铁联运输服务有限责任公司

冀运集团股份有限公司

淮矿现代物流有限责任公司

广东宏昌实业有限公司

中国物流有限公司

北京泛太物流有限公司

广东林安物流发展有限公司

AA 级信用企业 2 家（排名不分先后）

广州益嘉物流有限公司

中国铁路物资哈尔滨物流有限公司

（中国物流与采购联合会行业部）

物流企业综合评估全国第十二批、第十三批A级物流企业名单

一、全国第十二批A级物流企业名单及相关批次复核通过名单

1. 全国第十二批A级物流企业名单（共246家）

5A级物流企业（9家）：

中铁物资集团有限公司
德邦物流股份有限公司（4A升5A）
内蒙古安快物流发展有限责任公司
内蒙古呼铁伊东储运股份有限公司
福建省盛辉物流集团有限公司（4A升5A）
郑州交通运输集团有限责任公司（4A升5A）
河南煤业化工集团国龙物流有限公司
武汉捷利物流有限公司（4A升5A）
湖南湘通物流有限公司（4A升5A）

4A级物流企业（69家）：

利和物流仓储（上海）有限公司
上海安吉通汇汽车物流有限公司
上海宝钢物流有限公司
上海青旅国际货运有限公司
顺丰速运集团（上海）速运有限公司
河北快运集团有限公司（3A升4A）
秦皇岛中运物流有限公司
秦皇岛动力设备物流有限责任公司
内蒙古华信商贸有限责任公司
乌海鑫诺物流有限公司
乌兰察布华通物流有限责任公司
沈阳煤业（集团）国源物流有限责任公司
吉林省隆源农业生产资料集团有限公司
沈阳铁道长春春铁集团有限公司
长春联运集团有限责任公司
吉林市东北亚物流有限公司
沈阳铁道吉林市铁淞集团有限公司
吉林市内陆港货运有限公司
沈阳铁道通化铁鹰实业集团有限公司
哈尔滨动力设备物流有限责任公司
张家港市新百信超市连锁经营有限公司
吴江市邦达物流有限公司
苏州盛丰物流有限公司
振石集团浙江宇石国际物流有限公司（3A升4A）
浙江中捷环洲供应链集团股份有限公司（3A升4A）
温州市东风运输有限公司
慈溪市交通物流发展有限公司

安徽安达物流有限公司（3A 升 4A）
安徽江汽物流有限公司
马鞍山港口（集团）有限责任公司
安徽快捷物流有限公司
马鞍山长运控股集团有限公司
福建兴泰物流有限公司
厦门市嘉晟对外贸易有限公司
厦门联合物流有限公司
江西九州通药业有限公司
上饶市大顺实业有限公司
山东力诺物流有限公司（3A 升 4A）
临沂亿金物资有限责任公司
山东凯达物流有限公司（3A 升 4A）
青岛金世纪实业有限公司
山东怡之航集装箱物流有限公司（3A 升 4A）
青岛物流分拨交易中心有限公司
河南万里运业有限责任公司
武汉振宏物流集团有限公司
湖北省邮政速递物流有限公司
武汉宏青运贸有限公司
武汉世通物流股份有限公司
武汉安达达基物流有限公司
湖南龙畅物流有限公司（3A 升 4A）
长沙双鹤医药有限责任公司
湖南达嘉维康医药有限公司
华中物流有限公司
广东东立商贸物流有限公司
深圳市金鹏物流园物流有限公司
佛山市佛航物流集团有限公司
深圳市天地达物流有限公司
中海物流（深圳）有限公司（3A 升 4A）
深圳市华鹏飞物流有限公司（3A 升 4A）
广州中博实业物流有限公司
广东心怡物流有限公司
广东怀远物流实业有限公司（3A 升 4A）
广州顺丰速运有限公司
广州市华正道物流有限公司
广州中信信通物流有限公司
陕西易通国际货运有限公司
甘肃铁联运输服务有限责任公司
青海省通达物流有限责任公司
中冶美利物流有限公司

3A 级物流企业（113 家）：
北京佳方物流有限公司
北京春溢通物流有限公司
天津市东丽区魏王庄储运仓库
上海贝业新兄弟物流有限公司（2A 升 3A）
上海南北公铁物流有限公司
上海大中物流有限公司
上海吴泾冷藏有限公司
上海新天天大众低温物流有限公司
上海麒麟物流有限公司
中国外运秦皇岛公司
内蒙古庆元建材市场有限责任公司
长春锦程世航国际物流有限公司
长春千锤纸业有限公司
长春汇丰实业有限公司
吉林省航天仓储有限责任公司
吉林省陆港物流有限公司
舒兰市大鹏物流有限责任公司
哈尔滨中海物流有限公司
哈尔滨电机物流有限责任公司
昆山宝湾国际物流有限公司
昆山出口加工区物流中心有限公司
昆山华东国际物流服务有限公司
昆山市晨曦汽车运输有限公司
昆山市钧隆危险品物流有限公司（2A 升 3A）
苏州安易达进出口有限公司
张家港华达码头有限公司
张家港保税区安平运输有限公司
苏州市特种守押保安服务公司张家港分公司

苏州工业园区伟创国际物流有限公司
苏州工业园区航港物流有限公司
扬州市天成国际集装箱货运有限公司
江苏中运物流有限公司
江苏安邦物流有限公司
浙江双马国际货运有限公司
浙江海洲国际货运代理有限公司
杭州亚星物流有限公司
杭州信实物流有限公司
长兴天顺物流有限公司（2A升3A）
湖州广和物流有限公司（2A升3A）
嘉兴远方物流有限公司
上虞市信诚物流中心
浙江天啸物流中心有限公司
浙江高通物流有限公司
泰利物流集团有限公司
温州市鹿富物流有限公司
浙江弘祥国际货运代理有限公司
金华市顺丰速运有限公司
浙江集海物流有限公司
浙江金瑞国际货运代理有限公司
浙江万国国际货运代理有限公司
义乌中远国际货运代理有限公司
浙江国利国际货运代理有限公司
义乌商翔贸易有限公司
义乌太平洋国际货运有限公司
义乌市金隆国际货运代理有限公司（2A升3A）
浙江鲲鹏国际货运代理有限公司
浙江嘉鸿国际货运代理有限公司
浙江名捷物流有限公司
浙江旭日国际货运代理有限公司
余姚市姚北货运市场有限责任公司
浙江宝瑞医药有限公司
宁波陆风国际货运代理有限公司
宁波金洋化工物流有限公司
宁波安达危化品国际物流有限公司
宁波兴合货柜有限公司（2A升3A）
宁波人丰运输有限公司（2A升3A）
合肥明天物流有限公司
安徽通华物流有限公司
安徽长风物流有限公司
福州金叶物流有限公司
福建万集物流有限公司
福建华威现代物流有限公司
泉州烟草物流有限公司
福建金马物流有限公司
厦门市中鹭达进出口有限公司
厦门汉航物流有限公司
赣州国盛铁路实业有限公司（2A升3A）
山东思锐佳顺物流有限公司
庆云北方通达物流有限公司
山东万邦国际物流有限公司
山东晟绮疏港国际物流有限公司
东营市华星物流有限责任公司
河南省旭安隆物流有限公司
河南省鸿泰物流有限公司
开封市第二运输总公司（2A升3A）
洛阳石化通达运输工程有限责任公司
湖北泓通达物流发展有限公司
武汉华超运贸有限公司
襄樊风神物流有限公司
湖北信通通信有限公司
武汉汇通物流网络有限公司
武汉市圣达物流有限责任公司
武汉市芳华物流有限公司
武汉新星吉安物流有限公司
怀化电化有限责任公司
惠州市锦通物流有限公司
中外运瑞驰物流有限公司
广东原尚物流股份有限公司
广州特兰富力运输有限公司
广州中冠安泰石油化工有限公司
广州市凯宇物流服务有限公司
洋浦天雨物贸有限公司
海南福鼎物流有限公司

四川川橡天发物流有限责任公司（2A 升 3A）
眉山市姜氏物流有限公司
凉山州金叶运输有限责任公司
四川东立达物流有限责任公司
贵州金叶物流运输有限公司
云南电力物资储运有限公司（2A 升 3A）
陕西天地合和出版物物流发行有限公司
西安卓昊物流有限公司
陕西永丰仓储有限公司
青海朝阳物流有限公司

2A 级物流企业（48 家）：
哈尔滨市滨拓物流有限责任公司
江苏博明物流有限责任公司
昆山飞力宇宏航空货运有限公司
昆山华东储运中心服务有限公司
江苏金贸世纪国际物流有限公司
昆山市源通危险货物运输有限公司
昆山市中力储运有限公司
昆山亚东安顺达集运物流有限公司
昆山诚捷货运有限公司
昆山张大千绿色物流有限公司
昆山宏宇货运有限公司
昆山鲁南迅达运输有限公司
浙江驰骋物流有限公司
杭州淳安千岛湖中集物流有限公司
杭州广杭物流有限公司
湖州华安物流发展有限公司
湖州大地物流有限公司
安吉县远大交通运输有限公司
浙江路网物流有限公司
宁波中陆联合物流有限公司
安徽省水利物资股份有限公司
合肥明辉运输有限公司
诸城市良丰物流储运有限公司
武汉市佳利物流有限责任公司
武汉天地龙翔货物运输有限公司
武汉石码物流有限公司
武汉市西南物流有限公司
武汉市天天达货物运输有限责任公司
武汉市汉渝物流有限公司
武汉市泰保物流有限公司
武汉胜祥物流有限责任公司
深圳市益嘉物流有限公司
深圳市诚安通物流配送有限公司
洋浦振业物流有限责任公司
海南泓泰医药物流管理有限公司
中国水利水电第五工程局有限公司机电物资中心
攀枝花市冰点营销配送有限公司
遂宁市东正投资有限公司
泸州市纳溪区龙车开明物流运输有限公司
四川凌云物流有限公司
西安物特物流有限公司
陕西永生钢材交易市场有限公司
西安华通货运有限公司
西安秦皖物流有限公司
陕西宝顺仓储物流管理有限公司
西安秦浙物流有限公司
陕西金世纪汽车运输服务有限公司
宁夏金桥物流有限公司

1A 级物流企业（7 家）：
宁波航港物流有限公司
宁波丰盛食品有限公司
武汉市捷安达物流有限责任公司
武汉市硚口区祥鹏货运有限责任公司
武汉市鑫锋物流有限责任公司
武汉市西北物流有限公司
广州卜卜特物流有限公司

2. 全国第四批 A 级物流企业第二次复核通过名单（共 17 家）

5A 级物流企业（3 家）：
上海佳吉快运有限公司

吉化集团公司物流中心
浙江传化物流基地有限公司

4A 级物流企业（6 家）：
上海市浦东汽车运输有限公司
上海北芳储运集团有限公司
沧州运输集团有限公司
江苏金陵交运集团有限公司
湖北汽车运输总公司
广州城市之星运输有限公司

3A 级物流企业（6 家）：
上海精裕捷星物流有限公司
靖江市万事鑫联运有限公司
浙江速达大件运输安装工程有限公司
武汉长江智能物流股份有限公司
武汉市大道物流有限责任公司
武汉中江实业有限责任公司

2A 级物流企业（2 家）：
张家口通泰物流中心有限公司
云南东方物流有限公司

注：第四批 A 级物流企业共 43 家，已经升级的企业 11 家，由于第一次复核延期通过而尚未到达复核期的企业 2 家，本次应复核的企业共 30 家。其中，通过复核的 17 家，升级的 2 家，延期复核的 10 家（其中，准备升级的 2 家），放弃复核的 1 家。

3. 全国第八批 A 级物流企业复核通过名单（共 86 家）

5A 级物流企业（7 家）：
天津滨海泰达物流集团股份有限公司
安吉汽车物流有限公司
全球国际货运代理（中国）有限公司
华瑞物流股份有限公司
济南铁路经营集团有限公司
中国外运山东有限公司
顺丰速运（集团）有限公司

4A 级物流企业（28 家）：
上海畅联国际物流有限公司
上海金山石化物流有限公司
上海新金桥国际物流有限公司
上海海通国际汽车物流有限公司
唐山北方物流有限公司
河北熙平物流股份有限公司
江苏高兴达物流有限公司
张家港保税区金港物流中心有限公司
亚欧大陆桥国际商运股份有限公司
张家港震宇物流仓储有限公司
江苏江阴港港口集团股份有限公司
江苏正大富通汽配连锁有限公司
江苏中博通信有限公司
江苏徐州港务（集团）有限公司
杭州市货运管理服务中心
福建鸿达运输有限公司
山东和济集团有限公司
青岛思锐国际物流有限公司
青岛交运集团公司
青岛裕龙国际物流控股股份有限公司
黄冈市黄商贸易股份有限公司
湖南电力物流服务有限责任公司
湖南星沙物流投资有限公司
湖南湘钢洪盛物流有限公司
广州市宏峰物流有限公司
柳州市桂中海迅物流有限公司
四川长虹民生物流有限责任公司
云南鑫盛物流有限公司

3A 级物流企业（37 家）：
北京首发物流枢纽有限公司
上海新发展国际物流有限公司
必胜（上海）食品有限公司
上海利和物流有限公司
上海新大洲物流有限公司

国药集团医药物流有限公司
河北顺邦物流有限公司
长春京铁物流有限公司
苏州工业园区报关有限公司
海安正元港务有限公司
杭州畅宇物流有限公司
舟山豪舟物资仓储有限公司
宁波保税区高新货柜（现代物流）有限公司
宁波大港（新世纪）货柜有限公司
宁波定邦国际物流有限公司
慈溪天地物流有限公司
慈溪市杭州湾物流中心
慈溪市附海镇枢纽货运站
铜陵有色金属集团铜冠物流有限公司
福州商业储运公司
福州大榕树物流有限公司
江西新华物流有限公司
青岛闽龙仓储有限公司
山东捷丰国际储运有限公司
中盐青岛盐业有限公司
中核（郑州）储运贸易公司
湖北安欣物流有限责任公司
武汉圣泽捷通物流有限公司
益阳湘运集团有限责任公司
湘电集团湖南物流有限公司
广州市新易泰物流有限公司
广州长运全程物流有限公司
成都大西南铁路储运有限公司
云南达广商贸有限责任公司
云南天马物流有限公司
宁夏众一物流有限公司
石嘴山市骊达工贸有限公司

2A 级物流企业（14 家）：
宁波保税区广盛物流有限公司
宁波市每食屋工贸有限公司
宁波佰盛物流有限公司
宁波出口加工区物流中心有限公司
宁波盛悦化工有限公司
宁波中陆集装箱储运有限公司
慈溪市天天发物流有限公司
中国烟台外轮代理有限公司
青岛天人物流集团有限公司
黄冈市宏骏物流有限公司
郴州市义捷粮油现代物流有限公司
郴州市宏顺物流有限公司
郴州东汇宏力混凝土有限公司
云南陆航物流服务有限公司

注：第八批 A 级物流企业共 160 家，已经升级的企业 6 家，本次应复核的企业共 154 家。其中，通过复核的 86 家，升级的 10 家，延期复核的 50 家（其中，准备升级的 15 家），放弃复核的 8 家。

4. 全国第二、第三、第五、第六、第七批 A 级物流企业延期复核通过名单（共 18 家）

5A 级物流企业（3 家）：
重庆港务物流集团有限公司
大庆油田物资公司
广东南方物流集团有限公司

4A 级物流企业（7 家）：
武汉中原发展汽车物流有限公司
深圳市宝鼎威物流有限公司
华通行物流有限公司
深圳市凯通物流有限公司广州分公司
成都中铁西南国际物流有限公司
四川东方物流有限公司
四川安吉物流集团有限公司

3A 级物流企业（6 家）：
黑龙江省成运储运有限公司
哈尔滨市都乐物流有限公司

广西柳州物资储运贸易总公司
广西翁氏八达物流有限责任公司
中国第二重型机械集团德阳万路运业有限公司
云南昆明交通运输集团有限公司

2A级物流企业（2家）：
黑龙江省建恒物流有限公司
宁波港东南物流货柜有限公司

注：第二、第三、第五、第六、第七批延期复核企业共63家，通过复核的18家，升级的7家，申请继续延期复核的31家（其中，准备升级的5家），放弃复核的7家。

二、全国第十三批A级物流企业名单及2011年下半年A级物流企业复核通过名单

1. 全国第十三批A级物流企业名单（共316家）

5A级物流企业（14家）：
中国兵工物资集团有限公司
中铁联合物流股份有限公司（4A升5A）
北京医药股份有限公司
北京市邮政速递物流有限公司
大新华物流有限公司（4A升5A）
一汽物流有限公司
长春一汽国际物流有限公司（4A升5A）
义乌市交通发展有限责任公司（3A升5A）
福建盛丰物流集团有限公司（4A升5A）
洛阳铁路运通集团有限公司（4A升5A）
湖南一力股份有限公司（4A升5A）
广东林安物流发展有限公司
中国外运广东有限公司
兰州金轮实业有限责任公司（4A升5A）

4A级物流企业（99家）：
中国新兴交通物流总公司
天津市邮政速递物流有限公司（3A升4A）
天津中石化工物流有限公司（3A升4A）
上海郑明现代物流有限公司
秦皇岛中首物流有限公司
阳泉市德运昌物流有限公司
通辽瑞丰物流有限责任公司
通辽东方利群药品有限公司
辽宁铁信实业集团有限公司
大连沈铁港口物流有限公司（3A升4A）
沈阳铁道锦州铁兴集团有限公司
长春东北亚物流有限公司
大庆钻探工程公司运输一公司
南京长安民生住久物流有限公司
江苏九州通医药有限公司
南京交运集团有限公司（3A升4A）
江苏梦兰物流园区开发有限公司（3A升4A）
苏州依厂物流有限公司（3A升4A）
昆山市建伟物流有限公司（3A升4A）
昆山飞力仓储服务有限公司（3A升4A）
张家港润盛科技材料有限公司
张家港沿江国际物流有限公司（3A升4A）
江苏苏汽国际物流集团有限公司
苏州恒莱国际货运有限公司
江苏省九洲交通物流集团
江苏省扬州港务集团有限公司
浙江衢州汽车运输集团有限公司
浙江荣通物流有限公司
杭州汤氏物流有限公司
浙江正北实业有限公司
临海市江南物流中心有限公司（3A升4A）
浙江陆通物流有限公司（3A升4A）
金承物流集团有限公司

浙江中盛物流有限公司（3A 升 4A）
浙江振华物流有限公司（3A 升 4A）
义乌市东吴工艺品有限公司
宁波雅戈尔国际贸易运输有限公司
宁波市金星物流有限公司（3A 升 4A）
浙江九龙国际物流有限公司
宁波中通物流集团有限公司（3A 升 4A）
合肥永春物流有限责任公司（3A 升 4A）
安徽徽运物流有限公司
中外运合肥物流有限公司
合肥市康健物流有限公司
繁昌县海洋运输有限公司（2A 升 4A）
安徽华源物流有限责任公司
福建省邮政速递物流有限公司
福州万全物流有限公司
福建省晋江市交通物流有限公司
泉州隆汉物流有限公司
厦门海翼物流有限公司
厦门荣利达物流集团有限公司
厦门顺通达物流有限责任公司
厦门大顺集团有限公司
厦门港务物流有限公司（3A 升 4A）
中联物流（中国）有限公司
上饶市新华龙物流有限公司
萍乡市达金物流有限公司
山东隆力源物流有限公司（3A 升 4A）
山东兖矿物流有限公司
临沂天源国际物流有限公司（3A 升 4A）
山东华派克物流有限公司（3A 升 4A）
青岛天璇物流有限公司（3A 升 4A）
渤海轮渡股份有限公司
大新华轮船（烟台）有限公司
河南贰仟家物流服务有限公司（3A 升 4A）
郑州澳柯玛物流开发有限公司
洛阳市大一物流有限公司（2A 升 4A）
荆州市浩然物流有限公司
兴山县兴发汽运有限公司
宜昌三峡茶城集团有限公司
襄阳东风合运物流有限公司
武汉中百物流配送有限公司
武汉市车城物流有限公司（3A 升 4A）
武汉云申物流有限公司
湖南双舟医药有限责任公司
湖南博瑞新特药有限公司
广东宏昌实业有限公司
东风车城物流股份有限公司
广汽丰通物流有限公司（3A 升 4A）
广东南商物流有限公司
广州中联环宇货业储运有限公司（3A 升 4A）
中山市曙光运输有限公司（3A 升 4A）
中山市港航企业集团有限公司（3A 升 4A）
广西壮族自治区邮政速递物流有限公司
广西中信国际物流有限公司
洋浦隆鑫船务有限公司
中铁八局集团现代物流有限公司
四川粮油批发中心直属储备库
四川省邮政速递物流有限公司
四川省物流产业股份有限公司
贵州穗黔物流有限公司
贵州宁铁南昆物流有限责任公司
陕西省商业储运总公司（3A 升 4A）
陕西国储股份有限公司（3A 升 4A）
西宁长丰集团物贸有限公司（3A 升 4A）
宁夏佳奇石化实业有限公司（3A 升 4A）
新疆兆中快运物流有限公司
新疆维吾尔自治区邮政速递物流有限公司

3A 级物流企业（134 家）：
捷达国际运输公司
北京百利威科技发展有限公司
天津博达集团有限公司
阿尔卑斯物流（上海）有限公司（2A 升 3A）

上海福仑德大件储运有限公司
上海欧迪斯物流有限公司
上海茂金物流有限公司
上海物贸生产资料物流有限公司
河北润丰物流有限公司
保定保运物流有限公司
河北大华国际物流集团有限公司
安平县现代物流有限责任公司（2A升3A）
扎鲁特旗正达粮油贸易有限公司
内蒙古鄂尔多斯物流有限公司
吉林省金河物流运输有限公司
大庆市神舟物流集团有限公司
镇江市纬泰联运有限公司
常熟华坤仓储有限公司
常熟金狮物流有限公司
常熟市科宏储运有限公司
太仓阳鸿石化有限公司
张家港金安危化押运有限公司
昆山恒莱亦禾供应链管理有限公司
苏州市报关集团昆山有限公司
大正信（张家港）物流有限公司
南通市百发实业有限责任公司（2A升3A）
扬州三笑物流有限公司
浙江统冠物流发展有限公司
杭州永良物流有限公司
杭州宁围物流有限公司
杭州宇欣物流有限公司
浙江航空开发总公司
浙江中坤东方物流有限公司
平湖市亚太物流有限公司
绍兴市集亚物流基地有限公司
浙江玉柴九隆物流有限公司
浙江海西供应链有限公司（2A升3A）
浙江省台州市农资有限公司
浙江台州湾港务有限公司
温州顺衡速运有限公司
浙江金斯顿物流有限公司
浙江永达国际货运代理有限公司
浙江百灵国际货运代理有限公司
义乌市新华国际货运代理有限公司
义乌市华皓国际货运有限公司
浙江锦鸿国际货运代理有限公司
义乌市万达运输有限公司
义乌市中洋国际货运代理有限公司
义乌市申通快递有限公司
浙江和亨进出口有限公司
浙江远东物流有限公司
浙江老孙物流有限公司（2A升3A）
宁波黄金物流有限公司
宁波大亚国际物流有限公司
浙江省邮政速递物流有限公司宁波市分公司
名扬华冠物流集团有限公司
芜湖方圆物流有限公司
桐城市顺安物流有限公司
黄山斯普蓝帝物流有限公司
中国福州外轮代理有限公司
福建中闽物流有限公司
鸿昌（福建）物流有限公司
福建省达发物流运输有限公司
福建飞跃物流有限公司
福建华丰运输有限公司
福建华盛物流有限公司
福建兄弟物流有限公司
环球汇通物流（厦门）有限公司
永进（厦门）国际物流有限公司
叶水福物流（厦门）有限公司
厦门锦集物流有限公司
厦门陆港物流有限公司
山东载信物流有限公司
诸城长途汽车运输有限公司
山东嘉隆物流有限公司
青岛联合国际船舶代理有限公司（2A升3A）

烟台御海国际物流有限公司
烟台安民物流有限公司
烟台洲达国际货运代理有限公司
河南省裕华惠宝商贸有限公司
河南巨洋方圆物流有限公司
河南省豫锋物流有限公司
郑州花花牛货运有限公司
河南一诺钢铁物流网络信息有限公司
武汉立洲物流有限公司
襄阳市中合物流有限责任公司
襄樊襄管物流有限公司
兴山县峡口港有限责任公司
当阳市长坂坡物流有限公司
枝江市兴港装卸运输有限责任公司
枝江市安宁汽车运输有限责任公司
宜昌市老周物流有限责任公司
宜昌市宏泰运输有限公司
宜昌金太阳运输有限公司
宜昌富程祥云物流有限公司
湖北鑫园商贸有限公司
武汉四方交通物流有限责任公司
武汉惠远捷通物流有限公司
湖南龙骧联运物流有限责任公司
湖南泰和物流有限公司
湖南华菱岳阳港务有限公司
岳阳运发物流有限公司（2A 升 3A）
岳阳市安迅货运有限公司（2A 升 3A）
湖南湘潭汽车运输总公司（2A 升 3A）
湘乡万里行物流有限公司
湖南铁顺物资有限公司（2A 升 3A）
湖南洪鑫物流有限公司（2A 升 3A）
长沙辉成物流服务有限公司（2A 升 3A）
长沙好运来运输服务有限公司（2A 升 3A）
长沙恒广物流有限公司（2A 升 3A）
长沙沂蒙货物运输有限公司
长沙市科联物流有限公司（2A 升 3A）
湖南新物产现代物流有限公司
怀化市华商钢材物流有限公司
广州壹加投资发展有限公司
广州广汽木村进和仓储有限公司（2A 升 3A）
海南粤海航运物流有限责任公司
成都蚂蚁物流有限公司
四川农资集团蜀龙物流有限公司
泸州市叁陆运业有限公司
泸州迎瑞物流有限公司
泸州市东南德物流有限责任公司
德阳华荣大件运输有限公司
贵州省物资储运总公司
贵州鑫鑭物流有限公司
毕节地区黔金叶货物运输有限责任公司
云南快达航空物流有限公司
云南省外贸万达运输公司（2A 升 3A）
西安神州通物流有限公司（2A 升 3A）
西安市诚信三和快运有限公司（2A 升 3A）
西安市华中快运有限公司（2A 升 3A）
陕西康龙快运有限责任公司
青海省邮政速递物流有限公司
宁夏港通国际物流有限公司

2A 级物流企业（67 家）：

上海安宜达物流有限公司
上海汇尔华实业有限公司
沧州稳达供物流有限公司
内蒙古九州通医药有限公司
沈阳铁道锦州铁兴集团葫芦岛正达物流有限公司
大庆福瑞邦医药有限公司
大庆市铁邦物流有限公司
东宁县吉信国际货物运输代理有限责任公司
泰州外轮代理有限公司
连云港丰苑物流有限公司
江苏汉博物流有限公司

昆山捷特货运有限公司
昆山佳利货运有限公司
昆山一诺三思货运有限公司
昆山市宣昆运输有限公司
昆山富士达物流有限公司
昆山台欣货物运输有限公司
昆山团结货运有限公司
昆山沧运物流有限公司
昆山市恒莱报检有限公司
昆山恒莱亦禾物流仓储有限公司
昆山恒莱深港新干线物流有限公司
昆山雅涛物流有限公司
江苏博瑞达物流有限公司
昆山市嘉乐物流综合服务有限公司
昆山市苏闽运输有限公司
昆山市昌恒货运发展有限公司
杭州中能物流有限公司
浙江凯宇物流有限公司
湖州富博航运有限公司
平湖市安达汽车运输有限公司
义乌新弘祥国际货运代理有限公司
义乌市新港国际货运代理有限公司
武义信达货运代理有限公司
宁波卓承石化物流有限公司
慈溪市盛世永恒物流有限公司
黄山新安农业生产资料有限公司
黄山市速通物流有限公司
黄山腾达物流发展有限公司
南平烟草物流有限公司
福州外代储运有限公司
福建永杰物流有限公司
河南省阳光物流发展有限公司
五峰国通物流有限公司
宜昌华维物流有限公司
湖北商友商贸有限公司
湖北储备物资管理局五三八处
湖北襄阳东国家粮食储备库
武汉万顺公路货运服务有限公司
武汉市富大物流有限公司
长沙万里物流有限公司
岳阳运兴物流物贸有限公司
湖南临港物流有限公司
广州市弘森商贸有限公司
海南三叶医药物流管理有限公司
眉山同盛物流有限责任公司
合江县速腾物流运输有限公司
合江县蒋晏运输有限公司
自贡三辰实业有限公司
贵州七冶物流有限责任公司
延安利源物流有限公司
陕西东海实业有限公司
中铁物资集团兰州有限公司
甘肃省化轻材料有限责任公司
酒泉市酒嘉国际物流有限公司
乌鲁木齐世纪华程物流有限公司
新疆安信物流有限公司

1A 级物流企业（2 家）：
宁波长运集装箱储运有限公司
大理沧龙物流有限公司

2. 2011 年下半年 A 级物流企业复核通过名单（共 238 家）

5A 级物流企业（24 家）：
中国远洋物流有限公司
中国物资储运总公司
中铁快运股份有限公司
中铁现代物流科技股份有限公司
嘉里大通物流有限公司
天津大田集团有限公司
振华物流集团有限公司
中海集团物流有限公司
远成集团有限公司
上海安吉汽车零部件物流有限公司
上港集团物流有限公司

上海中远物流有限公司
重庆轮船（集团）有限公司
重庆长安民生物流股份有限公司
唐山海港远大物流有限公司
苏州物流中心有限公司
中国外运长江有限公司
厦门港务发展股份有限公司
福建省厦门象屿股份有限公司
烟台港集团有限公司
青岛远洋大亚物流有限公司
青岛海尔物流有限公司
深圳市亦禾供应链管理有限公司
宝供物流企业集团有限公司

4A 级物流企业（73 家）：
志勤美集物流（北京）有限公司
北京中远物流有限公司
中国外轮代理有限公司
中远国际航空货运代理有限公司
天津市德利得物流有限公司
天津天保国际物流集团有限公司
上海云峰集团国际贸易有限公司
上海通贸国际供应链管理有限公司
上海华谊天原化工物流有限公司
上海景鸿国际物流股份有限公司
上海会成物流有限公司
上海顶通物流有限公司
中国上海外轮代理有限公司
河北冀铁集团公司
山西太铁联合物流有限公司
太原钢运物流有限公司
赤峰中昊运输有限责任公司
通辽市金播化肥储备有限责任公司
大连中远物流有限公司
中铁物资集团东北有限公司
吉林省天荣工贸有限责任公司
一重集团齐齐哈尔中实运业有限公司
南京今维宁投资发展有限公司
镇江惠龙长江港务有限公司
日栖物流（中国）有限公司
张家港市百禾医药有限公司
华友管业有限公司
吴江经济技术开发区物流中心
江苏飞力达国际物流股份有限公司
张家港保税区长江国际港务有限公司
江苏恒联国际物流有限公司
南京新干线物流有限公司
中国张家港外轮代理有限公司
浙江物产物流投资有限公司
浙江新安物流有限公司
镇海石化物流有限责任公司
中国宁波外轮代理有限公司
宁波中远物流有限公司
芜湖远方物流有限公司
福建中邮物流有限责任公司
厦门兴荣国际物流有限公司
厦门华贸物流有限公司
厦门速传物流发展股份有限公司
山东立晨物流股份有限公司
山东北明全程物流有限公司
烟台高信投资管理有限公司
龙口市恒通运输有限公司
山东东方海洋科技股份有限公司
青岛福兴祥物流股份有限公司
青岛南车四方车辆物流有限公司
中国青岛外轮代理有限公司
青岛中远物流有限公司
中远物流仓储配送有限公司
漯河双汇物流投资有限公司
河南中博股份有限公司
河南九州通医药有限公司
武汉市正达物流有限公司
武汉中力物流有限公司
长沙联运物流有限公司
湖南中南物流有限公司
广东鱼珠物流基地有限公司

广州广日物流有限公司
广州市穗佳物流有限公司
广东广信通信服务有限公司
广东九州通医药有限公司
中国广州外轮代理有限公司
广州中远物流有限公司
四川通宇物流有限公司
中铁二局集团物资有限公司
陕西西部物流有限公司
陕西天润金属物流有限公司
陕西黄马甲物流配送股份有限公司
青海省富康医药集团有限责任公司

3A 级物流企业（110 家）：
北京京城工业物流有限公司
中国北京外轮代理有限公司
北京中远劳捷斯物资有限公司
天津市食品公司冷冻厂
天津市益民实业集团有限公司
天津天荣国际货运开发有限公司
中国天津外轮代理有限公司
天津中远国际航空货运代理有限公司
中国远洋天津物流有限公司
上海金陵国际物流有限公司
上海柯莱国际货运有限公司
上海联达物流有限公司
上海万家物流有限公司
德迅（中国）货运代理有限公司
上海康驰物流有限公司
上海熙可送物流有限公司
上海亚太国际集装箱储运有限公司
中远化工物流有限公司
上海中远物流配送有限公司
上海中远国际航空货运代理有限公司
上海中远物流重大件运输有限公司
中国唐山外轮代理有限公司
唐山外代国际货运有限公司
呼和浩特铁通物流有限公司
开鲁县慧通物流有限责任公司
开鲁县有银食品贸易有限责任公司
中国大连外轮代理有限公司
苏州工业园区联合储运有限公司
昆山大地物流有限公司
江苏省沿江物流有限公司
中国连云港外轮代理有限公司
连云港外代国际货运代理有限公司
连云港中远物流有限公司
南京中远物流有限公司
中国太仓外轮代理有限公司
扬州外轮代理有限公司
镇江中远物流有限公司
常熟外代国际货运有限公司
浙江浙金物流有限公司
浙江英特物流有限公司
浙江大恩物流有限公司
浙江诚毅国际物流有限公司
浙江顺天物流有限公司
桐乡市濮院物流园区发展有限公司
长兴县小浦竹山潭建材中转站
中国舟山外轮代理有限公司
宁波市舜发国际物流有限公司
慈溪市阿六水产食品有限公司
宁波雨中雨水产实业有限公司
宁波长胜货柜有限公司
宁波市美家亮国际物流有限公司
慈溪市余慈物流中心
余姚市东方国际物流有限公司
宁波外代新华国际货运有限公司
宁波外代新扬船务有限公司
安徽蓝宇物流有限公司
福建省四通物流集团
厦门火炬集团物流有限公司
厦门中远物流有限公司
中国厦门外轮代理有限公司
江西省通信产业服务有限公司
潍柴动力（潍坊）集约配送有限公司

山东道恩物流有限公司
烟台福昊物流有限公司
烟台德华物流有限公司
日照中远物流有限公司
青岛交运联运有限公司
山东振华物流有限公司
青岛陆海国际物流有限公司
青岛长运集团有限公司
山东永盛国际货运有限公司
青岛春明物流有限公司
青岛捷成物流有限公司
青岛师帅物流有限公司
青岛远洋鸿池物流有限公司
青岛中远国际航空货运代理有限公司
河南众品生鲜物流有限公司
河南省东健物流有限公司
武汉山绿冷链物流有限公司
武汉恒钢物流发展有限公司
武汉市副食品商业储备有限公司
武汉中远物流有限公司
长沙市大唐物流有限公司
湖南日安物流有限公司
湖南力邦物流有限公司
湖南红星冷冻食品有限公司
湖南嘉业物流有限公司
深圳联合国际船舶代理有限公司
深圳中远物流有限公司
广州市圣通运输服务有限公司
广州大顺发物流有限公司
广州市广石物流有限公司
中山市粤通物流服务有限公司
招商局物流集团广州物流有限公司
中山市亚太食品药品物流有限公司
广州广裕仓码有限公司
广州安泰达物流有限公司
茂名中远物流有限公司
广州中远国际航空货运代理有限公司
中国汕头外轮代理有限公司
中国湛江外轮代理有限公司
湛江中远物流有限公司
中国防城外轮代理有限公司
昆明中远物流有限公司
陕西东运物流有限公司
甘肃省木材总公司（西北物资市场）
甘肃省万达实业总公司
甘肃省陇西物资贸易储运总公司
宁夏伊品生物科技股份有限公司
银川长城远通物流有限公司

2A 级物流企业（31 家）：
北京大荣物流有限公司
天津国际物流中心
上海锦路物流有限公司
昆山安凯物流有限公司
南京顺业船务有限公司
浙江省中集物流有限公司
杭州龙润物流有限公司
湖州长运祥瑞物流中心有限公司
港中旅华贸国际物流股份有限公司金华分公司
浙江德瑞物流有限公司
浙江陆港物流发展有限公司
湖州一通物流有限公司
宁波翔鹰投资有限公司机场货站分公司
宁波天翔货柜有限公司
宁波保税区港龙仓储有限公司
宁波保税区华东进口商品市场开发有限公司
宁波太平国际贸易联运有限公司
宁波中亚国际集装箱储运有限公司
山东港天物流有限公司
中国日照外轮代理有限公司
捷富凯鸿泰武汉物流有限公司
武汉远洋大型汽车运输有限公司
邵东星沙物流股份有限公司
湘潭市伟业物流有限公司

长沙市荣通运输有限公司
常德市龙腾汽车运输有限公司
湖南金顺物流仓储有限公司
湘潭金都股份有限公司
湖南金海农产品有限公司
珠海港达供应链管理有限公司
甘肃省兰州物资供应站

注：2011 年下半年应复核的企业共计 373 家。其中，本次通过复核的企业 238 家，晋级的企业 35 家，批准延期复核的企业 87 家（其中，准备晋级的 13 家），自动放弃复核的企业 13 家。批准延期复核的企业和自动放弃复核的企业名单略。

（中国物流与采购联合会评估办）

2011 年度全国制造业与物流业联动示范企业名单

中外运久凌储运有限公司
中外运物流发展有限公司
中国邮政速递物流公司
中铁快运股份有限公司
北京长久物流有限公司
北京京城工业物流有限公司
开滦集团国际物流有限公司
邯郸鼎峰物流有限公司
河北新武安钢铁集团物流有限公司
沧州运输集团有限公司
河北顺邦物流有限公司
石家庄宇翔物流有限公司
唐山冀通大型货物运输有限公司
万合集团股份有限公司
华晨汽车集团控股有限公司
沈阳北方交通重工有限公司
沈阳中外运物流有限公司
沈阳中深集团
中铁物资集团东北有限公司
一汽物流有限公司
辽源市亨通物流仓储有限公司
上海北芳储运集团有限公司
上海安吉汽车物流有限公司
上海华谊天原化工物流有限公司
上海惠尔物流有限公司
上海畅联国际物流有限公司
上海全方物流有限公司
上海长桥物流有限公司
上海新杰货运服务有限公司
上海宝联五金储运有限公司
江苏万林国际木业有限公司
江苏飞力达国际物流股份有限公司
江苏益联投资集团有限公司
江苏新誉能源物流有限公司
南京长安民生住久物流有限公司
仪征上汽赛克物流有限公司
苏州得尔达国际物流有限公司
南通交运物流集团有限公司
淮安海隆冷链物流有限公司
中储发展股份有限公司无锡物流中心
华瑞物流有限公司
浙江省八达物流有限公司
浙江双马国际货运有限公司
杭州八方物流有限公司
振石集团浙江宇石国际物流有限公司
浙江中捷供应链集团股份有限公司
浙江鸿汇医药物流有限公司
芜湖安得物流股份有限公司

芜湖长久有限公司
淮矿现代物流有限责任公司
安徽江汽物流有限公司
黄山斯普蓝帝物流有限公司
安徽大平城乡连锁经营有限公司
福建八方迅通物流有限公司
福建中邮物流有限公司
福建盛辉物流集团有限公司
福建盛丰物流集团有限公司
福建万集物流有限公司
福建鑫展旺物流有限公司
福州港务集团有限公司
福建兄弟物流有限公司
福建信运冷藏物流有限公司
江中药业股份有限公司
江西昌顺物流有限公司
三角轮胎股份有限公司
山东立晨物流股份有限公司
烟台交运集团有限责任公司
成山集团有限公司
山东齐都药业有限公司
河南众品食业股份有限公司
漯河双汇物流投资有限公司
焦作市恒桥贸易有限责任公司
河南物资集团裕华惠宝商贸物流有限公司
商丘市梁园区京港超市
新乡市新运千山物流有限公司
武汉诚通物流有限公司
湖北鄂重重型机械股份有限公司
襄樊风神物流有限公司
湖南京阳物流有限公司
湖南一力股份有限公司
湖南白沙运输有限公司
衡阳衡钢鸿华物流有限公司
湖南星沙物流投资有限公司
湖南鸿胜物流有限公司
湖南湘通物流有限公司
广州市嘉诚国际物流股份有限公司
广东原尚物流股份有限公司
广州风神物流有限公司
东风日产乘用车公司
广东美的电器股份有限公司
广东溢达纺织有限公司
珠海市金邦达保密卡有限公司
潮州市创佳电子有限公司
柳州五菱物流有限公司
广西柳州外运有限责任公司
中国外运广西公司
重庆长安民生物流股份有限公司
民生物流有限公司
重庆港九股份有限公司
重庆安吉天地红岩物流有限公司
重庆公路运输（集团）有限公司
重庆扬子江物流发展有限公司
重庆市邮政速递物流有限公司
中国外运重庆有限公司
四川东方物流有限公司
四川宏图物流有限公司
德阳万路运业有限公司
四川川橡天发物流有限责任公司
四川德兴物流有限公司
贵州铭宇物流有限责任公司
贵州穗黔物流有限公司
西安招商物流集团
西安碧博光伏系统集成有限公司
陕西汽车集团有限责任公司
云南天马物流有限公司
云南交通运输有限责任公司
云南曲靖交通集团沾益物流有限公司
甘肃省供销合作储运总公司
大连诺德英物流有限公司
中储发展股份有限公司青岛分公司
青岛春明神鹿物流有限公司
宁波金星物流有限公司
厦门市嘉晟对外贸易有限公司
深圳市怡亚通供应链股份有限公司

招商局物流集团有限公司
深圳市凯通物流有限公司
深圳神彩物流有限公司
深圳市越海全球物流有限公司
深圳市朗华供应链服务有限公司
深圳市华鹏飞物流有限公司
中海物流（深圳）有限公司

2011年规模超百亿元的重点生产资料流通企业名单

排序名次	单位名称	营业收入（万元）	同比增减（%）
1	中国石油化工集团公司	159885361	29.1
2	中国五矿集团公司	35517857	39.3
3	中国铁路物资总公司	20795180	34.9
4	天津市物资集团总公司	18087134	20.9
5	中国中钢集团公司	17404670	-6.4
6	浙江省物产集团公司	16619699	22.8
7	中国海洋石油总公司销售分公司	8987826	27.8
8	百联集团生产资料事业部	8308327	38.9
9	中国航空油料有限责任公司	6861569	39.2
10	中国诚通控股集团有限公司	6500944	36.6
11	广东物资集团公司	5602467	12.5
12	庞大汽贸集团股份有限公司	5545514	3.1
13	中国兵工物资集团有限公司	5372082	76.9
14	河北省物流产业集团有限公司	2604506	62.6
15	新疆兵团农资公司	1813025	35.7
16	安徽省徽商集团有限公司	1714173	35.3
17	南通化工轻工股份有限公司	1652631	42.9
18	云南物流产业集团有限公司	1095144	47.7

注：①中国石油化工集团公司、中国海洋石油总公司销售分公司的数据为其全国范围销售流通环节的汇总数。

②中国中钢集团公司的数据为快报数。

（中国物流与采购联合会　科技信息部）

第七批推进流通现代化全国重点联系批发市场名单

圣地·狮岭（国际）皮革皮具城
上海高桥钢材市场经营管理有限公司
湖北省金属材料交易市场
黑龙江省汽车农机大市场
万和国际钢铁产业园区
湖南隆信物流控股集团
哈尔滨古铁市场
中国纸浆电子交易服务平台
中铁胜芳现代物流产业园
广东电器市场
广州市金龙盘国际鞋业皮具贸易广场有限公司
广东顺德龙城国际皮布交易中心
广州市广大布匹商贸城有限公司
东莞市虎门富民时装城
广州·山西运城果品市场
海宁中国皮革城

（中国物流与采购联合会生资委）

西安国际港务区

XI'AN INTERNATIONAL TRADE & LOGISTICS PARK

www.itl.gov.cn

西安国际港务区是陕西省委、省政府，西安市委、市政府调整产业结构，转变经济发展方式，提升现代服务业发展水平，打造内陆地区开发开放战略高地的创新举措，是中央深入实施西部大开发战略和《关中一天水经济区发展规划》中明确支持发展的重点区域。

地理位置：

西安国际港务区位于西安主城区东北部灞河与渭河之间的三角洲地带，距咸阳国际机场28公里，距西安市行政中心5公里，规划控制区面积120平方公里，规划建设区面积44.6平方公里。

功能规划：

园区规划形成六大功能主轴，八大功能分区（集装箱作业区、综合保税区、国内贸易区、综合服务区、居住配套区、应急物流园区、产业转移承接区、城乡统筹建设区）。园区通过将沿海的港口口岸服务功能内移至西安，依托西安综合保税区、西安铁路集装箱中心站和西安公路港三大核心平台的功能叠加效应，培育六大百亿产业组团（国际贸易组团、国内贸易组团、临港产业组团、生产服务业组团、生活服务业组团、信息产业组团），实现公（路）、铁（路）、空、海等多式联运的便捷、高效运转，从而有效发挥西安的交通枢纽优势，提高物流效率，降低物流成本，以大物流带动服务业的大发展，推动产业聚集和提升。

发展目标：

自2008年6月重新组建以来，西安国际港务区管委会坚持"5+2、8+4、白加黑"的工作精神，按照"先建内陆港，再建开发区，后建东部新城"的发展战略，将建设"中国最大的国际型内陆港和黄河中上游地区最大的商贸物流集散中心，打造现代服务业新城"。园区建设已经取得可喜成绩。

随着西安铁路集装箱中心站和西安综合保税区（一期）西安保税物流中心建成投入运营，"国际陆港口岸服务功能两年建成并投入运营"的阶段目标顺利实现，内陆企业梦寐以求的"港口后移、就地办单、海铁联运、无缝对接"的梦想在西安变成了现实，陕西从此步入了"有港口服务功能的时代"，随着园区的基础设施和各类入区企业项目的积聚，西安国际港务区正在为陕西打造一个在全国有较大影响的对内对外开发开放的"国际内陆港经济"新名片，为陕西改善招商引资基础环境，有效承接国际和东部沿海地区的产业转移提供了坚实的支撑平台。

打造中国最大国际内陆港

Set up the Largest International Inland Port in China

西安综合保税区

西安铁路集装箱中心站

电话/Tel：+86(29)83591918
传真/Fax：+86 (29) 83332055
网址：www.itl.gov.cn
邮箱：xitlp@yahoo.com.cn

地址/Add：西安市西安国际港务区港务大道六号
Address：No.6 ofport Avenue, Xi' an International Logistcs &Trade Part
邮编/P.C：710026

6A 优质服务体系 SERVICES
400-808-6666
网上下单：www.hoau.net
手机下单：m.hoau.net
Any way Any time Any more Any where Any thing Any body

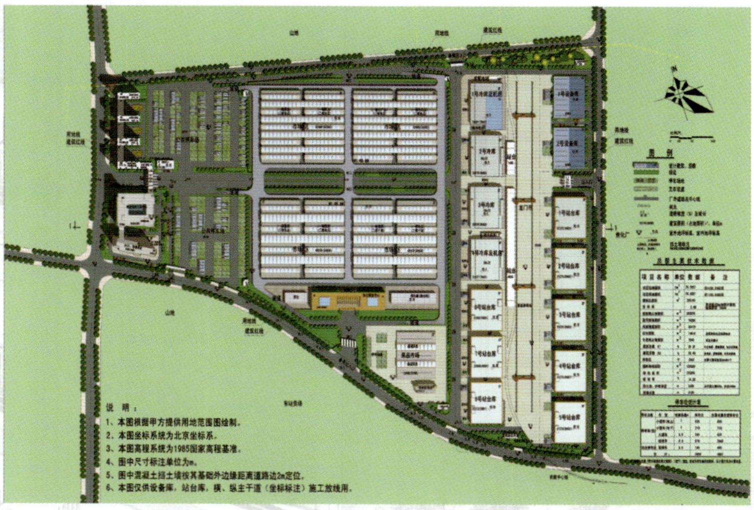

二、建设项目基本情况

（一）建设项目名称。宜昌三峡物流园，为新建项目。

（二）项目建设地点。宜昌三峡物流园位于宜昌市伍家岗区东站路，地处宜昌铁路东站北侧。

（三）项目建设规模。该项目占地总面积1154亩，建筑总面积80.8万平方米。年货物吞吐量720万吨（含进出），其中农副产品540万吨（含进出），占75%。主要经营农副产品（蔬菜、水果、水产品、粮油、副食品和储备猪肉等）和一般物资（医药、百货和工业品）。

（四）项目市场定位。立足宜昌和三峡翻坝物流节点，整合物流资源，辐射川渝和恩施、荆楚、武汉。

（五）项目功能定位。发展现代物流，搭建一个平台，服务三个行业，构建三大中心。即：物流信息交易中心、农副产品集散中心、冷链仓储配送中心。

（六）项目经营模式。本项目是一个操作平台，农副产品经营户在此自由交易、货物在此存储与分拨、车辆供应和货物运输需求在此自由配载、商品在此自由展示和交易。作为运营单位，宜昌三峡物流园有限公司对本项目的各类设施以出租为主，同时提供停车及调度管理、装卸服务、物流信息平台服务等。

（七）项目建设内容。主要包括农副产品集散中心（高架桥贯通2800个农特水畜产品交易店铺、水果交易市场、综合服务中心），冷链仓储配送中心（10万吨冷库、8栋现代仓储站台库、2栋设备库、露天堆场），大型物流信息电子交易平台（物联网、GPS、GIS等功能）及其他配套（4栋司乘公寓、1栋快捷酒店、大型停车场）等。

（八）项目建设总投资及融资方案。该项目总投资为188000万元；固定资产为186045万元，流动资金投资1955万元。其中：2012年计划投资90000万元。

（九）项目建设工期。该项目建设期为3年，即从2011年2月开始建设，2012年年底部分项目投产，2014年2月全部建成。其中项目2013年达产25%、2014年达产50%、2015年达产75%，2016年达到设计规模。

（十）项目立项及行政许可。项目土地征用完成，已取得土地使用权证；项目可研、环评、节能、立项等已经过专家评审，2011年11月初取得批复；按建设进度，已取得建设用地规划许可证和建设工程规划许可证；用水、用电条件落实；消防批文随建设进度分标段申报过程中。

（十一）项目建设进度。本项目已于2011年9月28日举行奠基仪式，园区3100米施工用水管道于9月10日接通，10月15日电力送电；1～8号站台仓库已于8月30日开始基础开挖，完成挖孔桩5000立方米；园区主要道路已整理成型，铺设碎石、排水管网、挡土墙等工程已开工建设。

2012年期间，冷链仓储配送中心（10万吨冷库、8栋现代仓储站台库、2栋设备库、露天堆场）计划7月初可建设完毕并投入运营；农副产品集散中心（高架桥贯通2800个农特水畜产品交易店铺、水果交易市场、综合服务中心）计划12月底可建设完毕并投入运营。

（十二）项目社会效益。项目建成后，每年可为宜昌地区创造产值200亿元，增加间接税收过亿元。并可提供3万个直接或间接就业岗位。帮助农业发展，增加农民收入。整合物流资源，降低物流成本，促进物流健康发展。

联系方式：0717-6591111

北京福田物流有限公司被评为：
2012中国物流信息化优秀应用企业

仿真技术在生产物流中的应用
获评
汽车物流创新奖

河北港口集团拥有全资和控股、参股投资企业32家，业务涉及港口经营、港口物流、港机制造、港口建设、港口服务、港口地产、资本运营和资源开发等多个领域。其中，港口经营为主营业务，现有生产泊位64个，年设计通过能力3.09亿吨，主要布局在秦皇岛港、唐山曹妃甸港区、沧州黄骅港综合港区。

秦皇岛港是以能源运输为主的综合性国际贸易港口，现有生产泊位50个，年设计通过能力2.25亿吨，为当今世界领先的煤炭输出港和干散货港。集团在曹妃甸港区控股开发建设和经营现代化矿石码头，共计6个泊位，年设计通过能力6550万吨，已成为中国重要的矿石中转港；正在控股建设5个5万～10万吨级煤炭专用泊位，年设计通过能力5000万吨。集团主导开发建设的黄骅港综合港区是冀中南地区最便捷、最经济的出海口之一，拥有广阔的发展空间。一期工程8个泊位已投入试生产，年设计通过能力1800万吨。目前已开通集装箱航线，年设计通过能力40万标准箱。

河北港口集团坚持以科学发展为主题，以转变发展方式为主线，以实现国际化发展为方向，按照“以港为基、跨区经营、多元发展”的思路，积极实施“走出去”和“引进来”的开放战略，着力打造资本和信息服务两个平台，大力发展港口经营、港口物流、港口建设、港机制造及维护、港口地产、港口服务、资本运作和资源开发八项业务，加快建设秦皇岛、唐山、沧州三大港口基地，最终形成以秦唐沧三大港区为载体、物流项目为辐射节点、集疏通道为纽带的港口物流网络，实现集团由世界领先干散货港口运输企业向码头运营商、资源开发商、资本运营商和综合物流服务商于一体的大型综合性卓越集团公司转变。

专业成就浩宏物流

浩宏物流驾驶员广场

浩宏钢材交易市场

汽车后市场产业（谨浦汽配总汇）

业园区（国际金属矿业总部基地）

“浩宏物流，理念先行”，在风云变幻的市场环境中，凭借着自己超前的理念、严谨的战略思想和完善的管理体系，云南浩宏物流有限公司将面向全国，走向世界。

世纪浩鸿商业广场

领信息运营新标准　树立物流产业新标杆

- 强大的信息技术支撑体系；
- 规范的智能仓储物流标准；
- 四大物流产业园区基地；
- 12万优质的省内外会员车辆信息资源；
- 上千家物流商户联盟；
- 整合全球汽车品牌资源；构建高端汽车后市场；
- 浩宏物流，提供完善的物流信息运营系统及物流金融服务，构建以物流产业为核心的电子商务体系，将生产、贸易、仓储、加工、分包、装卸、配送、信息技术、金融服务等环节一体化运作，完善物流全产业链功能，已具备辐射全国、连接东盟的发展基础。

浩宏产业园区新模式，提升物流行业新理念

- 信息产业园区（浩宏国际物流中心）—— 一体化国际物流信息中心，汇聚国内、国际物流企业的现代商务平台。
- 资源产业园区（国际金属矿业总部基地）——国际原材料资源展示中心、千亿级交易中心。
- 汽车后市场产业（谨浦汽配总汇）——26万平方米国际汽车展示平台，30余万汽配品类荟萃，完美演绎汽车生活、汽车文化。
- 建筑产业园区（云南锦洋工业园）——涵盖50余个行业的一站式采供平台，创建低碳环保、节能高效的新型工业园区。

长久物流

宅急送
ZJS EXPRESS

发展

货物安全

- 车辆配备GPS系统，实时跟踪定位，在途全程监控
- 操作库房安装安防设备，场内作业全程监控
- 未妥投货物返货及时，安全返回
- 三位一体的集散平台，配置装卸机、笼车笼筐、分拣线，提升了货物分拣效率

信息技术

- 实时追踪查询、EDI信息对接、COM自助服务客户端软件、分账功能POS机、POS/PDA一体机

附加/增值服务

- 现已提供：晚间派送（18:00~21:00）、法定节假日派送、开箱验货、短信通知、辅助销售、电话反馈、仓储服务
- 即将提供：部分签收、试穿试用、安装试用、限时派送、退货换货

pioneer

开拓者 leader

中国现代金属商贸的引领者

翟小平

长三角金属物流园集团董事长兼总裁

长三角金属物流园占地 1000 亩，总开发面积 100 多万平方米，从 2009 年 1 月批准立项开始，遵循规划高起点、建设高标准、运行高效率的原则；兼顾城市功能之需与产业发展之需。经过近三年的边建设边运营，取得了一系列令人瞩目的成绩：成功吸引 700 余家商户入园经营，从业人口 2000 余人。连续三年被两级政府评为现代服务业重点项目，2011 年被评为“省重点物流基地”，码头按要求将建设成为内河港码头港口物流示范港，被宜兴市确定为十二五规划中重大物流服务业项目。

物流园建有信息、金融、物流三大平台，配备完善的功能区：

金属材料交易区：目前已有 700 多家金属材料及制品生产企业代理商、经销商在此办公、洽谈完成交易。

公共保税库区：经审批后，现已正式投入营运，专为本地铜加工和外贸企业以及国际有色金属代理机构提供直达口岸交易、转口、加工贸易等服务。

内河码头装卸区：港口总投资 4.5 亿元，配备三一重工 15 吨至 40 吨级吊装设备 11 台(套)，年吞吐量 390 万吨，集装箱 20 万只标准箱。

仓储式交易加工区：占地 204 亩，共 9 幢 27 个标准仓库，建筑面积 9.5 万平方米，以前店后仓的模式，满足大型金属贸易、加工企业的需求。

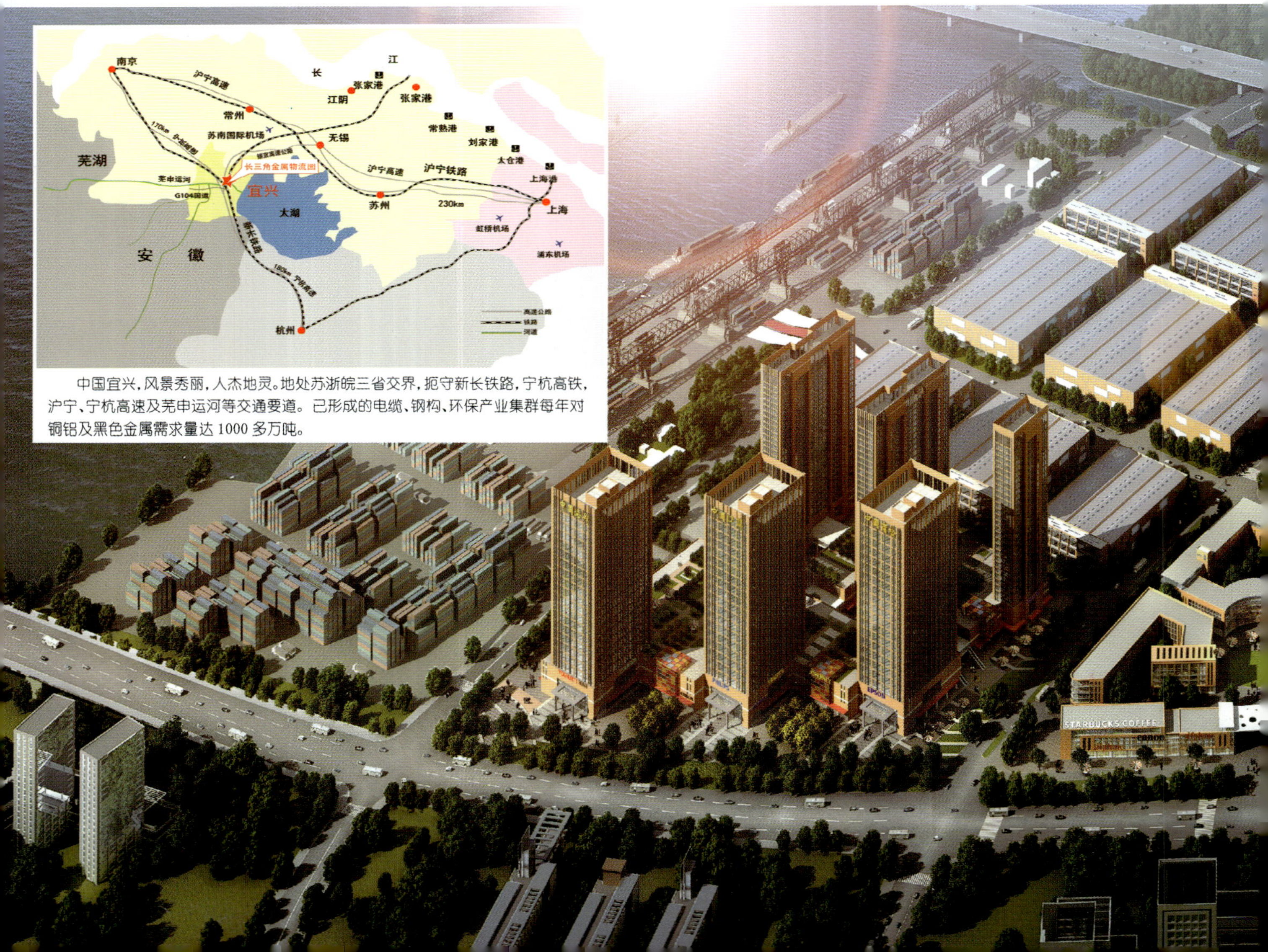

中国宜兴，风景秀丽，人杰地灵。地处苏浙皖三省交界，扼守新长铁路，宁杭高铁，沪宁、宁杭高速及芜申运河等交通要道。已形成的电缆、钢构、环保产业集群每年对铜铝及黑色金属需求量达 1000 多万吨。

数字化交易中心区：长三角商品交易所不断适时推出符合国内、国际市场需求的标准现货交易品种，设置一站式服务、信息发布、物流物联网控制、数字仓库管理控制、期货咨询等服务。

保税物流区：投资 5 亿元建设 26 万平方米保税物流中心，主要为从事金属材料贸易的大型机构、金属材料供应商和应用企业、国际金属材料贸易机构等提供商务服务。

综合配套服务区：占地 222 亩，已建成 6 幢共 2000 多套商住两用房，总建筑面积 22 万平米，其中近 3 万平方米的商业配套设施，包括百货、大型超市、商务型酒店等；同时规划有五星级商务酒店、高档会所、特色休闲广场、大型园林水系绿化带等设施。

长三角金属物流园经过不断努力，逐渐形成了具备自己特色的现代物流园区，长三角金属物流园正建设成为国内综合性物流园中业态全、专业强、交易模式先进、产业链紧密、物流供应链体系完善、外向型特征明显的现代化物流园区，成为城市功能建设载体的杰出典范。

内河码头

仓储式交易加工区

中心交易大楼

保税物流中心

商住配套

天人合流

业文化与品牌建设

品牌建设

湖南星沙物流投资有限公司成立于一九九九年，注册资金一亿元，是一家现代物流企业，经营范围：物流基础设施投资与运营、物流金融服务、三方物流服务等。下属企业有湖南星沙物流储运有限公司、邵东星沙物流股份有限公司、湖南广发隆平高科技园创业服务有限公司、长沙广发隆平准厂房开发有限公司，参股湖南星沙农村商业银行。

星沙物流自创立以来，通过传统文化思想与现代企业经营理念相结合、企业文化建设与企业品牌建设相结合、企业发展与员工培养相结合的方，秉承服务创造价值、合作成就未来的原则，引领企业发展。

星沙物流2005年通过了ISO2001国家质量体系认证，根据国家标准委员会颁布的（GB/T19860　2005）物流企业分类标准，被中国物流与采购联合会定为综合类AAAA级物流企业，注册商标“星沙物流”被湖南省工商行政管理局评定为湖南省著名商标，获“湖南省十大商贸物流领军企业”称号，多被评为湖南省“重合同、守信用”单位。

星沙物流董事长尹国杰先生，高级物流师，全国物流行业劳动模范，中国物流与采购联合会常务理事，湖南省物流与采购联合会执行会长，湖省物流专家委员会副主任委员，湖南省物流标准化委员会副主任委员，湖南省商务厅商务专家咨询委员会委员，湖南星沙农村商业银行董事，湖工商界百位诚信人物，中南林业科技大学兼职教授，湖南商学院客座教授，任《湖南省现代物流发展研究报告》主编。

湖南星沙物流投资有限公司在投资物流基础设施方面，先后投资建设了星沙物流中心、邵东星沙物流园、双峰丰厚物流园、广发隆平高科技创园、长沙大河西高科技创业园等一批物流基础设施项目。现在，星沙物流共有标准仓库16万多平方米，标准化厂房8万多平方米。通过以上项目的成和运营，星沙物流夯实了基础、做大了规模、壮大了实力。

在物流金融产品的开发和服务方面，星沙物流根据现代物流供应链的特点，于2003年推出了物流金融服务产品，通过将商品等价物转化成金融价物的原则，采用动产质押、动产抵押等模式，对质押物、抵押物实施自有库监管和输出监管，从而盘活了中小企业流动资产，突破了中小企业资难的瓶颈，拓展了银行的信贷业务、降低了信贷风险，星沙物流已与工商银行、中国银行、交通银行、农业发展银行、浦发银行、华夏银行、生银行、长沙银行、华融湘江银行、湖南星沙农村商业银行等10多家金融机构开展该项业务合作。目前，该业务已覆盖全省14个地州、市，累计300多家中小企业解决了融资难题，融资额达60多亿元。

在第三方物流服务方面，星沙物流为企业提供整体物流外包服务、国际物流服务、多式联运服务、物流配送服务。星沙物流开展物流业与制造的联动发展，并被国家发改委列为全国“两业联动”示范单位。经过多年的经营和拓展，星沙物流开辟了物流运输专线200多条，拥有运输车辆0多台，开设物流网点300多个，网点覆盖全国各省、自治区、直辖市，并为九芝堂、三一重工、中联重科、山河智能、华天铝业、恒天九五、荣鞋业等企业提供第三方物流服务。

未来，星沙物流将以物流基础设施投资为主导、以物流金融服务为核心、以第三方物流服务为支撑，做大、做强、做专星沙物流品牌，引领湖物流产业，促进区域经济协调发展，切实为湖南经济结构调整、产业升级转型、商贸流通畅达贡献力量。

湖南星沙物流投资有限公司将坚守“服务创造价值，合作成就未来”的经营原则，本着“让优秀企业成为我们的客户，让我们的客户成为优秀企业”的经营宗旨，愿与广大企业携手共创美好未来！

中国新兴交通物流总公司（简称“新兴交通物流”）是中国通用技术(集团)控股有限责任公司（简称“通用技术集团”）所属中国新兴（集团）总公司（简称“新兴集团”）的全资子公司。目前是中国物流与采购联合会常务理事单位。

新兴交通物流是一家国际化综合服务型物流企业，以先进的信息管理系统为平台，主营业务为供应链管理、物流服务、物流设计、信息服务等，构建了以铁、铝、煤、油等大宗工业原材料为主导的综合运输网络和集货配送物流体系，向大型工业企业提供生产所需的基础性物流服务，为终端客户提供一体化的物流集成解决方案。

公司与国内十几个资源大省的多家大型工业企业和运输企业建立了战略合作伙伴关系。在内蒙古、河北、北京、上海、海南建设物流基地和仓储基地。公司通过了ISO 9001–2008国际质量管理体系认证，并获得国家4A级综合服务型物流企业资质，目前正致力于国家物流振兴规划，通过创新商业模式、构建信息系统、整合社会资源、提升服务能力、完善物流网络，成为铁路、公路、水路一体化的具有国际竞争力的大宗原材料供应链服务商。

公司肩负“为国家创造财富、为客户创造价值、为员工创造幸福”的使命，以发展现代物流为己任，以科学管理为手段，以高素质人才队伍为基石，营造“快乐工作，幸福生活”的文化氛围。

公司愿与社会各界同人“价值共创、价值共享”，携手打造中国新兴交通物流总公司的辉煌明天！

联系电话：010–58161313　　公司传真：010–58161515

公司简介
COMPANY PROFILES

甘肃西部物流有限责任公司成立于2001年6月，是西部地区以提供仓储、城市配送、公路干支线运输、铁路快速直达、信息服务等为一体的第三方物流企业。在甘、宁两省区建有货物集散、储运、配送和信息为一体的综合经营网络，经营业务辐射国内外，具有国际货物运输代理、道路运输、危险化学品、煤炭、对外贸易、进出口等多项经营资质。

公司注册资本1.4亿元，截至2011年年底总资产9.72亿元，下设4个分公司及2个直属公司，通过了ISO 9001:2008国际质量管理体系认证，是西北地区第一家国家AAAAA级综合服务型物流企业、AAA级信用企业及道路运输质量AAA企业，是中国物流与采购联合会理事单位、中国交通企业管理协会理事单位、中国物联网应用与推进联盟常务理事单位、甘肃物流协会副会长单位、宁夏现代物流协会常务理事单位、甘肃物流学会常务理事单位和甘肃省交通协会理事单位。

公司致力于为大中型企业提供“门到门”全程物流服务，实现了物流供应链的有效拓展和物流服务的标准化、信息化、网络化、系统化。借助信息技术，提升对客户的服务水平，建立了http://西部物流公司.中国网站，实现了与客户电子商务的交换，是西部地区最具实力的第三方物流企业之一。

公司经营业绩逐年攀升，由成立时的2568万元到2005年重组后的7.8亿元，再到2009年的16.2亿元，2011年达到27.5亿元，实现了三次大的飞跃，经营规模稳步扩大。

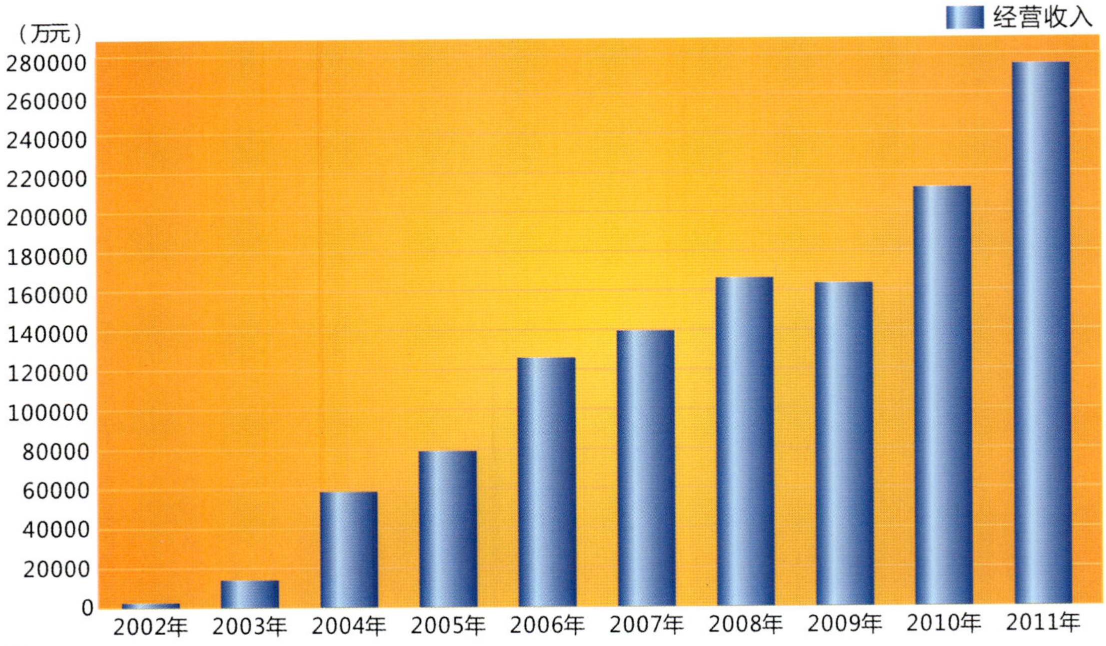

2006—2011年连续6年跻身中国物流企业50强行列；

获“2010年中国物流杰出企业”、“全国物流行业先进集体”、“2010年度全国先进物流企业”、“2010年度中国物流百强企业”、“西部物流百强企业”等荣誉称号；

获“2010年度中国物流管理优秀案例奖”；

《干散货物物流配送包装箱》获得国家实用新型专利，自主研发的自动化仓储运输管理等3个软件取得了国家《计算机软件著作权登记证书》；

连续三年获“兰州市十大物流企业”荣誉称号。

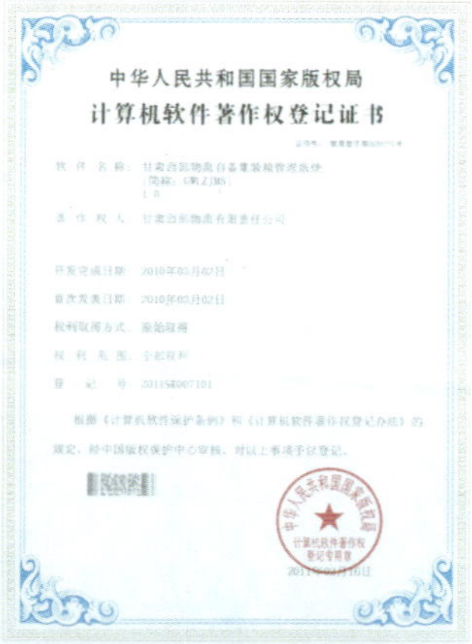

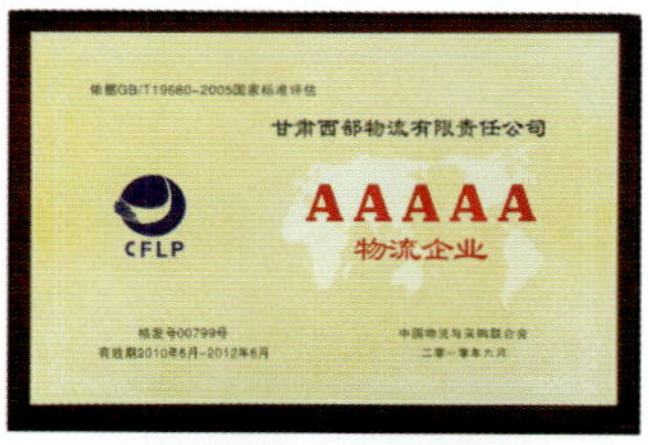

物流服务 LOGISTICS SERVICE

- 门到门物流服务
- 定制式个性服务
- 紧密型供应链服务

公司不断扩大物流基地建设，提高基地运营能力，已建成西部物流敦煌专用线、兰州东立体高架仓库，在银川南、银川小南门、惠农、瓜州、兰州北、颖川堡、陈官营及石岗建立了专业化综合物流基地，实现了集仓储、运输、配送业务为一体，拥有智能化、多功能的大型现代化物流配套服务设施。并为中国石油、中国石化、陶氏化学、宝塔石化、神华宁煤、靖远煤电、可口可乐、百事可乐、正大集团、统一、娃哈哈、苹果、西门子、美的、安踏、实德集团、酒钢集团、青铜峡铝业、白银公司、金川集团等大客户提供“门到门”物流服务业务，建立了双赢的、长期的战略合作伙伴关系。

万昌物流园区简介

The introduction

山西万昌国际物流园区作为大同市“十二五”规划的重点项目，产业转型七大产业集群龙头企业，是由中国物流与采购联合会规划设计院规划设计，由大同市灵宇公司等具有实力的公司投资建设的大同市大型5A级综合性物流园区。

园区规划用地700亩，总建筑面积50万平方米，总投资10.5亿元人民币。目标是将园区打造成为全大同市地理位置最合适、规模最大、功能最完善、设施最好、服务最优的现代物流园区，成为大同市综合性物流园区的形象企业。园区与御东新区仅有一路之隔，距大同市古城约9.5公里，距大同机场5公里，距大同到北京、河北、太原高速入口仅1公里，新规划高铁工程即将建设经过。

园区是集信息、收款、理货、装卸、保管、联运、配送、交割、结算、咨询、餐饮、商务、保险电子交易、停车、住宿、汽修等各种功能于一体的大型的、完善的综合性现代物流园区。园区运用国际物流新理念管理，具有综合集约性、独立专业性和公共公益性等显著特征。园区将通过资源整合和产业升级等多种措施来增强自身的竞争力，不断开拓市场，激活和满足客户的不同需求，最终达到多赢的局面。

园区将积极为“2013年国际太阳能十项全能竞赛”提供优质物流服务，积极与国外的23家物流巨头携手；并将与全国24个港口建立合作关系；预在天津港区建设一个千亩物流园区，并与阿里巴巴、淘宝网、当当网、凡客诚品、360网、京东商城等电子商务服务公司形成物流网络；申请国家5家媒体在大同分别设立驻大同记者（联络）站；将建设一个全国物流培训基地，为中国的物流精英提供一个来同交流、旅游的场地，成为中国物流行业的“小博鳌”。将按照国际化物流理念做大做强园区，在两年内创建全国物流园区示范基地，三年内打造成华北地区最大的物流电子商务平台和物流航母。

见证一个神奇园区的诞生

Witness the birth of a magical park

灵宇万昌齐俊斌董事长在开业庆典上致欢迎辞

中国物流与采购联合会会长何黎明在开业庆典上讲话

他说：国家“十二五”规划纲要，再次强调大力发展现代物流业，物流园区在提高物流的组织化水平和集约化程度，在转变物流运作模式和经济发展方式，调整优化经济结构促进区域经济发展方面，正在发挥越来越重要的作用，大同作为一个节点城市，更应优先发展物流业。

2012年5月28日，灵宇文体等具有实力的公司投资建设的山西万昌国际物流园区举行了盛大的开业仪式。

中国物流与采购联合会会长何黎明、副会长贺登才等应邀到场祝贺并讲话。国内外200多家知名物流企业代表以及全市各界人士2000余人出席了开业庆典仪式。

大同市委、市人大、市政府、市政协四大班子多位领导出席园区开业庆典仪式，并希望山西万昌国际物流园区以国际一流的目标，创造性地开展工作，引领全市的物流业发展，为推动全市转型跨越发展，再造一个新大同的宏伟目标做出应有的贡献！

灵宇万昌人正以广阔热情的胸襟，迎候着四面八方的朋友，来共同打造财富高地的美丽神奇，谱写事业腾飞的华彩乐章！

园区地址：山西省大同市御东新区（同浑路、大塘路十字路口东500米）
联系电话：0352-8115555　　公司网址：www.sxwcwl.com

ANJI LOGISTIC

下属子公司

四川省宜宾安吉机械制造工程有限公司

注册资金1000万元，主要从事一类危险货物运输车辆维修、汽车维修，机械设备零件加工、行车制造安装维修、广告设计制作，同时具备销售汽油、柴油、化工产品、机电设备、仪器仪表、高低压电器的资质。公司拥有现代化的管理手段和完善的质量保证体系，已通过ISO 9001：2000国际质量标准认证。

四川安仕吉物流有限公司

注册资金3000万元，位于成都市新都区货运大道566号，占地67亩，总投资近2.5亿元。是集仓储、配送、信息交易平台、机修、停车为一体的多元化物流园区。新都物流园紧邻货运大道、宝成铁路，交通条件便利，目前已经为沃尔玛、丰田汽车、华为电子、茅台系列酒等50余家大型集团公司提供综合物流服务。

四川安吉物流集团汽车销售有限责任公司

注册资金800万元，位于宜宾市岷江东路5号，建有川南一流的汽车室内展场，展场面积1400平方米。主要经营销售各类高中档次的进口、国产汽车销售，拥有20余个汽车品牌在宜宾的经销权。2006年至2010年，被宜宾市政府采购中心连续授权为协议购货定点单位。

宜宾安仕吉国际物流有限公司

注册资金2000万元，主要从事第三方物流、国际货运代理、流通加工业务，并具有酒类批发销售资质。建立了集公路、铁路、水运、航空为一体的多功能综合性物流服务体系，努力为客户提供个性化、量体裁衣的各类完善的物流解决方案，目前已服务于五粮液集团、普什集团、丽彩集团、蓝天纸业等40余家企业。

四川省宜宾五粮液集团安吉物流航运有限公司

注册资金500万元，固定资产8000万元，是四川境内的大型航运企业，在宜宾港拥有固定泊位。主营长江干线及支流省际普通货船运输、长江干线外贸集装箱支线班轮运输，其所属10艘"安吉"号80个标准集装箱（2500吨/艘）集散两用标准船。公司目前已开通宜宾至上海、宜宾至屏山县新市镇、宜宾至乐山集散货运输班轮，年货运量50万吨。

四川宜宾安吉物流商贸有限责任公司

注册资金1000万元，占地50余亩。公司拥有大型全自动微机控制的搅拌站4套，23台运送罐车，可满足50公里半径以内，120米以下及水平500米以内的建筑工程混凝土输送需要。年配送混凝土30万立方米，年销售收入过亿元。

宜宾市安吉畅安汽车驾驶培训有限责任公司

注册资金241万元，成立于1989年，是国家级一类资质的驾驶培训机构。为社会输送了数十万名合格的汽车驾驶员。

四川安吉精密管业制造有限公司

注册资金20000万元，一期占地20余亩，投资近1亿元，主要生产高精密度冷拔钢管。二期高压气瓶管项目位于温江区海峡科技园内，占地面积约500亩。愿与广大物流仓储合作商共谋发展。

地址：四川省宜宾市岷江西路150号　客服电话：400-115-5656　办公室电话：0831-3565280　传真：0831-3541555　网址：www.anjilog.com

集团新动向——BtoC业务

华运通·达 作为华运通旗下的快递品牌，以电子商务物流为导向，提供快递、代收货款、逆向物流、仓储和流通加工一条龙服务。

随着BtoC业务优势的凸显，公司高度重视物流信息实时、自动化应用，相继采TMS、WMS、EDI 、DPS和自动分拣机等先进技术，打造信息网络平台，为电子商务类型的客户提供定制的多样化的物流服务。

华运通背景

- 成立于1999年4月
- 多次被国家著名咨询公司和投资银行评为“中国领先的第三方物流企业”
- 总部设在上海，拥有7家分公司和30个物流中心，物流网络覆盖了全国所有的地级和县级城市
- 100万吨年货运输吞吐能力
- 30万平方米专业化管理的仓库
- 50多家世界500强企业选择华运通为长期供应链管理及服务伙伴
- 500多个全国主要城市机构的华运通物流网络

荣誉和资质

- 国家级4A级物流企业
- 获得ISO 9001：2008公司质量管理体系认证
- 中国物流发展重点联系企业
- 被国际著名管理咨询公司美世咨询（Mercer）评为中国知名的第三方物流企业
- 荣获美国供应链协会（CSCMP）颁发的“2006年度优秀供应链管理解决方案及应用案例”奖
- 指定的税务试点物流企业之一
- 中国物流与采购联合会理事单位
- 中国电子商务协会理事单位
- 中国仓储协会理事单位
- 上海物流协会理事单位
- 上海市诚信企业

地址：上海市嘉定区兴邦路333号
邮编：201815
电话：021–60706100
传真：021–60706101
网址：www.cnlgroup.cn
邮件：gm@hurrytop.com

宝湾物流
BLOGIS

宝湾物流控股有限公司，是中国民族工商业先驱招商局集团旗下，由深圳赤湾石油基地股份有限公司与中国南山开发（集团）股份有限公司联合打造的高端物流投资平台。2002 年以来，宝湾控股在长三角、珠三角、环渤海、中西部等经济区域投资开发了多个大型国际化现代物流园区。目前，投入运营及在建的高端物流仓储设施已经超过 120 万平方米。

未来五年，宝湾控股将继续加大投资力度，计划在已经开发的城市，以及西安、重庆、苏州、杭州、厦门、郑州、长沙、济南、青岛、昆明等待开发的城市建立更多的网点，争取 5 年后仓储设施超过 300 万平方米，形成辐射全国、覆盖主要物流枢纽和城市配送中心等战略节点的高效物流网络。

辐射全国　高效物流

除了投资开发和建设，宝湾物流还全资拥有并悉心经营所有的物流园项目。通过标准仓储设施开发或专业仓库定制开发，提供出入库装卸、设备租赁、流通加工、运输配送、供应商管理库存 VMI、物流金融等灵活的增值服务，竭诚为来自国内外知名的制造商、零售商和第三方物流公司提供高效、优质、安全的物流设施服务。

宝湾物流自建、自有、自营所有的物流园区，坚持以服务取信于客户。“优质优价”的管理理念，将母公司近 30 年来在赤湾石油后勤基地为来自全球的石油公司做一流服务的国际标准带到各地的物流园区。每个园区都有专门的队伍在管理，在为客户认真解决每一个问题，赢得了客户普遍好评。

高端物流园区开发商与运营商

上海（松江）宝湾国际物流园（明江物流） 正在招商

地　址：上海市松江区松蒸公路 1339 号
联系人：刘轩
手　机：15962676510
电　话：021-57856116
邮　箱：liuxuan@blogis.com.cn

上海（松江）宝湾国际物流园区（明江物流）占地 321 亩，建造 12 栋高标准立体库，仓储面积 12 万平方米，配有综合楼、包装车间、停车场和集装箱堆存场地，2012 年 4 月投入运营。

公路：距 G1501 上海绕城高速（A30 郊环高速）仅 2 公里
距 G50 沪昆高速（原 A8 沪杭高速）仅 1.5 公里
距沪闵路 25 公里

机场：距虹桥机场 30 公里
距浦东机场 55 公里
港口：距外高桥集装箱码头 70 公里

廊坊宝湾国际物流园 正在招商

地　址：河北省廊坊市望京大道北段西侧（廊坊开发区科技谷）
联系人：王晓东
手　机：13930692880
电　话：0316-2800708
邮　箱：wangxiaodong@blogis.com.cn

廊坊宝湾国际物流园区占地 260 亩，建造 10 栋高标准立体库，仓储面积 9 万平方米，配有综合楼、包装车间、停车场和集装箱堆存场地，2012 年 3 月投入运营。

公路：距京津塘高速出口 8 公里
距北京城区 30 公里
距天津城区 40 公里
毗邻 104 国道

机场：距天津滨海国际机场 70 公里
距北京首都国际机场 70 公里
铁路：距廊坊铁路货运站约 12 公里
港口：距天津港 120 公里

成都龙泉宝湾国际物流园 正在招商

地址：成都市龙泉驿经济开发区汽车城大道 999 号
联系人：张亚飞
手机：18628081389
电话：028-66897998；028-68618005
邮箱：zhangyafei@chiwanbase.com

成都龙泉宝湾国际物流园区占地 411 亩，建造 9 栋高标准立体库，仓储面积 17 万平方米，配有综合楼、包装车间、停车场和集装箱堆存场地，2011 年 4 月起分期投入运营。

公路：距成都绕城高速 7 公里
距成渝高速立交桥 10 公里
距成南高速立交桥 18 公里

机场：距双流机场 20 公里
铁路：紧邻成渝铁路、成昆铁路
港口：距泸州港 260 公里

宝湾物流控股有限公司（总部）
电　话：0755-26694211
传　真：0755-26694227
地　址：广东省深圳市赤湾石油大厦 14 楼
邮　编：518068
公司网址：www.blogis.com.cn

一汽物流

一汽物流有限公司由一汽集团公司原有的两家物流公司于2006年重组建成，是一汽集团公司的全资子公司。2011年公司通过了质量、环境、职业健康与安全的管理体系三标认证，获评国家5A级物流企业，并被一汽集团公司评为2011年度模范单位。2011年实现营业收入31亿元。

公司现有员工中具有高级职称人员95人，有53人获得了中级物流从业资格证书。

公司现有34万平方米的整车仓储基地、6万多平方米的高标准库房、47公里铁路专用线、3万平方米的铁路装卸站台、4台内燃机车、50多辆铁路货车、3个电气集中车站，以及商品轿车运输车、集装箱及封闭式零部件运输车、叉车、吊车等专业物流设备2600台。

公司网点

公司以集团四大生产基地为网络节点，以公路运输为主，铁、水运输为辅，实施干线运输与区域内短途分拨相互结合的运行模式。通过加速推进“4+2”基地群建设理念，依托长春本部、天津基地、成都基地、佛山基地四大基地群及武汉、上海（含无锡）两大分拨中心的特殊地理位置，构筑快速物流通道，使一汽物流形成国内南北纵横、东西贯通的物流运输网络，同时公司还在广州、湖北、盐城、重庆等地建立了轿运车对流服务网点。

主要服务客户

一汽解放、一汽轿车、一汽大众、一汽客车、天津一汽丰田、天津一汽夏利、一汽解放青岛汽车厂；同时还间接服务于20多家汽车及汽车关联制造企业。

整车与零部件物流业务：

整车体系按公司“十二五”规划提出的网络布局的总体要求，进一步改善一体化管理平台，进行了铁水联运试运行，有效配置资源，合理调配运力，有效衔接物流与销售环节。

公司主动与国内主要汽车企业进行有效沟通，开发回程物流资源，开发对流业务，对流业务覆盖华北、华南、华东、华中、西南五个区域。发展物流增值业务，全年新建网络节点37个，监管经销商达133家。

针对零部件产品，特别是NCS产前物流资源的开发与成功运作，不但拓展了零部件体系的产前配送业务，而且优化了零部件体系网络节点。

发展愿景

到2015年一汽集团将实现产销500万辆、自主品牌200万辆的宏伟目标。为一汽集团“十二五”战略提供强有力的物流保障是一汽物流最重要的使命，也是公司未来发展的重要目标。一汽物流将继续跟进集团全国战略布局，实现自身的总体高速发展。

地址：长春市东风大街7088号
电话：0431-85983446
Email：webMaster@faw-logi.com

一汽物流有限公司

开滦国际物流
KAILUAN INTERNATIONAL LOGISTICS

开滦集团国际物流有限责任公司
——煤炭供应链管理服务商

开滦集团国际物流有限责任公司是开滦集团所属全资子公司，是开滦集团主要支柱企业之一，是生产服务型、综合服务型物流企业，是开滦物流产业发展的突出代表。

公司下设铁路运输分公司、港口储运分公司、进出口分公司、中煤物资分公司、开滦物流中心、汽车运输分公司6个分公司；香港公司、香港国际公司、唐山曹妃甸动力煤储配有限公司、唐山湾炼焦煤储配有限公司、通达物流公司、沙钢能源公司、华南公司、宁波公司、上海贸易公司9个全资或多元控股子公司。运营网络分布于东北、华北、华南、华东、西北和香港等地区。经营范围涵盖国内外煤炭流通加工、物资分拣、加工、仓储、配送，铁路、公路运输、港口储运中转、进出口贸易、物流园区、电子商务、船代、货代等业务；服务于煤炭生产、洗选加工、煤机制造、冶金、焦化、电力、化工等供应链上下游客户。公司基础设施齐全，拥有自营铁路线路和内燃机车资源，年运输能力5000万吨以上；拥有丰富的仓储资源、专业运输车队、配煤加工场地及设施、国家二级质检化验机构。正在建设的曹妃甸动力煤储配基地项目和唐山湾炼焦煤储配基地项目建成后年煤炭流通规模将达到8000万吨。

公司科学创新，积极探索煤炭老企业转型发展的新途径，将供应链理论运用于物流建设与发展中，率先提出并践行了“煤炭供应链管理、战略储配体系、市场交易体系”三位一体发展新模式，实现了跨越式发展。2010年集团物流产业收入达到493亿元；物流产业利润完成2.83亿元。2011年集团物流产业收入达到890亿元；物流产业利润完成3.60亿元。

公司是中国物流与采购联合会常务理事、中国港口协会副理事长、中国交通运输协会、中国仓储协会副理事长、河北省现代物流协会副理事长、唐山市物流行业协会会长单位。近年来，开滦国际物流公司先后被评为“全国物流行业先进集体”、“全国制造业与物流业联动示范企业”、“国家5A级综合服务型物流企业”、“全国物流50强第四名”、“中国供应链管理杰出服务商”、“中国物流实验基地”、“中国物流产学研基地”、“中国煤炭物流领军企业”等殊荣。

网址：www.kailuan.com.cn 电话：0315-3026661 传真：0315-3026661 地址：河北省唐山市新华西道132号

河南中原铁道物流有限公司

郑州铁路局领导出席圃田物流基地开通庆典

百万吨尿素整装待发

河南中原铁道物流有限公司是直属郑州铁路局的大型骨干、专业化国有企业。成立于2005年8月，注册资金3827.5273万元，总资产达79331万元。经过2008年6月的二次改制扩张、2011年的法人企业重组和2012年的站段分公司整合，现公司本部下设10个部室，拥有分公司机构21个，下属经营网点118个，客票代售点255个，物流基地3个，铁路专用线7条，在建2条，公司全员2582人。经营领域涉及商贸、运输代理、煤炭运销、货物仓储、装卸、包装、搬运、信息服务、餐饮、客票代理、宾馆服务等多个行业。

2010年实现经营收入18.8亿元，2011年经营收入达31.7亿元。2010年通过国家第七批4A级物流企业复核评估，并荣获河南省物流企业“最佳成就企业奖”称号。2011年2月通过了ISO 9000–2008质量管理体系认证。目前公司为中国物流与采购联合会的常务理事单位和河南省物流与采购联合会的副会长单位。

一网揽中原，品牌赢天下。经过七年多的发展，公司经营区域遍布全国，提供货物运输代理及相关服务、公铁联运、仓储、装卸，房屋、货场、专用线的租赁、货运代办、铁路货物运输、货物中转国际货运代理、从事货物和技术进出口业务等物流服务；经营范围涵盖电子、电器产品，建筑材料、化工原料及制品（易燃易爆、化学危险品除外）、农副产品、农膜、化肥、焦炭、款产品、日用百货、五金杂品、工程机械、生铁、钢材、玻璃及制品、日用陶瓷制品、耐火材料及制品、加固材料、铁路专用器材、润滑油、重油、石油焦、沥青等；下属分支机构经营包括票务代理、贵宾候车服务、公用电话、广告、地磅电子轨道衡计量、劳务输出、行李寄存、印刷、住宿、集装箱代理、有色金属、橡胶制品销售、宾馆服务等。

公司以基于自身发展的需要，以“东西南北中”的基地战略，先后完成了新郑物流基地、圃田物流基地和三门峡货场大型经营基地的建设和经营开通，目前在建及规划在建的有许昌粮食铁路物流园区、焦作车务段月山站直通场货场和北周工业园区铁路物流基地。其中新郑物流基地拥有120个货位、有效仓储面积达5万平方米、仓储能力1520万吨，年发送能力可达100万吨。圃田物流基地位于国家郑州经济技术开发区中心区域内，西临107辅道，南临经北四路，北与圃田车站站区衔接，具有极强的区位优势，是郑州铁路局涉足现代物流业发展的重大投资项目，也是河南省现代物流业总体规划“1+10”模式的重要节点。基地占地568.4亩，集钢材现货交易、铁路运输、搬运装卸、仓储、加工配送、中转分拨、信息服务和物流金融等综合服务功能为一体，将打造成中原地区功能齐全、设施先进、运作高效的专业钢铁物流园。

2012年，公司开辟了首条“门到门”全程服务链条，利用路内网络优势，与乌鲁木齐局、上海局、成都局、广铁集团等兄弟局建立了稳定良好的合作关系，常年开展跨局战略合作项目，并推出了乌鲁木齐局重去重回循环专列等精品跨局物流服务产品。此外，公司还与河南省公路运输龙头企业——郑州交通运输集团联营实现了公铁对接，从而形成了辐射全国的物流运输网络。

百联物流
BAILIAN LOGISTICS
上海现代物流投资发展有限公司
Shanghai Modern Logistics Development & Investing Co., Ltd.
上海现代物流投资发展有限公司为“百联物流”服务品牌的拥有者，是百联集团全资子公司。
秉承“联接一切可能，服务创造价值”的经营理念，可为客户提供仓储服务、托盘共用租赁、金融质押、包装、增值加工、驻厂物流、零备件管理、原材料供应、销售执行、国际货运、货代、省际运输、城市末端配送等完整的全过程的供应链物流服务，以及供应链的咨询、规划、管理等服务。
上海物流协会会长单位
上海仓储协会会长单位
中国物流与采购联合会副理事长单位
中国仓储协会副会长单位
中国物流示范基地
中国AAAAA级物流企业
中国物流50强排名第38位
上海市用户满意企业
企业资信AAA级企业
上海市名牌服务企业
中国物流信息化十佳应用企业
参与6项物流行业国家标准制订
……
详见企业网站
www.m56.com.cn
联系电话 0086-21-60909991

中国物流有限公司
CHINA LOGISTICS CO.,LTD

中国物流有限公司是国务院国有资产监督管理委员会所属中国诚通集团的全资子公司，是以干线运输为主、第三方物流为发展方向的现代化、网络化的大型物流产业集团。

经过 30 多年的发展，中国物流有限公司在全国交通枢纽城市已形成了集铁路运输、公路运输、多式联运为一体的物流运营网络，分支机构达 40 余家，现有集装箱堆场面积 200 万平方米，仓库 60 余万平方米，铁路专用线 9 条，各类运输车辆 1000 余台。公司在重庆、成都、常州、乌鲁木齐、贵阳、武汉等地建有大型集装箱中转站及公路物流港，在沿海主要港口设立国际集装箱进出口代理机构，为国内外多家知名企业提供综合物流服务。

社会信誉

- 公司及所属企业全部通过ISO 9001服务质量管理体系的认证
- 《中华人民共和国国家标准物流术语》起草与编审单位之一
- 物流行业AAA级信用企业
- 被中国物流媒体联盟评为"中国最具成长性物流企业"
- 中国物流技术协会物流知名品牌企业
- 中国物流百强企业
- 铁路集装箱运输大客户
- 中国物流有限公司是世界货代联盟（WCA）、中国全球物流联盟（CGLN）、中国物流与采购联合会、中国交通运输协会、中国国际货代协会等多家国际、国内协会理事、常务理事

核心业务

1. 铁路集装箱运输

公司稳步发展铁路集装箱运输业务，开通重庆—上海/青岛/南昌/郑州/天津/石家庄；成都—深圳；常州—芦潮港；厦门—武汉；哈尔滨—武汉；成都—重庆（成渝班列）等班列。

2. 公路运输

沿长江经济带和西南地区的节点基地具有局部优势，多层次、全方位的公路运输体系，打造运输服务品牌便易运，三级联动建立公路运输网：以城市为中心向全国各地区辐射体系、区域型的集中配送体系及门到门城市公路干线运输。

3. 国际货代和多式联运

在主要港口设有专业的货代公司，为客户提供订仓、报关、报验、保险、接运、集装箱拼、装、拆箱、分拨等货代服务。开发了俄罗斯经满洲里直达常州的陆路口岸进口转关国际货运业务。建立了重庆—上海/青岛、常州—上海、成都—深圳四条铁路集装箱运输的出海通道。在重庆、常州等地拥有经海关总署批准设立的海关监管车队和海关监管堆场，重庆、成都、常州—东亚五国的国际铁路联运。

4. 综合物流服务及供应链管理

先进的管理理念和信息化手段，专业团队定制综合物流解决方案，为IT电子、汽车整车及配件、家用电器、机械设备、化工等行业客户提供同步整合的仓储、运输、配送等物流运作方案，从采购到配送，满足客户对整个物流供应链顺畅运作的要求。

5. 物流金融

凭借良好的信誉与40多家银行合作开展物流金融业务。

地址：北京南四环西路188号总部基地6区18号楼
邮编：100070
电话：010—83673499
传真：010—83673500

河北物流
HEBEI LOGISTICS
河北省物流产业集团有限公司是2004年7月成立的大型国有流通企业。集团注册资本1.1亿元，以商贸物流为主业，总资产40亿元，年经营各类物资1400万吨，经营规模300亿元，下辖金属公司、燃料公司、金回公司、金圆大厦、仓储公司、运输公司、现代物流报、配送公司、再生资源利用有限公司（原拆解公司）、河北钢铁商贸物流有限公司、河北物流集团国际货运代理有限公司等17家单位，涉及物流配送、运输、加工、贸易、仓储、酒店、报业等多个行业，共有职工1226人。
集团成功入选2011年中国企业500强、中国服务业500强、中国物流企业50强，荣获5A级综合物流企业、中国生产资料流通创新型企业、中国AAA级信用企业、现代物流工作重点联系企业、物流税收试点企业、河北省物流业“双十示范工程”示范企业、河北省物流行业标准起草单位、河北省诚信企业、河北省物流行业领军企业等诸多资质和荣誉。
“十一五”期间，集团以生产资料流通为基础，物流加工业、物流地产业、物流传媒业相关多元发展，建立物流投融资、物流设施和物流信息三大平台，初步形成了“立足河北、互动京津、面向全国、连通世界”的物流产业发展格局。根据集团“十二五”规划，在未来的3到5年，企业收入将突破500亿元大关，为河北省现代服务业的发展，为建设经济强省、和谐河北发挥积极作用。
河北省物流产业集团有限公司
HEBEI LOGISTICS INDUSTRY GROUP CO., LTD.
地址：河北省石家庄市中华北大街3号
电话：0311－88600323
传真：0311－88600333
www.heblogitics.com
河北物流

衡缘物流

湖南省衡缘物流有限公司（以下简称衡缘物流公司）是一家专业经营第三方物流业务的民营企业，创建于2010年，注册资本20066万元。是湖南省“十二五”之后“湘粤鄂3小时经济圈”、“长江三角洲10小时经济圈”的产物。

HENGYUAN

项目介绍

衡缘物流中心项目以铁路物流为主，兼营公路物流的第三方现代物流中心。项目规划用地约936.28亩，总投资9.89亿元，将建有矿产物流区（含专用线装卸作业区、货物堆场）、建材物流区、工业原料物流区、农副产品物流区、信息物流区、综合服务区、从业人员生活区，总建筑面积约40万平方米，其中：建设物流交易用房（含仓储、交易、区内装卸）308236平方米；物流服务用房22200平方米；配套设施用房12780平方米。另建露天堆场30821平方米。

中心从业人员在10000人以上，年总物流实物量（仓储量）1000万吨。

项目优势

衡缘物流中心坐落在素有“湘桂交通咽喉”之称的祁东，附近有衡祁城际快速干道、322国道、衡枣高速、娄益衡高速，可覆盖整个湘南地区，包括祁东、祁阳、永州、邵东、东安、衡南、衡阳、耒阳、常宁等地。衡缘物流中心与祁东火车南站、汽车南站隔街相望，是祁东未来发展的“核中之核”，是商家发展的必争之地。建材物流区仓储面积大、地理位置优越，是湘南地区离铁路最近、装卸最便捷的大型建材物流仓储中心，火车可以直接进入仓库。拥有自己的六条铁路货运专线与湘桂铁路线风石堰路段接轨，北抵邵东，南至常宁，西临祁阳、永州、东安，东靠衡南、耒阳。建材物流区使用全自动化机械装卸，这将为经销商大大减少货损、提高装卸效率、降低人力成本。衡缘物流中心内还将建设农产品物流区、工业物流区、矿产品物流区、综合物流区，各大板块的同步经营将带来巨大的人气，加速建材物流区的市场培育。

业务范围

1.货运代理：承运多种类型货物，如铁矿、建材、家私、机电、机械、农副产品、快速消费品及各类小商品等，实行整车快速运输，确保准点送达。2.货物中转：依托全国专业协作网络，承接众多货物中转运输。3.仓储配送：利用自备仓库和专运车辆，提供24小时的配送业务，实行点到点服务。4.多式联运：与铁路、水运、航空等强强联合，优势互补，为客户提供一站式全程服务。5.增值服务：代签回单，代收货款，代办货运保险，物流方案规划设计，咨询服务，第三方物流一体化服务等。6.金融服务：为中小企业提供货物仓单质押，承兑汇票，授信担保，电子货币结算等服务。

电话：0734-2876666

地址：湖南省祁东县莲花西路716号

网址：www.qdxs.com

YUCHAI 玉柴物流

中国西部现代物流港

着力“双城”建设 打造“智慧”园区

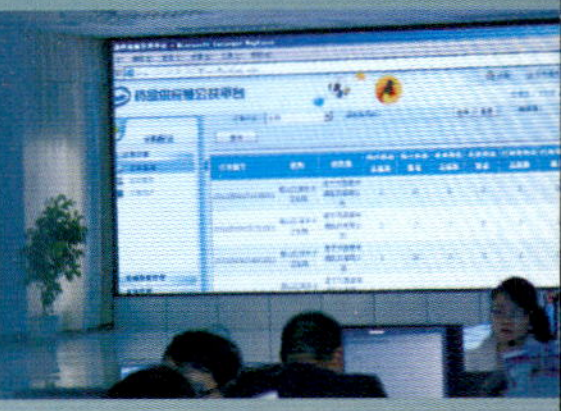

中国西部现代物流港首期规划面积20平方公里，以商贸物流交易城和电子商务示范城“双城”建设为目标，着力发展现代物流、现代商贸和电子IT产业，推动商贸物流企业由实体交易向虚拟交易相结合的方式转变。

园区充分依托遂宁“一环九向，七向二十一线”的交通区位优势，坚持以信息平台建设来促进物流信息化，以标准化建设来推动物流现代化，以发展高科技、低能耗、低污染、高附加值的新型制造业来延伸现代物流产业链条。自建园以来，通过平台招商、以商招商等方式，已成功引进三家世界500强企业，七家上市公司，五大集团在内的重大平台项目42个，协议投资额达246亿元，初步形成了商贸物流、医药物流、冷链物流、能源物流、粮食物流、电子IT六大产业体系。

2011年年底，物流港与九州通医药集团共同投资成立了四川物联亿达科技有限公司，并由国家“千人计划”人才谷春光领衔物流港公共信息平台建设。截至目前，物联亿达研发的物流公共信息平台门户网站，BtoB物流信息交易平台、资讯平台、电子政务、车辆定位系统等平台已具雏形，更具市场潜力的物联网技术、云技术服务中心正在加紧研发。一座智慧型的现代物流新城正崛起西部！

全国流通领域现代物流示范城
国家级物流服务业标准化示范园区
四川省“1525”成长型特色产业园区
四川省“十二五”规划重点物流中心

招商热线：**0825—6801029**　传真：0825—2710005　地址：四川省遂宁市船山区玫瑰大道中国西部现代物流港管委会

上海外高桥保税物流园区

上海外高桥保税物流园区位于我国改革开放最前沿的浦东地区，与外高桥港区连成一体，距保税区仅有3公里。园区是“区港联动”试点区域，是上海市“十五”期间重点规划的三大物流基地之一。园区在2004年4月15日通过联合验收小组验收，被赋予了国际中转、国际采购、国际配送、国际转口的四大功能。园区在营运中以管理创新、功能创新、技术创新为动力，优化营运环境为目标，构筑出航运、港口、物流园区联动发展的新框架。经过五年的开发建设，形成了区港联动和区域发展的雏形。建成38万平方米仓库，14万平方米的集装箱转运区；2011年完成进出区货值842亿美元，海关税收116亿元人民币；先后引进了MOL、DHL、世天威等跨国物流企业，累计引进中外物流企业83家，吸引外资2.8亿美元。

依托“区港联动”的政策优势，园区大力推进了海运直通式功能覆盖上海全关区，提升了区港联动的整合功能，推进了长三角通关一体化的具体实施。贯彻国务院物流产业调整和振兴规划，大力发展现代服务业与先进制造业，加快了上海国际航运中心、金融中心两个中心的建设步伐，实现物流产业与制造业的联动发展、融合发展。

“十二五”期间，物流园区将实现“四个一”的目标：建设成100万平方米的仓库与场地，引进100家中外物流公司，实现年集装箱综合处理量100万TEU，实现年进出区货值达1000亿美元。

管理创新、功能创新、技术创新

www.wblz.com.cn　联系电话：021—38751008

上海中石化工物流股份有限公司

公司董事长谢林昌

上海中石化工物流股份有限公司（简称中石化工物流）位于上海市西南、杭州湾北岸的金山区。

中石化工物流是一家专业从事各类化工危险品、剧毒品运输，并集普通货物运输、仓储管理和第三方物流管理、咨询、策划及与物流相关的汽车修理（一类资质）、汽车驾驶员培训、槽罐检测等为一体的综合型化工物流企业。

中石化工物流总占地面积16万平方米，拥有各类化工危险品槽车、集卡（罐）和各类箱式、栏板货运车等车辆400余辆，总运力8400余吨，年运输能力400余万吨，仓储面积3万余平方米。现有各类员工1280余名，其中中高级专业技术人员50余名，其他各类专业技术人员100余名。

中石化工物流是中物联常务理事单位，上海市交通运输行业协会、上海市道路运输行业协会、上海市危险货物运输行业协会三大行业协会副会长单位，上海市危险品车辆维修行业联谊会会长单位。

中石化工物流具有国家道路货运二级企业资质；是国内同行业内最早通过ISO 9001质量管理体系、GB/T—28001职业健康安全管理体系、GB/T—24001/ISO 14001环境管理体系、HSE（安全、环境和健康）管理体系认证和通过欧洲RSQAS（道路安全质量评估体系）评估的企业之一。

近年来，公司先后获得中国物流示范基地、中国危险品物流行业模范单位、全国安康杯竞赛活动优胜单位、上海市职工最满意企（事）业单位、上海市名牌企业、上海市文明单位、上海市道路交通安全管理工作先进单位等荣誉称号。

展望未来，中石化工物流在与新老客户的紧密合作中，将以“打造中国一流的专业化工物流企业”为愿景和目标；以“培育企业持久的发展动力，实现企业与员工共同发展”为企业的使命；并秉承“用真心开启业主为客户售后服务的窗口，用守信联结业主为客户产品传递的纽带”的服务理念，在凝聚广大员工的智慧和激发创造性的工作中，不断创新服务模式，持续提升公司的综合竞争实力，实现公司改革和发展的新跨越。

公司地址：上海市金山区石化金二东路64号
电话：021—57942178　021—57941941转各部门
网址：www.szclc.com

天津物产集团有限公司

天津物产集团有限公司（原天津市物资集团总公司）是天津市大型国有生产资料流通企业，注册资本24.6亿元，总资产980亿元，拥有企业266个，从业人员超过6000余人。集团经营领域涵盖大宗商品贸易、现代物流、地产开发、金融服务和中职教育等。其中大宗商品贸易主要包括金属（黑色金属、有色金属）、能源（煤炭、焦炭、燃料油）、矿产（铁矿、有色矿）、化工、汽车机电五大板块，是国家商务部全国重点培育的流通领域20家大企业集团之一。

集团经营区域覆盖全国，并在美国、德国、日本、新加坡、菲律宾、中国香港等国家和地区建立了18家境外分支机构。2011年，集团完成销售收入1970亿元，利润7.5亿元，进出口贸易额超过40亿美元，经营各类物资总量达到7000万吨。

在最新公布的“2012年财富世界500强”中，集团成功入选，排名第416位，在中国入榜的73家企业中排名第62位，在全球12家入榜的贸易类行业企业中排名第10位，是天津市第一家进入世界500强的企业。

集团所属单位

天津物产金属国际贸易有限公司
天津市浩物机电汽车贸易有限公司
天津物产化轻国际贸易有限公司
天津物产置业发展有限公司
天津物产能源资源发展有限公司
天津物产基建物资有限公司
天津物产进出口贸易有限公司
天津市浩通物产有限公司
天津物产国际能源发展有限公司
天津市浩瑞矿产有限公司
天津物产国际贸易有限公司
天津物资招商有限公司
天津物产国际物流有限公司
天津市物资集团浩达矿业有限公司
天津市浩信信用担保有限责任公司
天津市商品包装总公司
天津市物资贸易学校

电话：022-23030779　传真：022-23315316
地址：天津市和平区营口道4号
网址：www.tewoo.com

航运大厦

粤油 901
YUE YOU

CKS

中国物流年鉴

2012（上册）

CHINA LOGISTICS YEARBOOK

212

CFLP

中国物流与采购联合会编

中国财富出版社
CHINA FORTUNE PRESS

图书在版编目（CIP）数据

中国物流年鉴．2012：全2册／中国物流与采购联合会编．—北京：中国财富出版社，2012.10
ISBN 978-7-5047-4468-5

Ⅰ.①中…　Ⅱ.①中…　Ⅲ.①物流—中国—2012—年鉴　Ⅳ.①F259.22-54

中国版本图书馆CIP数据核字（2012）第220657号

策划编辑　张　茜
责任编辑　张　茜　陈凤玲　王宏琴
　　　　　　郑欣怡　赵　静　赵金杨
责任印制　何崇杭　王　洁
责任校对　孙会香　杨小静

出版发行　中国财富出版社（原中国物资出版社）
社　　址　北京市丰台区南四环西路188号5区20楼　　**邮政编码**　100070
电　　话　010-52227568（发行部）　　010-52227588转307（总编室）
　　　　　　010-68589540（读者服务部）　　010-52227588转305（质检部）
网　　址　http：//www.clph.cn
经　　销　新华书店
印　　刷　北京华正印刷有限公司
书　　号　ISBN 978-7-5047-4468-5/F·1818
开　　本　880mm×1230mm　1/16　　**版　　次**　2012年10月第1版
印　　张　41.5　**彩插：**5.75　　**印　　次**　2012年10月第1次印刷
字　　数　1270千字　　**定　　价**　480.00元（全2册）

《中国物流年鉴》（2012）编委会

邢慷弟　上海外高桥物流中心有限公司党委书记
吕　忠　湖北华融物流股份有限公司总裁
刘占芳　中国国际货运代理协会副会长
刘秉镰　南开大学现代物流研究中心主任、教授、博导
刘景福　中物华商国际物流股份有限公司总经理
齐俊斌　大同市物流协会会长、山西万昌国际物流有限责任公司董事长
许　玲　宜昌三峡物流园有限公司董事会秘书
杨　铸　天地华宇集团总裁
杨忠洲　两湖绿谷物流股份有限公司董事长
李　敏　河北港口集团总经理、副董事长、党委副书记
李光甫　国药控股股份有限公司副总裁
李国庆　河北省物流产业集团有限公司党委书记
李国辉　澳门货运协会会长
李艳归　湖南一力股份有限公司董事长
吴爱民　开滦集团公司副总经理
何明珂　北京工商大学研究生部主任、教授、博导
何秋生　湖南省衡缘物流有限公司董事长兼总经理
汪　鸣　国家发展和改革委员会综合运输研究所副所长、研究员
沈绍基　中国仓储协会会长
宋远方　中国人民大学商学院副院长、教授、博导
宋耀征　国家统计局贸易外经统计司司长
张　俊　上海华运通仓储配送有限公司总裁
张宇峰　甘肃西部物流有限责任公司副总经理
张际庆　中国远洋物流有限公司总经理
陈显宝　北京宅急送快运股份有限公司总裁
陈嘉良　联邦快递（中国）有限公司中国区总裁
郑会友　香港物流协会会长
金希龄　上海锦江国际低温物流发展有限公司总经理
周建亚　武汉商贸职业学院物流学院院长、现代物流研究所所长
钟荣钦　台湾物流协会秘书长
姜国梁　青海省通达物流有限责任公司总经理
姜超峰　中国物资储运协会会长
贺方泉　新疆亚欧大陆桥国际物流有限责任公司董事长、总经理
贺先仁　大汉物流股份有限公司总经理

郭戈平	中国连锁经营协会会长
秦青林	上海现代物流投资发展有限公司总经理
徐胜明	四川安吉物流集团有限公司董事长
高艺林	广州百货企业集团有限公司副总经理、广州市商业储运公司总经理
高会恩	北京福田物流有限公司党委书记、总经理
倪东生	北京物资学院教授
黄有方	上海海事大学校长、教授、博导
韩　松	西安市人民政府副市长、中共西安国际港务区工作委员会书记
童建明	盐城市现代物流园区管委会主任
谢　勤	成都亿博物流咨询有限公司总经理
谢秉臻	中国美旗控股集团有限公司战略决策委员会主席
赖展京	南光物流有限公司总经理
阚盛刚	一汽物流有限公司党委书记
翟小平	长三角金属物流园集团有限公司董事长兼总裁
翟玉峰	武汉东西湖保税物流中心有限公司董事长、总经理
薄世久	北京长久物流股份有限公司董事长

特别支持单位

中国邮政速递物流股份有限公司

中国远洋物流有限公司

西安国际港务区管理委员会

戴姆勒东北亚投资有限公司

北京福田物流有限公司

南光物流有限公司

《中国物流年鉴》(2012)

主　　　　办　中国物流与采购联合会
承　　　　办　《中国物流与采购》杂志社
主　　　　编　何黎明
副　主　编　崔忠付　蔡　进　贺登才
编辑部主任　刘乃杰
编辑部副主任　徐小青
编　　　　辑　崔　冬　张　俭　吴海波　李鸿宝　王　林　宇　颖
　　　　　　　杜　林　贾　丽
发　　　　行　高　威
广告设计　阳光设计工作室

联系方式
编　辑　部　010－68391393　010－68392774
邮　　　箱　xxq6429@yahoo.com.cn
　　　　　　gwrshk@126.com　zgwlnj@126.com
发　　　行　010－68391021　010－68392774
传　　　真　010－63738995

《中国物流年鉴》（2012）供稿者

（按姓氏笔画排序）

丁　飞	马　蕾	马增荣	井夫卉	王　伟	王　敬	王广策	王文博	王宗喜	王国文
王爱军	文振华	文德华	田　征	冯耕中	方雅红	权　威	朱壮志	朱光前	朱华斌
刘长庆	刘清利	刘宇航	刘伟华	刘建华	刘缨缨	汤筠伟	孙　敏	孙新宇	杜　萌
杨坚杰	杨雅妮	李　婷	李红梅	李惠红	何　烨	汪映极	沈　玲	张　洁	张　喆
张　蕊	张小洁	张云飞	张国会	张洪炜	张晓东	张彩霞	陈忠涛	武宜刚	武美燕
林佳晓	范琳琳	周志成	赵　楠	侯国辉	洪　涛	姜　旭	姜超峰	贺登才	秦玉鸣
夏　坚	晏庆华	钱春艳	倪东生	徐　东	徐　勇	徐小青	徐金鹏	黄定政	龚卫锋
崔淑筠	阎淑君	韩　松	韩永生	韩兆轩	彭弋凌	葛美莹	曾庆宝	蒋长兵	谢　岩
谢雨蓉	谢满华	赖贞平	靳　伟	蔡青青	樊一江	穆宏宇			

国家发展和改革委员会经济运行局、国家统计局贸易外经司、国家发展和改革委员会综合运输研究所、北京市统计局服务业处、江苏省发展和改革委员会经济贸易处、江西省发展和改革委员会、山东省经济和信息化委员会交通与物流处、沈阳市发展和改革委员会经济贸易处、长春市发展和改革委员会、哈尔滨市统计局、哈尔滨市发展和改革委员会、无锡市经济和信息化委员会、青岛市交通委员会物流业发展处、苏州市发展和改革委员会、杭州市发展和改革委员会、宁波市发展和改革委员会、扬州市发展和改革委员会物流办、淄博市统计局、晋中市统计局、河北省现代物流协会、吉林省物流与采购联合会、四川省现代物流协会、南昌市物流行业协会、中国散装水泥推广发展协会、中国工程机械工业协会工业车辆分会、中国木材流通协会、中国物流与采购联合会研究室、中国物流与采购联合会行业事务部、中国物流与采购联合会标准化工作部、中国物流与采购联合会科技信息部、中国物流与采购联合会物流企业综合评估委员会审核办、中国物流与采购联合会生产资料市场专业委员会、中国物流与采购联合会汽车物流分会、中国物流与采购联合会托盘专业委员会、中国物流与采购联合会冷链物流技术委员会、中国物流信息中心、北京工商大学、北京物资学院物流学院、天津大学管理学院、天津科技大学、解放军后勤指挥学院、《中国物流与采购》杂志社

《中国物流年鉴》（2012）

广告提供单位

中国邮政速递物流股份有限公司
西安国际港务区管理委员会
我的法务网
梅赛德斯—奔驰（中国）卡车
东风柳州汽车有限公司
天地华宇
宜昌三峡物流园有限公司
中铁现代物流科技股份有限公司
北京福田物流有限公司
河北港口集团有限公司
云南浩宏物流有限公司
北京长久物流股份有限公司
北京宅急送快运股份有限公司
长三角金属物流园集团有限公司
湖南星沙物流投资有限公司
中国新兴交通物流总公司
广州市商业储运公司
甘肃西部物流有限责任公司
山西万昌商贸有限公司（万昌国际物流园）
四川安吉物流集团有限公司
上海华运通仓储配送有限公司
深圳赤湾石油基地股份有限公司（宝湾物流）
一汽物流有限公司
南光物流有限公司
中物华商国际物流股份有限公司
上海锦江国际低温物流发展有限公司
中国长江金属交易中心
开滦集团国际物流有限责任公司
中铁集装箱运输有限责任公司
中铁国际多式联运有限公司
上海化学工业区物流有限公司
青海省通达物流有限责任公司
联邦快递（中国）有限公司
盐城市现代物流园区
洛阳铁路运通集团有限公司
河南中原铁道物流有限公司
武汉东西湖保税物流中心
湖北华融物流股份有限公司
厦门象屿股份有限公司
国药集团医药物流有限公司
两湖绿谷物流股份有限公司
湖南一力股份有限公司
大汉物流股份有限公司
上海现代物流投资发展有限公司
湖南中南物流有限公司（中南物流园）
中国物流有限公司
中山市秦粤物流有限公司
河北省物流产业集团有限公司
泉州美旗物流管理有限公司
大冶有色物流有限公司
湖南省衡缘物流有限公司
新华文轩出版传媒股份有限公司
广西玉柴物流集团有限公司
中国物流与采购联合会网
中国西部现代物流港管理委员会
上海外高桥物流中心有限公司
上海中石化工物流股份有限公司
天津物产集团有限公司
新疆亚欧大陆桥国际物流有限责任公司
大连锦程物流网
《现代物流报》
《物流》杂志
广东省航运集团有限公司
《中国物流与采购》杂志
成都亿博物流咨询有限公司
GSP 物流中心整体规划设计方案
武汉商贸职业技术学院物流学院
北京吉利大学物流学院
湖南现代物流职业技术学院
天津市物资贸易学校

编辑说明

一、《中国物流年鉴》（以下简称《年鉴》）是中国物流与采购联合会主办、《中国物流与采购》杂志社承办的大型文献性工具书。自2002年出版发行至今，《年鉴》发行量和发行范围不断扩大，得到业界广泛好评。为使《年鉴》越办越好，我们不懈工作，努力提高《年鉴》的编辑质量，使其更具权威性、可读性和资料性，便于业界人士查询、引用、论证、存档，成为名副其实的“工具”。

二、2011年，是我国物流行业发展史上难忘的一年。这一年，“物流国九条”等一系列支持物流业发展的政策集中出台，我国物流业发展的政策环境进一步改善；中国物流与采购联合会协助中央电视台组织策划了《聚焦中国物流顽症》系列节目，集中剖析了我国物流业发展环境中的突出问题，物流业发展环境受到全社会广泛关注；工业物流、商贸物流整合加速，农业和农村物流双向对接，物流市场需求发生深刻变化，物流经营模式经历新的变革；在新的竞争形势下，物流企业整合提升步伐加快，物流企业市场集中度进一步提高，物流企业的专业化服务能力逐步增强；物流标准化工作稳步推进，物流统计工作深入细化，物流教育和培训质量提升，物流科技、管理创新和学术理论研究取得新进展，物流行业管理基础性工作日臻完善，我国物流业在不断发展中为国民经济和社会发展作出了新的重要贡献。

2012版《年鉴》延续了以往的框架结构和主体内容，以求真务实的态度，根据行业发展的变化适时调整、充实了相关内容，更加真实、全面地记录行业发展变化的轨迹，使《年鉴》了解我国物流行业发展的窗口作用更加突出。

三、2012版《年鉴》的组稿、编纂工作得到了国家发展和改革委员会、商务部、交通运输部、国家统计局等中央部委和部分地方政府物流工作牵头部门、物流行业社团组织、相关行业专业协会、中国物流信息中心、全国物流标准化技术委员会等机构以及中国邮政速递物流股份有限公司、中国远洋物流有限公司、中铁现代物流科技股份有限公司、北京长久物流股份有限公司、戴姆勒东北亚投资有限公司、西安国际港务区管理委员会、北京福田物流有限公司、南光物流有限公司、北京宅急送快运股份有限公司、长三角金属物流园集团有限公司等知名企业的大力支持，对此我们表示衷心的感谢。

四、为体例结构相对统一，对不符合《年鉴》编辑要求的来稿，编辑人员做了谨慎认真的删改，但由于时间关系，这部分稿件来不及让作者核校，请作者谅解。

五、由于编辑部人员水平所限，本期《年鉴》还留下一些疏漏和缺憾，恳请读者批评指正。欢迎大家继续对2013版《年鉴》的组稿和编辑工作给予支持！

《中国物流年鉴》编辑部

2012年8月10日

前　言

2011 年，是我国“十二五”时期开局之年。在经济持续较快增长的推动和一系列政策措施的促进下，我国物流业取得了新进展。全年社会物流总额达 158.4 万亿元，按可比价格计算，同比增长 12.3%，增幅比上年回落 2.7 个百分点；物流业增加值为 3.2 万亿元，按可比价格计算，同比增长 13.9%，增幅比上年提高 0.8 个百分点；社会物流总费用为 8.4 万亿元，同比增长 18.5%，增幅比上年提高 1.8 个百分点；社会物流总费用与 GDP 的比率为 17.8%，同比持平。物流业为国民经济平稳较快运行提供了有力支撑，为推动发展方式转变发挥了重要作用。

一年来，我国物流业发展呈现出许多新的特点：

第一，支持物流业发展的政策集中出台。2011 年，多项支持物流业发展的政策相继出台。3 月，全国人大通过的《“十二五”规划纲要》突出强调“大力发展现代物流业”，共有 20 多处提及物流业发展的内容。6 月，国务院常务会议专题研究支持物流业发展的政策措施。8 月，《国务院办公厅关于促进物流业健康发展政策措施的意见》（国办发〔2011〕38 号）印发，被业内称为“国九条”。10 月，国务院常务会议决定，从 2012 年 1 月 1 日起，在上海市开展交通运输业和部分现代服务业营业税改征增值税试点。12 月，国务院办公厅发出国办函〔2011〕162 号《关于印发贯彻落实促进物流业健康发展政策措施意见部门分工方案的通知》，把（国办发〔2011〕38 号）文（即“国九条”）细化为 47 项具体工作，落实到 31 个部门和单位。

第二，物流业发展环境受到广泛关注。2011 年 5 月，中国物流与采购联合会协助中央电视台组织策划了《聚焦中国物流顽症》系列节目，通过《经济半小时》《经济观察》和《对话》等栏目，集中剖析了我国物流业发展环境中的突出问题，在社会上引起了极大反响，物流业发展环境受到广泛关注。

第三，物流市场需求发生深刻变化。主要表现为工业物流整合速度加快，商贸物流改造提升趋势明显，农业和农村物流积极推进双向对接。

第四，物流经营模式经历新的变革。以中储、中远、中外运为代表的仓单质押融资监管业务加快发展，公路零担货运出现了“公路货运班车总站”新模式，越来越多的物流企业介入生产企业代理采购、供应商管理库存、分销执行，供应链一体化服务能力不断增强。

第五，物流企业提升步伐加快。在快递、公路货运、汽车物流、医药物流、烟草物流、能源物流等专业细分领域涌现出一批实力比较雄厚、市场占有率较高、综合竞争力较强的物流企业。截至2011 年年底，经评估认定的 A 级物流企业已达 1506 家，覆盖除西藏自治区以外大陆所有省市区。代表我国物流业发展最高水平的 5A 级物流企业已经达到 98 家，物流企业核心群体初步形成。

第六，物流区域集聚趋势明显。“长三角”两省一市创新区域物流合作模式，区域性国际物流系统逐步形成；“珠三角”地区深化区域通关改革，物流集聚效率不断提高。《东北地区物流业发展规划》发布，推进物流业逐步向节点和通道集聚。环首都经济圈概念的提出，京津冀物流合作提上议事日程。区域物流资源从分散走向整合，区域物流服务的集聚效果逐步显现。

第七，物流行业管理基础性工作日臻完善。一是物流标准化工作稳步推进。第一个由中国专家发起和主导的物流领域国际标准《ISO 18186: 2011 货物集装箱——RFID 货运标签系统》正式发布。二是物流统计工作深化、细化。三是物流教育和培训质量提升。目前，我国开办物流专业的本科院校达 417 所，高职高专 824 所，中职中专超过 2000 所，在校学生总数突破 100 万人。四是物流科技、管理创新和学术理论研究取得新进展。

总体来看，2011 年我国物流业保持了平稳较快发展的势头，为国民经济和社会发展作出了重要贡献。然而，我们也要清醒地看到，物流企业生存和发展环境尚未实现根本性好转，制约我国物流业发展的深层次矛盾尚未完全解决。同时，新的困难和问题又会不断地出现在我们面前。对此，物流行业要以科学发展观为指导，把握好“稳中求进”的总基调。以落实“物流国九条”为抓手，努力营造物流业持续健康发展的良好环境，加快构建现代物流服务体系，为保持国民经济平稳较快发展和发展方式转变提供坚实的物流保障。

《中国物流年鉴》是中国物流与采购联合会主办、《中国物流与采购》杂志社承办的大型文献性工具书。十几年来，《中国物流年鉴》始终坚持不懈地记录着我国物流业发展的历程，用数字清晰反映我国物流业发展变化的轨迹，在业内外的权威性和影响力不断提高。面对物流业快速发展的新形势，《中国物流年鉴》将继续以求真务实、严谨认真的态度做好资料收录工作。同时，将不懈地改革创新，使其越做越精、越做越好。

感谢各有关方面、社会各界多年来对《中国物流年鉴》的关心、关注，希望在今后的工作中继续得到大家的支持和帮助。

2012 年 8 月 10 日

目 录

上 册

第一部分 物流综合

第二部分 物流统计

第三部分　物流产业

第四部分　行业物流

下　册

第五部分　地区物流

第六部分　物流技术与装备

第七部分 政府采购

第八部分 物流教育、科技、信息化、标准化

第九部分 部分物流企业经典案例

第十部分 附录

第一部分

物流综合

2011年发布的物流与采购相关的重要政策法规

国务院办公厅发文

国务院办公厅《关于促进物流业健康发展政策措施的意见》

（国办发〔2011〕38号　2011年8月2日）

各省、自治区、直辖市人民政府，国务院各部委、各直属机构：

为进一步贯彻落实《国务院关于印发物流业调整和振兴规划的通知》（国发〔2009〕8号）精神，制定和完善相关配套政策措施，促进物流业健康发展，经国务院同意，现提出以下意见：

一、切实减轻物流企业税收负担

根据物流业的产业特点和物流企业一体化、社会化、网络化、规模化发展要求，统筹完善有关税收支持政策。有关部门要抓紧完善物流企业营业税差额纳税试点办法，进一步扩大试点范围，并在总结试点经验、完善相关配套措施的基础上全面推广。要结合增值税改革试点，尽快研究解决仓储、配送和货运代理等环节与运输环节营业税税率不统一的问题。研究完善大宗商品仓储设施用地的土地使用税政策，既要促进物流企业集约使用土地，又要满足大宗商品实际物流需要。

二、加大对物流业的土地政策支持力度

仓储设施、配送中心、转运中心以及物流园区等物流基础设施占地面积大、资金投入多、投资回收期长，要在加强和改善管理、切实节约土地的基础上，加大土地政策支持力度。科学制定全国物流园区发展专项规划，提高土地集约利用水平，对纳入规划的物流园区用地给予重点保障。对各地区物流业发展规划确定的重点物流项目用地，应在土地利用总体规划修编时纳入规划统筹安排，涉及农用地转用的，可在土地利用年度计划中优先安排。对政府供应的物流用地，应纳入年度建设用地供应计划，依法采取招标、拍卖或挂牌等方式出让。积极支持利用工业企业旧厂房、仓库和存量土地资源建设物流设施或提供物流服务，涉及原划拨土地使用权转让或租赁的，应按规定

办理土地有偿使用手续，经批准可采取协议方式出让。土地出让收入依法实行“收支两条线”管理。

三、促进物流车辆便利通行

进一步降低过路过桥收费，按照规定逐步有序取消政府还贷二级公路收费，减少普通公路收费站点数量，控制收费公路规模，优化收费公路结构。加大对高速公路收费的监管力度，撤并不合理的收费站点，逐步降低偏高的高速公路收费标准，对已出让经营权的繁忙路段，应根据政府财力状况逐步回购经营权。尽快研究修订《收费公路管理条例》，统筹发展以普通公路为主的体现政府普遍服务的非收费公路和以高速公路为主的收费公路。大力推行不停车收费系统，提高车辆通行效率。抓紧修订完善道路大型物件运输管理办法和超限运输车辆行驶公路规定，规范道路交通管理和超限治理行为。按照依法、高效、环保的原则，研究制定城市配送管理办法，确定城市配送车辆的标准环保车型，全面禁止将客运车辆改装为货运车辆，有效解决城市中转配送难、配送货车停靠难等问题，促进符合条件的物流企业加快规模化发展。研究调整挂车交强险征收政策，促进甩挂运输发展。

四、加快物流管理体制改革

加快推进物流管理体制改革，打破物流管理的条块分割。加强依法行政，完善政府监管，强化行业自律。结合制（修）订相关法律、行政法规，在规范管理的前提下适当放宽对物流企业资质的行政许可和审批条件，改进资质审批管理方式。认真清理针对物流企业的资质审批项目，逐步减少行政审批。要破除地区封锁和体制、机制障碍，积极为物流企业设立法人、非法人分支机构提供便利，鼓励物流企业开展跨区域网络化经营。进一步规范交通、公安、环保、质检、消防等方面的审批手续，缩短审批时间，提高审批效率。对于法律未规定或国务院未批准必须由法人机构申请的资质，物流企业总部统一申请获得后，其非法人分支机构可向所在地有关部门备案获得。物流企业总部统一办理工商登记注册和经营审批手续后，其非法人分支机构可持总部出具的文件，直接到所在地工商行政管理机关申请登记注册，免予办理工商登记核转手续。合理规划口岸布局，改善口岸通关管理，提高通关效率，促进国际物流和保税物流发展。加强物流业政策及法规体系建设，从国民经济行业分类、产业统计、工商注册、土地使用及税目设立等方面明确物流业类别，进一步确定物流业的产业地位。尽快完善物流调查统计和信息管理制度。

五、鼓励整合物流设施资源

支持大型优势物流企业通过兼并重组等方式，对分散的物流设施资源进行整合；鼓励中小物流企业加强联盟合作，创新合作方式和服务模式，优化资源配置，提高服务水平，积极推进物流业发展方式转变。目前只为本行业本系统提供服务的仓储和运输设施，要积极创造条件向社会开放，开展社会化物流服务。支持商贸流通企业发展共同配送，降低配送成本，提高配送效率。支持物流企业加强与制造企业合作，全面参与制造企业的供应链管理，或与制造企业共同组建第三方物流企业。制造企业剥离物流资产和业务，可根据《财政部国家税务总局关于企业重组业务企业所得税处理若干问题的通知》（财税〔2009〕59号）、《财政部国家税务总局关于企业改制重组若干契税政策的通知》（财税〔2008〕175号）和《财政部关于企业重组有关职工安置费用财务管理问题的通知》（财企〔2009〕117号）等文件规定，享受税收、资产处置、人员安置等相关扶持政策。统筹规划和发展工业园区、经济开发区、海关特殊监管区域、高新技术产业园区等制造业集聚区的物流服务体系，积极引导区内企业将物流业务外包，扩大物流需求，推动区域内物流基础设施和信息平台等共享共用。

六、推进物流技术创新和应用

加强物流新技术的自主研发，重点支持货物跟踪定位、无线射频识别、物流信息平台、智能交通、物流管理软件、移动物流信息服务等关键技术攻关。适时启动物联网在物流领域的应用示范。加快先进物流设备的研制，提高物流装备的现代化水平。加强物流标准的制定和推广，促进物流标准的贯彻实施。鼓励物流企业应用供应链管理技术和信息技术，地方各级人民政府对物流企业的物流信息平台建设要积极给予扶持。推动有关部门、重点制造企业和商贸企业、物流企业不断提高物流信息资源的开发利用水平，促进物流信息的科学采集、安全管理、有效利用、深度开发、有序交换和集成应用。调整完善物流企业申请高新技术企业的认定标准，具备条件的物流企业可以享受高新技术企业的相关政策。推进物流信息资源开放共享，处理好安全与协同的关系，鼓励采取多种方式实现物流信息的互通交换，促进信息流、物流和资金流的协同和联动，提高物流服务效率和经营管理水平。

七、加大对物流业的投入

各级人民政府要加大对物流基础设施投资的扶持力度，对符合条件的重点物流企业的运输、仓储、配送、信息设施和物流园区的基础设施建设给予必要的资金扶持。积极引导银行业金融机构加大对物流企业的信贷支持力度，加快推动适合物流企业特点的金融产品和服务方式创新，积极探索抵押或质押等多种贷款担保方式，进一步提高对物流企业的金融服务水平。完善融资机制，进一步拓宽融资渠道，积极支持符合条件的物流企业上市和发行企业债券。

八、优先发展农产品物流业

要把农产品物流业发展放在优先位置，加大政策扶持力度，加快建立畅通高效、安全便利的农产品物流体系，着力解决农产品物流经营规模小、环节多、成本高、损耗大的问题。大力发展“农超对接”、“农校对接”、“农企对接”等产地到销地的直接配送方式，支持发展农民专业合作组织，加强主产区大型农产品集散中心建设，促进大型连锁超市、学校、酒店、大企业等最终用户与农民专业合作社、生产基地建立长期稳定的产销关系。发挥供销社和邮政等物流体系在农村的网络优势，积极开展“农资下乡”配送和农产品进城配送服务。抓紧开展农产品增值税抵扣政策调整试点，妥善解决农产品进项税抵扣中存在的问题，鼓励大型企业从事农产品物流业，提高农产品物流业的规模效益。加大农产品冷链物流基础设施建设投入，加快建立主要品种和重点地区的冷链物流体系，对开展鲜活农产品业务的冷库用电实行与工业同价。推动农产品包装和标识的标准化，完善农产品质量安全可追溯制度。提高对农产品批发市场和农贸市场（含社区菜市场）公益性的认识，加大政府投入和政策扶持力度。加强农产品批发市场、农贸市场的规划和建设，新建城市居住区要严格按照相关规定，配套建设社区菜市场或相应的商业设施，不得随意改变用途。农产品批发市场用地作为经营性商业用地，应严格按照规划合理布局，土地招拍挂出让前，所在区域有工业用地交易地价的，可以参照市场地价水平、所在区域基准地价和工业用地最低价标准等确定出让底价，土地出让后严禁擅自改变用途从事商业性房地产开发，确需改变用途、性质或者进行转让的，应当符合土地利用总体规划并经依法批准。研究农产品批发市场相关房产税政策，农产品批发市场和农贸市场的用水、用电、用气、用热价格实行与工业同价。规范和降低农产品批发市场、农贸市场的摊位费等相关收费，必要时按法定程序将摊位费纳入地方政府定价目录管理，清理超市向供应商收取的违反国家相关法律法规的通道费。继续严格执行并完善鲜活农产品“绿色通道”政策，进一步加强管理，完善技术手段，提高车辆检测水平和通行效率。进一步落实鲜活农产品配送车辆 24 小时进城通行和便利停靠政策。提高粮食物流现代化水平，推进粮食储、运、装、卸的“四散化”，加强东北产区散粮收纳和发放设施及南方销区的铁路、港口散粮接卸设施建设，推动东北地区散粮火车入关，加快发展散粮铁水联运。进一步推进棉花质检体制改革，提高棉花包装质量和物流技术装备水平与标准化程度，在全国范围推行棉花的机械快速装卸作业法，组织好新疆棉外运工作。

九、加强组织协调

各地区、各有关部门要充分认识物流业的重要性，加快政府职能转变和管理创新，积极推动物流业又好又快发展。国务院有关部门要按照职能分工，加强对物流业发展的协调指导，抓紧细化政策措施，认真组织贯彻实施，切实规范物流服务，提升物流业经营水平。发展和改革委员会要会同有关部门加强对各项政策措施落实情况的督促检查，及时研究新情况、解决新问题，为物流业进一步健康发展创造良好的政策和体制环境。

国务院办公厅《关于加强鲜活农产品流通体系建设的意见》

（国办发〔2011〕59号　2011年12月13日）

各省、自治区、直辖市人民政府，国务院各部委、各直属机构：

我国是鲜活农产品生产和消费大国。为加强鲜活农产品流通体系建设，建立平稳产销运行、保障市场供应的长效机制，切实维护生产者和消费者利益，经国务院同意，现提出如下意见：

一、主要目标

（一）主要目标。以加强产销衔接为重点，加强鲜活农产品流通基础设施建设，创新鲜活农产品流通模式，提高流通组织化程度，完善流通链条和市场布局，进一步减少流通环节，降低流通成本，建立完善高效、畅通、安全、有序的鲜活农产品流通体系，保障鲜活农产品市场供应和价格稳定。

二、重点任务

（二）加强流通规划指导，促进市场合理布局。制定全国农产品批发市场发展指导文件，明确指导思想、发展目标、主要任务和政策措施。地方各级人民政府要依据城市总体规划和城市商业网点规划，制定并完善本地区农产品批发市场、农贸市场、菜市场等鲜活农产品网点发展规划，逐步形成布局合理、功能完善、竞争有序的鲜活农产品市场网络。

（三）加快培育流通主体，提高流通组织化程度。推动鲜活农产品经销商实现公司化、规模化、品牌化发展。鼓励流通企业跨地区兼并重组和投资合作，提高产业集中度。扶持培育一批大型鲜活农产品流通企业、农业产业化龙头企业、运输企业和农民专业合作社及其他农业合作经济组织，促其做大做强，提高竞争力。

（四）加强流通基础设施建设，提升流通现代化水平。加强鲜活农产品产地预冷、预选分级、加工配送、冷藏冷冻、冷链运输、包装仓储、电子结算、检验检测和安全监控等设施建设。引导各类投资主体投资建设和改造农产品批发市场和农贸市场、菜市场、社区菜店、生鲜超市、平价商店等鲜活农产品零售网点。发展电子商务，扩大网上交易规模。鼓励农产品批发市场引入拍卖等现代交易模式。加快农产品流通科技研发和推广应用。

（五）大力推进产销衔接，减少流通环节。积极推动农超对接、农校对接、农批对接等多种形式的产销衔接，鼓励批发市场、大型连锁超市等流通企业，学校、酒店、大企业等最终用户与农业生产基地、农民专业合作社、农业产业化龙头企业建立长期稳定的产销关系，降低对接门槛和流通成本，扩大对接规模。多措并举，支持农业生产基地、农业产业化龙头企业、农民专业合作社在社区菜市场直供直销，推动在人口集中的社区有序设立周末菜市场及早、晚市等鲜活农产品零售网点。

（六）强化信息体系建设，引导生产和消费。加强部门协作，健全覆盖生产、流通、消费的农产品信息网络，及时发布蔬菜等鲜活农产品供求、质量、价格等信息，完善市场监测、预警和信息发布机制。联通主要城市大型农产品批发市场实时交易系统，加强大中城市鲜活农产品市场监测预警体系建设。

（七）完善储备调运制度，提高应急调控能力。建立健全重要农产品储备制度。完善农产品跨区调运、调剂机制。城市人民政府要根据消费需求和季节变化，合理确定耐贮蔬菜的动态库存数量，保障应急供给，防止价格大起大落。

（八）加强质量监管，严把市场准入关口。加快鲜活农产品质量安全追溯体系建设，进一步落实索证索票和购销台账制度，强化质量安全管理。建立鲜活农产品经常性检测制度，实现抽检标准、程序、结果“三公开”，对不符合质量安全标准的鲜活农产品依法进行无害化处理或者监督销毁。

三、保障措施

（九）完善财税政策。各级人民政府要增加财政投入，通过投资入股、产权回购回租、公建配套等方式，改造和新建一批公益性农产品批发市场、农贸市场和菜市场，保障居民基本生活需要。在农产品主产区、集散地和主销区，升级改造一批带动力强、辐射面广的大型农产品批发市场和农产品加工配送中心。发挥财政资金引导示范作用，带动和规范民间资本进入农产品流通领域。完善农产品流通税收政策，免征蔬菜流通环节增值税。

（十）加强金融支持。鼓励和引导金融机构把农产品生产、加工和流通作为涉农金融服务工作重点，加大涉农贷款投放力度。合理把握信贷投放节奏，为农产品经销商等集中提供初级农产品收购资金，加强对农产品供应链上下游企业和农户的信贷支持。发挥地方各类涉农担保机构作用，着力解决农户、农民专业合作社和小企业融资担保能力不足问题。鼓励保险机构研究开发鲜活农产品保险产品，积极引导企业、农民专业合作社和农民投保，有条件的地方可对保费给予适当财政补贴。

（十一）保障合理用地。农产品批发市场建设要符合土地利用总体规划和商业网点规划，优先保障土地供应。对于政府投资建设不以盈利为目的、具有公益性质的农产品批发市场，可按作价出资（入股）方式办理用地手续，但禁止改变用途和性质。

（十二）强化监督管理。加强对鲜活农产品市场进场费、摊位费等收费的管理，规范收费项目，实行收费公示，降低收费标准。对政府投资建设或控股的农产品市场，可以按法定程序将有关收费纳入地方政府定价目录，实行政府指导价或政府定价管理，并依据保本微利的原则核定收费标准。严厉打击农产品投机炒作。做好外资并购大型农产品批发市场的安全审查工作。

（十三）提供运输便利。严格执行鲜活农产品运输“绿色通道”政策，保证鲜活农产品运输“绿色通道”网络畅通，坚决落实免收整车合法装载运输鲜活农产品车辆通行费的相关政策。积极为鲜活农产品配送车辆进城提供畅通便捷有序的通行和停靠条件，鼓励有条件的大中城市使用符合国家强制性标准的鲜活农产品专用运输车型。

（十四）健全相关制度。加快农产品流通标准体系建设，推进农产品质量等级化、包装规格化、标识规范化、产品品牌化。抓紧研究完善农产品批发市场的准入、布局、规划、监管和政策促进等问题，为农产品批发市场健康发展提供制度保障。

（十五）加强组织领导。地方各级人民政府和各有关部门要把鲜活农产品流通体系建设作为重要的民生工程加以推进，在充分发挥市场机制作用的基础上，加大政策扶持力度。强化“菜篮子”市长负责制，切实提高大中城市鲜活农产品自给率。充分发挥农产品流通行业组织的协调和服务作用。商务部、发展和改革委员会、农业部要会同公安部、财政部、国土资源部、住房和城乡建设部、交通运输部、铁道部、税务总局、质检总局、银监会、保监会、供销总社等部门和单位加强督查和指导，及时研究解决鲜活农产品流通体系建设中的重大问题。

国务院办公厅关于印发《贯彻落实促进物流业健康发展政策措施意见部门分工方案》的通知

（国办函〔2011〕162 号　2011 年 12 月 22 日）

国务院有关部门：

《贯彻落实促进物流业健康发展政策措施的意见部门分工方案》（以下简称《分工方案》）已经国务院同意，现印发给你们，请认真落实。

各有关部门要认真贯彻落实《国务院办公厅关于促进物流业健康发展政策措施的意见》（国办发〔2011〕38 号）精神，按照《分工方案》要求，对涉及本部门的工作抓紧制定具体措施，认真抓好落实。同一项工作涉及多个部门的，部门间要密切协作，牵头部门要加强组织协调，及时汇总进展情况。对于明确完成时限的工作，相关部门要在规定时限内完成。国务院办公厅将对有关政策措施的落实情况适时开展督促检查。

《分工方案》（略）。

部委发文

财政部　工业和信息化部关于印发《物联网发展专项资金管理暂行办法》的通知

（财企〔2011〕64 号　2011 年 4 月 6 日）

各省、自治区、直辖市、计划单列市财政厅（局）、工业和信息化主管部门，新疆生产建设兵团财务局、工业和信息化主管部门，有关中央管理企业：

为促进我国物联网健康发展，规范物联网发展专项资金的管理，根据《中华人民共和国预算法》等法律法规，我们制定了《物联网发展专项资金管理暂行办法》。现予印发，请遵照执行。执行中有何问题，请及时向我们反映。

附件：物联网发展专项资金管理暂行办法

附件：

物联网发展专项资金管理暂行办法

第一章　总则

第一条　为了促进我国物联网健康发展，充分发挥财政资金的引导和扶持作用，规范物联网发展专项资金（以下简称专项资金）的管理，根据财政预算管理规定，特制定本办法。

第二条　专项资金是由中央财政预算安排，用于支持物联网研发、应用和服务等方面的专项资金。

第三条　专项资金的使用应当突出支持企业自主创新，体现以企业为主体、市场为导向、产学研用相结合的技术创新战略，符合国家宏观经济政策、产业政策和区域发展政策，坚持公开、公正、公平的原则，确保专项资金的规范、安全和高效使用。专项资金鼓励和支持企业以产业联盟组织形式开展物联网研发及应用活动。

第四条　专项资金由财政部、工业和信息化部各司其职，各负其责，共同管理。

财政部负责专项资金的预算管理、项目资金分配和资金拨付，并对专项资金的使用情况进行监督检查。

工业和信息化部负责确定专项资金的年度支持方向和支持重点，会同财政部组织项目评审，确定项目支持计划，并对项目实施情况进行监督检查。

第二章　支持范围与方式

第五条　专项资金的支持范围包括物联网

的技术研发与产业化、标准研究与制订、应用示范与推广、公共服务平台等方面的项目。

第六条 项目申报单位应当具备以下资格条件：

（一）在中华人民共和国境内注册的独立法人；

（二）财务管理制度健全，会计信用和纳税信用良好；

（三）财务状况良好，具备承担项目的财务投资能力；

（四）专业技术人员不少于 15 人，其中高级职称不少于 5 人；

（五）拥有相应的专利、软件著作权或省部级以上认定的科技成果等研发成果，以及具有相应的市场应用基础。

第七条 项目申报单位应同时提供下列资料：

（一）法人执照副本及章程（复印件并加盖单位公章）；

（二）项目可行性研究报告；

（三）经会计师事务所审计的上一年度会计报表和审计报告（复印件并加盖单位公章）；

（四）相应的专利、软件著作权或省部级以上认定的科技成果等证明材料，以及已开展的市场应用方面的证明材料（复印件并加盖单位公章）；

（五）其他需提供的资料。

第八条 专项资金的支持采用无偿资助或贷款贴息方式。申请专项资金的项目原则上只采用一种支持方式。

无偿资助方式主要支持以自有资金为主投入的项目，贷款贴息方式主要支持以银行贷款为主投入的项目。原则上，技术研发、标准研究与制订、公共服务平台类项目，以无偿资助方式为主；产业化、应用示范与推广类项目以贷款贴息方式为主。

第九条 无偿资助额度或贷款贴息比例，由财政部根据专项资金年度预算安排及年度项目指南确定。

第十条 已通过其他渠道获取财政资金支持的项目，专项资金不再予以支持。

第三章 专项资金的申请与审核

第十一条 专项资金采取项目管理方式。工业和信息化部会同财政部根据国家宏观经济政策、产业政策以及行业发展规划，组织研究编制年度项目指南，明确专项资金年度支持方向和支持重点。

第十二条 省级工业和信息化主管部门应会同同级财政部门根据年度项目指南，组织做好本地区项目的初审工作。

第十三条 省级财政部门应会同同级工业和信息化主管部门依据项目初审意见，将审核汇总后的项目推荐名单和申请材料上报财政部与工业和信息化部。

第十四条 中央管理企业直接向财政部与工业和信息化部申报，中央部门（单位）所属企业通过归口管理部门申报。

第十五条 工业和信息化部会同财政部建立专家评审机制，组织技术、财务、市场等方面的专家对申报项目进行评审或委托专业咨询机构进行评估。

第十六条 工业和信息化部会同财政部依据专家评审意见或专业咨询机构评估意见，研究提出年度项目支持意见。

第十七条 财政部根据年度项目支持意见，确定项目资金及支持方式，下达专项资金预算指标，并根据规定及时拨付资金。

第十八条 项目承担单位收到专项资金后，按国家统一的财务会计制度规定处理。

第四章 监督检查

第十九条 各级财政部门与同级工业和信息化主管部门应加强对专项资金使用情况和项

目实施情况的监督检查，对专项资金使用情况和项目实施进展情况采取定期或不定期检查。

第二十条 中央级项目承担单位应在项目完成后3个月内向财政部、工业和信息化部报送项目完成情况及专项资金的使用情况；地方级项目承担单位应在项目完成后3个月内向省级财政部门与工业和信息化主管部门报送项目完成情况及专项资金的使用情况；省级财政部门会同同级工业和信息化主管部门于项目完成后6个月内向财政部、工业和信息化部报送项目完成情况及专项资金使用情况的总结报告。

第二十一条 对弄虚作假骗取专项资金、不按规定用途使用专项资金的单位，财政部依据《财政违法行为处罚处分条例》（国务院令〔2005〕第427号）的有关规定进行处罚，并取消三年内的申报资格。项目因故中止（不可抗力因素除外），财政部将收回全部或部分专项资金。

第五章 附则

第二十二条 省级财政部门与工业和信息化主管部门可根据本地实际情况，比照本办法制定具体的实施办法。

第二十三条 本办法由财政部会同工业和信息化部负责解释。

第二十四条 本办法自发布之日起施行。

交通运输部 国家发展和改革委员会 财政部 监察部 国务院纠风办《关于开展收费公路专项清理工作的通知》

（交公路发〔2011〕283号 2011年6月10日）

各省、自治区、直辖市人民政府：

为贯彻落实十七届中央纪委第六次全体会议和国务院第四次廉政工作会议精神，切实解决收费公路超期收费、违规设站（点）等突出问题，经国务院同意，现就开展收费公路违规及不合理收费专项清理工作通知如下：

一、总体要求

深入贯彻落实科学发展观，按照“政府负责，部门实施，依法清理，标本兼治，全面规范”的原则，在省级人民政府组织领导下，通过一年左右时间的专项清理工作，全面清理公路超期收费、通行费收费标准偏高等违规及不合理收费，坚决撤销收费期满的收费项目，取消间距不符合规定的收费站（点），纠正各种违规收费行为。在此基础上，研究制定加强收费公路管理、降低收费标准、促进收费公路健康发展的长效机制和政策措施，确保公路交通事业更好地服务经济社会发展。

二、政策依据

专项清理工作的主要政策法规依据：

（一）《中华人民共和国公路法》；

（二）《收费公路管理条例》（国务院令第417号）；

（三）《收费公路权益转让办法》（交通运输部、国家发展和改革委员会、财政部令2008年第11号）；

（四）《国务院办公厅关于转发发展和改革委员会交通运输部财政部逐步有序取消政府还贷二级公路收费实施方案的通知》（国办发〔2009〕10号）；

（五）交通部、国家计划委员会、财政部《关于发布〈关于在公路上设置通行费收费站（点）的规定〉的通知》（交公路发〔1994〕686号）；

（六）财政部、国家发展和改革委员会《关于发布〈行政事业性收费项目审批管理暂行办法〉的通知》（财综〔2004〕100号）。

三、清理内容

（一）对下列违规设置或违规收费的收费公路（含独立的公路桥梁、公路隧道，下同）项目，要立即停止收费，坚决撤销收费站（点），拆除路面收费设施，保障公路完好畅通。

1. 未经省级人民政府批准设置的收费公路及收费站（点）。

2. 超过省级人民政府批准期限收取通行费

的收费公路及收费站（点）。

3. 已还清建设贷款（含有偿集资款，下同）的政府还贷收费公路，以及既不属于县级以上地方人民政府交通运输主管部门利用贷款建设，也不属于国内外经济组织投资建设或依法受让政府还贷公路收费权的收费公路。

4. 东部地区省份从2004年11月1日、中部地区省份从2009年1月1日起批准立项的二级收费公路。

5. 2004年11月1日后批准立项，但技术等级和里程规模不符合下列要求的收费公路：高速公路（不含城市市区至本地机场的高速公路）连续里程30公里以上，一级公路连续里程50公里以上，国家确定的中西部地区省份二级公路连续里程60公里以上，二车道的独立公路桥梁和隧道长度800米以上，四车道的独立公路桥梁和隧道长度500米以上。

6. 1994年9月1日至2004年10月31日之间批准立项，但技术等级和里程规模不符合下列要求的收费公路：平原微丘区二级公路连续里程40公里以上，山岭重丘区二级公路连续里程20公里以上，一般公路桥梁长度300米以上，改渡为桥的公路桥梁长度200米以上，公路隧道长度500米以上。

7. 1994年8月31日前批准立项，但不符合当时有关文件规定的收费公路。

8. 高速公路以及其他封闭式收费公路上除省界及两端出入口外，在主线上设置的公路收费站（点）。

（二）对存在下列违规行为的收费公路及收费站（点），要立即纠正并停止违规行为。

1. 收费公路项目边施工边通车收取通行费、未交工验收或交工验收不合格收取通行费的，要立即停止收费，并按照相关规定进行清理整顿。待项目交工验收合格并按规定程序获得批准后方可实施收费。

2. 对公路收费站（点）加收或代收城市道路通行费等非公路收费项目，以及收费公路与非收费公路项目实行捆绑收费的，要立即停止加收或代收，取消捆绑收费行为。

3. 对擅自变更公路收费站（点）位置的，要限期更正；限期内未能更正的，责令停止收费。

4. 对违规挤占、挪用以及超范围使用政府还贷公路通行费收入的，要严格依法追缴，确保其全额用于偿还建设贷款和养护管理。追缴资金后，凡具备还清建设贷款条件的收费公路，应立即停止收费。

（三）对下列《收费公路管理条例》正式实施前已经依法批准实施收费或完成收费权转让，但站（点）间距或收费期限不符合《收费公路管理条例》规定的收费公路及收费站（点），要制定并落实具体措施进行规范，确保在2011年12月31日前符合《收费公路管理条例》的规定。

1. 非封闭式收费公路的同一主线上，相邻收费站（点）的间距少于50公里。

2. 经省级人民政府依法批准实施收费，但收费期限不符合下列规定的收费公路：国家确定的东部地区省份政府还贷公路收费期限不超过15年、经营性公路收费期限不超过25年，国家确定的中西部地区省份政府还贷公路收费期限不超过20年、经营性公路收费期限不超过30年。实行统贷统还的政府还贷收费公路，其收费年限按照偿还完贷款即停止收费的原则执行。

3. 经省级人民政府依法批准，转让政府还贷公路收费权延长收费期限超过5年，或累计收费期限的总和超过20年（国家确定的中西部地区省份超过25年）；转让经营性公路收费权延长收费期限，或累计收费期限的总和超过25年（国家确定的中西部地区省份超过30年）。

上述情况中，属于第1种情况的，要限期调整站（点）位置或撤并部分站（点），使站（点）间距符合《收费公路管理条例》的规定。属于第 2 和第 3 种情况的，要调整已批准的收费期限，使累计的收费期限总和符合《收费公路管理条例》及《收费公路权益转让办法》的规定；对因特殊情况难以按期调整的，由省级人民政府提出明确处理意见和时限要求，报交通运输部会同有关部门研究。

（四）降低偏高的通行费收费标准。对通行费标准偏高、经营收益过高、社会反映集中的收费公路，由省级人民政府组织有关部门，按照经营性公路收回投资并有合理回报、政府还贷公路按期还贷并满足养护管理资金需求的原则降低通行费收费标准。同时，完善公路计重收费办法，确保合法装载车辆通行费负担有所减轻。

（五）对未按照有关法律、法规规定的权限和程序，将政府还贷公路改为经营性公路进行建设和经营管理的，要立即纠正，实现属性归位。

（六）对违反国家有关法律、法规规定，擅自在公路上设卡实施检查或收费的行为，要坚决予以取缔并严格追究相关人员的法律和行政责任。

（七）对各地出台的有关收费公路方面的地方性法规和规范性文件进行清理，全面解决现行法规制度中明显不适应实际需要、前后规定不一致或不衔接、文件过期等问题，确保在 2012 年 4 月底前完成相关地方性规章和规范性文件的修订或废除工作，同时提出修改完善相关行政法规的建议。

四、实施步骤

专项清理工作分四个阶段进行：

第一阶段，调查摸底阶段（2011 年 6 月 20 日—8 月 31 日），各省级人民政府组织交通运输、发展和改革委员会（价格）、财政等部门，按照工作职责及本通知要求，全面清查和核实截止到 2011 年 4 月 30 日仍在运行的所有收费公路项目的里程规模、站点设置、收费期限、收费标准等有关情况，按照附表要求填报收费公路专项摸底调查表并同时提供批复文件等相关证明材料，确保填报内容真实、全面，数据准确、翔实。各省、自治区、直辖市收费公路专项摸底调查表务必于 2011 年 9 月 5 日前报送交通运输部（公路局）、发展和改革委员会（价格司）、财政部（综合司）。

第二阶段，自查自纠阶段（2011 年 9 月 1 日—12 月 31 日），各省、自治区、直辖市人民政府组织交通运输、发展和改革委员会（价格）、财政等部门，在调查摸底的基础上，按照相关政策法规和本通知的要求，对现有收费公路、收费期限、收费标准、收费站（点）和收费行为逐一进行审核。对审核发现的各类违规及不合理收费行为、收费项目及收费站（点），提出具体的整改措施，并在省级人民政府统一组织下抓好整改落实。

第三阶段，检查复核阶段（2012 年 1 月 1 日—2 月 29 日），交通运输部、发展和改革委员会、财政部、监察部和国务院纠风办将对各地调查摸底、自查自纠以及整改措施落实等有关情况进行督导和检查，必要时组织省际互查。对清理工作不到位或存在弄虚作假、敷衍塞责等行为的地区和单位，将予以通报批评，并责令限期整改；情节严重的，依法追究相关人员的责任。

第四阶段，总结完善阶段（2012 年 3 月 1 日—5 月 31 日），各省、自治区、直辖市要认真总结本地区专项清理工作情况，并于 2012 年 4 月 10 日前将本地区专项清理工作总结等有关情况报送交通运输部、发展和改革委员会、财政部、监察部和国务院纠风办。交通运输部会同有关部门全面总结各地专项清理工作情况，并上报国务院。有关部门要按照职责分工研究提出规范收费公路发展的长效措施，进一步完善收费公路通行费标准形成机制，科学确定经营性公路合理回报率，建立健全政府还贷公路收支情况定期审计制度、收费公路统计制度和监测制度，制定收费公路信息公开办法，强化收费公路服务质量监管力度，完善收费公路相关法规，通过完善制度、理顺体制、优化机制、强化监管等措施，从根本上确保收费公路科学发展、规范管理。

五、相关要求

（一）加强领导，提高认识。清理公路超期收费等违规及不合理收费是今年国务院部署全国治乱减负的重要内容，也是促进公路交通事业健康持续发展的重要措施。各省、自治区、直辖市人民政府及交通运输、发展和改革委员会（价格）、财政、监察和纠风部门要充分认识专项清理工作的重要性和紧迫性，从服务经济社会发展大局，保障和改善民生，促进和谐社会建设的高度出发，高度重视，精心策划，密切配合，齐抓共管，高质量、高效率地组织好此次专项清理工作。

（二）精心组织，落实责任。根据《中央纪委关于中央和国家机关贯彻落实 2011 年反腐倡廉工作任务的分工意见》及有关规定，交通运输部、发展和改革委员会、财政部、监察部和国务院纠风办负责统一组织、指导和协调各地专项清理工作。各省、自治区、直辖市要成立由省级人民政府主管领导牵头，省级交通运输、发展和改革委员会（价格）、财政、监察和纠风部门主管领导参加的专门工作机构，制定具体实施方案，按照各自职责分工，加强协调配合，共同组织开展本地区专项清理工作。各省、自治区、直辖市制定的具体实施方案、组织机构及联系方式请于 2011 年 6 月 25 日前报送交通运输部、发展和改革委员会、财政部、监察部和国务院纠风办。

（三）依法清理，稳步推进。收费公路涉及面广、政策性强、时间跨度大、情况较为复杂，各省级人民政府及有关部门要充分认识专项清理工作的复杂性和艰巨性，严格按照《收费公路管理条例》等现有政策法规和本通知要求，依法依规组织开展专项清理工作。同时，要把做好专项清理工作与维护正常公路收费秩序结合起来，精心组织，周密部署，按照“谁主管、谁负责”的原则，督促相关部门和管理单位妥善处理清理工作中出现的问题，确保专项清理工作平稳顺利实施并取得实际成效。

（四）完善制度，强化监管。各省级人民政府及有关部门要认真梳理专项清理中发现的问题，组织人员深入研究，妥善解决。同时，要结合本地区实际，研究出台相关措施和地方性规章，加强和规范收费公路的政府监管，并向国家有关部门提出进一步完善收费公路政策的建议和意见。

为确保并巩固清理成果，在专项清理工作期间，各省、自治区、直辖市要从严审批新的一级及以下普通公路收费项目，暂停审批收费公路资产上市融资和境外企业收购国有收费公路资产。对一级及以下普通公路改扩建的，不得延长收费期限。禁止新增经营性普通公路。国家确定的西部地区省份要按照逐步有序的原则，加快推进取消政府还贷二级公路收费工作进度。

（五）加强信息公开，强化社会监督。各省级人民政府及有关部门要结合本次专项清理工作，通过政府及部门网站、新闻媒体等多种渠道，及时公布本地区收费公路的有关情况，特别是专项清理工作的政策依据、进展情况以及整改措施和实际效果，正面引导舆论。对经省级人民政府批准撤销或合并的收费站（点），要及时向社会公布；对经清理依法保留的收费站（点），要按规定公布站点名称及位置、审批机关及批准文号、收费用途、收费标准、收费期限、收费单位、政府还贷公路的还贷情况等相关信息，自觉接受社会监督。

附件：收费公路专项摸底调查表（略）

交通运输部《公路超限检测站管理办法》

（交通运输部第7号令　2011年6月24日）

第一章　总则

第一条　为加强和规范公路超限检测站管理，保障车辆超限治理工作依法有效进行，根据《中华人民共和国公路法》和《公路安全保护条例》，制定本办法。

第二条　本办法所称公路超限检测站，是指为保障公路完好、安全和畅通，在公路上设立的，对车辆实施超限检测，认定、查处和纠正违法行为的执法场所和设施。

第三条　公路超限检测站的管理，应当遵循统一领导、分级负责、规范运行、依法监管的原则。

交通运输部主管全国公路超限检测站的监督管理工作。

省、自治区、直辖市人民政府交通运输主管部门主管本行政区域内公路超限检测站的监督管理工作，并负责公路超限检测站的规划、验收等工作。

市、县级人民政府交通运输主管部门根据《中华人民共和国公路法》、《公路安全保护条例》等法律、法规、规章的规定主管本行政区域内公路超限检测站的监督管理工作。

公路超限检测站的建设、运行等具体监督管理工作，由公路管理机构负责。

第四条　公路超限检测站作为公路管理机构的派出机构，其主要职责是：

（一）宣传、贯彻、执行国家有关车辆超限治理的法律、法规、规章和政策；

（二）制定公路超限检测站的各项管理制度；

（三）依法对在公路上行驶的车辆进行超限检测，认定、查处和纠正违法行为；

（四）监督当事人对超限运输车辆采取卸载、分装等消除违法状态的改正措施；

（五）收集、整理、上报有关检测、执法等数据和动态信息；

（六）管理、维护公路超限检测站的设施、设备和信息系统；

（七）法律、法规规定的其他职责。

第五条　县级以上各级人民政府交通运输主管部门应当在经批准的公路管理经费预算中统筹安排公路超限检测站的建设和运行经费，并实行专款专用。任何单位和个人不得截留、挤占或者挪用。

第六条　县级以上地方人民政府交通运输主管部门可以结合本地区实际，在本级人民政府的统一领导下，会同有关部门组织路政管理、交通警察等执法人员依照各自职责，在公路超限检测站内对超限运输车辆实施联合执法。

第二章　规划建设

第七条　公路超限检测站按照布局和作

用，分为Ⅰ类检测站和Ⅱ类检测站：

（一）Ⅰ类检测站主要用于监控国道或者省道的省界入口、多条国道或者省道的交汇点、跨省货物运输的主通道等全国性公路网的重要路段和节点；

（二）Ⅱ类检测站主要用于监控港口码头、厂矿等货物集散地、货运站的主要出入路段以及省内货物运输的主通道等区域性公路网的重要路段和节点。

第八条 公路超限检测站的设置，应当按照统一规划、合理布局、总量控制、适时调整的原则，由省、自治区、直辖市人民政府交通运输主管部门提出方案，报请本级人民政府批准；其中，Ⅰ类检测站的设置还应当符合交通运输部有关超限检测站的规划。

经批准设置的公路超限检测站，未经原批准机关同意，不得擅自撤销或者变更用途。

第九条 公路超限检测站的全称按照“公路管理机构名称+超限检测站所在地名称+超限检测站”的形式统一命名，其颜色、标识等外观要求应当符合附件1、附件2的规定。

第十条 公路超限检测站的建设，除符合有关技术规范的要求外，还应当遵循下列原则：

（一）选址优先考虑公路网的关键节点；

（二）尽量选择视线开阔，用水、用电方便，生活便利的地点；

（三）以港湾式的建设方式为主，因客观条件限制，确需远离公路主线建设的，应当修建连接公路主线与检测站区的辅道；

（四）统筹考虑公路网运行监测、公路突发事件应急物资储备等因素，充分利用公路沿线现有设施、设备、人力、信息等资源，增强检测站的综合功能，降低运行成本。

第十一条 建设公路超限检测站，应当根据车辆超限检测的需要，合理设置下列功能区域及设施：

（一）检测、执法处理、卸载、停车等车辆超限检测基本功能区；

（二）站区交通安全、交通导流、视频监控、网络通讯、照明和其他车辆超限检测辅助设施；

（三）必要的日常办公和生活设施。

对于交通流量较大、治理工作任务较重的公路超限检测站，可以在公路主线上设置不停车预检设施，对超限运输车辆进行预先识别。

第十二条 公路超限检测站应当在入口前方一定距离内按照附件3的规定设置检测站专用标志，对行驶车辆进行提示。

第十三条 公路超限检测站应当加强信息化建设，其信息系统应当符合交通运输部颁发的数据交换标准，并满足远程查询证照和违法记录信息、站内执法信息化以及部、省、站三级联网管理的需要。

第十四条 公路超限检测站建成后，省、自治区、直辖市人民政府交通运输主管部门应当按照国家有关规定和标准组织验收。验收合格后方可投入使用。

第十五条 新建、改建公路时，有经批准设置的公路超限检测站的，应当将其作为公路附属设施的组成部分，一并列入工程预算，与公路同步设计、同步建设、同步运行。

第十六条 省、自治区、直辖市人民政府交通运输主管部门应当组织有关部门定期对辖区内公路超限检测站的整体布局进行后评估，并可以根据交通流量、车辆超限变化情况等因素，适时对超限检测站进行合理调整。

第三章　运行管理

第十七条 公路超限检测站应当建立健全工作制度，参照附件4的规定规范检测、处罚、卸载等工作流程，并在显著位置设置公告栏，公示有关批准文书、工作流程、收费项目与标准、计量检测设备合格证等信息。

第十八条 公路超限检测站实行24小时工作制。因特殊情况确需暂停工作的，应当报经省、自治区、直辖市公路管理机构批准。

省、自治区、直辖市公路管理机构应当制定公路超限检测站运行管理办法，加强对公路超限检测站的组织管理和监督考核。

第十九条 公路超限检测站实行站长负责制。公路管理机构应当加强对站长、副站长的选拔和考核管理工作，实行站长定期轮岗交流制度。

第二十条 公路超限检测站应当根据检测执法工作流程，明确车辆引导、超限检测、行政处罚、卸载分装、流动检测、设备维护等不同岗位的工作职责，并结合当地实际，按照部颁Ⅰ类和Ⅱ类检测站的标准配备相应的路政执法人员。

第二十一条 公路超限检测站应当根据检测路段交通流量、车辆出行结构等因素合理配置下列超限检测执法设备：

（一）经依法定期检定合格的有关车辆计量检测设备；

（二）卸载、分装货物或者清除障碍的相关机械设备；

（三）执行公路监督检查任务的专用车辆；

（四）用于调查取证、执法文书处理、通讯对讲、安全防护等与超限检测执法有关的其他设备。

第二十二条 公路超限检测站应当在站区内设置监督意见箱、开水桶、急救箱、卫生间等便民服务设施，并保持站内外环境整洁。

第二十三条 公路超限检测站应当加强对站内设施、设备的保管和维护，确保设施、设备处于良好运行状态。

第二十四条 公路超限检测站应当加强站区交通疏导，引导车辆有序检测，避免造成公路主线车辆拥堵。要结合实际情况制定突发事件应急预案，及时做好应急处置与安全防范等工作。

第四章 执法管理

第二十五条 公路超限检测应当采取固定检测为主的工作方式。

对于检测站附近路网密度较大、故意绕行逃避检测或者短途超限运输情形严重的地区，公路超限检测站可以按照省、自治区、直辖市人民政府交通运输主管部门的有关规定，利用移动检测设备等流动检测方式进行监督检查。经流动检测认定的违法超限运输车辆，应当就近引导至公路超限检测站进行处理。

禁止在高速公路主线上开展流动检测。

第二十六条 车辆违法超限运输的认定，应当经过依法检定合格的有关计量检测设备检测。

禁止通过目测的方式认定车辆违法超限运输。

第二十七条 经检测认定车辆存在违法超限运输情形的，公路超限检测站执法人员应当按照以下要求进行处理：

（一）对运载可分载货物的，应当责令当事人采取卸载、分装等改正措施，消除违法状态；对整车运输鲜活农产品以及易燃、易爆危险品的，按照有关规定处理。

（二）对运载不可解体大件物品且未办理超限运输许可手续的，应当责令当事人停止违法行为，接受调查处理，并告知当事人到有关部门申请办理超限运输许可手续。

第二十八条 对经检测发现不存在违法超限运输情形的车辆，或者经复检确认消除违法状态并依法处理完毕的车辆，应当立即放行。

第二十九条 公路超限检测站执法人员对车辆进行超限检测时，不得收取检测费用；对停放在公路超限检测站内接受调查处理的超限运输车辆，不得收取停车费用。

需要协助卸载、分装超限货物或者保管卸载货物的，相关收费标准应当按照省、自治区、直辖市人民政府物价部门核定的标准执行。卸载货物超过保管期限经通知当事人仍不领取的，可以按照有关规定予以处理。

第三十条 公路超限检测站执法人员依法实施罚款处罚，应当依照有关法律、行政法规的规定，实行罚款决定与罚款收缴分离；收缴的罚款应当全部上缴国库。

公路超限检测站执法人员依法当场收缴罚款的，应当向当事人出具省、自治区、直辖市财政部门统一制发的罚款收据；未出具的，当事人有权拒绝缴纳罚款。

禁止任何单位和个人向公路超限检测站执法人员下达或者变相下达罚款指标。

第三十一条 公路超限检测站执法人员应当按照规定利用车辆超限管理信息系统开展检测、执法工作，并及时将有关数据上报公路管理机构。

省、自治区、直辖市公路管理机构应当定期对超限运输违法信息进行整理和汇总，并抄送相关部门，由其对道路运输企业、货运车辆及其驾驶人依法处理。

第三十二条 公路超限检测站执法人员进行超限检测和执法时应当严格遵守法定程序，实施行政处罚时应当由2名以上执法人员参加，并向当事人出示有效执法证件。

在公路超限检测站从事后勤保障等工作，不具有执法证件的人员不得参与拦截车辆、检查证件、实施行政处罚等执法活动。

第三十三条 路政管理、交通警察等执法人员在公路超限检测站对超限运输车辆实施联合执法时，应当各司其职，密切合作，信息共享，严格执法。

第三十四条 公路超限检测站执法人员应当按照国家有关规定佩戴标志、持证上岗，坚持依法行政、文明执法、行为规范，做到着装规范、风纪严整、举止端庄、热情服务。

第三十五条 公路超限检测站执法人员在工作中，严禁下列行为：

（一）未按照规定佩戴标志或者未持证上岗；

（二）辱骂、殴打当事人；

（三）当场收缴罚款不开具罚款收据或者不如实填写罚款数额；

（四）擅自使用扣留车辆、私自处理卸载货物；

（五）对未消除违法状态的超限运输车辆予以放行；

（六）接受与执法有关的吃请、馈赠；

（七）包庇、袒护和纵容违法行为；

（八）指使或者协助外部人员带车绕行、闯卡；

（九）从事与职权相关的经营活动；

（十）贪污、挪用经费、罚没款。

第三十六条 省、自治区、直辖市公路管理机构应当设立公开电话，及时受理群众的投诉举报。同时通过政府网站、公路超限检测站公告栏等方式公示有关信息，接受社会监督。

第五章 法律责任

第三十七条 公路超限检测站违反本办法有关规定的，由县级以上人民政府交通运输主管部门责令改正，对负有直接责任的主管人员和其他直接责任人员依法给予处分，并由省、自治区、直辖市人民政府交通运输主管部门予以通报；情节严重的，由交通运输部予以通报。

第三十八条 公路超限检测站执法人员违反本办法第三十五条规定的，取消其行政执法资格，调离执法岗位；情节严重的，予以辞退或者开除公职；构成犯罪的，依法追究刑事责任。涉及驻站其他部门执法人员的，由交通运输主管部门向其主管部门予以通报。

第三十九条 公路超限检测站执法人员违法行使职权侵犯当事人的合法权益造成损害

的，应当依照《中华人民共和国国家赔偿法》的有关规定给予赔偿。

第四十条 车辆所有人、驾驶人及其他人员采取故意堵塞公路超限检测站通行车道、强行通过公路超限检测站等方式扰乱超限检测秩序，或者采取短途驳载等方式逃避超限检测的，由公路管理机构强制拖离或者扣留车辆，处3万元以下的罚款；构成违反治安管理行为的，依法给予治安管理处罚；构成犯罪的，依法追究刑事责任。

第六章 附则

第四十一条 本办法自2011年8月1日起施行。

附件：1. 公路超限检测站外观形象

2. 超限检测专用标识

3. 公路超限检测站专用标志

4. 公路超限检测站检测执法工作流程参考示意图

附件1：公路超限检测站外观形象

图1

图2

说明：

公路超限检测站应当在站区雨棚顶部等显著位置标注站名简称。站名简称分两部分，前部分是“公路超限检测”（字体相对大），后部分是“超限检测站所在地名称＋站”，如“大同站”（字体相对小），字符统一使用白色黑体字型。站名简称前端设置超限检测专用标识。

附件 2：超限检测专用标识

图 1

图 2

说明：

超限检测专用标识是一种专业性形象标识，可以附设于各种与超限检测执法有关的设施、设备、标志上。当背景底色为浅色时，使用深色标识（见图 1）；当背景底色为深色时，使用浅色标识（见图 2）。

附件3：公路超限检测站专用标志

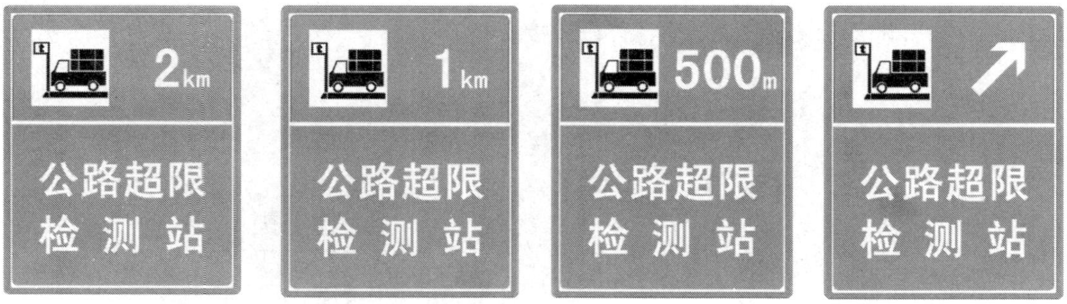

图1

图2

说明：

高速公路超限检测站专用标志采用绿底白字，设置2km、1km、500m预告标志和进口指示标志（见图1）；其他等级公路超限检测站专用标志采用蓝底白字，设置1km、500m预告标志和进口指示标志（见图2）。专用标志的字符、图形、尺寸、反光性能以及设置要求，应当符合《道路交通标志和标线》和交通运输部有关规定。

附件4：公路超限检测站检测执法工作流程参考示意图

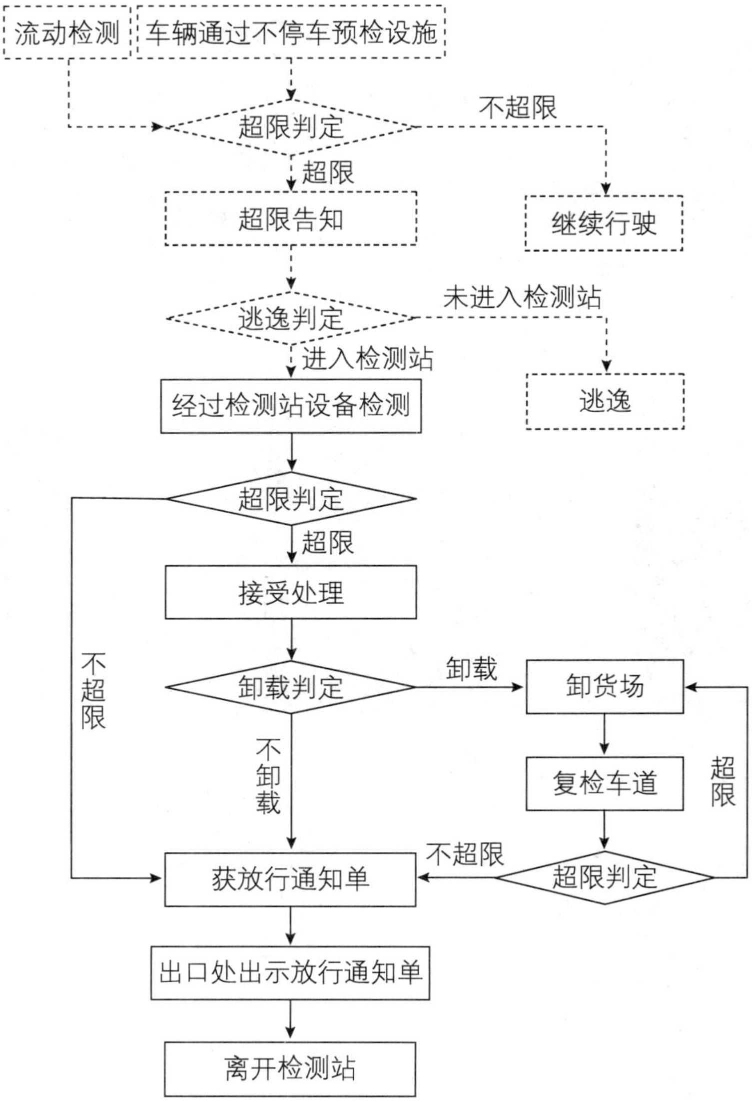

国家税务总局《关于代开货物运输业发票个人所得税预征率问题的公告》

（国税 2011 年第 44 号　2011 年 7 月 27 日）

为贯彻落实《全国人大常委会关于修改〈中华人民共和国个人所得税法〉的决定》和有关法律法规规定，现对代开货物运输业发票的个体工商户、个人独资企业和合伙企业（以下简称代开货运发票的个人所得税纳税人）个人所得税预征率问题公告如下：

一、对《国家税务总局关于货物运输业若干税收问题的通知》（国税发〔2004〕88 号）第四条规定的代开货运发票的个人所得税纳税人，统一按开票金额的 1.5% 预征个人所得税。

二、年度终了后，查账征税的代开货运发票个人所得税纳税人，按本公告第一条规定被预征的个人所得税可以在汇算清缴时扣除；实行核定征收个人所得税的，按本公告第一条规定被预征的个人所得税，不得从已核定税额中扣除。

三、本公告自 2011 年 9 月 1 日起施行。《国家税务总局关于代开货物运输业发票个人所得税预征率问题的通知》（国税函〔2008〕977 号）同时废止。

财政部　国家发展和改革委员会　工业和信息化部《关于调整节能汽车推广补贴政策的通知》

（财建〔2011〕754 号　2011 年 9 月 7 日）

各省、自治区、直辖市、计划单列市财政厅（局）、发展和改革委员会、工业和信息化主管部门，有关企业：

自 2010 年 6 月 1 日财政部、国家发展和改革委员会、工业和信息化部启动节能汽车推广工作以来，我国节能汽车市场占有率大幅提升，节能汽车技术进步明显加快。为继续引导和鼓励汽车生产企业加大节能技术研发投入，促进产品结构优化升级，逐步降低油耗水平，根据行业节能技术进步、油耗标准推进等情况，财政部、国家发展和改革委员会、工业和信息化部报经国务院批准同意，决定对现行节能汽车推广补贴政策进行调整。现将调整有关事项通知如下：

一、现行节能汽车推广补贴政策执行到 2011 年 9 月 30 日。推广企业要认真总结 2010 年 6 月 1 日—2011 年 9 月 30 日推广情况，编制补贴资金清算报告，于 2011 年 10 月 31 日前由省级财政部门会同发展和改革委员会、工业和信息化主管部门审核后上报财政部。财政部、国家发展和改革委员会、工业和信息化部将组织专项核查并根据核查情况对补贴资金进行清算。

二、从 2011 年 10 月 1 日起实施新的节能汽车推广补贴政策。

（一）推广车辆要达到产品综合燃料消耗量标准，具体限值如下：

整车整备质量（CM）（kg）	具有两排及以下座椅且装有手动挡变速器的车辆（L/100km）	具有三排或三排以上座椅或装有非手动挡变速器的车辆（L/100km）
CM≤750	4.8	5.2
750＜CM≤865	5.1	5.4
865＜CM≤980	5.3	5.7
980＜CM≤1090	5.6	6.0
1090＜CM≤1205	6.0	6.3
1205＜CM≤1320	6.3	6.6
CM＞1320	6.7	6.9

（二）推广补贴标准不变，即对消费者购买节能汽车继续给予一次性 3000 元定额补助，由生产企业在销售时兑付给购买者。

（三）其他有关事项按《“节能产品惠民工程”节能汽车（1.6 升及以下乘用车）推广实施细则》（财建〔2010〕219 号）执行。有关核查工作暂按《“节能产品惠民工程”节能汽车（1.6 升及以下乘用车）推广专项核查办法》（工信部联装〔2010〕566 号）执行。

请各地和有关推广企业认真做好节能汽车推广补贴政策调整的宣传、解释和执行工作，确保推广工作顺利进行。

交通运输部　铁道部《关于加快铁水联运发展的指导意见》

（交水发〔2011〕544 号　2011 年 9 月 29 日）

各省、自治区、直辖市交通运输厅（委），天津市、上海市交通运输和港口管理局，各铁路局，长江、珠江航务管理局，上海组合港办公室，各直属海事局，各有关港航企业，中铁集装箱公司：

为贯彻落实中华人民共和国国民经济和社会发展第十二个五年规划纲要、交通运输发展规划、铁路发展规划和《交通运输部铁道部关于共同推进铁水联运发展合作协议》，进一步发挥铁水联运的优势和潜力，促进综合运输体系建设和现代物流发展，现就加快铁水联运发展提出以下意见：

一、充分认识加快铁水联运发展的重要意义

（一）加快铁水联运发展有利于促进综合运输体系建设。铁路运输和水路运输是综合运输体系的重要组成部分。加快发展铁水联运，有利于转变交通运输发展方式，优化运输通道布局和运输结构，完善综合运输体系，加强水陆口岸功能衔接、实现货物运输无缝衔接，更好地发挥铁路、水路运输对国民经济和对外贸易的支撑保障作用。

（二）加快铁水联运发展有利于促进现代物流发展。铁路运输和水路运输是现代物流的主要载体。加快发展铁水联运，有利于充分发挥铁路和水路运输的比较优势和组合效应，提高能源、原材料等大宗货物和集装箱运输效率，降低物流成本，更好地满足经济发展对提升现代物流水平的要求。

（三）加快铁水联运发展有利于促进区域经济协调发展。深入实施东部率先、中部崛起、西部大开发和东北振兴战略，促进资源开发和产业梯度转移，对密切内陆与沿海、沿江地区的交通联系提出了更高要求。加快发展铁水联运，有利于增强运输保障能力，扩大区域经济交流合作，更好地服务内陆地区外向型经济发展。

（四）加快铁水联运发展有利于促进节能减排。加快发展铁水联运，有利于降低能源、资源消耗，减少污染物排放，符合建设资源节约型、环境友好型社会的总体要求，对于加快转变运输发展方式具有重要意义。

二、指导思想、主要原则和发展目标

（五）指导思想。深入贯彻落实科学发展观，转变交通运输发展方式，把发展铁水联运作为综合运输体系建设的重点任务，坚持深化改革、开拓创新、统筹规划、科学管理，加大

投入和建设力度，强化组织协调，推进运输结构调整，切实提升铁水联运服务能力和水平，促进区域经济协调发展，保障国民经济平稳运行。

（六）主要原则。坚持统筹发展，以市场为导向，突出重点，有序推进，充分发挥铁水联运组合效应；坚持同步发展，在着力加强铁水联运硬件设施建设的同时，不断增强铁水联运软件能力和服务水平；坚持创新发展，加大铁水联运关键技术研发和推广力度；坚持合力发展，建立和完善部门合作机制，充分调动各有关单位发展铁水联运的积极性，加强沟通协调，形成齐抓共管、协调发展的良好发展氛围，加快建设覆盖主要联运通道的铁水联运体系。

（七）发展目标。统一的铁水联运标准化体系基本形成，铁水联运信息化建设取得突破性进展，科技创新能力进一步提升；主要联运通道铁水联运运行机制基本建立，铁水联运枢纽港站换装能力明显增强；培育一批能够提供综合性一体化服务、具有较强竞争力的铁水联运企业，铁水联运服务能力和水平显著提高。到2015年，集装箱铁水联运量年均增长20%以上，港口煤炭、矿石、粮食、化肥等大宗散货铁路集疏运比重比2010年提高10个百分点。

三、主要工作和任务

（八）合理布局联运通道和网络。贯彻落实交通运输“十二五”发展规划和铁路“十二五”发展规划，做好铁路与港口的规划衔接，以沿海和沿江主要港口为铁水联运枢纽、经济腹地铁路干线为骨架、沿线主要货运站场为节点，科学布局铁水联运通道，完善区域性铁水联运网络。

（九）加强铁水联运基础设施和运输装备建设。加快推进主要港口、铁路和货运站场及运输装备等联运设施设备建设，大力推进铁路装卸线向港口码头延伸，推进“港站一体化”，实现铁路货运站场与港区无缝衔接。

（十）完善铁水联运相关标准、制度。加快铁水联运标准化建设，统一铁水联运集装箱规格、货种限制（含危险货物）、装载技术等相关标准和要求，制定铁水联运数据信息传输、交换的相关标准。建立健全铁水联运统计和考核制度，完善统计调查方法和指标体系。推进铁水联运统一单证、优化流程、责任交接和全程联保制度的建设。

（十一）加强先进技术的研发和推广。鼓励企业在铁水联运运输、装卸、配送等环节采用先进技术和标准化专用装备。通过研究开发和示范应用，促进电子数据交换（EDI）、无线射频识别（RFID）、供应链管理（SCM）等先进技术在铁水联运领域的推广应用，全面提升铁水联运技术水平。

（十二）推进铁水联运信息化建设。加快铁水联运信息化建设步伐，在信息开放、数据交换等方面取得重大突破，充分利用港航、铁路、口岸管理等部门的信息资源，支持各铁水联运通道建立公共信息共享平台，逐步提供班轮/班列运行时刻、运价、联运货物动态、订舱/请车、港口/车站业务、口岸监管等数据查询、业务办理等信息服务。

（十三）积极引导铁水联运市场发展。充分发挥市场配置资源的作用，推动铁水联运多元化、市场化。在大力发展中长途铁水联运的同时，完善价格机制和政策，加快拓展短途铁水联运市场。充分发挥铁路集装箱场站和内陆无水港的作用，进一步加快集装箱铁水联运市场发展。优化铁水联运运输组织，合理设计运输方案，提高往返重载运输比重，减少车船排空，提高运输效率。鼓励货运枢纽拓展仓储、分拨配送、流通加工、保税等功能，促进货运枢纽站场加快发展现代综合物流。

（十四）大力培育铁水联运市场主体。引导和规范铁水联运代理等中介服务机构的发展，鼓励大型航运、港口、铁路运输企业积极发展铁水联运业务，完善铁水联运功能，拓展经营网络，延伸服务范围，扩大铁水联运规模。支持企业按照市场机制整合资源，构建面向国际国内贸易的铁水联运服务网络。

（十五）实施铁水联运示范工程。积极开展铁水联运示范工程建设，根据铁水联运市场需求和有关联运通道的软硬件条件，选择一批铁水联运示范项目，加快组织实施。在总结示范经验的基础上，逐步推广示范成果，带动我国铁水联运整体水平的提升。

四、保障措施

（十六）加强和完善铁水联运发展规划。把加快铁水联运发展作为贯彻落实交通运输、铁路“十二五”发展规划，推进综合运输体系建设的一项重要任务，做好铁水联运规划编制工作，加强统筹协调，完善铁水联运通道和网络。

（十七）加大铁水联运资金投入。对纳入铁水联运示范项目的重点铁水联运信息平台建设予以适当资金支持。积极引导社会资本投入铁水联运基础设施建设领域。积极争取地方政府对铁水联运基础设施建设资金、土地及税收等方面的支持。

（十八）健全铁水联运政策法规。抓紧制定铁水联运相关规章，加强铁水联运标准、规范建设，统一和规范铁水联运市场。进一步完善有利于铁水联运发展的价格体系和扶持政策。

（十九）完善铁水联运协调机制。交通运输部、铁道部联合成立推进铁水联运发展领导机构和工作机构，各有关部门和单位根据各自职能分工，加强协调配合，切实做好规划编制、项目审批、资金支持、体制创新、配套政策制定等各项工作。各地交通运输（港口）管理部门、铁路部门要会同有关企业建立相应的合作机制，做好铁水联运工作的落实，同时加强指导监督，加大宣传力度，及时研究新情况，协调解决相关问题，并强化与海关、检验检疫等口岸部门的沟通、协调，形成快速、优质的口岸环境，共同推进铁水联运又好又快发展。

商务部《关于促进汽车流通业“十二五”发展的指导意见》

（商建发〔2011〕489 号 2011 年 12 月 22 日）

汽车流通业是汽车工业健康发展的重要保障，对引导生产、扩大消费、带动就业、促进经济平稳较快发展、提高人民生活水平具有重要作用。为推动汽车流通业“十二五”又好又快发展，现提出如下指导意见：

一、促进汽车流通业发展的重要意义

“十一五”期间，我国汽车流通体系建设得到较快发展，流通网络日益完善，新型流通模式不断涌现，流通现代化步伐加快，营销服务能力显著增强，总体规模快速增长，形成了经营主体多元化、经营模式多样化、多渠道并存的汽车流通良好发展格局。2010 年，我国汽车销量突破 1800 万辆，限额以上零售企业汽车销售额达到 1.86 万亿元，占限额以上零售企业商品销售总额的 32.5%。但是，汽车流通领域总体发展水平与经济社会发展需要仍有差距，依然存在营销服务网络发展不平衡、二手车流通明显滞后、售后服务满意度不高、报废汽车回收拆解水平低、流通主体竞争力不强、法规标准有待完善、市场秩序有待规范等问题，不利于汽车流通业的健康发展，难以适应形势发展的新要求。“十二五”期间，借鉴国际成熟经验，加快完善相关政策法规和制度，采取有效措施，促进汽车流通业快速健康发展，是进一步扩大消费、改善民生、推动两型社会建设的内在要求。

二、总体要求

（一）指导思想

深入贯彻落实科学发展观，以转变汽车流通发展方式为主线，以改善市场环境、提高用户满意度、扩大汽车消费、促进汽车市场可持续发展为根本目的，以引导合理布局、优化企业结构、推动技术进步为重要手段，加强汽车流通业法制化、规范化、现代化建设，创新流通方式，提升技术、管理和服务水平，增强经营主体竞争力，营造统一、开放、竞争、有序的汽车市场环境，充分发挥汽车流通业在扩大消费、引导生产、改善民生、吸纳就业等方面的作用。

（二）发展目标

——汽车流通规模进一步扩大。“十二五”期间汽车销量持续增长。2015 年二手车交易量超过 1000 万辆，比“十一五”末翻一番，年均增长 15% 左右；老旧汽车报废量超过 300 万辆。

——汽车流通网络进一步完善。汽车营销服务网点布局更加合理，农村汽车销售服务网络日趋完善；二手车置换、经销、拍卖等多种经营模式协调发展；报废汽车回收服务网络实现县、区、市、旗全覆盖。

——汽车流通组织化程度提高。形成一批汽车、二手车、配件流通和报废汽车回收拆解骨干企业，培育30家主营业务收入超100亿元的区域性汽车流通企业，3～5家超1000亿元的大型汽车流通企业。汽车零售百强企业营业额占行业总量的比重超过30%。

——汽车流通现代化水平提升。现代信息技术得到广泛应用，连锁化水平不断提高，服务功能不断拓展和增强，第三方物流、共同配送稳步发展，报废汽车拆解技术、环保和资源利用水平显著提升，老旧汽车更新换代步伐加快。

——汽车流通环境明显改善。汽车流通领域法规、标准体系逐步健全，行业管理方式更趋合理，管理水平显著提升，诚信体系逐步完善，市场秩序更加规范，不正当竞争、侵害消费者权益等行为得到有效遏制。

三、主要任务

（一）完善汽车营销和服务体系

推动汽车营销网络合理布局。加强汽车流通网络建设与城市商业网点规划衔接，引导汽车流通企业整合资源，优化汽车品牌经销店集群、综合贸易服务园区、有形市场等网点结构和布局。支持在居住密集区发展汽车展示店、销售店、快修店等经营业态，便利居民消费；鼓励在中小城市有序发展汽车综合贸易服务园区或综合交易市场，健全资源、业态、消费集聚功能，满足不同层次消费需求，增强一站式服务能力。搭建汽车流通网络服务平台，及时提供汽车信息咨询等相关服务。倡导流通渠道扁平化、经营模式多样化，推动建立节约型汽车流通网络。

加强农村汽车流通网络建设。进一步探索适合农村地区发展的汽车经营模式，支持农村地区汽车销售和售后服务网络建设，引导大型汽车流通企业通过发展连锁经营、分支机构等方式向农村地区延伸销售和服务网点，在农村和偏远地区推广汽车流动售后服务站，着力增强农村地区汽车售后服务能力，推动城乡汽车流通网络协调发展。

进一步提高营销和服务水平。支持有条件的汽车流通企业通过跨地区兼并重组、发展连锁经营、创新管理制度，实现标准化、品牌化、集约化经营。引导企业建立便捷高效的汽车营销和服务体系，创建自主服务品牌，健全营销网络，加强汽车售后服务能力建设，努力提高用户满意度。支持汽车售后服务连锁化发展，推动社会化汽车售后服务网络建设。

构建和谐稳定的零供关系。坚持实施汽车品牌授权销售，引导汽车供应商规范与品牌经销商的交易行为，合理确定授权经营期限，明确授权解除后双方的权利义务，保障消费者、经销商、供应商各方的合法权益；杜绝收取建店保证金、强制搭售和规定库存数量等不公平交易行为，维护经销商的合法利益。支持汽车供应商与品牌经销商建立沟通机制，促进供应商和经销商共同发展。

（二）积极培育二手车市场

大力发展品牌二手车经营。支持汽车供应商利用现有营销渠道和质量认证、服务保障等品牌优势，拓展品牌二手车业务，完善二手车流通网络；鼓励有条件的大型企业集团发展连锁经营，建设经营场地、车辆检测和整备设施完善，服务流程统一规范的区域性品牌二手车卖场，打造一批品牌二手车专营精品店，加快构建以品牌二手车经营为引领，诚信、有序、高效的二手车流通网络。

引导交易市场优化升级。加强规划指导，推动二手车交易市场合理布局、优化结构、向品牌化方向发展。支持二手车交易市场升级改造，着力完善交易服务设施，规范交易流程和管理制度，增加交易透明度，简化交易手续，降低交易成本，发挥其车辆集散、信息引导、价格发布、金融服务、消费集聚的优势和作用。规范二手车经销、经纪、鉴定评估企业经营行为，提高服务水平；大力倡导诚信经营，惩戒失信行为，打击欺诈行为。

创新二手车流通方式。鼓励有条件的企业建立二手车拍卖平台，发展网上即时拍等多种形式拍卖业务，拓展企业间二手车流通渠道，逐步构建全国性的二手车拍卖流通网络，推动二手车社会资源整合和规模经营。积极探索二手车网上交易平台的应用。引导企业推行二手车认证制度和质保承诺，倡导有条件的企业与保险公司建立合作关系，为车主提供二手车延期质保服务，推进二手车交易市场实施先行赔付制度，切实维护消费者合法利益，促进二手车放心消费。

（三）促进和规范汽车配件流通

发展汽车配件规模化经营。鼓励汽车配件流通行业采取特许、连锁经营等方式向规模化、品牌化、网络化方向发展，支持配件流通企业进行整合，培育一批有影响力的汽车配件流通企业和连锁品牌，引导现有汽车配件交易市场升级改造，完善市场服务功能，实现行业结构升级。支持配件生产、流通企业充分利用电子商务平台、社会化物流配送体系拓展业务领域，降低配件流通成本。

引导配件多渠道和规范流通。积极拓展流通渠道，促进原厂汽车配件多渠道流通，推动建立高品质配件社会化流通网络，保证消费者多种选择。规范配件市场经营秩序，引导汽车配件经销企业规范经营行为，在经营场所明示配件来源、品质、价格等信息。推动汽车供应商保证停止生产和停止销售车型配件的及时供应。

（四）大力促进老旧汽车报废更新

严格执行汽车强制报废制度，完善汽车报废规定，加强汽车报废管理，杜绝“假转籍”、“假过户”、“假异地报废”行为或不按规定交售报废汽车等违法行为，强化对报废汽车回收拆解企业、二手车流通企业的监管，防止报废汽车流向社会。进一步完善老旧汽车报废更新补贴政策，适时调整补贴范围，提前政策发布时间，充分发挥政策引导效应，加快老旧汽车、黄标车淘汰进程，逐步形成老旧汽车报废更新的良性循环。

（五）加快报废汽车回收拆解业发展

完善报废汽车回收拆解网络。统筹规划、合理布局回收拆解企业，提高市场准入条件，健全进入和退出机制，防止企业无序发展。引导改造搬迁和依法新设立的回收拆解企业依托城市再生资源产业园区或基地从事报废汽车拆解活动，以利于实现基础设施共享、环保集中处理、资源规模利用。鼓励回收拆解企业完善回收网络，向县、乡镇延伸回收服务网点，拓展上门收车等服务功能，为车主交售车辆提供便利。

推动回收拆解行业结构优化。鼓励现有回收拆解企业加强联合、优化重组，支持具有雄厚资金、技术和人才实力的大型企业通过参股、控股、并购等方式与回收拆解企业合作，引导回收拆解企业与汽车生产、零部件再制造企业建立长期合作关系。积极探索整合资源、实现规模经营的有效途径，集中支持和培育起点高、具有规模和示范效应的回收拆解骨干企业，引导和鼓励有条件的地区建立区域性破碎示范中心，加快形成专业化分工明确，以骨干企业为龙头，中小企业为基础的报废汽车回收拆解发展格局。

提升回收拆解行业技术水平。建立和完善报废汽车回收拆解企业升级达标验收制度和标准，进一步推动升级达标活动。引导回收拆解行业推行 ISO 9000、ISO 14000 认证，充分利用科研院所、高校、企业等社会资源，开发汽车拆解、破碎新工艺、新技术，大力推广机械化和精细化拆解，促进行业技术进步，着力提高环保和资源利用水平，逐步实现回收拆解设施现代化、作业流程标准化、废弃物处理无害化。

（六）提高汽车流通现代化水平

推进流通现代化进程。提高汽车流通业连锁化发展水平，加强汽车物流配送体系建设，合理规划和建设汽车及配件物流集聚区，充分利用社会资源发展汽车物流共同配送网络。探索发展电子商务新模式，推动物联网等信息技术在汽车流通和服务领域的应用。鼓励发展汽车租赁，引导租赁企业实现跨区域经营。积极延伸汽车流通产业服务链，支持企业发展金融、保险、装饰、置换等业务，为消费者提供增值服务。

加快信息化建设步伐。依托行业组织和有条件的企业推动建立全国性和重点地区的汽车流通、二手车交易公共信息服务平台，完善升级老旧汽车报废更新信息管理系统，逐步实现车辆回收拆解实时监控，探索建立全国性或区域性的汽车配件、报废汽车回用件等信息服务和交易平台，形成涵盖汽车流通业全链条的信息采集、加工、发布和共享体系。

（七）营造良好汽车流通环境

大力整顿汽车流通秩序，清理汽车流通地方保护和市场封锁的政策及规定，取消各地对二手车经销方面不合理的限制。推动二手车交易服务手续费、报废汽车收购价格的合理定价。严厉打击销售不符合国家规定汽车和假冒伪劣配件、隐瞒二手车车况及以次充好、倒卖报废汽车等违法违规行为。推动汽车流通行业诚信体系建设，建立和完善信用信息系统，积极开展诚信经营宣传和教育活动。

（八）鼓励汽车流通业“引进来”和“走出去”

推动汽车流通行业引进新技术和新业态，引导外资投向中西部和农村地区汽车流通网络建设，优化外商投资结构，提高利用外资质量和水平。鼓励有条件的汽车经销商配合汽车生产企业“走出去”，采取多种方式在国外建立合资、合作、独资销售及服务网络，保证出口产品的配件供应，增强售后维修服务能力。引导企业加大品牌建设投入，发挥品牌优势和效应，提高国际竞争力。

四、保障措施

（一）加强汽车流通行业管理

各地商务主管部门要充分认识汽车流通管理工作的重要性，认真组织贯彻实施相关法规政策标准，创新和完善汽车流通管理机制，进一步明确工作职责，积极建立部门间沟通合作机制，研究新情况，解决新问题，大力推行政务公开，坚持依法行政，着力营造良好的汽车市场环境、政策法规和管理环境，认真做好汽车流通行业监督管理工作。

（二）健全法规标准体系

加快汽车流通领域法规和标准体系建设，提高依法行政和标准化水平。着力推动出台《报废机动车回收拆解管理条例》，加快建立报废汽车回收拆解与安全、环保和资源再利用相衔接的管理制度。抓紧出台《机动车强制报废标准规定》、修订《汽车品牌销售管理实施办法》。积极研究制订汽车品牌经销商经营规范、二手车鉴定评估技术规范、配件交易市场经营规范、报废汽车回收拆解行业规划编制规范、汽车流通业态分类分级等相关标准。

（三）完善相关政策措施

多渠道筹集资金，重点支持汽车流通流域加强汽车售后服务能力建设，发展品牌二手车经营，培育和建设报废汽车回收拆解骨干企业和破碎示范中心，建立和完善汽车流通公共信息服务平台。研究完善二手车交易、报废汽车回收拆解增值税征收政策，探索建立二手车临时产权登记制度，积极引导金融机构、融资担保机构加大对汽车流通企业的支持力度。

（四）建立统计评价体系

建立汽车流通行业统计评价指标体系，加大对汽车流通统计机构、人员队伍和统计信息系统建设的支持力度，健全和畅通统计渠道，加强对行业发展规模、经营效益、行业结构、现代化程度和贡献度等方面的调查统计，及时准确反映行业发展现状、存在问题和发展趋势，为制订和完善政策法规提供依据。

（五）加强人才队伍建设

积极组织商务系统开展汽车流通管理学习与培训，加强对外合作与交流，提升管理人员水平。加强汽车流通行业专家队伍建设，加快建立专家人才库，为制订行业政策法规标准及开展培训等提供智力支撑。鼓励企业吸收、培养专业技术和管理人才，建立和完善职业经理人、从业人员考评制度，提高行业队伍整体素质。

（六）发挥行业组织作用

充分发挥汽车流通行业组织的桥梁和纽带作用，鼓励行业组织积极参与有关政策法规、标准、规划的制订、宣传和贯彻落实工作，推动行业自律。支持行业组织提供信息咨询、技术推广、人才培训等服务，加强汽车营销、二手车鉴定评估、汽车拆解等专业技术人员注册管理，积极开展行业信息统计分析和国际交流合作，及时掌握国际汽车流通发展新动向、新趋势，反映行业发展情况和企业诉求。

2011 年中国物流政策环境

2011 年，是我国“十二五”时期开局之年，也是我国物流业发展的“政策年”。这一年，国家重视物流业健康发展，有关部门和地方政府积极推动物流业发展的政策相继出台和积极落实推动了我国物流业发展的政策环境持续改善。

一、物流业发展相关规划集中出台

2011 年，国家“十二五”规划再次强调“大力发展现代物流业”，各部门和各地方的物流业发展规划集中出台。

1.《“十二五”规划纲要》再次强调大力发展现代物流业

2011 年 3 月，十一届全国人大四次会议通过的《国民经济和社会发展“十二五”规划纲要》(以下简称《规划纲要》)，在第四篇“营造环境，推动服务业大发展”的第十五章“加快发展生产性服务业”旦面单列一节“大力发展现代物流业”。《规划纲要》指出：“加快建立社会化、专业化、信息化的现代物流服务体系，大力发展第三方物流，优先整合和利用现有物流资源，加强物流基础设施的建设和衔接，提高物流效率，降低物流成本。推动农产品、大宗矿产品、重要工业品等重点领域物流发展。优化物流业发展的区域布局，支持物流园区等物流功能集聚区有序发展。推广现代物流管理，提高物流智能化和标准化水平。”这是继“十一五”规划后，物流业第二次进入国家五年规划纲要，再次提升了物流业在国家规划层面的产业地位，较为全面地指明了“十二五”时期物流业发展的重点任务和发展方向。此外，《规划纲要》全文共有 20 多处提及有关发展物流的内容。

2. 有关部门编制和实施物流相关规划

2011 年，商务部等 34 个部门联合发布《服务贸易发展“十二五”规划纲要》(商服贸发〔2011〕340 号)。列入重点支持的领域达 30 个，其中 7 个属于交通物流类领域。交通运输部印发《交通运输“十二五”发展规划》(交规划发〔2011〕191 号)，规划明确提出“促进现代物流发展”，要求依托货运枢纽发展现代物流、支持运输企业向现代物流企业转型、大力发展农村物流。铁道部出台《铁路“十二五”物流发展规划》，规划设计了全国、区域、地区三级铁路物流节点网络。民用航空局发布了《中国民用航空发展第十二个五年规划》，提出要积极发展货邮运输。工业和信息化部发布《物联网“十二五”发展规划》，提出要重点支持物联网在工业、农业、流通业等领域的应用示范以及智能物流、智能交通等的建设。国家邮政局发布《邮政业发展“十二五”规划》和《快递服务“十二五”规划》，提出深化邮政主业改革，鼓励快递业转型升级。按照国务院《物流业调整和振兴规划》的要求，商务部、国家发改委、供销总社三部门联合下发《商贸物流发展专项规划》（商商贸发〔2011〕67号），明确了商贸物流属产业物流，确定了9项重点工作内容。

3. 多地政府出台物流业“十二五”发展规划

据不完全统计，2011年有天津市、河北省、浙江省、江苏省、福建省、宁夏回族自治区等十多个省市区以及青岛市、深圳市、宁波市、福州市等计划单列市省会城市出台了物流业“十二五”发展规划。各地结合地方经济运行情况和物流发展特点，注重地方物流体系建设，强化区域物流空间布局，培育物流产业作为新的经济增长点，提出了实质性的配套政策措施。

二、“物流国九条”等相关政策相继出台

2011年6月，温家宝总理主持召开国务院常务会议，专题研究支持物流业发展的政策措施。8月，《国务院办公厅关于促进物流业健康发展政策措施的意见》（国办发〔2011〕38号）印发，被业内称为“物流国九条”，涉及税收、土地、交通、管理体制、资源整合、技术创新与应用、资金投入、农产品物流和组织协调九大问题。12月，国务院办公厅发出国办函〔2011〕162号《关于印发贯彻落实促进物流业健康发展政策措施意见部门分工方案的通知》，把国办发〔2011〕38号文细化为47项具体工作，落实到31个部门和单位。

1. 税收政策开始调整

一是税收试点工作成效显著。2011年，由中国物流与采购联合会组织推荐、国家发改委审核、国家税务总局发文批准，第七批、341家物流企业纳入营业税差额纳税试点范围。到2011年年底，试点企业总数已达934家。按照“物流国九条”要求，第八批试点企业入选条件有所放宽，上一年营业税及其附加实际缴纳额最低限由100万元调整到50万元。

二是增值税改革试点工作启动。2011年10月26日，国务院常务会议决定，开展深化增值税制度改革试点，逐步将目前征收营业税的行业改为征收增值税。从2012年1月1日起，将在上海市开展交通运输业和部分现代服务业营业税改征增值税试点。其中，交通运输业适用11%的税率，物流辅助服务适用6%的税率。物流相关概念第一次被列入税目，相关税率首次纳入增值税序列。

三是物流企业土地使用税减半征收。2012年年初，财政部、国家税务总局下发《关于物流企业大宗商品仓储设施用地城镇土地使用税政策的通知》（财税〔2012〕13号）。通知要求，自2012年1月1日起至2014年12月31日止，对物流企业自有的（包括自用和出租）大宗商品仓储设施用地，减按所属土地等级适用税额标准的50%计征城镇土地使用税。

四是免征蔬菜流通环节增值税。2011年12月，财政部、国家税务总局发布《关于免征蔬菜流通环节增值税有关问题的通知》（财税〔2011〕137号），自2012年1月1日起，免征蔬菜流通环节增值税。

2. 交通环境有所改善

一是收费公路专项清理工作启动。2011年6月14日，交通运输部等五部门联合发出《关于开展收费公路专项清理工作的通知》（交公路发〔2011〕283号），开展收费公路违规及不合理收费专项清理工作。截至2011年年底，全国收费公路专项清理工作第一阶段的调查摸底基本完成，共排查发现了711个项目有问题，已经完成和即将完成的整改项目有522个，占总量的68%。全国10多个省份采取了降低个别路段收费标准、回购撤销部分收费站

点等措施。

二是取消政府还贷二级公路取得实效。2009年1月1日开征燃油消费税后，按照工作部署，截至2011年年底，共有18个省市取消了政府还贷二级公路收费，撤销收费站1892个，涉及里程9.4万公里。全国二级公路不收费里程达到25.5万公里，占二级公路总里程的82.6%。

三是公路治超工作力度加大。2011年7月1日，《公路安全保护条例》正式实施。各地陆续出台治超办法，开启治超专项行动。交通运输部推广山西治超经验，推进治超信息系统全国联网，13个省份354个治超站联网。8月1日，《公路超限检测站管理办法》正式施行，不仅对此前治理超限行动中出现的各种问题做了详细的规定，同时也加大了对超限超载车辆的处罚力度。

四是铁水联运开始起步。2011年9月，铁道部与交通运输部联合下发了《关于加快铁水联运发展的指导意见》（交水发〔2011〕544号）。两部将在完善铁水联运发展规划、加快基础设施建设、完善配套政策和标准、加强运输组织管理、推进信息共享、培育龙头企业六个方面深化合作与交流，建立长效合作机制。

五是甩挂运输逐步推广。2010年年底，全国甩挂运输试点工作全面启动，福建、浙江、江苏、上海等10个省（区、市）以及中外运长航集团、中国邮政集团等被作为首批试点省份和单位。2011年，交通运输部制定了甩挂运输、厢式运输行业标准，公布了第一批甩挂运输推荐车型，推进12个甩挂运输试点项目。

六是口岸环境得到改善。2011年，海关总署进一步加快分类通关改革进度，完善改革措施，出口分类通关改革在全国海关全面推广，进口分类通关改革也由15个海关推广到41个直属海关的部分现场开展试点，通关效率明显提高。

3. 产业投入力度加大

2011年，国家发改委按照《关于印发物流业调整和振兴专项投资管理办法的通知》（发改办经贸〔2009〕695号）的规定，继续设立专项资金支持，具体范围包括农产品冷链物流项目、物流配送工程、制造业与物流业联动发展工程、物流标准和技术推广工程、物流公共信息平台工程及大宗农产品物流六类项目。

2011年，中央资金投入11亿元，支持461个物流重点项目建设，带动社会资金525亿元；中央资金投入5亿元，支持农产品冷链项目建设，带动社会资金144亿元。

2011年，财政部按照《关于印发〈中央财政促进服务业发展专项资金管理办法〉的通知》（财建〔2009〕227号），继续开展服务业功能聚集区项目资金申报工作，重点支持商贸功能区、物流功能区的建设和升级改造，一批物流园区获得资金支持，2011年共计投入7亿元。

为贯彻落实《国务院关于加快发展服务业的若干意见》，2011年起，财政部、商务部在全国选择部分基础条件好、示范效应强、特色明显的地区开展现代服务业综合试点工作，探索服务业发展新模式。目前，已经确定北京、上海、天津、辽宁等省市作为首批试点地区，计划三年时间，每年投入10多亿元，重点支持包括现代物流在内的重要服务业公共性平台和产业化项目建设。

为加强对服务业关键领域、薄弱环节和新兴产业的引导，促进服务业加快发展，国家和地方服务业发展引导资金继续支持物流业发展。福建、重庆、舟山等多地设立物流业发展专项资金，重点支持地方急需发展的重点物流项目和工程。

各地响应“物流国九条”要求，重点支持城市配送体系发展。上海市重点支持建立城市三级共同配送系统，重点支持医药、生鲜食品和快速消费品共同配送体系建设。北京市开展城市物流"共同配送"试点工程，首批建立15个"共同配送"站点，通过与快递公司和电子商务网站合作，可覆盖100个社区。

此外，2011年，现代物流业首次出现在《产业结构调整指导目录（2011年本）》的鼓励类分类中。

4. 资源整合开始发力

2011年6月，国家邮政局出台《关于快递企业兼并重组的指导意见》（国邮发〔2011〕108号），明确提出，"十二五"时期，通过兼并重组，快递产业集中度明显提高，培育出一批年收入超百亿元、具有较强国际竞争力的大型快递企业。意见提出了六大兼并重组的重点，并要求加强对快递企业兼并重组的指导、规范和服务。

全国现代物流工作部际联席会议办公室2010年年底发布了《关于开展制造业与物流业联动发展示范工作的通知》。2011年，办公室组织开展了两业联动发展示范工作，确认130家企业为示范企业，召开了第三届全国制造业与物流业联动发展大会。多地出台政策支持两业联动发展。山东省《关于加快推动制造业与物流业联动发展的实施意见》提出：到2015年，重点扶持和培育150户省级企业物流管理中心、100户为制造企业提供一体化服务的物流企业和50户为重点企业配套的专业化物流企业。

5. 技术推广得到支持

2011年，财政部、工业和信息化部以财企〔2011〕64号印发《物联网发展专项资金管理暂行办法》。专项资金的支持范围包括物联网的技术研发与产业化、标准研究与制定、应用示范与推广、公共服务平台等方面的项目。基金总额50亿元，分5年发放。首批5亿元专项基金申报中，最终审批合格近100家企业。

2011年中央财政安排交通运输节能减排专项资金2.5亿元，用于支持公路水路交通运输节能减排工作。交通运输部开展了"车、船、路、港"千家企业低碳交通运输专项行动，有力推进了重点环节的节能减排工作。共有1126家交通运输企业参加了专项行动，覆盖了公路水路交通运输行业全领域。经核算，2011年度补助项目形成的节能量为31.5万吨标准煤，替代燃料量为22.4万吨标准油，减少二氧化碳排放113.8万吨。

6. 农产品物流受到重视

2011年，农村物流服务体系发展专项资金继续支持农家店改造、农村配送中心建设、农超对接、农村公共物流信息平台、电子交易平台建设等项目，支持重点转到配送中心建设和改造。2011年，中央资金投入15.4亿元。

2011年，商务部会同财政部投入6.4亿元支持江苏省等8个省份开展了农产品现代流通综合试点。内容包括农产品批发市场和农贸市场升级改造、农超对接、创新农产品流通模式和"南菜北运"等。

交通运输部会同国家发改委于2009年下发了《关于进一步完善和落实鲜活农产品运输绿色通道政策的通知》（交公路发〔2009〕784号）推动了鲜活农产品运输绿色通道网络的扩大。从2010年12月1日起，全国所有收费公路（含收费的独立桥梁、隧道）全部纳入鲜活农产品运输绿色通道网络范围，对整车合法装载运输鲜活农产品车辆免收车辆通行费。2011年，鲜活农产品运输产品目录进一步扩大，全国免征运输鲜活农产品车辆的通行费超过130亿元。

三、当前物流业发展面临的主要政策问题

1. 税收政策有待深化落实

相对于其他税收政策营业税差额纳税试点工作成效明显，受到企业普遍欢迎。但是总体来看，试点政策门槛依然偏高，试点范围还有待扩大，试点中出现的一些问题也需要进一步明确。

2012 年 1 月 1 日起营业税改征增值税试点工作在上海市启动，物流行业纳入本次试点范围。试点开始以来，物流企业特别是运输型物流企业普遍反映税率上调幅度较大，实际可抵扣项目较少，导致税负大幅增加，显然有违试点方案中“改革试点行业总体税负不增加或略有下降”的指导思想。同时，运输和仓储等物流环节税率仍未统一，不利于物流业“一体化”运作，也不符合“物流国九条”提出的，“要结合增值税改革试点，尽快研究解决仓储、配送和货运代理等环节与运输环节营业税税率不统一的问题”。

土地使用税减半征收政策是落实“物流国九条”的重要政策措施，深受物流企业欢迎。但是，由于政策出台时间较短，各地对政策的理解存在差异，导致政策执行中出现偏差。例如，一些地区只对单一仓储型物流企业执行此项政策，而综合型物流企业则无法享受；一些地区认为仓库不是物流企业，专业建造并出租仓储设施的企业无法享受政策支持；还有一些地区提高了仓储用地级别，变相抵消税收优惠政策。

2009 年，财政部和国家税务总局发布的《关于安置残疾人就业单位城镇土地使用税等政策的通知》（财税〔2010〕121 号）提出，要将地价计入房产原值征收房产税。不仅形成了房产占地实际上的重复纳税，加重了物流企业税收负担，而且在执行中也会产生地价确定标准不统一等征管问题。

2008 年的新《企业所得税法》实施后，取消了对物流企业所得税统一缴纳的规定。跨省市总分机构物流企业实行“就地预缴”的政策。由于网络化经营、一体化运作是物流企业基本的运行模式，预缴企业所得税的方式，割裂了物流企业的网络关系，严重制约着物流企业做强做大。

2. 过路过桥费仍是企业沉重负担

过高的过路过桥费，加重了物流企业的负担，增加了社会流通成本。据调查，过路过桥费平均占运输成本的 30% 左右。对于大件运输和商品车运输等超限运输车辆，收费名目繁多，各省标准不一，各地自由裁量权很大，缺乏公开透明的办事标准。从专项清理工作实施情况来看，很多地方只是开展收费公路专项清理工作，尚未有实质性行动。从整体上看，收费公路价格形成机制尚未形成，监督检查和规范管理缺乏法律法规支持，收费公路长效治理机制仍然缺失。此外，个别地方和人员重罚款、轻纠正、以罚代管、粗暴执法以及乱罚款现象时有发生。

3. 物流业“用地难”、“地价高”

近年来，物流用地存在两方面的突出问题：一方面，随着城市扩容改造，原有物流设施改作他用，物流用地急剧收缩。而迁建用地供给紧缺，地价持续攀升，超出物流企业承受能力，即使拿到土地的物流企业，也要面临土地投资强度、税收贡献等硬性指标要求，而无法充分利用土地，导致新建仓储设施短缺严重。大中城市周边仓库货场租金不断提高，物流成本持续上升。另一方面，一些地方发展目标盲目贪大，物流规划用地动辄几平方千米、几十平方千米甚至上百平方千米。也有的借物流名义圈占土地等待升值，或改变用途搞房地产开发，而真正从事物流业务的企业拿不到合适的土地。

4. 公共财政支持力度有待加强

物流园区、物流中心、配送中心以及仓库货场等物流基础设施，资金投入量大、回收周期长，具有较强的公益性和公共性，企业自有资金难以支撑长期发展。从国际发展经验看，物流基础设施作为国家综合竞争力的基础条件，是公共财政支持的重点之一。三年来，公共财政虽然在有些方面对物流基础设施有所支持，但支持重点还不够明确，支持力度还难以满足行业健康发展需要。而且，各部门各自为政，降低了资金使用效果。

5. 企业做强做大受到环境制约

对于企业兼并重组、剥离物流资产和业务方面存在的问题，行业普遍反映审批程序复杂、相关税费高、资产处置困难、劳动关系处理困难、债务债权关系复杂，制约了企业兼并重组的步伐。对于国有大型物流企业内部产权转让，现行政策法规认定属于交易性质，要求对转让标的企业进行审计、资产评估，需要大量的交易费用和等待时间，增加了企业内部重组成本。各地还存在一些阻碍和限制分支机构设立和经营的问题。一些地方不承认物流企业分支机构在总部取得的经营资质，赋予总部的政策有些分支机构还享受不到。此外，支持物流企业"走出去"还缺乏具体政策支持。

6. 物流管理体制不适应行业发展需要

物流业是复合型产业，目前没有一个专门的主管部门。2001 年，原国家经贸委等六部门出台物流政策文件；2004 年，国家发改委等九部门出台相关政策；2005 年，由国家发改委牵头成立了全国现代物流工作部际联席会议；2009 年落实《物流业调整振兴规划》以及 2011 年落实"国九条"政策，又有 30 多个部门参与工作。尽管这些部门的工作都很努力，结果是涉及部门越多，协调难度越大。自 2005 年以来，多数省区市成立了类似的联席会议机制，但牵头部门有的在发改委，有的在经信（工信）部门，有的在商务部门或交通部门，甚至一个省内都有不同归属，形成上下不对口、左右不衔接。这种状况如不改变，将会严重制约现代物流业快速健康发展。

四、未来政策期待

1. 物流业中长期规划及时出台

《物流业调整和振兴规划》实施期为2009—2011 年，目前规划期已满。进入"十二五"时期，我国经济以科学发展为主题，以加快转变经济发展方式为主线，对物流业发展提出了新的要求，亟需引导行业未来长期发展的战略思考和顶层设计。2011 年，国家发改委会同交通运输部等十个部门，以及中国物流与采购联合会等三个协会，成立了物流业发展中长期规划编制领导小组，由国家发改委经济贸易司牵头负责相关具体工作，并开展了前期调研工作。建议物流业中长期规划加快进入起草编制阶段，从国家层面保证物流业规划的延续性。

2. 企业税负进一步减轻

营业税差额纳税试点范围应继续扩大。2012 年 3 月，温家宝总理在全国人大五次会议上所作的《政府工作报告》中提出，要"扩大物流企业营业税差额纳税试点范围"，体现了政府支持物流业发展的政策导向。业内企业急切盼望加快营业税差额纳税试点工作推进速度，进一步放宽入选条件，扩大试点范围，并妥善解决试点中遇到的突出问题。

增值税改革试点有序推进。这次营改增试点，在服务业总体减负的同时，物流业特别是交通运输企业出现了税负增加较多的情况。建议政府有关部门充分重视，并抓紧解决物流业相关环节税率不统一、交通运输服务税率偏高等实际问题。在问题没有妥善解决前，建议慎重对待试点扩围。

3. 交通环境亟待改善

2012 年，交通运输部等五部门将继续推动收费公路专项清理工作。在第一阶段调查摸底的基础上，针对排查中出现的问题应抓紧出台具体实施方案，重点推进收费公路专项清理的监督检查和验收工作。各地区应按照有关文件要求，进一步降低公路过路过桥收费。

应加强对收费公路的管理。建议修订《收费公路管理条例》，制定收费公路信息公开办法，完善收费公路价格形成机制。研究解决挂车交强险制度，推进甩挂运输发展。制修订《大件运输管理办法》、《超限运输车辆行驶公路管理规定》，加强公路超限法规建设。

按照"物流国九条"要求，建议有关部门

研究制定城市配送车辆管理政策，调整城市配送车辆管控进城的区域范围，为物流车辆进城提供通行、停靠便利。

4. 加大物流基础设施支持力度

列入国务院《物流业调整和振兴规划》专项规划的《全国物流园区发展规划》，应尽早出台。应明确物流园区规划布局的基本标准和原则，制定相应的鼓励政策和约束机制。对于纳入全国和省级物流业发展规划的物流用地应予重点保障，列入城市土地利用总体规划并优先安排。

建议推行租地建库方式，既保证物流企业用地需求，有效减轻企业一次性投资压力，也有效抑制圈占土地、等待升值的投资冲动。

交通运输部正在加快完善《交通运输部投资补助物流园区项目管理办法》，2012 年开始将针对示范性好、公益性强的物流园区给予一定的补助资金支持。

商务部 2012 年将开展“现代物流技术应用与共同配送综合试点”工作。通过组织推荐现代物流技术应用和共同配送综合试点城市，促进试点城市加大商贸物流基础设施投入。

5. 物流业管理体制改革应该提到议事日程

几年来的实践表明，没有一个专门的行政管理机构，物流政策难以落地。一些地方政府逐步加快物流管理体制调整改革，成立专门机构，统筹协调地方物流管理工作。建议在下届政府机构改革中，参照能源和粮食管理体制，在国家层面设立国家物流局，统筹协调全国物流业发展工作。各省市建立相应机构，承担相应职能。

（中国物流与采购联合会）

关于“物流国九条”政策落实情况的调查

2011年8月，《国务院办公厅关于促进物流业健康发展政策措施的意见》（国办发〔2011〕38号）（业内简称“物流国九条”）出台以来，政府有关部门分头落实，广大物流企业充满期待。为深入了解政策落实情况，收集和反映企业诉求，促进政策全面落实，中国物流与采购联合会于2012年2月在会员单位内开展了“物流国九条”政策落实情况调查。截至2012年3月1日，共收到会员单位有效调查问卷120份。

在有效问卷中，按照企业所有制性质分：国有企业53家，占企业总数的44%；民营企业60家，占企业总数的50%；外资和中外合资企业7家，占企业总数的6%。

按照企业类型分：综合型物流企业62家，占企业总数的52%；运输型物流企业46家，占企业总数的38%；仓储型企业12家，占企业总数的10%。

在被调查企业中，通过物流企业综合评估的企业95家，占企业总数的79%。其中，5A级企业18家，占企业总数的15%；4A级企业44家，占企业总数的37%；3A级企业29家，占企业总数的24%；2A级企业4家，占企业总数的3%。

调查显示，2011年有89%的被调查企业主营业务收入实现同比增长，平均增幅28%；75%的企业利润实现同比增长，平均增幅17%。

从收入规模看，88%的企业主营业务收入在5000万元以上，73%的企业主营业务收入在1亿元以上，31%的企业主营业务收入在10亿元以上，22%的企业主营业务收入在20亿元以上，5%的企业主营业务收入在50亿元以上。详情如图1所示。

从利润规模看，有93%的企业利润在100万元以上，66%的企业利润在500万元以上，56%的企业利润在1000万元以上，23%的企业利润超过5000万元，13%的企业利润超过1亿元，3%的企业利润超过5亿元。

一、“物流国九条”政策措施落实情况分析

总体来看，“物流国九条”出台以来，各地、各有关部门积极推动落实，在税收、交通、投融资和土地等政策方面，都有不同程度进展，但与国务院办公厅文件的要求还有较大差距，与物流企业所需要的政策环境还有一定距离。

1. 营业税差额纳税试点工作取得明显效果

在被调查企业中，营业税差额纳税试点企业有51家，占试点企业总数的43%。统计显示，2011年，试点企业平均减少重复纳税额

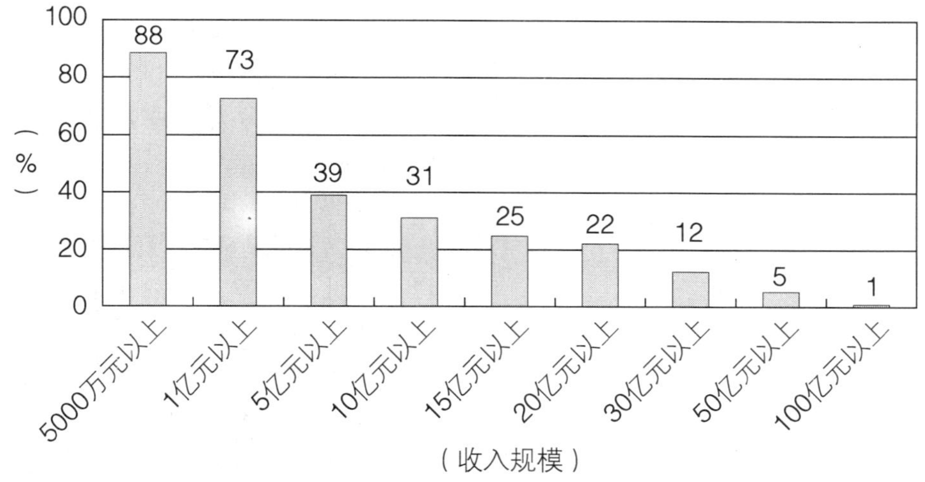

图1　收入规模分布

372万元。其中，75%的企业减少重复纳税超过50万元，63%的企业超过100万元，33%的企业超过500万元，27%的企业超过1000万元。部分大型物流企业集团减负效果明显，调查中有3家企业减少重复纳税额超过5000万元。相对于其他政策，税收试点工作成效明显，受到企业普遍欢迎。

对于未能享受该项政策的被调查企业，其中，有48%的企业是因为不符合试点政策条件，有12%的企业不知道有这样的政策，有10%的企业符合条件但申请没有通过。总体来看，试点政策门槛仍然偏高，试点范围还有待扩大。在被调查企业中，大部分中西部地区的物流企业由于规模偏小达不到试点政策规定的条件。详情如图2所示。

2. 营业税改征增值税试点企业税负增加较多

被调查企业中，有21家企业参与了营业税改征增值税试点工作，占被调查企业总数的18%。统计显示，2012年1月份，67%的试点企业实际缴纳增值税有一定程度的增加，平均

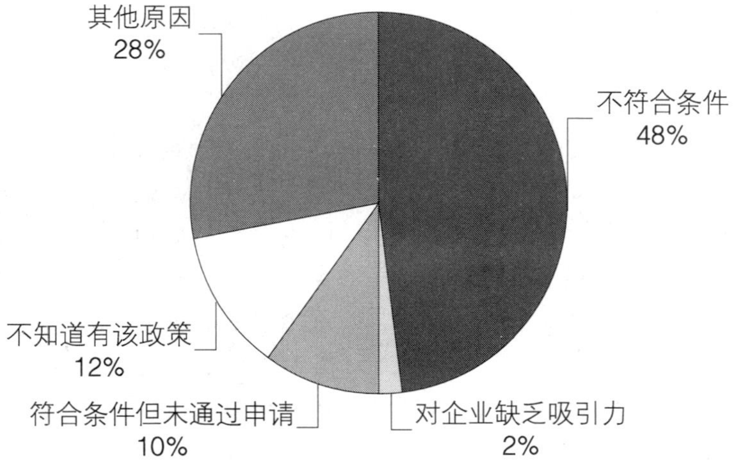

图2　未能享受营业税差额纳税政策的原因

增加税负5万元。换算成营业税体制，则有57%的企业税负增加超过5万元，24%的企业税负增加超过10万元，个别大型物流企业集团税负增加超过100万元。据被调查企业的反映，税负增加的主要原因是交通运输服务税率上调幅度较大，而企业实际可抵扣项目较少。运输和仓储等其他物流环节仍然实行不同的税率，不利于物流业“一体化”运作。

3. 土地使用税减半征收政策有待继续落实

在被调查企业中，已有32家企业享受到土地使用税减半征收政策，占被调查企业总数的27%。统计显示，已享受土地使用税减半征收政策的企业平均少缴纳土地使用税170万元。其中，38%的企业少缴土地使用税50万元以上，31%的企业少缴100万元以上，19%的企业少缴200万元以上，部分大型物流企业集团少缴土地使用税超过500万元。

未能享受土地使用税减半征收政策的被调查企业，主要原因是部分地方税务管理部门尚未收到正式文件，未能及时落实该项政策。此外，地方税务管理部门在具体执行中缺乏实施细则指导，对政策解释存在偏差，导致企业无法充分享受政策优惠。如河南某地税务管理部门只针对单一仓储型物流企业执行此项政策，而综合型物流企业则无法享受。

4. 过路过桥费仍是物流企业沉重负担

在被调查企业中，运输型物流企业2011年的过路过桥费平均支出4459万元，其中，37%的企业支出超过5000万元，有部分大型公路货运企业支出超过1亿元。过路过桥费平均占运输型物流企业运输成本的34%，其中，87%的企业超过20%，72%的企业超过30%，37%的企业超过40%，7%的企业超过50%。

在被调查企业中，综合型物流企业过路过桥费平均支出693万元。其中，44%的企业支出超过100万元，26%的企业支出超过500万元，19%的企业支出超过1000万元，6%的企业支出超过5000万元，部分大型物流企业集团支出超过1亿元。过路过桥费平均占综合型物流企业运输成本的11%，其中，48%的企业超过10%，13%的企业超过20%，有1家企业超过30%。

与2010年相比，48%的企业认为过路过桥费支出变化不大，27%的企业认为过路过桥费不降反升，22%的企业认为有所降低，3%的企业认为降低较多。反映有所降低和降低较多的企业主要分布在上海市、天津市、山东省、浙江省、福建省和陕西省。

5. 公路罚款总体变化不大

在被调查企业中，运输型物流企业2011年因公路罚款平均支出123万元。其中，50%的企业支出超过50万元，41%的企业支出超过100万元，17%的企业支出超过500万元，部分汽车物流、大件物流企业支出超过1000万元。运输型物流企业的公路罚款平均占运输成本的1.4%。其中，70%的企业超过0.5%，39%的企业超过1%，20%的企业超过2%，部分汽车物流、大件运输企业支出超过3%，个别企业达到6%以上。

与2010年相比，57%的被调查企业认为公路罚款支出变化不大，19%的企业认为不降反升，16%的企业认为有所降低，8%的企业认为降低较多。反映有所降低和降低较多的企业主要分布在天津市、浙江省、福建省和陕西省。

6. 过半物流基础设施纳入地方规划

在被调查企业中，有62家企业物流园区、物流中心等基础设施建设纳入地方规划，占被调查企业总数的52%，仍有48%的企业基础设施建设未纳入地方规划。在企业获得的支持政策中，享受财政补贴和用地支持政策的企业最多，其中：42%的企业能够获得这两项政策支持；能够享受税收返还政策和税收减免政策的企业占比依次为31%和27%；能够享受贴息贷款政策的企业占比为15%；能够享受租金优惠政策的企业占比最小，只有5%。此外，还有部分企业能够享受地方政府物流业发展专项扶持资金或其他专项资金补助支持。

7. 仓库租金持续高位运行

调查显示，2011年年末被调查企业平均仓库租金为15元/平方米·月。其中，73%的企业租金超过10元/平方米·月，49%的企业租金超过15元/平方米·月，22%的企业租金超过20元/平方米·月，14%的企业租金超过25元/平方米·月，6%的企业租金超过30元/平方米·月。从区域分布看，北京市、上海市、广州市、深圳市和厦门市一线城市仓库平均租金最高，超过25元/平方米·月，其中，深圳市平均租金超过了30元/平方米·月，天津市、苏州市、义乌市等经济发达城市仓库平均租金超过20元/平方米·月。此外，中西部地区的西安市、武汉市、银川市、西宁市和东北地区的长春市等内陆城市仓库平均租金也接近20元/平方米·月。

在被调查企业中，69%的企业租金有所上涨，与上年末相比平均增加了13%。其中，90%的企业租金增加5%以上，59%的企业租金增加了10%以上，25%的企业租金增加了15%以上，18%的企业租金增加了20%以上，16%的企业租金增加了25%以上，10%的企业租金增加超过30%。数据显示，成都市、西宁市等中西部城市仓库租金上涨较快，都超过20%。

8. 企业融资渠道较为单一

调查显示，银行贷款仍然是企业最常用的融资渠道，占被调查企业的93%；占第二位的是民间资本渠道，占被调查企业的14%；政府财政支持也是重要的融资渠道，占比为6%；上市融资和发行债券占比分别为5%和2%。此外，还有部分企业由上级企业直接注资，或采用委托贷款和信托贷款等方式，也有部分企业引入风险投资。

调查显示，46%的企业认为投融资环境一般，28%的企业认为较好，22%的企业认为不大好，4%的企业认为很好。调查企业反映，目前主要投融资问题包括：投融资渠道较为单一，银行贷款间接融资占比较大，企业上市和发行债券等直接融资难度较大；银行贷款申请难、审批难、利率偏高；银行贷款对不动产等抵押物额度要求高，担保额度小，贷款期限短等。

对于上市融资和发行债券融资渠道，78%的调查企业认为主体准入门槛高，25%的企业认为发行成本较高，10%的企业认为税收制度不完善，5%的企业认为会计制度不完善。还有部分企业认为，企业自身组织架构不完善、赢利模式不清晰，政府没有出台相应的政策支持也是重要原因。

9. 企业兼并重组程序复杂、困难较多

对于企业兼并重组、剥离物流资产和业务方面存在的问题，73%的被调查企业反映审批程序复杂，63%的企业认为相关税费高，50%的企业认为资产处置困难，45%的企业认为劳动关系处理困难，35%的企业认为债务债权关系复杂。

10. 企业信息化建设缺乏引导

在被调查企业中，2011年企业信息化投入平均为216万元。其中，52%的企业投入超过50万元，41%的企业投入超过100万元，30%的企业投入超过200万元，23%的企业超过300万元，14%的企业超过500万元，7%的企业投入超过1000万元，部分大型物流企业集团总投入超过3000万元。

调查显示，企业信息化投入平均占投资总额的18%。其中，42%的企业信息化投入占投资总额的10%以上，25%的企业信息化投入占投资总额的比例在20%以上，20%的企业信息化投入占投资总额的比例在30%以上，13%的企业信息化投入占投资总额的比例超过50%，6%的企业信息化投入占投资总额的比例超过80%，个别企业信息化投入占投资总额的比例超过 90%。

对于信息化建设中存在的问题，52% 的企业反映企业信息平台与公共信息平台对接困难，42% 的企业反映企业信息化建设投资成本高，36% 的企业反映信息化相关标准缺乏，15% 的企业反映实施效果不明显，13% 的企业反映技术选型困难。还有企业反映信息安全性问题得不到保障，信息化建设行业信誉度不高，以及企业自身业务整合度不高制约信息化发展等问题。

11. 物流企业申请高新技术企业门槛较高

调查企业中，仅有 7 家企业属于高新技术企业，占被调查企业总数的 6%。大部分企业不属于高新技术企业，主要原因是不符合政策享受条件，占非高新技术企业总数的 80%。企业普遍反映，高新技术企业申请门槛较高，物流企业难以通过。

12. “绿色通道”政策有待继续落实

在被调查企业中，仅有 5 家企业享受鲜活农产品“绿色通道”政策，占被调查企业总数的 4%。企业反映，部分地区政策执行还有待落实。如河南省只针对单车单趟承运鲜活农产品给予免缴通行费优惠。

13. 企业设立分支机构仍有困难

被调查企业反映，在设立分支机构方面，一些地方还存在阻碍和限制分支机构设立和经营的问题。例如，许多地方要求企业在当地登记注册有独立法人资格的子公司，不允许注册非独立核算的分支机构；有些地方规定，物流企业在当地设立分支机构，必须找“挂靠”单位，要求进入指定地点经营，硬性规定车辆台数，要求运营企业缴纳押金；一些地方不承认物流企业总部取得的经营资质和证照，设立分支机构时需要重新登记申报，同时，赋予总部的政策，有些分支机构还享受不到，如营业税差额纳税试点等；还有的地方仍然存在地方保护现象，设置准入门槛，限制外地企业进入本地市场。

14. 物流管理体制障碍制约行业发展

被调查企业反映，物流业尚没有独立的产业目录，企业申报经营范围和缴纳税费时需要拆分不同的环节分别申报。一些物流相关资质如道路运输、医药物流、快递物流、超限运输、危险品运输等资质需要向不同部门分别申报，申请周期长、申请难度大。物流业尚没有明确的主管部门，企业在办理行政许可、资质申请等手续过程中涉及部门多，手续烦琐。不同地方审批标准、流程和收费不统一，超限运输等跨区域审批难度大，还存在地方保护现象。

二、继续深化落实“物流国九条”政策措施的建议

为继续深化落实“物流国九条”政策措施，结合调查问卷和专题调研，提出以下政策建议。

1. 扩大营业税差额纳税试点范围

自 2005 年开始了营业税差额纳税试点工作至今，已有 7 批 934 家企业纳入试点范围，切实减轻了试点企业的税务负担。温家宝总理在全国人大五次会议上所作的《政府工作报告》中提出，要“扩大物流企业营业税差额纳税试点范围”，体现了政府支持物流业发展的政策导向。我们建议：进一步扩大试点范围，为全面推广创造条件。

一是放宽物流企业认定。凡是按照国家标准评估认定的 A 级物流企业，自动纳入税收试点企业范围。集团型物流企业取得 A 级物流企业资质，下属分、子、控股公司即可适用差额纳税政策。

二是放宽“自开票纳税人”资格的限制。鼓励物流企业对社会资源进行整合，对租赁达到一定期限的社会车辆也可认定为自有车辆。总部取得自开票资格，分支机构自动认定为自开票纳税人。

三是放宽试点企业纳税额限制。将上一年缴纳营业税及其附加不低于100万元的标准，降低为50万元。中西部地区物流企业可以在此基础上，再降低30%左右。

四是进一步研究完善和扩大税收试点的办法。明确试点企业“所属企业”的范围。界定“仓储业务”差额纳税的内涵。推行个体车辆税收代扣代缴制度。尽快研究解决仓储、配送和货运代理等环节与运输环节营业税税率不统一的问题。

我们建议建立“物流综合服务”概念。将运输、仓储（场站）、货代、快递等物流各环节统一执行3%的营业税税率。这是物流业迫切需要解决的问题，也是“物流国九条”提出的重要政策措施。

2. 调整完善“营改增”试点政策

2012年1月1日起营业税改征增值税试点工作在上海市启动，物流企业纳入本次试点范围。试点两个月，物流企业特别是运输型物流企业普遍反映税负大幅增加，显然有违试点方案中“改革试点行业总体税负不增加或略有下降”的指导思想。物流业务各环节税率仍未统一，也不符合“物流国九条”提出的“要结合增值税改革试点，尽快研究解决仓储、配送和货运代理等环节与运输环节营业税税率不统一的问题”。我们的建议如下。

一是在不改变试点方案基本框架的前提下，将“货物运输服务”从“交通运输服务”中剥离，纳入“物流辅助服务”，采用6%的税率（经测算，略高于营业税实际负担率）。同时，我们强烈要求，在今后改革中明确设立“物流综合服务”统一税目，与物流相关的各环节业务执行统一的税目和税率，以适应物流业一体化运作的需要。

二是适当增加进项税抵扣项目。例如，对于占有较大成本比例的过路过桥费、保险费、房屋租金等纳入进项税抵扣范围。对存量资产（非不动产）采取过渡性抵扣政策，允许物流企业在用运输工具及设备依据一定比例纳入进项税额抵扣。

三是抓紧研究解决试点操作过程中出现的具体问题，保证“营改增”试点政策有效衔接、平稳过渡。

建议有关部门慎重对待试点扩围。在上海试点中应进一步发现和解决相关问题。以后即使扩大试点，也应该按照行业，而不是地区稳步推进，避免引发地区间的不平衡。特别是像物流业这样全国网络化经营的行业，更不宜因试点政策的不同，造成新的地区分割。

3. 进一步落实土地使用税减半征收政策

土地使用税减半征收政策是落实“物流国九条”的重要政策措施，深受物流企业欢迎。但是，由于政策出台时间较短，各地对政策的理解存在差异，导致政策执行中出现偏差。我们的建议如下。

一是地方税务主管部门应尽快了解政策内涵。对于执行过程中存在的异议，提交国家税政部门审议，统一执行标准，减少和限制地方自由裁量权，使物流企业真正享受到政策实惠。

二是明确物流企业认定范围。政策范围不仅仅局限于仓储型物流企业，物流企业凡是拥有仓储设施用地的均可享受该项政策。对于按照国家标准评估认定的A级物流企业，自动纳入土地使用税减半征收企业范围。进一步明确物流基础设施平台建设类单位（物流园区、物流中心）享受该项优惠政策。

三是明确大宗商品仓储设施的认定。严格按照政策要求，凡是仓储设施占地面积在6000平方米以上的，且储存商品列入政策条文的，均可享受该项优惠政策。

4. 加紧落实清理收费公路工作

过高的路桥费，加重了物流企业的负担，增加了社会流通成本。我们的建议如下。

一是切实按照交通运输部等五部门关于清理收费公路的通知，做好收费公路清理工作。

在此基础上，加大对高速公路收费的监管力度，撤并不合理的收费站点，逐步降低偏高的高速公路收费标准。对已出让经营权的繁忙路段及快到收费期限的公路，应根据政府财力状况逐步回购经营权。

二是加强对收费公路的管理。制定相应的制度和标准，削减公路管理和维护费用，规定还贷比例和期限，使所收费用大部分用于归还贷款。禁止超过收费期限的公路继续收费，逐步减少收费公路规模。控制新建收费公路，充实资本金，减少贷款比例。

三是尽快出台《大件运输管理办法》。完善跨省综合协调机制，规范申报和审批程序，制定全国统一的公路赔（补）偿费标准，公开路桥通行条件、办事程序和收费标准。

四是清理各地不同的执法标准，设立全国性的统一执法与处罚标准。坚决制止“乱收费”、“乱罚款”，并形成长效机制。

5. 改革物流用地制度

物流园区、物流中心、配送中心以及仓库货场等物流基础设施，占地面积大、资金投入多、回收周期长，是带有公益性的城市主体功能区。当前，城市物流用地急剧收缩，物流基础设施持续紧缺，导致大中城市周边仓库货场租金不断提高，物流成本持续上升。与此同时，一些地方提出的物流发展目标盲目性较大，也有的借物流名义，圈占土地搞房地产开发。我们的建议如下。

一是出台强制性规划。抓紧制定全国性的物流园区发展专项规划。要在摸清现有仓储类物流设施的基础上，明确物流园区规划布局的基本标准和原则，严格相应的约束机制。

二是推行租地建库方式。地方政府不再将土地50年使用权一次性出让给物流企业，而是采取租赁方式，企业在政府规划的物流园区租地建库。这样，既保证物流企业用地需求，有效减轻企业一次性投资压力，又可以有效抑制圈占土地、等待升值的投资冲动。

三是支持城市配送中心建设。中等以上规模城市要将城市物流配送中心纳入城市总体功能布局规划，优化城市物流配送区域布局，完善城市物流配送服务网络。开展城市物流共同配送工程，在用地紧张、交通问题突出的商业聚集区域推行共同配送方式，支持专业化的共同配送企业和城市配送车辆更新改造。

四是实行严格的用途管制。把物流用地纳入城市总体规划。根据城市物流需求，确保物流园区、配送中心等仓储类物流设施的用地需要。对于既有物流用地，不得随意变更用地性质和规模，不得因为地价升高而强制物流用地无限度外迁。对新建物流设施用地做出硬性规定，该地块只能用于物流活动，不允许随便改变用途或转租。

6. 优化物流企业投融资环境

物流业是资金需求量大，投资回收周期长的行业。企业自有资金不能满足需要，企业普遍存在融资瓶颈。我们的建议如下。

一是加大资金支持力度。对纳入城市建设规划的物流园区、物流中心等基础设施给予优先贷款和财政贴息。积极支持物流企业进行网络建设，对于运行良好、管理规范的物流企业、园区的技术改造、信息化建设、节能减排设施以及周边交通条件改善等项目，给予财政补助。适当增加金融机构面向中小微物流企业网络建设的贷款比重。支持物流行业诚信体系和担保机制建设。

二是开展物流产业投资基金试点。积极推进物流产业投资基金试点工作。配合国家产业政策，满足于符合规划的物流基础设施建设和运营项目，已经发育成熟、但暂时还不能上市的物流企业以及企业重组、并购等资金需求。

三是对物流企业在股票上市、企业债券发行方面给予支持。降低企业准入门槛和发行成本，完善物流税收制度和会计制度，允许有发展潜力的物流企业发行不同期限的长期债券，鼓励其推进股票上市。鼓励中小型物流企业在创业板市场发行股票融资。

7. 支持物流企业做强做大

近年来，我国许多物流企业发展很快，积累了一定的经营实力和管理经验，具有做强做大的潜力。但是与跨国物流企业相比，一体化、网络化服务能力不强，市场竞争力还有待进一步提升。我们的建议如下。

一是支持物流企业兼并重组。对物流企业兼并重组提供专项资金支持，引导大型物流企业通过多种方式对中小物流企业进行兼并、重组和托管。简化企业兼并重组审批程序，协助解决企业在兼并重组过程中遇到的资产处置、人员安置、债务核定等方面的问题。

二是简化国有大型物流企业内部产权转让程序。国有物流企业内部产权的转让行为，原则上由企业自主审批，免去专项审计、资产评估、进场交易等程序。国家国有资产监督机构组织的国有企业之间的重组合并行为，应采取行政手段、无偿划拨方式。

三是为企业设立分支机构提供便利。允许物流企业异地设立非独立核算的分支机构，取消分支机构车辆挂靠的不合理规定。加强物流资质管理，精简相关资质证明。对于必须的资质证明，允许企业分支机构在全国通用。凡赋予总部的优惠政策，各类分支机构同等享受，无须重新申报。

8. 支持企业信息化建设和技术改造

一是支持物流行业管理和技术创新。支持企业物流信息系统建设和监管部门信息化建设，提高物流运行的信息化、智能化水平。支持物联网、云计算等信息技术推广应用，大力扶持具有市场潜力的物流信息化运行模式。

二是完善物流标准体系。加快形成标准制定机制，抓紧制修订物流信息、物流服务流程、工具器具和技术装备等领域的标准和规范，加大物流标准的制定和宣贯力度，引导企业现代化升级。

三是支持物流公共信息平台建设。重点支持全国性和区域性物流节点城市的物流公共信息平台建设。加快建立平台间信息交换标准，完善平台间互联互通机制。加强物流信息平台与政府金融、税务、海关、检验检疫等行业信息系统的合作，发挥政府信息公益性和社会指导性作用。

9. 加大农产品物流支持力度

农产品物流仍然是薄弱环节。一边是农民“卖菜难”，一边是居民“买菜贵”。应该引起高度重视。我们的建议如下。

一是支持农产品“绿色通道”建设，强化起运地负责制，明确回程空车免缴通行费，进一步减免农产品进城的各项税费。

二是支持大型批发市场配套建设农产品加工物流中心，增加加工、存储、拣选、包装、检验检测等物流功能，新建或改造农产品冷库、冷藏车辆等冷链设施。对参加“农超对接”的农业产业化龙头企业、超市投资建设物流中心、冷链系统等设施的投入给予专项补贴、贷款贴息、税收等扶持政策。

三是支持农产品物流质量安全可追溯体系建设，加强物联网在农产品物流领域的应用，对与可追溯系统相关的检测中心、信息系统等进行补贴扶持，建立贯穿农产品生产、物流、销售整个供应链的质量安全可追溯体系。

10. 改革我国物流业管理体制

物流业是复合型产业，目前没有一个专门的主管部门。尽管物流业的产业地位已经确立，但在国民经济各方面都找不到对应的类别。我们的建议如下。

一是设置专门管理机构。几年来的实践表明，没有一个专门的行政管理机构，物流政策难以落实。建议在下届政府机构改革中，参照能源和粮食管理体制，设立国家物流局，统筹协调全国物流业发展工作。各省市建立相应机构，承担相应职能。

二是在国民经济管理环节和具体政策中落实物流业产业地位。从国民经济行业分类、产业统计、工商注册、土地使用及税目设立等方面明确物流业类别，真正落实物流业的产业地位。尽快完善物流调查统计和信息管理制度。加强物流业政策及法规体系建设，推动物流业立法工作。

（中国物流与采购联合会）

2011 年全球物流发展动态

一、2011 年全球物流业回顾

1. 物流总成本

2011 年，全球主要国家和地区的物流总成本占 GDP 的比重情况是北美地区和欧盟地区物流总成本占 GDP 的比重平均低于 9%，南美地区和亚太地区物流总成本占 GDP 的比重平均为 12%左右。

以日本为例，根据国际货币基金组织研究统计，2011 年日本物流成本占 GDP 的比例为 8.7%，物流成本为 4844.2 亿美元。

以美国为例，2011 年美国物流成本占 GDP 的比重为 8.5%（详见图 1），比上年有 2.6%的略微增长。这主要归因于 2011 年的库存持有成本和运输成本的小幅增长。其中，库存持有成本方面，2011 年美国的库存持有成本比上年增加了 7.6%，主要是库存水平上升所致，相应地带来税收、废弃、折旧以及保险成本的增加。此外，2011 年美国的利率持续下跌（尽管下跌的幅度空间并不是很大）带来的影响不容忽视。运输成本方面，2011 年，得益于运价的上升而非货运量的增加，美国的公路货运成本增长了 6.2%。尽管部分货运行业收入欠佳，但铁路货运、公路货运以及第三方物流运输服务企业实现了运价和收入的增长。大部分一级铁路和主要的公路货运公司资产负债表表现强劲，赢利增长显著。很重要的一个原因是整个环境相对而言比较宽松，没有过多的限制，唯一不足的就是货运量增长踌躇不前，2011 年占货运总量 77%的公路货运量比上年仅有 6.2%的增长。2011 年，美国运输业界真正的领先者是铁路货运，同比增幅达 15.3%。此外，第三方物流提供商和货运代理行业比上年增长了 9%，而且在 2011 年年底增长势头有所增强。

2. 公路货运业

据俄罗斯联邦国家统计局公布的数据统计，2011 年，俄罗斯交通运输的货物周转量达 4.914 万亿吨公里，与 2010 年同期相比增长了 3.4%。其中，公路运输货物周转量同比增长了 11.8%，达 2228 亿吨公里。

2011 年，美国公路货运的成本和运价均有所上涨。尽管货运车队的规模有所缩小，承运人仍旧面临司机难寻的局面。2011 年年底，大约有 18%的承运人反映有 6% ~10%的司机岗位空缺。不单是司机难寻问题严重，司机的流动率也高达 88%。美国货运协会（American Trucking Association）预计，替换一个司机会带来 5000 ~6000 美元的收益损失。许多承运人重新启动培训项目，大力从驾校招人。阿肯色州劳工服务部（ADWS）携手阿肯色州立大学和

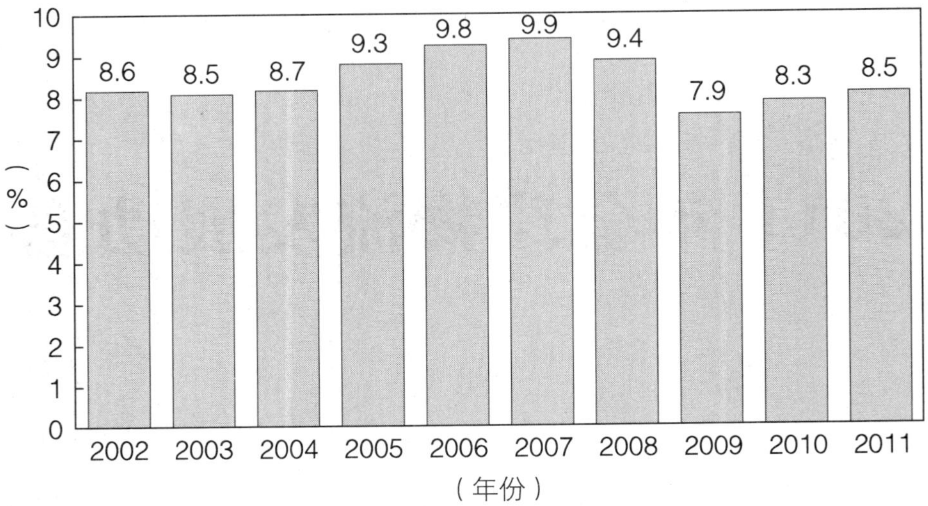

图1　2002—2011 年美国物流总成本占 GDP 的比重

资料来源：第 23 次美国物流年报，美国供应链管理专业协会（CSCMP），2012 年 6 月，华盛顿。

阿肯色州货运协会，重新启动在 2009 年被中止的货车司机试点培训项目。每名学员必须完成四周的驾驶课程，同时必须在岗一年才能抵消学费和相关费用。

另外，关于每名司机工作时长的新规定将在 2013 年开始实施。这项新规将司机每周驾驶的最大时长从 82 小时减到 70 小时。预计这一规定将造成 3%~8% 的劳动生产率损失。

3. 铁路货运业

根据德国联邦统计局统计，2011 年德国铁路货运重量为 3.75 亿吨，总量达 1132 亿吨千米，同比增长 5.4%，创 1992 年以来年货运量最高纪录。其中，境内货运量增长 6.2%，占总货运量的 68.6%。

在俄罗斯，过去 40 年间铁路运输一直是俄罗斯境内长途运输的主要形式。在货物周转量上，能够与铁路运输相提并论的只有管道运输。据俄罗斯铁路公司网站消息，2011 年俄罗斯铁路公司系统货运量达 12.416 亿吨，同比增长 3%。其中，12 月份货运量为 1.055 亿吨，比上年同期增长 5.2%；货物周转量为 2.13 万亿吨公里，比上年同期增长 5.7%。

4. 集装箱海运业

根据法国海运咨询机构（Alphaliner）发布的 2012 年首份国际班轮运输研究报告，2011 年班轮集装箱船总体运力上升了 7.3%，达 1590 万标准箱。新运力的 97% 集中在格栅式货柜船，该型船队运力增长了 7.9%，达 1540 万标准箱；而少量的非格栅式船（MPP 和滚装船），运量则下跌了 9.5%。其中，排名前 20 位的班轮公司进一步控制了全球集装箱海运市场，总体运量份额由一年前的 83.1% 上升至目前的 84.2%，全年运力上升 8.7%。

港口方面，根据中港网发布的“2011 年全球 20 大集装箱港吞吐量统计排名”（见下表），2011 年全球 10 大集装箱港口中，除中国香港港口排名第三外，中国大陆港口占据 5 席，显示了中国港口在全球集装箱运输地位中分量继续加重。

5. 航空货运业

国际机场理事会欧洲分会发布的 2011 年航空运输报告显示，2011 年上半年，欧洲航空货运发展势头较好，但下半年开始下滑。全年总体运输收益同比增长 4.1%，其中，客运增幅

2010—2011 年全球前 10 大港口集装箱吞吐量

排名	港口名称	2010 年（万标准箱）	2011 年（万标准箱）	增长率（%）
1	上海港	2905.00	3173.90	9.30
2	新加坡港	2842.50	2993.70	5.30
3	中国香港港	2343.20	2422.40	3.40
4	深圳港	2250.97	2249.90	0.00
5	釜山港	1419.40	1617.50	14.00
6	宁波港	1315.12	1463.93	11.30
7	广州港	1252.00	1430.80	14.30
8	青岛港	1201.17	1302.04	8.40
9	迪拜港	1160.00	1200.00	3.40
10	鹿特丹港	1110.00	1190.00	7.20

资料来源：中港网（http：//www.chineseport.cn/）。

为 7.3%，货运增幅为 1.4%。考虑到 2010 年火山灰危机与冬季极寒天气的影响，2011 年客运与货运收益增幅调整后分别为 5.2% 与 0.6%。

机场方面，据国际机场协会（ACI）公布的最新数据，2011 年全球货运机场排名第一位的仍为中国香港赤鱲角国际机场，为 396.8 万吨，超出排名第二位的美国田纳西州的孟菲斯机场 5.1 万吨。

在前五大货运机场中，除中国香港机场的 396.8 万吨和孟菲斯机场的 391.7 万吨之外，第三至五名分别是中国上海机场 310.3 万吨、美国安克雷奇机场 262.5 万吨和韩国仁川机场 253.9 万吨。其中，上海机场包括浦东和虹桥两个机场。

二、全球物流与供应链发展的新趋势

1. 低碳物流成为行业发展的新趋势①

随着全球温室气体排放的增加，越来越多的企业把减少温室气体排放作为企业发展的一个目标，低碳物流因而成为行业发展的新趋势。

全球知名酸奶制造商石原农场（Stonyfield Farm），作为一个有机产品制造商，一直积极致力于环保项目，其缩减公司碳足迹的模式为其他关注供应链温室气体排放量的公司提供了一个可行的方案。

位于美国新罕布什尔州（New Hampshire）和伦敦德里（Londonderry）的这家公司，在过去的四年中竭力缩减了其碳足迹，即在其整个商业过程中作为副产品而被生产出的全部二氧化碳。具体减少的二氧化碳量如图 2 所示。

公司首先通过完整的碳足迹研究，将零担运输整合为整车运输，规定了最小订购量，制订了 48 小时提前订购的修订计划。同时，根据其物流服务提供商——锐得公司（Ryder logistics）提供的数据进行了线路优化。

从图 2 显示的 2006—2008 年石原农场货运

① JAMES A. COOKE, On the road to a smaller carbon footprint, Quarter 4, 2009.

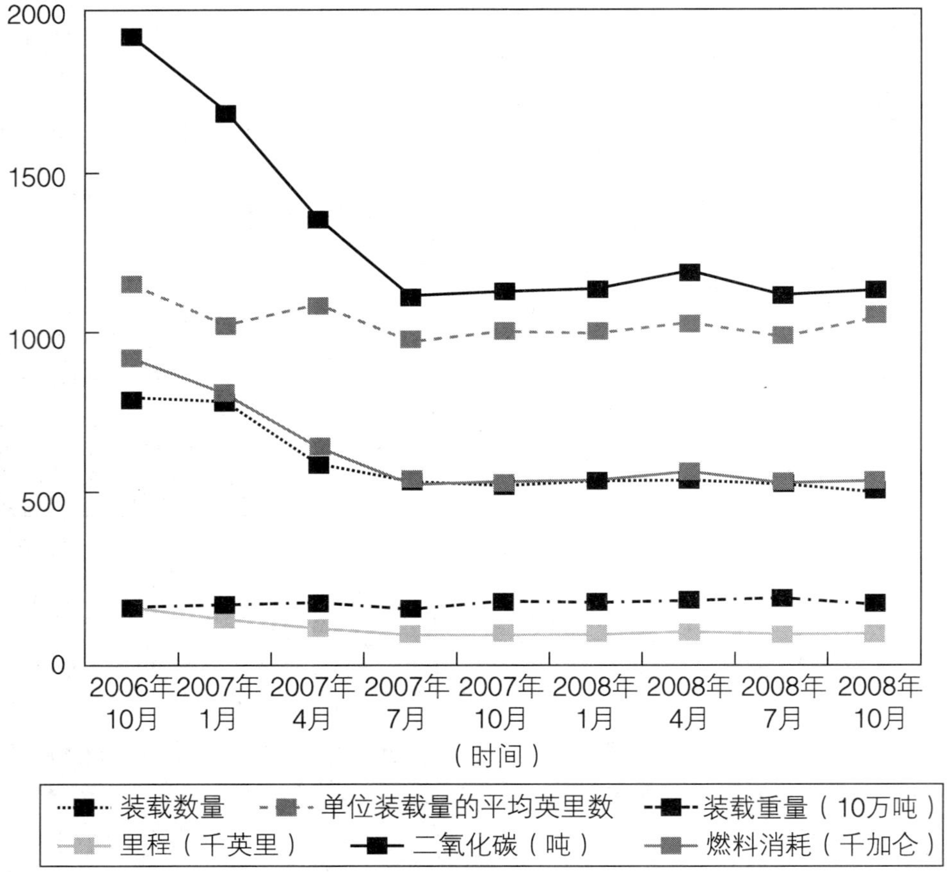

图 2　石原农场每运送一吨货物而减少的二氧化碳减少量
（以 2006 年为基准，2008 年和 2006 年的对比示意）

装载量和二氧化碳排放量的变化趋势可以看出，以 2006 年 10 月的数据为基准，石原农场仅用两年就将运送每吨货物的二氧化碳排放量缩减了一半。

2. 现金循环周期成为供应链管理者关注的重点

2012 年 9 月底至 10 月初，全球最大的物流协会——美国供应链管理专业协会（Council of Supply Chain Management Professionals，CSCMP）的年度会议将在美国亚特兰大召开。在年会设立的 24 个分论坛当中，资本密集型供应链的现金循环周期管理的分论坛成为关注的焦点。在近期经济衰退和缓慢复苏的大背景下，如何释放流动资金、加快现金循环周期成为大多数供应链企业，特别是资本密集型供应链企业的头等大事，因为供应链上的节约对企业的资产负债表的平衡产生直接且有效的影响。

早在金融危机爆发之前，卡夫食品公司（Kraft Foods）就提出了现金流达到 10 亿的目标①。当卡夫食品确定了目标之后，公司就开始密切关注应付账款、应收账款、营运资金

① JAMES A. COOKE, At Kraft, cash is king , Quarter 1, 2010.

（包括现有库存天数）和资本性支出等指标。但实际上，供应链部门起着十分牢固的连接作用。库存与现金流之间的关系使供应链管理部门成为了卡夫食品实现目标的重点所在。卡夫食品的供应链部门通过加快库存周转率，最终大约增加了20%的现金流量。

3. 近岸外包成为全球供应链布局的新特点

在过去的几年，由于一系列的突发事件和发展，全世界的供应链发生了重组和变化。欧洲和南美地区的火山爆发中断了航空运输的路线和日程。日本的地震、海啸和核泄漏证明了扩展的供应链的脆弱性。政局混乱还在继续影响着中东地区。工资上涨和通货膨胀在中国以及相对的低劳动成本国家发生。由于原油价格的上涨，运输成本疯狂飙升。

研究和投资公司 AlixPartners LLP 在 2012 年年初访问了超过 15 个行业的 80 位高管。其中，87% 的受访者表示其公司拥有或经营的工厂在美国以外。研究报告表明，多数高管对近岸外包的意见是：尽管公司对安全有所担忧，但为了使其制造基地靠近美国市场，墨西哥将成为生产制造商的必然选择。

这个调查表明许多公司正在考虑搬迁，如印度等地的亚洲生产基地，使其靠近美国市场。9%的公司已经实施这种策略，而33%的公司表示将在未来三年内把生产基地从亚洲搬到拉丁美洲。

的确，拉丁美洲是实施近岸外包策略最具吸引力的地方。63%的受访者表示墨西哥是其第一选择；6%的受访者认为是巴西，远远落后于墨西哥；2%的受访者认为是中美洲，6%的受访者表示他们趋向于在西半球成本低廉的国家建立生产基地。但是，并不是所有人都在美国南部边境寻找。调查表明，19%的受访者认为把生产基地搬回美国也是不错的选择。

当问及近岸外包策略最大的好处，30%的受访者提到降低运输成本，25%认为最大优势是快速响应市场需求，18%认为降低在途库存成本，16%认为具有时间优势，11%认为近岸外包策略将有利于北美经营者进行文化交流。

研究还涉及美国国内工厂向他国迁移。37%的受访者表示在过去3年内已经完成迁移或正在迁移。然而，工厂转移到亚洲的时代似乎已经过去，43%的受访者认为墨西哥是其迁移第一理想国，30%的受访者认为是中国，14%的受访者认为是印度。

三、全球物流业的未来展望

种种迹象表明，全球经济完全复苏尚需时日。与此同时，全球自然灾害和政局变动等突发事件为全球供应链安全提出了重大的挑战。面对全球经济的缓慢复苏和种种不确定性，只有那些苦练内功、未雨绸缪的供应链领导者们才能在挑战和变数中得到发展。

（王文博　王国文　综合开发研究院物流与供应链管理研究所）

2011 年美国物流发展

一、物流发展总体趋势

2011 年，美国商业物流成本为 1. 28 万亿美元，比 2010 年增长了 790 亿美元。自 2007 年以后，美国商业物流成本的变化趋势呈下滑态势。事实上，实现复苏尚需时日。2002—2011 年美国商业物流成本的情况如图 1 所示。

2011 年，美国的所有商业库存都处于增长状态，现有库存水平接近经济衰退峰值，2011 年年底的库存水平达到自 2008 年以来的最高值。2011 年，全美所有商业库存（农业、采矿业、建筑业、服务业、制造业、批发业以及零售业）平均投资额增长到 2. 1 万亿美元，增幅为 8%（见图 2）。

二、物流产业的发展趋势

2011 年，美国物流运输成本较 2010 年上升了 6. 2%。空运、海运和管道运输收入均有

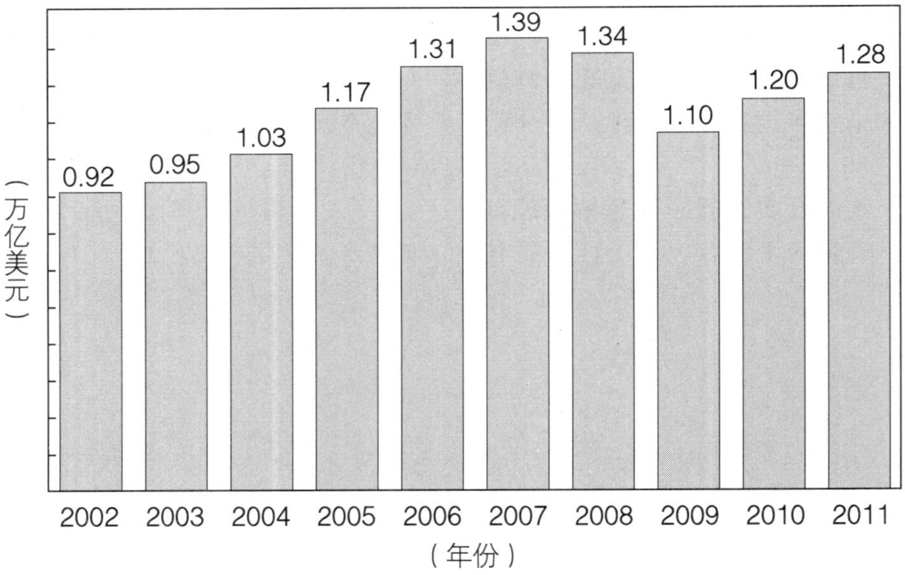

图 1 2002—2011 年美国商业物流成本

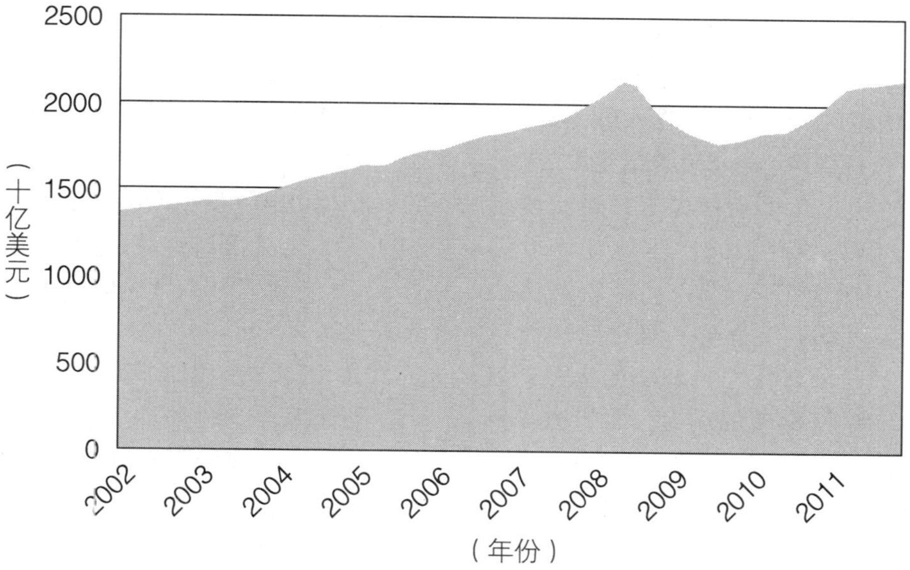

图2　2002—2011 年美国商业库存

所下降，而公路、铁路以及货运代理商的收入有所增加。

货运运价指标（Cass Freight Index）显示，2011 年年初同比有显著增长。2011 年前四个月，货运量比 2010 年高出 11.4% ~13.8%。与此同时，前七个月的货运费也比 2010 年高出 27.2% ~35%。然而，从第三季度起经济明显开始疲软，唯一强劲的迹象就是为迎接 7 月份假期提早发货，库存量也明显增长。之后，货运量和货运费都一直处于下降状态。

1. 公路货运有所增长

2011 年，美国运输行业最主要的组成部分——公路货运业对运价的掌控权在不断增加。2011 年，全美的公路货运成本增长了 6.2%、城际货运增长了 6.9%、本地货运配送成本增长了 4.7%。整个行业运价增幅为 5% ~15%。大公司享有运价方面的优势，而小公司则不具备优势。

尽管运价有所增长，许多公路货运公司仍旧面临高成本的挑战，例如司机薪酬、不断上涨的保险费、柴油价格以及采购新设备的成本。

2011 年，美国卡车销售势头强劲，新注册率达 38.2%。据 Polk 公司的研究显示，2011 年全美共有 125 万辆新车及二手中型卡车登记注册，其中 79.1 万辆是二手车，创下历年二手车销量的最高纪录。事实上，二手车在美国市场上非常走俏。2011 年第四季度数据显示，由于性能好的新式二手卡车的短缺，二手车注册有显著下降。美国重型卡车注册量在 2011 年第一季度和第四季度期间下降了 27.4%。

此外，对车辆需求的增长也在一定程度上抬高了二手卡车的价格。Act Research 公司分析员 Kenny Vieth 表示，“2010 年 1 月，车龄在 4 ~6 年的卡车平均零售价格为 3.66 万美元；2011 年 1 月，这一价格就涨到 4.86 万美元，而 2012 年 1 月价格已飞涨到 5.81 万美元”。承运人还面临另外一个影响运输车队规模的现实，就是由于卡车价格走高，承运人不得不用更多的旧卡车去替换新的卡车。Avondale Partners 研究公司的 Donald Broughton 调查显示，“十辆二手卡车现在只能抵换七八辆新卡车。”

2. 铁路运输保持增长

2011 年，全美铁路运输成本比上年增加了 15. 3%，但相比 2010 年 21. 8% 的增幅，还是有所下降。一级铁路吨/英里货运收入继续攀升，从 3. 33 美分增长到 3. 76 美分，增幅为 12. 9%。铁路运输成本的增长几乎全是由于高运价所造成的。2011 年，美国铁路运输货运额为 1520 万美元，比 2010 年增长了 2. 2%。美国铁路协会公布的数据显示，2011 年全美一级铁路运力只恢复至 2006 年货运量高峰值的 38% 的运力；多式联运恢复至 2006 年 84% 的运力，显然多式联运是铁路货运业增长的主力。

2011 年 11 月举行的铁路趋势会议上，联合太平洋铁路公司（Union Pacific）的 Brian McDonald 表示，承运人现在大多选用多式联运，是因为多式联运可以提供可靠的服务，确保足够的运力，保持稳定的运价，同时提高供应链的效率。更多的货运公司正与铁路合作，提供多式联运服务，以避免司机短缺带来的问题以及购置新设备或推迟更换设备带来的成本增加。事实上，许多承运人正在加大对新的多式联运底盘车和拖车的投资。2011 年，全美新商用拖车注册数继 2010 年同比增长 42. 9% 之后，2011 年又增长了 49. 7%。伯灵顿北方铁路公司（Burlington Northern）的 John Lanigan 认为，2011 年铁路公司的多式联运已经开始渗透到中小型货运企业。联合太平洋铁路公司表示，它们也正与中小型发货人协商采取同样的举措。

运力方面，铁路货运业在基础设施、设备和人员方面都表现的不错。2011 年，全美铁路货运业的设备购买支出增加了 91%，采购了 12157 辆新货车、473 辆新机车，以及 194 辆改造机车。制造商表示，2011 年年底有 5 万多辆已经订购还未交货的货车订单。另外，铁路货运业的新增就业岗位增加了 5. 7%。

2011 年，美国铁路货运业面临成本增长的问题。其中，燃油价格已从每加仑 2. 24 美元增加到 3. 07 美元，增幅达到 36. 7%，使运营成本中的燃油费用从 2010 年的 18. 5% 增加到 2011 年的 21. 3%。

3. 海洋航运业供过于求

2011 年，美国海洋运输业成本下降了 3%。美国集装箱货运总量在 2011 年达到 2950 万标准箱，相比 2010 年的 2830 万标准箱，增加了 4%。2011 年，全美出口继续保持增长，总出口额增长了 6%，比 2010 年 8% 的增长略低；进口增长大大放缓，2011 年的进口增长率仅为 3%，相比于 2010 年 13% 的增长降幅较大。

对于海洋运输业而言，2011 年是令人失望的一年，2010 年的强劲复苏的势头在 2011 年逐渐丧失。海洋运力继续增加，远远超过需求。2011 年全年基本上没有出现海洋运输的旺季，主要是因为经济复苏缓慢，难以支持节假日消费品的购备。由于贸易不景气加之运费低，几家跨太平洋贸易的承运人在冬季的几个月中止了部分服务，有些甚至完全退出了市场。2011 年年末，全球闲置集装箱船的数量翻番，达到 246 艘，占全球正在运营使用集装箱船的 4%，相当于经济衰退时 12% 的最高闲置率的 1/3。

港口货运业方面，西海岸的洛杉矶港集装箱海运量增加了 1%，奥克兰港增幅不到 1%，塔克马港增幅为 2%，长滩港下降了 3%，西雅图港降幅接近 5%。东海岸，纽约—纽泽西港和萨凡纳港增长了 4%，查尔斯顿港和诺福克港分别只增长了 1%。2011 年，美国主要集装箱港口业务情况如下表所示。

2011 年，全美的内河航运量从 3 月到 5 月呈下降趋势，继而到 7 月开始强势反弹。截至 2011 年年底，全美内河航运量与 2010 年年底量持平。全年货物运输价格有所增长，主要是由于铁路运价的增加。大部分内河航运货物为散货，铁路运输是其最大的竞争者，因而内河航运的运价变化与铁路运价变化呈现一致性。

4. 航空货运业运力过剩

2011 年，全美航空货运业运力过剩导致载货率下降，美国航空货运业收入全年下降了 2%。

2010—2011 年美国主要集装箱港口业务情况

港口名称	2011 年（标准箱）	2010 年（标准箱）	增幅（%）
洛杉矶港（Los Angleles）	7940511	7831902	1.4
长滩港（Long Beach）	6061091	6263499	-3.2
纽约—纽泽西港（New York）	5503485	5292025	4.0
萨凡纳港（Savannah）	2944678	2825179	4.2
奥克兰港（Oakland）	2342504	2330214	0.5
西雅图港（Seattle）	2033535	2133548	-4.7
诺福克港（Norfolk）	1918029	1895017	1.2
休斯顿港（Houston）	1866450	1817169	2.7
塔克马港（Tacoma）	1485617	1455466	2.1
查尔斯顿港（Charleston）	1381352	1364504	1.2

国际航空货运业受 4000 亿美元出口产品的刺激，但还不足以避免国际货运量减少的困境，2011 年这一数字已经跌到 1% 以下。

5. 管道运输略有下降

2011 年，全美石油管道运输量降幅接近 5%。运价的小幅上调抵消了一部分成本，但是总体来说，美国管道运输的收入在 2011 年下降了 3.5%。

6. 第三方物流行业逐步恢复

2011 年，美国货运代理行业呈现出了较快增长的势头，比 2010 年增长了 9%，主要是由于第三方物流提供商得到了迅速的发展。第三方物流行业已经逐步恢复，并且大大超过了衰退前的水平。2011 年，全美第三方物流赢利增长了 10.9%（如图 3 所示），承运人相关成本增加了 9%，物流行政管理费用增加了 4.9%。

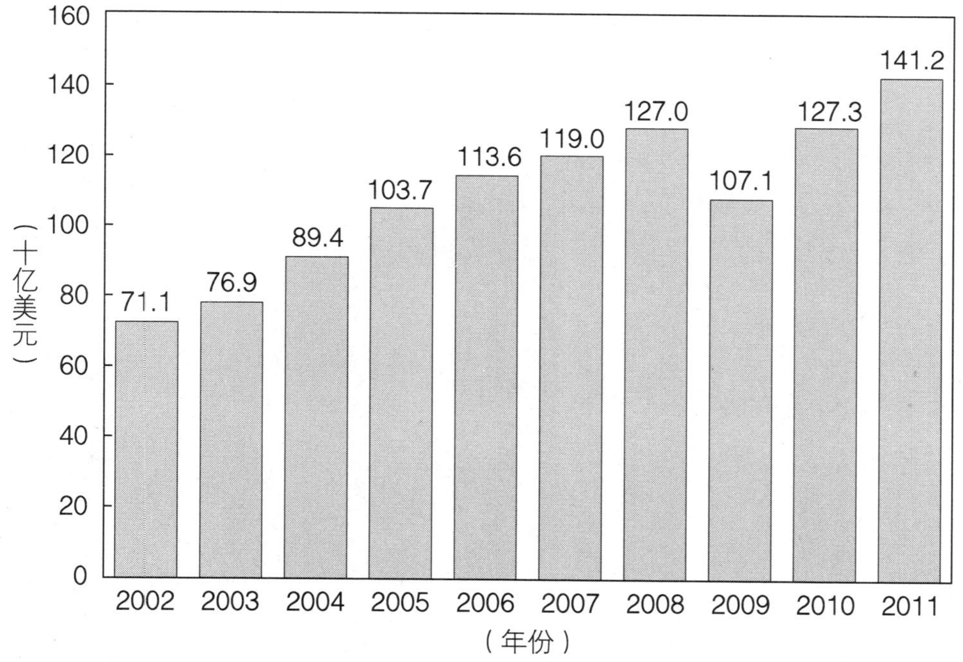

图 3 美国第三方物流市场赢利规模

三、总结

2011 年，美国乃至全球并没有实现快节奏的经济复苏。许多经济学家认为，经济完全复苏尚需时日。2012 年，美国 GDP 预计还将保持在 3% 以下的增速。随着失业者重返劳动力市场，失业率将会有所下降。2012 年第一季度，运输业就业率有所增加。铁路运输业将之前解聘的季节性维修工人重新招回，并且开始创造更多的就业岗位。

美国经济的复苏取决于主要贸易伙伴国的经济状况，然而通过现在的预测来看，前途不容乐观。欧盟正在经历严竣的财政危机。最近几个月，美国的出口放缓，短期内也不太可能有较大增长。总的来说，美国乃至全球经济复苏尚需时日。

注：本文图表资料均引自第 23 次美国物流年报，美国供应链管理专业协会（CSCMP），2012 年 6 月，华盛顿。

（王文博　王国文　综合开发研究院物流与供应链管理研究所）

日本冷链物流及冷库行业的发展[①]

一、日本的冷链物流

1. 日本冷链物流概述

在日本，冷链物流被称为“低温物流”。冷链物流是通过冷链物流系统实现保证生鲜食品的鲜度和保持食品冷冻、冷藏、低温的状态，并把生鲜食品从产地、食品制造加工企业、冷链物流中心最终送到消费地。通过冷链物流系统，不但确保了食品的鲜度品质，使卫生管理和温度管理落到实处；同时，可以调节食品的市场需求，节约冷链物流的成本，为日本消费者提供安全、安心的食品。

2. 日本冷链物流温度带的分类

（1）食品物流中心温度带的划分。日本的食品物流中心按食品的3个类别被分为3个温度带。

第一类：干货食品。冷冻食品、冷藏食品和蔬菜水果以外的食品都归类为干货食品。包括面包、点心、方便面等食品。

第二类：冷藏食品。即 -5℃ ~ +5℃保管的食品。包括芝士、牛奶、火腿、布丁、豆腐等在高温环境下容易变质的食品。

第三类：冷冻食品。即在 -20℃以下保存的食品。包括冰激凌、冷冻加工食品、冷冻鱼类、冷冻肉类等食品。

在日本，按照上述食品类别划分设置的物流中心温度带，称为三温度带。日本的大型超市都有自己的冷链物流中心。但是，建设在地方的中小型超市大多没有自己独立的冷链物流中心，须在同一冷链物流中心里保存三温度带商品的情况较多。

（2）冷链物流中心温度带的分类。日本冷库是对肉类、水产品、冷冻食品等食品在10℃以下进行仓储保管，并具有冷却设备而且可以隔热的仓库建筑。冷库温度带有4种分类方法，按照《日本冷库法》规定，以第一类分类方法为主。

第一类：7等级温度带的划分。如表1所示。按照冷库温度的不同，日本把冷库分为C3级、C2级、C1级、F1级、F2级、F3级和F4级共7个等级。目前，日本冷库85%以上的均为F级冷库，并且以F1级冷库最多，而C级冷库中又以C3级冷库居多。

第二类：3等级温度带的划分。如表2所示，包括SF级（超低温、-40℃以下）、F级（冷冻、-40℃ ~ -20℃）、C级（冷藏、-20℃ ~ +10℃）3个等级。

① 本文系北京物资学院日本物流研究中心阶段性研究成果之一。

表 1　　日本冷库存储商品的 7 等级温度带的划分①

序号	等级	温度带	可储存商品
1	C3	−2℃ ~ +10℃	腌菜、牛奶、鱼类肉类加工品、鸡蛋、生鱼、芝士、水果、调料
2	C2	−10℃ ~ −2℃	鲜鱼类、生肉类、乳制品、咸鱼、干鱼
3	C1	−20℃ ~ −10℃	冷冻面包、冷冻鱼类、加工肉类
4	F1	−30℃ ~ −20℃	一般冰激凌、黄油、冷冻食品、冷冻肉类、冷冻蔬菜
5	F2	−40℃ ~ −30℃	高级冰激凌
6	F3	−50℃ ~ −40℃	一般金枪鱼、一般生鱼片
7	F4	−50℃以下	高级金枪鱼、高级生鱼片

表 2　　日本冷库存储商品 3 等级温度带的划分

序号	等级	分类	温度带	可储存商品
1	C 级	冷藏	−20℃ ~ +10℃	乳制品、鲜鱼、蔬菜、加工熟食
2	F 级	冷冻	−40℃ ~ −20℃	鱼类、肉类、冷冻食品、冰激凌等
3	SF 级	超低温	−40℃以下	金枪鱼

第三类：4 等级温度带的划分。包括冷藏（−5℃ ~ +5℃）、冰冻（−3℃ ~0℃）、冷冻（−3℃）和定温（+15℃前后）共 4 个等级。

第四类：8 等级温度带的划分。包括加温（+20℃以上）、恒温（+10℃ ~ +20℃）、制冷（−5℃ ~ +5℃）、冰温（−3℃ ~0℃）、微冷（−8℃ ~ −3℃）、冷藏（−20℃ ~ +10℃）、冷冻（−40℃ ~ −20℃）、超低温（−40℃以下）8 个等级。

3. 日本冷链物流的发展

日本冷链物流产业的高速发展期在 20 世纪 80 年代，主要是受当时日本经济高速增长和生活习惯改变的影响而快速发展。经过 30 多年的发展，日本已经构建起了完备的从产地到终端消费地的冷链物流系统。从衡量冷链物流产业发展的几个关键指标如冷库库容、入库量、存储量、营业用冷库量和自用型冷库量的比率等数据来看，日本冷链物流产业近些年的关键指标都保持在较为平稳的水平，这说明日本冷链物流产业已经进入了平稳发展期。

日本冷链物流在技术、设备系统、运营管理、市场成熟度各方面都处于世界领先水平。近年来，日本政府大力推进冷链物流聚集地的各种基础设施建设，在大中城市、港口城市对冷链物流设施进行了合理规划。另外，日本的食品配送中心大都建有低温和常温仓库，同时进行食品流通加工、小包装分解、电子商务配送、订单式食品配送等冷链物流相关业务。此外，日本由于人多地少、自然资源稀缺，很难实现农产品冷链物流的组织化、集约化和规模化。为了解决分散的农产品结构，降低农户单独进入市场的交易成本，日本的农业合作组织

① 本文表格中数据资料来源均为日本冷库协会《冷库的诸统计》。

（简称农协）为日本农产品冷链物流提供了合作平台。日本农业合作组织通过建立以中心批发市场为核心的农产品冷链物流体系，保障了城市生鲜农产品的供应和流通。

二、日本冷库行业

1. 日本冷库行业概述

2009 年，日本食品综合自给率只有 40%。其中，蔬菜、水产品和肉类的自给率较高，分别为 84%、62% 和 58%；而谷物类和水果的自给率较低，分别只有 30% 和 41%。随着日本国民生活水平的提高以及饮食习惯的改变，水产品、肉食品、面食和水果的消费量逐渐增加。但是，日本的这些食品自给率较低，大部分须依赖进口解决。由于生鲜食品、冷藏冷冻食品业需求的增加，促进了日本冷链物流管理和技术的创新，同时也推动了日本冷库行业的快速发展。

2. 日本冷库行业的发展

日本的冷库按使用性质划分，可分为营业用冷库和自营冷库，冷链物流企业自用仓库占有的比例较小，大部分为营业用的公共仓库。

20 世纪 60 年代以来，随着日本经济的发展和国民对冷冻食品消费的增加，推进了日本国内冷库建设的不断拓展。1950 年日本冷库能力只有 59 万吨，1960 年增长为 147 万吨，1970 年增长为 340 万吨。在这 20 年的时间里，日本的冷库能力平均每年增长 14 万吨。到 1980 年，日本的冷库能力发展为 754 万吨。从 1970—1980 年，日本的冷库能力平均每年增长 41 万吨，年增长率为 7%。如图 1 和图 2 所示，

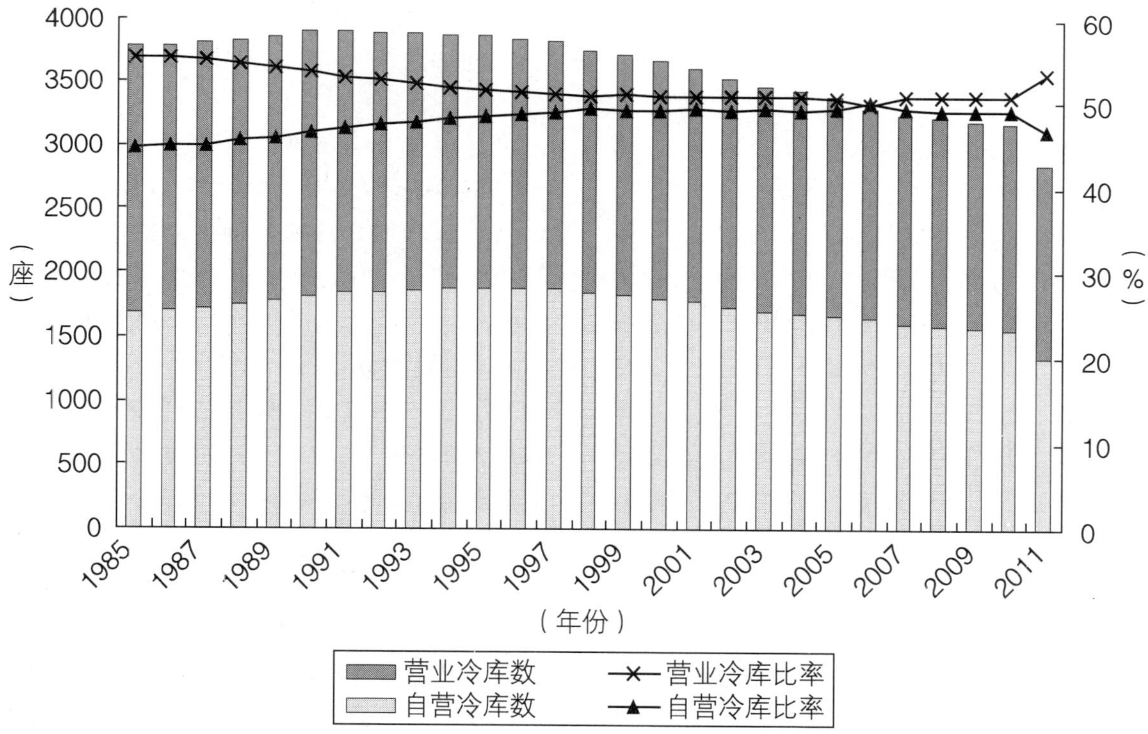

图 1　日本冷库数量的变化①

① 本文中图的数据来源均为日本国土交通省《仓库统计年报》。

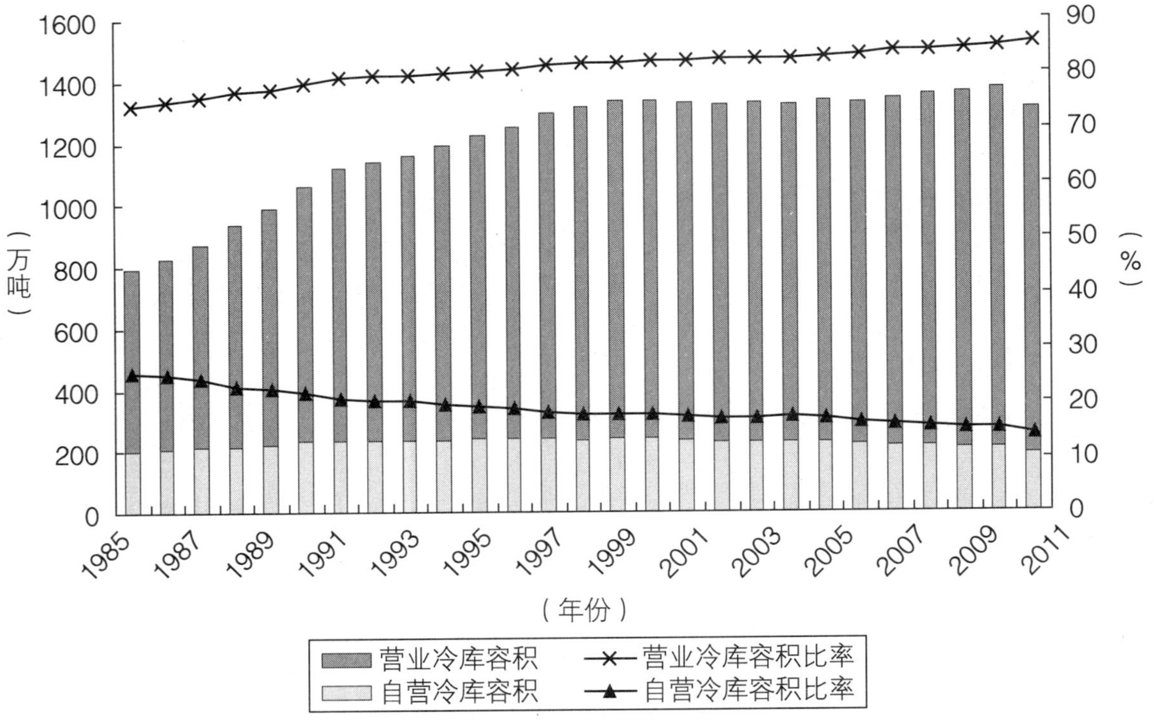

图2 日本冷库容积的变化

2011年日本全国共有冷库数量为2855座、冷库容积达3266万立方米（1306万吨）。其中，在国土交通省登记的营业用冷库1523座、占全部冷库数量的53%，冷库容积2799万立方米（1120万吨）、占全部冷库容积的86%；自营冷库1333座、占全部冷库数量的47%，冷库容积467万立方米（187万吨）、占全部冷库容积的14%。2011年与1985年相比，营业用冷库容积增加了1319万立方米（528万吨），冷库数量却减少了564座。由于日本冷库的规模化与社会化程度很高，近30年冷库企业减少了8%，但冷库容积却增加了175%。

如图3、图4和图5所示，2009年日本冷库各类商品的入库量为1843万吨，比1989年增加了440万吨。从存储产品来看，日本冷链物流的主要入库品种依次为水产品、畜产品、农产品和冷冻食品。近年来，随着水产品大量外销中国、泰国等国家，导致日本国内水产品库容量呈现下降趋势。同时，水产品产业结构也出现变化，而畜产品则呈现增长趋势。其中，2009年日本冷库货物入库量构成为：水产品499万吨（占总入库量的27%）、畜产品500万吨（占总入库量的27%）、农产品226万吨（占总入库量的12%）、冷冻食品528万吨（占总入库量的29%）、杂品88万吨（占总入库量的5%）。其中，冷冻食品的入库量增长速度较快，2009年的冷冻食品入库量比1989年的冷冻食品入库量（192万吨、占总入库量的14%）增加了336万吨，所占比率也提高了近1倍。同时，在水产品中冷冻水产品的入库量及所占比率呈现较大下降趋势。如2009年的冷冻水产品入库量为353万吨、占总入库量的19%，1989年的冷冻水产品入库量为433万吨、占总入库量的36%，2009年与1989年相比冷冻水产品入库量降低了80万吨、占总入库量的比重降低了17%。

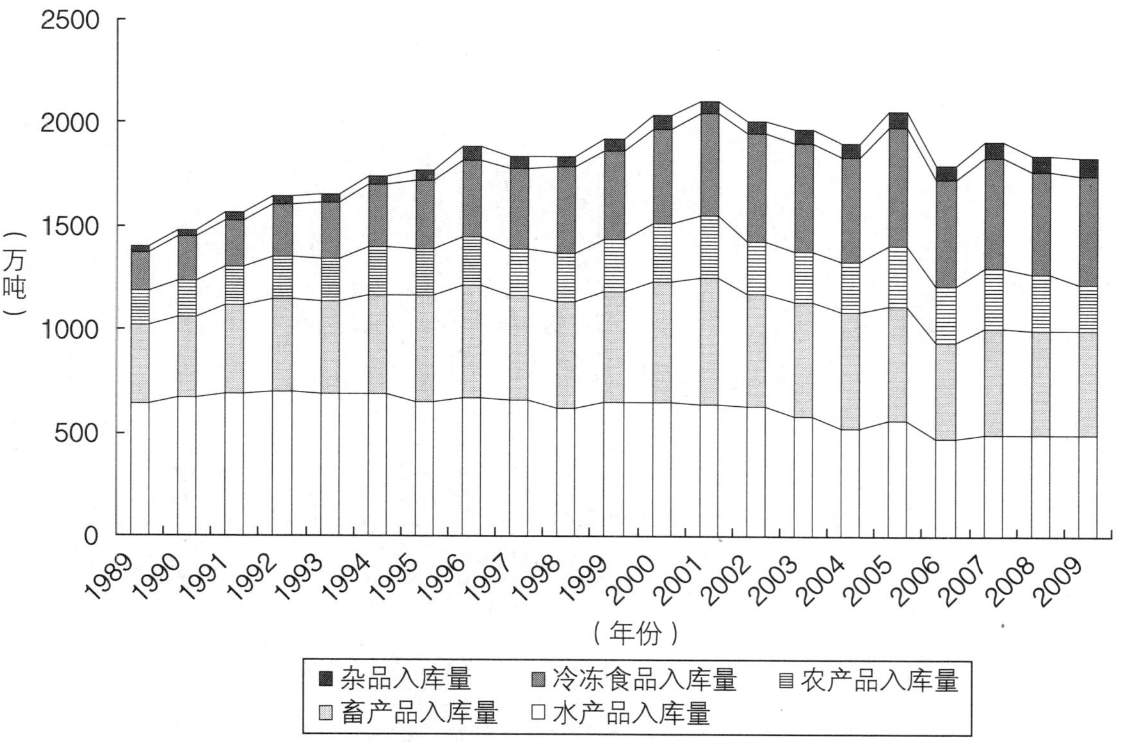

图 3　日本冷库货物入库量的变化

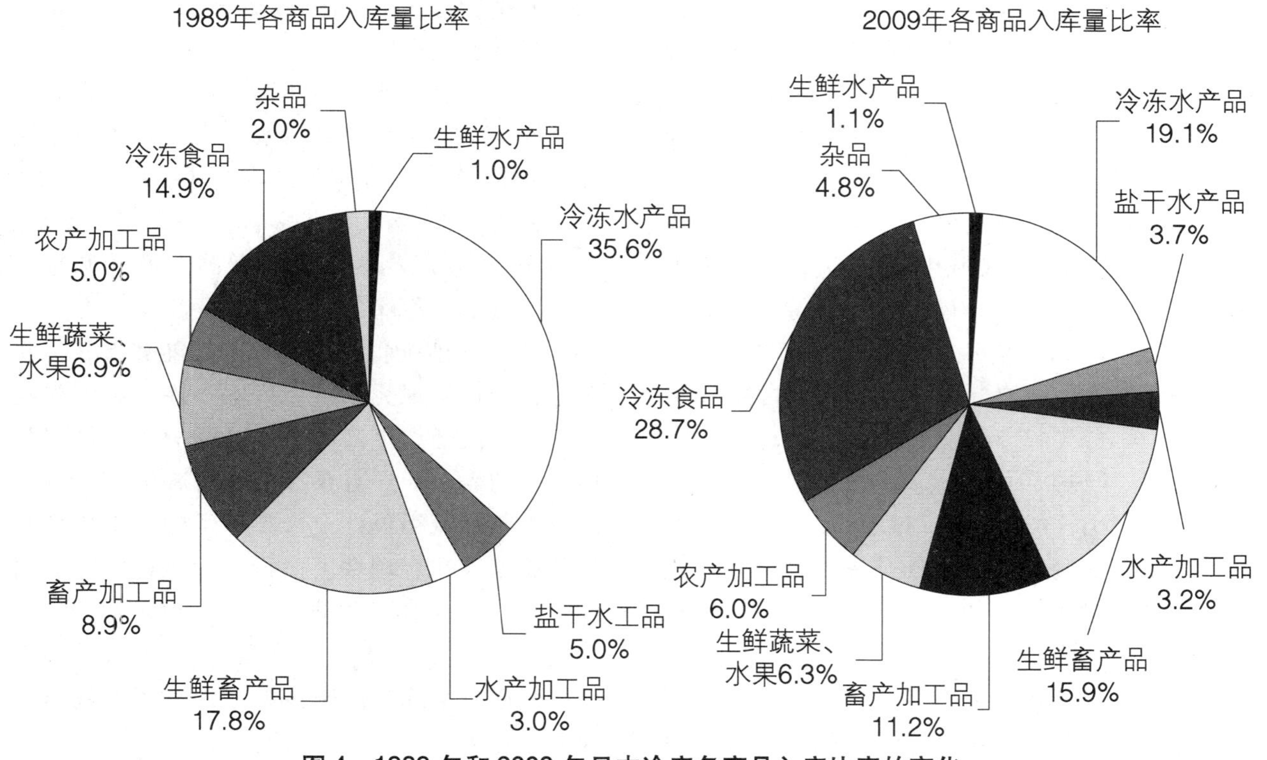

图 4　1989 年和 2009 年日本冷库各商品入库比率的变化

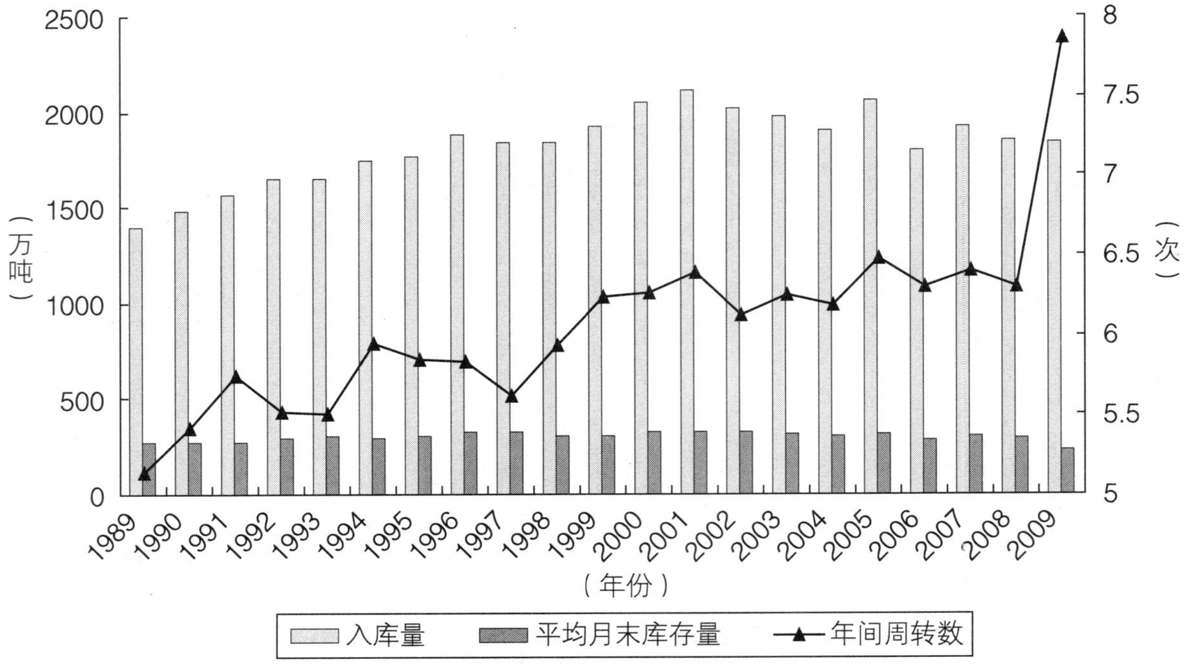

图5 日本冷库存储及周转情况的变化

值得一提的是，由于日本冷链物流系统的不断优化，明显减少了在库商品的滞留时间，有效提高了冷链食品的周转速度。2009年的货物年间周转数为7.87次，1989年的货物年间周转数为5.14次，十年间货物年间周转数提高了1.5倍。

日本的冷库布局也很有特点，即冷库主要分布在东京等12个大城市中。2011年，12个大城市冷库按容积量排序依次为东京（132万吨）、大阪（91万吨）、川崎（69万吨）、福冈（53万吨）、神户（51万吨）、名古屋（48万吨）、横滨（42万吨）、船桥（32万吨）、札幌（31万吨）、仙台（24万吨）、广岛（7万吨）和松山（4万吨），12个大城市的冷库容积总和占日本全国冷库容积总量的52%。此外，12个大城市冷库的年均库存率也高于日本全国水平（如图6所示）。

3. 日本冷库运行的特点

日本的冷库除了有较高的专业技术水平和先进的专业设施外，同时也非常注重内部运行，寻求集约化、高效化的冷链物流管理，以确保安全营运，最大限度地降低差错率，提升企业品牌和信誉度。

（1）结构概况。日本冷库的结构大多是多层仓库，实行梯级温度设置。由于日本国土资源紧张，受土地成本影响，单层冷库成本较大。目前，日本冷库大多设置是以3~5层、每层5~7米层高为主。根据储存商品和客户的不同需求，冷库各层的温度设置也不同。

（2）功能配置。日本冷库功能齐备，流程合理，全程实现无断链。日本冷库一般都包括存储区、流通加工区等基本功能分区，同时根据客户的需求，还有预冷区、解冻区等特殊功能分区。在流程设计上，充分考虑冷链作业环节的连续性和合理性。实行全程无缝式冷链管理，尤其是在容易出现断链的冷库作业环节，实现了冷藏车车厢与冷库装车站台的无缝衔接，既避免了冷链的断链，又提高了货物装卸效率。

（3）信息化管理。日本冷库的信息化水平

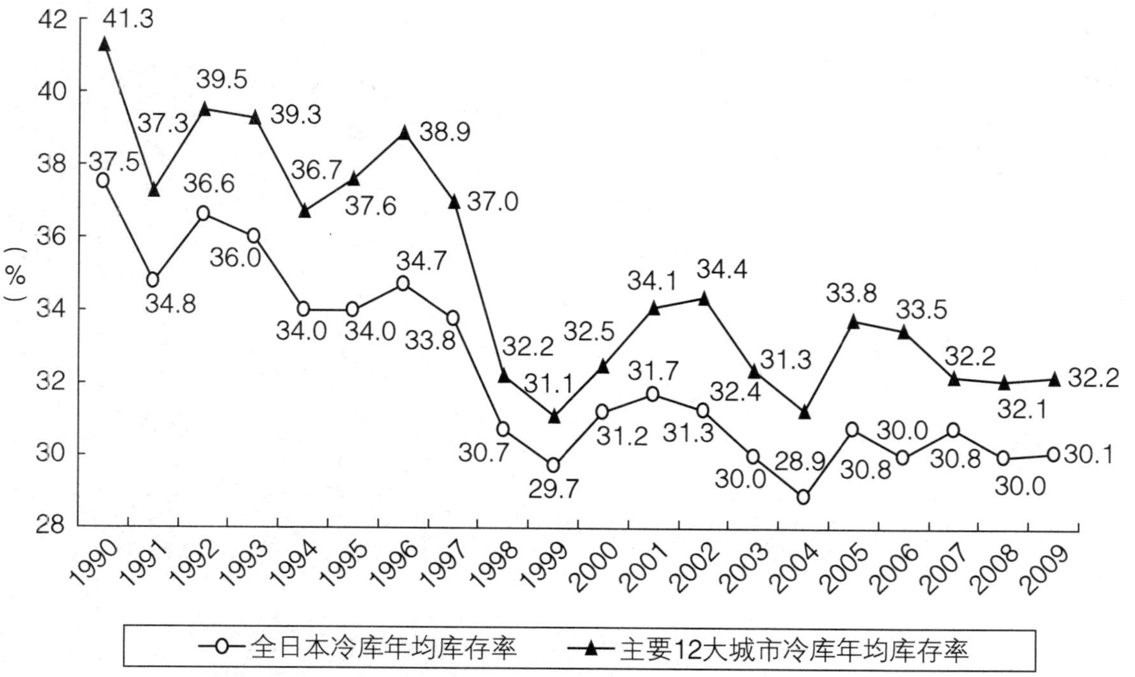

图6　日本冷库年均库存率的变化

很高。如日冷物流集团东扇岛物流中心，就已采用脸部识别系统和视频监控系统，有效地保证了冷库食品的安全性。同时，大量采用先进的自动化搬运设备、堆垛系统，不但有效提高了冷库的自动化程度，而且节约了大量的人力。

（4）制冷方式。由于日本将在2020年实施“脱氟利昂”政策，从制冷方式上看，日本以后将主要采用氨制冷、氨加二氧化碳制冷两种方式。

（5）防震措施。日本是地震多发国，所以在冷库设计上特别注意强调防震性。受2011年“3·11”地震影响，日本的一些冷链物流中心已经采用了全新的抗震技术，抗震性能大幅提高。

（6）节能方法。日本冷库制冷所消耗的能量大部分是电能，加上日本能源供应不足电费较高，日本冷库一直把节能降耗放在重要位置。目前，日本已通过减小冷风机的功率、推广使用新型保温材料、使用计算机实现自动控制冷库温度等方法，使得冷库温度有效地控制在合理的范围内，从而达到了节能的目的，冷库耗电费所占比例出现逐年下降的趋势（如图7所示）。

（7）日本品牌冷库企业。如表3所示，日本最大的冷链物流企业为日冷物流集团，目前在世界排名第6位。该公司现有79座冷库，总库容为130万吨、占日本冷库总库容的10%。该公司在欧洲以及我国上海都建有大型冷链物流中心，其先进的冷链物流技术体系、精细化的管理水平和自动化程度，在日本都处于领先地位。

4. 日本冷库投资运营模式

目前，日本投资建设冷库的主体主要有三类。第一类是食品生产流通企业投资建设的自用冷库或冷库法人企业，另外还有原来食品经营企业转型的冷链物流企业；第二类是专业化的物流企业或冷链物流企业；第三类是各级政

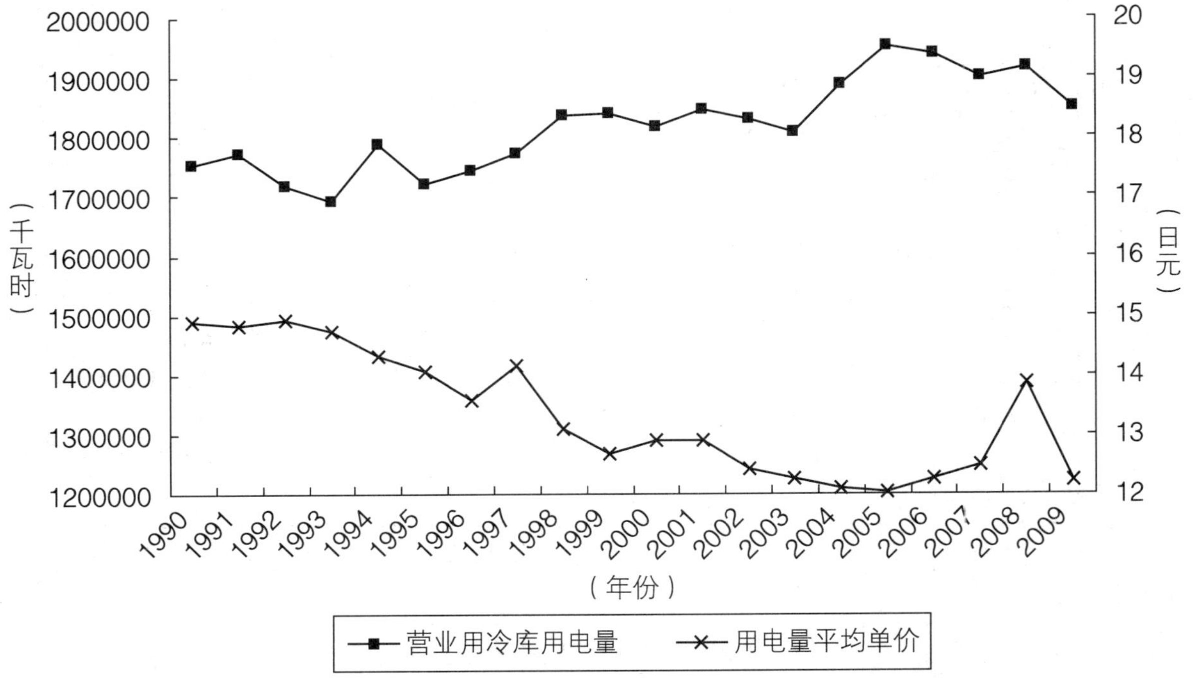

图 7 日本营业用冷库用电量的变化

表 3 日本主要冷库企业的比较

排名	企业名	冷库数量（座）	存储能力（吨）	容积情况			占日本冷库比率（%）
				总容积（立方米）	F 级比率（%）	C 级比率（%）	
1	株式会社日冷物流集团	79	1299960	3249901	88.6	11.4	9.5
2	横滨冷冻株式会社	42	704214	1760536	84.2	15.8	5.2
3	株式会社大洋渔业物流	36	577955	1444888	95.5	4.5	4.2
4	东洋水产株式会社	17	347332	868330	93.0	7.0	2.5
5	日本水产物流株式会社	16	325426	813564	92.5	7.5	2.4
6	五十岚冷藏株式会社	9	214748	536870	90.7	9.3	1.6
7	株式会社农林协同仓库	13	210176	525440	96.4	3.6	1.5
8	株式会社松冈	6	160413	401033	87.3	12.7	1.2
9	鸿池运输株式会社	13	146791	366977	51.4	48.6	1.1
10	株式会社丘寿流通系统	23	137861	344652	66.3	33.7	1.0

府与政策性银行以及大型商社等。为保障食品安全、有效利用资源、节约社会成本，日本各级政府不同程度地参与了许多大型仓库设施的投资，或提供土地、资金，或投资组建企业，日本政府投资的冷库设施均出租给私人企业经营。

目前，日本冷库运营模式大体上分为两种。一种是冷库自营模式；另一种是冷库地产模式。除政府外，在日本投资冷库地产的还有一些没有经营经验但有投资实力的大型商社。政府投资公共仓储业，一方面，有利于有效利用社会资源，节约社会成本，避免在土地等稀缺资源方面的恶性竞争；另一方面，可解决企业一次性投资较大资金不足的难题，更好地满足市场需要。同时，政府只投资建库、不具体经营，也维护了正常的市场秩序。

（1）冷库自营模式。即由冷链物流企业负责从冷库规划、设计、建设到冷库投产后运营的管理模式。这种模式的关键是要具备冷库运营管理的行业经验，能够根据入库企业的不同物流需求，提供全程可靠的物流服务。

（2）冷库地产模式。即由日本政府、投资银行、物流企业等多方投资共同设立合资公司建设冷库项目，冷库项目完工后合资公司以资产租赁和日常管理为主营业务，采用物流地产模式向社会公开租赁冷库。在确定租赁客户后，合资公司按照客户需求，采用量身定制的模式为客户提供冷库地产服务。同时，为吸引企业入驻冷库（冷链物流中心），日本政府制定实施了相关优惠政策，如给予入驻企业优先使用港口集装箱集散站的政策倾斜。冷库（冷链物流中心）租赁期有长期和短期之分，租金水平可以依据当地经济发展和土地价格等情况确定。

5. 日本储存型冷库与流通型冷库

多年来，日本存在两种冷库，即储存型冷库和流通型冷库。近些年，一些储存型冷库开始向流通型冷库转变。但是，目前一些为食品生产企业服务的食品原材料冷库，仍然作为储存型冷库发挥着作用。

（1）流通型冷库。日本的流通型冷库是具有库存周转率高、多品种少批量的特点，具备365 天 24 小时不间断运转功能的冷链系统。在加强货物处理能力、管理能力的同时，可以节省劳动力、降低物流运行成本。

（2）存储型冷库。日本的存储型冷库主要保管进出口冷链物流的商品，保管费用是其主要的收入来源。通过发挥自身高效率的保管功能，有效降低物流成本。

三、日本政府及日本冷库协会的作用

1. 日本政府的作用

日本政府通过各种法律对冷库实施管理。但不对冷库设施进行强制性年检。目前与冷库有关的法律主要有《建筑法》（承重）、《消防法》（防火）、《仓库业法》（防火、隔热材料、卫生）和《高压安全法》（冷冻设施）。其中，《日本冷库法》由冷库相关法律构成，是冷库业施行的规则及运用的方针。包括冷库的基准、防水防潮防灾、保温、防火、冷藏设施明细书和食品卫生法等内容。另外，对 C1 级、C2 级、C3 级、F1 级、F2 级、F3 级、F4 级冷库的冷却方式，直接及间接膨胀式的氨机，R22 机选型，保温层厚度，温度、风速、热流、盐水速度、温差和温度计放置地点数量等都有相关规定。

2. 日本冷库协会的作用

日本冷库协会成立于 1973 年，已有近 40 年的历史。1973 年，日本冷库协会从日本冷冻事业协会内部的冷库部门分离出来，成为独立的社团法人。在日本各都道府县都有冷库协会分会，所有地方协会与日本国内几乎所有的营业性冷库企业都是其会员，会员企业的库容占全国冷库库容的 90% 以上。目前，日本冷库协会包括日本47个地区的48家正式会员单位及1386家赞助会员单位，会员单位的冷库容积共计2454万立方米。现有会员中90%以上为中小企业，由于更新换代能力弱，冷藏仓库会员企业所辖冷库的平均“库龄”为31年。日本冷库协会每年都要进行相关调研，及时把需求反馈给会员单位，成为冷库企业和使用者之间沟通的桥梁。另外，经由日本国土交通省授权，多年来日本冷库协会及会员单位进行的冷库业数据统计，对日本冷链产业的发展起到重要的促进作用。

（姜　旭　北京物资学院副教授 日本物流研究中心常务副主任）

第二部分

物流统计

2011 年全国物流运行情况通报

2011 年，我国物流运行形势总体良好，物流需求虽然增幅有所回落但仍然保持较快增长，物流业增加值增长加速，为保证国民经济平稳较快发展发挥了重要的支撑保障作用。与此同时，社会物流总费用增长较快，经济运行中的物流成本依然较高。

一、社会物流总费用增长较快，经济运行中的物流成本依然较高

2011 年，全国社会物流总费用 8.4 万亿元，同比增长 18.5%，增幅比上年提高 1.8 个百分点。其中：运输费用 4.4 万亿元，同比增长 15.9%，增幅比前三季度提高 0.4 个百分点，比上年提高 1.9 个百分点，占社会物流总费用的比重为 52.8%，同比下降 1.2 个百分点；管理费用 1 万亿元，同比增长 18.7%，占社会物流总费用的比重为 12.2%，同比提高 0.1 个百分点；保管费用 2.9 万亿元，同比增长 22.6%，增幅比上年提高 2.1 个百分点，占社会物流总费用的比重为 35%，同比提高 1.1 个百分点。在保管费用中，利息费用 1.2 万亿元，同比增长 26.3%，占保管费用总额的 41.2%，同比提高 1.2 个百分点。

2011 年，社会物流总费用与 GDP 的比率为 17.8%，同比持平，社会经济运行的物流成本仍然较高。

二、社会物流总额平稳较快增长

2011 年，全国社会物流总额 158.4 万亿元，按可比价格计算，同比增长 12.3%，增幅比上年回落 2.7 个百分点。分季度看呈“前高后低”态势，一季度增长 14.2%，上半年增长 13.7%，前三季度增长 13.4%。

从构成情况看，工业品物流总额 143.6 万亿元，按可比价格计算，同比增长 13.1%，增幅比上年回落 1.5 个百分点，占社会物流总额的比重为 90.2%，是带动社会物流总额增长的主要因素。进口货物物流总额 11.2 万亿元，按可比价格计算，同比增长 4.3%，增幅比上年回落 17.8 个百分点。农产品物流总额、再生资源物流总额和单位与居民物流总额同比分别增长 4.5%、20.4% 和 18.3%。

三、物流业增加值增幅有所提高

2011 年，全国物流业增加值为 3.2 万亿元，按可比价格计算，同比增长 13.9%，增幅比上年提高 0.8 个百分点。物流业增加值占

GDP 的比重为 6.8%，占服务业增加值的比重为 15.7%。

2011 年全国物流各项统计数据如下表所示。

2011 年全国物流统计数据

项目	单位	本期	同比增长（%）
一、社会物流总费用	亿元	84102	18.5
运输费用	亿元	44397	15.9
保管费用	亿元	29475	22.6
管理费用	亿元	10230	18.7
二、物流业增加值	亿元	31895	13.9
其中：交通运输业	亿元	22820	14.4
仓储业	亿元	2421	11.9
贸易业	亿元	5951	12.3
邮政业	亿元	703	14.5
三、社会物流总额	亿元	1583542	12.3
其中：农产品物流总额	亿元	26312	4.5
工业品物流总额	亿元	1436409	13.1
进口货物物流总额	亿元	112430	4.3
再生资源物流总额	亿元	5928	20.4
单位与居民物品物流总额	亿元	2463	18.3
四、物流相关行业固定资产投资	亿元	32318	7.8
其中：交通运输业	亿元	22001	−2.16
仓储、邮政业	亿元	2995	32.7
贸易业	亿元	7322	40.1

注：2011 年物流总费用与 GDP 的比率为 17.8%。物流业增加值占 GDP 的 6.8%，占服务业增加值的 15.7%。

（国家发展和改革委员会　国家统计局　中国物流与采购联合会）

2011年我国物流统计工作取得新进展

2011年，在国家发展和改革委员会、国家统计局、中国物流与采购联合会的共同组织推动下，在各地物流工作牵头部门、统计局、行业协会和企业的积极努力下，物流统计工作继续向前推进，取得了新的进展。主要表现在以下几个方面：

一、多方联合、分工协作的工作模式起到了良好的示范作用

物流统计是一项跨行业、专业性强、基础薄弱的开创性工作，做好此项工作需要有关方面的通力合作。几年来，我们建立了由国家发展和改革委员会组织协调、国家统计局技术指导、中国物流与采购联合会具体实施，三方联合的工作模式。国家发展和改革委员会经济运行调节局每年会同统计局贸易外经司、中国物流与采购联合会，根据经济发展和物流运行情况，制订工作计划，明确工作任务，安排工作经费，定期会商解决有关问题。统计局贸易外经司协调审定物流统计方法、制度，提供相关的国民经济统计数据，审核评估物流统计核算结果，指导推动地方统计部门开展物流统计工作。中国物流与采购联合会具体承担物流统计数据的核算、调查与分析，并为各省区市提供技术支持和指导。

实践证明，多方联合、分工协作的工作模式是一个符合物流统计工作特点的务实高效的工作模式，这种模式不仅有力地保障了物流统计工作的顺利开展，也为其他类似行业统计提供了很好的示范。目前，大多数省区市也采取了这个工作模式，我们在今后的工作中要继续坚持并加以完善。

二、省市物流统计工作进一步扩展，统计工作体系初步形成

随着物流统计工作的推动开展和作用的逐步显现，越来越多的省区市开始重视这项工作。开展工作的地区从东部沿海向中西部内陆不断扩展，由省、自治区、直辖市向中心城市不断延伸，目前全国已有23个省区市，11个副省级城市建立了物流统计核算制度，全国范围内多层级的物流统计工作体系初步形成。

各地在开展物流统计工作中涌现了很多很好的做法。北京、河北、吉林、江西、陕西等省市的主管领导对物流统计工作作出重要批示。河北、吉林、黑龙江、江苏、浙江、福建、江西、山东、四川、甘肃、陕西等省基本实现了机构、人员、经费三落实。在重点企业物流统计培训中，北京市制作了统一

课件，逐级布置并考核；河北省从地市统计局主管负责人开始培训，层层推进；福建省在集中培训的基础上，深入企业进行上门辅导；青岛市结合调查案例开展培训，同时，通过电话、邮件等多种方式对企业填报中存在的问题进行解答；陕西省每年对有关调查企业进行集中培训；江苏、南京等地定期开展物流统计考核评比，对成绩突出的单位进行表彰和奖励。

三、物流统计基础工作进一步加强

为加强物流统计分析，我们结合宏观经济和物流运行的热点、难点问题，开展了多项课题研究。先后完成了《物流发展运行景气指数研究》《中国工业物流成本现状研究》等多个课题项目。《中国物流业研究报告》作为第二次全国经济普查——物流行业篇，由国家统计出版社公开出版。浙江省编纂的《浙江物流手册》，全方位展现了该省物流发展情况和规划；广东省编纂的《广东省物流业发展报告》，对全省物流业发展情况进行了深入分析。北京、吉林、上海、江苏、福建、山东、湖北、湖南、广西、武汉等省区市注重统计数据的分析研究和应用，积极撰写相关分析报告，提出政策建议，成为当地政府部门决策的重要参考资料，浙江、山东、湖北、湖南等省区市的物流统计分析报告相继被国家统计局网站采用。

四、物流统计的科学性和时效性不断提高

随着物流统计工作的深入开展，经过近年来的不断修订完善，我国有了全面、系统的反映物流规模、结构、费用水平以及行业发展情况的权威统计数据，建立了定期发布制度。

面对后金融危机时期严峻复杂的国内外形势，在以往季度统计的基础上，国家层面上按月度开展了物流统计核算与重点物流企业调查；北京、宁夏等省区市坚持开展季度核算分析，福建省在做好年度核算的基础上，今年增加了半年度核算；江苏省率先开展了重点物流企业季度调查，统计监测的时效性不断提高。

五、物流统计的社会影响力不断提升

在有关部门和省市的共同努力下，物流统计数据与分析报告，被报纸、电视、网络等媒体广泛报道转载，权威性被社会认可，基本消除了《社会物流统计核算与报表制度》建立之初物流数据数出多门的现象，得到了政府有关部门和社会各界的广泛关注，已经成为全社会了解物流运行情况和行业发展的重要窗口。物流统计数据被《中国第三产业统计年鉴》《中国物流年鉴》等公开出版物收录。各省区市发布的物流统计数据也为当地制定规划和政策提供了重要的数据支撑。《“十一五”我国物流取得长足发展》与《2010 年物流统计年度报告》成为国务院流通问题政协调研组的重要参考资料。

六、成功召开 2011 年全国物流统计工作会议

2011 年 9 月，国家发展和改革委员会经济运行调节局、国家统计局贸易外经司、中国物流与采购联合会联合组织召开全国物流统计工作会议。全国各省市物流牵头单位、统计局和有关协会 80 余名代表参加了会议。会议总结了“十一五”时期我国物流统计工作取得的显著成效，分析了“十二五”时期以及当前物流统计工作面临的新形势，提出了“十二五”时

期物流统计工作的目标和今明两年的任务。北京、河北、内蒙古、吉林、黑龙江、上海、江苏、浙江、安徽、福建、江西、山东、湖北、湖南、甘肃、四川、宁夏等省区市进行了会议交流。会议开的务实有效，起到了统一思想、提高认识、把握方向、明确目标的目的，对“十二五”时期物流统计工作进一步提升服务水平有重要的推动作用。

（中国物流与采购联合会　中国物流信息中心）

2011 年我国物流业运行总体情况统计分析

2011 年是我国“十二五”开局之年，在经济持续稳定增长的推动下，在一系列政策措施的促进下，我国物流运行总体保持了平稳较快发展态势，为国民经济平稳较快发展提供了有力支撑，为推动发展方式转变发挥了重要作用。

2011 年我国社会物流运行情况呈现如下特点。

1. 社会物流总费用保持较快增长，社会经济运行的物流成本仍然较高

2011 年，全国社会物流总费用为 8.4 万亿元，同比增长 18.5%，增幅比上年提高 1.8 个百分点。社会物流总费用与 GDP 的比率为 17.8%，同比持平，表明社会经济运行的物流成本仍然较高。

从各季度情况看，社会物流总费用一季度增长 17.9%、上半年增长 18.5%、前三季度增长 18.7%，增速逐季加快，四季度增速有所回落，但全年同比增长仍达到 18.5%，总体保持较快增长。究其原因，一是受原材料、燃料、动力价格和劳动力成本上升影响，二是受贷款利率上调以及企业资金使用效率较低影响，三是我国仍处在工业化和城市化加速发展阶段，物流需求总体规模依然保持较高水平和较快增速。

从社会物流总费用的构成情况看，运输费用为 4.4 万亿元，同比增长 15.9%，增幅比上年提高 1.9 个百分点，运输费用占社会物流总费用的比重为 52.8%，同比下降 1.2 个百分点。运输费用较快增长，主要是受油价以及人工成本上涨等因素的影响。2011 年，我国成品油价格受国际油价、国内市场供需情况以及国家相关部门调价等因素影响，全年累计同比上涨 9.7%。其中，柴油、汽油价格累计同比分别上涨 19.5% 和 16.6%。

保管费用为 2.9 万亿元，同比增长 22.6%，增幅比上年提高 2.1 个百分点，占社会物流总费用的比重为 35%，同比提高 1.1 个百分点。在保管费用中，利息费用 1.2 万亿元，同比增长 26.3%，占保管费用的 41.2%，同比提高 1.2 个百分点。利息费用的上升主要是受利率上调影响。2011 年以来，央行 3 次上调贷款利率水平，累计上调 0.75 个百分点至 6.56%，直接提高了企业资金使用的成本。同时，也与企业资金使用效率不高有关。目前，我国工业企业流动资产周转次数为 2.5 次左右，批发和零售业为 3.3 次，均远低于发达国家水平。

管理费用为 1 万亿元，同比增长 18.7%，占社会物流总费用的比重为 12.2%，同比提高

0.1个百分点（如图1所示）。

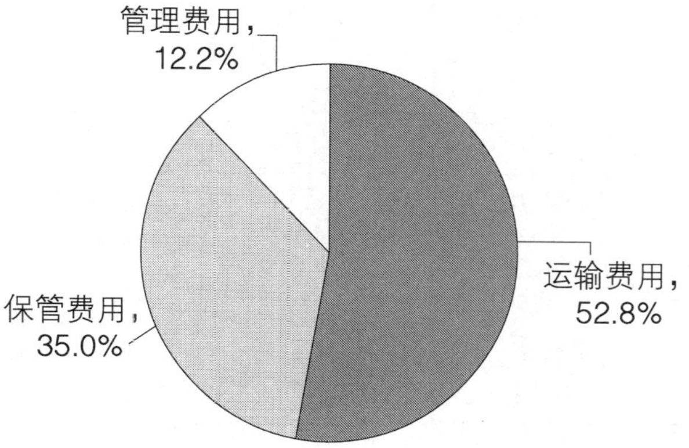

图1　2011年社会物流总费用构成情况

2. 社会物流总额平稳较快增长

2011年，全国社会物流总额为158.4万亿元，按可比价格计算，同比增长12.3%，增幅比上年回落2.7个百分点。分季度看，增幅前高后低，一季度增长14.2%、上半年增长13.7%、前三季度增长13.4%（如图2所示）。

从全社会物流总额的构成情况看，工业品物流总额为143.6万亿元，按可比价格计算，同比增长13.1%，增幅比上年回落1.5个百分点，占社会物流总额的比重为90.2%，是带动社会物流总额增长的主要因素。受外贸需求下滑影响，进口货物物流总额为11.2万亿元，按可比价格计算，同比增长4.3%，增幅比上年回落17.8个百分点。农产品物流总额、再生资源物流总额和单位与居民物流总额同比分别增长4.5%、20.4%和18.3%（如下页表所示）。

3. 物流业增加值增幅有所提高

2011年，全国物流业增加值为3.2万亿元，按可比价格计算，同比增长13.9%，增幅比上年提高0.8个百分点。其中，交通运输业增加值2.3万亿元，同比增长14.4%；贸易业增加值0.6万亿元，同比增长12.3%；仓储业增加值0.07万亿元，同比增长14.5%。

2011年，物流业增加值占GDP的比重为6.8%，占服务业增加值的比重为15.7%。2011年物流业对服务业的贡献率为22.8%，比上年提高3.8个百分点，在服务业增加值增长的8.9个百分点中，物流业直接拉动的约为2个百分点，比上年提高0.1个百分点，表明物流业发展对服务业贡献突出，在社会经济发展中发挥着日益重要的作用。

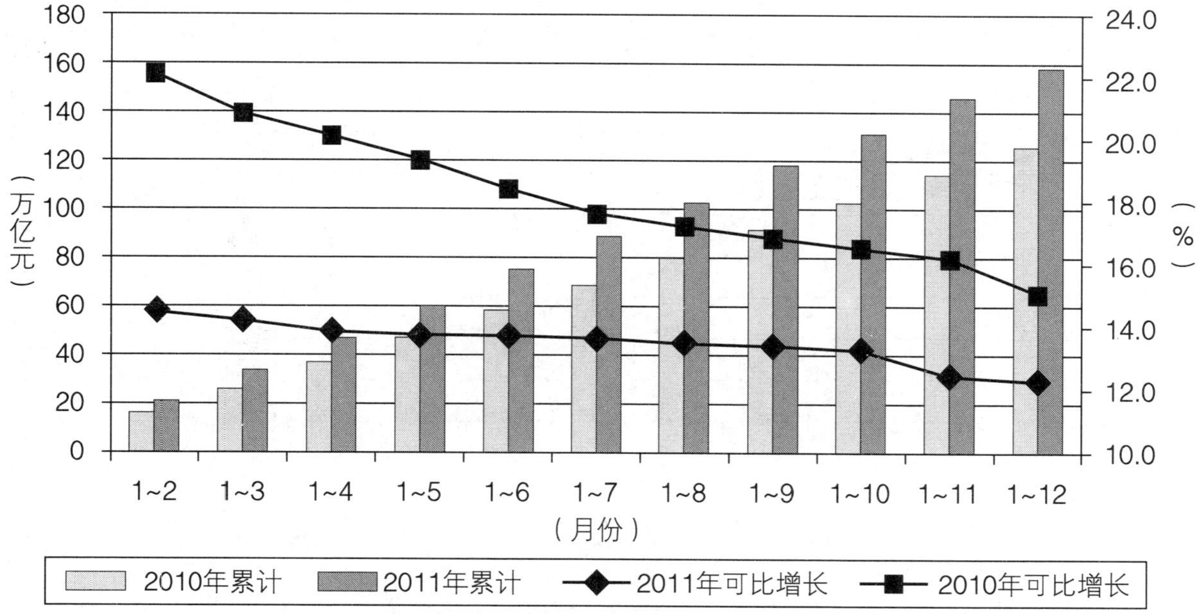

图2　社会物流总额及增长变化情况

2011 年社会物流总额及增长变化情况

指标名称	单 位	绝对值	增长（%）	比重（%）
社会物流总额	万亿元	158.4	12.3	100.0
其中：农产品物流总额	万亿元	2.6	4.5	1.8
工业品物流总额	万亿元	143.6	13.1	90.2
进口货物物流总额	万亿元	11.2	4.3	7.5
再生资源物流总额	万亿元	0.6	20.4	0.4
单位与居民物品物流总额	万亿元	0.2	18.3	0.2

4. 物流业固定资产投资增幅持续回落

2011 年，物流业固定资产投资完成额 3.2 万亿元，同比增长 7.8%，增幅同比回落 11.6 个百分点。主要是受交通运输业投资明显放缓影响。2011 年交通运输业完成投资额 2.2 万亿元，同比由上年的增长 19.2% 转为下降 2.2%（如图 3 所示）。

5. 物流企业快速成长，产业集中度有所提高

2011 年，全国重点物流企业调查汇总数据显示，2010 年前 50 强物流企业主营业务收入共达 5927 亿元，同比增长 31.5%。在 50 强物流企业的主营业务收入中，排名第 1 位的中国远洋运输（集团）总公司超过千亿元，排名第 50 位的达到 15.4 亿元，同比增加 3.2 亿元、增长 26.2%。从 2004—2010 年，排名前 10 位的物流企业主营业务收入占 50 强物流企业收入总额的比重由 2004 年的 63.8% 提高到 2010 年的 72.3%，表明物流企业集中度有所提高。

6. 两业联动进一步发展，制造业物流外包的比例和层次有所提高

2011 年，全国重点企业物流统计调查数据显示，2010 年工业、批发和零售业企业对外支付的物流成本同比增长 28%，增幅比企业物流成本高出 9.8 个百分点。对外支付的物流成

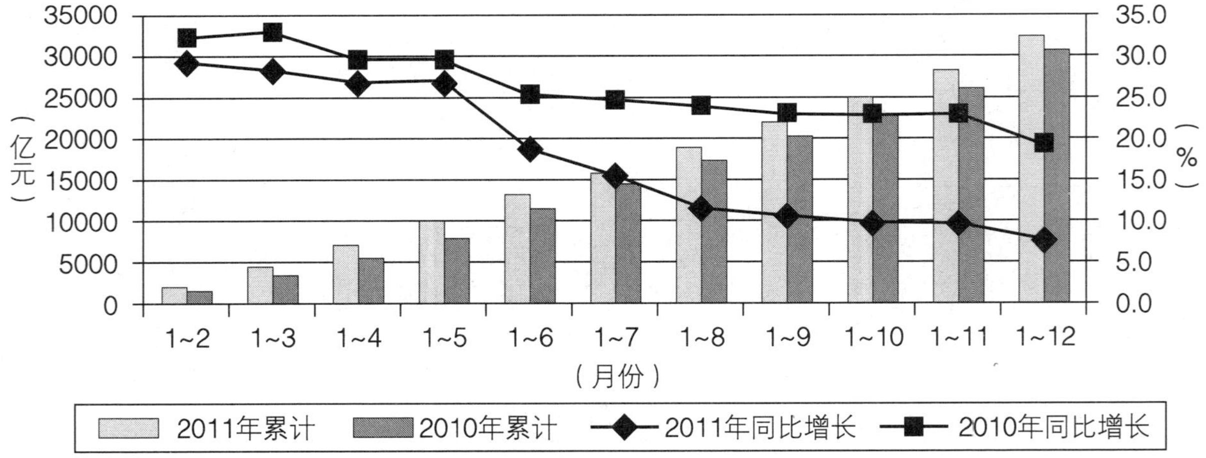

图 3 物流业固定资产投资及增长变化情况

本占企业物流成本的52.5%，同比提高3.3个百分点。物流外包涉及行业从家电、电子、快速消费品等下游产业和产品向钢铁、建材、煤炭等上游延伸，外包领域从运输、仓储、货代等基础性服务向全方位一体化综合性物流服务扩展。

7. 物流价格低位运行

2011年以来，我国大中型公路货运价格大体平稳，各月波动不大。水运价格总体仍处于低位。波罗的海干散货综合运价指数（BDI）自年初延续2010年年底的跌势，1~8月基本在1500点以下低位震荡，从8月末开始缓慢回升，10月14日达到年内最高，为2173点，但上涨动力不足。2011年波罗的海干散货综合运价指数平均为1547.7点，同比下降44%。沿海散货运价指数呈现前高后低走势，最高点为3月23日的1575.7点，最低点为12月9日的1137.4点（如图4所示）。2011年沿海散货运价指数平均为1368.3点，同比下降1.4%，但与2008年航运鼎盛时期的运价比较，尚存有25.8%的差距。

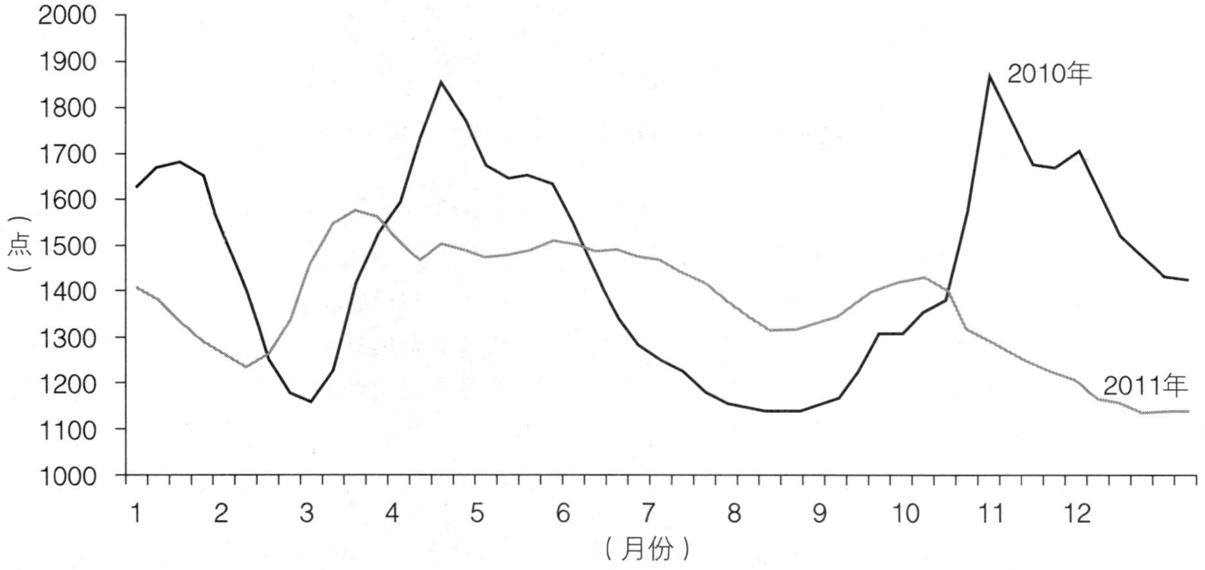

图4 中国沿海散货综合运价指数（CCBFI）

8. 物流企业成本压力仍然较大

2011年1月至11月，全国重点物流企业主营业务收入同比增长26.3%，继续保持快速增长，而主营业务成本同比增长28.4%，增速快于主营业务收入2.1个百分点。近年来特别是2011年，物流要素成本价格进入上行通道，燃油价格持续攀升，劳动力成本连续提高，土地使用税费、仓库租金再创新高。从2011年12月的物流业PMI看，中间投入价格指数为59.5%，环比上升2个百分点，而收费价格指数仅为49.5%，二者差距有所扩大。在高成本和低价格双重压力下，1月至11月物流企业收入利润率为5.5%，比上年同期回落1个百分点，比1月至10月回落0.3个百分点（如图5所示）。

总体来看，2011年我国物流运行由较快增长逐步趋向平稳，增速回落且适度，与国民经济增长相适应。但与此同时也必须清醒地看到，宏观经济运行的物流成本依然较高，我国物流企业经营水平还没有明显改观，劳动力短缺、原材料和能源价格高企、资金获取渠道单

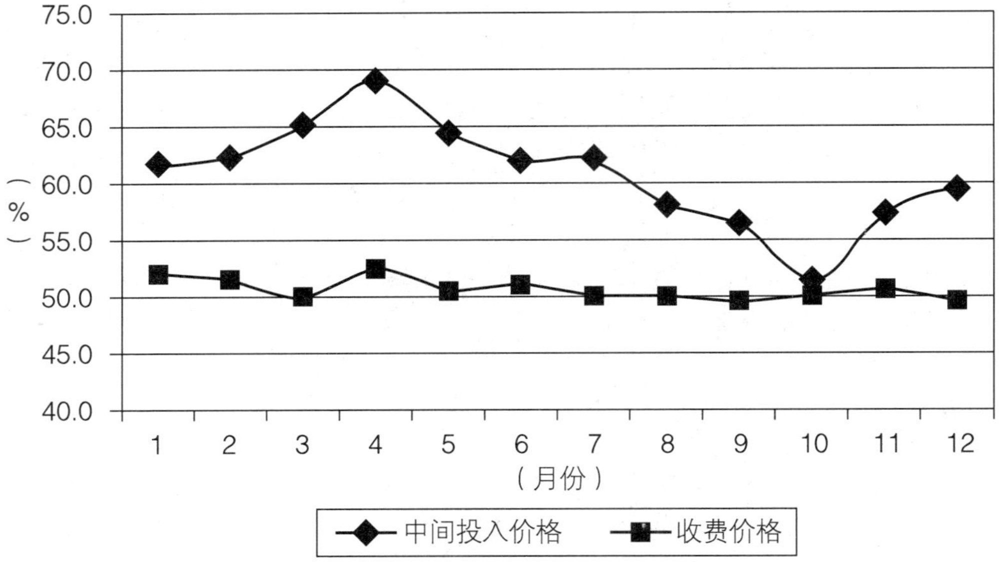

图 5　2011 年我国物流业 PMI 中间投入价格指数和收费价格指数走势情况

一和资金使用成本的上升导致物流企业运营压力增大。特别是与跨国企业相比，国内物流企业无论是在规模、品牌、赢利能力、国际市场份额还是在物流服务水平和供应链管理能力方面，均有较大差距。物流企业同质化竞争较为激烈，服务价格难以得到有效提升。在劳动力、原材料、能源价格不断上升的同时，受行业集中度偏低、企业规模偏小、综合业务能力不高等因素制约，物流行业以及物流企业难以转嫁成本压力，企业经营依然面临较大压力。另外，现行体制设计和政策思路与物流业运作模式不相适应的矛盾还比较突出，“国九条”提出的相关政策有待落实。

同时，我国物流业逐渐由规模增长向集约型、精益型发展转变，传统粗放式的物流服务难以满足当前物流的需求。行业、企业之间兼并重组、资源重新配置等转换成本将逐渐显现。

（中国物流与采购联合会　中国物流信息中心）

2011 年全国重点企业物流统计调查报告

根据《社会物流统计核算与报表制度》要求，2011 年 4 月至 12 月，国家发展和改革委员会、国家统计局和中国物流与采购联合会对 2010 年全国重点工业、批发和零售业企业物流状况和物流企业经营情况进行了统计调查。本次调查共收到 1241 家企业资料，有效报表 1142 家，报表有效率 92%。其中，工业企业 607 家，占被调查企业总数的 54%；批发和零售业企业 135 家，占被调查企业总数的 11%；物流企业 400 家，占被调查企业总数的 35%。

调查企业按登记注册类型划分，内资企业占被调查企业总数的 79%，港澳台投资企业占被调查企业总数 7%；外商投资企业占被调查企业总数 14%。在内资企业中，国有企业占比为 10%，私营企业占比为 26%，股份有限公司占比为 10%，有限责任公司占比为 28%。

一、工业、批发和零售业企业情况

1. 销售总额增幅提高

2010 年，工业、批发和零售业企业销售总额比上年增长 28.7%，增幅同比提高 19.8 个百分点。其中，工业企业销售总额比上年增长 21.8%，增幅同比提高 17.8 个百分点；批发和零售业企业销售总额比上年增长 31.5%，增幅同比提高 17.2 个百分点。从物流实物量看，2010 年工业、批发和零售业企业货运量比上年增长 18.2%，增幅同比提高 12.2 个百分点。其中，工业企业货运量比上年增长 17.7%，增幅同比提高 9.1 个百分点；批发和零售业企业货运量比上年增长 26.4%，增幅同比提高 11.3 个百分点。

2. 物流成本快速增长

随着企业物流需求的快速增长，物流成本呈现较快增长态势。2010 年，工业、批发和零售业企业物流成本比上年增长 18.2%，增幅同比提高 10 个百分点。其中，运输成本增长 13.7%，增幅提高 11.9 个百分点；保管成本增长 22.4%，增幅提高 10.5 个百分点；管理成本增长 17.2%，增幅提高 6.5 个百分点。如图 1 所示。

从物流成本的构成情况看，调查企业汇总数据显示，2010 年工业、批发和零售业企业运输成本占物流成本的 53.0%，同比降低 4.9 个百分点；仓储、流通加工、包装等保管成本占物流成本的 31.0%，同比提高 4.8 个百分点；管理成本占物流成本的 16.0%，同比提高 0.1 个百分点。

3. 物流费用率水平有所下降

调查企业汇总数据显示，2010 年工业、批发和零售业企业物流费用率为 8.8%，比上年下降了 0.2 个百分点。其中，工业企业物流费

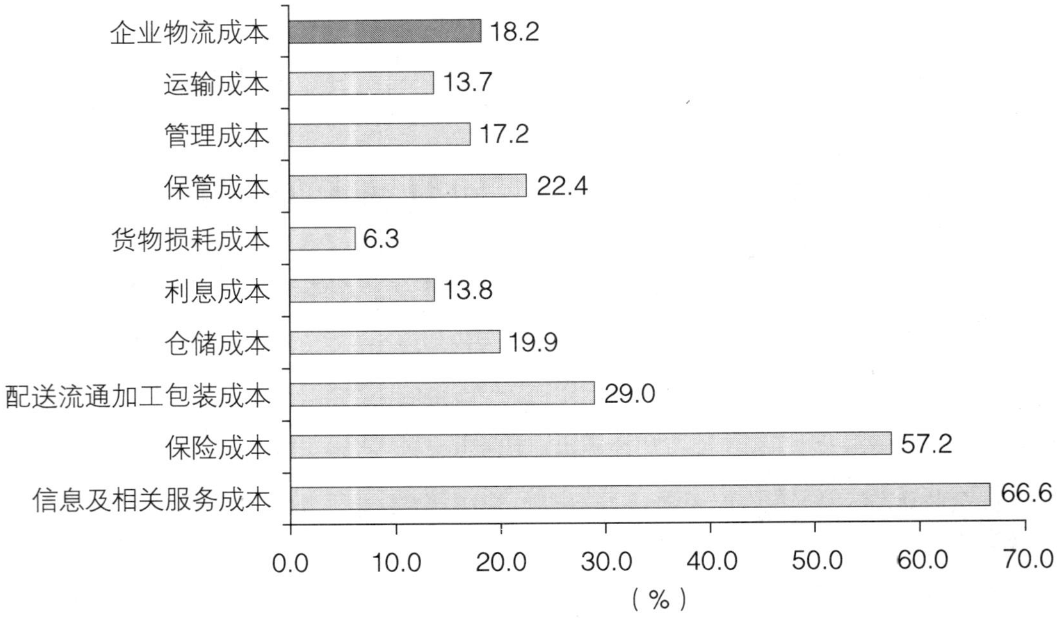

图1　重点调查企业物流成本增长情况

用率为9.7%，比上年下降了0.1个百分点；批发和零售业企业物流费用率为7.8%，比上年下降了0.3个百分点。物流费用率的下降，在一定程度上表明调查企业物流效率有所提高。

从近年情况看，我国工业、批发和零售业企业物流费用率2005年为8.1%，2008年达到9.3%，之后连续两年小幅降低，但从绝对水平看，企业物流费用率依然较高，总体呈上升趋势。2005—2010年重点调查企业物流费用率情况如图2所示。

4. 工商企业物流外包比例扩大

近年来，有关部门出台了《关于促进制造业与物流业联动发展的意见》及多项相关政策，企业物流外包意识不断提高，物流外包比例有所上升。调查企业汇总数据显示，2010年工业、批发和零售业企业对外支付的物流成本达574.6亿元，比上年增长28.0%，增幅高于企业物流成本9.8个百分点。对外支付的物流成本占企业物流成本的52.5%，同比提高3.3个百分点。

调查企业汇总数据显示，2010年重点调查企业平均使用仓储面积为2.2万平方米。其中，平均租用仓储面积1.2万平方米，占59.1%，比重同比提高9.8个百分点。

二、物流企业情况

调查企业汇总数据显示，2010年物流企业业务量增长较快，主营业务收入规模有较大提高。与此同时，企业在维护客户、控制成本、提高物流效率等方面不断努力，主营业务利润及赢利水平同比均有明显提高。

1. 主要业务量指标增长较快，主营业务收入由降转升

调查企业汇总数据显示，2010年物流企业货运量比上年增长19.4%、货运周转量增长17.5%、配送量增长46.4%、装卸搬运量增长22.3%、流通加工量增长13.6%，均保持较快增长。

2010年，物流企业主营业务收入由上年同

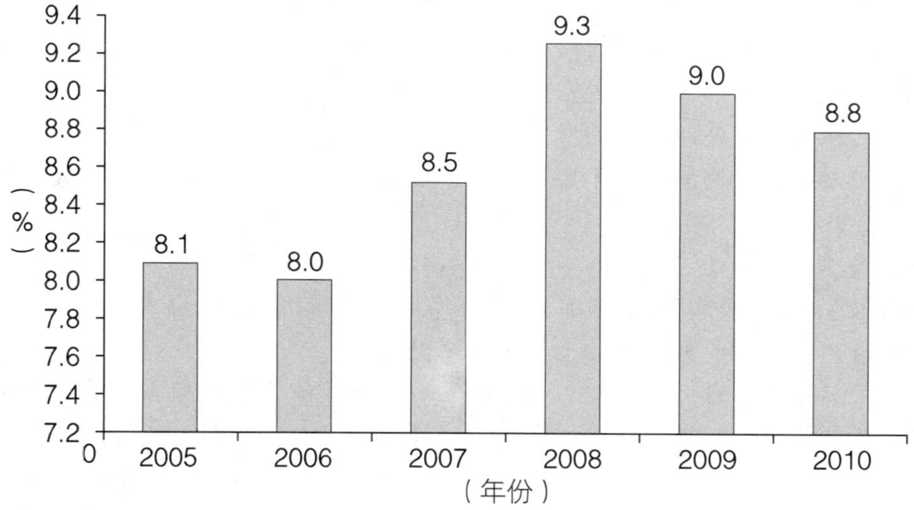

图2　2005—2010年重点调查企业物流费用率情况

期下降11.3%转为增长34.3%。在全部调查企业中，主营业务收入同比增长的企业占82.9%，同比提高26.5个百分点。物流企业业务收入增长情况如图3所示。

从主营业务收入规模看，2010年主营业务收入超10亿元的企业占被调查企业数的15%，同比提高1个百分点。其中，主营业务收入在1亿～10亿元的企业占33%，同比提高2.2个百分点。

从物流企业类型看，2010年综合型物流企业主营业务收入增幅最大，比上年增长34.7%；运输型物流企业主营业务收入比上年增长35.2%；仓储型物流企业主营业务收入比上年增长22.2%。如表1所示。

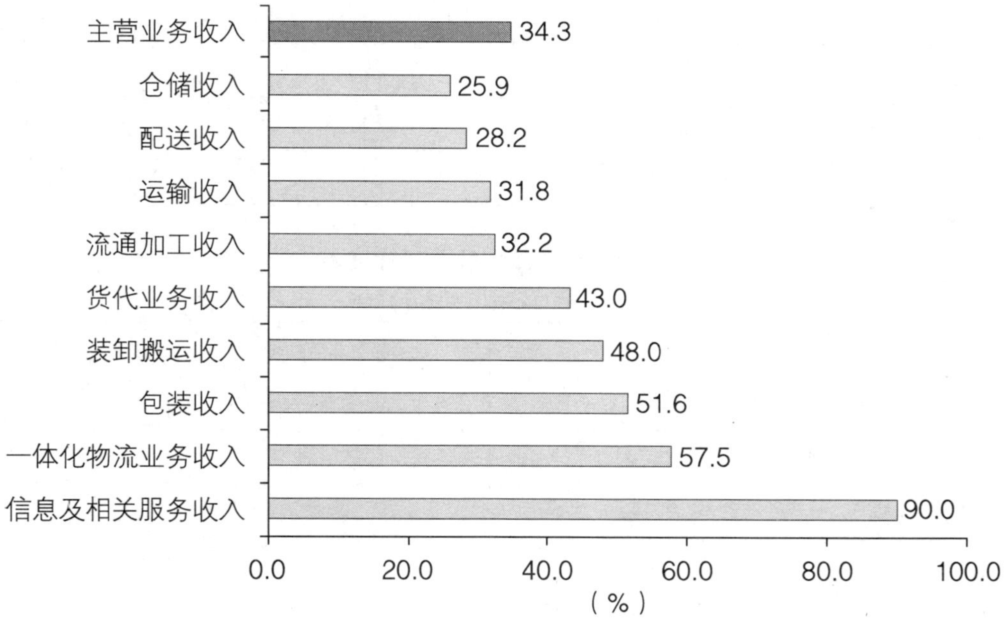

图3　重点调查物流企业业务收入增长情况

从物流企业登记注册类型看，2010 年各类型企业均由下降转为增长。其中，港澳台商投资企业主营业务收入比上年增长 37.6%，内资企业主营业务收入增长 34.4%，外商投资企业主营业务收入增长 16.7%。重点物流企业主要经营指标增长情况如表 2 所示。

2. 主营业务成本快速增长

受燃油价格及劳动力成本上涨等因素影响，2010 年被调查企业主营业务成本比上年增长 31.0%。其中，运输成本增长 19.2%，直接影响主营业务成本增长 10.2 个百分点；仓储成本增长 23.4%；发展相对较快的信息及相关服务成本和一体化物流业务成本分别增长 136.6% 和 61.8%，由于所占比重较小，影响主营业务成本增长 0.1 和 1.4 个百分点。

3. 企业赢利水平明显提高

调查企业汇总数据显示，2010 年物流企业主营业务利润比上年增长 100.3%，赢利企业占全部调查企业的 91.6%，所占比重同比提高 6 个百分点。

物流企业赢利水平明显提高，调查物流企业收入利润率为 11.4%，同比提高 5.9 个百分点。其中，收入利润率大于 10% 的企业占 41.4%，同比提高 10.4 个百分点；收入利润率小于 3% 的企业占 32.8%，同比下降 9.6 个百分点。

从物流企业类型看，综合型企业收入利润率为 7.5%，仓储型企业收入利润率最低为 2.4%，运输型企业收入利润率最高为 15.1%。在运输型企业中，水上运输企业受业务量快速增长影响，收入利润率为 11.5%，同比提高 7.8 个百分点。道路运输企业则由于 2010 年燃油价格、司机工资上调等因素影响，收入利润率为 5.9%，同比下降 1.2 百分点。

表 1　　重点调查物流企业主要经营指标增长情况

（按物流企业类型分）

项　目	主营业务收入比上年增长（%）	主营业务成本比上年增长（%）	主营业务利润额比上年增长（%）
综合型物流企业	34.7	41.9	39.7
仓储型物流企业	22.2	22.6	20.4
运输型物流企业	35.2	21.9	152.4
总　计	34.3	31.0	100.3

表 2　　重点调查物流企业主要经营指标增长情况

（按登记注册类型分）

项　目	主营业务收入比上年增长（%）	主营业务成本比上年增长（%）	主营业务利润额比上年增长（%）
内资企业	34.4	31.2	122.0
港澳台商投资企业	37.6	33.1	40.1
外商投资企业	16.7	4.2	18.3
总　计	34.3	31.0	100.3

从登记注册类型看，外商投资企业收入利润率最高，达46.4%；港澳台商投资企业次之，为29.6%；内资企业最低，仅为9.9%。但从增长情况看，内资企业收入利润率同比提高3.9个百分点，增幅明显高于其他类型企业。

调查企业汇总数据显示，2010年物流企业人均利润为14.5万元，比上年增加3.4万元，增长30.4%。从物流企业类型看，综合型物流企业人均利润最高为17.5万元，运输型企业为13.2万元，仓储型企业最低仅为5.2万元。

从登记注册类型看，内资企业人均利润为12.4万元，港澳台企业、外商投资企业人均利润均高于内资企业，分别为34.8万元和22.2万元。

4. 资产规模增幅回落

调查企业汇总数据显示，2010年被调查物流企业资产规模比上年增长13.0%。其中，资产大于10亿元的企业占被调查企业数比例为13.8%，资产小于5000万元的企业占比43.5%。

5. 前50家物流企业主营业务收入增加

调查企业汇总数据显示，2010年前50家物流企业主营业务收入共达5927亿元，占全国物流相关行业总收入11.8%，比上年增长31.5%。中国远洋运输（集团）总公司主营业务收入超过千亿元，中国外运长航集团有限公司等10家企业主营业务收入超过百亿元，同比增加1家；前50家物流企业主营业务收入均超十亿元大关，第50位物流企业的主营业务收入达到15.4亿元，比上年增长3.3亿元，同比增长27.3%。

从不同类型看，在主营业务收入前50家物流企业中，有运输型物流企业22家，占比为44%；有综合型物流企业26家，占比为52%；有仓储型物流企业2家，仅占比4%。

从不同区域看，在主营业务收入前50家物流企业中，78%分布在经济较为发达的东部地区，西部和中部地区企业分别占12%和8%，东北地区仅一家，占2%。

从不同登记注册类型看，在主营业务收入前50家物流企业中，国有企业和有限责任公司为19家和15家，分别占比为38%和30%，私营企业为4家，占比6%；其他企业为6家，占比12%；港澳台商投资企业为5家，占比10%；外商投资企业为1家，占比2%。

（国家发展和改革委员会经济运行调节局　国家统计局贸易外经司　中国物流与采购联合会）

钢铁行业物流成本统计①

2011 年全国重点企业物流统计调查数据显示，2010 年我国钢铁行业物流费用率水平继续呈下降态势，物流效率有所提升。

一、钢铁行业物流费用率持续下降

调查企业汇总数据显示，2010 年钢铁行业物流成本费用率为 11.2%，同比降低 0.8 个百分点，降幅同比扩大 0.5 个百分点（如图 1 所示），由此推算每吨钢节约物流成本 93 元。但钢铁行业物流成本费用率仍然处于调查企业较高水平，比调查的全部工业企业平均水平高 1.5 个百分点。

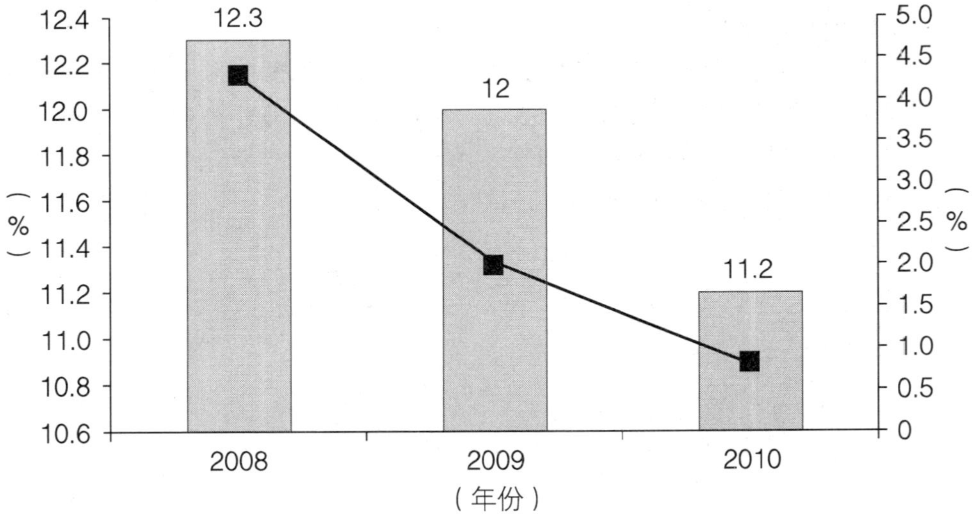

图 1　2008—2010 年钢铁企业物流费用率

① 本文是在国家发展和改革委员会、国家统计局和中国物流与采购联合会于 2011 年对全国重点工业、批发和零售业企业 2010 年的物流状况和物流企业经营情况进行统计调查的数据进行汇总和分类的基础上，结合规模以上工业企业经营情况以及日本等发达国家情况，对调查企业物流成本进行数据分析后形成的报告。文中未注明的资料来源均为 2011 年全国重点企业物流统计调查和《日本物流成本调查报告书（2010 年）》。

二、钢铁业物流总额快速增长，钢铁物流规模巨大

2010 年，我国粗钢产量为 6.4 亿吨，同比增长 11.4%。按照调查企业销售总额与货运量比值推算，钢铁生产产生的货运量近 40 亿吨，同比增长 10%，钢铁物流规模巨大。据测算，2010 年我国钢铁业物流总额约达 5 万亿元，同比增长 21.4%。

三、物流成本较快增长

调查企业汇总数据显示，重点调查钢铁企业物流成本同比增长 20%，据此推算，规模以上钢铁企业物流成本比 2009 年增加 853 亿元。其中，运输成本同比增长 9.3%；管理成本同比增长 15.5%；仓储成本同比增长 24.1%，直接影响企业物流成本增长 6.7 个百分点。在仓储成本中，利息成本同比增长 20.6%，增长最为突出。

四、保管环节成本占比快速提高

调查企业汇总数据显示，在物流成本构成中，运输成本占 53.7%，同比下降 5.2 个百分点；仓储成本占 37.4%，同比提高 5.6 个百分点；管理成本占 9%，同比下降 0.4 个百分点。在仓储成本中，仓储成本占 3.5%；配送、流通加工和包装成本占 17.8%；利息成本占 7.4%，同比提高 1.4 个百分点（如图 2 所示）。

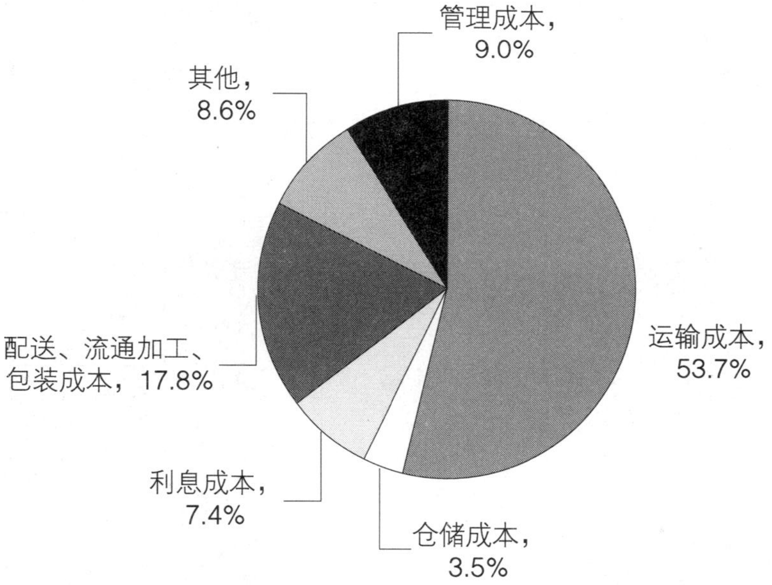

图 2　2010 年被调查的钢铁企业物流成本构成

五、钢铁企业外包趋势明显

调查企业汇总数据显示，2010 年钢铁企业对外支付的物流成本同比增长 29.8%，增速快于物流成本增长 9.8 个百分点，占物流成本的比例为 70.3%，同比提高 5.3 个百分点，外包率高于全部工业调查企业 17.8 个百分点，处于工业行业较高水平。这表明 2010 年钢铁企业物流外包比例明显提高。

从运输量看，2010 年钢铁企业委托代理货运量同比增长 27.4%，增幅高于货运量 4.9 个

百分点；委托代理货运量占货运总量的比重为68.8%，同比提高6个百分点。

六、物流成本费用率与发达国家差距有所缩小

2010年，日本钢铁企业物流费用率为6.2%，比我国低5个百分点。如果达到日本的水平，我国规模以上钢铁企业2010年可节约物流成本2765亿元。与2009年同期相比，中日企业物流费用率差距缩小2.1个百分点（如图3所示）。

2010年，日本钢铁企业物流业务外包的比例为73.9%，高出我国企业3.6个百分点（如图4所示）。

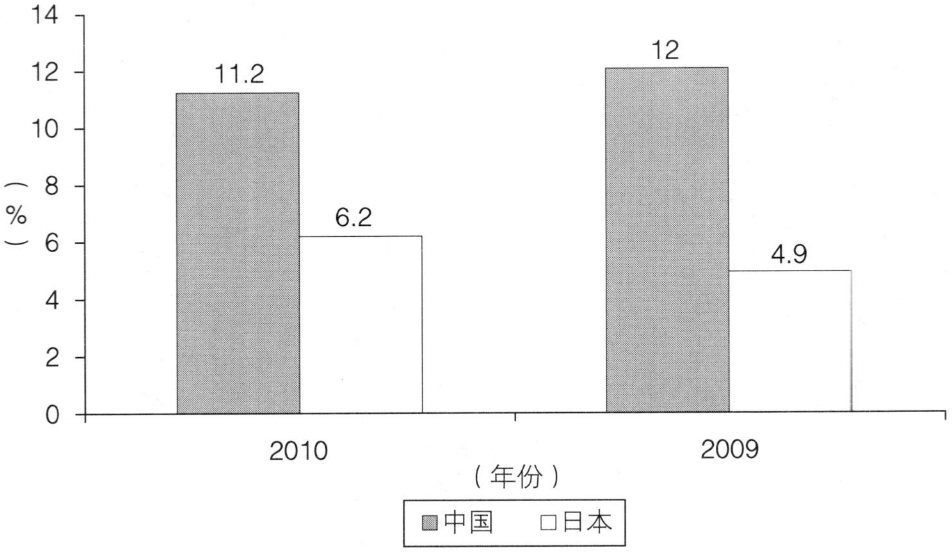

图3　2009—2010年中日钢铁企业物流费用率比较

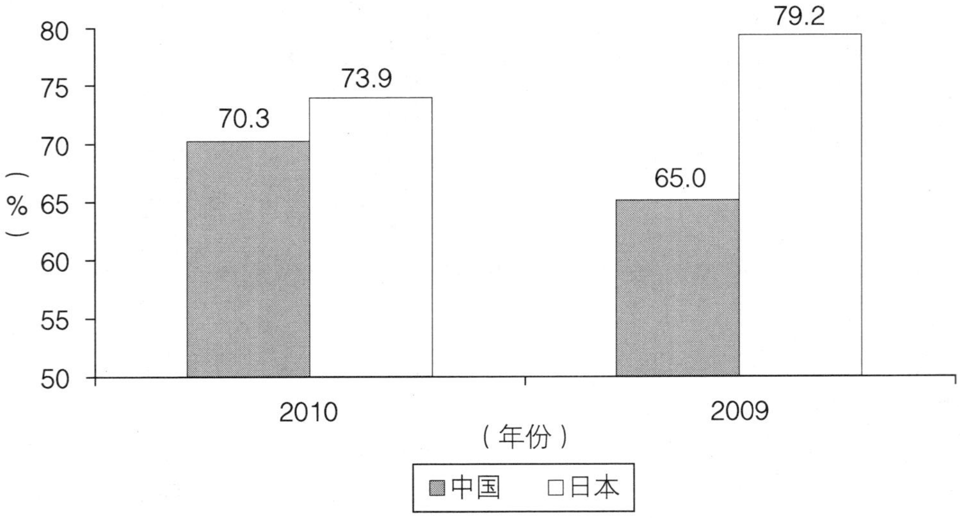

图4　2009—2010年中日钢铁企业物流外包情况比较

石油加工企业物流成本统计[①]

2010年，我国石油市场需求持续升温，对外依存度进一步提高，已达54%。与此同时，国际原油价格逐步攀升和劳动力成本不断上涨增加了企业的成本压力，促使石油加工企业通过精细化管理提升流通效率、增加经济效益。调查企业汇总数据显示，2010年我国石油加工行业物流效率进一步提升，物流成本增速明显放缓。

一、石油加工行业物流费用率同比下降

2011年，全国重点企业调查数据显示，2010年石油加工行业物流成本费用率为6.5%，同比下降0.7个百分点，比调查的全部工业企业低3.2个百分点（如图1所示）。按调查的石油加工行业物流成本费用率水平推算，2010年我国石油加工行业较上年同期相比可节约物流费用约200亿元。

二、石油物流需求快速增长

2010年，我国原油产量达2.0亿吨，进口量达2.3亿吨，进口量同比增长17.5%，增幅同比提高3.6个百分点。根据工业统计和调查企业数据测算，2010年，我国石油加工行业物流总额达2.9万亿元，同比增长36.3%；石油加工行业货运量约15亿吨，同比增长29%。

三、仓储成本处于工业行业较高水平

2010年，我国石油对外依存度进一步提高，进口量持续攀升。数据显示，石油水上运输量同比增长15%，中国沿海散货原油运价指数较年初上涨4%。

调查企业汇总数据显示，2010年石油加工企业运输成本同比增长5%，占物流成本的比重为54.6%，虽略有下降，但仍保持较高水平。

---

① 本文是在国家发展和改革委员会、国家统计局和中国物流与采购联合会于2011年对全国重点工业、批发和零售业企业2010年的物流状况和物流企业经营情况进行统计调查的数据进行汇总和分类的基础上，结合规模以上工业企业经营情况以及日本等发达国家情况，对调查企业物流成本进行数据分析后形成的报告。文中未注明的资料来源均为2011年全国重点企业物流统计调查和《日本物流成本调查报告书（2010年）》。

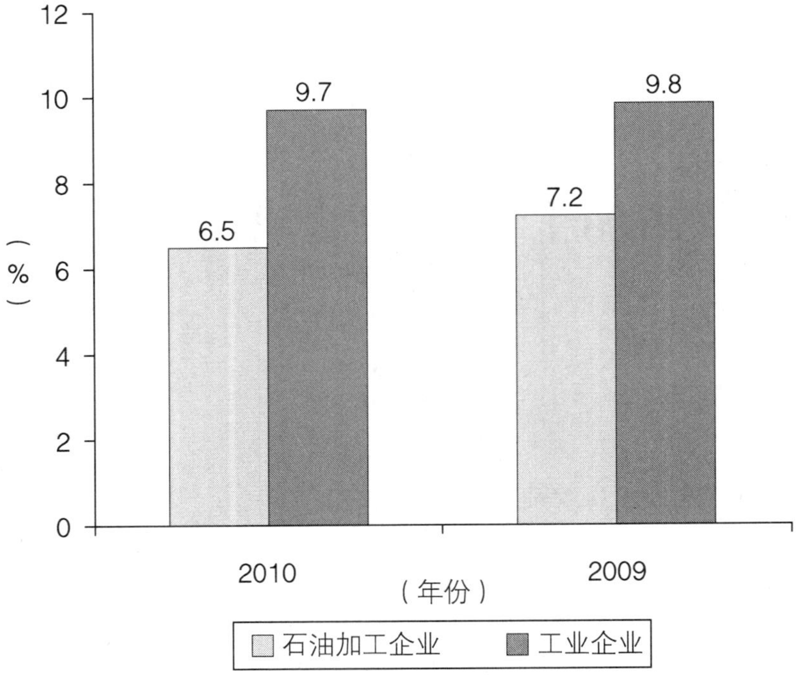

图1　2009—2010 年工业、石油加工企业物流费用率

仓储成本占物流成本的 13.4%，同比有所下降，但仍高于工业企业平均水平 7 个百分点。规模以上工业企业数据显示，2010 年石油加工企业存货占销售产值的比重约为 8.8%，近七成为原油库存。由于油品仓储的特殊性，超六成的调查企业选择自有仓库，进一步增加了企业在油库建设上的投入和管理成本。

利息成本占物流成本的 6.4%，同比提高 0.9 个百分点。2010 年央行两次上调贷款利率，直接增加了企业的利息成本；此外，企业为应对原油价格上涨增加原材料库存，使 2010 年原材料库存比例提高约 5 个百分点，增加了企业资金占用，提高了利息成本。

管理成本占物流成本的 17.6%，同比提高 0.9 个百分点。劳动力成本持续上涨，企业人员数量不断增加，均成为管理成本占比提高的推手。数据显示，2010 年职工工资同比增长 14.1%，石油加工企业平均从业人员人数同比增长 8.5%（如图 2 所示）。

四、石油物流外包率有所提高

由于石油加工行业的特殊性和安全性要求，企业物流相关基础设施较完备。调查汇总数据显示，2010 年，石油加工企业的平均仓储面积约为 11 万平方米、装卸设备近 80 台、货运车辆 40 辆，均远高于工业企业平均水平，企业物流更多的选择自营。2010 年，被调查的石油加工企业对外支付的物流成本占物流总成本的比例仅为 26.9%，低于工业企业 25.6 个百分点、低于制造企业 20.7 个百分点，处于行业较低水平。

2010 年，我国高速公路里程、管道输油（气）里程双双突破 7 万千米，年均增长 13%。随着专业物流水平的不断提升和物流环境的不断改善，也促进了石油加工企业物流外包比例的提高，为企业物流效率的提升创造了有利条件。2010 年，石油加工企业对外支付的物流成本同比增长 22.4%，占比同比提高 4 个百分点（如图 3 所示）。

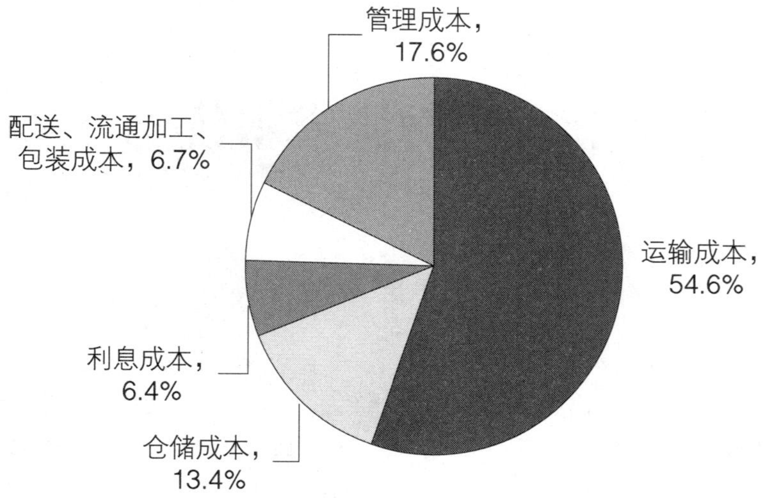

图 2　2010 年石油加工企业物流成本构成

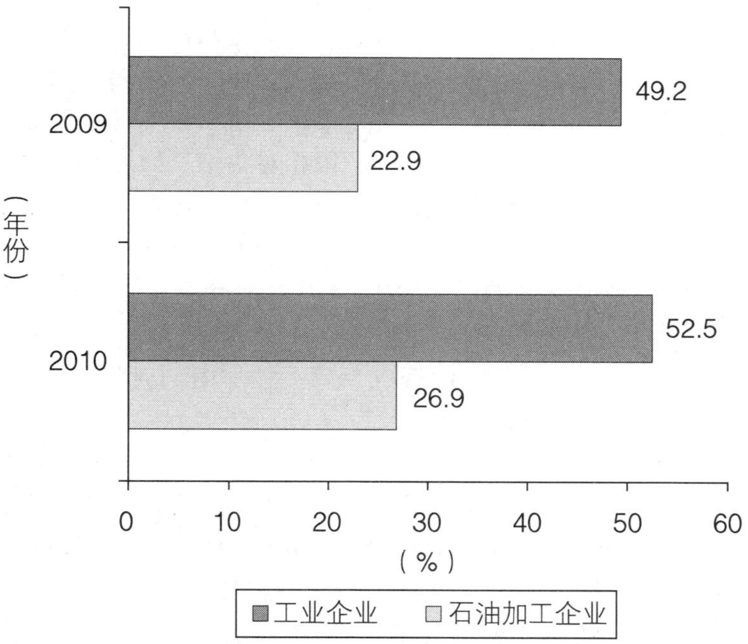

图 3　2009—2010 年工业、石油加工企业物流外包对比情况

化工行业物流成本统计①

化工行业物流主要是以液态和固态的化工产品为主，产品有特殊化学和物理性质，如毒性、腐蚀性，属于危险化学品，对储运、配送和包装等物流环节均有特殊要求。由于上述行业物流特殊性，2011 年全国重点企业物流统计调查数据显示，2010 年化工企业物流费用仍处于较高水平，但较同期费用率有所下降。

一、化工物流费用率明显下降

调查企业汇总数据显示，2010 年化工行业物流成本费用率为 10.3%，同比下降 2 个百分点，高于调查的全部工业企业 0.6 个百分点。如图 1 所示。

对比精细化工与基础化工，后者多生产基本化工原料，而前者生产的产品多为各工业部门广泛应用的辅助材料或人民生活的直接消费品。精细化工企业近年来逐渐成为国民经济不可缺少的工业部门，它与人民生活紧密关联。调查企业汇总数据显示，2010 年精细化工行业物流费用率为 8.5%，同比上涨 0.4 个百分点；基础化工行业物流费用率为 11.4%，同比下降 2.2 个百分点。如图 2 所示。一定程度上显示出，基础化工企业从发展基础化工原料向发展高新化工品方向转变，已开始从粗放型生产向资源节约、环境友好型转变的趋势，积极控制自身物流成本，逐步向精细化管理方式转变的趋势。

对比东部地区和西部地区，具有影响力的化工企业和园区多集中在东部地区，如上海化工区、南京化工区和张家港精细化工园等，产销相对集中，交通等基础设施也相对完善。调查企业汇总数据显示，2010 年东部化工企业物流费用率为 9.8%，西部地区为 13.6%，相差 3.8 个百分点。

二、化工物流需求保持增长

化工行业是国民经济的支柱产业，产品应用范围广、产业关联度高、经济总量大，对促进相关产业升级和拉动经济增长作用突出，其中，硫酸、化肥、纯碱等产量均处世界前列。2010 年，我国硫酸产量达 7090 万吨，烧碱产量达 2228 万吨，同比增长达 18.9%，21.6%。

① 本文是在国家发展和改革委员会、国家统计局和中国物流与采购联合会于 2011 年对全国重点工业、批发和零售业企业 2010 年的物流状况和物流企业经营情况进行统计调查的数据进行汇总和分类的基础上，结合规模以上工业企业经营情况以及日本等发达国家情况，对调查企业物流成本进行数据分析后形成的报告。文中未注明的资料来源均为 2011 年全国重点企业物流统计调查和《日本物流成本调查报告书（2010 年）》。

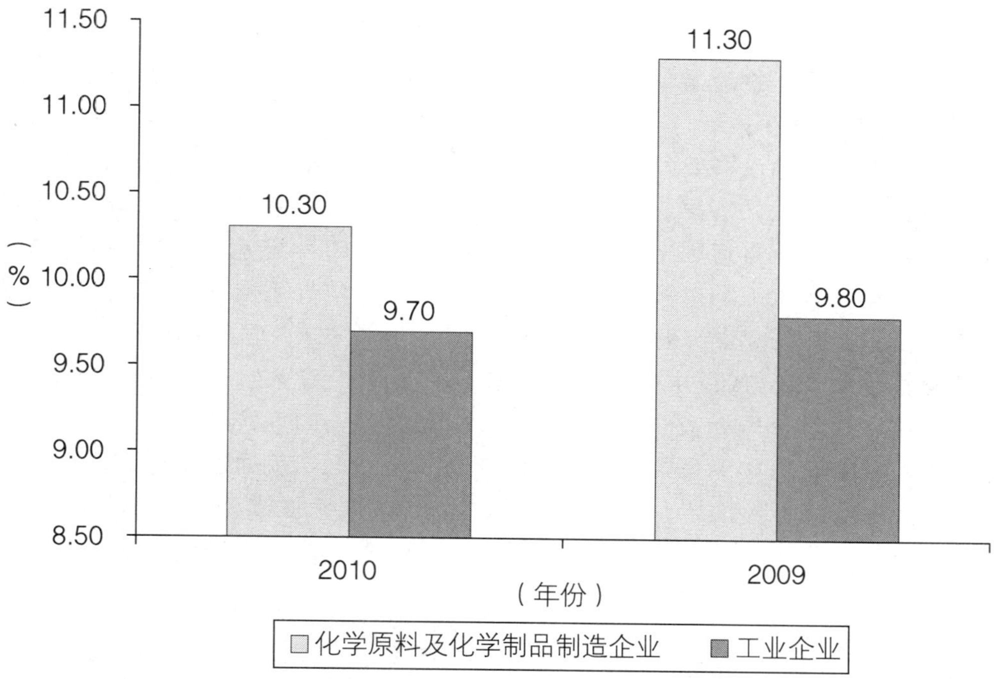

图1　2009—2010年化工行业物流费用率

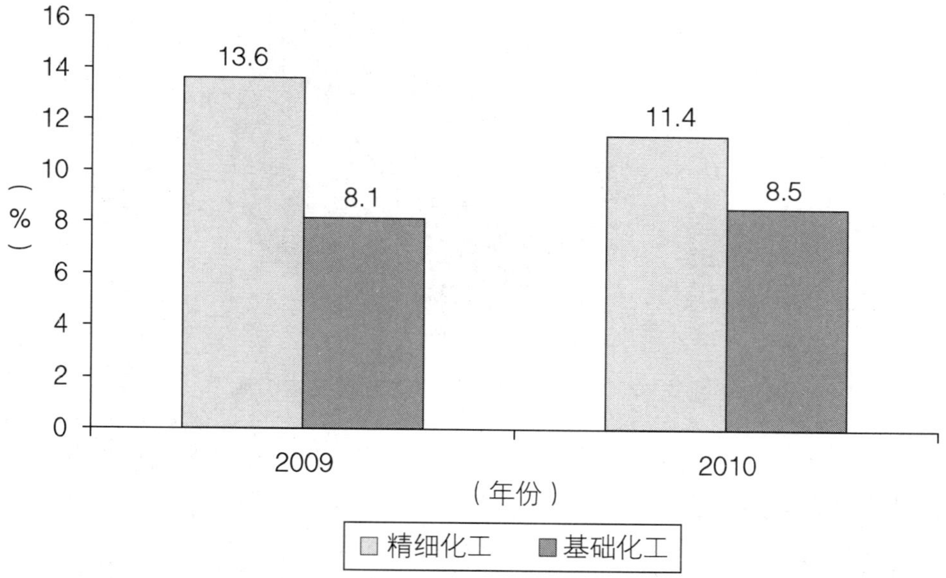

图2　2009—2010年精细、基础化工企业物流费用率对比

根据工业统计和调查企业数据测算，2010年我国化工行业物流总额达4.7万亿元，同比增长27.0%。

三、运输费用占比居高不下

调查企业汇总数据显示，2010年在物流成本构成中，运输成本占65.6%，占比同比下降1个百分点，虽略有下降，但仍保持较高水平。从运输环节看，第一，化工物流运量较大；第二，由于产品多具有特殊性，承运门槛较高，如需要运输通行证明、运输设备要符合要求以及按规定路段行驶等，专业从事第三方物流的企业仍处在发展阶段，企业自运则造成投资管理成本居高不下；第三，化工品进出口市场持续发展，进口数量和金额明显高于出口，这部分多以到岸价计算包含了较高的国际运费。

仓储成本同比增长16.6%，占企业物流成本比例为3.8%，同比提高0.3个百分点。根据规模以上工业企业经济指标推算，2010年化工企业平均库存周转率约为9.7次，高于工业企业平均水平；原材料库存占比约为6成，低于工业企业平均水平6个百分点。调查企业汇总数据显示，化工企业平均拥有仓储面积达3.3万平方米，比工业企业平均水平高20%；此外，化工危险品库存需求量不断增加，现有库存缺口仍较大，化工企业自有仓储面积占比较高，2010年已达87.5%，随着土地使用资源紧缺、土地价格持续上涨，企业仓储投入及管理成本在未来一段时期仍将保持较快增长。

由于化工品物理形态包括了液态、固态和其他形态，因而产品包装形态较多。2010年，化工企业配送流通加工包装成本占物流成本的7.9%，同比提高0.2个百分点。2010年石油加工企业物流成本构成如图3所示。

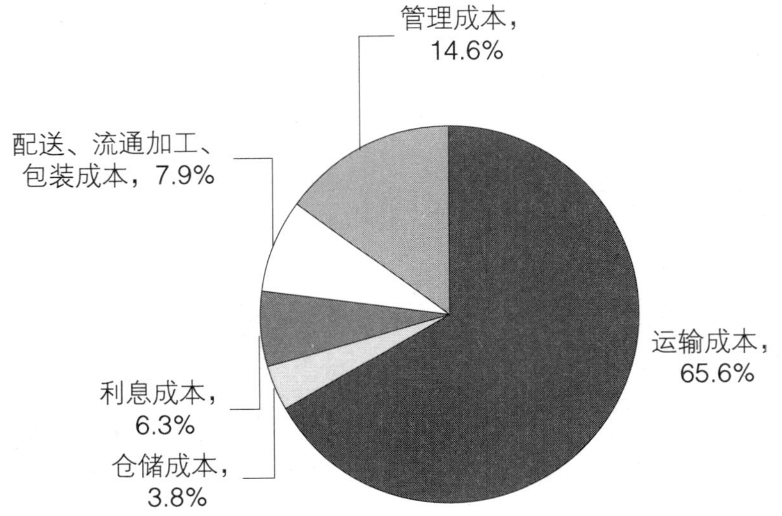

图3 2010年石油加工企业物流成本构成

四、化工物流外包率较低

受到化工品自身特殊因素影响，安全成为化工物流的关键。化工企业对于物流也更多选择自营。2010年调查化工企业对外支付的物流成本占物流成本的比例仅为18.9%，远低于工业企业平均水平。近年来，随着买方市场的逐步形成、优化企业内部物流管理、降低物流成本成为国内企业最为强烈的愿望和要求。与此同时，专业化的物流服务需求已经出现且发展势头迅猛。一方面，国际跨国公司在我国境内生产经营过程中，对高效率、专业化物流服务的巨大需求，是带动我国物流产业发展的一个十分重要的市场基础。另一方面，国内一大批有竞争实力的优势企业在市场扩张的过程中，在不断优化企业内部物流系统的基础上，开始尝试和利用专业化物流服务。

交通运输设备制造业物流成本统计①

2011 年全国重点企业物流统计调查数据显示，2010 年我国交通运输设备制造业物流成本费用率仍然偏高，与发达国家存在一定的差距。

一、物流规模快速增长

2010 年，全国汽车累计生产同比增长 31.9%，民用钢质船舶累计生产同比增长 47.7%，飞机累计进口同比增长 6.8%。

根据行业统计和调查企业数据推算，2010 年我国交通运输设备制造业物流总额约为 5.5 万亿元，同比增长 30.6%，物流规模呈现快速增长态势。

二、物流费用率有所上升

调查企业汇总数据显示，2010 年交通运输设备制造业物流成本费用率为 5.5%，同比提高 0.4 个百分点。按此物流费用率推算，2010 年我国交通运输设备制造业物流成本大约 3029 亿元，比 2009 年增长 944 亿元。

三、运输成本占物流成本的一半以上

调查企业汇总数据显示，2010 年在交通运输设备制造业物流成本构成中，运输成本同比增长 22.8%，占物流成本的 51.4%，比重同比下降 5.9 个百分点；配送、流通加工和包装成本同比增长 76.3%，占物流成本的 8.2%，比重同比提高 1.8 个百分点；仓储成本同比增长 49.1%，占物流成本的 3.5%，比重同比提高 0.3 个百分点（如图 1 所示）。

四、交通运输设备制造业物流效率与发达国家仍存在差距

2010 年，日本交通运输设备制造业的物流费用率为 3.6%，比我国低 1.9 个百分点（如图 2 所示）。如果达到日本的水平，我国交通运输设备制造业物流成本 2010 年可节约 1000 亿元左右。

① 本文是在国家发展和改革委员会、国家统计局和中国物流与采购联合会于 2011 年对全国重点工业、批发和零售业企业 2010 年的物流状况和物流企业经营情况进行统计调查的数据进行汇总和分类的基础上，结合规模以上工业企业经营情况以及日本等发达国家情况，对调查企业物流成本进行数据分析后形成的报告。文中未注明的资料来源均为 2011 年全国重点企业物流统计调查和《日本物流成本调查报告书（2010 年）》。

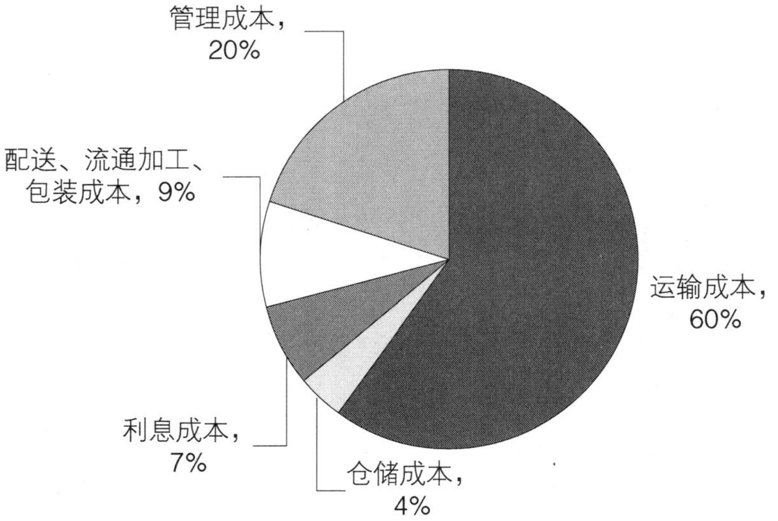

图 1　2010 年交通运输设备制造业被调查企业的物流成本构成

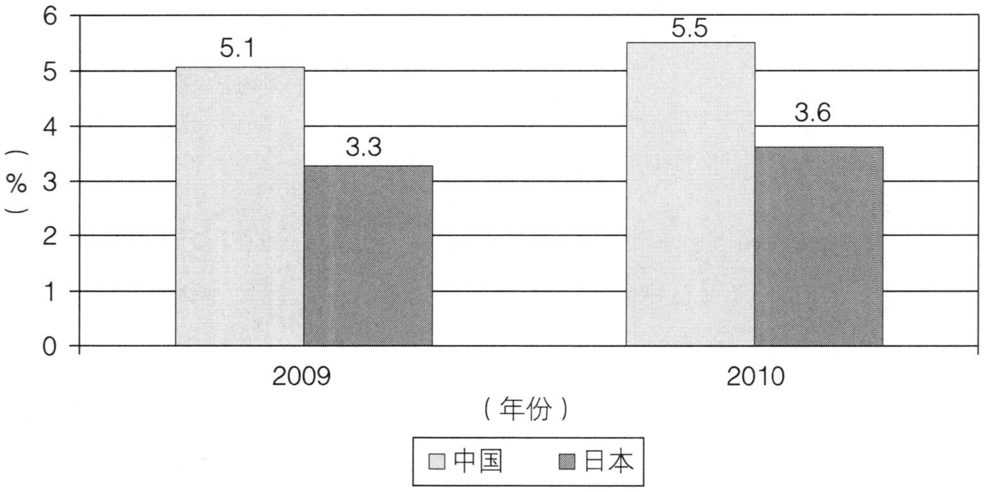

图 2　2009—2010 年中日交通运输设备制造业物流费用率比较

五、交通运输设备制造业物流外包水平较高

调查企业汇总数据显示，随着我国汽车物流等第三方物流的快速发展，2010 年我国交通运输设备制造业物流外包率为 78.3%，同比提高 1.6 个百分点，高于工业企业平均水平 25.8 个百分点，与日本企业水平基本持平。

金属制品业物流成本统计①

一、金属制品业物流成本费用率稳中有升

2011年，全国重点企业物流统计调查数据显示，2010年我国金属制品业物流成本同比增长47.1%，呈快速增长态势。金属制品业物流成本费用率为9.9%，同比上升0.2个百分点。由此推算，我国金属制品业一年多物流成本增加约34亿元。

二、运输成本所占比重较大

调查企业汇总数据显示，2010年金属制品业的物流成本构成中，运输成本所占比重为64%，同比下降6.7个百分点；仓储成本所占比重为3.1%，同比上升0.6个百分点；配送、流通加工和包装成本所占比重为4.2%，同比上升0.7个百分点；管理成本所占比重为17.3%，同比下降3.2个百分点（如图1所示）。

三、对外支付的物流成本占比稳中有升

调查企业汇总数据显示，2010年金属制品业对外支付的物流成本同比增长52.3%，增幅高于物流成本5.2个百分点。对外支付的物流成本占物流成本的比例为39.5%，同比提高1.4个百分点，但仍低于调查工业企业平均水平13个百分点，低于同期日本金属制品企业44.6个百分点。

四、物流效率与发达国家相比差距较为明显

2010年日本金属制品业物流费用率仅为5.5%，比我国低4.4个百分点（如图2所示）。若达到日本金属制品业物流费用率水平，我国金属制品业2010年物流成本可节约864.9亿元。

① 本文是在国家发展和改革委员会、国家统计局和中国物流与采购联合会于2011年对全国重点工业、批发和零售业企业2010年的物流状况和物流企业经营情况进行统计调查的数据进行汇总和分类的基础上，结合规模以上工业企业经营情况以及日本等发达国家情况，对调查企业物流成本进行数据分析后形成的报告。文中未注明的资料来源均为2011年全国重点企业物流统计调查和《日本物流成本调查报告书（2010年）》。

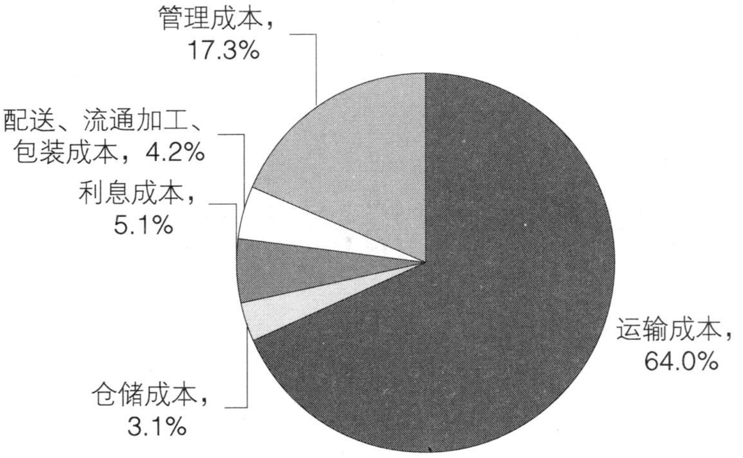

图 1 2010 年金属制品企业物流成本构成情况

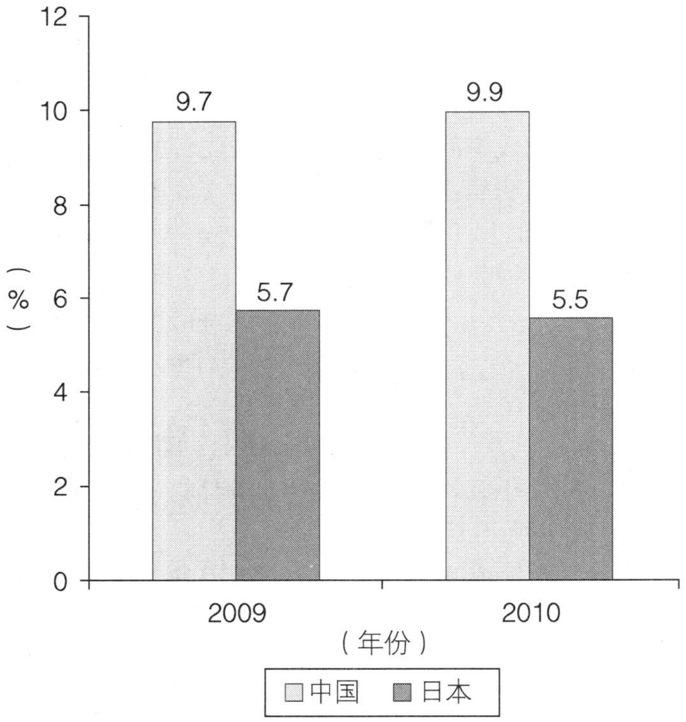

图 2 2009—2010 年中日金属制品企业物流费用率比较

电器机械行业物流成本统计①

"十一五"以来我国电器机械行业以重大技术突破和重大发展需求为基础，按照产业集聚、规模发展和扩大国际合作的要求，实现了以高技术产业从加工装配到自主研发的转变。与此同时，电器机械行业也是我国"十二五"期间重点扶持的制造业行业之一，其光伏设备及元器件制造、电池制造已经成为"十二五"规划中新能源产业和新能源汽车产业重点发展领域。

2011 年全国重点企业物流统计调查数据显示，2010 年我国电气机械行业物流增长趋势明显，但物流成本依然偏高，与发达国家差距明显。

一、电器机械行业物流规模增长趋势明显

2010 年我国电器机械行业保持快速发展势头，全行业增加值同比增长 18.7%，增幅比工业增加值高 3 个百分点，重点行业如光伏制造受国际市场景气拉动，增长势头强劲，部分上市公司收入增速均超过 100%，重点产品生产快速增长，空调设备生产同比增长 41.6%，电子元件生产同比增长 30.1%。

在旺盛的行业需求带动下，我国电器机械行业物流规模明显提升，根据行业统计数据测算，2010 年我国电器机械行业物流总额达 4.3 万亿元，同比增长 29.2%，增幅比同期工业品物流总额高 14.6 个百分点。

二、电器机械行业物流成本快速增长

调查企业汇总数据显示，2010 年电器机械行业重点企业物流成本较 2009 年同期增长 18.6%，增幅比制造业高 4.6 个百分点。其中，运输成本同比增长 16.4%，占物流总成本的 59.3%；管理成本同比增长 24.6%，占物流总成本的 21.6%（如下页图所示）。作为资本、技术密集型产业，电器机械行业管理成本比工业全行业高 6.6 个百分点，而且随着我国劳动力成本上升，管理成本占物流成本比重将有所增加。

2010 年电器机械行业物流成本快速增长，

① 本文是在国家发展和改革委员会、国家统计局和中国物流与采购联合会于 2011 年对全国重点工业、批发和零售业企业 2010 年的物流状况和物流企业经营情况进行统计调查的数据进行汇总和分类的基础上，结合规模以上工业企业经营情况以及日本等发达国家情况，对调查企业物流成本进行数据分析后形成的报告。文中未注明的资料来源均为 2011 年全国重点企业物流统计调查和《日本物流成本调查报告书（2010 年）》。

一方面，电器机械行业物流业务大幅增长，重点企业货运量同比增长 24.2%，增幅比 2009 年同期提高 12.3 个百分点；另一方面，电器机械行业物流的仓储、装卸搬运、运输、包装和质检诸环节均有较高专业技术要求和政策要求，在物流技术和物流装备资产专用性等方面提高了物流成本支出。

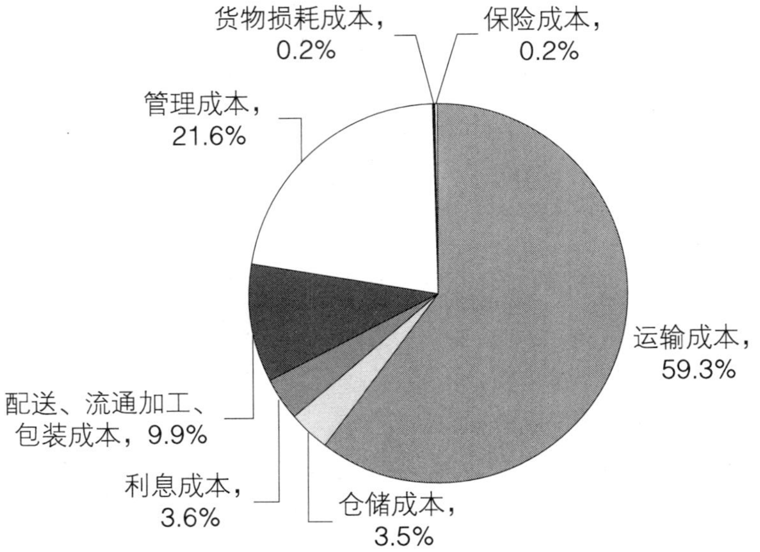

2010 年全国重点调查电器机械企业物流成本构成

三、电器机械行业物流与发达国家存在较大差距

我国电器机械行业物流成本费用率在工业行业保持较低水平，但与发达国家相比差距明显，主要表现在物流效率偏低，物流成本偏高等方面。2011 年全国重点企业物流统计调查数据显示，2010 年我国电器机械行业物流成本费用率为 5.9%，在工业物流领域处于较低水平，低于工业行业平均水平 3.8 个百分点，但与物流发达国家相比，其物流效率明显偏低，同期日本相关行业物流费用率仅为 1.9%，我国电器机械行业物流费用率是日本的 3.1 倍。

从变化趋势看，我国电器机械行业物流成本费用率有所上升，由 2009 年的 5.8% 上升到 2010 年的 5.9%。据此推算，物流费用率提高 0.1 个百分点。2010 年电器机械行业物流成本增加 624.2 亿元，而同期日本电器机械行业物流成本费用率同比下降 0.1 个百分点。作为物流发达国家，日本的经验值得我们借鉴。从企业来看，其物流管理相当专业化，制造业企业将物流业务剥离开来，成立专业子公司或者交给专门的第三方物流，进而专注于其核心业务，降低了企业的物流总成本。从政府来看，日本发布适用于制造业的《物流成本核算统一规范》，旨在建立统一标准的核算和整理方法，得出科学合理的物流成本数据，建立行业物流成本标杆，在此基础上帮助企业优化物流流程，控制物流成本，提高企业物流效率。

造纸业物流成本统计①

造纸工业作为我国重要的材料工业，对国民经济的发展具有十分重要的作用，造纸工业资金技术密集，规模效益显著，产业关联度高，对林业、农业、环保、印刷、包装、化工、机械制造、自动控制、交通等相关产业发展具有明显的拉动作用。目前，我国纸及纸板的生产量和消费量均居世界第一位，纸质产品市场容量和消费潜力都十分巨大，造纸业物流已成为实现产品价值、完成商品流通的十分重要的环节。2011 年全国重点企业物流统计调查数据显示，在行业规模扩张的基础上，2010 年我国造纸业物流需求快速增长。与此同时，淘汰落后产能和兼并重组推动行业集中度提高和技术升级，造纸业物流成本费用率呈下降趋势，但物流效率仍然偏低，与发达国家差距明显。

一、行业规模增长提升造纸行业物流需求

2010 年，处于后金融危机时期的全球经济缓慢复苏，世界造纸业存在产能过剩压力，外资造纸企业在关停工厂和裁员的同时，逐步将生产和投资的重心向我国迁移，世界最大的造纸集团斯道拉恩索以 3.68 亿元收购河北正元 51% 的股权；日本制纸出资 35.5 亿港元收购理文造纸 12% 股权，成为理文造纸第二大股东；国际纸业与太阳纸业合作规模达 3 亿美元。2010 年，我国纸制品产量快速增长，全年机制纸及纸板产量为 10035.9 万吨，比上年同期增长 9.7%，纸制品产量 4845.8 万吨，比上年同期增长 20.7%，箱板纸和纸箱分别生产 1578.7 万吨和 447.6 万吨，同比分别增长 10.4% 和 21.1%。

在行业规模扩大和产量增长的推动下，我国造纸业物流需求呈加快上升趋势。根据重点企业物流统计调查与行业统计数据推算，2010 年我国造纸及纸制品业物流总额达 10992.8 亿元，同比增长 23.7%，增幅比上年同期提高 7.5 个百分点；造纸业产生机制纸及纸板货运量 15931.3 万吨，纸制品货运量 9491.7 万吨，同比分别增长 40% 和 16.3%。

① 本文是在国家发展和改革委员会、国家统计局和中国物流与采购联合会于 2011 年对全国重点工业、批发和零售业企业 2010 年的物流状况和物流企业经营情况进行统计调查的数据进行汇总和分类的基础上，结合规模以上工业企业经营情况以及日本等发达国家情况，对调查企业物流成本进行数据分析后形成的报告。文中未注明的资料来源均为 2011 年全国重点企业物流统计调查和《日本物流成本调查报告书（2010 年）》。

二、淘汰落后产能，集中度提高，造纸业物流成本费用率呈下降趋势

得益于“十一五”期间相关产业政策的引导，造纸行业在淘汰落后产能和兼并重组中调整结构、改造提升和绿色发展。“十一五”期间造纸产业淘汰落后产能1030万吨，同时，兼并重组步伐加快，造纸行业的集团化、规模化、产业集中的趋势比较明显。2010年，央企诚通集团重组泰格林纸、中冶并购整合青岛海王纸业，民营企业的玖龙纸业、安妮纸业和恒丰纸业以股权收购的形式扩大产能。在此背景下，我国造纸业不仅在技术进步中提高产品竞争力，也在转变传统物流管理思路，以满足市场需求为目标，统筹考虑采购、生产、运输、仓储和销售一系列经营活动，加强物流信息的搜集和运用，采用现代物流技术如物流单元化技术和物流信息技术，物流运行效率得到一定程度提高。调查企业汇总数据显示，2010年造纸及纸制品业物流费用率为19.8%，比2009年下降0.5个百分点，比2008年下降1个百分点，造纸业物流费用率呈连续下降趋势。尽管如此，2010年我国造纸业物流成本费用率但仍处于较高水平，比调查的全部工业企业高出10.1个百分点。

三、造纸业物流成本小幅增长

2011年，全国重点企业物流统计调查数据显示，2010年造纸业重点企业物流成本同比增长0.7%。其中，运输成本同比增长4.9%，占物流总成本的比重为54.5%，比上年同期提高2.2个百分点，运输成本依然是推动物流上升的主要动力。

管理成本和利息成本出现快速增长。汇总数据显示，2010年重点造纸企业管理成本同比增长11.5%，占物流总成本的19.7%，比重比上年同期提高1.9个百分点。利息成本同比增长14.7%，占物流总成本的6.9%，比重比上年同期提高0.8个百分点。2010年，造纸行业出现巨额股权并购，并购带来的企业资源、业

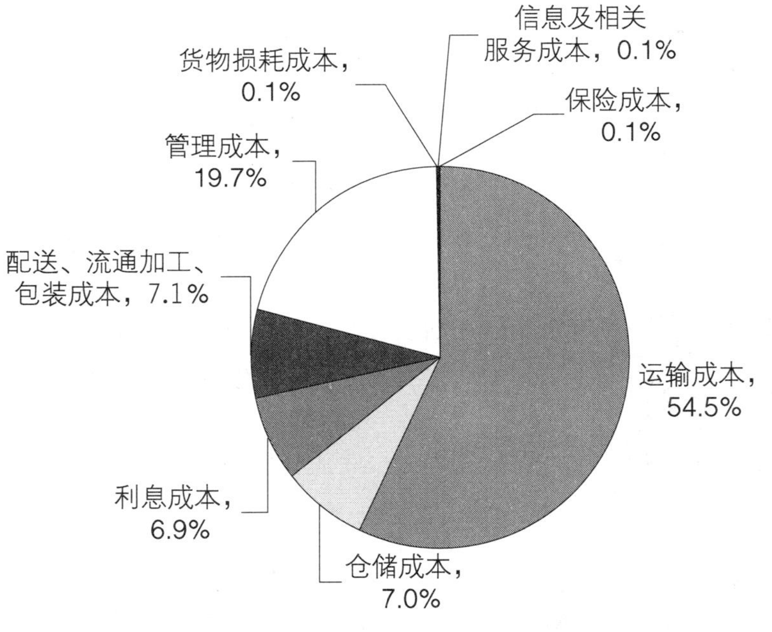

图1 2010年造纸业调查企业物流成本构成

务重组和管理架构重置，利益协调以及人员薪酬安排等需要大量资金投入，是管理成本和利息成本增长主要原因之一。

另外，仓储成本同比下降 7.6%，占物流总成本的比重由 2009 的 7.7% 回落到 2010 年的 7%（如图 1 所示）。

四、物流成本费用率明显高于发达国家

2010 年日本造纸工业物流费用率仅为 7.2%，比我国低 12.6 个百分点。由此可见，我国造纸工业物流效率与日本相比差距较为明显（如图 2 所示）。

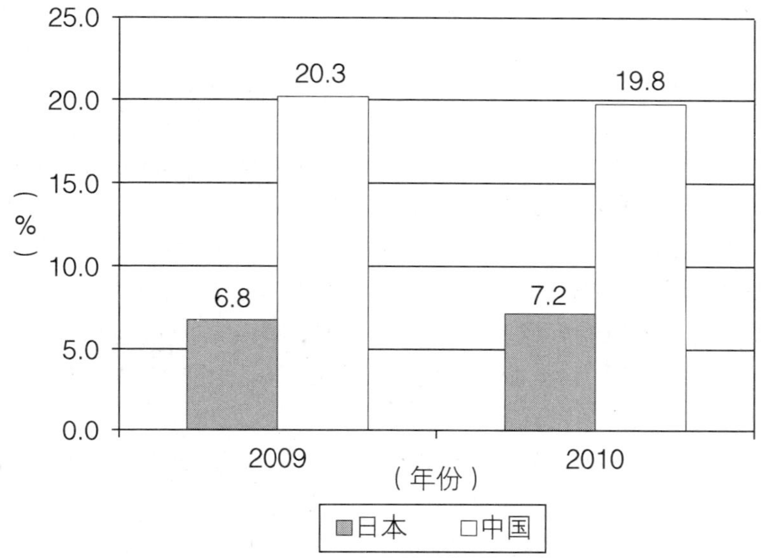

图 2　2009—2010 年中日造纸企业物流费用率比较

农副食品加工行业物流成本统计①

近年来，随着国民消费能力的提高，人们对作为日常生活必需品的农副食品提出越来越高的要求，农副产品种类日益繁多，农副食品加工逐渐由传统、粗放式向高附加值、市场导向型转变。同时，在国家政策引导和市场机制共同作用下，城乡商贸物流服务体系逐步完善，物流服务功能不断增强，“万村千乡市场工程”“双百市场工程”和“农超对接”有效促进了农副食品物流的发展。但从总体来看，我国农副食品物流缺乏与之配套的安全、通畅、高效的农副食品物流体系，农副食品物流环节多、基础设施不配套多种因素直接导致农副食品物流成本居高不下，是农副产品消费价格高企的重要原因。

2011 年全国重点企业物流统计调查数据显示，2010 年我国农副食品加工业物流成本依然偏高，同时物流费用率有所下降，但是仍与发达国家存在一定差距。

一、农副食品加工业物流规模快速增长

2010 年，我国农副食品加工业继续保持快速增长势头，全国规模以上生猪定点屠宰企业屠宰量累计 2.3 亿头，比上年增长 9.2%。根据行业统计和调查企业数据测算，2010 年我国农副食品加工业物流总额为 3.7 万亿元，同比增长 25.4%；农副食品加工业货运量达 12.9 亿吨，同比增长 21.7%。

二、农副食品加工业物流费用率有所下降

调查企业汇总数据显示，2010 年农副食品加工业物流成本费用率为 12.6%，同比下降 0.3 个百分点，比调查的全部企业高 2.9 个百分点，仍然处于较高水平。按此物流费用率推算，2010 年我国农副食品加工业物流成本大约为 4361 亿元，比上年增长 797.4 亿元。

三、农副产品加工业物流成本保持增长

调查企业汇总数据显示，2010 年农副食品加工业重点企业物流成本与上年同期相比增长了 2.9%。其中，运输成本同比增长 11.8%，

① 本文是在国家发展和改革委员会、国家统计局和中国物流与采购联合会于 2011 年对全国重点工业、批发和零售业企业 2010 年的物流状况和物流企业经营情况进行统计调查的数据进行汇总和分类的基础上，结合规模以上工业企业经营情况以及日本等发达国家情况，对调查企业物流成本进行数据分析后形成的报告。文中未注明的资料来源均为 2011 年全国重点企业物流统计调查和《日本物流成本调查报告书（2010 年）》。

占物流总成本的 59.7%，比上年同期提高了 4.7 个百分点。运输成本的快速增长主要是受货运量增长的影响，调查企业汇总数据显示，调查企业货运量同比增长 10.2%。

仓储成本同比增长 8.8%，占物流总成本的 13.4%，比上年同期提高 0.7 个百分点。管理成本同比增长 7%，占物流总成本的 9.6%，比上年同期下降 4.4 个百分点。配送、流通加工和包装成本同比增长 9.9%，占物流总成本的 11.5%，比上年同期提高 0.7 个百分点（如图 1 所示）。

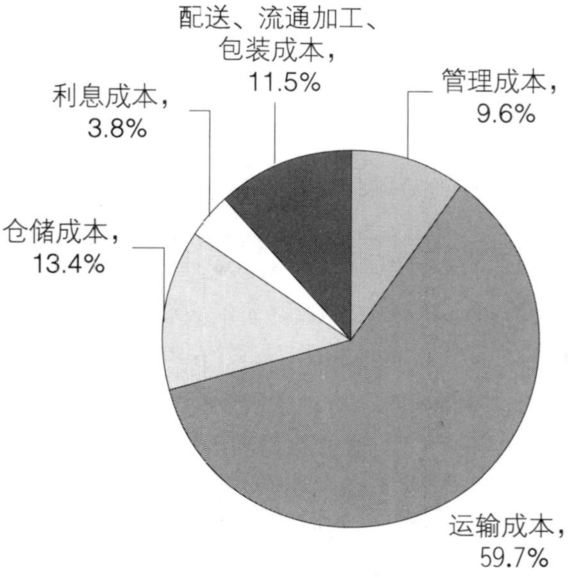

图 1　2010 年农副食品加工业调查企业物流成本构成

四、与发达国家物流差距缩小

以日本为例，2010 年日本农副食品加工业物流费用率为 9.4%，比我国低 3.2 个百分点，而 2009 年中日农副食品加工业物流费用率差距为 3.78 个百分点，我国农副食品加工业物流效率与日本差距有所减少。我国农副食品加工业物流如果达到日本的水平，则 2010 年我国农副食品加工业可减少 25% 的物流成本。

当前，农副食品行业物流面临重复纳税、过路过桥费过高、农副食品配送车辆进城难、仓储设施不足的难题，同时，农副食品物流专业化程度低、环节过多、物流不畅的状况，不仅推高了农副食品终端消费价格，也制约了农副食品物流的健康发展。

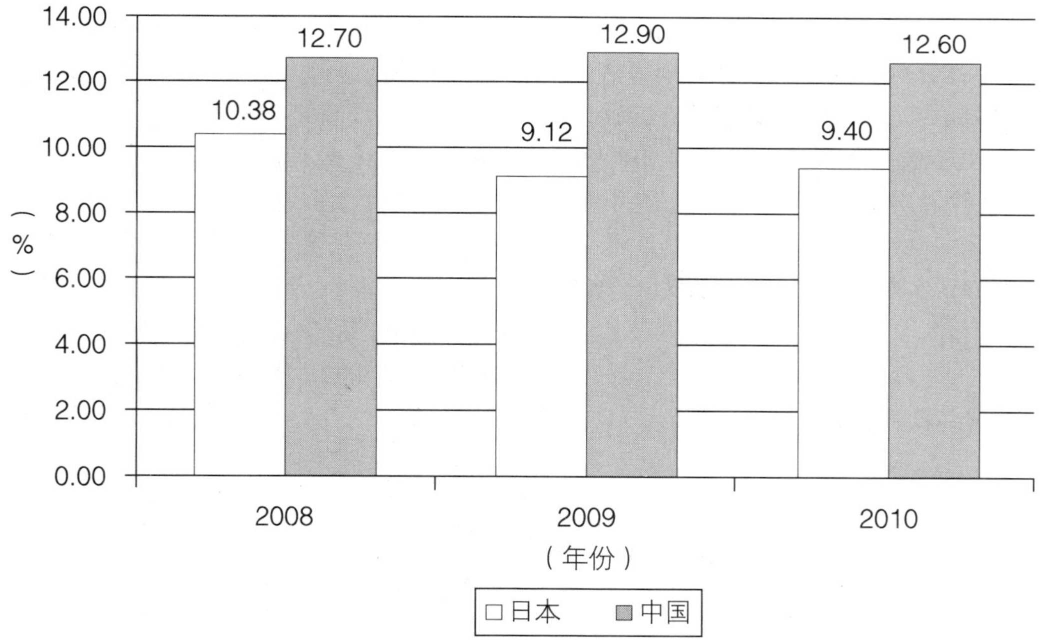

图 2　2008—2010 年中日农副食品加工业物流费用率比较

食品行业物流成本统计①

从2011年全国重点企业物流统计调查的情况看，2010年我国食品行业②物流费用率水平同比有所提高，物流效率有所下降。其中，食品冷链物流尚处于起步阶段，规模化、系统化的体系尚未建立，基础设施等相关投资增长较快，相应的物流费用率较高，呈现逐年提高趋势。

一、食品行业物流费用率有所上升

调查企业汇总数据显示，2010年食品行业物流成本费用率为5.3%，比调查的全部工业企业低4.4个百分点，同比提高0.5个百分点。其中，需冷藏的速冻食品制造和液态乳及乳制品制造行业物流费用率水平较高，达10.3%，同比提高1.3个百分点。

二、食品物流规模快速增长，冷链物流需求增加

2010年食品物流总额达1.1万亿元，同比增长22.7%，增幅同比提高2.1个百分点。其中，冷链物流需求快速增长。以冷冻食品为例，2010年冷冻食品物流额约388亿元，同比增长39.7%，是2006年的2.5倍，年均增长达26.3%。

三、运输、仓储环节成本占比近七成

调查企业汇总数据显示，2010年在食品行业物流成本构成中，运输成本占比达53.6%，同比下降0.5个百分点。数据显示，目前我国食品企业运输设施尚处于发展阶段，冷藏车等专业物流设备平均拥有量偏低，2010年调查的食品企业冷藏车占货运车辆的比例仅为20%。

保管成本占比为31.7%，同比提高2个百分点。在保管成本中，仓储成本占比为13.2%，利息成本占比为5.5%，配送、流通加工和包装成本占比为5.6%，货物损耗成本占比为7.4%。管理成本占比为14.7%，同比下降1.5个百分点（如图1所示）。

---

① 本文是在国家发展和改革委员会、国家统计局和中国物流与采购联合会于2011年对全国重点工业、批发和零售业企业2010年的物流状况和物流企业经营情况进行统计调查的数据进行汇总和分类的基础上，结合规模以上工业企业经营情况以及日本等发达国家情况，对调查企业物流成本进行数据分析后形成的报告。文中未注明的资料来源均为2011年全国重点企业物流统计调查和《日本物流成本调查报告书（2010年）》。

② 食品行业主要包括从事粮食及饲料加工业、植物油加工业、制糖业、屠宰及肉类蛋类加工业、水产品加工业、食用盐加工业和其他食品的加工活动的工业企业。

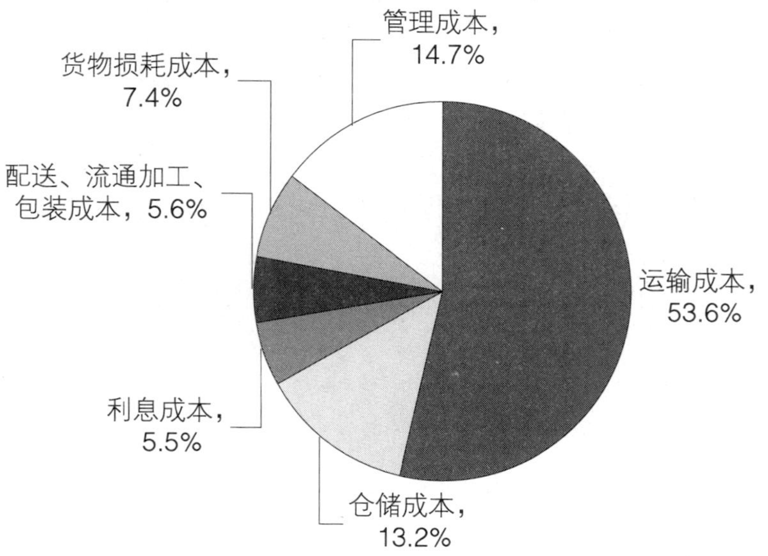

图1　2010年食品企业物流成本构成

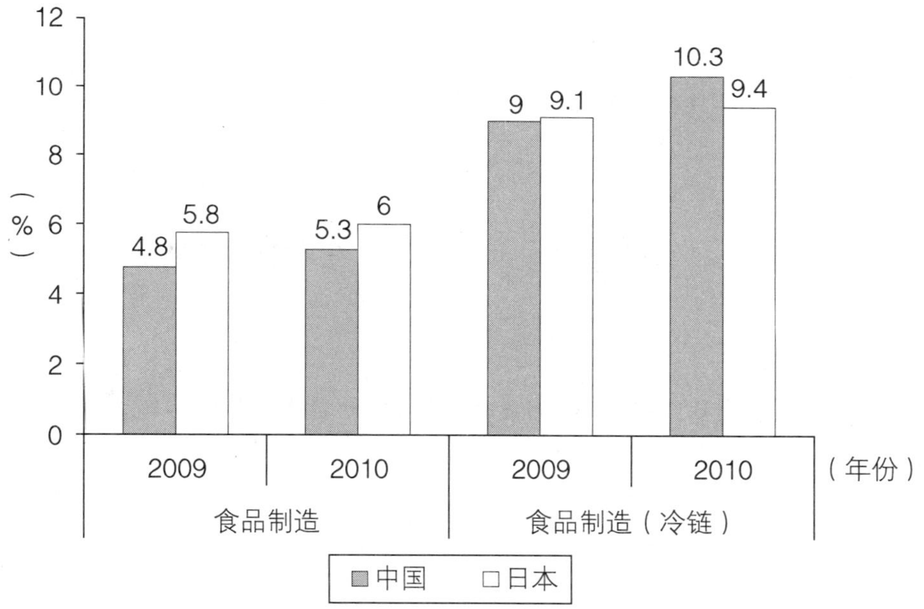

图2　2009—2010年中日食品企业物流费用率比较

四、食品行业物流外包比例快速提高

调查企业汇总数据显示，2010年食品企业物流外包比例快速提高。2010年食品企业对外支付的物流成本同比增长117.7%，增速快于物流成本增长84.5个百分点。对外支付的物流成本占比为39.2%，同比提高14.6个百分点。

尽管食品行业物流外包比例快速提高，但行业水平依然较低，外包率低于全部工业调查企业平均水平13.3个百分点。其中，冷链食品企业外包率低于工业调查企业平均水平34.3

个百分点。由于我国相关冷链第三方物流市场起步较晚，服务网络和信息系统尚不健全，导致我国食品企业自营物流比例较高，在一定程度上造成企业物流成本投入大、效率低。

五、物流成本费用率与发达国家仍存在差距

与发达国家相比，我国食品冷链物流发展水平偏低。以日本为例，2010 年日本冷链食品企业物流费用率为 9.4%，且多年维持在 9% 左右水平，低于我国企业 0.9 个百分点（详情如图 2 所示）。

2010 年日本食品企业物流业务外包的比例为 89.8%，高出我国企业 50.6 个百分点。日本冷链食品企业物流业务外包比例高达 91.8%，是我国企业的 5 倍（详情如图 3 所示）。

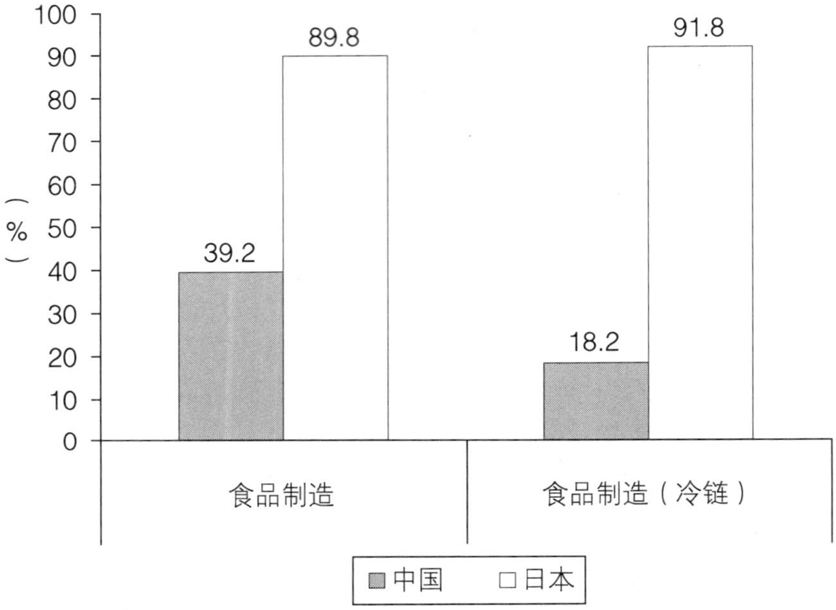

图 3　2010 年中日食品企业物流外包情况比较

医药行业物流成本统计[①]

医药行业作为高技术、高风险、高投入和高回报的产业，在促进人类健康，提高人类生活质量以及延长寿命多方面起着十分重要的作用。随着我国经济水平和人们生活水平的日益提高，人口老龄化趋势日益凸显，促使我国医药行业进入了高速发展的阶段。随着我国医药事业的快速发展和医疗卫生体制改革的全面推进与不断深化，2010 年我国医药制造业继续保持稳步增长态势，特别是国家相继出台了助推医药制造业的利好政策，为医药行业加快发展创造了有利的条件，极大地拉动了医药市场需求。随着新医改的持续推进及国家对医改投入的逐步到位，国内医药市场供求保持稳定，医药产业集中度逐渐提高，整个医药行业效益逐步提升。

一、医药制造业物流规模明显提升

2011 年，全国重点企业物流统计调查数据显示，2010 年我国医药制造业物流总额达 1.1 万亿元，与上年同期相比增长 23.8%。数据表明，伴随着医药产业的快速发展，我国医药制造业物流规模明显提升。

二、医药制造业物流费用依然偏高

2011 年，全国重点企业物流统计调查数据显示，2010 年我国医药制造业物流费用率为 11.1%，与上年同期相比下降了 0.2 个百分点。物流费用率与上年相比虽有所下降，但仍高出被调查的全部工业企业物流成本费用率 1.4 个百分点，依然处于较高水平。按此物流费用率推算，2010 年我国医药企业物流成本大约为 1270.4 亿元。

三、医药制造业物流成本继续扩大

2010 年，受物价水平上涨幅度较快、劳动力成本上升等因素影响，医药制造业物流费用规模继续扩大。据 2011 年全国重点企业物流统计调查数据显示，2010 年医药制造业物流费用支出比上年增长 8.6%。其中，运输成本与上年同期相比增长 7.6%，管理成本与上年同期相比增长 6%，仓储成本与上年同期相比增

① 本文是在国家发展和改革委员会、国家统计局和中国物流与采购联合会于 2011 年对全国重点工业、批发和零售业企业 2010 年的物流状况和物流企业经营情况进行统计调查的数据进行汇总和分类的基础上，结合规模以上工业企业经营情况以及日本等发达国家情况，对调查企业物流成本进行数据分析后形成的报告。文中未注明的资料来源均为 2011 年全国重点企业物流统计调查和《日本物流成本调查报告书（2010 年）》。

长 10.8%，配送、流通加工和包装成本与上年同期相比增长 12.6%。

在物流费用构成中，运输成本所占比重为 45.4%，与上年同期相比下降 0.4 个百分点。2010 年，受运力增多、运价调整等因素影响，医药制造业运输成本所占比重虽有所下调，但在物流费用构成中，运输成本依然是牵制企业物流成本上升的主要因素，也是我国企业物流效率相对较低、物流成本偏大的重要原因。

管理成本所占比重为 11.7%，与上年同期相比下降 0.3 个百分点。医药制造业是一个集资本和技术密集型的产业，企业的整体信息化水平和管理水平还有待于进一步提高。

仓储成本所占比重为 10.9%，与上年同期相比上升 0.2 个百分点；配送、流通加工和包装成本所占比重为 12.8%，与上年同期相比上升 0.5 个百分点；利息成本所占比重为 6.7%，与上年同期相比下降 0.3 个百分点（详情如图 1 所示）。药品是特殊的商品，在医药企业物流过程当中药品的仓储、装卸搬运、运输、包装、检验等各个环节均需要较高的专业技术要求，在物流技术和物流装备的专用性等方面都大大增加了物流成本的支出。

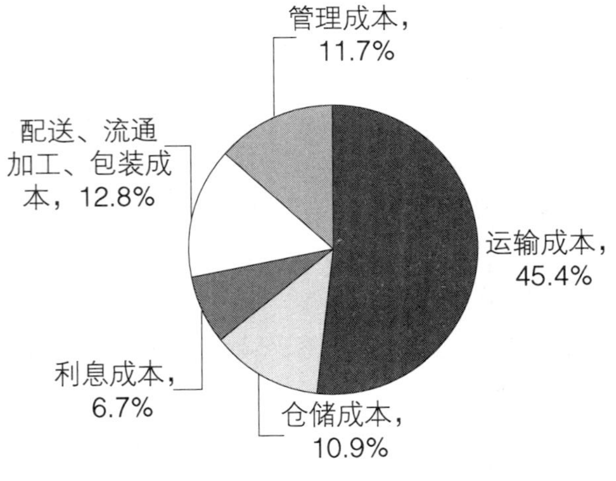

图 1　2010 年全国重点调查医药企业物流成本构成

四、医药制造业物流费用率小幅下降

2011 年，全国重点企业物流统计调查数据显示，2010 年医药制造业物流成本费用率为 11.1%，与上年同期相比下降 0.2 个百分点，反映出我国医药制造业物流费用水平有所降低，物流效率得以提高。据此推算，2010 年我国医药制造业物流成本同比下降 22.3 亿元。

2010 年，医药制造业委托代理货运量占货运量的比例为 88.26%，同比提高近 1.5 个百分点，外包率高于调查的全部工业企业 16.7 个百分点；31% 的医药企业均将物流业务全部交由专业物流公司承担，但绝大部分医药企业的物流业务还是以自营物流为主。

五、医药制造业物流效率依然偏低

我国医药制造业物流成本费用率与发达国家相比差距明显，主要表现在物流效率偏低、物流成本偏高方面。据 2011 年全国重点企业物流统计调查数据显示，2010 年我国医药制造业物流成本费用率为 11.1%，与上年同期相比下降 0.2 个百分点，但与物流发达国家相比物流效率明显偏低。

以日本为例，2010 年日本医药制造业物流费用率仅为 1.44%，比我国低 9.66 个百分点（详情如图 2 所示）。由此可见，我国医药企业的物流效率与日本相比差距较为明显。据此推算，我国医药企业物流费用率如果达到日本的水平，2010 年我国医药制造业可节约大约 1000 亿元的物流成本。

2010 年，我国医药企业物流业务外包率为 69.2%，同比上升 1.5 个百分点。但同期，日本医药企业的物流外包率为 86.3%，高出我国医药企业物流外包率 17.1 个百分点（详情如图 3 所示）。

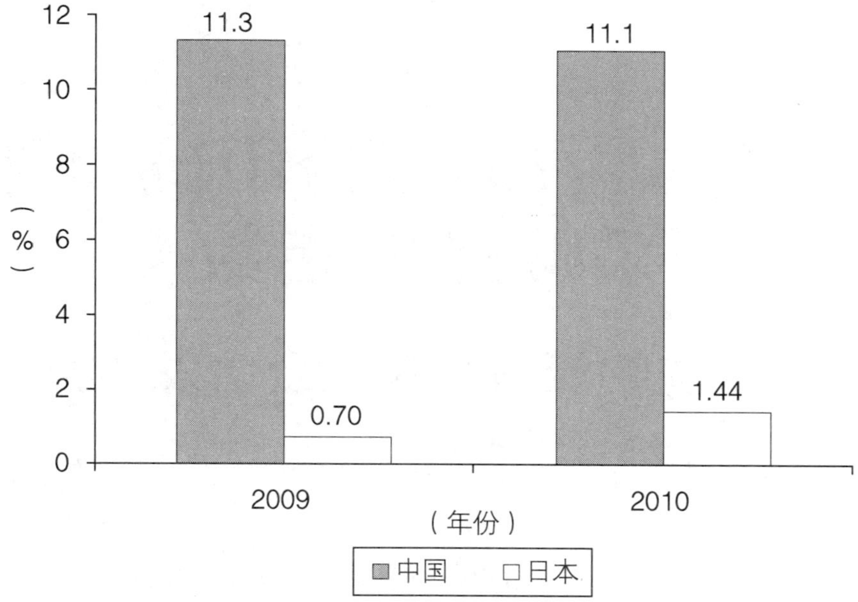

图2　2009—2010年中日医药企业物流费用率比较

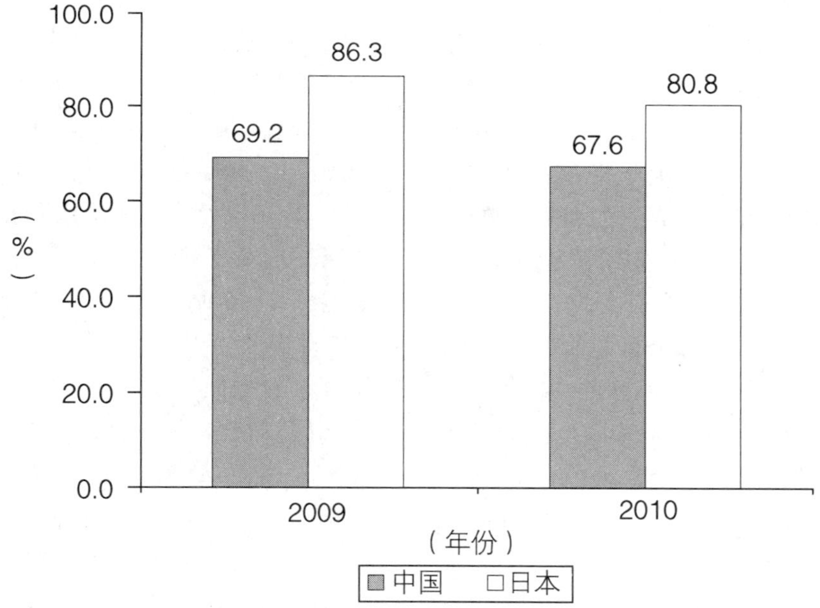

图3　2009—2010年中日医药企业物流外包情况比较

2011 年 1 ~12 月份中国制造业采购经理指数

(中国物流与采购联合会发布)

1 月份

2011 年 1 月，中国制造业采购经理指数（PMI）为 52.9%，比上月回落 1.0 个百分点。

从各分项指数看，整体呈现回落态势。与上月相比，采购量指数、进口指数、购进价格指数、原材料库存指数有所上升，进口指数和购进价格指数的升幅超过 2.0 个百分点，其余各指数均有不同程度下降；生产指数、新出口订单指数、积压订单指数、从业人员指数的回落幅度均超过 2.0 个百分点，其中积压订单指数回落最为显著，达到 4.2 个百分点。

本月在 20 个行业中，以烟草制品业、饮料制造业、通用设备制造业为首的 14 个行业高于 50%，为首的行业达到 60% 以上。通信设备计算机及其他电子设备制造业、金属制品业、化学原料及化学制品制造业等 6 个行业低于 50%。从产品类型看，原材料与能源类企业略低于 50%；中间品、生活消费品和生产用制成品类企业高于 50%。

针对 1 月份制造业采购经理调查情况，特约分析师张立群分析认为："继上年 12 月份至本月，PMI 指数继续回落表明，近期经济回稳的趋势还不明确，潜伏继续回调的可能。新出口订单指数回落、购进价格指数继续提高，表明企业订单减少而成本压力加大，企业面对的困难比较大。综合来看，当前经济运行仍处于调整状态，未来走势还不够明朗。"

本月新订单指数为 54.9%，比上月回落 0.5 个百分点。在 20 个行业中有 12 个行业的新订单指数高于 50%。其中，烟草制品业、饮料制造业、通用设备制造业、农副食品加工及食品制造业等行业的新订单指数较高，达到 60% 以上；化纤制造及橡胶塑料制品业、有色金属冶炼及压延加工业、通信设备计算机及其他电子设备制造业的行业新订单指数低于 50%。从产品类型看，原材料与能源类企业的新订单指数低于 50%；中间品、生活消费品和生产用制成品类企业的新订单指数高于 50%，其中，生活消费品类企业最高，达到 60% 以上。

本月生产指数为 55.3%，比上月回落 2.2 个百分点。在 20 个行业中，通信设备计算机及其他电子设备制造业、化纤制造及橡胶塑料制品业、化学原料及化学制品制造业等 7 个行业的生产指数低于 50%；以烟草制品业、饮料制造业为首的 13 个行业的生产指数高于 50%，为首的行业的生产指数高过 70%。分产品类型看，原材料与能源、中间品类企业的生产指数低于50%；生产用制成品类企业的生产指数高于50%，生活消费品类企业的生产指数最高，达到60%以上。

本月进口指数为53.0%，比上月上升2.6个百分点。在20个行业中，以金属制品业、造纸印刷及文教体育用品制造业、专用设备制造业为首的15个行业的进口指数高于50%，为首的行业达到60%以上；化纤制造及橡胶塑料制品业、通信设备计算机及其他电子设备制造业、医药制造业、木材加工及家具制造业、服装鞋帽制造及皮毛羽绒制品业的进口指数低于50%。

本月新出口订单指数为50.7%，比上月回落2.8个百分点。在20个行业中，以饮料制造业、专用设备制造业、服装鞋帽制造及皮毛羽绒制品业为首的11个行业的新出口订单指数高于50%，为首的行业达到60%以上；黑色金属冶炼及压延加工业、非金属矿物制品业、医药制造业等行业的新出口订单指数低于50%。从产品类型看，原材料与能源和中间品类企业的新出口订单指数低于50%；生活消费品和生产用制成品企业的新出口订单指数高于50%。

本月从业人员指数为49.0%，比上月下降2.5个百分点。在20个行业中，专用设备制造业、化纤制造及橡胶塑料制品业、交通运输设备制造业等10个行业的从业人员指数高于50%；化学原料及化学制品制造业、医药制造业、金属制品业等10个行业的从业人员指数低于50%。从企业产品类型看，原材料与能源、中间品、生活消费品类企业的从业人员指数低于50%；生产用制成品类企业的从业人员指数略高于50%。

本月购进价格指数为69.3%，比上月上升2.6个百分点。分行业看，20个行业的购进价格指数全部高于50%，其中，以石油加工及炼焦业、黑色金属冶炼及压延加工业为首的10个行业的购进价格指数高于70%，为首的行业高于80%。分区域看，东、中、西部的购进价格指数普遍较高均接近70%；分产品类型看，原材料与能源、中间品、生活消费品和生产用制成品类企业的购进价格指数均高于60%，尤其以原材料与能源和中间品类企业的购进价格指数最高，达到70%以上。

2月份

2011年2月，中国制造业采购经理指数为52.2%，环比回落0.7个百分点，回落幅度较上月明显缩小，但比2010年同期回升了0.2个百分点。显示当前经济增长仍处在平稳适度增长区间。

从各分项指数看，整体仍延续回落态势，但回落幅度明显缩小。与上月相比，新出口订单指数、积压订单指数、进口指数、购进价格指数略有上升，升幅在1.0个百分点以内，其余各指数均有回落。其中，生产指数和产成品库存指数的回落幅度均大于1.0个百分点，采购量指数和原材料库存指数的回落幅度均超过2.0个百分点。

在20个行业中，黑色金属冶炼及压延加工业、通用设备制造业、有色金属冶炼及压延加工业等14个行业高于50%。木材加工及家具制造业、烟草制品业、造纸印刷及文教体育用品制造业等6个行业低于50%。从企业登记注册类型看，国有企业、港澳台投资企业和外商投资企业低于50%；有限责任公司、股份有限公司企业高于50%。从产品类型看，生活消费品企业略低于50%；中间品、原材料与能源和生产用制成品类企业高于50%。

针对2月份制造业采购经理调查情况，特约分析师张立群分析认为："2月份PMI指数继续回落，回落态势已经持续了3个月，预示经济继续走低的可能性加大。但PMI指数仍然在50%以上的水平，表明经济回落的幅度不会很大。新出口订单指数小幅提高，可能与美欧经济回升有关，对经济走势不会发生重要作用。"

本月新订单指数为54.3%，比上月回落

0.6个百分点。在20个行业中，有14个行业的新订单指数高于50%。其中，通用设备制造业、黑色金属冶炼及压延加工业、有色金属冶炼及压延加工业和饮料制造业的新订单指数达到60%以上；木材加工及家具制造业、烟草制品业、造纸印刷及文教体育用品制造业等6个行业的新订单指数低于50%。从产品类型看，生活消费品企业的新订单指数低于50%；原材料与能源、中间品和生产用制成品类企业的新订单指数高于50%。其中，生产用制成品类企业的新订单指数最高，达到60%以上。

本月生产指数为53.8%，比上月回落1.5个百分点。在20个行业中，木材加工及家具制造业、烟草制品业、金属制品业等5个行业的生产指数低于50%；其余15个行业的生产指数均高于50%，其中以黑色金属冶炼及压延加工业为首的6个行业的生产指数达到60%以上，为首的行业高过70%。分产品类型看，原材料与能源和生产用制成品类企业的生产指数较高，达到60%左右；中间品和生活消费品类企业的生产指数较低，略高于50%。

本月进口指数为53.9%，比上月上升0.9个百分点。在20个行业中，有14个行业的进口指数高于50%。其中，化学原料及化学制品制造业、通用设备制造业、饮料制造业等行业的进口指数达到60%以上；石油加工及炼焦业的进口指数位于50%；烟草制品业、纺织业、服装鞋帽制造及皮毛羽绒制品业等行业的进口指数低于50%。分产品类型看，生活消费品类企业的进口指数低于50%；原材料与能源、中间品和生产用制成品类企业的进口指数高于50%，其中，原材料与能源和生产用制成品类企业的进口指数较高，达到60%以上。

本月新出口订单指数为50.9%，比上月略升0.2个百分点。在20个行业中，有13个行业的新出口订单指数高于50%，其中，有色金属冶炼及压延加工业和专用设备制造业等行业新出口订单指数达到60%以上。木材加工及家具制造业、电气机械及器材制造业、通信设备计算机及其他电子设备制造业的新出口订单指数低于50%。从区域看，中部的新出口订单指数高于50%；东部和西部的新出口订单指数低于50%。从产品类型看，中间品和生活消费品类企业新出口订单指数低于50%；原材料与能源和生产用制成品企业新出口订单指数高于50%。

本月从业人员指数为48.9%，比上月微落0.1个百分点。在20个行业中，化纤制造及橡胶塑料制品业、医药制造业、金属制品业等行业的从业人员指数高于50%；服装鞋帽制造及皮毛羽绒制品业、农副食品加工及食品制造业、饮料制造业等行业的从业人员指数低于50%。分区域看，东、中部的从业人员指数低于50%，西部的从业人员指数略高于50%。从企业产品类型看，原材料与能源和生产用制成品类企业的从业人员指数高于50%；中间品和生活消费品类企业的从业人员指数低于50%。

本月购进价格指数为70.1%，比上月上升0.8个百分点。分行业看，20个行业的购进价格指数全部高于50%，其中，以石油加工及炼焦业、纺织业、金属制品业为首的10个行业的购进价格指数达到70%以上，为首的行业高于80%。分产品类型看，原材料与能源、中间品和生产用制成品类企业的购进价格指数较高，达到70%以上；生活消费品类企业的购进价格指数稍低，为64.3%。

3月份

2011年3月，中国制造业采购经理指数（PMI）为53.4%，环比上升1.2个百分点。本月PMI指数回升，具有一定的季节性特征。与往年同期比较，回升幅度较为平缓。显示出当前我国经济在向宏观调控的预期方向发展，但目前这种经济平稳增长的趋势仍需要进一步巩固。

从各分项指数看，整体呈小幅回升趋势。同上月相比，采购量指数、进口指数、购进价格指数回落，其中后两个指数回落接近2.0个百分点；其余各指数有所上升，其中积压订单指数、产成品库存指数上升幅度较大，超过4.0个百分点。

本月20个行业中，木材加工及家具制造业、造纸印刷及文教体育用品制造业、黑色金属冶炼及压延加工业、石油加工及炼焦业4个行业低于50%，其余16个行业均在50%以上，其中电气机械及器材制造业最高，达到60%以上。从产品类型看，原材料与能源类企业低于50%；中间品、生活消费品和生产用制成品类企业高于50%。

针对3月份制造业采购经理调查情况，特约分析师张立群分析认为："PMI指数在连续3个月回调以后，本月出现回升，与目前经济增长逐步趋稳态势一致。但1~2月投资增长高位稳定，出口与消费增长均现回落，总需求增长水平降低。如果库存在未来再出现调整，经济增长仍有趋降的可能性。新出口订单指数提高、购进价格指数降低，对企业经营具有积极意义，但还需继续观察。"

本月新订单指数为55.2%，比上月回升0.9个百分点。分行业看，木材加工及家具制造业、石油加工及炼焦业等行业的新订单指数低于50%；电气机械及器材制造业、通用设备制造业、有色金属冶炼及压延加工业等行业的新订单指数高于50%。从产品类型看，原材料与能源类企业的新订单指数低于50%；中间品、生活消费品和生产用制成品类企业的新订单指数高于50%。其中，生产用制成品类企业的新订单指数最高，达到60%以上。

本月生产指数为55.7%，比上月回升1.9个百分点。分行业看，木材加工及家具制造业、石油加工及炼焦业等行业的生产指数低于50%；电气机械及器材制造业、有色金属冶炼及压延加工业、交通运输设备制造业等行业的生产指数高于50%。分区域看，东、中、西部的生产指数均高于50%。其中，西部最高达到58%以上。分产品类型看，原材料与能源类企业的生产指数低于50%；中间品、生活消费品和生产用制成品企业的生产指数高于50%。

本月进口指数为52.0%，比上月下降1.9个百分点。分行业看，通用设备制造业、电气机械及器材制造业、通信设备计算机及其他电子设备制造业等行业的进口指数高于50%；医药制造业、化学原料及化学制品制造业、金属制品业、石油加工及炼焦业、化纤制造及橡胶塑料制品业行业的进口指数低于50%。

本月新出口订单指数为52.5%，比上月回升1.6个百分点。分行业看，通用设备制造业、烟草制品业、电气机械及器材制造业等行业的新出口订单指数高于50%；饮料制造业、非金属矿物制品业、医药制造业等行业的新出口订单指数低于50%。从产品类型看，原材料与能源类企业的新出口订单指数低于50%；中间品、生活消费品和生产用制成品企业的新出口订单指数高于50%。

本月从业人员指数为51.8%，比上月上升2.9个百分点。分行业看，金属制品业、服装鞋帽制造及皮毛羽绒制品业、电气机械及器材制造业等行业的从业人员指数高于50%；黑色金属冶炼及压延加工业、通用设备制造业、纺织业等行业的从业人员指数低于50%。从企业产品类型看，原材料与能源类企业的从业人员指数低于50%；中间品、生活消费品和生产用制成品类企业的从业人员指数高于50%。

本月购进价格指数为68.3%，比上月回落1.8个百分点。分行业看，20个行业的购进价格指数全部高于50%，其中，以金属制品业、石油加工及炼焦业为首的10个行业的购进价格指数均达到70%以上，为首的行业高于80%。分产品类型看，生产用制成品类企业的购进价格指数最高，达到70%以上；原材料与能源、中间品和生活消费品类企业的购进价格指数稍低，但也高于60%。

4 月份

2011 年 4 月，中国制造业采购经理指数（PMI）为 52.9%，环比回落 0.5 个百分点。本月 PMI 经过上月短暂回升后，再次延续回落势头，显示出伴随着我国经济结构调整，经济增长处在适度回调过程之中。

从各分项指数看，整体呈小幅回落态势。同上月相比，从业人员指数持平，原材料库存指数、供应商配送时间指数略有上升，其余各指数均不同程度回落。其中，新订单指数、新出口订单指数、进口指数、购进价格指数回落较明显，回落幅度超过 1.0 个百分点。

本月在 20 个行业中，纺织业、医药制造业、交通运输设备制造业、化学原料及化学制品制造业、石油加工及炼焦业 5 个行业低于 50%，其余 15 个行业均在 50% 以上。从产品类型看，原材料与能源、中间品、生活消费品和生产用制成品类企业均高于 50%，范围为 51.7% ~53.6%，差距较小。

针对 4 月份制造业采购经理调查情况，特约分析师张立群分析认为："4 月份 PMI 指数回落，与需求变化趋势相同，一季度消费、出口增幅均出现回落。新出口订单指数回落，可能预示出口增速继续降低。总体看 PMI 指数反映中国经济增速仍有下降的可能，特别是需求增长减慢导致库存调整，并引起经济增速下降的可能性增加了。"

本月新订单指数为 53.8%，比上月回落 1.4 个百分点。在 20 个行业中，木材加工及家具制造业、纺织业、交通运输设备制造业等行业的新订单指数低于 50%；通用设备制造业、非金属矿物制品业、电气机械及器材制造业等行业的新订单指数均高于 50%。从产品类型看，原材料与能源、中间品、生活消费品和生产用制成品类企业的新订单指数均高于 50%，其中，生产用制成品类企业的新订单指数最高，超过 55%。

本月生产指数为 55.3%，比上月回落 0.4 个百分点。在 20 个行业中，交通运输设备制造业、医药制造业、木材加工及家具制造业、化学原料及化学制品制造业、石油加工及炼焦业 5 个行业的生产指数低于 50%；其余 15 个行业的生产指数高于 50%。其中，电气机械及器材制造业、通用设备制造业、非金属矿物制品业等行业的生产指数较高，达到 60% 以上。

本月进口指数为 50.6%，比上月回落 1.4 个百分点。在 20 个行业中，通用设备制造业、石油加工及炼焦业、通信设备计算机及其他电子设备制造业等 10 个行业的进口指数高于 50%；烟草制品业、化学原料及化学制品制造业、金属制品业等 10 个行业的进口指数低于 50%。分产品类型看，原材料与能源、生活消费品类企业的进口指数低于 50%；中间品和生产用制成品类企业的进口指数高于 50%。

本月新出口订单指数为 51.3%，比上月回落 1.2 个百分点。在 20 个行业中，通用设备制造业、烟草制品业、饮料制造业等 11 个行业的进口指数高于 50%。其中，通用设备制造业的进口指数最高，达到 60% 以上。医药制造业、交通运输设备制造业、造纸印刷及文教体育用品制造业等 9 个行业的进口指数低于 50%。从产品类型看，原材料与能源类企业的进口指数低于 50%；中间品、生活消费品和生产用制成品企业的进口指数高于 50%。

本月从业人员指数为 51.8%，同上月持平。在 20 个行业中，服装鞋帽制造及皮毛羽绒制品业、医药制造业、化纤制造及橡胶塑料制品业等 14 个行业的从业人员指数高于 50%；石油加工及炼焦业、化学原料及化学制品制造业等 6 个行业的从业人员指数低于 50%。分区域看，东、中、西部的从业人员指数均高于 50%。

本月购进价格指数为 66.2%，比上月回落 2.1 个百分点。分行业看，20 个行业的购进价格指数均高于 50%，其中，以石油加工及炼焦业为首的 7 个行业的购进价格指数达到 70% 以上，为首的行业高于80%。分区域看，东、中、西部的购进价格指数均高于60%。分产品类型看，生产用制成品类企业的购进价格指数最高，达到70%以上；原材料与能源、中间品和生活消费品类企业的购进价格指数稍低，但也高于60%。

5月份

2011年5月，中国制造业采购经理指数（PMI）为52.0%，环比回落0.9个百分点。该指数继续保持在50%以上，显示出经济增速呈平稳回落态势。

从各分项指数看，均不同程度回落。其中，新订单指数、积压订单指数、购进价格指数、原材料库存指数回落较明显，回落幅度超过1.0个百分点，尤其以购进价格指数回落幅度为最大，达到5.9个百分点。

在20个行业中，电气机械及器材制造业、石油加工及炼焦业等14个行业达到50%以上；医药制造业为50%；化纤制造及橡胶塑料制品业、交通运输设备制造业等5个行业低于50%。分区域看，东、西部高于50%；中部略低于50%。从产品类型看，原材料与能源、中间品和生活消费品类企业高于50%；生产用制成品类企业低于50%。

针对5月份制造业采购经理调查情况，特约分析师张立群分析认为："继4月份以后，5月份PMI指数继续回落，反映出经济增长回落的可能性加大。特别是购进价格指数较大幅度降低，预示通胀预期可能改变，去库存活动可能增加，这些都会使经济增速减慢。从需求角度看，尽管出口与消费增幅有所降低，但投资持续保持较高增长，需求继续保持平稳较快增长，由于这是决定经济增长态势的基本因素，所以对未来中国经济增速变化趋势还需要继续观察。"

本月新订单指数为52.1%，比上月回落1.7个百分点。在20个行业中，石油加工及炼焦业、电气机械及器材制造业等13个行业的新订单指数达到50%以上；金属制品业、专用设备制造业等7个行业的新订单指数低于50%。从区域看，东、中部的新订单指数高于50%；西部的新订单指数为48.5%，低于50%。从产品类型看，原材料与能源、中间品和生活消费品类企业的新订单指数高于50%；生产用制成品类企业的新订单指数低于50%。

本月生产指数为54.9%，比上月回落0.4个百分点。20个行业中，专用设备制造业、化纤制造及橡胶塑料制品业等6个行业低于50%；其余14个行业高于50%，其中石油加工及炼焦业、电气机械及器材制造业等6个行业达到60%以上。分区域看，东、西部高于50%；中部略低于50%。分产品类型看，原材料与能源、中间品和生活消费品类企业高于50%；生产用制成品类企业低于50%。

本月进口指数为50.5%，比上月回落0.1个百分点。20个行业中，饮料制造业、造纸印刷及文教体育用品制造业、石油加工及炼焦业等12个行业高于50%；纺织业、非金属矿物制品业、交通运输设备制造业等8个行业低于50%。

本月新出口订单指数为51.1%，比上月回落0.2个百分点。20个行业中，木材加工及家具制造业、电气机械及器材制造业等12个行业高于50%。非金属矿物制品业、黑色金属冶炼及压延加工业等8个行业低于50%。从区域看，东、西部高于50%；中部略低于50%。

本月从业人员指数为50.9%，比上月回落0.9个百分点。20个行业中，电气机械及器材制造业、专用设备制造业等10个行业高于50%；石油加工及炼焦业、非金属矿物制品业、有色金属冶炼及压延加工业位于50%；通信设备计算机及其他电子设备制造业、交通运输设备制造业等7个行业低于50%。分区域看，东、西部高于50%；中部低于50%。

本月购进价格指数为60.3%，比上月回落5.9个百分点。分行业看，20个行业中，只有纺织业、化纤制造及橡胶塑料制品业低于50%，其余18个行业均高于50%；其中以医药制造业、化学原料及化学制品制造业、非金属矿物制品业、石油加工及炼焦业为首的13个行业达到60%以上，为首的行业高于70%。分产品类型看，原材料与能源、生活消费品和生产用制成品类企业高于60%；中间品类企业稍低，为54.8%。

6月份

2011年6月份，中国制造业采购经理指数（PMI）为50.9%，环比回落1.1个百分点。该指数继续保持在50%以上，反映出当前经济继续保持增长，但增速回落态势仍在延续。

从各分项指数看，除产成品库存指数上升1.0个百分点外，其余各指数均不同程度回落。其中，生产指数、新订单指数、积压订单指数、采购量指数、购进价格指数、原材料库存指数回落幅度超过1.0个百分点，尤其以购进价格指数回落幅度为最大，达到3.6个百分点。

本月20个行业中，电气机械及器材制造业、农副食品加工及食品制造业等12个行业达到50%以上；化学原料及化学制品制造业、纺织业、交通运输设备制造业等8个行业低于50%。分区域看，东、西部高于50%；中部低于50%。从产品类型看，生活消费品类企业高于50%；原材料与能源、中间品和生产用制成品类企业低于50%。

针对6月份制造业采购经理调查情况，特约分析师张立群分析认为："6月份PMI指数继续回调，预示未来经济增长率可能继续降低。主要原因是由于库存调整。6月份购进价格指数明显降低，原材料库存指数也降低。表明基于通胀预期改变的库存调整已经开始，并将影响经济增长回调。由于库存调整是短期现象，如果仅因此引起经济下行，预计不会很深，也不会持续很久。关键还要注意投资、消费、出口这三大需求变化趋势，其对经济增长的影响会更大。目前看，需求增长总体平稳，经济增长不会深度回调。"

本月新订单指数50.8%，比上月回落1.3个百分点。20个行业中，电气机械及器材制造业、农副食品加工及食品制造业等9个行业达到50%以上；有色金属冶炼及压延加工业、化学原料及化学制品制造业、木材加工及家具制造业医等11个行业低于50%。分区域看，东、西部高于50%；中部低于50%。从产品类型看，生活消费品类企业高于50%；原材料与能源、中间品和生产用制成品类企业低于50%。

本月生产指数为53.1%，比上月回落1.8个百分点。20个行业中，农副食品加工及食品制造业、电气机械及器材制造业、烟草制品业等10个行业高于50%；化纤制造及橡胶塑料制品业位于50%；专用设备制造业、造纸印刷及文教体育用品制造业、医药制造业等9个行业低于50%。分区域看，东、中、西部均高于50%，中部最低，为50.8%。分产品类型看，原材料与能源、生产用制成品类企业低于50%；中间品和生活消费品类企业高于50%。

本月进口指数为48.7%，比上月回落1.8个百分点。20个行业中，饮料制造业、造纸印刷及文教体育用品制造业、通信设备计算机及其他电子设备制造业等11个行业高于50%；黑色金属冶炼及压延加工业、通用设备制造业、化学原料及化学制品制造业等9个行业低于50%。

本月新出口订单指数为50.5%，比上月回落0.6个百分点。20个行业中，造纸印刷及文教体育用品制造业、饮料制造业、烟草制品业等11个行业高于50%；化学原料及化学制品制造业、非金属矿物制品业、黑色金属冶炼及压延加工业等9个行业低于50%。

本月从业人员指数为50.2%，比上月回落0.7个百分点。20个行业中，饮料制造业、专用设备制造业、黑色金属冶炼及压延加工业等13个行业高于50%；通用设备制造业、有色金属冶炼及压延加工业、化学原料及化学制品制造业等7个行业低于50%。

本月购进价格指数为56.7%，比上月回落3.6个百分点。分行业看，20个行业中，纺织业、石油加工及炼焦业、化纤制造及橡胶塑料制品业低于50%，其余17个行业均高于50%；其中木材加工及家具制造业、医药制造业、非金属矿物制品业、农副食品加工及食品制造业、专用设备制造业达到60%以上。分区域看，东、中、西部均高于50%，其中西部达到60%以上。分产品类型看，原材料与能源、中间品、生活消费品和生产用制成品类企业均高于50%，其中原材料与能源、生活消费品类企业较高，达到58%以上。

7月份

2011年7月份，中国制造业采购经理指数（PMI）为50.7%，环比仅回落0.2个百分点，显示出经济发展态势趋稳。

从各分项指数看，生产指数、产成品库存指数、新出口订单指数、购进价格指数、原材料库存指数下降，前两个指数降幅超过1.0个百分点；新订单指数、积压订单指数、采购量指数、进口指数、从业人员指数、供应商配送时间指数有所上升，升幅在1.0个百分点以内。

本月20个行业中，农副食品加工及食品制造业、饮料制造业、黑色金属冶炼及压延加工业等10个行业高于50%。其中，农副食品加工及食品制造业超过60%；化学原料及化学制品制造业位于50%；金属制品业、有色金属冶炼及压延加工业、通用设备制造业等9个行业低于50%。从产品类型看，原材料与能源、中间品和生活消费品类企业高于50%；生产用制成品类企业低于50%。

针对7月份制造业采购经理调查情况，特约分析师张立群分析认为："PMI指数已经连续4个月下降，预示我国经济仍然处于回调过程。从经济增长率变化看，总体呈平稳回调态势，这是符合调结构、转方式的目标的。目前仍然要密切观察消费、投资、出口需求的变化趋势，密切观察库存调整活动，努力使经济增长保持平稳回调。同时要加强调结构、转方式、深化改革方面的工作力度，加快构筑经济增长的新基础。"

本月新订单指数为51.1%，比上月回升0.3个百分点。20个行业中，饮料制造业、农副食品加工及食品制造业等10个行业高于50%；化学原料及化学制品制造业、金属制品业、医药制造业等10个行业低于50%。从区域看，东部高于50%；中、西部低于50%。从产品类型看，生活消费品类企业高于50%；原材料与能源、中间品和生产用制成品类企业低于50%。

本月生产指数为52.1%，比上月回落1.0个百分点。20个行业中，农副食品加工及食品制造业、饮料制造业等12个行业高于50%；化纤制造及橡胶塑料制品业、金属制品业、有色金属冶炼及压延加工业等8个行业低于50%。分产品类型看，原材料与能源、中间品和生活消费品类企业高于50%；生产用制成品类企业低于50%。

本月进口指数为49.1%，比上月回升0.4个百分点。20个行业中，饮料制造业、金属制品业等11个行业高于50%；电气机械及器材制造业、非金属矿物制品业、黑色金属冶炼及压延加工业等9个行业低于50%。

本月新出口订单指数为50.4%，比上月微降0.1个百分点。20个行业中，木材加工及家具制造业、烟草制品业、有色金属冶炼及压延加工业等14个行业高于50%；黑色金属冶炼及压延加工业、化纤制造及橡胶塑料制品业、交通运输设备制造业等6个行业低于50%。

本月产成品库存指数为49.2%，比上月回落1.8个百分点。分行业看，20个行业中，木材加工及家具制造业、医药制造业等8个行业高于50%；化学原料及化学制品制造业位于50%；专用设备制造业、服装鞋帽制造及皮毛羽绒制品业、电气机械及器材制造业等11个行业低于50%。从产品类型看，原材料与能源类企业高于50%；生活消费品和生产用制成品类企业低于50%。

本月购进价格指数为56.3%，比上月回落0.4个百分点。分行业看，20个行业中，只有纺织业低于50%，其余19个行业均高于50%，其中以非金属矿物制品业为首的7个行业达到60%以上，为首的行业高过70%。分产品类型看，原材料与能源、中间品、生活消费品和生产用制成品类企业均高于50%，其中原材料与能源、生活消费品类企业最高，达到57%以上。

8月份

2011年8月份，中国制造业采购经理指数（PMI）为50.9%，环比回升0.2个百分点。该指数历经4个月持续回落之后，止跌回升，显示出经济发展态势回稳。

从各分项指数看，新出口订单指数、产成品库存指数、采购量指数、从业人员指数、供应商配送时间指数下降，降幅多在1.0个百分点以内，新出口订单指数降幅较大，超过2.0个百分点；新订单指数同上月持平；其余各项指数有所上升，其中积压订单指数、原材料库存指数升幅稍大，超过1.0个百分点。

本月20个行业中，农副食品加工及食品制造业、饮料制造业、通信设备计算机及其他电子设备制造业等8个行业达到50%以上，其中农副食品加工及食品制造业、饮料制造业超过60%；黑色金属冶炼及压延加工业位于50%；造纸印刷及文教体育用品制造业、化学原料及化学制品制造业、专用设备制造业等11个行业低于50%。从产品类型看，生活消费品类企业高于50%；原材料与能源、中间品和生产用制成品类企业略低于50%。

针对8月份制造业采购经理调查情况，特约分析师张立群分析认为："8月份PMI指数微升0.2个百分点，表明经济回调态势逐步趋稳。从需求角度看，不确定因素仍然较多。新出口订单指数的较大降幅预示未来出口增幅有较大可能回落；从消费方面看，预计增速较上年降低的情况还会持续一段时间；投资方面，基础设施和房地产投资均有增速下降的可能。因此对经济增速回调的发展态势还要密切监测。从企业层面看，目前处于维持状态的中小企业数量较多，8月份购进价格指数继续提高，表明企业成本压力继续加大。总体来看，经济增长的新基础还需继续巩固。"

本月新订单指数为51.1%，同上月持平。20个行业中，以农副食品加工及食品制造业、饮料制造业、烟草制品业、通信设备计算机及其他电子设备制造业为首的8个行业高于50%，为首的行业超过60%；化学原料及化学制品制造业、金属制品业、造纸印刷及文教体育用品制造业等12个行业低于50%。从产品类型看，生活消费品类企业高于50%；原材料与能源、中间品和生产用制成品类企业低于50%。

本月生产指数为52.3%，比上月略升0.2个百分点。20个行业中，以农副食品加工及食品制造业、饮料制造业为首的10个行业高于50%，为首的行业超过60%；化学原料及化学制品制造业、专用设备制造业、电气机械及器材制造业等10个行业低于50%。分产品类型看，原材料与能源类企业略低于50%；中间品、生活消费品、生产用制成品类企业高于50%。

本月新出口订单指数为48.3%，比上月下降2.1个百分点。20个行业中，通信设备计算机及其他电子设备制造业、烟草制品业、服装鞋帽制造及皮毛羽绒制品业等10个行业高于50%；化学原料及化学制品制造业、交通运输设备制造业、木材加工及家具制造业等10个行业低于50%。

本月产成品库存指数为48.9%，比上月回落0.3个百分点。20个行业中，以木材加工及家具制造业、纺织业为首的8个行业高于

50%，为首的行业高于60%；服装鞋帽制造及皮毛羽绒制品业、医药制造业、通用设备制造业3个行业位于50%；饮料制造业、黑色金属冶炼及压延加工业、电气机械及器材制造业等9个行业低于50%。从产品类型看，原材料与能源、中间品类企业高于50%；生活消费品和生产用制成品类企业低于50%。

本月购进价格指数为57.2%，比上月回升0.9个百分点。20个行业中，只有造纸印刷及文教体育用品制造业、有色金属冶炼及压延加工业、纺织业3个行业低于50%，其余17个行业均高于50%，其中农副食品加工及食品制造业、饮料制造业、非金属矿物制品业等7个行业达到60%以上。分产品类型看，原材料与能源、中间品、生活消费品和生产用制成品类企业均高于50%，其中原材料与能源类企业最高，超过60%。

9月份

2011年9月份，中国制造业采购经理指数（PMI）为51.2%，环比回升0.3个百分点。该指数最近两月连续回升，显示出经济发展回稳态势进一步增强。

从各分项指数看，购进价格指数、供应商配送时间指数下降，其余各指数均有所回升，但大多回升幅度较小，只有新出口订单指数、积压订单指数、产成品库存指数回升幅度稍大，超过1.0个百分点。本月购进价格指数为56.6%，比上月回落0.6个百分点。

本月20个行业中，烟草制品业、医药制造业、交通运输设备制造业等9个行业达到50%以上；有色金属冶炼及压延加工业位于50%；黑色金属冶炼及压延加工业、通用设备制造业、造纸印刷及文教体育用品制造业等10个行业低于50%。从产品类型看，中间品、生活消费品类企业高于50%；原材料与能源和生产用制成品类企业低于50%。

针对9月份制造业采购经理调查情况，特约分析师张立群分析认为："9月份PMI指数继续小幅回升，预示经济增速下行态势趋稳的可能性进一步加大。从三大需求的增长速度看，总体还是趋降态势，特别是出口增速回落可能性较大。7、8月份工业增长率持续回落。综合各方面因素，未来经济增速继续下行的可能性仍然较大。当前中小企业发展面临较大困难，9月份购进价格指数有所下降，预示企业成本压力可能有所减轻，但对中小企业的政策支持力度还需尽快增强。"

本月新订单指数为51.3%，比上月回升0.2个百分点。20个行业中，烟草制品业、医药制造业、交通运输设备制造业等8个行业高于50%；化学原料及化学制品制造业、金属制品业、造纸印刷及文教体育用品制造业等12个行业低于50%。从产品类型看，中间品和生活消费品类企业高于50%；原材料与能源和生产用制成品类企业低于50%。

本月生产指数为52.7%，比上月回升0.4个百分点。20个行业中，烟草制品业、交通运输设备制造业、农副食品加工及食品制造业等11个行业高于50%；造纸印刷及文教体育用品制造业、有色金属冶炼及压延加工业、金属制品业等9个行业低于50%。分产品类型看，原材料与能源和生产用制成品类企业低于50%；中间品和生活消费品类企业高于50%。

本月新出口订单指数为50.9%，比上月回升2.6个百分点。20个行业中，烟草制品业、饮料制造业、木材加工及家具制造业等10个行业高于50%；石油加工及炼焦业、金属制品业、专用设备制造业等10个行业低于50%。从产品类型看，原材料与能源、中间品类企业低于50%；生活消费品和生产用制成品类企业高于50%。

本月产成品库存指数为49.9%，比上月回升1.0个百分点。分行业看，20个行业中，烟草制品业、黑色金属冶炼及压延加工业、服装鞋帽制造及皮毛羽绒制品业等9个行业高于50%；医药制造业、金属制品业位于50%；通信设备计算机及其他电子设备制造业、化学原料及化学制品制造业、纺织业等 9 个行业低于 50%。

本月购进价格指数为 56.6%，比上月回落 0.6 个百分点。分行业看，20 个行业中，除石油加工及炼焦业低于 50% 外，其余 19 个行业均高于 50%，其中医药制造业、饮料制造业、木材加工及家具制造业等 6 个行业达到 60% 以上。分产品类型看，原材料与能源、中间品、生活消费品和生产用制成品类企业均高于 50%，其中原材料与能源类企业最高，接近 60%。

10 月份

2011 年 10 月份，中国物流与采购联合会发布的中国制造业采购经理指数（PMI）为 50.4%，环比回落 0.8 个百分点。该指数经历前两个月小幅回升后，再次转为下跌，但继续保持在 50% 以上。反映出四季度经济增速仍有继续下调的可能，但适度增长的基本态势不会根本改变，全年经济增长将保持 9.2% 左右的水平。

从各分项指数看，除产成品库存指数、供应商配送时间指数有所上升以外，其余各指数均不同程度回落，其中新出口订单指数、积压订单指数、进口指数、购进价格指数回落幅度超过 2.0 个百分点。购进价格指数比上月回落 10.4 个百分点，回落到 46.2%。

本月 20 个行业中，电气机械及器材制造业、医药制造业、服装鞋帽制造及皮毛羽绒制品业等 9 个行业达到 50% 以上；专用设备制造业、石油加工及炼焦业、化纤制造及橡胶塑料制品业等 11 个行业低于 50%。从产品类型看，中间品、生活消费品类企业高于 50%；原材料与能源和生产用制成品类企业低于 50%。

针对 10 月份制造业采购经理调查情况，特约分析师张立群分析认为："10 月份 PMI 指数回落，预示未来经济增速将继续降低。3 季度出口和投资都出现了增速下降，企业资金紧张问题日益突出，受其影响，经济增速总体呈降低态势。未来出口和投资增速预计将继续下降，PMI 指数中购进价格指数的大幅下降，一方面显示企业成本压力降低，另一方面也可能预示未来受价格预期影响，企业去库存活动将增加。受需求因素影响，预计未来经济增速将继续平缓下降。"

本月新订单指数为 50.5%，比上月回落 0.8 个百分点。20 个行业中，服装鞋帽制造及皮毛羽绒制品业、医药制造业等 10 个行业高于 50%；专用设备制造业、化纤制造及橡胶塑料制品业、纺织业等 10 个行业低于 50%。从产品类型看，生活消费品类企业高于 50%；中间品类企业位于 50%；原材料与能源和生产用制成品类企业低于 50%。

本月生产指数为 52.3%，比上月回落 0.4 个百分点。20 个行业中，医药制造业、电气机械及器材制造业等 13 个行业高于 50%；木材加工及家具制造业、纺织业、有色金属冶炼及压延加工业等 7 个行业低于 50%。分产品类型看，中间品、生活消费品和生产用制成品类企业高于 50%；原材料与能源类企业低于 50%。

本月新出口订单指数为 48.6%，比上月回落 2.3 个百分点。20 个行业中，有色金属冶炼及压延加工业、农副食品加工及食品制造业、烟草制品业等 9 个行业高于 50%；化学原料及化学制品制造业、电气机械及器材制造业、医药制造业等 11 个行业低于 50%。从区域看，东、中、西部均低于 50%。从产品类型看，生活消费品类企业高于 50%；原材料与能源、中间品和生产用制成品类企业均低于 50%。

本月进口指数为 47.0%，比上月回落 3.1 个百分点。20 个行业中，医药制造业、专用设备制造业、石油加工及炼焦业等 7 个行业高于 50%；化学原料及化学制品制造业、服装鞋帽制造及皮毛羽绒制品业、通用设备制造业等 13 个行业低于 50%。

本月购进价格指数为 46.2%，比上月回落

10.4 个百分点。分行业看，20 个行业中，非金属矿物制品业、烟草制品业、服装鞋帽制造及皮毛羽绒制品业等 8 个行业高于 50%，其余 12 个行业均低于 50%。分区域看，东、中部低于 50%；西部略高于 50%。分产品类型看，生活消费品类企业略高于 50%，为 51.1%；原材料与能源、中间品和生产用制成品类企业均低于 50%。

11 月份

2011 年 11 月份，中国物流与采购联合会发布的中国制造业采购经理指数（PMI）为 49.0%，环比回落 1.4 个百分点。本月 PMI 自 2009 年 3 月份以来首次回落到 50% 以内，显示出经济增速回落趋势仍将延续。但综合多种因素判断，预计未来经济增速回调仍将平稳，出现较大波动的风险不大。

从 11 个分项指数看，同上月相比，只有产成品库存指数、进口指数上升，分别上升 2.8 和 0.3 个百分点；其余各指数均有所回落，其中新订单指数、新出口订单指数回落幅度较大，超过 2 个百分点，均回落到 50% 以内。

本月 20 个行业中，烟草制品业、交通运输设备制造业、石油加工及炼焦业等 10 个行业达到 50% 以上；农副食品加工及食品制造业、通信设备计算机及其他电子设备制造业、有色金属冶炼及压延加工业等 10 个行业低于 50%。从产品类型看，生活消费品类企业高于 50%；原材料与能源、中间品和生产用制成品类企业低于 50%。

针对 11 月份制造业采购经理调查情况，特约分析师张立群分析认为：“11 月份 PMI 指数继续回落，已经低于 50%。经济景气从扩张转为收缩，预示未来我国经济增长率将继续回落。新产品订单和购进价格指数回落，反映市场需求总体走低，企业生产经营困难可能从成本提高转向订单不足。由于国内投资增长仍保持较高水平，消费增长稳中略有提高，因此未来经济增速回调预计仍将比较平稳，不会出现大的下滑。”

本月新订单指数为 47.8%，比上月回落 2.7 个百分点。20 个行业中，烟草制品业、石油加工及炼焦业、服装鞋帽制造及皮毛羽绒制品业等 7 个行业高于 50%；化学原料及化学制品制造业、通用设备制造业、通信设备计算机及其他电子设备制造业等 13 个行业低于 50%。从产品类型看，生活消费品类企业高于 50%；原材料与能源、中间品和生产用制成品类企业低于 50%。

本月生产指数为 50.9%，比上月回落 1.4 个百分点。20 个行业中，烟草制品业、交通运输设备制造业、服装鞋帽制造及皮毛羽绒制品业等 11 个行业高于 50%；通信设备计算机及其他电子设备制造业、通用设备制造业、农副食品加工及食品制造业等 9 个行业低于 50%。分产品类型看，原材料与能源、中间品类企业低于 50%；生活消费品和生产用制成品类企业高于 50%。

本月新出口订单指数为 45.6%，比上月下降 3.0 个百分点。20 个行业中，木材加工及家具制造业、服装鞋帽制造及皮毛羽绒制品业、饮料制造业、农副食品加工及食品制造业、电气机械及器材制造业、交通运输设备制造业高于 50%，其余行业均低于 50%。

本月进口指数为 47.3%，比上月微升 0.3 个百分点。20 个行业中，石油加工及炼焦业、化学原料及化学制品制造业、有色金属冶炼及压延加工业、服装鞋帽制造及皮毛羽绒制品业、烟草制品业高于 50%；其余行业均低于 50%。

本月产成品库存指数为 53.1%，比上月上升 2.8 个百分点。20 个行业中，通用设备制造业、黑色金属冶炼及压延加工业、纺织业、木材加工及家具制造业等 13 个行业高于 50%；石油加工及炼焦业、医药制造业、饮料制造业等 7 个行业低于 50%。从产品类型看，原材料与能源、中间品、生活消费品和生产用制成品类企业均高于50%。

本月购进价格指数为44.4%，比上月回落1.8个百分点。20个行业中，木材加工及家具制造业、烟草制品业、服装鞋帽制造及皮毛羽绒制品业、医药制造业、非金属矿物制品业5个行业高于50%，其余行业均低于50%。分产品类型看，原材料与能源、中间品、生活消费品和生产用制成品类企业均低于50%。

12月份

2011年12月份，中国制造业采购经理指数（PMI）为50.3%，受元旦和春节即将来临的节日效应影响提前释放带动，该指数环比上升1.3个百分点，显示出经济增速回落的态势趋于稳定，但增长动能仍相对较弱。

从11个分项指数看，同上月相比，产成品库存指数、从业人员指数、供应商配送时间指数下降，其中产成品库存指数下降较为明显，降幅为2.5个百分点；新订单指数、生产指数等8个指数上升，升幅多在1.0个百分点以上。

本月20个行业中，石油加工及炼焦业、服装鞋帽制造及皮毛羽绒制品业、农副食品加工及食品制造业等12个行业高于50%；专用设备制造业、通用设备制造业、化学原料及化学制品制造业等8个行业低于50%。从产品类型看，生活消费品类企业高于50%；原材料与能源、中间品和生产用制成品类企业低于50%。

针对12月份制造业采购经理调查情况，特约分析师张立群分析认为：“12月份PMI回升，表明未来中国经济增速不会出现大的滑坡。受发达国家经济震荡下行和国内经济增长动力转换影响，2011年中国经济增速总体呈回调态势。基于对未来出口和投资增速下降的估计，国内外对2012年中国经济增长普遍存在担心。应该注意到，中国经济发展的基本面并未改变，经济增速有回调的一面，也有诸多支持经济继续保持较快增长的一面。综合这些情况，预计2012年中国经济增速不会出现大幅下降。”

本月新订单指数为49.8%，比上月回升2.0个百分点。20个行业中，农副食品加工及食品制造业、石油加工及炼焦业、饮料制造业等10个行业高于50%；通信设备计算机及其他电子设备制造业、有色金属冶炼及压延加工业、黑色金属冶炼及压延加工业等10个行业低于50%。从产品类型看，生活消费品类企业高于50%；原材料与能源、中间品和生产用制成品类企业低于50%。

本月生产指数为53.4%，比上月上升2.5个百分点。20个行业中，服装鞋帽制造及皮毛羽绒制品业、石油加工及炼焦业、农副食品加工及食品制造业等14个行业高于50%；专用设备制造业、化学原料及化学制品制造业、纺织业等6个行业低于50%。分产品类型看，原材料与能源、生活消费品和生产用制成品类企业高于50%；中间品类企业低于50%。

本月新出口订单指数为48.6%，比上月回升3.0个百分点。20个行业中，饮料制造业、木材加工及家具制造业、农副食品加工及食品制造业、通用设备制造业等10个行业高于50%。造纸印刷及文教体育用品制造业、化学原料及化学制品制造业、通信设备计算机及其他电子设备制造业等10个行业低于50%。

本月进口指数为49.1%，比上月回升1.8个百分点。分行业看，20个行业中，有色金属冶炼及压延加工业、饮料制造业等7个行业高于50%；农副食品加工及食品制造业、木材加工及家具制造业、通信设备计算机及其他电子设备制造业等13个行业低于50%。

本月产成品库存指数为50.6%，比上月回落2.5个百分点。分行业看，在20个行业中，木材加工及家具制造业、非金属矿物制品业、化学原料及化学制品制造业等10个行业高于50%；饮料制造业、化纤制造及橡胶塑料制品业、黑色金属冶炼及压延加工业位于50%；服装鞋帽制造及皮毛羽绒制品业、烟草制品业、专用设备制造业等7个行业低于50%。从产品类型看，原材料与能源、生活消费品和生产用制成品类企业高于50%；中间品类企业低于50%。

本月购进价格指数为47.1%，比上月回升2.7个百分点。分行业看，20个行业中，木材加工及家具制造业、石油加工及炼焦业、烟草制品业、化学原料及化学制品制造业4个行业高于50%，其余行业均低于50%。分产品类型看，原材料与能源类企业高于50%；中间品、生活消费品和生产用制成品类企业均低于50%。

2011年中国制造业PMI走势如下图所示。

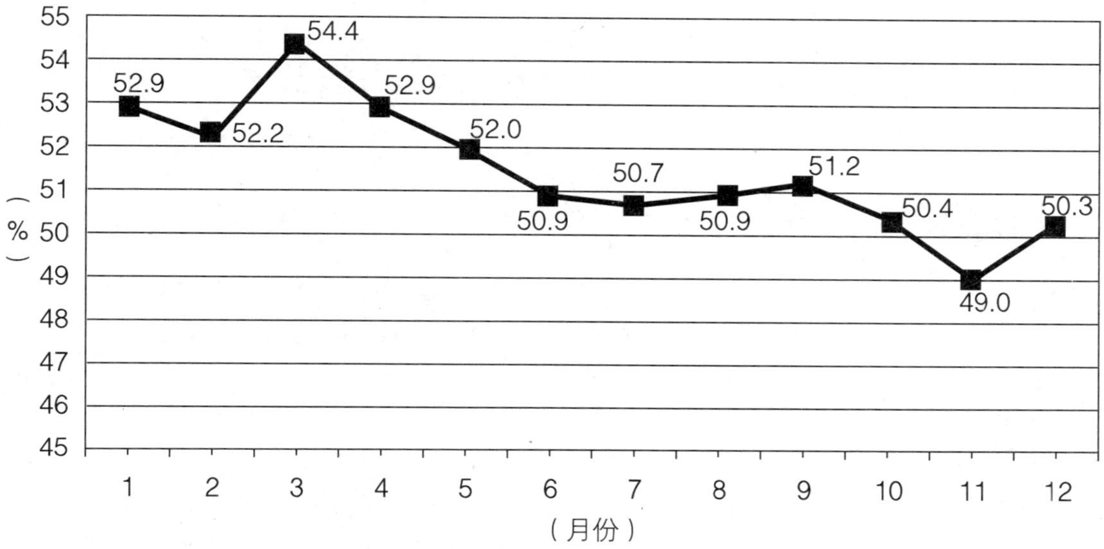

2011年中国制造业PMI指数走势图

2011 年 1～12 月份中国非制造业商务活动指数

（中国物流与采购联合会发布）

1 月份

2011 年 1 月，中国非制造业商务活动指数为 56.4%，比上月回落 0.1 个百分点。由于非制造业没有综合指数，通常以商务活动状况指数来反映非制造业经济的总体变化。本月中国非制造业 PMI 各单项指数中，新订单指数、积压订单指数和业务活动预期指数的环比有所回升，其余主要指数则呈现不同程度的回落。

中国物流与采购联合会副会长蔡进认为：1 月份，非制造业 PMI 为 56.4%，显示非制造业继续高位平稳运行。其中，建筑业活动受季节影响回落较明显，零售、运输、餐饮等主要服务业受春节需求拉动较为活跃。房地产新订单指数为 42.0%，连续第四个月出现回落，在国家继续加强房地产调控背景下，本年度房地产市场走势仍需密切关注。由于建筑原材料价格淡季回调，本月中间投入价格指数趋稳回落，但仍保持在 64.6% 的高位，通胀压力依然较大。

本月新订单指数为 53.1%，比上月上升 0.8 个百分点。分行业看，消费性服务业的新订单指数最高，为 58.2%；生产性服务业次之，为 53.0%；建筑业最低，为 38.3%。在 20 个行业中，航空运输业、零售业、铁路运输业、道路运输业和餐饮业等行业新订单指数高于 50%；建筑安装业、建筑装饰业、房屋及土木工程建筑业和房地产业等行业新订单指数低于 50%。

本月新出口订单指数为 49.6%，环比回落 1.0 个百分点。分行业看，建筑业的新出口订单指数最高，达到 52.1%；消费性服务业次之，为 50.3%；生产性服务业最低，为 48.2%。在 20 个行业中，建筑装饰业、邮政业、铁路运输业、水上运输业、航空运输业和房地产业等行业的新出口订单指数高于 50%；电信及其他信息传输服务业、居民服务业和其他服务业的新出口订单指数为 50%；住宿业、建筑安装业、计算机服务及软件业和餐饮业等行业的新出口订单指数低于 50%。

本月收费价格指数为 53.7%，比上月回落 0.2 个百分点。分行业看，消费性服务业的收费价格指数最高，为 54.3%；生产性服务业次之，为 53.1%；建筑业最低，为 52.9%。在 20 个行业中，航空运输业、租赁及商务服务业、建筑安装业、水上运输业、道路运输业和批发业等行业的收费价格指数高于 50%；建筑装饰业、邮政业和居民服务业的收费价格指数位于 50%；电信及其他信息传输服务业、环境及公共设施管理业和管道与其他运输及仓储业的收费价格指数低于50%。

本月业务活动预期指数为68.1%，比上月上升1.4个百分点。分行业看，建筑业的业务活动预期指数最高，为72.9%；生产性服务业次之，为68.7%；消费性服务业最低，为66.1%。20个行业的业务活动预期指数均达到50%以上，其中，17个行业高于60%；6个行业高于70%。

2月份

2011年2月中国非制造业商务活动指数为44.1%，比上月回落12.3个百分点。由于非制造业没有综合指数，通常以商务活动状况指数来反映非制造业经济的总体变化。本月中国非制造业PMI各单项指数中，收费价格和业务活动预期指数的环比有所回升，其余主要指数则呈现不同程度的回落。

中国物流与采购联合会副会长蔡进认为：2月份，受季节性因素影响，非制造业PMI回落到44.1%。剔除季节性因素影响，本月非制造业PMI走势基本正常。建筑业活动淡季特征依然延续。房地产新订单指数回落到40%以下，为39.7%，已是连续第5个月回落。中间投入价格指数继续保持高位，达到64.5%，而收费价格指数上升并不明显，为54.5%。当前限价机制应向上游产业传导，以有利于非制造业经济健康发展。

本月新订单指数为45.1%，比上月回落8.0个百分点。分行业看，消费性服务业最高，为45.7%；生产性服务业次之，为45.1%；建筑业最低，为43.2%。20个行业中，环境及公共设施管理业、道路运输业和航空运输业等行业高于50%；建筑安装业、建筑装饰业和铁路运输业等行业位于50%；住宿业、其他服务业、批发业、房地产业和管道与其他运输及仓储业等行业低于50%。

本月中间投入价格指数为64.5%，环比回落0.1个百分点。分行业看，建筑业最高，为65.4%；消费性服务业次之，为64.6%；生产性服务业最低，为64.0%。20个行业中，航空运输业、管道与其他运输及仓储业、道路运输业、铁路运输业和住宿业等行业高于60%，其中3个行业高于70%；邮政业位于60%；零售业、其他服务业和电信及其他信息传输服务业3个行业为50%～60%。

本月收费价格指数为54.5%，比上月上升0.8个百分点。分行业看，生产性服务业的收费价格指数最高，为55.8%；建筑业次之，为54.2%；消费性服务业最低，为53.7%。20个行业中，批发业、航空运输业、水上运输业、建筑装饰业、租赁及商务服务业、餐饮业、零售业和房屋及土木工程建筑业等行业的收费价格指数高于50%；管道与其他运输及仓储业、邮政业和计算机服务及软件业等行业的收费价格指数位于50%；电信及其他信息传输服务业和铁路运输业2个行业的收费价格指数低于50%。

本月业务活动预期指数为68.7%，比上月上升0.6个百分点。分行业看，建筑业最高，为78.5%；生产性服务业次之，为70.7%；消费性服务业最低，为64.0%。20个行业中，18个行业的业务活动预期指数高于60%，其中10个行业高于70%；其他服务业位于50%；道路运输业低于50%。

3月份

2011年3月，中国非制造业商务活动指数为60.2%，比上月上升16.1个百分点。由于非制造业没有综合指数，通常以商务活动状况指数来反映非制造业经济的总体变化。本月中国非制造业PMI各单项指数中，收费价格和中间投入价格指数的环比有所回落，其余主要指数则呈现不同程度的回升。

中国物流与采购联合会副会长蔡进认为：3月份，非制造业商务活动指数为60.2%，较上月大幅回升16.1个百分点，说明市场经营活动趋于活跃。一般来说，住宿业是否趋于旺势，是反映经济和市场变化的重要风向标。本月住宿业商务活动指数达到77.3%，位列非制造业行业第一位。这或许预示今后一段时期市场趋旺的基本走势。本月非制造业中间投入价格指数和收费价格指数都有所回调，虽然仍保持高位，但价格指数回落对于抑制通胀预期是一个积极的信号。

本月新订单指数为55.5%，比上月回升10.4个百分点。分行业看，建筑业最高，为65.6%；生产性服务业次之，为60.0%；消费性服务业最低，为49.2%。20个行业中，建筑装饰业、建筑安装业、住宿业、批发业和房屋及土木工程建筑业等行业高于50%；铁路运输业、零售业和其他服务业3个行业位于50%；道路运输业和房地产业等行业低于50%。

本月中间投入价格指数为63.0%，环比回落1.5个百分点。分行业看，建筑业最高，为64.6%；消费性服务业次之，为63.5%；生产性服务业最低，为61.6%。20个行业中，铁路运输业、建筑装饰业、管道与其他运输及仓储业和居民服务业等行业高于60%；邮政业的中间投入价格指数位于60%；租赁及商务服务业和电信及其他信息传输服务业等行业为50%～60%。

本月收费价格指数为51.7%，比上月回落2.8个百分点。分行业看，建筑业的收费价格指数最高，为52.9%；消费性服务业次之，为51.8%；生产性服务业最低，为50.9%。20个行业中，住宿业、零售业、批发业和房屋及土木工程建筑业等行业高于50%；建筑安装业、邮政业和计算机服务及软件业等行业位于50%；航空运输业和铁路运输业等行业低于50%。

本月业务活动预期指数为70.3%，比上月上升1.6个百分点。分行业看，建筑业最高，为80.2%；生产性服务业次之，为73.9%；消费性服务业最低，为64.5%。20个行业中，17个行业的业务活动预期指数高于60%，其中13个行业高于70%；房地产业和其他服务业为50%～60%；道路运输业的业务活动预期指数位于50%。

4月份

2011年4月，中国非制造业商务活动指数为62.5%，比上月上升2.3个百分点。由于非制造业没有综合指数，通常以商务活动状况指数来反映非制造业经济的总体变化。本月中国非制造业PMI各单项指数中，供应商配送时间指数和业务活动预期指数的环比有所回落，其余主要指数则呈现不同程度的上升。

中国物流与采购联合会副会长蔡进认为：4月份，非制造业延续高景气运行态势。其商务活动指数和新订单指数高位运行，双双上升，分别达到62.5%和58.3%。建筑业高位增长是非制造业保持景气的重要推手，消费性服务业继续保持活跃，显示出拉动内需的带动作用增强。房地产行业新订单指数为45.3%，连续7个月运行在50%以下，市场需求将仍呈低迷状况。中间投入价格指数和收费价格指数均有显著上升，反映原材料价格上升传导作用在显现。当前，成本上升压力和资金趋紧是制约企业发展的两大瓶颈。

本月新订单指数为58.3%，比上月上升2.8个百分点。分行业看，建筑业最高，为67.3%；生产性服务业次之，为61.8%；消费性服务业最低，为52.9%。20个行业中，建筑装饰业、环境及公共设施管理业、计算机服务及软件业、租赁及商务服务业和房屋及土木工程建筑业等行业高于50%；房地产业和道路运输业低于50%。

本月新出口订单指数为55.7%，环比回升5.4个百分点。分行业看，生产性服务业最高，达到56.8%；建筑业次之，为55.9%；消费性服务业最低，为54.5%。20个行业中，建筑安装业、水上运输业、住宿业、航空运输业和计算机服务及软件业等行业高于50%；建筑装饰业、道路运输业和电信及其他信息传输服务业等行业位于50%；房地产业低于50%。

本月收费价格指数为55.0%，比上月上升3.3个百分点。分行业看，生产性服务业的收费价格指数最高，为57.2%；建筑业次之，为54.2%；消费性服务业最低，为53.8%。20个行业中，批发业、租赁及商务服务业、住宿业、航空运输业、水上运输业、零售业、建筑装饰业和计算机服务及软件业等行业的收费价格指数高于50%；本月位于50%的是邮政业；电信及其他信息传输服务业和管道与其他运输及仓储业低于50%。

本月业务活动预期指数为69.2%，比上月回落1.1个百分点。分行业看，建筑业最高，为76.6%；生产性服务业次之，为71.8%；消费性服务业最低，为65.0%。20个行业中，航空运输业、房屋及土木工程建筑业、建筑安装业和计算机服务及软件业等行业的业务活动预期指数高于60%；房地产业和道路运输业为50%～60%；其他服务业的业务活动预期指数位于50%。

5月份

2011年5月，中国非制造业商务活动指数为61.9%，比上月回落0.6个百分点。由于非制造业没有综合指数，通常以商务活动指数来反映非制造业经济的总体变化。本月中国非制造业PMI各单项指数中，供应商配送时间指数的环比有所上升，其余主要指数则呈现不同程度的回调。

中国物流与采购联合会副会长蔡进认为：5月份，非制造业商务活动指数为61.9%，显示非制造业仍高位运行。建筑装饰业和房屋及土木工程建筑业表现较为突出，表明建筑业活动依然强劲。旺季效应拉动零售业表现良好，但其指数水平较历史同期有所降低。显示在通胀压力下，居民消费趋于谨慎。本月，中间投入价格指数和收费价格指数双双出现较明显回落是一个利好信号，对缓解通胀压力具有积极作用。虽然未来市场仍面临较大的通胀压力，但两个指数回落或许表明过快的价格涨势开始得到控制，价格走势开始呈现高位趋稳的基本特征。

本月新订单指数为56.5%，比上月回调1.8个百分点。分行业看，建筑业最高，为64.2%；生产性服务业次之，为56.7%；消费性服务业最低，为53.9%。20个行业中，环境及公共设施管理业、建筑装饰业、计算机服务及软件业、房屋及土木工程建筑业和租赁及商务服务业等行业高于50%；本月位于50%的是住宿业；房地产业和居民服务业等行业低于50%。

本月中间投入价格指数为62.0%，环比回落4.7个百分点。分行业看，建筑业最高，为67.8%；消费性服务业次之，为61.3%；生产性服务业最低，为60.1%。20个行业中，铁路运输业、房屋及土木工程建筑业、道路运输业、租赁及商务服务业和餐饮业等行业高于60%；电信及其他信息传输服务业、零售业和建筑装饰业等行业为50%～60%；本月位于50%的是邮政业。

本月从业人员指数为54.7%，环比回落0.1个百分点。分行业看，本月建筑业最高，为66.1%；生产性服务业次之，为53.6%；消费性服务业最低，为51.4%。20个行业中，房屋及土木工程建筑业、建筑装饰业、计算机服务及软件业和环境及公共设施管理业等行业高于50%；铁路运输业和水上运输业等行业位于50%；居民服务业和住宿业等行业低于50%。

本月业务活动预期指数为68.0%，比上月回落1.2百分点。分行业看，建筑业最高，为73.4%；生产性服务业次之，为69.5%；消费性服务业最低，为65.1%。20个行业中，航空运输业、计算机服务及软件业、零售业和建筑安装业等行业高于60%；房地产业和道路运输业等行业为50%～60%；居民服务业低于50%。

6 月份

2011 年 6 月，中国非制造业商务活动指数为 57.0%，比上月回落 4.9 个百分点，各单项指数均呈现不同程度的回落。由于非制造业没有综合指数，通常以商务活动指数来反映非制造业经济的总体变化。本月中国非制造业 PMI 各单项指数均呈现不同程度的回落。

中国物流与采购联合会副会长蔡进认为：6 月份，非制造业商务活动指数为 57.0%，虽然从 4 月份以来连续有所回落，但目前指数水平仍说明我国非制造业继续保持较快增长。保障性住房建设加速推进，带动房屋及土木工程建筑业高位攀升。制造业活动的放缓造成生产性服务业出现回调。消费淡季引致零售业和餐饮业等行业增长高位放缓。本月，中间投入价格指数和收费价格继续有所回落，虽幅度较小，但反映出价格过快上涨趋势基本得到控制，价格走势已进入高位趋稳的区间。本月新订单指数回落较明显，特别是交通运输业新订单普遍较低，很大程度上反映企业采购活动在放缓。这是否预示今后一段时间内企业经营和经济增长继续趋缓，值得关注。

本月新订单指数为 53.5%，比上月回落 3.0 个百分点。分行业看，建筑业最高，为 65.6%；生产性服务业次之，为 54.8%；消费性服务业最低，为 48.5%。20 个行业中，建筑装饰业、房屋及土木工程建筑业、计算机服务及软件业、建筑安装业和邮政业等行业高于 50%；本月位于 50% 的是住宿业；环境及公共设施管理业、道路运输业和居民服务业等行业低于 50%。

本月中间投入价格指数为 61.6%，环比回落 0.4 个百分点。分行业看，建筑业最高，为 67.1%；消费性服务业和生产性服务业较为接近，分别为 60.6% 和 60.1%。20 个行业中，房屋及土木工程建筑业、铁路运输业、航空运输业和道路运输业等行业高于 60%；本月位于 60% 的是邮政业；环境及公共设施管理业、零售业和批发业等行业为 50% ~60%。

本月从业人员指数为 54.2%，环比回落 0.5 个百分点。分行业看，本月建筑业最高，为 63.7%；生产性服务业次之，为 53.1%；消费性服务业最低，为 51.7%。20 个行业中，房屋及土木工程建筑业、建筑装饰业、餐饮业和建筑安装业等行业高于 50%；铁路运输业和邮政业等行业位于 50%；居民服务业和道路运输业等行业低于 50%。

本月业务活动预期指数为 67.8%，比上月回落 0.2 个百分点。分行业看，建筑业最高，为 72.7%；生产性服务业次之，为 69.0%；消费性服务业最低，为 65.4%。20 个行业中，计算机服务及软件业、航空运输业、零售业和建筑安装业等行业高于 60%；居民服务业和房地产业等行业为 50% ~60%；其他服务业低于 50%。

7 月份

2011 年 7 月，中国非制造业商务活动指数为 59.6%，比上月上升 2.6 个百分点。由于非制造业没有综合指数，通常以商务活动指数来反映非制造业经济的总体变化。本月中国非制造业 PMI 各单项指数中，业务活动预期指数稍有回调，积压订单与上月持平，其余主要指数的环比均呈现不同程度的上升。

中国物流与采购联合会副会长蔡进认为：7 月份，非制造业商务活动指数为 59.6%，新订单指数为 55.6%，环比有较明显上升，表明非制造业经济增长趋于强势。物流业商务指数上升，反映出企业采购活动趋于活跃，预示我国近期经济增长呈现稳中趋快的走势。7 月份，非制造业从业人员指数为 56.5%，环比增加 2.3 个百分点，为历年最高，表明“转方式、调结构、扩就业”的质量效应有所显现。本月收费价格有所回升，但主要集中在零售业、餐饮业、居民服务业等领域。建筑业、物流业和房地产业的价格指数继续呈下降趋势。

本月新订单指数为 55.6%，比上月上升

2.1个百分点。分行业看，建筑业最高，为64.2%；生产性服务业次之，为57.4%；消费性服务业最低，为51.4%。20个行业中，航空运输业、建筑装饰业、计算机服务及软件业和铁路运输业等行业高于50%；居民服务业和其他服务业等行业低于50%。

本月新出口订单指数为56.5%，环比上升2.9个百分点。分行业看，建筑业最高，达到63.3%；生产性服务业次之，为56.4%；消费性服务业最低，为54.3%。20个行业中，航空运输业、房屋及土木工程建筑业、环境及公共设施管理业和建筑安装业等行业高于50%；建筑装饰业、水上运输业、管道与其他运输及仓储业和住宿业等行业位于50%；道路运输业、房地产业等行业的新出口订单指数低于50%。

本月中间投入价格指数为63.1%，环比上升1.5个百分点。分行业看，建筑业和消费性服务业较为接近，分别为64.4%和64.5%；生产性服务业最低，为60.4%。20个行业中，住宿业、餐饮业、铁路运输业和计算机服务及软件业等行业高于60%；水上运输业、建筑安装业和房地产业等行业为50%～60%。

本月业务活动预期指数为67.0%，比上月回调0.8个百分点。分行业看，建筑业和生产性服务业较为接近，分别为68.1%和68.5%；消费性服务业最低，为65.6%。20个行业中，零售业、航空运输业、计算机服务及软件业和邮政业等行业高于60%；房地产业和居民服务业等行业为50%～60%；其他服务业低于50%。

8月份

2011年8月，中国非制造业商务活动指数为57.6%，比上月回落2.0个百分点。由于非制造业没有综合指数，通常以商务活动状况指数来反映非制造业经济的总体变化。本月中国非制造业PMI各单项指数中，积压订单指数较上月持平，其余主要指数的环比均呈现不同程度的回落。

中国物流与采购联合会副会长蔡进认为：8月份，非制造业商务活动指数为57.6%，新订单指数为54.1%，环比有所回调，但仍保持较好的发展水平。铁路投资开始下降，部分行业基础建设投资增速放慢对建筑业市场的影响开始显现，建筑业商务活动指数和新订单指数均有明显回落，成为导致本月非制造业经济增速放慢的主因。消费性服务业新订单指数环比上升，预示着中秋节和国庆节消费旺季来临，消费品市场需求将趋于活跃，同时也要密切关注由此而引发部分消费品价格阶段性拉升，应做好保供给、稳市场的工作。好在本月中间投入价格指数为60.2%，是本年以来的新低，显示出物价水平趋于稳定。其中，物流业、餐饮业和住宿业等行业环比降幅较为明显。

本月新订单指数为54.1%，比上月回落1.5个百分点。分行业看，建筑业最高，为55.9%；生产性服务业次之，为55.0%；消费性服务业最低，为52.9%。20个行业中，建筑安装业、航空运输业、建筑装饰业和铁路运输业等行业高于50%；其他服务业、居民服务业和房地产业等行业低于50%。

本月中间投入价格指数60.2%，环比回落2.9个百分点。分行业看，建筑业最高，为64.6%，消费性服务业次之，为61.6%；生产性服务业最低，为55.9%。20个行业中，餐饮业、住宿业、计算机服务及软件业、铁路运输业和房屋及土木工程建筑业等行业高于60%；邮政业、水上运输业、批发业和电信及其他信息传输服务业等行业为50%～60%。

本月收费价格指数51.4%，比上月回落0.9个百分点。分行业看，建筑业最高，为52.9%；消费性服务业次之，为52.2%；生产性服务业最低，为49.5%。20个行业中，租赁及商务服务业、航空运输业、餐饮业、零售业和房屋及土木工程建筑业等行业高于50%；建筑安装业、管道与其他运输及仓储业、邮政业和其他服务业4个行业的收费价格指数位于

50%；铁路运输业、电信及其他信息传输服务业和房地产业等行业低于50%。

本月业务活动预期指数66.0%，比上月回落1.0个百分点。分行业看，生产性服务业最高，为67.1%；消费性服务业次之，为65.8%；建筑业最低，为64.6%。20个行业中，零售业、邮政业、计算机服务及软件业和建筑安装业等行业高于60%，其中3个行业高于70%；其他服务业、水上运输业和房地产业等行业为50%~60%。

9月份

2011年9月，中国非制造业商务活动指数为59.3%，比上月上升1.7个百分点。由于非制造业没有综合指数，通常以商务活动状况指数来反映非制造业经济的总体变化。本月中国非制造业PMI各单项指数中，存货指数较上月上升，收费价格指数较上月持平，其余各指数的环比均呈现不同程度回落。

中国物流与采购联合会副会长蔡进认为：9月份，非制造业商务活动指数为59.3%，环比上升。以零售业为首的消费性行业带动非制造业经济活动整体活跃，季节性因素较为明显。新订单指数为52.8%，环比连续第二个月回调，后期市场需求有待进一步稳固。新出口订单指数为49.7%，自今年3月以来首次回落至50%以下，环比回调幅度最大。需密切关注复杂的国际经济环境对我国经济发展的影响。房地产业商务活动指数为51.0%，环比回落0.3个百分点，新订单指数为44.3%，环比回落1.4个百分点，说明当前房地产市场需求较为低迷，并在观望中继续趋于回落。中间投入价格指数和收费价格指数一降一平，物价水平的稳定趋势进一步巩固。当前，应在稳定物价总水平的基础上，防止形成新涨价因素，以巩固宏观调控的成果。

本月新订单指数为52.8%，比上月回落1.3个百分点。分行业看，建筑业最高，为54.4%；生产性服务业和消费性服务业较为接近，分别为52.8%和52.3%。20个行业中，零售业、计算机服务及软件业、电信及其他信息传输服务业和建筑安装业等行业高于50%；建筑装饰业、铁路运输业和水上运输业3个行业位于50%；航空运输业、环境及公共设施管理业和其他服务业等行业低于50%。

本月新出口订单指数为49.7%，环比回落4.4个百分点。分行业看，建筑业最高，达到59.3%；生产性服务业和消费性服务业均低于50%，分别为49.4%和47.4%。20个行业中，房屋及土木工程建筑业、计算机服务及软件业和管道与其他运输及仓储业等行业高于50%；建筑安装业、电信及其他信息传输服务业、批发业和零售业等行业位于50%；建筑装饰业、环境及公共设施管理业和航空运输业等行业的新出口订单指数低于50%。

本月中间投入价格指数为59.9%，环比回落0.3个百分点。分行业看，建筑业和消费性服务业相同，均为61.0%；生产性服务业最低，为57.6%。20个行业中，餐饮业、建筑装饰业、住宿业、零售业和建筑安装业等行业高于60%；房地产业、航空运输业、电信及其他信息传输服务业和邮政业等行业为50%~60%。

本月收费价格指数为51.4%，较上月持平。分行业看，建筑业和消费性服务业的收费价格指数最为接近，分别为52.0%和52.1%；生产性服务业最低，为50.1%。20个行业中，零售业、计算机服务及软件业、批发业、环境及公共设施管理业和房屋及土木工程建筑业等行业的收费价格指数高于50%；建筑装饰业、水上运输业和管道与其他运输及仓储业等行业的收费价格指数位于50%；航空运输业、铁路运输业、电信及其他信息传输服务业和其他服务业等行业的收费价格指数低于50%。

10月份

2011年10月，中国非制造业商务活动指数为57.7%，比上月回落1.6个百分点。由于非制造业没有综合指数，通常以商务活动指数来反映非制造业经济的总体变化。本月中国非制造业 PMI 各单项指数中，新出口订单指数和供应商配送时间指数较上月小幅上升，其余各指数的环比均呈现不同程度回落。

中国物流与采购联合会副会长蔡进认为：10 月份，非制造业商务活动指数为 57.7%，新订单指数 52.5%，虽然指数略显回落，但仍显示非制造业经济走势依然稳健。本月非制造业指数反映出市场结构性变化较为明显。一方面，消费性需求较为旺盛。以零售业为主的消费性服务业继续活跃，成为当前市场需求增长的稳定器。另一方面，生产建设需求趋于回落。特别在铁路投资下滑的影响下，建筑业活动明显趋缓，其新订单指数降至临界点边缘，反映出后续需求增长乏力。房地产业商务活动指数本月已回落至 50% 以下，预示着房地产开发投资将继续下滑。本月非制造业价格指数环比降幅较明显。中间投入价格指数回落至 55.7%，收费价格指数回落至 50% 以下，反映出通胀压力已明显缓解。

本月新订单指数为 52.5%，比上月回落 0.3 个百分点。分行业看，消费性服务业最高，为 53.9%；生产性服务业次之，为 51.6%；建筑业最低，为 50.5%。20 个行业中，零售业、邮政业、计算机服务及软件业、住宿业、环境及公共设施管理业和电信及其他信息传输服务业等行业高于 50%；其他服务业、建筑安装业、房地产业、批发业和建筑装饰业等行业低于 50%。

2011 年 10 月新出口订单指数为 50.4%，环比上升 0.7 个百分点。分行业看，建筑业最高，达到 53.5%；消费性服务业次之，为 52.4%；生产性服务业最低，为 47.7%。20 个行业中，环境及公共设施管理业、住宿业、航空运输业、邮政业和计算机服务及软件业等行业高于 50%；建筑装饰业、铁路运输业和租赁及商务服务业等行业位于 50%；批发业、建筑安装业和管道与其他运输及仓储业等行业的新出口订单指数低于 50%。

本月中间投入价格指数为 55.7%，环比回落 4.2 个百分点。分行业看，消费性服务业最高，为 59.7%；建筑业和生产性服务业较为接近，分别为 51.5% 和 51.8%。20 个行业中，餐饮业、住宿业、计算机服务及软件业、零售业和邮政业等 18 个行业高于 50%；水上运输业和铁路运输业 2 个行业低于 50%。

本月收费价格指数为 48.7%，较上月回落 2.7 个百分点。分行业看，消费性服务业的收费价格指数最高，为 51.2%；建筑业和生产性服务业均低于 50%，分别为 49.5% 和 44.6%。20 个行业中，住宿业、居民服务业、零售业、餐饮业、建筑安装业和环境及公共设施管理业等行业的收费价格指数高于 50%；道路运输业、水上运输业和邮政业等行业的收费价格指数位于 50%；批发业、电信及其他信息传输服务业和房地产业等行业的收费价格指数低于 50%。

11 月份

2011 年 11 月，中国非制造业商务活动指数为 49.7%，比上月回落 8.0 个百分点。由于非制造业没有综合指数，通常以商务活动指数来反映非制造业经济的总体变化。本月中国非制造业 PMI 各单项指数中，业务活动预期指数小幅上升，其余各指数环比均呈现不同程度回落。

中国物流与采购联合会副会长蔡进认为：11 月份，非制造业商务活动指数为 49.7%，新订单指数为 47.2%，双双回落至 50% 以下，消费淡季因素与生产建设需求不振共同造就了本月指数的回调。一方面，以零售业、餐饮业为主的消费性服务业在淡季的影响下，出现较为明显的回落。另一方面，建筑业和房地产业的新订单指数均在 50% 以下，反映基建和房地产投资活动对经济的持续拉动作用在下降。在煤炭和矿石等大宗商品冬储需求的支持下，物流业运行良好，其商务活动指数为56.5%，新订单指数为52.5%，较上月均有较大提升，关注其后续变化。本月，中间投入价格指数为54.4%，连续第四个月出现环比回落，通货膨胀对经济的负面影响逐步减弱。虽然宏观调控措施的效应已经显现，但目前调控政策仍要保持稳健，既要巩固控通胀的成果，也要把握好稳增长的力度。特别要积极培育和增强经济增长的内生性动力，保证经济增长的稳定性和持续性。

本月新订单指数为47.2%，比上月回落5.3个百分点。分行业看，生产性服务业最高，为50.7%；建筑业次之，为47.6%；消费性服务业最低，为44.9%。20个行业中，计算机服务及软件业、电信及其他信息传输服务业、邮政业、水上运输业和管道与其他运输及仓储业等行业高于50%；建筑安装业和其他服务业2个行业位于50%；航空运输业、环境及公共设施管理业、道路运输业和建筑装饰业等行业低于50%。

本月新出口订单指数为45.6%，环比回落4.8个百分点。分行业看，建筑业最高，达到63.1%；生产性服务业和消费性服务业均低于50%，分别为42.2%和44.5%。20个行业中，建筑安装业和房屋及土木工程建筑业等行业高于50%；管道与其他运输及仓储业、电信及其他信息传输服务业和计算机服务及软件业等行业位于50%；环境及公共设施管理业、租赁及商务服务业、建筑装饰业和批发业等行业的新出口订单指数低于50%。

本月中间投入价格指数为54.4%，环比回落1.3个百分点。分行业看，消费性服务业最高，为56.0%；生产性服务业次之，为54.2%；建筑业的中间投入价格指数位于50%。20个行业中，计算机服务及软件业、住宿业、铁路运输业、居民服务业和其他服务业等行业高于50%；房屋及土木工程建筑业和建筑装饰业低于50%。

本月业务活动预期指数为60.7%，比上月上升0.1个百分点。分行业看，生产性服务业和消费性服务业较为接近，分别为62.6%和62.2%；建筑业最低，为52.4%。20个行业中，邮政业、零售业和计算机服务及软件业等行业高于60%；房地产业、房屋及土木工程建筑业和管道与其他运输及仓储业等行业为50%～60%；建筑装饰业、其他服务业和建筑安装业3个行业低于50%。

12月份

2011年12月，中国非制造业商务活动指数为56.0%，比上月上升6.3个百分点。由于非制造业没有综合指数，通常以商务活动指数来反映非制造业经济的总体变化。本月中国非制造业PMI各单项指数中，积压订单指数有所回落，其余各指数环比均呈现不同程度回升。

中国物流与采购联合会副会长蔡进认为：12月份，非制造业商务活动指数为56.0%，新订单指数为50.5%，双双回升至50%以上，表明非制造业经济重拾升势（见下图）。受季节性需求拉动，服务业表现活跃。以零售业为主的消费性服务业成为拉升本月指数的主要动力。物流业相对活跃也推动了指数上涨。消费淡季影响建筑业表现，其新订单指数连续两个月低于50%，显示行业需求继续偏弱。房地产行业的商务活动指数44.3%，新订单指数39.3%，较上月均有回落，意味着行业活动继续保持下降趋势。在出口增速和投资增速逐步放缓的影响下，经济增长的动力也将面临调整。随着在对服务业领域实行税制改革和减税政策逐步实施到位，将有利于推动服务业健康发展，有利于消费需求保持平稳较快增长，这对我国经济保持平稳较快发展意义重大。

本月新订单指数为50.5%，比上月上升3.3个百分点。分行业看，生产性服务业最高，为51.9%；消费性服务业次之，为50.8%；建筑业最低，为46.6%。20个行业中，计算机服务及软件业、零售业、邮政业、铁路运输业和电信及其他信息传输服务业等行业高于50%；建筑安装业和水上运输业的新订单指数位于50%；建筑装饰业、环境及公共设施管理业、房地产业和航空运输业等行业低于50%。

本月新出口订单指数为46.4%，环比上升0.8个百分点。分行业看，建筑业最高，达到47.9%；生产性服务业和消费性服务业的指数相同，均为46.2%。20个行业中，邮政业、建筑安装业、铁路运输业和计算机服务及软件业等行业高于50%；餐饮业、居民服务业和其他服务业位于50%；建筑装饰业、环境及公共设施管理业、航空运输业和住宿业等行业的新出口订单指数低于50%。

本月收费价格指数为49.3%，较上月上升0.8个百分点。分行业看，建筑业的收费价格指数位于50%；消费性服务业和生产性服务业的收费价格指数低于50%，分别为48.5%和49.7%。20个行业中，餐饮业、零售业、租赁及商务服务业和居民服务业的收费价格指数高于50%；房屋及土木工程建筑业、建筑安装业、建筑装饰业和水上运输业等行业的收费价格指数位于50%；环境及公共设施管理业、电信及其他信息传输服务业、航空运输业、房地产业和住宿业等行业低于50%。

本月业务活动预期指数为61.7%，比上月上升1.0个百分点。分行业看，生产性服务业最高，为63.5%；消费性服务业次之，为62.3%；建筑业最低，为56.3%。20个行业中，零售业、环境及公共设施管理业、道路运输业、邮政业和电信及其他信息传输服务业等行业高于50%；本月位于50%的是建筑安装业；房地产业、水上运输业和其他服务业3个行业低于50%。

2011年中国非制造业PMI走势如下图所示。

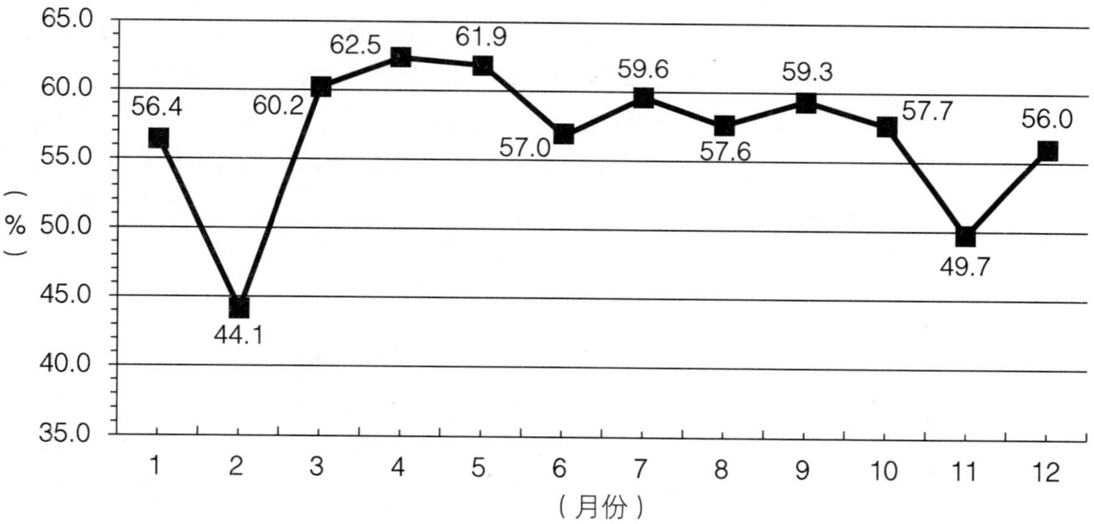

2011年中国非制造业PMI走势图

2011 年重点生产资料流通企业经营情况统计分析

2011 年，我国生产资料流通企业保持平稳较快发展势头，行业整体营业规模快速增长，效益持续好转，利润增速相对较高，销售利润率、成本费用利润率同比均有所提高，流动资产周转率、总资产周转率等多项周转效率指标均呈上升走势，资产负债率下降，所有者权益比率上升，行业平均营业周期缩短。但值得注意的是，国家基于“稳增长、控物价、调结构”的整体目标所采取的一系列稳健的、适度偏紧的货币政策，已影响到了我国生产资料流通行业。集中表现在，从 9 月份开始，重点调查企业整体营业收入与利润总额呈现高位趋稳和增速回落的态势，相关流动性指标均有下滑。具体来看，2011 年重点生产资料流通企业经营主要呈现以下几个特点。

一、经营规模稳定增长，增速回落

据对 86 家重点生产资料流通企业（以下简称重点流通企业）统计调查资料显示，2011 年，重点流通企业经营规模呈现平稳较快增长，累计实现营业收入 33685 亿元，比上年同期增加 7301 亿元，同比增长 27.7%；累计实现利润总额 708 亿元，同比增加 216 亿元，同比增长 43.9%，利润总额增速已连续 5 个月呈回落走势（如图 1 所示）。

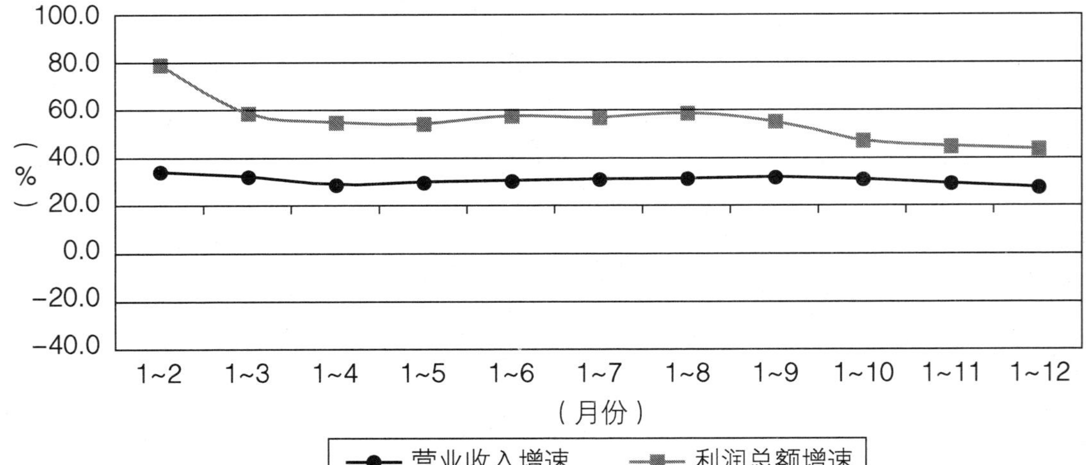

图 1 2011 年重点流通企业营业收入和利润总额增速变化情况

2011 年，重点流通企业营业收入排序位居前十位的企业情况如表 1 所示。

2011 年，重点流通企业经营的主要各类生产资料销售量均保持快速增长，如煤炭及制品类累计销售 1206 亿元，比上年增长 21.4%，占汇总企业总销售额的 3.3%；石油及制品类销售 16661 亿元，比上年增长 27.3%，占总销售额的 45.9%；黑色金属材料类销售 7865 亿元，比上年增长 16.9%，占总销售额的 21.6%；有色金属材料类销售 2570 亿元，比上年增长 39.3%，占总销售额的 7.1%；化工材料及制品类销售 4928 亿元，比上年增长 34%，占总销售额的 13.6%。2011 年重点流通企业销售各类产品占比情况如图 2 所示。

表 1　　2011 年重点流通企业营业收入排序位居前十位的企业情况

排名	企业名称	营业收入（万元）	同比增长（%）
1	中国石油化工集团公司	159885361	29.1
2	中国五矿集团公司	35517857	39.3
3	中国铁路物资总公司	20795180	34.9
4	天津市物资集团总公司	18087134	20.9
5	中国中钢集团公司	17404670	-6.4
6	浙江省物产集团公司	16619699	22.8
7	中国海洋石油总公司销售分公司	8987826	27.8
8	百联集团生产资料事业部	8308327	38.9
9	中国航空油料有限责任公司	6861569	39.2
10	中国诚通控股集团有限公司	6500944	36.6
总计	86 家企业	336853208	27.7

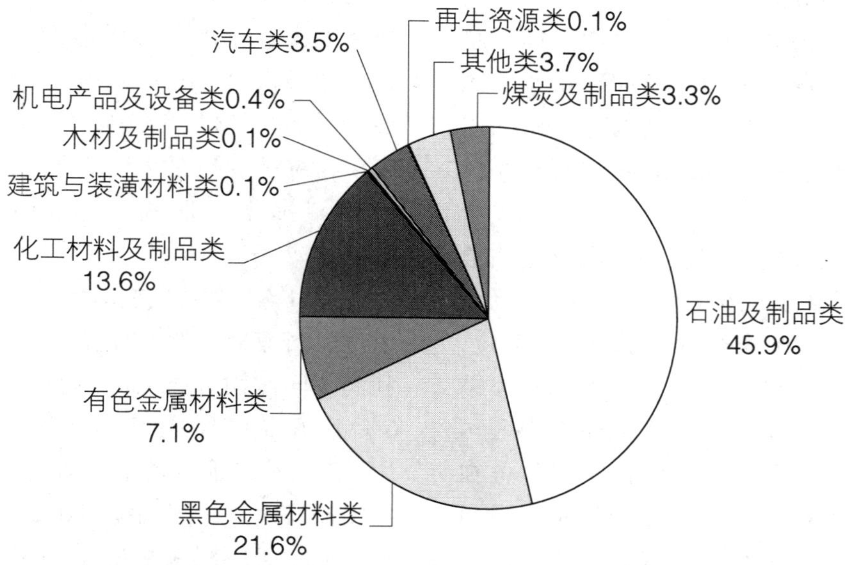

图 2　2011 年重点生产流通企业各产品类别销售占比情况

2011 年，重点流通企业整体销售库存率为4.9%，比上年同期降低了0.5个百分点。从主要品种看，除石油及制品类同比无变化外，其他品种销售库存率均有所下降。其中，石油及制品类为3.9%；煤炭及制品类为6.1%，同比降低1.1个百分点；黑色金属材料类为6.0%，同比降低1.0个百分点；有色金属材料类为3.6%，同比降低2.4个百分点；化工材料及制品类为2.7%，同比降低0.4个百分点。对生产资料流通企业来说，保持一定数量的库存可以应对市场的销售变化；但如果库存过高，就会占用大量资金，增加管理成本。因此，合理的销售库存率对企业的发展十分重要。

大型国有企业仍是我国生产资料流通领域的中坚力量。从各企业的销售情况来看，在黑色金属材料类销售额中，中国五矿集团公司、中国铁路物资总公司、中国中钢集团公司和天津市物资集团总公司四家企业共占73.8%，其中中国五矿集团公司独占27.3%；在有色金属材料类销售额中，中国五矿集团公司、百联集团有限公司生产资料事业部、中国兵工物资总公司和中国中钢集团公司四家企业共占84.8%，其中中国五矿集团公司独占30.7%；在煤炭及制品类销售额中，天津市物资集团总公司、中国铁路物资总公司、浙江省物产集团公司和中国五矿集团公司四家企业共占69.7%，其中天津市物资集团总公司独占22.2%。

民营企业平稳快速发展。庞大汽贸集团股份有限公司营业收入实现555亿元，比上年同期增长3.1%，在重点调查企业中排名第11位，在汽车类销售排名中稳居第1位，占汽车类销售总额达到44%。南通化工轻工股份有限公司实现营业收入165亿元，同比增长42.9%，在化工材料及制品类销售情况排序中仅次于中国石油化工集团公司和天津市物资集团总公司排名第3位。

二、经营效益好转，但多项增速均呈放缓走势

2011 年，重点流通企业经营情况好转，销售毛利为1783亿元，比上年同期增加408亿元，同比增长29.7%；利润总额708亿元，比上年同期增加216亿元，同比增长43.9%，增幅比上月回落1.0个百分点。86家企业平均劳动效率为583万元/人，比上年同期增加92.1万元/人，同比提高18.8%。

在统计利润的85家企业中，68家赢利企业共赢利709亿元，赢利企业所占比重为80%。在68家赢利企业中，有1家企业是由上年亏损转为赢利的，有48家企业利润总额比上年同期有所提高，有19家企业利润总额同比下降。在85家企业中，有17家企业亏损额为8039万元，亏损企业所占比重为20%，在这17家亏损企业中有7家企业是由上年赢利转为亏损的，有9家企业亏损额有所减少，只有1家企业亏损额有所增加。

企业整体三项费用合计1049亿元，同比增加201亿元、增长23.7%。成本方面，营业费用总计510亿元，同比增加73亿元、增长16.8%；管理费用380亿元，同比增加73亿元、增长23.6%；财务费用159亿元，同比增加55亿元、增长52.9%。

在统计利润的85家重点流通企业中，利润总额排序位居前十位的企业情况如表2所示。

2011 年，在经济效益持续向好的走势下，生产资料流通行业整体销售利润率和成本费用利润率同比均有所提高。但销售利润率从今年6月份开始已经连续7个月呈持续下滑走势。1～12月份，重点流通企业整体销售利润率为2.10%，比上年同期提高0.24个百分点；企业整体成本费用利润率为2.15%，比上年同期提高0.25个百分点。

在统计利润的 85 家重点流通企业中，销售利润率维持在较高水平的前十位企业情况如表 3 所示。

在统计利润的 85 家重点流通企业中，成本费用利润率排序位居前十位的企业情况如表 4 所示。

重点企业每百元营业收入中的成本构成为 94.71%，比上年同期下降 0.08 个百分点（如图 3 所示）。企业在取得经济效益的同时其社会效益也在稳步增长，2011 年，86 家重点流通企业形成的营业税金及附加为 62 亿元，同比增长 39.8%。

表 2　　2011 年重点流通企业利润总额排序位居前十名的企业情况

排名	企业名称	2011 年利润总额（万元）	同比增长（%）
1	中国石油化工集团公司	4478330	40.5
2	中国五矿集团公司	1276467	81.9
3	浙江省物产集团公司	230906	9.5
4	中国航空油料有限责任公司	199358	35.2
5	中国铁路物资总公司	149737	33.6
6	中国诚通控股集团有限公司	120295	43.7
7	庞大汽贸集团股份有限公司	102888	-40.6
8	中国海洋石油总公司销售分公司	97461	78.2
9	天津市物资集团总公司	76301	10.8
10	广东物资集团公司	49772	578.6

表 3　　2011 年重点流通企业销售利润率排序位居前十位的企业情况

排名	企业名称	2011 年销售利润率（%）	2010 年销售利润率（%）
1	武汉商贸国有控股集团有限公司	8.78	8.15
2	山东黑马集团有限公司	7.76	10.42
3	天津空港国际汽车园发展有限公司	6.27	6.93
4	四川万家福投资管理有限公司	5.97	5.95
5	青海省物资产业集团总公司	4.85	6.25
6	中国五矿集团公司	3.59	2.75
7	贵州省物资集团有限责任公司	3.26	3.66
8	中国航空油料有限责任公司	2.91	2.99
9	泰德煤网股份有限公司	2.82	4.29
10	中国石油化工集团公司	2.80	2.57

表 4　　2011 年重点流通企业成本费用利润率排序位居前十名的企业情况

排名	企业名称	2011 年成本费用利润率（%）	2010 年成本费用利润率（%）
1	山东黑马集团有限公司	8.75	11.55
2	武汉商贸国有控股集团有限公司	8.59	8.05
3	四川万家福投资管理有限公司	6.55	6.52
4	天津空港国际汽车园发展有限公司	6.32	6.48
5	青海省物资产业集团总公司	5.08	6.55
6	中国五矿集团公司	3.71	2.82
7	贵州省物资集团有限责任公司	3.28	3.64
8	中国航空油料有限责任公司	3.00	3.09
9	泰德煤网股份有限公司	2.91	4.49
10	中国石油化工集团公司	2.88	2.65

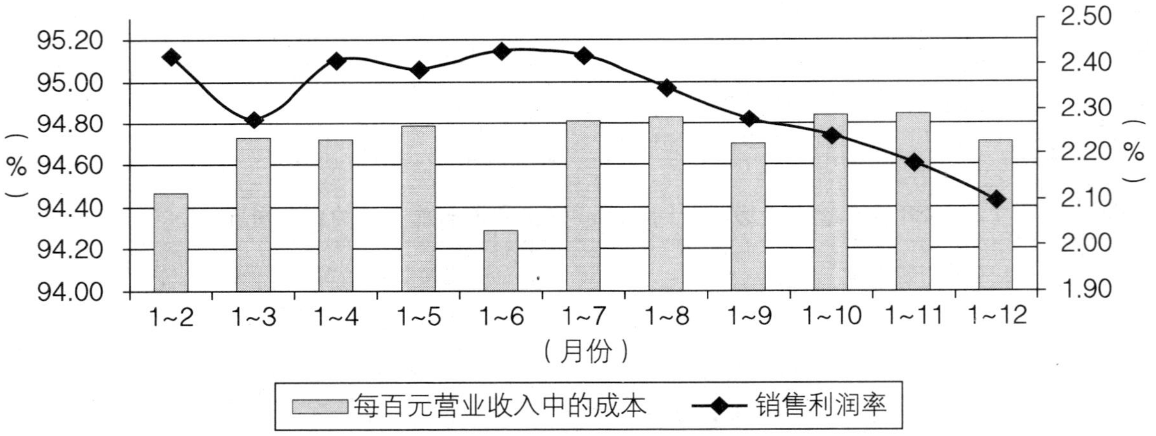

图 3　2011 年各月每百元营业收入的成本构成及销售利润率变化情况

三、行业整体资金流动性呈下降趋势

2011 年，86 家重点流通企业整体的流动比率为 104.2%，与上年同期相比下降 0.4 个百分点，基本维持在合理水平的最低限和国际公认为 200% 的理想水平还有一定的差距。其中，流动比率排序位居前十名的企业情况如表 5 所示。

2011 年，86 家重点流通企业整体速动资产达 5006 亿元，比上年同期增加 799 亿元，上升 19.0%。速动比率为 70.3%，比上年同期下将 0.7 个百分点，远未达到通常情况下为 100% 的正常水平。其中，速动比率排序位居前十位的企业情况如表 6 所示。

流动比率过低，表明企业可能难以按期偿

表 5　　2011 年重点流通企业流动比率排序位居前十位的企业情况

排名	企业名称	2011 年流动比率（%）	2010 年流动比率（%）
1	新疆金百胜贸易有限公司	192. 15	289. 95
2	黄冈市天绿贸易有限公司	185. 20	174. 57
3	石河子车城汽车贸易有限公司	152. 03	128. 85
4	新疆生产建设兵团农七师农业生产资料供应公司	151. 61	168. 68
5	丽水市物资再生利用有限公司	150. 00	272. 55
6	武汉商贸国有控股集团有限公司	143. 97	123. 12
7	湖州维农农资连锁经营有限公司	143. 13	113. 04
8	中国航空油料有限责任公司	138. 84	139. 71
9	新疆亚鑫国际经贸股份有限公司	133. 18	168. 68
10	泰德煤网股份有限公司	130. 49	136. 37

表 6　　2011 年重点流通企业速动比率排序位居前十位的企业情况

排名	企业名称	2011 年速动比率（%）	2010 年速动比率（%）
1	新疆金百胜贸易有限公司	145. 30	199. 48
2	丽水市物资再生利用有限公司	131. 58	253. 43
3	贵州省物资集团有限责任公司	124. 86	129. 85
4	湖南华邦物资贸易有限公司	118. 02	94. 77
5	广东新中源陶瓷有限公司	117. 03	121. 32
6	江西煤业集团有限责任公司物资供应分公司	110. 91	132. 80
7	石河子车城汽车贸易有限公司	110. 31	121. 58
8	新疆生产建设兵团建设工程集团石油物资有限责任公司	110. 31	99. 48
9	新疆生产建设兵团农十师供销合作公司	108. 06	105. 04
10	武汉商贸国有控股集团有限公司	107. 03	73. 91

还债务；相反流动比率过高，表明企业流动资产占用较多，会影响资金的使用效率和企业的筹资成本，进而影响获利能力。速动比率小于100%，表明企业面临很大的偿债风险；相反速动比率大于100%，表明企业会因现金及应收账款占用过多而增加企业的机会成本。综合

来看，资金流动性很好的企业，流动比率应大于200%而速动比率大于100%；资金流动性一般的企业流动比率波动范围为100%～200%而速动比率波动范围为50%～100%；资金流动性比较差的企业流动比率一般小于100%而速动比率小于50%。

从自有资金对偿债风险的承受能力方面看，2011年86家重点流通企业整体产权比率为246.9%，比上年同期降低4.2个百分点。

四、资产规模稳步扩大，流动资产周转效率小幅上升

行业整体资产规模稳定增长，增幅呈现下滑趋势。2011年，86家重点流通企业的资产总计为11859亿元，同比增加1954亿元，同比增长19.7%，增幅比上月回落8.6个百分点。其中，流动资产合计7423亿元，比上年同期增加1222亿元，同比增长19.7%；负债合计为8840亿元，同比增加1357亿元，同比增长19.2%，其中，流动负债合计7121亿元，同比增加1192亿元，同比增长20.1%。

流动资产周转方面，2011年生产资料流通行业整体应收账款为1144亿元，比上年同期增加196亿元，同比增长20.7%；应收账款周转率为29.5次，同比上升1.6次，周转天数（一年按365天计算）由上年的13.1天缩短为2011年的12.4天。行业整体存货为2416亿元，比上年同期增加423亿元，同比增长21.2%；存货周转率为13.2次，比上年上升0.7次，企业存货的流动性及变现速度有所加快，存货的管理效率及存货资金的利用效率上升，营运资金投资于存货上的比例下降。流动资产周转率为4.5次，比上年上升0.3次。行业整体平均营业周期为40.0天，比上年缩短2.2天。2011年重点流通企业流动资产周转率排序位居前十位的企业情况如表7所示。

表7　2011年重点流通企业流动资产周转率排序位居前十位的企业情况

排名	企业名称	2011年流动资产周转率（%）	2010年流动资产周转率（%）
1	新疆生产建设兵团石油有限公司	16.61	15.05
2	南通化工轻工股份有限公司	15.43	12.82
3	中国石油化工集团公司	12.72	11.63
4	新疆西部农资物流有限公司	12.39	21.52
5	茂名市实业发展集团公司	11.24	16.37
6	百联集团生产资料事业部	9.70	7.71
7	烟台市利农生产资料股份有限公司	9.31	4.64
8	泉州化建股份有限公司	9.18	10.19
9	石河子车城汽车贸易有限公司	8.23	8.94
10	中国海洋石油总公司销售分公司	7.85	6.42

流动资产周转率不仅反映了流动资产运用效率，同时也影响着企业的赢利水平。企业流动资产周转率加快，周转次数上升，表明企业以相同的流动资产占用实现的营业收入增加，企业流动资产的运用效率上升，进而提高了企业的偿债能力和赢利能力。

总资产周转方面。行业整体资产周转率为2.84次，同比提高0.18次。行业整体包括负债和所有者权益在内的全部资产，总体的获利能力小幅上升。

行业整体资产负债率略有下降。当前我国生产资料流通企业资金需求量大，为适应经营发展的需要，企业主要以债务融资扩大资产规模和经营规模，资产负债率普遍处于较高水平。2011年，重点流通企业整体平均资产负债率（举债经营比率）为71.2%，与上年同期相比降低了0.3个百分点；所有者权益比率为28.8%，同比提高0.3个百分点。

资产负债率过高会影响企业融资信誉，过低则会影响企业生产扩展。所以作为一个企业来讲，应尽量把资产负债率控制在一个合理比率，这样企业才能在财务状况稳定的基础上尽可能多的利用外部资金。

（中国物流信息中心综合处）

第三部分

物流产业

2011年中国交通运输业

2011年是“十二五”开局之年，面对复杂多变的国际政治经济环境和艰巨繁重的国内改革发展任务，在以加快转变经济发展方式为主线，以深化改革开放、保障和改善民生为根本的战略方针的指导下，我国交通运输业紧紧把握时代契机，迎来了良好的发展局面，基础设施网络规模不断扩大，功能结构进一步完善，运输服务能力与水平迈上一个新的台阶，技术装备及绿色发展等方面也取得新的进展，交通运输对国民经济和社会发展的基础性、引导性、保障性作用显著增强。

一、我国交通运输总体发展情况

（一）基础设施建设取得良好开局

2011年，在国家积极财政政策和稳健货币政策的支持保障下，我国交通运输、仓储和邮政领域完成固定资产投资27260亿元，比上年增长1.8%，占全社会固定资产投资总额的8.8%，交通基础设施建设取得了显著成绩。截至2011年年底，我国交通基础设施线路网络总里程达到440.7万公里（不含民航航线、国际海运航线里程），比上年增长8.7万公里。其中，东部地区路网密度超过91公里/百平方公里，中部地区路网密度超过49公里/百平方公里，西部地区路网密度超过28公里/百平方公里。

1. 铁路

截至2011年年底，我国铁路营业里程达到9.3万公里，比上年增加2000公里，铁路网络密度达到97.1公里/万平方公里。其中，西部地区铁路营业里程达到3.6万公里，比上年增加342.2公里，西部地区铁路营业里程占铁路线路总里程的38.7%。铁路复线里程3.9万公里，比上年增加2012.5公里，复线率达42.4%；电气化里程4.6万公里，比上年增加3599.7公里，电气化率达49.4%。2011年我国铁路复线率和电气化率情况如下页图所示。

2. 公路

截至2011年年底，我国公路通车总里程达到410.6万公里，比上年增加9.8万公里，其中，高速公路通车里程达到8.5万公里，比上年增加1.1万公里。高速公路中国家高速公路为6.4万公里，高速公路里程超过3000公里的省份达到14个（如表1所示）。公路网密度为42.8公里/百平方公里，高速公路网密度88.4公里/万平方公里，部分省份高速公路网密度已达到或超过发达国家水平（如表2所示）。公路网络中，二级及以上公路里程47.4万公里，占公路总里程的11.5%。农村公路里程356.4公里，占公路总里程的87.5%。乡镇和建制村的通公路率分别达到99.97%和

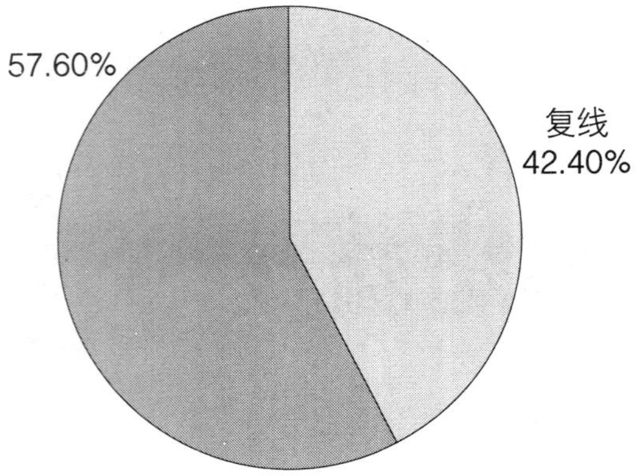

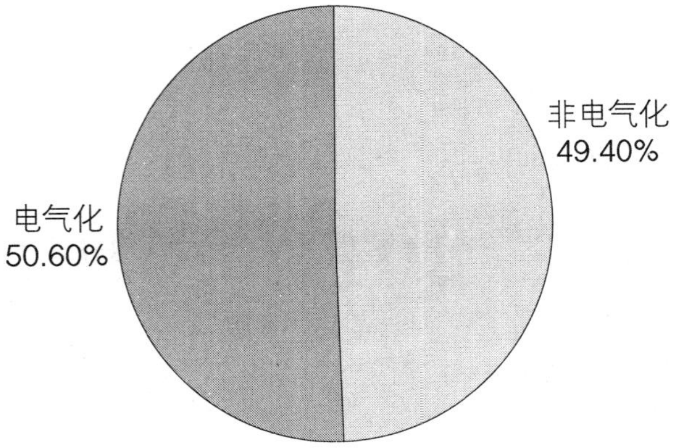

2011 年我国铁路复线率、电气化率情况

99.4%，乡镇和建制村通沥青（水泥）路比例分别达到97.2%和84.0%。

3. 水运

内河航道方面，截至2011年年底，我国内河航道通航总里程12.5万公里，比上年末增加370公里。等级航道6.3万公里，占总里程的50.3%，比上年末提高0.2个百分点。其中，三级及以上航道9460公里，五级及以上航道2.6万公里，分别占航道总里程的7.6%和20.8%，比上年末分别提高0.1个和0.5个百分点。

港口方面，截至2011年年底，我国港口拥有生产用码头泊位31968个，比上年末增加334个。其中，沿海港口生产用码头泊位5532个，比上年末增加79个；内河港口生产用码头泊位26436个，比上年末增加255个。全国港口生产用泊位中，万吨级及以上泊位1762个，比上年末增加101个。其中，沿海港口万吨级及以上泊位1422个，比上年末增加79个；内河港口万吨级及以上泊位340个，比上年末增加22个。全国万吨级及以上泊位中，专业化泊位942个，通用散货泊位338个，通用件杂货泊位322个。

表1　2011 年我国高速公路里程超过3000公里的省份

排　名	省　份	里程（公里）	排　名	省　份	里程（公里）
1	河南省	5196	8	陕西省	3803
2	广东省	5049	9	黑龙江省	3708
3	河北省	4756	10	江西省	3603
4	山东省	4350	11	浙江省	3500
5	江苏省	4122	12	辽宁省	3500
6	湖北省	4006	13	安徽省	3009
7	山西省	4005	14	四川省	3009

资料来源：2011年公路水路交通运输行业发展统计公报。

表 2　　2011 年我国部分地区高速公路网密度与其他国家对比情况

地　区	密度值（公里/万平方公里）	国　家	密度值（公里/万平方公里）
全国平均	88.44（2011 年）	德　国	322.7（2007 年）
江苏省	401.8（2011 年）	意大利	229.8（2007 年）
浙江省	343.1（2011 年）	法　国	186.7（2007 年）
河南省	311.1（2011 年）	西班牙	179.2（2007 年）
山东省	282.8（2011 年）	日　本	170.9（2007 年）
广东省	280.5（2011 年）	英　国	135.3（2007 年）
河北省	253.4（2011 年）	美　国	94.7（2007 年）

资料来源：根据《中国统计摘要 2012》、《2011 年公路水路行业发展统计公报》、《世界主要国家交通统计资料》等整理计算而得。

2011 年，我国货物吞吐量超过亿吨的港口由上年的 22 个增加到 26 个。其中，沿海亿吨港口 17 个、内河亿吨港口 9 个。集装箱吞吐量超过 100 万标准箱的港口由上年的 18 个增加到 19 个。其中，沿海港口 15 个，内河港口 4 个。2011 年我国货物吞吐量超过亿吨和集装箱吞吐量超过 100 万标准箱的港口分别如表 3 和表 4 所示。

4. 民航

截至 2011 年年底，我国民用航空机场达到 180 个（不含中国香港和澳门，下同），比上年增加 5 个。其中，定期航班通航机场为 178 个，定期航班通航城市达 175 个。这些机场覆盖了全国超过 91% 的经济总量、76% 的人口和 70% 的县级行政单元。

定期航班通航机场中，年旅客吞吐量达 1000 万人次以上的有 21 个，比上年增加 5 个，完成旅客吞吐量占全部机场旅客吞吐量的 75.1%。年货邮吞吐量达 10000 吨以上的有 47 个，与上年持平，完成货邮吞吐量占全部机场货邮吞吐量的 98.6%。其中，北京首都机场完成旅客吞吐量 7867 万人次，位列世界第二位；上海浦东机场完成货邮吞吐量 308.5 万吨，位列世界第三位。

5. 管道

随着西气东输等干线管道的加快建设，我国跨区域油气骨干管网已初具规模，管道在能源运输中的骨干地位日益凸显。目前，原油管道已经在东北、西北、华北、华东和中部地区形成了区域性的输油管网；成品油管道已在西北、西南和珠江三角洲地区建成骨干管网，形成了“西油东运、北油南下”的总体格局；天然气管道在西气东输（一线）投产后加速发展，横跨东西、纵贯南北、连通海外的全国输气管网已初步形成。截至 2011 年年底，我国管道总里程达到 8.3 万公里，比上年增长 4000 公里。

6. 城市轨道

截至 2011 年年底，我国已有 14 个城市拥有城市轨道交通，城市轨道交通运营线路共计 56 条，比上年增加 7 条；城市轨道交通运营线路总里程 1714 公里，比上年增加 314 公里。上海市、北京市、广州市的城市轨道交通运营线路里程位居全国前三甲，其中，上海市城市轨道交通运营线路里程为 464.9 公里（不含世博专用线）、北京市城市轨道交通运营线路里程

表 3　　2011 年我国货物吞吐量超过亿吨的港口

排名	港口名称	吞吐量（亿吨）	排名	港口名称	吞吐量（亿吨）
沿海港口					
1	宁波—舟山港	6.94	10	日照港	2.53
2	上海港	6.24	11	深圳港	2.23
3	天津港	4.53	12	烟台港	1.80
4	广州港	4.31	13	厦门港	1.57
5	青岛港	3.72	14	连云港港	1.56
6	大连港	3.37	15	湛江港	1.55
7	唐山港	3.13	16	北部湾港	1.53
8	秦皇岛港	2.88	17	黄骅港	1.13
9	营口港	2.61			
内河港口					
1	苏州港	3.80	6	泰州港	1.20
2	南京港	1.73	7	镇江港	1.18
3	南通港	1.73	8	重庆港	1.16
4	湖州港	1.47	9	嘉兴内河港	1.07
5	江阴港	1.29			

资料来源：2011 年公路水路行业发展统计公报。

表 4　　2011 年我国集装箱吞吐量超过 100 万标准箱的港口

排名	港口	吞吐量（万标准箱）	排名	港口	吞吐量（万标准箱）
沿海港口					
1	上海港	3174	9	连云港港	485
2	深圳港	2257	10	营口港	403
3	宁波—舟山港	1472	11	烟台港	171
4	广州港	1425	12	福州港	166
5	青岛港	1302	13	泉州港	157
6	天津港	1159	14	日照港	140
7	厦门港	647	15	汕头港	110
8	大连港	640			
内河港口					
1	苏州港	469	3	南京港	184
2	佛山港	292	4	江阴港	112

资料来源：2011 年公路水路行业发展统计公报。

为372.8公里、广州市城市轨道交通运营里程为221.1公里。

（二）运输服务水平得到进一步提升

1. 总体服务能力再创新高

随着我国交通基础设施网络规模的不断扩大、结构功能的不断完善、技术等级的不断提升，我国交通运输总体服务能力进一步增强。2011年，我国全社会完成客运量、旅客周转量、货运量、货物周转量分别达到352.6亿人、30984亿人公里、369.7亿吨、159324亿吨公里，分别比上年增长7.9%、11.1%、14.0%、12.3%。客运方面，铁路、水运完成的客运量和公路、民航完成的旅客周转量增幅同比上年均超过10%；货运方面，公路、水运、管道完成的货运量和货物周转量同比上年增幅均超过10%。其中，管道完成的货物周转量增幅超过30%。具体情况如表5所示。

表5　2011年我国运输服务能力与2010年对比情况

指　标	单　位	2010年	2011年	同比增长（%）
客运量	亿　人	326.7	352.6	7.92
铁　路	亿　人	16.8	18.6	10.7
公　路	亿　人	305.3	328.6	7.6
水　运	亿　人	2.2	2.5	13.6
民　航	亿　人	2.7	2.9	7.4
旅客周转量	亿人公里	27894.0	30984.0	11.1
铁　路	亿人公里	8762.0	9612.0	9.7
公　路	亿人公里	15021.0	16760.0	11.6
水　运	亿人公里	72.0	75.0	4.2
民　航	亿人公里	4039.0	4537.0	12.3
货运量	亿　吨	324.2	369.7	14.0
铁　路	亿　吨	36.4	39.3	8.0
公　路	亿　吨	244.8	282.0	15.2
水　运	亿　吨	37.9	42.6	12.4
民　航	亿　吨	0.0563	0.0558	-0.9
管　道	亿　吨	4.99	5.71	14.4
货物周转量	亿吨公里	141837.0	159324.0	12.3
铁　路	亿吨公里	27644.0	29466.0	6.6
公　路	亿吨公里	43390.0	51375.0	18.4
水　运	亿吨公里	68428.0	75424.0	10.2
民　航	亿吨公里	178.9	173.9	-2.8
管　道	亿吨公里	2197.0	2885.0	31.3

港口吞吐量方面，2011 年我国港口完成货物吞吐量 100.4 亿吨，比上年增长 12.4%。其中，沿海港口完成 63.6 亿吨，内河港口完成 36.8 亿吨，比上年分别增长 12.7% 和 12.0%。货物吞吐量中，外贸货物吞吐量 27.9 亿吨，比上年增长 11.4%。其中，沿海港口完成 25.4 亿吨，内河港口完成 2.4 亿吨，比上年分别增长 11.2% 和 13.8%。完成集装箱吞吐量 1.6 亿标准箱，比上年增长 12.0%。其中，沿海港口完成 1.5 亿标准箱、内河港口完成 1736 万标准箱，比上年分别增长 11.3% 和 18.3%。

机场吞吐量方面，2011 年我国民用运输机场完成旅客吞吐量 62054 万人次，比上年增长 10%。其中，国内航线完成 57117 万人次，比上年增长 9.9%（其中大陆至香港、澳门和台湾地区航线为 2004 万人次，比上年增长 13.6%）；国际航线完成 4937 万人次，比上年增长 10.5%。

2. 服务品质再上新的台阶

在运输服务总体能力提升的同时，我国交通运输服务品质也取得了新的进展。以高速公路、高速铁路、高等级航道、航空运输以及综合交通枢纽等高等级基础设施的建设和完善为基础，围绕重要区域性中心城市为核心的“1 小时交通圈”、“2 小时交通圈”正在快速形成，运输服务的时效性、舒适性、便捷性等水平显著提升；以农村公路、农村客运、支线机场等为重点，运输普遍服务的深度、广度以及品质有了极大提高。特别值得一提的是，铁路运输服务效率与水平提升显著，客运方面开通了互联网售票业务，扩大了电话订票服务范围，推出了银行卡购票刷卡支付业务，在全路开办了发售学生往返票业务，在全路动车组列车停靠站实行购票实名制，组织开通了 18 个铁路客服中心，统一“12306”客服号码，采取电话语音查询、人工在线服务和“12306”网站信息查询、客户信箱等方式，为客户提供信息咨询服务；货运服务方面，进一步深化星级优质货场创建，改进保价理赔工作，有效改善运输服务整体效率和服务水平。

（三）技术装备发展取得新的进展

随着交通运输科技创新能力的不断提高，我国交通运输在技术和装备方面不断破解难题，与国际领先水平的差距不断缩小。特别是在铁路方面，依托京沪高铁等重大工程开展技术创新和综合试验工作，掌握了复杂地质路基、长大桥梁、大断面隧道、新型客站建设技术，在高速铁路无砟轨道、通信信号、牵引供电等技术创新方面取得了重要进展。同时，推进新一代高速列车、综合检测列车科研攻关及综合试验工作，组织时速 160 公里/小时交流传动客运电力机车和高原电力机车研制，推进大功率机车、新型货车关键技术及运用维护技术创新，并进一步加大重载运输技术攻关力度。除此之外，我国在桥梁、隧道、深水筑港以及交通信息化和智能化等技术方面也取得了新的进展。

运输装备规模与水平方面也得到显著提升。截至 2011 年年底，我国国家铁路机车拥有量达到 1.96 万台，比上年增加 1241 台。其中，和谐型大功率机车 5052 台，比上年增加 1680 台（不含控股合资铁路）；国家铁路客车拥有量达到 5.3 万辆，比上年增加 2447 辆，其中，空调车 3.9 万辆，占铁路客车总量的 73.8%；国家铁路货车保有量达到 649495 辆，比上年增加 27211 辆。全国民用汽车拥有量达到 9356.3 万辆，比上年末增长 19.9%，其中，私人汽车保有量 7326.8 万辆，比上年末增长 23.4%。公路营运汽车达到 1263.8 万辆，比上年末增长 11.5%，其中，载货汽车 1179.4 万辆，比上年末增长 12.3%，平均吨位 6.2 吨/辆，比上年末提高 0.5 吨/辆；载客汽车 84.3 万辆，比上年末增长 1.5%，平均客位 24.7 客位/辆，比上年末提高 0.5 客位/辆。水上运输船舶达到 17.9 万艘，比上年末增长 0.5%；平均净载重量 1186.4 吨/艘，比上年末增长17.3%。民航运输飞机期末在册架数1764架，比上年增加167架。

除此之外，以运输结构优化、土地等资源的合理利用以及能源节约、排放降低为重点，依托技术节能减排、组织节能减排、管理节能减排等多力并举，运输资源优化配置能力不断提高，我国交通运输领域的节能减排和环境保护工作取得了明显进展。

二、我国交通运输存在的主要问题

（一）交通运输供需结构性矛盾日渐突出

长期以来，我国交通运输发展相对滞后，交通基础设施与运输服务供给无法全面满足旅客与货物运输需求，成为经济社会发展的瓶颈制约因素。在经历了改革开放30年，特别是近十年来大规模、高强度的建设之后，我国交通发展取得了巨大成就，进入“十二五”以来，交通运输全局性、持续性的供给紧张状况已明显缓解。但是，运输供给与需求之间的矛盾并没有完全消除，而是从总体供给不足转为结构性短缺。目前，在我国东中部地区的一些客运大通道、华中煤运通道、西南运输通道等局部地区，在港口的集疏运、城市配送等部分环节，在区际铁路、国省干线公路、城市公交等个别领域，以及春运、黄金周等特殊时段，交通运输服务供给仍显不足，运输紧张状况时有发生。

（二）运输服务水平难以满足转变发展方式的要求

我国已进入全面建设小康社会的关键时期，也是深化改革、加快转变经济发展方式的攻坚时期。随着我国工业化进程步入中后期，城镇化和农业现代化加速推进，产业结构调整和人民生活条件改善对交通运输产生了更加旺盛、更高规格、更趋多样化的需求，交通运输不仅要继续支撑经济总量规模的进一步扩张，还要以全新的理念在不同层次上提供高水平的运输服务，引领和支持经济社会的转型发展。然而当前的运输服务能力对此还难以较好适应，部分领域问题突出，亟待改善。如城市交通拥堵日益严重，一些地区城乡居民出行依然不便，不同运输方式衔接不畅，客运舒适性和准时性不高，物流成本居高不下，交通应急保障能力不强，等等，无法满足我国转变发展方式，实现科学发展的要求。

（三）交通运输长期可持续发展面临资金瓶颈

交通运输业是一个资金需求量较大的行业，投资多、沉没成本大、网络化规模经济效益显著。为尽快适应经济社会发展要求，我国交通运输已经并仍将持续一段时期的快速发展，投入维持高位运行，且发展成本显著增加，使得资金需求量空前巨大。2008年全球金融危机以来，国家实施扩大内需战略，加大了对交通运输行业的投入，地方政府出于本地区经济社会发展考虑，对交通项目的投资热情高涨，大量举债，交通运输迎来了一个史无前例的投资高峰期，发展速度明显加快。然而随着国家收紧信贷和推行税费改革，交通领域原有融资平台受到影响，资金筹措难度不断加大，且先期建设项目运营成本较高，收益水平偏低，难以获得合理的投资回报，后续运营和维护资金不足，交通运输可持续发展面临严重资金瓶颈。2011年以来，各行业与各地区交通投资规模增速已明显放缓，公路、水路固定资产投资增幅比2010年下降9.1个百分点，铁路固定资产投资则同比下降42.6%，资金缺口已然凸显。

（四）交通运输安全形势严峻

近年来，我国经济持续快速增长，工业化与城镇化水平不断提高，城乡居民收入水平与消费结构显著改善，支撑着交通运输行业的大发展和交通机动化进程的明显加快，也使得客货运输需求日趋旺盛。伴随交通工具和交通流量的急剧增长，线路、场站等交通基础设施更加繁忙，运输生产与服务面临前所未有的压力，而我国交通安全环境建设尚不完善，保障能力仍有待加强，这些导致一些重特大交通事故频频发生，交通行业安全形势面临严峻考验。2011 年，我国相继发生了"7·22"京珠高速大客车燃烧致 41 人死亡、"7·23"甬温线动车追尾致 40 人死亡、"9·9"湖南邵阳沉船致 12 人死亡、"11·16"甘肃庆阳幼儿园校车被撞致 21 人死亡等恶性交通事故，给人民群众生命财产造成重大损失，影响极其恶劣，也为我国交通运输跨越式发展蒙上了阴影。提高全民交通安全意识，加强交通安全的综合治理已迫在眉睫。

（五）交通运输发展受到资源环境制约

交通运输业具有占用资源、消耗能源、污染环境等负面效应，并且随着我国运输总量的持续增长，这些问题日益突出，并越来越受到各方关注。目前，我国土地、岸线、空域等资源已十分紧张，石油等能源的对外依存度不断提高，在一定程度上制约了交通设施建设和运输能力增长，并推高了运输成本；同时，交通排放对环境造成了比较明显的负面影响，特别是国际社会对降低碳排放的呼声和采取的措施，也使交通发展面临较大压力，长期可持续发展受到明显制约。

（樊一江　谢雨蓉　国家发展和改革委员会综合运输研究所）

铁路运输

2011年，我国铁路以转变运输发展方式为主线，在确立铁路局市场主体地位、实施多元化运营等方面积极探索，铁路货运与物流得到快速发展。

一、铁路基础设施建设趋于理性

我国高速铁路在“十一五”期间得到了高速的发展，取得了非凡的成就。截至2010年年底，加上既有线提速高铁，我国高铁营业里程已经达到8358公里，在建高铁达1.7万公里。2011年6月京沪高铁、广深港高铁广深段分别开通运营，哈大、京石、石武高铁建设顺利进行。

2011年，我国铁路在基本建设投资、铺轨里程各个方面相对于2010年均有所减少，铁路建设步伐相对放缓。全年铁路完成基本建设投资4690亿元，相比2010年下降了34%；新线铺轨3176公里、复线铺轨2468公里，投产新线2022公里、复线1752公里，电气化铁路2647公里，相对2010年减少均超过50%。

2011年“7·23”甬温线事故发生后，国务院总理温家宝主持召开国务院常务会议，决定开展高速铁路及其在建项目安全大检查，适当降低新建高速铁路运营初期的速度，对拟建铁路项目重新组织安全评估。铁道部积极组织力量对运营系统进行安全评估，暂停审批新的铁路建设项目，并对已受理的项目进行深入论证，合理确定项目的技术标准、建设方案。虽然“7·23”甬温线事故发生对铁路整体建设造成了一定影响，但却促使铁路建设，特别是高速铁路的建设与发展趋于理性。2011年12月23日，铁道部召开全路会议明确2012年安排固定资产投资5000亿元，其中，基本建设投资4000亿元，新线投产6366公里。全年5000亿元的固定资产投资，是我国铁路建设历史上第三高的投资规模，投资额仅次于2009年和2010年。2012年全国铁路6366公里新线投产运营也是我国铁路投产运营最大的一年。宏大的投资规划，标志着我国铁路建设已经由“7·23”事故之后的停滞状态恢复至正常状态。2011年12月26日正式开通的广深高铁是“7·23”事故后首条通车的高铁。它的开通进一步表明我国继续推进铁路建设的基本方针没有改变。

二、铁路客货运量明显提升

根据铁道部统计中心公布的数据，2011年我国铁路整体的客货运量仍有比较明显的提升。2011年，全国铁路旅客发送量完成18.62亿人，同比增长11.1%，增幅为2005年以来的最高水平；货物发送量完成39.19亿吨，同比增长8.0%。铁路在煤炭、冶炼物资、钢铁、化肥及农药运输中发挥着至关重要的作用。

1. 旅客运输

全国铁路旅客发送量完成18.62亿人，比上年增加1.86亿人、增长11.1%。其中，国家铁路完成旅客发送量17.92亿人，比上年增长8.8%；非控股合资铁路完成旅客发送量991万人，比上年下降18.2%；地方铁路528万人，比上年增长10.8%。全国铁路旅客周转量完成9612.29亿人公里，比上年增加850.12亿人公里、增长9.7%。其中，国家铁路完成旅客周转量9582.71亿人公里，比上年增长9.8%；非控股合资铁路完成旅客周转量22.97亿人公里，比上年下降23.8%；地方铁路完成旅客周转量6.62亿人公里，比上年增长5.0%。

2. 货物运输

2011年，全国铁路货物发送量完成39.19亿吨，比上年增加2.89亿吨、增长8.0%。其中，国家铁路完成货物发送量32.81亿吨，比上年增长6.5%；非控股合资铁路完成货物发送量4.15亿吨，比上年增长16.6%；地方铁路完成货物发送量2.22亿吨，比上年增长16.2%。2005—2011年全国铁路货物发送量完成情况如图1所示。全国铁路货物周转量完成29130.30亿吨公里，比上年增加1797.62亿吨公里、增长6.6%。其中，国家铁路完成货物周转量27296.49亿吨公里，比上年增长6.5%；非控股合资铁路完成货物周转量1695.10亿吨公里，比上年增长6.6%；地方铁路完成货物周转量138.71亿吨公里，比上年增长19.5%。2005—2011年全国铁路货物周转量完成情况如图2所示。

3. 重点运输

2011年，全国铁路煤炭运量完成22.70亿吨，比上年增运2.70亿吨、增长13.5%。冶炼物资运量完成8.70亿吨，比上年增运1522万吨、增长1.8%。粮食运量完成9946万吨，比上年减少163万吨、下降1.6%。石油运量完成1.35亿吨，比上年减少281万吨、下降2.0%。化肥及农药运量完成8666万吨，比上年增运48万吨、增长0.6%。集装箱运量完成9351万吨，比上年增运739万吨、增长8.6%。全国铁路口岸共完成进出口货物运量4989.5万吨，比上年减少196.6万吨、下降3.8%。其中，满洲里、绥芬河、二连浩特、阿拉山口四大口岸站共完成进出口货物运量4872.7万吨，比上年减少188.0万吨，下降3.7%。

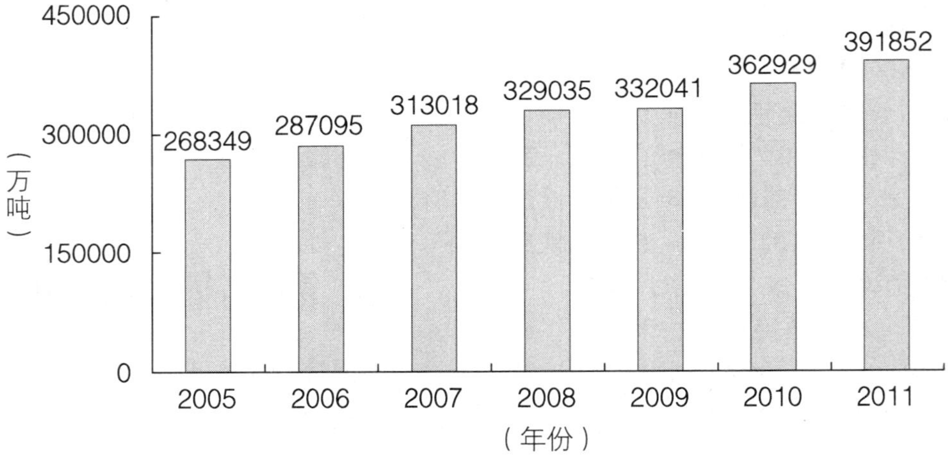

图1　2005—2011年全国铁路货物发送量完成情况

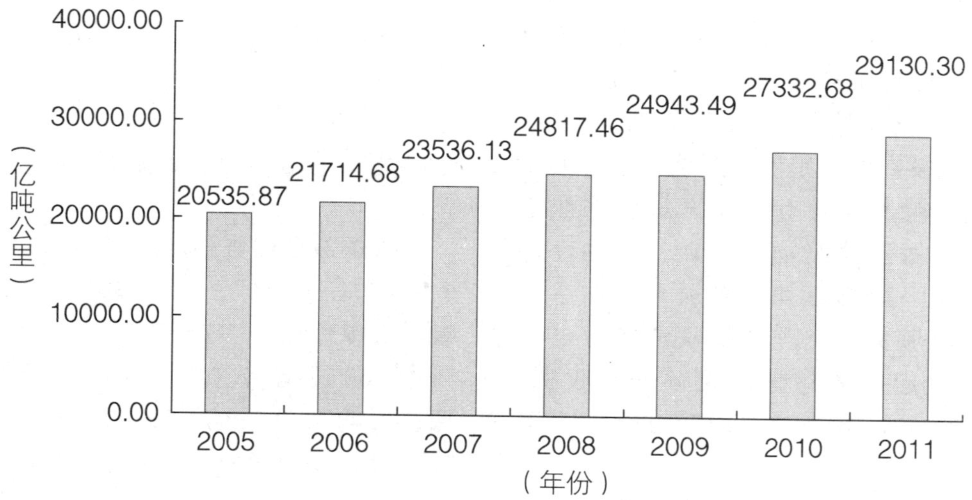

图 2　2005—2011 年我国铁路货物周转量完成情况

4. 运输效率

2011 年，全国铁路国家铁路（不含控股合资铁路）日均运用机车 14859.6 台，比上年增加 591.0 台、增长 4.1%；机车总走行公里 29.85 亿公里，比上年增加 0.79 亿公里、增长 2.7%；货运机车日车公里 494 公里，比上年延长 5 公里、增长 1.0%；货运列车平均总重 3508 吨，比上年提高 41 吨、增长 1.2%；货运机车日产量 138.5 万吨公里，比上年提高 3.5 万吨公里、增长 2.6%。全国铁路日均装车完成 168663 车，比上年增加 11386 车、增长 7.2%；国家铁路货车平均静载重完成 63.6 吨，比上年提高 0.5 吨；货车周转时间完成 4.45 天，比上年缩短 0.03 天。

三、铁路加快推进机制体制创新

2011 年我国铁路系统以科学发展为主题，制订了加快转变铁路发展方式、确立运输企业市场主体地位的改革推进方案，科学界定了铁道部职能，落实企业经营权责，理顺铁道部与运输企业的管理关系，基本形成了新体制、新机制的制度框架，为铁路物流企业市场经营、健康发展奠定了基础。

四、铁路多元化经营格局初步形成

2011 年，我国铁路系统制定了多元化经营战略，初步形成了多元化经营格局。4 月 25 日，铁道部办公厅印发了《关于推进铁路多元化经营的意见》，该意见从规范构建铁路多元化经营管理体系、不断完善铁路多元化经营的运行机制、大力拓展铁路多元化经营领域、认真落实推进铁路多元化经营的保障措施几个方面，积极探索多元化经营的有效途径和管理方式，推动铁路局物流企业向现代物流企业转型升级。同时铁路强化了货物运输核心业务，统筹运用新增和既有运力资源，积极开发运输新产品，全面完成了煤炭、粮食、化肥和救灾物资等国家重点物资运输任务，实现了货运量较大幅度的增长。

五、铁路大力推进物流发展

为加快实施多元化经营战略，2011 年 7 月，铁道部召开全路电视电话会议，印发了《关于延伸铁路货物运输服务链、加快发展铁路现代物流的实施意见》。该意见明确了铁路各相关部门体系及职责分工。铁路局运输部门是货运延伸服务的业务主管部门，运输站段是组织完成货运延伸服务任务的生产单位，铁路局物流企业是货运延伸服务的经营主体，铁路局非运输企业投资机构是铁路局物流企业的出资人代表。同时为了规范经营方式和作业流程，该意见从做强铁路物流企业、掌握延伸服务需求、加强跨局延伸服务协作、依法签订合同并提供服务、充分依托铁路货运电子商务平台、货运业务和延伸服务分票收费、加强运输站段与物流企业合作等方面提出了详细的要求。

为落实上述一系列推进铁路科学发展的新要求，铁道部于2011年11月发布了《铁路“十二五”物流发展规划》。该规划主要阐明了铁路“十二五”物流发展的思路、目标和重点任务，确定了“十二五”期间铁路物流发展并要贯穿的主线，即：转变铁路货运发展方式，大力推进多元化经营，建立铁路现代服务体系；同时，提出了大力加强铁路物流基础设施建设等十大重点任务，确定了全国性铁路物流节点城市42个，区域性铁路物流节点城市98个，为铁路物流“十二五”时期的总体发展指明了方向。

六、铁路积极实施货运电子商务

铁道部官方售票网站“12306”在2011年6月1日正式上线，并对2012年春运起到了关键的支撑作用。在春运期间，平均每天有216万旅客通过网络与已开通的电话服务成功订票，占购票总量的36%。在货物运输方面，2011年，铁道部着力加快了货运电子商务平台的开发，对货运电子商务平台的整体架构和主要功能进行了规划。货运电子商务平台的开发与建设将有力支撑铁路货物运输的准确性和标准化，实现货运组织方式和服务方式的全面转型，促进货运与市场接轨，满足运输市场客户的需要。

（张晓东　侯国辉　北京交通大学交通运输学院）

2011 年中国包装业

经过 30 多年的发展，我国包装工业从无到有、从小到大，如今已成为仅次于美国的世界第二包装大国。2011 年，我国包装工业产值已经突破了 1.2 万亿元，同比增长 12%。在国民经济 42 个产业行业中，包装工业总产值从 20 世纪 80 年代的倒数第 2 位提升至现在的第 14 位，成为国民经济举足轻重的产业。

一、2011 年我国包装行业发展概况

1. 包装行业生产稳步发展

我国包装工业经过多年的发展已具有一定的生产规模，形成了材料、制品、机械、包装印刷、设计和科研等门类齐全的较完整的产业行业体系，成为我国制造业的重要组成部分。2011 年，在我国经济较快发展的带动下，包装行业的生产稳步增长，在以纸、塑料、金属和竹木制品为主要行业门类体系中，纸包装业的产值为 4320 亿元、对行业的贡献率为 36%，两项指标均高于塑料包装、包装装潢印刷、金属包装、包装机械制造、玻璃包装、竹木包装和其他包装。包装机械行业在国内市场占有重要地位，是国民经济快速发展的一部分。2011 年，我国包装机械制造业进出口均出现增长趋势，其中，包装机械进口总额为 36.3 亿美元，比上年增长 22.35%；包装机械出口总额为 14.02 亿美元，比上年增长 21.7%。2011 年，我国日用玻璃制品及玻璃包装容器产量达 1373.68 万吨，同比增长 11.94%。2011 年，我国包装行业各主要门类生产情况详见表 1。

表 1　　2011 年我国包装行业主要门类生产情况

行业门类名称	对行业的贡献率（%）	产值（亿元）	同比增长（%）
纸包装	36.0	4320	13.4
塑料包装	32.7	3930	23.0
包装装潢印刷	16.0	1920	16.5
金属包装	6.6	790	9.6
包装机械制造	4.3	510	23.7
玻璃包装	2.8	330	6.8
竹木包装	0.5	56	9.8
其他包装	1.5	164	5.8

作为世界第二大包装国，我国年产量居世界前列的包装制品有瓦楞纸板、塑料编织袋、复合软包装和金属桶。2011 年，我国瓦楞纸箱、彩箱和彩盒的年产量已经超过 535 亿平方米，约占全球总产量的 26%。其中瓦楞纸板的产量高居世界第二位。由于纸包装具有环保、易于加工和方便回收的优势，发展速度很快，已广泛应用于食品、药品、家电、日化、蔬菜、水果和机电多个领域，成为用量仅次于塑料的第二大包装品类。2011 年，我国包装用纸产量为 620 万吨，较 2010 年增长 3.33%，增幅回落 1.02 个百分点；消费量为 632 万吨，较 2010 年增长 3.27%，增幅回落 0.99 个百分点。

2. 行业企业快速成长

2011 年，我国包装行业拥有规模以上企业 7977 家，从业人员达 143.55 万人，资产为 6015.41 亿元，实现销售收入 9112.63 亿元，实现利润总额 634.99 亿元。据中国包装联合会的资料显示，目前我国包装行业企业中，民营企业占比达 80% 以上。其中，私营企业及其他经济类型企业占比达 63.3%。民营企业是我国包装行业的主体力量。我国包装行业企业所有制构成的具体情况详见表 2 。

表 2　　我国包装行业企业所有制构成情况

企业性质	私企及其他经济类型	外商投资及三资企业	有限责任公司	集体企业	股份合作企业	股份有限公司	国有企业	联营企业
占比（%）	63.3	15.7	14.4	2.7	1.7	1.5	0.6	0.1

我国现有纸包装企业 2 万多家，约占全国包装企业总数的 70% 以上；有超过 4000 条的瓦楞纸板生产线，其中近几年新上的瓦楞纸板生产线达到了 350 多条。在新建的 350 多条生产线中，70% 是属于企业升级改造，30% 是新建厂所上。目前，纸箱行业已形成了长三角、珠三角、环渤海和西北部地区四大产业区域。其中，长三角、珠三角和环渤海地区产业发展势头较好，销售产值和瓦楞纸板生产线的数量占据了我国纸箱行业近 60% 的份额，西部和北部地区产业发展相对缓慢。纸包装企业小而散的特点，导致业内有时无序竞争，整体管理较难。

截至 2011 年年末，我国有塑料包装箱及容器制造工业企业 1332 家，行业总资产达 917.5 亿元，同比增长 13.94%。中商情报网的数据显示：2011 年，我国规模以上塑料包装箱及容器制造工业企业实现主营业务收入达 1353.68 亿元，同比增长 28.22%；实现利润总额达 92.79 亿元，同比增长 29.98%。

我国金属包装行业近年发展迅猛，我国已成为世界第二大金属包装国。2011 年，我国金属包装业产值约为 790 亿元，占包装工业产值的 6.6%；2011 年，国际包装业总产值约为 5922 亿美元，其中金属包装为 1020 亿美元，金属包装占整个国际包装产业比值的 17%。两组数据对比，凸显我国金属包装业与世界水平的差距，同时也说明我国金属包装业在整个包装产业链中还有巨大发展空间。

截至 2011 年年末，我国已有玻璃及玻璃制品制造工业企业 3344 家，行业总资产达 5105.9 亿元，同比增长 22.52%。其中，规模以上玻璃及玻璃制品制造工业企业实现主营业务收入达 5723.1 亿元，同比增长 28.20%；实现利润总额 388 亿元，同比下降 4.13%。

我国包装行业以民营经济为主体，经过多年的发展，一批包装行业的企业集团、产业集群应运而生，它们在我国经济快速发展的带动下迅速崛起、快速成长，成为我国包装工业做大做强的中坚骨干力量。在中国包装联合会评选的“2011 年度中国包装行业百强”名单中（详见附表 1），他们是不可缺少的主要角色。

3. 区域发展格局稳定

经过多年的发展，我国的包装业已经形成了以长三角、珠三角和环渤海湾为重点区域的包装产业格局。业内人士认为，这条沿海产业带仍将与区域经济发展同步，产业格局在相当长一个时期内不会有所改变。但是，随着西部地区大开发和东北老工业基地的振兴，包装工业整体不平衡的状况将会有明显的改变。

2011 年，我国东南沿海区域的包装工业产值仍延续 2010 年的态势占据我国包装工业总产值的 70% 以上，其中，华东地区包装工业的产值继续占据我国包装工业总产值 50% 的份额，稳居地区包装产值的首位。与 2010 年相比，华东、华南和西北地区的产值均有所下降，其中华南地区比 2010 年下降了 7.96%；华中、华北、西南和东北地区的产值均有所增长，其中西南地区的增幅最大达到 30.34%（详见表 3）。2010 年，我国包装工业产值排在前六位的省市依次是广东省（产值占比 18.6%）、浙江省（产值占比 14.24%）、山东省（产值占比 14.02%）、江苏省（产值占比 13.26%）、上海市（产值占比 4.97%）和福建省（产值占比 4.28%），其他省市占比为 30.37%。

表 3　　2010—2011 年我国包装行业七大区域产值分布情况

区域名称	华东	华南	华中	华北	西南	东北	西北
2010 年产值分布占比（%）	53.41	20.86	8.28	6.49	4.68	5.14	1.14
2011 年产值分布占比（%）	52.6	19.2	8.4	6.9	6.1	5.7	1.1
同比增长（%）	-1.52	-7.96	1.45	6.32	30.34	10.89	-3.5

2011 年，我国包装行业在区域发展稳定的态势下，省市行业发展突飞猛进。

浙江省是我国的包装大省，目前拥有民营包装企业 1 万多家。其中，规模以上的企业有 3000 家，年产值超过 1000 亿元人民币，位居全国第二。在全国 80 家龙头包装企业中，有 20 家出自浙江省，占 1/4 的份额，位列全国之首。作为省会的杭州，在包装材料的生产、包装机械的制造、包装设计、包装印刷、包装人才培养等方面，具有独特优势。

温州市包装工业比较发达。2011 年，温州市包装工业总产值占到浙江省包装工业总产值的 40%，占温州市工业总产值的 8.62%。温州市包装工业经过 30 年的发展，已经从一个分散的辅助性行业，发展成为包括包装机械、包装材料、包装印刷、塑料包装、纸制品包装等细分领域在内的、门类齐全的现代包装工业体系，不仅承担着全市 7073.61 亿元的工业产品包装任务，为 181.65 亿美元的出口商品提供包装服务，还为各类海鲜、粮食等农产品提供包装，共涉及 40 多个行业。温州市包装企业的数量从 1982 年的近百家增加到现在的 5000 多家，包装工业总产值从原来的 4374 万元增长为 2011 年的 610 亿元，30 年来包装工业总产值增加了 1394.6 倍。截至 2011 年年底，温州市有规模以上包装企业 1300 多家，其中，包装机械制造企业 148 家、食品饮料包装制造企业 151 家、制药包装企业 276 家、造纸和纸制品生产企业 145 家、塑料包装企业 429 家、包装印刷企业 185 家。规模以上包装企业的工业总产值占温州市规模以上工业总产值的 8.22%。在温州市 5000 多家各类包装企业中，有瓦楞纸板生产企业、纸箱纸盒加工等纸制品包装企业2000多家。2011年，温州市纸制品包装行业的总产值约70亿元，占温州市包装工业总量的12%左右。目前，温州市已经形成了主要为电器、鞋革、服装、汽摩配件、化工、轻工等行业提供配套服务的集群型包装产业基地。

辽宁省包装企业近几年通过加大投入、结构调整和科技创新，发展速度明显加快。“十一五”期间，全省包装工业总产值年平均增长15%，2010年实现工业总产值800亿元，营业收入780多亿元；2011年工业总产值预计能达到900亿元，同比增长17%，已经跨入全国包装行业大省之列。

2011年，贵州省包装工业发展迅速，工业产值大幅增长。据贵州省经信委公布的数据，2011年贵州省规模以上包装企业实现工业总产值41.45亿元、工业增加值9.64亿元、销售收入30.59亿元，同比增长分别为52.83%、33.15%、28.10%。对贵州省包装工业统计数据进行分析可以看出，纸包装、包装印刷和塑料包装主导着贵州省的包装产业发展，占贵州省包装工业总产值的86.71%，三类行业增长分别是：纸包装实现产值13.35亿元，占工业总产值的32.21%，同比增长96.90%，从2010年的第三位跃居2011年的第一位；包装印刷实现产值11.56亿元，占包装工业总产值的27.89%，虽然同比增长仅4.08%，但仍居次席；塑料包装实现产值11.03亿元，占包装工业总产值的26.61%，同比增长86.63%。

2011年，云南省包装工业产值在烟草工业的带动下约达140亿元。目前有180余家涉及烟草包装机、纸箱包装机、玻璃容器机、塑料包装机和编织袋机的企业活跃在云南省包装行业协会，成为云南省包装行业发展的积极力量。

截至2011年年底，河南省纸包装企业有近1500家，其中，二级以上生产企业200家，拥有各种先进纸板生产线400条左右。2011年河南省纸包装生产企业完成产值120亿元，比上年增长20%左右，创利税10多亿元，比上年增长18%左右。

二、包装行业发展前景广阔

2011年3月14日，全国人大正式审议通过并颁布了《中华人民共和国国民经济和社会发展第十二个五年规划纲要》，纲要在第三篇第九章“改造提升制造业”中提出：“包装行业要加快发展先进包装装备、包装新材料和高端包装制品”。包装工业作为一个独立的行业体系列入国民经济和社会发展规划，表明我国包装行业将要进入快速发展的新时期。2011年，我国包装行业依靠技术进步取得了较快发展，展示出包装行业具有的广阔发展前景。

在《中华人民共和国食品安全法》实施和相关印刷标准颁布后，特别是欧盟市场对我国货物包装提出了环保要求后，我国包装行业加快了技术改造和技术升级的步伐，如出口家电纸箱包装淘汰了溶剂型油墨和塑料发泡衬垫，取而代之使用了水性油墨和可降解的环保衬垫材料；在纸箱纸盒包装设计上更加注重简约和环保，更注重包装的可回收和再生循环使用；柔性环保印刷在纸包装行业得到了推广，并应用到了食品、药品、化妆品、乳品和香烟的包装印刷中。技术进步提升了产品的竞争力，推动了行业加快发展。

2011年，我国纸包装行业在技术创新方面取得了可喜的成果。在提高纸板强度和降低纸箱定量方面，高强度低定量的三层纸板逐渐替代了五层普通纸板，使纸箱的节材降耗成为现实；与此同时，国产瓦楞纸板生产线以及配套装备的自动化程度提升，纸板幅宽增加，生产线的运行速度加快，纸板利用率显著提高。在包装印刷技术方面，实现了从传统的溶剂油墨到环保水性油墨印刷的技术飞跃，实现了从单张纸板印刷到卷筒纸预印的技术升级。技术创新还延续到包装机械制造商和原材料供应商，形成了一种以用户需求为中心的创新产业链，使行业在调整产品结构、促进低碳节能环保、提升产品质量和市场竞争力、增加经济效益方面取得了进展。

在过去几年中，我国纸包装行业增速保持在18%左右，超过GDP增速接近一倍。在2001年至2011年的十年间，我国包装用纸产量年均增长率为4.48%，消费量年均增长率为3.09%。横向比较人均消费量和经济发达程度，我国纸包装行业未来增长潜力巨大。

我国已成世界第一大瓦楞纸箱生产国，纸制品包装发展速度一直比较快。2011年，我国微型瓦楞包装用量达到了320亿件。据预测，随着用户对扩展包装功能和降低包装成本的要求，微细瓦楞纸箱纸盒的市场用量每年的增长率将达到400%以上，市场前景广阔。

为了适应纸箱行业新技术、新产品的需要，我国纸箱加工机械加快了创新步伐，通过努力调整产品结构、瞄准国际先进水平，在技术升级、产品换代方面取得显著进展，正在缩短与国际先进水平的差距。2011年，我国纸包装机械的市场销售量突破了100万台（套），其中瓦楞纸板生产线销售了200多条。此外，借助我国纸包装机械水平的提高和价格优势，包装企业购进的瓦线、印刷机、钉箱机、堆码机等纸包装机械的国产化超过了70%。

塑料包装在低迷的塑料行业中保持增长。根据塑料包装行业“十二五规划”，预计2010—2015年规模以上企业塑料制品产量平均增速将超过12%，工业总产值平均增速超过15%，利润、利税平均增速超过18%。

2011年，我国金属包装总量达790亿元，平均增速8%～10%。金属包装企业的快速进步，提升了行业集中度和大企业门槛。不久的将来我国金属包装行业一定会产生100亿级的领军龙头企业。

包装印刷成为印刷业的主要增长领域。“十一五”期间，印刷业总产值平均年增长率达19.34%，2011年我国印刷业总产值已占全球的15%，总体规模接近世界第二，包装印刷领域是近年来快速增长的行业。

2011年，我国的包装行业取得了巨大的成就，但仍存在诸多问题，与发达国家的发展水平相比，我国的包装行业还存在一些制约发展的瓶颈因素，如布局不合理，企业大都是中小企业；行业仍处于劳动密集型和资金密集型阶段；缺乏整体配套体系，系统包装还没有真正形成；数字化、信息化的提升作用还没有引起足够的重视。尽快解决这些问题，加快从“包装大国”向“包装强国”的转变，是政府相关部门和业内人士义不容辞的责任。

三、2011年包装行业主要大事回顾

1. 包装产业作为一个独立的行业体系第一次被列入国民经济和社会发展规划

2011年3月14日，《中华人民共和国国民经济和社会发展第十二个五年规划纲要》正式公布实施，在第三篇第九章“改造提升制造业”中提出：“包装行业要加快发展先进包装装备、包装新材料和高端包装制品。”包装产业作为一个独立的行业体系第一次被列入国民经济和社会发展规划。

2. “2011中国包装行业高峰会议”在北京举行

2011年7月18日，中国包装联合会在北京举行了“2011中国包装行业高峰会议”。来自世界包装组织和美国、英国、瑞典、俄罗斯、南非、斯里兰卡、中国台湾等20多个国家和地区的包装组织、跨国公司代表及国内包装行业代表共计300余人参会。这次高峰会议对于包装行业创新思路、转变模式，提高核心竞争力，促进和加强国际间、区域间的产业发展与战略研究合作，加强信息交流和新技术推

广合作以及加强产业投融资合作，都具有重要的影响。

在高峰会议期间，世界包装论坛组委会正式成立，中国包装联合会石万鹏会长担任名誉主席。论坛的设立，为政府、企业、行业组织及专家学者，提供了一个共商行业发展战略、产业政策、环境政策、全球合作及其他共同关心问题的开放式高层对话平台。

3. 食品包装用新材料须获行政许可

卫生部发布《食品相关产品新品种行政许可管理规定》（以下简称《规定》）规范食品相关产品新品种的安全性评估和许可工作。食品相关产品新品种，是指用于食品包装材料、容器、洗涤剂、消毒剂和用于食品生产经营的工具、设备的新材料、新原料或新添加剂。卫生部负责食品相关产品新品种许可工作。《规定》自 2011 年 6 月 1 日起施行。

4. 新标准《预包装食品标签通则》正式颁布

2011 年 4 月 20 日，食品安全标准《预包装食品标签通则》（GB 7718—2011）正式颁布，并于 2012 年 4 月 20 日实施，代替了《预包装食品标签通则》(GB 7718—2004)。新标准在适用范围、产品定义、食品添加剂标示方式等方面有不少变化，更强调标签的规范性和实用性。

新标准的适用范围为“直接提供给消费者的预包装食品标签和非直接提供给消费者的预包装食品标签。不适用于为预包装食品在储藏运输过程中提供保护的食品储运包装标签、散装食品和现制现售食品的标识”。

5. 我国研制成功聚偏二氯乙烯包装膜改性中试技术

2011 年 11 月，中国科学院宁波材料与工程技术研究所完成的国产聚偏二氯乙烯薄膜加工改性中试技术通过专家鉴定。专家认为，该中试技术已达到国际先进水平，具有较高的经济价值，建议尽早投入规模生产。

聚偏二氯乙烯这种高性能隔阻材料是现有塑料中阻水阻氧性能最高的聚合物材料之一，被广泛应用于食品、药品、军用品等领域。但由于现有工艺和国产聚偏二氯乙烯树脂原料不匹配等多项原因，大大限制了国产聚偏二氯乙烯树脂的市场竞争力，致使其一直被国外公司垄断。专家认为，中试技术成果一旦实现产业化，有望打破国外公司的技术和市场垄断，提升我国聚偏二氯乙烯树脂的市场竞争力和占有率。

6. “2011 年度中国包装行业百强”出炉

根据《中国包装百强企业评选管理办法》，由中国包装联合会组织专家按照《中国包装百强企业评分标准》进行评审，并经中国包装联合会会长办公会审议通过，评选出胜达有限公司等 100 家企业为“2011 年度中国包装行业百强”。在评选百强企业的基础上，还评出了“2011 年度中国纸包装行业 50 强”、“2011 年度中国塑料包装行业 40 强”（见附表 2）、“2011 年度中国包装印刷行业 40 强”（见附表 3）、“2011 年度中国包装机械行业 28 强”（见附表 4）。

附表 1　　2011 年中国包装行业百强名单

序　号	地　区	单位名称	行　业
1	浙江省	胜达集团有限公司	纸包装
2	上海市	上海紫江企业集团股份有限公司	塑料包装
3	浙江省	浙江大东南集团有限公司	塑料包装
4	浙江省	中粮包装控股有限公司	金属包装

续 表

序 号	地 区	单位名称	行 业
5	四川省	四川省宜宾普拉斯包装材料有限公司	塑料包装
6	北京市	奥瑞金包装股份有限公司	金属包装
7	浙江省	浙江景兴纸业股份有限公司	纸包装
8	上海市	上海烟草包装印刷有限公司	包装印刷
9	四川省	四川省宜宾环球集团有限公司	玻璃包装
10	上海市	上海界龙集团有限公司	包装印刷
11	浙江省	上峰集团有限公司	纸包装
12	福建省	厦门合兴包装印刷股份有限公司	纸包装
13	河南省	河南鸽瑞复合材料有限公司	金属包装
14	福建省	福建时代包装材料有限公司	塑料包装
15	江苏省	申达集团有限公司	塑料包装
16	江苏省	江苏双星彩塑新材料股份有限公司	塑料包装
17	广东省	深圳市裕同印刷股份有限公司	纸包装
18	福建省	厦门大自然纸业有限公司	纸包装
19	安徽省	黄山永新股份有限公司	包装印刷
20	江苏省	大亚科技股份有限公司	纸包装
21	河南省	河南华丽纸业包装股份有限公司	纸包装
22	浙江省	浙江长海包装集团有限公司	塑料包装
23	湖北省	湖北富思特材料科技集团有限公司	塑料包装
24	上海市	上海绿新包装材料科技股份有限公司	纸包装
25	四川省	四川省宜宾普什集团 3D 有限公司	塑料包装
26	江苏省	江苏恒创包装材料有限公司	塑料包装
27	广东省	广东德冠薄膜新材料股份有限公司	塑料包装
28	广东省	华侨城（亚洲）控股有限公司	纸包装
29	浙江省	浙江诚信包装材料有限公司	包装印刷
30	上海市	上海中豪纸品加工有限公司	纸包装
31	浙江省	浙江爱迪尔包装集团有限公司	包装印刷
32	广东省	广东华业包装材料有限公司	塑料包装

续 表

序　号	地　区	单位名称	行　业
33	北京市	北京康得新复合材料股份有限公司	塑料包装
34	上海市	上海包装造纸（集团）有限公司	包装印刷
35	浙江省	立可达包装有限公司	包装印刷
36	江苏省	昆山市张浦彩印厂	包装印刷
37	广东省	深圳九星印刷包装集团有限公司	纸包装
38	湖北省	湖北京山轻工机械股份有限公司	包装机械
39	天津市	天津长荣印刷设备股份有限公司	包装机械
40	广东省	广州信联智通实业股份有限公司	塑料包装
41	安徽省	安徽金科印务有限责任公司	塑料包装
42	浙江省	台州森林彩印包装有限公司	纸包装
43	四川省	四川省蓝剑包装股份有限公司	玻璃包装
44	上海市	上海宝翼制罐有限公司	金属包装
45	浙江省	杭州永创智能包装股份有限公司	包装机械
46	广东省	深圳华特容器股份有限公司	金属包装
47	福建省	源兴包装（中国）有限公司	包装印刷
48	安徽省	安徽南峰润邦绿色包装股份有限公司	纸包装
49	浙江省	浙江武义张氏包装实业有限公司	纸包装
50	广东省	广州达意隆包装机械股份有限公司	包装机械
51	山东省	青岛人民印刷有限公司	包装印刷
52	浙江省	浙江金石包装有限公司	包装印刷
53	广东省	深圳王子新材料股份有限公司	塑料包装
54	四川省	四川康利包装股份有限公司	纸包装
55	海南省	海南赛诺实业有限公司	塑料包装
56	广东省	珠海市乐通化工股份有限公司	包装印刷
57	浙江省	浙江富陵控股集团有限公司	塑料包装
58	广东省	正业包装（中山）有限公司	包装印刷
59	广东省	力嘉包装（深圳）有限公司	包装印刷
60	广东省	深圳扬丰印刷有限公司	包装印刷

续 表

序 号	地 区	单位名称	行 业
61	湖北省	武汉雅都包装印刷有限公司	纸包装
62	江苏省	常州吉春包装有限公司	纸包装
63	浙江省	浙江百汇包装有限公司	塑料包装
64	浙江省	湖州天外绿色包装印刷有限公司	包装印刷
65	广东省	广东东方精工科技股份有限公司	包装机械
66	陕西省	西安航天华阳印刷包装设备有限公司	包装机械
67	福建省	金冠（龙海）塑料包装有限公司	塑料包装
68	陕西省	陕西北人印刷有限责任公司	包装机械
69	浙江省	大东集团有限公司	包装印刷
70	四川省	四川丰泰包装股份有限公司	包装印刷
71	重庆市	重庆市金山鑫泰包装（集团）有限公司	纸包装
72	湖南省	湖南千山制药机械股份有限公司	包装机械
73	浙江省	杭州中亚机械股份有限公司	包装机械
74	陕西省	西安环球印务股份有限公司	包装印刷
75	江苏省	苏州印刷总厂有限公司	包装印刷
76	上海市	龙利得包装印刷（上海）有限公司	纸包装
77	安徽省	安庆市恒昌机械制造有限责任公司	包装机械
78	广东省	永发印务（东莞）有限公司	包装印刷
79	河南省	新乡市成林纸品包装有限公司	纸包装
80	上海市	上海三樱包装材料有限公司	纸包装
81	浙江省	浙江晟丰包装有限公司	纸包装
82	天津市	天津兴阳包装有限责任公司	纸包装
83	上海市	上海新通联包装股份有限公司	纸包装
84	广东省	松德机械股份有限公司	包装机械
85	河南省	河南远航包装机械有限公司	包装机械
86	辽宁省	大连联合包装制品有限公司	纸包装
87	福建省	泉州金百利包装用品有限公司	包装印刷
88	广东省	深圳市柏星龙创意包装股份有限公司	纸包装

续 表

序 号	地 区	单位名称	行 业
89	新疆自治区	石河子佳美包装工贸有限公司	纸包装
90	辽宁省	沈阳防锈包装材料有限责任公司	特种包装
91	广东省	广东金明精机股份有限公司	包装机械
92	浙江省	华联机械集团有限公司	包装机械
93	江苏省	常州市永明机械制造有限公司	包装机械
94	山东省	潍坊恒联玻璃纸有限公司	医药包装
95	广东省	东莞市铭丰包装品制造有限公司	竹木包装
96	上海市	上海树人木业有限公司	竹木包装
97	上海市	上海鼎龙机械有限公司	包装机械
98	浙江省	金华市捷特包装有限公司	竹木包装
99	广东省	广东万联包装机械有限公司	包装机械
100	上海市	上海亚华印刷机械有限公司	包装机械

附表 2　　中国塑料包装行业 40 强名单

序 号	地 区	单位名称
1	上海市	上海紫江企业集团股份有限公司
2	浙江省	浙江大东南集团有限公司
3	四川省	四川省宜宾普拉斯包装材料有限公司
4	福建省	福建时代包装材料有限公司
5	江苏省	申达集团有限公司
6	江苏省	江苏双星彩塑新材料股份有限公司
7	浙江省	浙江长海包装集团有限公司
8	湖北省	湖北富思特材料科技集团有限公司
9	四川省	四川省宜宾普什集团 3D 有限公司
10	江苏省	江苏恒创包装材料有限公司
11	广东省	广东德冠薄膜新材料股份有限公司
12	广东省	广东华业包装材料有限公司
13	北京市	北京康得新复合材料股份有限公司

续 表

序 号	地 区	单位名称
14	广东省	广州信联智通实业股份有限公司
15	安徽省	安徽金科印务有限责任公司
16	广东省	深圳王子新材料股份有限公司
17	海南省	海南赛诺实业有限公司
18	浙江省	浙江富陵控股集团有限公司
19	浙江省	浙江百汇包装有限公司
20	福建省	金冠（龙海）塑料包装有限公司
21	河南省	河南银金达彩印股份有限公司
22	重庆市	重庆博士德塑业（集团）有限公司
23	广东省	佛山市南海东兴塑料制罐有限公司
24	上海市	上海康达化工新材料股份有限公司
25	上海市	上海方信包装材料有限公司
26	甘肃省	金昌金川万方实业有限责任公司
27	上海市	上海三乐高分子材料有限公司
28	湖北省	湖北慧狮塑业股份有限公司
29	江苏省	宜兴市光辉包装材料有限公司
30	江苏省	无锡久滕塑料包装材料有限公司
31	湖南省	湖南雄杰食品包装有限公司
32	上海市	上海通产丽星包装材料有限公司
33	云南省	昆明仙织塑业有限公司
34	安徽省	蚌埠蓝天塑料包装制品有限公司
35	宁夏自治区	吴忠市东星塑料制品有限公司
36	江苏省	常州市塑料厂有限公司
37	辽宁省	朝阳佛瑞达科技有限公司
38	广东省	合发油脂（深圳）有限公司
39	吉林省	长春市世纪包装印务有限公司
40	河南省	孟州市冠达彩印有限责任公司

附表 3　中国包装印刷行业 40 强名单

序　号	地　区	单位名称
1	上海市	上海烟草包装印刷有限公司
2	上海市	上海界龙集团有限公司
3	安徽省	黄山永新股份有限公司
4	浙江省	浙江诚信包装材料有限公司
5	浙江省	浙江爱迪尔包装集团有限公司
6	上海市	上海包装造纸（集团）有限公司
7	浙江省	立可达包装有限公司
8	江苏省	昆山市张浦彩印厂
9	福建省	源兴包装（中国）有限公司
10	山东省	青岛人民印刷有限公司
11	浙江省	浙江金石包装有限公司
12	广东省	珠海市乐通化工股份有限公司
13	广东省	正业包装（中山）有限公司
14	广东省	力嘉包装（深圳）有限公司
15	广东省	深圳扬丰印刷有限公司
16	浙江省	湖州天外绿色包装印刷有限公司
17	浙江省	大东集团有限公司
18	四川省	四川丰泰包装股份有限公司
19	陕西省	西安环球印务股份有限公司
20	江苏省	苏州印刷总厂有限公司
21	广东省	永发印务（东莞）有限公司
22	福建省	泉州金百利包装用品有限公司
23	上海市	上海纺印丰印刷包装有限公司
24	浙江省	新雅投资集团有限公司
25	广东省	深圳华生创新包装股份有限公司
26	江苏省	上阳（苏州）纸器包装有限公司
27	河南省	南阳金牛彩印集团有限公司
28	河南省	河南省瑞光印务有限公司

续 表

序 号	地 区	单位名称
29	上海市	上海金汇通创意设计发展股份有限公司
30	河南省	河南金誉包装科技股份有限公司
31	四川省	四川省佳晟印务包装有限公司
32	云南省	大理美登印务有限公司
33	湖北省	宜昌宏裕塑业有限责任公司
34	北京市	北京双燕商标彩印有限公司
35	宁夏自治区	宁夏金世纪包装印刷有限公司
36	河南省	河南省新斗彩印刷有限公司
37	湖北省	武汉市天虹纸塑彩印有限公司
38	江苏省	江苏旺达纸品包装有限公司
39	云南省	昆明瑞丰印刷有限公司
40	四川省	成都市新津托展油墨有限公司

附表 4　　中国包装机械行业 28 强名单

序 号	地 区	单位名称
1	湖北省	湖北京山轻工机械股份有限公司
2	天津市	天津长荣印刷设备股份有限公司
3	浙江省	杭州永创智能包装股份有限公司
4	广东省	广州达意隆包装机械股份有限公司
5	广东省	广东东方精工科技股份有限公司
6	陕西省	西安航天华阳印刷包装设备有限公司
7	陕西省	陕西北人印刷有限责任公司
8	湖南省	湖南千山制药机械股份有限公司
9	浙江省	杭州中亚机械股份有限公司
10	安徽省	安庆市恒昌机械制造有限责任公司
11	广东省	松德机械股份有限公司
12	河南省	河南远航包装机械有限公司
13	广东省	广东金明精机股份有限公司

续 表

序 号	地 区	单位名称
14	浙江省	华联机械集团有限公司
15	江苏省	常州市永明机械制造有限公司
16	上海市	上海鼎龙机械有限公司
17	广东省	广东万联包装机械有限公司
18	上海市	上海亚华印刷机械有限公司
19	广东省	广州科盛隆纸箱包装机械有限公司
20	广东省	广东汕樟轻工机械有限公司
21	陕西省	宝鸡秦川未来塑料机械有限责任公司
22	山东省	安丘信川机械有限责任公司
23	山东省	青岛佳友包装机械有限公司
24	湖北省	武汉人天包装技术有限公司
25	上海市	上海申威达机械有限公司
26	河南省	新乡市新机创新机械有限公司
27	北京市	北京双鹤制药装备有限责任公司
28	上海市	上海光华印刷机械有限公司

（韩永生　徐小青　天津科技大学　中国物流与采购联合会）

2011年中国港口物流

2011年，我国港口物流依旧保持了较为稳定的上升态势，发展势头良好。各主要港口在交通运输部出台的各项指导意见的指导下创新发展方式，实现了港口转型升级。

一、港口生产平稳增长

2011年，我国港口吞吐量续写新辉煌。规模以上港口完成货物吞吐量90.7亿吨，完成集装箱吞吐量1.6亿标准箱，较2010年分别增长13.1%和11.4%，但增速较2010年的恢复性增长略有放缓。由于粮食等大宗商品国际价格高于国内市场，导致进口量锐减，全年港口生产呈现内贸业务好于外贸业务的走势（见表1）。

2011年我国各省市港口实现了跨越式发展，生产平稳增长。江苏全省港口全年完成货物吞吐量18亿吨，实现集装箱吞吐量1418万标准箱，随着泰州港成功迈入亿吨大港行列，江苏省亿吨大港数达到7个，继续稳居各省市亿吨大港数量之首。山东省全省港口全年货物吞吐量突破10亿吨大关，其中，沿海港口吞吐量达9.62亿吨，同比增长11.3%；外贸吞吐量5.3亿吨，集装箱吞吐量1691万标准箱，同比分别增长8.9%和10.5%，继续保持外贸全国第一和集装箱吞吐量全国第三的位置。福建省港口也实现跨越式发展，共完成集装箱吞吐量969.62万标准箱，同比增长11.8%，其中，福州港、湄洲湾港和厦门港分别完成166.02万标准箱、

表1　2006—2011年我国规模以上港口货物及集装箱吞吐量统计

		2006年	2007年	2008年	2009年	2010年	2011年
内贸	吞吐量（亿吨）	45.7	52.6	58.7	69.7	80.2	90.7
	增幅（%）	—	15.1	11.6	18.7	15.1	13.1
外贸	吞吐量（亿吨）	15.74	17.91	18.99	21.8	24.73	27.6
	增幅（%）	—	13.8	6.0	14.8	13.4	11.5
集装箱	吞吐量（万标准箱）	0.93	1.14	1.29	1.22	1.45	1.6
	增幅（%）	—	22.6	13.2	-5.4	18.9	10.3

157.53 万标准箱和 646.47 万标准箱，同比分别增长 12.9%、14.4% 和 10.9%。

1. 中小港口实现跨越式发展

2011 年，我国前十大港口货物吞吐量排名基本位次没有发生大的变化，但苏州港和唐山港在当年的表现令人瞩目。苏州港在 2010 年便以吞吐量 33.74% 的增幅使排序上升两位至全国第六，虽然 2011 年增幅较 2010 年有所收窄，但仍以 15.5% 的增幅使其排位继续上升一位，超越青岛港跻身至前五大货物吞吐量港口行列。唐山港则以 28.86% 的增幅把排名又提升一位（见表 2）。

表 2　2009—2011 年我国前二十大港口货物吞吐量及增幅统计

排名	港口名称	2011 年		2010 年		2009 年	
		吞吐量（亿吨）	增幅（%）	吞吐量（亿吨）	增幅（%）	吞吐量（亿吨）	增幅（%）
1	上海港	7.20	10.26	6.53	10.30	5.92	1.7
2	宁波—舟山港	6.91	9.16	6.33	9.71	5.77	10.9
3	广州港	4.51	9.73	4.11	12.91	3.64	4.8
4	天津港	4.48	9.27	4.10	7.61	3.81	7.1
5	苏州港	3.80	15.50	3.29	33.74	2.46	21.2
6	青岛港	3.75	7.14	3.50	11.11	3.15	5.1
7	大连港	3.37	7.32	3.14	15.44	2.72	10.6
8	唐山港	3.17	28.86	2.46	39.77	1.76	61.5
9	秦皇岛港	2.87	11.67	2.57	3.21	2.49	-1.2
10	营口港	2.61	15.49	2.26	28.41	1.76	16.7
11	日照港	2.53	11.95	2.26	24.86	1.81	20.1
12	深圳港	2.23	0.90	2.21	13.92	1.94	-8.1
13	烟台港	1.80	20.00	1.50	20.97	1.24	10.8
14	南京港	1.74	18.37	1.47	20.49	1.22	9.8
15	南通港	1.72	13.91	1.51	11.03	1.36	3.2
16	连云港港	1.66	22.96	1.35	25.00	1.08	7.4
17	厦门港	1.56	22.83	1.27	14.41	1.11	14.4
18	湛江港	1.55	13.97	1.36	15.25	1.18	13.4
19	湖州港	1.46	1.39	1.44	-3.36	1.49	246.5
20	江阴港	1.29	3.20	1.25	23.76	1.01	16.1

由表2可知，上海、宁波—舟山、广州、天津等大型港口近几年发展基本保持平稳，吞吐量增幅基本维持在7%～13%，而营口港、日照港、烟台港、连云港港和厦门港等中小港口发展较快，吞吐量均实现了两位数的增幅。

2011年，我国亿吨大港的队伍日趋庞大，部分中小港口如太仓港、防城港、海口港、福州港、湄洲湾港、重庆港和泰州港等，以其较快的增长速度加入到亿吨大港的行列，其中长江干线亿吨大港数量也已由2010年的6个上升至2011年的9个。

2. 集装箱吞吐量保持稳定增长，国际地位难以撼动

2011年，我国集装箱吞吐量增速虽然较2010年的恢复性增长略有放缓，但仍按预期实现了较为平稳的增长。上海港继续保持强劲增长势头，集装箱年吞吐量连续第二年位居世界第一。深圳港增长乏力，与上海港的差距不断扩大。全国港口集装箱吞吐量排位在第4到第10位（除青岛港以外）的港口，集装箱吞吐量基本上都保持了两位数的高速增长。其中，连云港港、大连港、苏州港和营口港的增长表现更是抢眼，增速均超过20%，使得我国港口集装箱的总吞吐量增幅继续领先全球，在世界港口中所占份额越来越大（见表3）。

随着全球经济中心的东移，世界港口物流中心东移的趋势也逐渐显现。远东地区分布着中国香港港、新加坡港、上海港、釜山港、高雄港、广州港、青岛港、大连港等一系列大港。全球前十大集装箱港口中除鹿特丹一个欧洲港口外，其余均为亚洲港口。尽管随着各国政策支持力度的加大和中小港口的迅速崛起，远东地区港口竞争日趋剧烈，但仍无法撼动我国在全球集装箱港口排名中的地位。在中港网（chineseport. cn）发布的“2011年全球集装箱港吞吐量统计排名”数据显示，排名前十位的港口中，除我国香港港口排名第三外，大陆港口包揽第一、四、六、七、八位，占据席位数半壁江山（见表4）。

表3　　2009—2011年我国主要港口集装箱吞吐量

排名	港口名称	2011年		2010年		2009年	
		吞吐量（万标准箱）	增幅（%）	吞吐量（万标准箱）	增幅（%）	吞吐量（万标准箱）	增幅（%）
1	上海港	3173.9	9.18	2906.9	16.27	2500.2	-10.73
2	香港港	2422.4	3.38	2343.2	11.95	2093.0	-13.69
3	深圳港	2249.9	-0.05	2250.9	23.34	1825.0	-14.78
4	宁波—舟山港	1463.9	11.36	1314.7	25.17	1050.3	-3.94
5	广州港	1430.8	14.05	1254.6	12.03	1119.9	1.80
6	青岛港	1302.0	8.39	1201.2	17.05	1026.2	2.37
7	天津港	1149.4	13.96	1008.6	15.88	870.4	2.37
8	厦门港	646.5	11.00	582.4	24.45	468.0	-7.04
9	大连港	639.5	21.53	526.3	14.98	457.7	1.14
10	连云港港	482.2	24.58	387.1	27.66	303.2	1.05
11	苏州港	470.0	28.98	364.4	34.07	271.8	5.75

表 4　　2011 年全球前十大集装箱港口吞吐量排名

2011 年排名	2010 年排名	港口名称	2011 年吞吐量（万标准箱）	2010 年吞吐量（万标准箱）	增幅（%）
1	1	上海港	3173. 9	2905. 0	9. 3
2	2	新加坡港	2993. 7	2842. 5	5. 3
3	3	中国香港港	2436. 5	2343. 2	4. 0
4	4	深圳港	2257. 1	2250. 9	0. 3
5	5	釜山港	1617. 5	1419. 4	14. 0
6	6	宁波—舟山港	1463. 9	1315. 1	11. 3
7	7	广州港	1430. 8	1252. 0	14. 3
8	8	青岛港	1302. 0	1201. 2	8. 4
9	9	迪拜港	1200. 0	1160. 0	3. 4
10	10	鹿特丹港	1190. 0	1110. 0	7. 2

与全球经济全年呈现逐渐下滑的趋势一样，2011 年我国港口集装箱吞吐量增速也表现出前高后低的态势（见下图）。2011 年 2 月，由于春节假期的影响，我国港口集装箱吞吐量增速处于全年增幅低点。由于 2010 年 10 月的基数较低，虽然集装箱运输旺季于 10 月进入尾声，港口集装箱吞吐量下滑到 1400 万标准箱以下，但增速却较上月加快了 1. 6 个百分点。

3. 港口生产不均衡性明显

2011 年，我国港口货物吞吐量和集装箱吞吐量都表现出较为明显的区域不均衡现象，北方区域港口（尤其是环渤海湾地区）吞吐量增速快于南方港口。北方大连港、营口港、连云港港和日照港等在货物吞吐量和集装箱吞吐量方面都基本保持了 20% 以上的增速，但南方港口除南京港和苏州港集装箱吞吐量增速超过

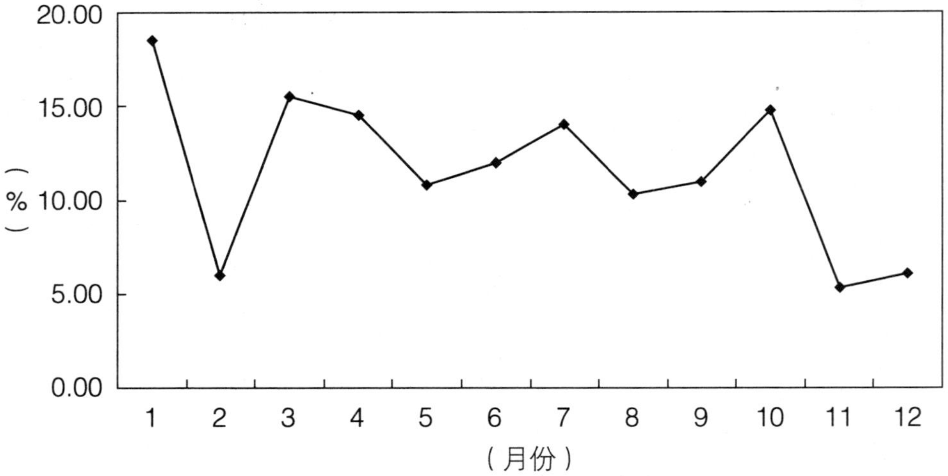

2011 年 1 ~12 月我国港口集装箱吞吐量增幅走势

20%外，整体的平均增速为10%～14%，主要原因是南方港口多以国际箱为主，而北方港口多以国内航线为主。2011年，国际航线的增长速度明显低于内贸航线，导致以国际箱量为支撑的上海港、深圳港等港口增长乏力。

二、港口建设保持适度超前

2011年，我国各港口按照适度超前的原则全面推进水运建设的发展，全年新扩建泊位642个，其中万吨级泊位99个。截至2011年年底，我国沿海规模以上港口生产性泊位达到5400个，其中万吨级以上深水泊位接近1800个，总通过能力达到60亿吨，其中集装箱通过能力1.5亿标准箱。广东省和江苏省沿海港口总通过能力双双突破10亿吨大关，浙江省沿海港口通过能力达到7.5亿吨，河北省和山东省的沿海港口通过能力突破6亿吨，辽宁省和福建省的沿海港口通过能力分别达到5.3亿吨和3.8亿吨。

1. 规模控制已出现成效

随着“十一五”期间港口建设的快速发展，我国港口出现了产能结构性过剩等问题。为此交通运输部在“十二五”规划纲要中强调未来我国港口等基础设施建设将坚持适度超前原则，并在2011年11月出台《关于促进沿海港口健康持续发展的意见》，用以指导我国港口建设。在此背景下，我国港口规模控制已初见成效。2011年，我国沿海规模以上港口新建泊位165个，其中深水泊位106个；改造减少泊位22个，其中深水泊位减少8个，使2005年以来的产能供给首次下降到4亿吨水平。

2. 环渤海湾码头大型化趋势明显

随着2010年日本以打造“国际集装箱战略港口”为目标指向的《集装箱国际枢纽港计划》的实施，以及韩国釜山新港建成，环渤海地区集装箱码头竞争更加激烈。为了抢占先机并适应船舶持续大型化的趋势，环渤海区域2011年的港口建设也呈现出明显的大型化趋势。

集装箱方面，为吸引3E级集装箱船的挂靠，具有中国最大水深（17.8米）的集装箱泊位扩建项目在大连港落实。青岛港于2011年投资46亿美元用于港口扩建，扩建后的集装箱吞吐能力将达2000万标准箱。天津港北港池集装箱码头5～7号泊位也于2011年年中正式投产，两个10万吨和一个7万吨级、水深达16米的深水泊位将为天津港完成135万标准箱的吞吐量。

2011年，环渤海湾地区散货码头建设在能源需求高增长的带动下快速发展。尽管未来经济前景依旧不确定，但收入和人口的增长将推高能源需求。对能源贸易量的乐观预测，使得无论是能源公司还是政府都对能源码头未来的经济效益产生无限遐想。为满足干散货船向超大型化发展的需要，青岛董家口码头已开始运营，其可处理40～50艘小型集装箱船，亦可处理一艘未满载的30万吨船。为了服务“淡水河谷”型矿砂船，董家口在2011年继续新建2个能处理37.8万吨矿石的码头，力求成为国际商品和能源配送中心。

随着中国液化天然气（LNG）进口量逐年增加，LNG码头项目也随之蓬勃发展。2011年，我国LNG码头项目建设主要集中在环渤海湾地区，以青岛港、烟台港、天津港、大连港等LNG码头项目较为惹眼。天津港集团与中海石油气电集团、天津市燃气集团三方将共同出资57亿元，重点保障天津市的燃气供应。天津港集团将利用多年围海造陆、石化码头及配套设施项目建设经验，承担造陆及配套工程建设。该项目一期及二期工程建成后生产规模将不小于每年600万吨，同时还将建造4座16万立方米的液化天然气储罐。而我国第五个LNG进口终端也于2011年11月在大连港启动。

3. 建设重点转移，中小港口建设力度加大

2011年，我国中小港口迎来了发展机遇。

传统大港如青岛港、大连港、上海港、深圳港、天津港和宁波—舟山港等建设规模有较大回落，而丹东港、唐山港、日照港、连云港港、盐城港、泰州港、嘉兴港、湄洲湾港、漳州港、惠州港、珠海港和湛江港等中小港口为适应本地区货量增长需求，迎来了港口建设的高峰期。大型港口更多地将发展重点放在布局完善和功能调整方面，在本地港口的基建规模有所收窄。上海、深圳两港生产性泊位实质性减少较为突出。

三、无水港网络继续扩大，铁水联运发展进入新时代

1. 无水港网络继续扩大，通关环境得到优化

我国无水港发展有两种模式：一种是以地方政府为主导的发展模式，如西安；另一种是以港口为主导的发展模式，如天津、宁波等。2011 年，我国无水港的网络覆盖面越来越大，内陆城市因无水港建设而获得快速发展的机遇。

2011 年，天津口岸继续加强与内陆省市的战略合作，其“无水港”累计建设项目已达到 20 个，覆盖了 12 个省区市的 20 个城市。宁波—舟山港继续把揽货阵地向内陆推移，着力布局“无水港”，对腹地集货能力持续增强。目前，金华、义乌、绍兴、衢州、上饶、鹰潭等地的“无水港”均已建成投用。2011 年，宁波“无水港”业务量完成 21.8 万标准箱，同比增长 95%。随着我国与东盟合作关系日益密切，南宁市全力打造面向东盟的区域性国际物流基地，该基地建成后将结合广西沿海港口形成“区港联动”的物流格局，为东盟国家乃至其他国家和地区提供生产资料、生活资料的运输、储运、搬运、包装、流通加工、配送、信息处理等一体化物流服务，使港口功能延伸到内陆，成为服务北部湾经济区、大西南及东南亚地区，建立集信息、商贸、仓储、金融、展示等功能为一体的广西首个“无水港”。而“三不沿”的内陆省份贵州，为推动全省外贸经济提速，也加速建设“无水港”，为外贸企业通关设置“绿色通道”。

除网络覆盖不断扩大外，各港口继续优化“无水港”通关环境，向客户提供全程海运“一站式服务”。天津港对“无水港”货物实行“三优先”政策，即港口手续优先，设立专门窗口和专人负责无水港的货物；码头场地优先，在前方码头辟出专用堆场为无水港进行配套；港口作业优先，凡经无水港受理的进出口的货物，天津港将优先安排作业计划，同时在港口操作流程上给予优化，并免费提供相应的技术支持、业务指导和协调服务，以更好地服务腹地经济和巩固“无水港”网络资源。

2. 铁水联运迎来发展新时代

在过去几年中，我国铁水联运发展面临着运输方式转换、衔接不畅、运输成本过高和体制无法适应等一系列问题。2011 年，我国铁水联运跨入发展的新时代。为了推进铁水联运发展，交通运输部与铁道部于 2011 年 5 月 10 日签订了《关于共同推进铁水联运发展合作协议》，在完善铁水联运发展规划、加快基础设施建设、完善配套政策和标准、加强运输组织管理、推荐信息共享、培育龙头企业等六个方面进行深入合作。

截至 2011 年年底，我国从事集装箱铁水联运的港口已有 10 多家，完成集装箱铁水联运运量约 180 万标准箱，各港口也根据自身特色积极推动本区域铁水联运的发展。

（1）连云港——依托“班列”做文章发展铁水联运。作为新亚欧大陆桥的东桥头堡，连云港着力发展内陆无水港和集装箱物流中心，以“精品班列”的品牌效应吸引更多的集装箱货源。截至 2011 年年底，连云港已开通了至郑州、西安、成都等国内“五定”班列和至阿拉木图、莫斯科等国际班列，全年累计完成集装箱铁水联运量 30.4 万标准箱，增幅达

34%。其中，过境运输10.6万标准箱，增幅达31%，双双领先沿海港口。

（2）宁波—舟山——财政补贴提速铁水联运发展。2009年以来，宁波—舟山港相继开发了宁波至温州、台州、衢州、上饶、鹰潭、南昌、新余、景德镇、醴陵等地的集装箱铁水联运业务，并开通宁波至上饶、温州、台州的集装箱铁水联运“五定”班列，集装箱铁水联运箱量快速增长。2011年，宁波—舟山港完成铁水联运集装箱4.67万标准箱，同比增长66.78%。其中，在“南昌—宁波周”平台的推动下，江西市场铁水联运共完成近2万标准箱，同比增长300%，浙赣铁路沿线铁水联运取得重大突破。2011年，宁波—舟山港通过铁路发送货物2040.6万吨，与2010年同比增加111.5万吨，同比增长了5.8%，占宁波铁路货物总发送量的89.4%，也就是说宁波铁路约90%的货源直接或间接都来自港口。宁波—舟山港已成为华东第二大铁水联运港站。宁波市政府于2011年出台了相关政策，对在宁波—舟山港从事集装箱铁水联运的实际经营人、散杂货铁水中转的实际收货人或实际发货人、承担宁波—舟山港铁路港站与各中转码头之间铁水中转集装箱驳运的集装箱运输公司，给予一定数额的财政补贴，有效地推动了宁波铁水联运高速发展。

（3）上海——起步较早，发展平稳。上海在铁水联运发展上起步较早，主要依托集装箱班列运输战略，国际联运、铁水联运战略，大客户营销战略以及人才战略来助推上海铁水联运的发展。芦潮港铁路集装箱中心站是铁道部全路18个中心站中第一个建成的，也是第一个建在港口的铁路集装箱中心站。

（4）天津——借助铁水联运助推无水港发展。天津港集团与中铁集装箱运输有限责任公司在内陆无水港和集装箱场站建设、班列通道、陆桥运输等领域深化合作，使得铁水联运与无水港的发展相互促进。截至2011年年底，天津港已经在内陆地区建设起21个“无水港”，并打通了阿拉山口、二连浩特和满洲里三条亚欧大陆桥通道和开通15条铁水联运班列通道，全年铁水联运吞吐量达到16万标准箱。

（5）大连——辐射东北亚，铁水联运箱量位居全国各港口第一位。大连港共有大中型内陆港15个，班列线路22条，在东北地区形成了以大连港口为集装箱联运枢纽，辐射内陆腹地的铁水联运集疏运体系。2011年，大连港完成集装箱吞吐量635万标准箱，铁水联运箱量达36.2万标准箱，同比增长24.3%。铁水联运箱量位居全国各港口第一。

（6）青岛——冷冻货物运输及日韩贸易助推国际铁水联运发展。青岛港铁水联运凭借其特种货物运输和对日韩贸易量的大增得到了快速发展。2010年，青岛港完成了从美国到中亚的首票过境冷冻货拆箱装车业务，此举标志着青岛港成为国内首家从事国际铁水联运冷冻货运输的过境口岸。

（7）厦门——开创“远洋桥”铁水联运新模式。厦门港依托对台贸易的发展，港口吞吐量大幅提升。2011年，厦门港更是创造新模式以“远洋桥”铁水联运模式与日本开展合作，满足客户“门到门”的服务需求。

（8）深圳——下调港铁联运价格助力铁水联运发展。为了继续扶持铁水联运业务，深圳在2011年协调铁路部门实行更具竞争力的铁路运价下浮政策，改善东、西部港区铁路场站设施，建设疏港通道，提高铁路疏港比例，从而真正实现了铁水联运的无缝连接。

四、港口物流合作不断深化

随着经济全球化的进一步加快，多方面合作成为现代港口物流经营的大趋势。“合作共赢，强强联合”在港口业既是市场发展的需要，也是港口发展的必然选择。

日照港与新加坡裕廊海港合资成立日照港裕廊码头有限公司，合资经营石臼港区散粮、木片、木薯干、粮油、客箱班轮等码头服务业务，包括港口货物装卸、仓储、堆存、运输以及相关的辅助业务。合资公司的成立是日照港创新对外合作模式，利用国际港口资源，学习和借鉴国外港口先进技术和管理经验的新开端。

厦门港与意大利安科纳港签订了友好港协议，建设意大利马尔凯大区物流平台项目，为厦门企业开辟贸易及物流服务的绿色通道。意大利马尔凯物流平台是由安科纳海港、杰西内陆港以及法尔科纳拉机场所组成的整套运输系统，是意大利国家物流平台的一个组成部分，可以为经营者缩短到达终端市场的货运时间。

广西北部湾国际港务集团有限公司与深圳盐田港集团有限公司签订了防城港码头项目及南宁国际综合物流园项目合资框架协议书。盐田港集团作为战略投资者与广西北部湾港口合资合作，将引进更多的港口建设资金和资源加快北部湾港口现代化建设步伐，对实现建设现代化亿吨级区域性国际枢纽港的目标极具推动作用。

五、积极推进绿色智能型港口建设

随着经济全球化、市场国际化和信息网络化，港口已逐步向国际化、规模化和系统化方向发展，形成高度一体化的“大物流”港。以信息技术为依托，打造技术密集型的“智能港”已成为21世纪以来港口物流发展的潮流。2011年，宁波港、连云港港和上海港都在积极提高港口的智能化水平，期望通过智能港口的打造，提高港口效率和服务水平。与此同时，各港口积极以技术创新实现资源节约型、环境友好型“两型”港口的建设。

1. 港口依托新技术，能耗大幅降低

2011年，连云港港继续利用其自主研发的高压变频数字岸电系统促进港口节能减排。为了强化行业节能减排工作，促进交通运输行业从传统产业向现代产业转型，交通运输部明确提出，在“十二五”末全国港口50%的万吨级以上泊位要具备船舶使用岸电的能力，未来岸电技术将在我国各港口得到更大普及。

青岛港为实现节能减排集约化，大力实施科技兴港和自主创新。轮胎吊“油改电”项目使作业机械能源成本由以前的每作业一个自然箱的5.9元下降至2.3元，能耗成本下降了60%以上，并实现了废气零排放。红光吊车“油改电”和叉车“油改气”技术改造，年节约燃油50万升，减少二氧化碳排放1100吨。自主开发的集装箱码头装卸工艺优化系统，使集卡空载率由53%下降至46%，轮胎吊作业效率提高10%，桥吊作业效率提高20%。这些成果在提高装卸质量和作业效率、降低能源消耗、保障安全生产中取得了显著成效。天津港正在加速推进“油改电”工程，预计改造工程全部完成后，每年可节约标准煤1.33万吨，带来明显的经济和社会效益。

2. 集装箱电子标签技术助力降低物流成本

2011年，包起帆团队制定的《ISO 18186：货物集装箱—RFID货运标签系统》被国际标准化组织正式批准成为国际标准，标志着我国集装箱电子标签技术应用又有新的突破，世界航运业终于开始倾听“中国声音”。目前，集装箱电子标签技术已在全球得到推广并应用，使用电子标签技术可使物流过程更透明、安全性更高，进而降低了港口物流成本。

（赵　楠　上海海事大学上海国际航运研究中心）

2011年中国仓储业

一、仓储企业运营情况调查

根据中国物资储运协会对60个大型会员单位的统计，2011年样本仓储企业生产经营状况基本良好。各主要经营指标完成情况如下表所示。

1. 主要指标完成情况

预计主营业务收入280亿元，比上年增长16%；利润5.83亿元，比上年增长35%。货物吞吐量8281万吨，比上年减少60万吨；平均期末社会库存462万吨，比上年减少9万吨；货物周转次数为8.96次，比上年下降0.64次；库房空置率为1.5%，比上年增加1.2个百分点，现货市场席位出租率为89%，比上年下降7个百分点。

样本企业各主要经营指标完成情况统计

业务板块 \ 比例	业务收入比例（%）	利润总额占比（%）	收入利润率（毛利）（%）
国际货代	31.0	6.3	4.8
库房业务	18.0	21.0	28.0
货场业务	14.6	15.0	25.0
公路运输配送	13.0	3.2	5.9
铁路运输	2.1	3.3	36.7
质押监管业务	9.0	17.0	47.5
现货市场业务	6.8	13.0	48.0
集装箱业务	2.4	1.4	14.0
加工业务	0.8	0.8	26.0
其　他	2.3	17.0	/
总　计	100.0	100.0	23（平均）

2. 仓储企业生产经营的主要特点

2011年，样本仓储企业生产经营呈现以下特点。

一是下半年业务量下降幅度较大。由于制造业增速下滑和货币政策偏紧的影响，采购数量下滑。加上大宗商品价格上涨和波幅过大，使许多贸易商在等待观望，直接影响到生产资料如钢材、有色、塑料等的流通量。尤其在2011年8月之后，库存物资明显减少。上海、广州等沿海地区的货物吞吐量下降幅度高达15%～22%。

二是货物周转次数放慢。2011年样本企业的货物周转次数为8.96次，比2008年的9.5次、2009年的9.25次、2010年的9.6次分别低了0.54次、0.29次和0.64次。意味着货物流通放慢、在库时间延长和资金周转放慢。

三是仓储企业业务构成和收入构成发生了重大变化。2011年样本企业的库房业务收入超过货场业务收入，比上年增长26%；货场业务收入出现负增长。这说明客户对库房的需求增加，对露天货场的需求减少。

四是铁路运输业务收入增长43%，大大高于以往年份。在公路运输受道路通行费、油耗和乱罚款等因素的影响下，越来越多的客户选择了铁路运输。然而已有一些企业反映，铁路部门的运力申请依然很难得到批准，取送车费逐年增高，影响企业使用铁路运输的积极性。

五是电子商务物流、电视购物物流对仓储的需求增长。一些仓储企业已在与京东商城等单位合作，提供电子商务物流服务。如中储沈阳公司为辽宁电视购物提供仓储配送服务，每天分发1.2万件商品。

六是金融物流业务增长38%，低于往年的增长速度，但依然属于高速增长。2011年金融物流业务未出现大的风险事件，主要得益于管理力度的加大和客户选择的优化。

二、2011年仓储行业重要事件及影响

一是国务院办公厅下发38号文《关于促进物流业健康发展政策措施的意见》。该意见中有多处条文与仓储业发展有关，主要包括5方面。①结合增值税扩围试点，尽快研究解决仓储、配送和货运代理等环节与运输环节营业税税率不统一的问题。②研究完善大宗商品仓储设施用地的土地使用税政策。既要促进物流企业集约使用土地，又要满足大宗商品实际物流需要；加大对物流业的土地政策支持力度。科学制定全国物流园区发展专项规划，对纳入规划的物流园区用地给予重点保障。③明确物流业类别。④整合物流设施资源。⑤加大对物流业的投入。加快推动适合物流企业特点的金融产品和服务方式的创新、积极探索抵押或质押等多种贷款担保方式，进一步提高对物流企业的金融服务水平。这将对我国仓储业发展产生重要影响。

二是城市“驱赶”仓库的速度加快。2011年几乎所有大中城市都在扩容，以城市总体规划变更、组建新区、经济区等方式扩大城市规模，各省会城市、重要节点城市都在进行新城建设。其主要原因是人口聚集、产业转移、经济发展的速度加快，原有土地已经无法容纳社会和经济发展的要求，也有政绩考核、政绩工程、土地财政的驱使。这就使大批仓库被规划掉，在此情形下，一部分仓储企业改行，将土地开发了事；一部分仓储企业被迫外迁。而外迁又没有足够的仓储用地供给，或者因为土地价格连年攀升而无力重建。据中国物资储运协会调查，大约有40%的仓储企业已经或在今后几年中遇到搬迁问题。

三是集约节约使用土地和仓储业用地量大的矛盾更加突出。从国家土地控制的情况看，18亿亩耕地红线已经逼近。2008年，耕地拥

有量18.257亿亩，而建设用地需求逐年增加，2010年批准建设用地48.45万公顷，是2003年的9倍多。仓储业是占用土地较多的行业，货物或堆存或货架都是有一定限度的。目前，许多物流园区土地尚在规划和等待土地指标之中。土地成本上涨速度快。根据国土资源部的公报，2008年我国出让土地16万公顷，总价9600亿元，平均600元/平方米；而2010年出让土地29.15万公顷，总价2.71万亿元，平均926.3元/平方米，价格上升50%以上。2010年工业用地平均地价为629元/平方米，合41.95万元/亩。仓储地价的升高，增加了仓储成本，从而提高了仓储租金。北京、上海、广州、深圳高等级仓库租金分别达到1.1元/平方米天、1.2元/平方米天、1.3元/平方米天、1.4元/平方米天。

四是物流园区建设热情高涨，但由于地方政府在容积率、投资强度、税收贡献、就业人员等四个方面提出较高的要求，物流企业拿地的黄金时期已经过去。自2003年国家发出清理整顿物流园区的文件后，物流园区经历了空前的重视和发展。其发展的主要原因：①物流园区是充分综合使用土地和物流设施的形式，有客观的物流需求。②土地稀缺、升值潜力巨大。任何业务的利润率都无法和土地升值率相比。同时，土地资本化后，企业的资产总额会成倍增加，信用等级大幅度提升。③物流园区成为政府的抓手。30年来各种各样的园区经济给地方政府带来GDP增长的经验。物流有可能成为下轮经济增长的领头羊。所以，几乎各地政府都把物流业规划成为主导产业。在土地紧缺和GDP考核以及财政支出的多重压力下，政府在招商时规定了招商条件，比如投资强度每亩150万元以上，每年税收在20万元/亩以上，建设容积率大于2等。土地取得成本和使用成本高涨与仓储企业微利的矛盾突出。仓储业营业税从5%降到3%是举手之劳，但与增值税改革捆在一起时，又让我们开始了漫长的等待。如果不开展增值服务，仓储业的收入利润率大约只有2.5%，资产利润率不到1%。而营业税为5%，房产税12%和所得税25%，能用于积累的资金很少。由此可以理解仓储企业期待土地升值的愿望有多么强烈。这就是不赚钱也要占地的怪现象。这些因素驱使物流园区向商贸园区、总部园区等方向发展。

五是普洛斯（Prologis）等国际物流地产商经营方式转变和经营规模扩大。2010年10月18日普洛斯在新加坡上市后，普洛斯（中国）收购了深基地19.9%的股权，成为其第二大股东；又收购了传化物流60%的股份、维龙物流90%的股权、宇培集团49%的股权、中国航港发展有限公司53%的股份，连下五城，战果颇丰。普洛斯不但扩大了实物资产的份额，伸出了更多的购地触角，而且拥有一支物流运营的队伍。目前中国仓储业第一的位置已被普洛斯牢牢占据。

三、未来仓储业的发展充满希望

1. 仓储与运输配送企业融合的趋势

根据我们对34家5A级物流企业和33家两业联动示范企业的调查，有64家企业拥有自己的仓库和仓储业务。同时大型电子商务公司如阿里巴巴、京东商城等都在大规模建设自有库房；快递企业和网络性运输企业也在建设自己的货物集散中心。越来越多的物流活动需要在仓库中进行，上述67家企业的仓储服务项目超过40项。此外，特种仓库的需求量也会增加，如冷库、医药、化工危险品、煤炭和食品类仓库。

2. 物流中心和物流园区的布局将会调整和规范

一方面，我国经济结构调整和产业结构调整变化较大，中西部物流增速加快；另一方面，大宗商品的流量和流向及货品结构发生变化，使物流设施也相应变化。但无论何种变化，都需要认真解决物流园区科学规划问题，园区规模应该与其承担的功能相匹配，物流园区的选址应该与综合运输体系结合在一起。当前最大的危险是借发展物流园区的名义造城，不顾实际需要盖高楼、建大厦、办市场、造酒店。基础物流设施建设被忽视，铁路专用线已从1.8万条减少到9700条，能进行铁水联运的码头屈指可数，公路主枢纽建设规划的早、落实的少，令人担忧。

3. 仓储业将进入高技术时代

一是更广泛应用信息技术，增加计算机应用的覆盖面。二是更广泛使用机械化、自动化的装卸搬运技术和分拣技术。这是因为人力成本持续上升，必须用机械化、自动化、信息化来取代人力。同时，货物的精细化，要求设备和作业的精细化，以提高效率和准确度。三是引进和应用先进的仓储管理技术，如看板管理、精益管理、持续改进和平衡记分卡等。近一个时期，是我国经济结构调整的关键时期，也同样是物流设施调整的关键时期，调整好了，会对经济有促进作用，调整不好将会拖经济的后腿。毕竟物流成本过高，物流布局不当会加大物流成本，进而增加商品流通费用，推高物价，造成浪费。

4. 商贸与物流的融合趋势

一是物流企业更加主动为商贸企业服务；二是越来越多的商贸企业开始进入物流领域，比如厦门建发和象屿集团、开滦物流等；也有越来越多的物流企业开展商贸活动，如中铁物资、厦门嘉晟等。商贸企业做物流，可以增加服务功能、争取更多客户、保证货物安全。物流企业做贸易，可以充分利用资源、增加信贷额度、分得商业利润。但也有专家担心，商贸与物流一体化会降低专业化的高效率。

5. 仓储物流与制造业联动

根据国家发展和改革委员会经济运行调节局的联动案例分析，仓储物流与制造业联动的广度、深度都有较大进展。联动的模式主要有入厂物流、采购物流、销售物流、加工、组装、质押融资、巡回取货、调达物流、项目总包、区域总包等。有许多物流企业还与制造企业合资成立物流公司，为制造企业提供专业化物流服务。

6. 公共物流区和租地建库的模式将被重视

在广东等土地资源稀缺地区，已出现了租地建库的趋势。即土地所有者不再将土地50年使用权一次性出让给物流企业，而是采取出租土地的方式，租期一般在20年之内，租金按年支付，这样做的好处是土地利用灵活适应了城市发展的需要，减少了地方政府对土地财政的依赖，物流企业一次性资本支出降低等，但在某种程度上也使物流企业对投资缺乏安全感和长期性。有关部门应研究完善公共物流区和租地建库并行的方案，即在适合建物流设施的地区规划物流园区，土地属国有，用途为物流，企业可租地建库，租期为30年，租金每月或每年支付，到期时原租地企业优先续租。应给予明确规定：土地只能用于物流活动，不允许随便改变用途，不允许转租，物流设施占地面积需超过用地面积的50%。这样的好处是使城市拥有较为长期的物流用地和物流设施，减少对土地的炒买炒卖，降低物流企业的负担。

（姜超峰　中国物资储运协会）

2011 年中国物流地产业

2011 年是推进实施“十二五”规划的开局之年。随着我国经济平稳较快发展和物流业的持续繁荣，国内企业对高标准、专业化物流服务设施的需求日益增强，使得物流地产逐渐成为国内外企业的投资热点，为我国物流地产业的兴起和快速成长提供了良好的机遇，以物流园区、物流中心、配送中心、分拨中心和物流仓库为主体的物流地产业继续保持良好的发展态势。2011 年，我国物流基础设施建设稳步推进，物流地产业发展迅速。

1. 物流业固定资产投资继续保持较快增长，但增速有所回落

2011 年，在政府连续两年出台一系列加大物流基础设施建设的政策之后，我国物流相关行业固定资产投资总额继续保持增长态势，但增幅已经呈现明显回落态势。根据中国物流信息中心的统计数据分析，2011 年我国物流相关行业固定资产投资总额达到 3. 35 万亿元，比 2010 年增长 9. 6%。如下图和下页表所示。

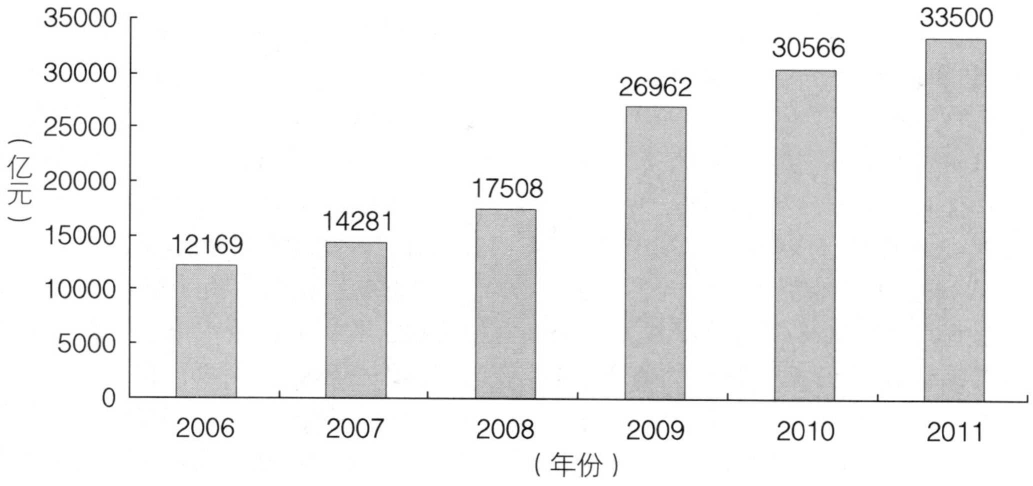

2006—2011 年我国物流相关行业固定资产投资情况

2011 年我国物流相关行业固定资产投资情况

	第一季度	前两季度	前三季度	全年
物流相关行业固定资产投资（亿元）	4455	13285	22000	33500
物流相关行业固定资产投资增速（%）	28.6	19.0	10.8	9.6
全国城镇固定资产投资同比增长（%）	25.0	25.6	24.9	23.6

2011 年 1～11 月，我国物流相关行业固定资产投资完成额达 2.8 万亿元，同比增长 9.6%，增幅比 1～10 月回落 0.3 个百分点，比上年同期回落 14 个百分点，比同期城镇固定资产投资增幅低 14.9 个百分点。其中，交通运输业完成投资额 1.9 万亿元，同比出现年内的首次下降，究其原因主要是受铁路运输业投资下降，公路水路运输业投资明显放缓的影响。仓储邮政业完成投资额 0.3 万亿元，同比增长 31%，增幅比 1～10 月回落 2.5 个百分点。贸易业完成投资额 0.7 万亿元，同比增长 38.5%，增幅比 1～10 月提高 0.6 个百分点。

随着“4 万亿”投资计划及一系列扩大内需的经济刺激政策逐步淡出，交通运输业投资增幅逐步趋于常态增长，物流业固定资产投资正在更多地向物流仓储设施倾斜，以利于物流配套设施的建设和物流网络的形成。

根据铁道部统计中心公布的数据显示，2011 年我国铁路固定资产投资达 5863.11 亿元，其中，基本建设投资 4610.84 亿元，同比减少 2463.76 亿元，降幅达到 34.8%。

根据交通运输部发布的相关统计信息可知，2011 年我国公路、水路固定资产投资共完成 1.42 万亿元，同比增长 7.1%，其中，公路、内河和沿海港口建设投资分别完成 12380 亿元、380 亿元和 1012 亿元，同比分别增长 7.8%、13.5% 和 20.9%。总体来看，公路建设平稳有序，全年新增公路通车里程 7.14 万公里，其中，高速公路 1.10 万公里，新改建农村公路 19 万公里；水运建设加快推进，全年新扩建泊位 642 个，其中万吨级泊位 99 个，改善内河航道里程 1091 公里；民航基础设施建设加快推进，全年完成固定资产投资 690 亿元，新增机场 5 个；邮政基础设施建设扎实推进，全年补建空白乡镇邮政所 2536 处，西藏、新疆和四省藏区邮政基础设施建设进一步加强。

2. 物流地产市场需求强劲，物流服务设施租金屡创新高

2011 年，物流市场对物流设施的需求日益强劲，现代物流设施不足的问题日益显现，供需矛盾尤为突出。根据相关统计显示，2011 年在全国已有的 5.5 亿平方米仓储空间中，仅有 580 万平方米能够达到“甲级”现代物流设施，这在某种程度上反映出我国高标准、专业化仓储物流服务设施严重不足的问题。

2011 年，中央政府继续加强对房地产市场的调控力度，严格土地转让审批制度和土地使用监管，进一步控制资本市场信贷规模，导致许多专业化的工业地产开发商（包括物流地产开发商）和自主业主都遭遇了物流设施建设用地来源困难和信贷融资渠道紧缩等诸多困难。根据世邦魏理仕在 2011 年 4 月发布的《亚洲观点》报告，由于受市场供求失衡、燃油价格上涨、劳动成本提高和租金不断攀升等因素的综合影响，中国将会面临更严重的物流用地供应短缺问题，物流成本或将大幅上涨，2011 年全年中国物流物业租金的上涨幅度将高达 20%。

2011 年，持续强劲的需求导致多数物流仓储项目呈满租状态，租金价格屡创新高。截至第四季度末，我国仓储物流平均净有效租金达

每天每平方米0.99元，同比增长12.5%。仓储物流吸纳量全年持续高位，而空置率则由年初的5.1%降至年末的0.6%。新增项目很快被电子商务、零售商、制造商和第三方物流公司预租完毕，其中电子商务公司表现尤为抢眼。例如，2011年第三季度，普洛斯（Prologis）大兴物流园和顺义空港物流园建设完工，仓库面积分别达到9.6万平方米和2.9万平方米，但一经推出很快就被电子商务、零售商和第三方物流公司预租完毕。其中，普洛斯大兴物流园仓库即由凡客诚品租用6.5万平方米、丽婴房租用5800平方米、屈臣氏租用1万平方米，3个客户基本上就完成了普洛斯大兴物流园内全部仓库的租用。此外，第三方物流企业也比较活跃，DHL、Unipart 2011年分别在顺义租用普洛斯仓库6000平方米。越来越多的公司希望以预租或定制的方式在日益紧张的物流仓储市场中寻找面积。

2011年，北京优质物流仓储市场共有五个项目入市，累计新增供应约17.7万平方米，比上年新增近6.5万平方米。截至2011年年末，北京优质物流仓储市场存量已超过130万平方米，同比增长15.6%。

3. 国际物流地产商加快中国布局

2011年，在我国政府出台一系列促进物流业发展的政策措施的推动下，地方政府也陆续发布土地优惠政策及举措。这些政策和举措不仅带动了物流及相关产业的发展，而且通过鼓励国际大型物流企业在华投资吸引更多海内外投资进入我国物流地产业。

越来越多的国际投资者将投资重点从国外转移到了国内，从传统物业如住宅及商用物业，转移到了工业地产市场。普洛斯（Prologis）、嘉民集团（Goodman Group）、丰树产业（Mapletree Inrestment）等国际工业地产巨头对于我国市场，尤其是物流地产市场的兴趣日趋浓厚，并逐渐由二线城市回归一线城市。股权收购和对现有物业改造升级成为它们投资物流地产市场的重要方式。

2011年，普洛斯转变了原本的物业开发模式，采用股权收购的方法频频出手国内工业地产公司，以延续其在我国快速发展的良好势头。2011年，普洛斯全年实现122万平方米的新项目开工，130万平方米的新增租赁面积及扩租面积；收购了中国航港发展有限公司约53%的股份，该公司是位于北京首都国际机场内货物处理和保税物流园区的唯一开发商，此举为普洛斯增加了建筑面积约27.38万平方米的完工物业和51.3万平方米的土地储备；收购了上海宇培集团有限公司49%的股份，并有权增持宇培集团的股权直至50%，并可在现有的以及将来开发的物流设施中增持股权至85%，宇培集团为中国市场规模最大的物流设施提供商之一；收购了维龙嘉定配送中心和维龙松江物流园90%的股权，同时普洛斯有权增持剩余的10%股权；与传化物流建立了战略合作伙伴关系，此举拓展了普洛斯在中国的物流设施网络，并为公司增加了建筑面积达95.14万平方米的物流仓储设施。

2011年2月，嘉民集团（Goodman Group）宣布正式完成收购一幢位于北京空港基地内的仓储库及与其相连可供开发的土地，预期项目总值约1.5亿元。收购的仓储库面积达10654平方米，可供开发的土地面积为48055平方米。靠近机场北线高速和六环路的入口，有利于通过各条高速公路穿梭至其他主要周边城市。嘉民集团计划在未来两年内兴建两幢建筑面积共3万平方米的仓储设施，预期在2012年第二季度竣工，届时嘉民集团在北京市场的物业总建筑面积将达到4万平方米。2011年10月，高力国际发布公告称，成功协助嘉民集团收购盖世理位于中国昆山的物流中心项目。项目完成开发后市值有望达到2亿元。嘉民集团表示，由于中国物流行业的潜力非常大，并且还处于不断上升的过程，计划在未来5年内将集团在中国的投资从目前的19亿元人民币，增加到190亿元人民币，主要投资于现代化的物流设施。

2011年7月，丰树产业和河南省郑州市政府签署备忘录，进一步扩大在中国的物流地产空间。未来，丰树产业将在郑州经济特区内的日产工业园内建造一个4.8万平方米的甲级分销中心；同时，在郑州—新加坡国际物流园内建造一个9.6万平方米的甲级分销园。物美集团和丰树产业签署了策略伙伴协议，在天津建造一个物流园，为物美集团未来3年将业务扩展到全中国所需的物流空间作后盾。这是丰树产业在天津的第3个物流发展项目。目前丰树产业在我国共有5个物流中心，散布在北京、天津、洋山和无锡，总值超过3亿元。其在中国的房地产资产约占丰树产业房地产资产总额的12%。

4. 电子商务企业成为推动物流地产发展的重要力量

由于物流开发用地属于工业用地，价格远低于商业地价，而工业地产企业的数量很少，竞争强度远小于商业地产，加之仓库租金不断上涨，仓库投资的市场回报达到7%，利润率基本上高于商业地产1个百分点。因此，在仓储物流费用不断上涨、第三方物流不能满足需求、且物流地产投资具有相对稳定客观的回报的情况下，2011年国内的电子商务企业和零售企业纷纷投资自建物流仓储设施，进军物流地产领域。

2011年3月，占地258亩的京东商城物联网基地及华南总部项目落户中新广州知识城，项目注册资本8亿元，预计在两年内完成建设和相关物联网设施安装，成为面向全国的集电子商务、物流增值、物联网研究应用、信息交流、金融结算、人才交流等服务为一体的全国性综合交易平台。2011年4月，京东商城宣布将在多个城市买地，进一步加大物流投资，同时开工建设7个一级物流中心和25个二级物流中心。2010年12月，京东商城与武汉市东西湖保税物流中心签约，购置250亩土地，计划投资5亿元，建设总面积达19.7万平方米的华中电子商务港。自2009年以来，京东商城自购土地已接近1400亩，实现了其在自用型物流地产领域的跨越式发展。根据该公司发展规划，未来3年内将投资50亿~60亿元进行物流设施建设。2011年年初京东商城融资3.15亿美元的大部分将被投入到物流建设和技术研发项目中。

2011年2月，当当网宣布正式着手组建配送服务公司，并将其打造成为独立高效的物流开放平台。这是当当网继在北京、上海、广州、成都、武汉等地设立物流配送中心后，强化其物流服务的又一举动，也标志着当当网正式涉足快递行业。该配送服务公司通过整合第三方物流资源，将打造一个独立开放的物流服务平台，为电子商务企业提供商品储存、分拣、包装及全国1200多个城市的COD配送服务。2011年8月底，当当网无锡物流中心正式投入运营，这使得当当网货栈面积从第二财季末的21万平方米增至目前的26万平方米。为进一步提升物流能力和改善物流服务，当当网计划在福州和济南开发建设两个物流中心。当当网希望通过缩短发货时间，进一步提升物流服务水平。目前，当当网已经实现在我国的17个城市提供当天发货服务，在72个城市提供次日发货服务。

2011年3月，凡客诚品对外宣布，将在2011年加快自建物流配送项目，旗下自建物流公司如风达将实现对28个重要城市的全面覆盖，开通400多个站点，自建物流员工人数将达到5000人。2011年6月，凡客诚品在武汉、成都、西安、济南和沈阳多个城市的仓储中心相继投入运营。与此同时，其在青岛、哈尔滨、南京、兰州等10个城市的仓储中心已经完成选址工作，正在装修过程中，预计下半年可完成。未来，凡客诚品还将开通10个城市的物流渠道，2011年年底凡客诚品仓储总数将达到28个。

2011年1月，阿里巴巴集团宣布，将从租用他人仓库转为在全国建立自己的仓储系统，从2011年开始首期投资建设，预计投资200亿~300亿元。阿里巴巴仓储的定位是“物流地产”，建设为BtoC服务的中心仓储的全国网络，任何物流企业、淘宝网的卖家、独立的BtoC电子商务网站等都可以使用阿里巴巴仓储的公共服务设施。2011年6月，阿里巴巴与增城经济技术开发区管理委员会签订阿里巴巴华南电子商务物流中心项目合作协议，其华南物流中心正式落户广东增城，项目投资总额4.5亿美元。2011年9月，阿里巴巴宣布计划在四川成都龙泉驿区投资超过10亿元，建设西部物流运营中心，构建国际化高端仓储设施、电子商务经营中心和订单生产中心。

5. 零售业和钢铁业进军物流地产来势凶猛

2011年3月，国家发展和改革委员会、商务部和全国供销总社联合印发《商贸物流发展专项规划》，该规划对未来5年内商贸物流业的各项发展目标提出了“硬性”指标，分别从土地、金融、税收等方面，对商贸物流的发展给予配套的支持政策。为贯彻落实该规划，各级各地各部门加大力度支持商贸物流的发展，促使许多传统零售业抢建配送中心，进军物流地产市场。

2011年6月，华润万家宣布将大规模投资自建仓储配送基地，计划到2015年在全国范围内新增100万平方米的配送基地，届时华润万家全国网点数将翻番增长到6500家左右。截至2011年年底，华润万家已在我国建有20多万平方米的配送中心，依靠自己的物流公司和先进的物流技术，华润万家自建的物流配送体系可以支撑全国3000多家大小门店的运转。

由于自建配送中心比租赁仓库更节省成本，加之银行对物流地产的放贷政策相对宽松，推动了大型商超百货企业纷纷开建仓储配送设施。2011年第二季度，SPAR的广东会员——东莞嘉荣超市首期投资2亿元的“华南最大零售物流基地”已投入使用。人人乐于2011年6月发布公告称，合计拟投入资金2.52亿元，在广州和成都投建两个配送中心项目。

自2009年以来，《钢铁产业调整和振兴规划》、《物流业调整和振兴规划》以及投资“4万亿元”拉动内需等政策相继出台，极大地刺激了钢铁企业兴办物流园的热情，目前全国在建和待建的钢铁物流园已超过百家。2011年上半年，河北钢铁集团在黄骅港的物流园将要动工，投资至少50亿元；2011年江苏沙钢集团投资300亿元，在张家港建立玖隆钢铁物流园。与此同时，钢铁贸易商也在积极进军“大物流”领域。2011年3月，五矿集团宣布计划投资11亿元在东莞麻涌建设五矿国际钢铁城项目，这一项目占地面积1010亩，规划建筑面积35万平方米。投产后，入驻商户将超过500家，年钢铁交易量约2000万吨，年钢铁交易额约1000亿元，将为该镇年创税收约5亿元。

（权　威　冯耕中　徐金鹏　刘缨缨　孙新宇　刘建华　西安交通大学管理学院　西安商用信息系统分析及应用工程实验室　香港理工大学物流与航运学系　香港城市大学商学院）

2011 年中国保税物流

保税物流是国际物流的一种特殊形式，是指在一个国家地区境内流动的货物在海关的监管下，享受海关实行的“境内关外”制度以及其他税收、外汇、通关方面的特殊政策。保税物流的运作一般是在海关特殊监管区域或场所内从事仓储、配送、运输、流通加工、装卸搬运、物流信息、方案设计等相关业务，也包括采用加工贸易手册进行海关备案的与保税加工对应的物流活动。

一、2011 年保税物流发展回顾

根据政策、功能、地理环境、发展层次等要素的不同，保税物流的形态包括最早的加工贸易手册形式，保税仓库、出口监管仓库等一些针对企业的保税监管场所，保税港区、综合保税区等针对区域政府的海关特殊监管区域，以及享有更高政策优惠的自由贸易区、自由港。

1. 加工贸易手册形式的保税物流

目前，非监管区域的保税形式主要是加工贸易手册形式，有纸质手册和联网监管两种。2011 年，传统纸质手册数量有所下降，联网监管方式有逐渐代替纸质手册的趋势，对于保税加工的监管效果明显。2011 年，义乌国际贸易综合改革试点正式获批后，杭州海关积极探索出台与之相配套的、以“联网监管”为核心的海关监管模式。截至 2011 年年底，我国联网商户向海关申报报关单 11.86 万票，占同期义乌海关报关单总数的 50.64%。

2. 保税监管场所的保税物流

保税监管场所是指经海关批准设立，并在海关的监管下，对保税物流货物进行存储、配送以及提供流通性增值服务的场所或对保税货物进行保税加工的企业。主要包括进口保税仓库、出口监管仓、保税物流中心 A 型和保税物流中心 B 型四种类型。

（1）进口保税仓库。进口保税仓库是保税物流中应用最广泛的形式之一。因其只需海关审批，再加上布局较灵活，规模可大可小，运作成本低，能对市场变化及时反应；可缓缴进口环节税款，从而减少大量资金占压；企业可利用进口保税仓库储备战略物资，以应对价格上涨时造成的经营风险。正是具备了这些优势，进口保税仓库不仅成为当地经济发展的“助推器”，而且有利于促进对外贸易的发展。2011 年，我国进口保税仓库进出境贸易额为 432.9 亿美元，比上年增长 22.4%。

（2）出口监管仓。随着我国进出口业务的不断发展，出口监管仓业务呈现出快速增长的态势。各级海关为了支持出口监管仓的发展，陆续推出了“分类通关、多点报关、口岸验放”等一系列通关便利措施，同时，支持和鼓励资信高的仓储企业实行入仓24小时运作，为出口监管仓的物流配送业务发展创造了条件。2011年，我国全年出口监管仓进出境贸易额为796.7亿美元，与上年相比增长30.4%。

（3）保税物流中心（A型和B型）。我国自2001年12月加入WTO到2011年12月已整整十个年头。十年间随着我国对外经济由粗放型向集约型的转变，各地保税物流中心（A型和B型）得到了快速发展。一方面，在转型升级中实现发展，如苏州工业园、苏州高新区、成都高新、西安等保税物流中心通过对其邻近的空港口岸、内陆港或出口加工区资源进行整合，已升级为综合保税区。另一方面，通过积极创新监管模式实现发展。如日照港保税物流中心，通过实施海运口岸直通监管和“二次转关”等新型物流监管模式，2011年进出口货物共达22.3万吨，价值近1亿美元，同比分别增长42%和49%。

3. 海关特殊监管区域的保税物流

海关特殊监管区域作为一种特殊类型的经济区域，在深化改革、扩大开放方面发挥了重要的载体作用。截至2011年年底，我国共有保税区、保税港区、跨境工业园区、自由贸易区等十多种类型的海关特殊监管区域。其中，有保税港区14个、综合保税区18个（其中2011年新增加了5个综合保税区）、出口加工区54个、保税物流园区5个、保税区13个、珠澳跨境工业区1个、中哈霍尔果斯边境经济合作中心中方配套区1个、珠海横琴岛自由贸易区1个。整体来看，2011年全国海关特殊监管区域进出口累计为4685亿美元，同比上升20.6%，占全国外贸进出口总值的12.9%；其中，出口2242.9亿美元，同比上升16%；进口2442.1亿美元，同比上升25.2%。2011年我国海关特殊监管区域进出口情况详见表1和图1。2006—2011年我国海关特殊监管区域进出口总值走势如图2所示。

表1　2011年1～12月我国海关特殊监管区域进出口情况统计

时间（月）	进出口（亿美元）	同比增长（%）	出口（亿美元）	同比增长（%）	进口（亿美元）	同比增长（%）
1	346.8	29.1	152.3	11.7	194.6	47.1
2	254.6	6.9	117.3	-3.1	137.3	17.2
3	415.0	25.7	197.6	25.2	217.3	26.2
4	370.2	18.5	177.2	20.0	193.0	17.1
5	373.3	18.1	173.3	12.2	200.0	23.6
6	384.2	14.4	186.7	9.0	197.5	20.0
7	382.5	17.5	192.7	15.8	189.7	19.4
8	402.8	22.9	187.6	19.4	215.2	26.1
9	398.1	9.9	186.8	3.4	211.3	16.4
10	401.3	22.6	199.3	14.0	202.1	32.4
11	431.7	19.0	215.3	17.4	216.4	20.6
12	453.1	22.1	217.6	25.3	235.5	22.5
合计	4685.0	20.6	2242.9	16.0	2442.1	25.2

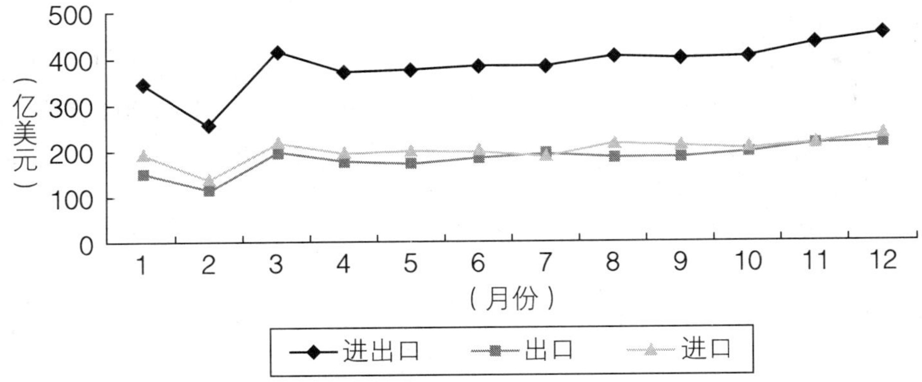

图 1 2011 年 1 ~12 月我国海关特殊监管区域进出口价值走势

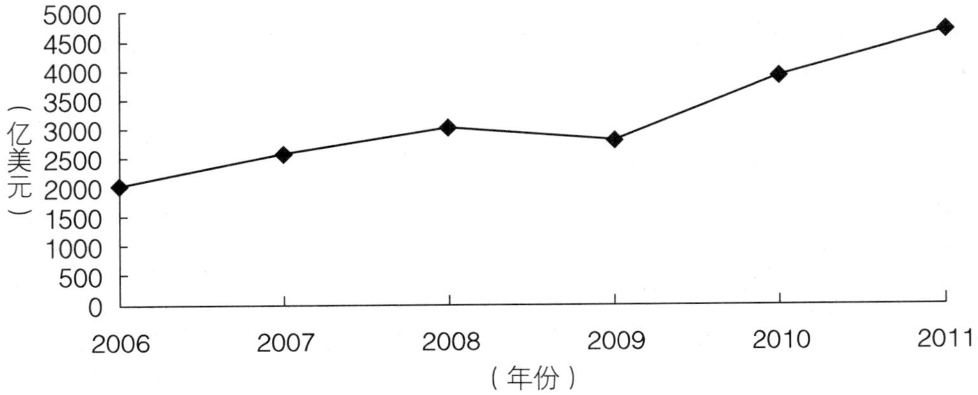

图 2 2006—2011 年我国海关特殊监管区域进出口价值走势

从图 2 可以看出，我国海关特殊监管区域进出口值逐年攀升，呈现稳步发展趋势。

（1）保税物流园区。保税物流园区是指国务院批准的，在保税区规划面积内或者毗邻保税区的特定港区内设立的、专门发展现代国际物流业的海关特殊监管区域。它的主要功能是保税物流，具体包括以下保税物流业务：存储进出口货物及其他未办结海关接管手续的货物、流通性简单加工和增值服务、转口贸易、国际中转、检测维修和商品展示等。

目前，我国的保税物流园区主要有两种运作模式：一种是现有运作模式推陈出新，典型代表是厦门保税物流园区，率先实施“凭舱单提货入区”通关模式；另一种是开展以盐田港保税物流园区为试点区域的“区港联动”模式，并通过功能、政策和面积的优化整合进行转型升级。

2011 年，全国保税物流园区进出口累计 126.4 亿美元，同比上升 30.4%。其中，出口 62.8 亿美元，同比上升 10.9%；进口 63.5 亿美元，同比上升57.8%。2011 年我国保税物流园区进出口情况见表 2 和图 3。

在推动区港联动发展中，保税物流园区作为先行先试区域整合了保税仓储功能和港口的装卸运输功能，同时对“港”和“区”的资源进行了优化组合，提升了物流园区的优势，在很大程度上推动了各保税物流园区的发展。如天津保税物流园区充分发挥区港联动的优势，

表2　　2011年1～12月我国保税物流园区进出口情况统计

时间（月）	进出口（亿美元）	同比增长（%）	出口（亿美元）	同比增长（%）	进口（亿美元）	同比增长（%）
1	14.2	152.8	5.6	41.7	8.6	413.1
2	8.9	51.6	4.3	27.0	4.6	84.9
3	12.5	48.2	6.2	44.1	6.3	52.5
4	11.7	45.2	5.6	41.4	6.0	48.9
5	9.3	21.2	5.2	9.6	4.1	39.6
6	8.7	29.6	5.0	14.4	3.7	58.2
7	10.0	30.2	5.4	-2.7	4.6	117.2
8	11.0	27.0	5.6	0.3	5.4	76.0
9	10.6	28.5	5.5	9.3	5.2	58.0
10	11.3	34.0	4.9	13.2	6.4	56.2
11	9.2	-3.0	4.8	-5.8	4.5	0.3
12	9.0	-25.6	4.8	-25.0	4.2	-26.3
合计	126.4	30.4	62.8	10.9	63.5	57.8

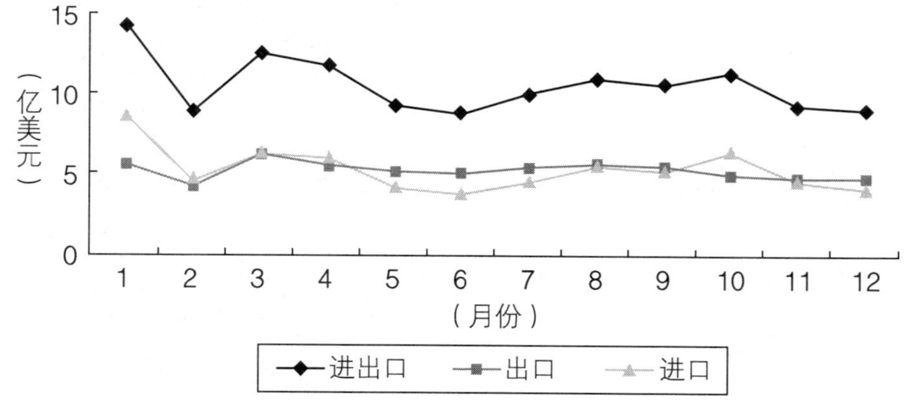

图3　2011年1～12月我国保税物流园进出口价值走势

以保税、报关、仓储为中心环节向两端延伸，逐步形成综合配套优势；同时，保税物流园区作为物流企业集群的载体，充分发挥其政策优势，提升集群功能。但在其迅速发展的过程中也还存在一些影响园区国际物流功能充分发挥的问题。

（2）出口加工区。出口加工区是指经国务院批准，在中华人民共和国境内设立的，由海关对保税加工出口区进口货物进行封闭式监管的特定区域。主要功能是保税加工，还可拓展保税物流、研发、检测、维修等业务。

2011年，我国出口加工区保税物流功能得到进一步拓展。一方面，引导先进制造业和生产型现代服务业入区发展；另一方面，通过整合保税加工、保税物流、货物贸易、服务贸易、展览展示等业务，转型升级为海关监管下的综合功能区和特殊经济区域。

据统计，2011年我国出口加工区进出口累计为1316.2亿美元，同比增长3.7%。其中，出口842.8亿美元，同比增长4.5%；进口473.4亿美元，同比增长2.3%。2011年我国出口加工区进出口情况及走势如表3和图4所示。

表3　2011年1～12月我国出口加工区进出口情况统计

时间（月）	进出口（亿美元）	同比增长（%）	出口（亿美元）	同比增长（%）	进口（亿美元）	同比增长（%）
1	104.0	14.2	62.5	6.7	41.4	27.8
2	79.1	-1.2	48.3	-5.5	30.8	6.3
3	127.4	29.2	82.2	36.8	45.2	17.3
4	112.8	13.2	72.6	18.1	40.3	5.3
5	109.0	2.4	67.8	2.1	41.2	3.0
6	111.3	-1.8	73.3	0.8	38.0	-6.4
7	114.5	4.8	76.2	10.6	38.3	-5.1
8	116.4	10.5	72.5	14.4	43.9	4.6
9	111.8	-5.0	70.9	-5.4	40.9	-4.4
10	113.6	-0.7	77.6	2.3	36.1	-6.5
11	110.0	-10.9	72.0	-13.1	38.0	-6.3
12	106.3	-3.5	66.9	-5.1	39.5	-0.6
合　计	1316.2	3.7	842.8	4.5	473.4	2.3

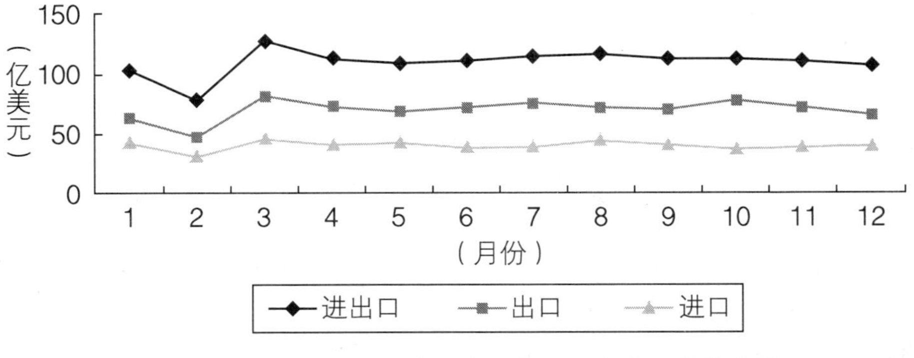

图4　2011年1～12月我国出口加工区进出口价值走势

由表3可知，2011年12月我国出口加工区实现进出口106.3亿美元，同比下降3.5%，环比下降3.3%。其中，出口66.9亿美元，同比下降5.1%，环比下降7.1%；进口39.5亿美元，同比下降0.6%，环比上升3.8%。自2011年9月起我国出口加工区进出口值已经连续4个月同比呈负增长。

近年来，随着我国对外贸易的快速发展，以及全球自由化进程的不断加快，出口加工区现有的业务已经不能满足我国经济发展的要求。出口加工区应以其“境内关外”的政策优势为依托，以吸引高新技术产业入区为主导，开展研发、保税物流和保税服务业务，从而促进我国外向型经济的发展，同时力争发挥好对外经济贸易、产业转移的重要载体作用。

（3）保税区。保税区是指经国务院批准在中华人民共和国境内设立的海关实施特殊监管的经济区域。其功能主要有保税仓储、出口加工、转口贸易、区内转让和商品展示等。保税区的主要优惠政策是货物入区保税，区内货物出境免征出口关税，国内货物入区不退税，离境可以退税；区内加工产品不收增值税，区内货物可以自由流转。

近几年，全国各保税区以保税区优惠的经济政策为契机，积极推进现有保税区功能向纵深发展，显著提升了保税区的竞争能力。同时，各保税区积极寻找区域特色与政策支持的结合点，积极探寻转型升级发展之路，使保税区经济发展持续上升。

从经济总量看，2011年全国保税区进出口累计为1950.7亿美元，同比增长25.1%。其中，出口593.7亿美元，同比增长27%；进口1356.9亿美元，同比增长24.3%。2011年我国保税区进出口情况详见表4和图5，2005—2011年我国保税区进出口价值走势如图6所示。

表4　2011年1～12月我国保税区进出口情况统计

时间（月）	进出口（亿美元）	同比增长（%）	出口（亿美元）	同比增长（%）	进口（亿美元）	同比增长（%）
1	151.5	43.0	42.4	36.1	109.0	45.8
2	106.5	18.2	28.9	8.4	77.5	22.3
3	176.8	28.5	53.3	33.3	123.5	26.6
4	157.4	21.2	46.8	24.6	110.6	19.9
5	168.1	32.9	50.5	31.9	117.7	33.3
6	173.1	29.0	54.3	33.5	118.8	27.1
7	161.9	24.9	53.4	30.7	108.4	22.2
8	172.7	28.0	52.6	26.0	120.1	28.9
9	172.6	18.4	51.8	19.1	120.7	18.1
10	157.1	29.6	46.1	18.9	111.0	34.6
11	174.8	21.4	56.8	34.2	118.0	16.1
12	178.4	12.0	57.0	23.9	121.4	7.2
合计	1950.7	25.1	593.7	27.0	1356.9	24.3

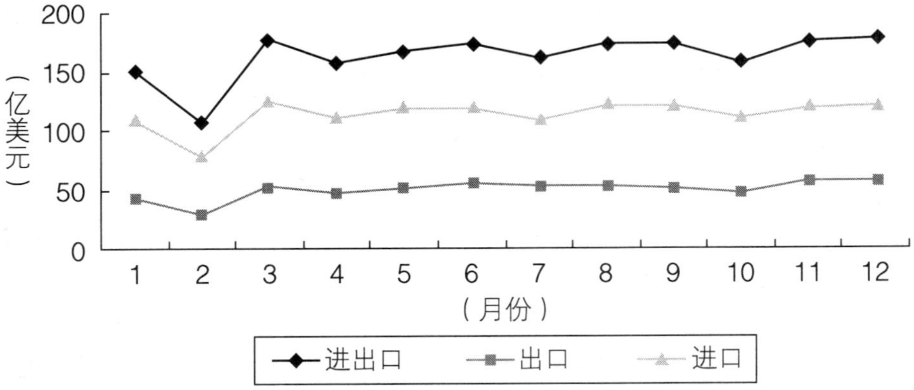

图5　2011 年 1 ~ 12 月我国保税区进出口价值走势

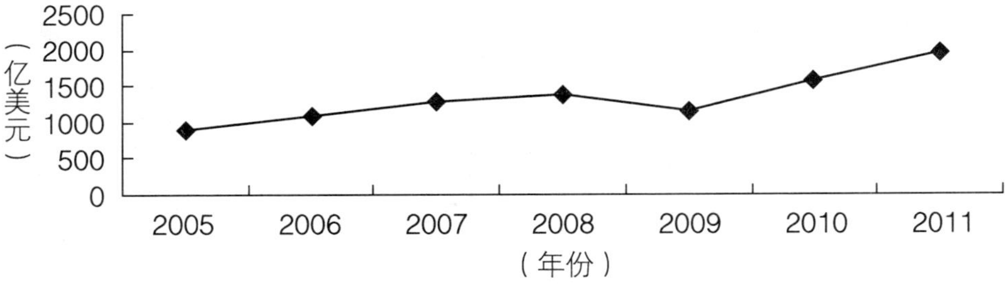

图6　2005—2011 年我国保税区进出口价值走势

我国政府设立保税区的初衷是鼓励发展“两头在外”业务。由于初期缺乏经验，很多保税区在规划和管理上都出现了各种问题，所以国务院已经停止批准设立新保税区，现有保税区出口退税的功能也被取消。从图 6 可以看出政府对现有保税区通过政策引导进行转型升级做法效果是积极明显的。以全国首个保税区上海外高桥保税区为例，它通过功能创新已成为上海服务长三角、服务全国、面向世界的一个重要物流节点。

（4）保税港区。保税港区是指设立在国家对外开放的口岸港区和与之相连的特定区域内，具有口岸、物流、加工等功能的海关特殊监管区域。它的主要功能是保税加工、保税物流。在保税港区内可以开展港口作业、国际转口贸易、商品展示以及研发和检测维修等业务。保税港区的主要优惠政策是境外货物入区保税，国内货物入区退税；区内加工产品不收增值税，区间货物可以自由流转，货物出港区视同进口按实际状态报关。

2011 年，全国保税港区进出口累计 225.7 亿美元，同比增长 63.9%。其中，出口 86.5 亿美元，同比增长 72.6%；进口 139.2 亿美元，同比增长 58.8%。2011 年，我国保税港区进出口情况和走势详见表 5 和图 7。

从表 5 可知，2011 年 2 月，我国保税港区进出口值最低为 12.5 亿美元，但仍较 2010 年同期增长 76.5%，总体上保持了健康平稳增长的趋势。在我国的海关特殊监管区域中，保税港区是目前我国保税物流体系中政策最优惠、区位优势最突出、层次最高的海关特殊监管区域。随着各项政策的逐步落位和功能日趋完善，保税港区将进一步发挥辐射带动效应，并通过转型升级和创新，凭借优质的港口、物流

表 5　　2011 年 1～12 月我国保税港区进出口情况统计

时间（月）	进出口（亿美元）	同比增长（%）	出口（亿美元）	同比增长（%）	进口（亿美元）	同比增长（%）
1	18.6	121.1	6.3	79.0	12.4	151.1
2	12.5	76.5	4.2	102.6	8.2	65.5
3	19.8	55.6	6.8	51.0	13.0	58.1
4	16.9	41.3	6.8	113.8	10.1	15.0
5	16.2	39.8	6.6	99.1	9.6	15.9
6	16.0	59.6	6.4	77.0	9.7	49.9
7	17.9	88.8	7.4	78.2	10.5	97.0
8	18.6	51.6	6.8	28.5	11.8	69.0
9	20.0	60.8	8.1	55.4	11.9	64.6
10	20.2	101.8	7.6	84.5	12.6	113.9
11	23.4	77.6	9.2	99.7	14.2	65.8
12	25.8	45.9	10.4	58.9	15.3	38.2
合计	225.7	63.9	86.5	72.6	139.2	58.8

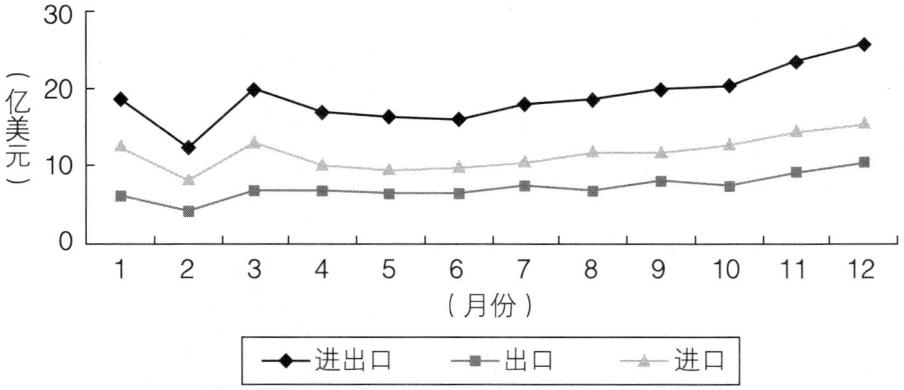

图 7　2011 年 1～12 月我国保税港区进出口价值走势

服务，向高端物流业和现代服务业发展。

截至 2011 年 10 月我国保税港区情况如表 6 所示。从表 6 可知，在 2005 年至 2011 年 10 月我国已投入运营的十几个保税港区中，面积最大的是天津东疆保税港区和广西钦州保税港区，规划面积都为 10 平方公里。

2011 年，广西钦州保税港区货物吞吐量呈快速增长趋势，全年完成货物吞吐量 736.32 万吨，其中外贸吞吐量完成 28.88 万吨。全年完成集装箱吞吐量 40.22 万标箱，其中外贸集装箱完成1.72万标箱。2011年12月，钦州保税港区完成集装箱吞吐量6.06万标箱，同比增长18.82%，其中外贸集装箱完成2194标箱，同比增长32.97%。目前，保税港区码头进口货物主要为锰矿石、机械设备，出口货物主要为化肥、磷酸和重晶石等。

2011年，在国务院赋予的租赁业务政策创新试点的支持下，天津滨海新区东疆保税港区租赁业务不断创新、快速发展，飞机租赁基金设立运作。截至2011年年底，东疆注册的租赁公司总计达174家，其中单机公司122家，单船公司33家，已累计完成租赁飞机51架、离岸船舶26艘，飞机发动机2台，租赁总资产约43亿美元。

表6　　截至2011年10月我国保税港区情况

名　称	成立时间	规划面积（平方公里）	备　注
上海洋山保税港区	2005－06－22	8.14	全国第一个保税港区
天津东疆保税港区	2006－08－31	约30	我国目前面积最大的保税港区
大连大窑湾保税港区	2006－08－31	6.88	
海南洋浦保税港区	2007－09－24	9.21	
宁波梅山保税港区	2008－02－24	7.7	
广西钦州保税港区	2008－05－29	10	2011年2月16日开港运营
厦门海沧保税港区	2008－06－05	9.51	
青岛前湾保税港区	2008－09－07	9.72	
深圳前海湾保税港区	2008－10－18	3.71	
广州南沙保税港区	2008－10－18	7.06	
重庆两路寸滩保税港区	2008－11－12	8.37	中国内陆首个保税港区，“水港＋空港”的保税港区
张家港保税港区	2008－11－18	4.1	江苏以及长江中下游沿线第一个保税港区，第一个位于县域口岸的保税港区
烟台保税港区	2009－09－22	7.26	全国第一家以出口加工区和邻近港口整合转型升级形成的保税港区
福州保税港区	2010－05－18	9.2	

（5）综合保税区。综合保税区是设立在内陆地区的具有保税港区功能的海关特殊监管区域，由海关参照有关规定对综合保税区进行管理，执行保税港区的税收和外汇政策。它具备目前中国海关所有特殊监管区域具备的全部功能，如国际转口贸易、商品展示和检测维修等。综合保税区的主要优惠政策是境外货物入区实行保税，境内货物入区视同出口实行退税；货物出区进入国内销售按货物进口的有关规定报关，并按货物实际状态征税；区内企业之间的货物交易不征增值税和消费税。

在世界经济格局发生变化和我国经济发展模式趋向转型的机遇下，综合保税区坚持业务创新和区域联动进行转型，如上海综合保税区率先在国际贸易、现代物流、航运金融、离岸型服务贸易等领域尝试发展创新性和引领性的新型业务。与此同时，积极推进功能拓展实现区域经济快速增长。

从进出口总量看，2011 年全国综合保税区进出口值累计为 1064.6 亿美元，同比增长 29.6%。其中，出口 656.5 亿美元，同比增长 18.8%；进口 408.1 亿美元，同比增长 51.9%。2011 年，我国综合保税区进出口情况及走势见表 7 和图 8。

表 7　2011 年 1～12 月我国综合保税区进出口情况统计

时间（月）	进出口（亿美元）	同比增长（%）	出口（亿美元）	同比增长（%）	进口（亿美元）	同比增长（%）
1	58.4	1.8	35.4	-9.2	23.0	25.0
2	47.7	-13.4	31.5	-16.4	16.2	-6.9
3	78.3	7.9	49.1	0.6	29.2	23.1
4	71.3	13.1	45.4	9.2	25.9	20.5
5	70.5	10.4	43.2	3.7	27.3	22.9
6	74.9	4.7	47.6	-4.4	27.3	25.7
7	78.2	12.8	50.2	7.1	28.0	24.6
8	84.1	26.4	50.1	21.8	34.0	33.9
9	82.9	6.5	50.5	-2.9	32.5	25.2
10	99.0	34.9	63.1	21.8	35.9	66.4
11	114.2	57.0	72.6	49.4	41.6	72.5
12	133.4	86.2	78.3	77.2	55.1	145.5
合计	1064.6	29.6	656.5	18.8	408.1	51.9

从表 7 和图 8 不难看出，2011 年我国综合保税区内企业生产经营保持了快速的发展势头，主要经济指标比上年同期有较大幅度提高。综合保税区和保税港区都是我国目前开放层次最高、优惠政策最多、功能最齐全、手续最简化的特殊监管区域。2011 年全国新增的综合保税区有 5 个。

1 月 25 日成立的潍坊综合保税区，占地面

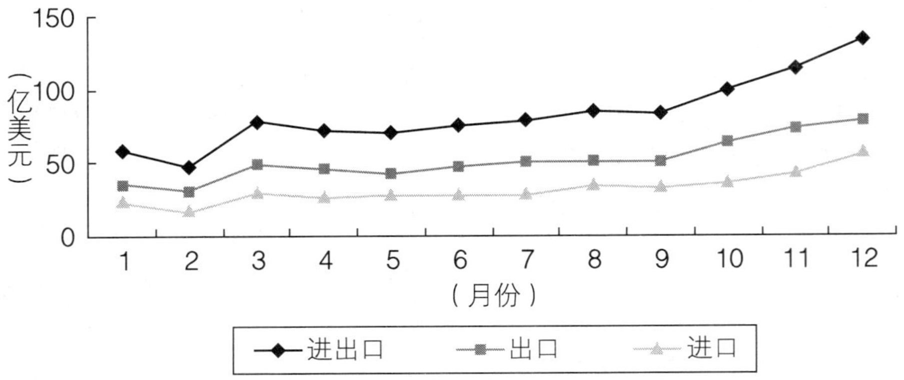

图 8 2011 年 1 ~ 12 月我国综合保税区进出口价值走势

积 16.37 平方公里，主要功能有保税加工、保税物流、货物贸易、服务贸易、虚拟口岸等。

2 月 14 日成立的西安综合保税区，占地面积 6.17 平方公里，具有口岸、物流、加工三大主要功能，目标是实现港口后移、就地办单、铁水联运、无缝对接的大通关。

5 月 30 日成立的阿拉山口综合保税区，占地面积 5.6 平方公里，拥有铁路物流、口岸物流、保税物流、保税加工、保税贸易、综合服务等功能，积极向国家重要能源资源储运基地和区域综合型国际化口岸发展。

8 月 29 日成立的武汉综合保税区，占地面积 5.41 平方公里。它以保税加工为主线，保税物流为辅，拓展口岸物流和保税服务功能，将进一步发挥国家自主创新示范区辐射功能。

9 月 17 日成立的沈阳综合保税区，占地面积 7.19 平方公里，由原沈阳张士出口加工区、浑南出口加工区和沈阳保税物流园区整合后形成，具有保税加工、保税物流、口岸通关等功能，成为中国开放程度最高、功能最齐全的内陆虚拟口岸。截至 2011 年 10 月我国已设立的综合保税区情况见表 8。

表 8 截至 2011 年 10 月我国已设立的综合保税区情况统计

名 称	成立时间	面积（平方公里）	备 注
苏州工业园综合保税区	2006 - 12 - 17	5.28	中国第一个综合保税区
天津滨海新区综合保税区	2008 - 04 - 08	1.967	
北京天竺综合保税区	2008 - 07 - 23	5.94	全国第一家直接依托空港口岸设立的综合保税区
广西凭祥综合保税区	2008 - 12 - 19	8.5	
海口综合保税区	2009 - 01 - 07	1.93	
黑龙江绥芬河综合保税区	2009 - 04 - 21	1.8	

续 表

名 称	成立时间	面积（平方公里）	备 注
成都高新综合保税区	2010－10－18	4.68	
上海浦东机场综合保税区	2010－09－28	3.59	
郑州新郑综合保税区	2010－10－24	5.073	中部地区唯一综合保税区
江苏昆山综合保税区	2010－06－30	5.86	
广州白云机场综合保税区	2010－07－25	7.385	全国最大的空港综合保税区
重庆西永综合保税区	2010－02－26	10.3	国内面积最大综合保税区
苏州高新技术产业开发区综合保税区	2010－08－25	3.51	全国首家通过“信息化围网”技术来进行监管的综合保税区
潍坊综合保税区	2011－01－25	16.37	
西安综合保税区	2011－02－14	6.17	西北地区唯一的综合保税区
阿拉山口综合保税区	2011－05－30	5.6	
武汉综合保税区	2011－08－29	5.41	
沈阳综合保税区	2011－09－17	7.19	东北地区内陆城市第一个综合保税区

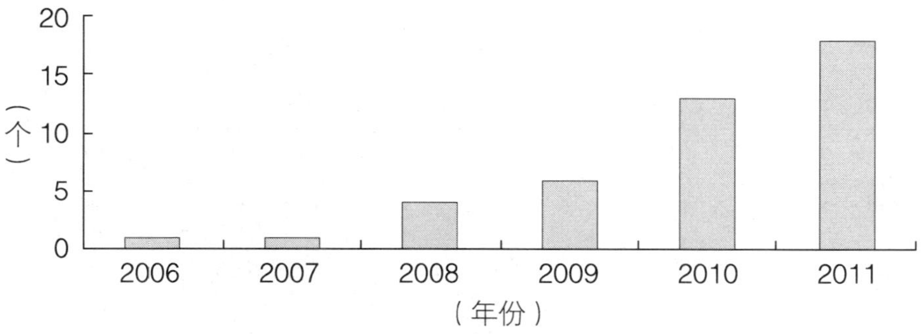

图9 2006—2011年我国综合保税区数量

2006—2011年我国综合保税区数量变化如图9所示。由图9可知，我国综合保税区的数量从2006年起逐年增加，2010年和2011年增速较快。作为开放程度最高的海关特殊监管区域，综合保税区在推动我国外向型经济发展方面起到了不可替代的作用。鉴于综合保税区的优势较突出，目前海关部门正将其他层次较低的监管区域向综合保税区整合。

（6）珠澳跨境工业区。珠澳跨境工业区是在我国珠海经济特区和澳门特别行政区之间跨越珠海和澳门关境线，由中国海关和澳门海关共同监管的海关特殊监管区域。其主要功能是保税物流、保税加工和国际贸易，实行"保税区 + 出口加工区出口退税政策 + 24 小时通关专用口岸"（简称"三合一"）的优惠政策。

珠澳跨境工业区设立的主要目的是支持澳门产业结构调整和经济持续发展，延伸区内企业产业链，重点发展以纺织成衣业为依托的高端物流、中转贸易和展示展销等相关产业；同时，按照国际先进管理规范进行制度创新，优化园区环境和配套建设基础设施。珠澳跨境工业区的发展速度很快。2011 年珠澳跨境工业区进出口累计为 15513.1 万美元，同比增长 63.3%。其中，出口 5394.2 万美元，同比增长 30.3%；进口 10118.9 万美元，同比增长 88.8%。2011 年珠澳跨境工业区进出口情况及走势如表 9 和图 10 所示。

表 9　　2011 年 1～12 月珠澳跨境工业区进出口情况统计

时间（月）	进出口（万美元）	同比增长（%）	出口（万美元）	同比增长（%）	进口（万美元）	同比增长（%）
1	974.7	-39.8	246.7	-82.2	728.0	215.1
2	569.9	-29.0	91.9	-83.7	478.0	101.1
3	1247.9	-18.2	307.4	-72.4	940.5	128.9
4	1938.6	288.3	152.7	-12.2	1785.9	449.2
5	904.5	86.2	290.1	82.6	614.4	87.9
6	1017.5	95.3	405.7	324.8	611.8	43.8
7	936.4	55.0	395.4	339.8	541.0	5.2
8	1080.0	151.8	320.0	279.1	760.0	120.6
9	1286.8	197.5	454.6	420.1	832.2	141.1
10	1850.3	194.3	575.7	444.1	1274.6	143.7
11	1634.2	96.9	515.9	211.0	1118.2	68.4
12	2284.3	103.8	1675.3	1425.4	609.0	-39.8
合计	15513.1	63.3	5394.2	30.3	10118.9	88.8

4. 国家间自由贸易区

自由贸易区分为国家间的和国家内的两种。国家间自由贸易区是指两个以上的主权国家或单独关税区通过签署协定，区内取消关税和其他非关税限制，区外实行保护贸易的特定区。如 CEPA 协议、《海峡两岸经济合作框架协议》和霍尔果斯国际边境合作中心。

（1）CEPA（Closer Economic Partnership Arrangement）协议。CEPA 协议即《关于建立更紧密经贸关系的安排》，是我国内地与香港和澳

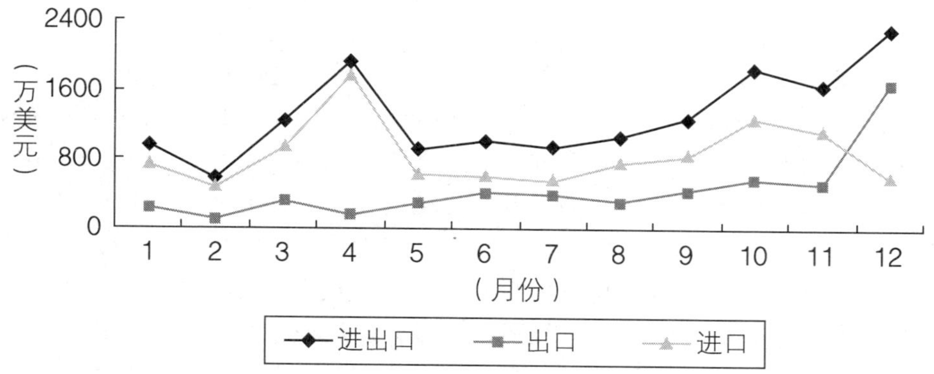

图10　2011年1~12月珠澳跨境工业区进出口价值走势

门特区单独关税区之间签署的自由贸易协议，是内地与港澳特区制度性合作的新形式，也是内地与港澳特区经贸交流与合作的重要里程碑。2003年6月29日，内地与香港特区正式签署了CEPA协议，它是迄今为止我国内地签署的各类自由贸易协定中覆盖面积最广、程度最深、执行最全面的自由贸易区协议，使内地与香港特区间的经贸联系更加紧密，标志着我国入世后香港特区与内地经济关系出现历史性的变革。CEPA协议主要涉及的内容包括两地实现货物贸易零关税，扩大服务贸易市场准入和实行贸易投资便利化。2003年10月17日，内地与澳门特区签署了CEPA协议，它在原则、内容上和香港特区的CEPA协议基本一致，但根据澳门特区的实际情况和经济差异，协议中也充分体现了澳门特区的特点。例如，澳门特区没有深水港，协议就给予澳门特区产品可以经香港特区向内地转运的权利；由于和香港特区产业结构不同，澳门特区享受零关税的商品税目就与香港特区有所差别。澳门特区CEPA协议不仅包括了大部分澳门特区现在生产的产品，还包括一些现在还未生产但有机会生产和预备生产的产品，如不锈钢餐具、电影以及一些电子产品，为今后澳门特区新产业的发展预留了空间。

（2）《海峡两岸经济合作框架协议》。2010年9月12日，《海峡两岸经济合作框架协议》（简称“ECFA”）正式实施。两岸签署合作框架协议是两岸经贸交流经过三十多年互惠互补、相互依存发展的必然结果，为两岸经济合作搭建了一个制度化的平台，目的是逐步减少或消除彼此间的贸易和投资障碍，创造公平的贸易与投资环境，进一步增进海峡两岸的贸易与投资关系，建立有利于两岸经济繁荣与发展的合作机制。ECFA的基本内容包括货物贸易和服务贸易的市场开放、原产地规则、早期收获计划以及投资和经济合作等。

（3）霍尔果斯国际边境合作中心。霍尔果斯国际边境合作中心是我国与其他国家建立的首个跨境合作区，是上海合作组织框架下区域合作的示范区。合作中心建立在中哈国界线两侧毗邻接壤区域，实行封闭式管理，中心总面积5.28平方公里。其中，中方区域面积3.43平方公里，哈方区域面积1.85平方公里。主要功能有出口加工、保税物流、仓储运输、检测、研发、商品展示和销售、金融服务等。主要享有的优惠政策是境外货物入区免征关税和进口环节增值税；境内货物入区退税等，同时中心区企业享有西部大开发优惠政策。

5. 国家内自由贸易区

国家内自由贸易区是指一个国家或单独关税区内部设立的用防栅隔离的自由海关管辖之

外的特殊经济区域，区内允许外国船舶、飞机自由进出，外国货物免税进口，允许进口货物长期存储，进行加工，取消对进口货物的配额管制，也是自由港的进一步延伸。

自由贸易区属“境内关外”，是货物进出无须通过国家海关的区域，居民居住、外汇开放等也几乎没有海关的监管，相对于海关特殊监管区域比较自由，也没有烦琐的行政管理手续，货物在区内流转、金融市场的运作以及进出口管制等方面都有着高度开放的特征；并且自由贸易区的设立是国家行为，而海关特殊监管区域是地方行为。自由贸易区的这些突出优势可以使其更好地参与国际经济竞争，促进自由贸易，推动本国经济的发展。但若引导不当的话，它会导致商品流向的扭曲和避税，即第三国可能会将货物先运到一体化组织中实行较低关税或贸易壁垒的成员国，然后再转运到实行高贸易壁垒的成员国，为了避免这个问题，自由贸易区组织均制订“原产地原则”。我国大陆现阶段还没有出现自由贸易区，由于历史原因，严格意义的自由贸易区只是在原来的殖民地和台湾地区，不受中华人民共和国海关总署领导的特殊关税区。

京都公约附约将自由区定义为：一国的部分领土，在这部分领土内运入的任何货物就进口税及其他各税而言，被认为在境内关外，并免于实施惯常的海关监管制度，主要包括保税加工、保税物流、现代服务、国际贸易、国际金融五大功能。

（1）香港特区。按照《中华人民共和国香港特别行政区基本法》的规定和“一国两制”、“港人治港”、高度自治的基本方针，香港和内地实行一国两制，香港海关不受内地海关总署领导，是独立关税区。由于独特的地理位置以及完善的自由市场经济体制，香港成为迄今最自由、最开放、最活跃的自由贸易港。香港北连中国内地，南邻东南亚，东濒太平洋，西通印度洋，位居亚太地区的要冲，处于欧洲、非洲和南亚通往东南亚的航运要道，同时又是美洲与东南亚之间的重要转口港，也是欧美、日本、东南亚进入中国的重要门户，因此成为国际经济与中国内地联系的重要桥梁；而且，香港实行区港一体化，这一与众不同的特点使其结构完善、功能较齐全、能量大，极大地推动了亚太地区经济的发展。香港自由贸易港内一般进口或出口货物均无须缴付任何关税，也不设任何增值税或一般服务费。

由于欧洲经济衰退的影响，香港物流目前正面临转型的挑战与机遇，一方面应借助于先进技术，努力转向高增值物流路线；同时应充分利用当前内外的挑战与自由贸易区的政策优势，向大型配送中心发展。2011 年 10 月份香港的出口货值有 11.5% 的升幅后，11 月份出口货值的升幅骤减至 2%，货值共计 2786 亿港元。其中，11 月份转口货值为 2734 亿港元，升幅为 2.5%；香港本地产品出口货值则显著下跌至 51 亿港元，跌幅为 19%。在商品进口货值方面，继 10 月份香港有 10.9% 的升幅后，11 月份的升幅略微放缓至 8.8%，达到 3227 亿港元。

（2）澳门特区。澳门也是一个我国独立关税区的自由港。因其具有资金进出自由，实行简单低税制的政策优势，以及背靠中国内地的地理位置优势，并与欧盟、葡语国家和国际华商组织有密切的联系，澳门在发展物流业上具有不可取代的优势。随着澳门内需的日益增加，越来越需要依靠周边货物，所以重新整合物流业是澳门发展的当务之急。2011 年 3 月 6 日签署了《粤澳合作框架协议》，框架协议的签署促进了《珠江三角洲地区改革发展规划纲要》和澳门 CEPA 协议的落实实施，同时框架协议的落实和珠海横琴岛上的 5 平方公里粤澳合作产业园区的设立，将为澳门企业参与横琴发展创造一个很好的平台。

（3）高雄自由贸易港区。中国台湾最大的港口高雄港位于台湾岛西南端，是台湾货运进出口的主要中转港和集散中心。高雄自由贸易港区是台湾第二个自由贸易港区，它的建立吸引了更多国际中转货源，成为“洲际集装箱转运中心”。它位于高雄港的中岛、前镇、小港、中兴和大仁5个集装箱储运区内，共有31个集装箱码头。主要优惠政策有将制造、仓储、物流融为一体的“境内关外”政策；区内货物自由流通，并享有多项租税优惠措施。目前第一期处于营运状态，区域范围3.6平方公里，另由5个港区组成的以散货码头为主的第二期也即将建成，面积为1.55平方公里。

（4）基隆自由贸易港区。基隆港是中国台湾第二大港口，是台湾北部最重要的海运枢纽，同时是台湾岛北部货物进出口门户、国际贸易港口和货物集散中心，还是世界第十大集装箱运输港，这些优势促使了基隆自由贸易港区的设立。为了促进海峡两岸自由贸易港区的合作，2008年起，基隆自由贸易港区就与福州保税港区商议合作，目前，两区已在区域监管、货物直通、增值服务等10点对接思路上达成了共识，为实现海峡两岸的保税港区实行便捷高效的通关模式创造了良好机会。

6. 横琴类自由贸易区

2011年7月14日，国务院正式批复在珠海的横琴新区实行比经济特区更加特殊的优惠政策，至此横琴岛成为中国内地现今地位最特殊、政策最优惠的地区，成了一个类似香港的“自由贸易区”，不仅为横琴岛的经济发展创造了条件，也将促进澳门经济适度多元发展和维护港澳地区长期繁荣稳定。

横琴岛位于中国经济最活跃的珠三角西岸，面积106.46平方公里，是唯一与港澳陆路相连、“一岛两制”的国家级战略新区，是内地开放度最高、体制宽松度最大、创新空间最广的地区，也是中国连通世界的一个门户。横琴新区被划分成31个功能小区，它有三大定位：“一国两制”下探索粤港澳合作新模式的示范区；深化改革开放和科技创新的先行区；促进珠江口西岸地区产业升级的新平台。主要发展四大产业：商务服务、休闲旅游、科教研发以及高新技术。

珠海横琴新区设立管理委员会，由珠海市政府管理，规格为副厅级，同时按照《粤澳合作框架规划》，横琴已被纳入珠海经济特区范围，并按照经济特区有关政策和办法实施管理，此外还享受比特区更特殊的一系列政策。横琴环岛不设置隔离围网，在环岛设置巡查和监控设施，以此确保有效监管。和国内已有的特殊监管区所不同的是那些特殊监管区只有制造业，而横琴以现代服务业为主，“探索粤港澳合作新模式”将是横琴新区的最大亮点。

横琴新区享有的优惠政策主要有：对从境外进入横琴与生产有关的货物实行备案管理，给予免税或保税，生活消费类、商业性房地产开发项目等进口的货物以及法律、行政法规和相关规定明确不予保税或免税的货物除外；货物从横琴进入内地按有关规定办理进口报关手续，按实际报验状态征税，在“一线”已完税的生活消费类等货物除外；内地与生产有关的货物销往横琴视同出口，按规定实行退税，生活消费类、商业性房地产开发项目等采购的国内货物以及法律、行政法规和相关规定明确不予退税的货物除外；横琴企业将免税、保税的货物（包括用免税、保税的料件生产的货物）销售给个人的，应按规定补齐相应的进口税款。

同时，按照获批的政策在横琴新区将实行“分线管理”创新通关模式，这一通关模式将横琴与澳门之间的口岸设定为“一线”管理，横琴与珠海之间设定为“二线”管理，按照“一线”放宽、“二线”管住、人货分离、分类管理的原则实施分级管理。在“分线管理”通关模式下，从“一线”与横琴之间进出的货物实行备案制；对横琴与境内区外之间的进出货物实行报关报检制。但是，设在横琴的企业生产、加工的货物若想经“二线”销往内地，仍需照章征收进口环节增值税、消费税。

2011 年 1 至 11 月，横琴新区完成固定资产投资 111.43 亿元，同比增长 146%。同期，横琴新区实现财政一般预算收入 2.53 亿元，同比增长 344.45%，实际利用内资 22.41 亿元，同比增长 206.39%，实际利用外资 8520 万美元，同比增长 1604%。

二、我国保税物流发展中的问题及发展对策

随着保税物流业务的快速发展，我国的保税物流管理明显滞后于保税物流的现实情况，保税物流体系逐步显现出弊端，与保税物流所追求的高效率、低成本偏离程度日益增大，突出表现在偏多的类型引发的问题、布局规划欠佳、保税物流管理的法规配套不完善以及信息化管理有待提高。

一是监管区域类型偏多。目前，我国保税物流体系包括海关批准设立的保税仓库、出口监管仓库等类型以及国务院批准设立的保税物流园区、出口加工区和保税区等类型。总的来说，类型已偏多，但由于各种阶段性需求，仍在不断增设新型的保税物流监管区域。例如，随着经济全球化进程的加快，作为全球供应链中物流、信息流、资金流的中心节点的港口，成为国家或地区参与国际分工合作和竞争的重要战略资源，保税港区就应需而设。虽然名称不同，功能和实施的政策也因地而异，但本质上都有一定的相似性，然而新型的监管区域享有更优惠的政策，这就给已存的监管区域造成了极大的压力，如不具有出口退税的保税区在享有更多优惠政策的保税港区压力下，引进项目难度进一步加大。且因体系不够明晰、规范，容易引起混淆不清，这既不利于国内外投资者生产经营，又不利于海关等政府部门统一监管。而且实际上后来设立的各类型的监管区域在功能上、政策上已逐步趋于雷同，这导致了一定程度的重复布局和相互竞争。

二是布局规划欠佳。从我国保税物流区域分布图上可以看出，我国各类特殊监管区域和保税监管场所主要集中在东部沿海地区，缺少宏观、科学合理的规划布局，一定程度上不利于总体发展；其设立目的与实际需求不相符，由于特殊监管区域具有产业、税收、贸易、金融等政策优势，部分地方政府把申报建设特殊区域作为“政绩任务”，不考虑地方经济需求的实际，盲目申请和重复建设特殊监管区域；局部地区布局密度大，造成保税物流资源配置不合理，制约了保税物流业务在区域间的均衡发展，而且会造成区域间的同质竞争。一些城市几乎拥有所有类型的海关特殊监管区域，而这些数量众多的区域在功能、政策上都有一定程度的叠加，如保税港区功能是在保税区的功能基础上发挥了港口的功能作用，这将导致同一区域的监管区域容易在功能分工、产业配套、机构设置等方面产生重复布局和同质竞争。

三是保税物流管理的法规配套不完善。目前存在的相关管理办法，大多属于部门性行政规章，如《保税区海关管理办法》，就存在法律保障层次低，对其他部门协调效力有限的问题，还存在类型数量多、相互间不统一等问题，不易使相关企业明了这些海关特殊监管区域的异同，无法充分享受政策便利，也不利于政府及海关进行实际运作；由于缺少高层次统一的专门性法律法规，导致各地的海关特殊监管区域在行政级别设置、海关监管模式、企业入园标准、政策优惠力度等方面存在随意性，这从长远来看不利于海关特殊监管区域的规范和稳定发展。

四是信息化管理不足。目前各类保税物流监管场所普遍存在信息化程度不高，科技应用力度不够，信息平台不完善，再加上分散的信息化管理系统，不但造成资源浪费，而且与其他保税加工、保税物流的联网监管系统也无接

口；由于企业基于在联网费用较高，或者未能适应将自身财务、货物进出等信息完全向管理机构公开等原因，海关与保税加工、保税物流企业间的信息化建设程度十分有限。

五是海关监管手续繁杂。海关查验是在通关过程中海关对进出口货物实施监管的关键环节，可以有效地维护进出口秩序和打击违法走私行为。但由于监管区域政策的特殊性，其海关查验手续比一般进出口的海关查验手续更为严格繁杂，如若有需要，监管区域还需复验或径行开验，这都直接影响了通关的效率和企业的物流成本，不利于保税物流的发展。

在新的国际和国内政治经济环境下，我国的保税物流发展必须采取积极有效的应对措施，在加快监管区域的整合同时，积极促进监管区域的业务延伸和转型升级，以适应经济全球化的发展趋势，满足我国开放型经济快速发展对保税物流发展的需要。

一是要变“漫山放羊”为“集中圈养”。依据进出口合同采用加工贸易手册方式进行保税监管，每一个合同就像每一只羊，形成“牧羊人漫山放羊”式管理。随着海关监管制度的逐渐完善，各种类型的海关特殊监管区域和监管场所遍布从沿海到内地，吸引各个保税物流企业和保税加工企业进入这样的监管区域从事物流服务于外向型加工，并且还可以开展多种方式的保税服务，就像是把羊都圈进羊圈“集中圈养”，提高了海关监管的效率，加强了监控和风险管理力度。

二是要重视特殊监管区域和保税监管场所的整合优化。国务院和海关总署应进一步从严审批监管区域的设立，更加重视现存的各类监管区域的发展质量，明确选择保留具有比较优势、发展潜力以及与国际接轨的监管区域类型，对于其他类型的监管区域，从空间上、名称上和管理机构上适当加以整合归并，明确整合后的监管区域的类型、范围，突出其功能和分工。以青岛保税区和青岛前湾保税港区的整合为例，可考虑整合后重点突出其区港一体化发展的优势，同时逐步清理和统一有关的各类政策，从而形成具有政策功能和配套管理落差的保税物流体系，以此来促进监管区域进一步完善发展。

三是要合理规划布局。针对特殊监管区域和保税监管场所分布过于集中的现状，应结合国家宏观调控政策和地方经济发展需求，积极引导东部沿海地区保税物流载体发挥更大的集聚和辐射效应，同时鼓励中西部地区建立与保税加工相配套的保税物流网络，为推动产业梯度转移搭建好平台。以西安综合保税区为例，它的设立体现了向西开放的国家新战略，它的建成运营将成为西部地区、东部地区、国家和国际等多方巨大利益的创造体；按照“谁申办谁负责”的原则，从实际出发，认真分析本地的经济基础、产业结构、开放程度、交通条件以及综合效益等方面的基本情况，做到合理布局、据实申报、规范管理、科学发展；着眼于经济全球化趋势，综合考虑自然区位、基础设施、开放水平、产业基础以及配套能力等多方面因素，重点在沿海、临空、沿江、沿边等城市审批设立与国际接轨的多功能、综合性、现代化的监管区域。

四是要完善保税物流体系的法律法规。依托《中华人民共和国海关法》及国家海关总署颁布的关于不同类型的监管区域的部门规章，借鉴国际上关于自由贸易园区的有关法律法规，进一步量化准入指标和审批标准，并统一针对所有监管区域的行政法规或条例，对监管区域的功能、性质、范围及监管模式等基本特性进行界定，使监管区域和保税监管场所的业务步入正轨，开展起应具有的主要业务。

五是要加强信息化管理。随着国际经济一体化的快速发展和物流市场的快速变化，保税物流体系需要加强信息化管理，加快新技术的引进，推广物联网技术的应用，可以用条码、智能标签等标识技术标识进入海关监管区域的保税货物，通过 RFID 芯片对车辆信息、货物信息、作业信息进行采集，还可以采用 EDI 技术进行信息数据整理、管理等，打造信息化监管模式；建设保税物流信息平台，建立信息共享机制，在海关监管手续上尽快全面执行 EDI 报备报关制，实现海关、税务、外管等部门的口岸电子信息的共享，促成物流监控和通关监管的一体化，提高海关监管的反应速度和工作效率。

六是要提高监管环节效率。为了提高海关监管效率，尤其是海关查验效率，海关应创新查验模式。诸如“量体裁衣”式的查验新模式，针对不同行业的特点对企业分类监管，采取适当的方法进行查验，如针对体积庞大、复杂精密的机械设备，海关可以先用监管车运至企业，再实施查验；也可以对企业进行分级监管，对于信誉度高的企业，可采取查验取样后先放行，再化验、审价，这样极大降低了通关障碍，提高了企业的物流速度；还可以建立区域查验中心，将查验业务集中办理，减少企业在多个分散查验场地办理查验手续，提高查验效率。对于一些知名度高、信用好的物流企业，可以和海关签署协议，由物流企业担保货物的合法性，实现免查验通关，既降低通关成本又提高通关速度。

（田　征　李　婷　大连海事大学）

2011 年中国快递业[①]

一、2011 年我国快递市场发展情况

2011 年，我国快递市场保持高速增长态势。据快递物流咨询网的统计，2011 年我国快递业务量和业务收入分别比上年增长了 36.2% 和 20.2%。据国家统计局公布的经济数据，2011 年全年国内生产总值（GDP）为 471564 亿元，比上年增长 9.2%。我国快递业务收入的增速接近 GDP 增速的 2.2 倍。

1. 快递业务量与业务收入情况

2011 年，我国快递市场快递业务量和业务收入呈快速增长态势。来自国家邮政局和快递物流咨询网的数据一致反映了这一趋势。具体情况见表 1。

2. 同城、异地、港澳台及国际快递业务的情况

2011 年，我国快递业务同城、异地、港澳台及国际快递各板块业务量和业务收入情况如表 2 所示，各板块业务收入（其他收入除外）

表 1　2011 年我国快递业务量与业务收入情况

统计单位	快递业务量（亿件）	同比增长（%）	快递业务收入（亿元）	同比增长（%）
国家邮政局	36.7	57.0	757.9	31.9
快递物流咨询网	39.5	36.2	841.4	20.2

表 2　2011 年我国快递业同城、异地、港澳台及国际快递业务量和收入情况

统计单位	快递业务量（亿件）			快递业务收入（亿元）		
	同城	异地	港澳台及国际	同城	异地	港澳台及国际
国家邮政局	8.28	27.05	1.40	65.38	441.67	198.32
快递物流咨询网	9.48	28.08	1.94	75.72	479.57	227.16

① 本文统计图表的数据大多同时引用国家邮政局和快递物流咨询网的数据。需要说明的是国家邮政局历年统计的数据都是以规模企业为样本，2011 年该系统统计上报的企业数增多，数据应考虑受数据采集范围扩大、统计方法更为完善等因素的影响；快递物流咨询网统计的范围是全部市场容量。因此，两组统计数据存在差异属于正常。

构成情况如图 1 所示，各板块业务量构成情况如图 2 所示。

3. 各地区的快递市场情况

2011 年，我国快递业各地区业务收入占比情况和业务量占比情况详见图 3 和图 4。

4. 网上购物产生的快递业务

2011 年，我国网购快件在快递业务中的占比日趋增大，网购产生的快件量占总快递业务量的比例已从 2010 年的 42% 左右（国内快递）上升至 2011 年的 58%；网购产生的快件量收入已占总快递业务收入的 46%。网购快件已经成为驱动快递业务增长的主要力量。

二、快递服务质量受到严峻考验

2011 年，我国快递服务质量堪忧。在快递业务激增的同时，消费者的投诉案件量成倍上升，增幅已达业务量增幅的 9.5 倍。据国家邮政局统计的统计数字显示，2011 年我国快递业消费者申诉案件量同比增长 344.3%，是快递业务量增幅（36.2%）的 9.5 倍。而 2010 年的申诉案件量相比 2009 年的增速为 97%，是当年快递业务量增幅（25%）的 3.9 倍。2011 年和 2010 年消费者对快递服务的申诉情况详见

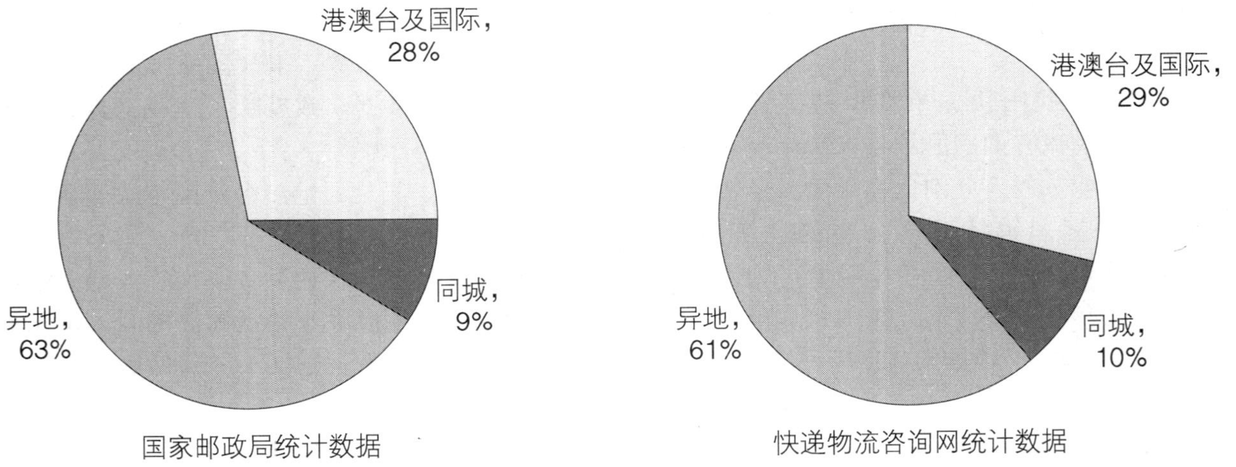

图 1　2011 年我国快递业各板块业务收入（其他收入除外）构成情况

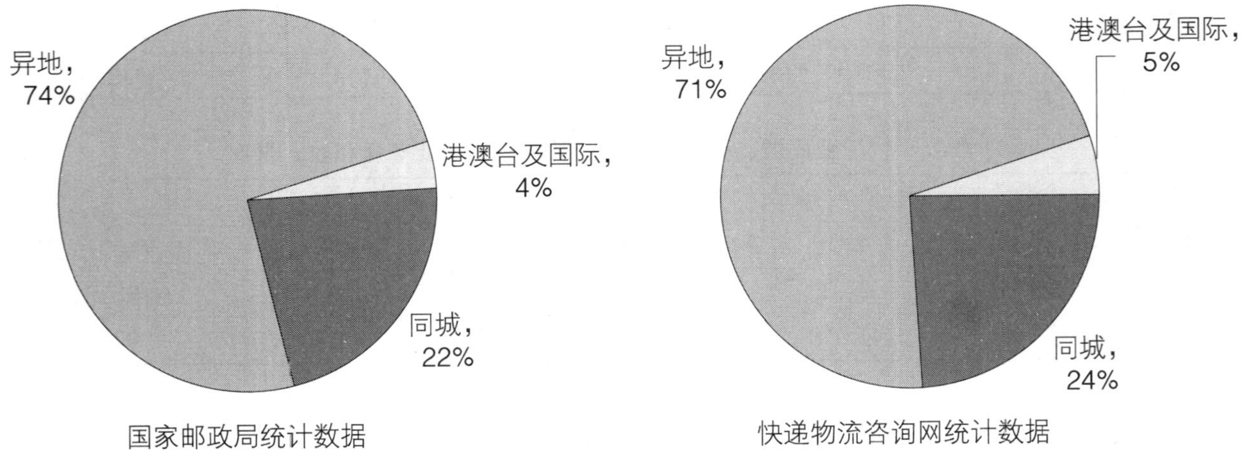

图 2　2011 年我国快递业各板块业务量构成情况

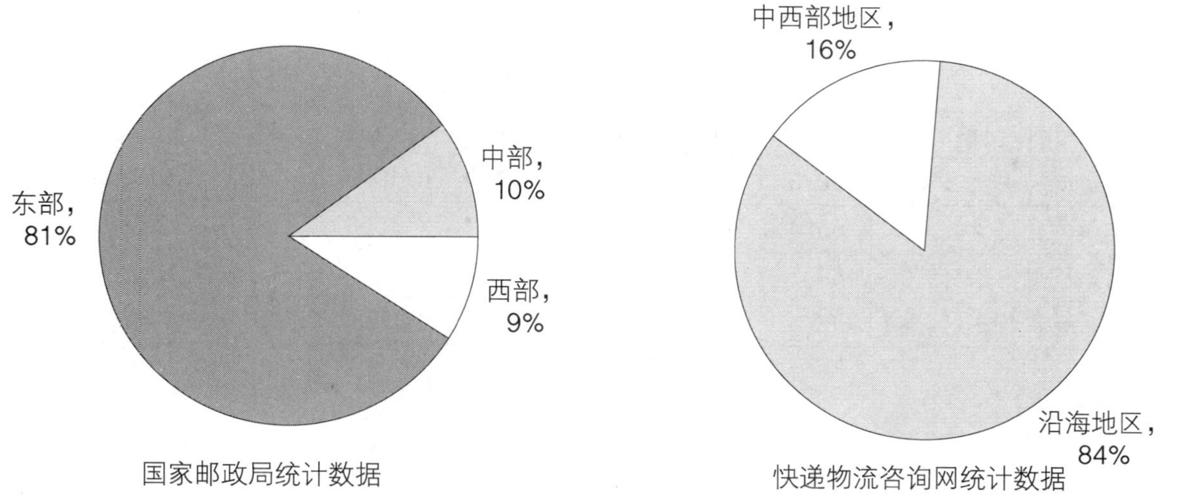

图3　2011年我国快递业各地区业务收入占比情况

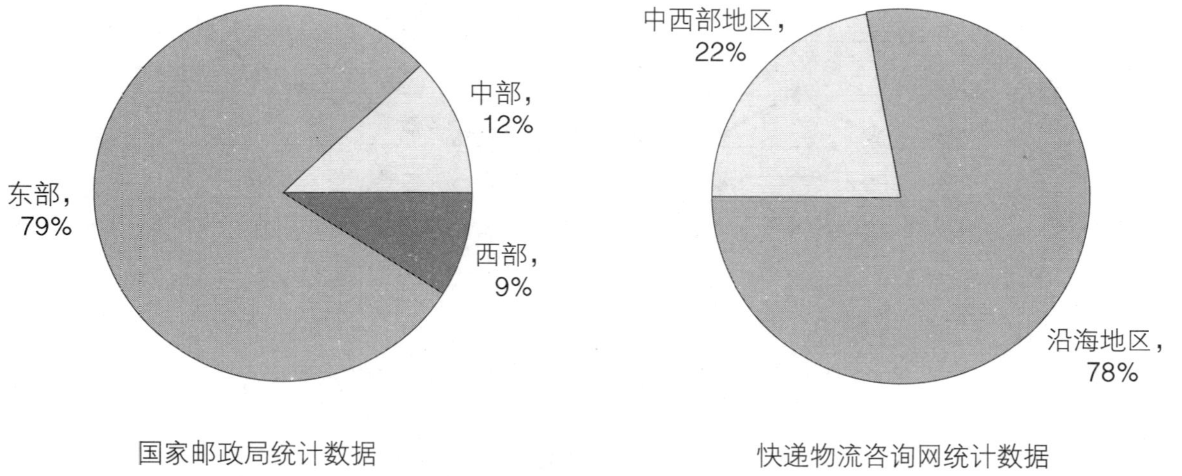

图4　2011年我国快递业各地区业务量占比情况

表3。由表3可知，在2011年消费者众多投诉案件中，服务态度差的申诉案件量同比增长822.1%、延误的申诉案件量同比增长366.2%、违规收费的申诉案件量同比增长305.7%。申诉案件量同比增幅之高令人惊诧，我国快递业服务质量受到严峻考验。2011年和2010年我国快递业消费者申诉案件数量变化走势如图5所示。

2011年，在快递业激增的投诉案件中，主要快递企业被申诉的情况如表4所示。

三、鼓励快递业健康发展的系列举措集中出台

2011年，国家标准委组织国家发展和改革委员会、科学技术部、交通运输部、铁道部、中国民用航空局、国家邮政局等十部委完成了《全国物流标准专项规划》（以下简称《规

表 3　　2011 年和 2010 年消费者对快递服务的申诉情况统计

分　类	延误	丢失及短少	损毁	代收货款问题	服务态度差	违规收费	其他	合计
2011 年申诉件数（件）	25704	8751	3780	684	9830	637	79	49465
2011 年各类问题占比（%）	52.0	17.7	7.6	1.4	19.9	1.3	0.2	100.0
2010 年申诉件数（件）	5514	2602	1382	314	1066	157	97	11132
2010 年各类问题占比（%）	49.5	23.4	12.4	2.8	9.6	1.4	0.9	100.0
2011 年申诉量同比增长（%）	366.2	236.3	173.5	117.8	822.1	305.7	-18.6	344.3

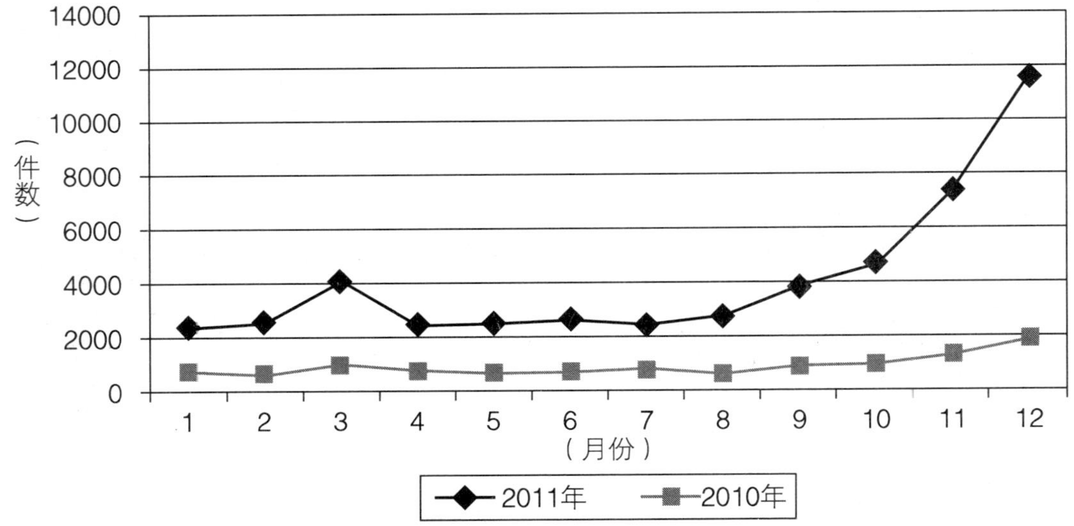

图 5　2011 年和 2010 年我国快递业消费者申诉案件数量变化走势

表 4　　2011 年主要快递企业申诉率统计

企业名称	2011 年申诉率平均值（‰）	企业名称	2011 年申诉率平均值（‰）
希伊艾斯快递	0.413	天地快递（TNT）	0.094
汇通快运	0.253	中国邮政 EMS	0.077
申通快递	0.237	全一快递	0.062
宅急送快运	0.209	顺丰速运	0.016
中通速递	0.201	联邦快递（FedEx）	0.014
韵达快运	0.159	优比速（UPS）	0.010
圆通速递	0.151	民航快递	0.008
海航天天快递	0.143	中外运—敦豪（DHL）	0.003

划》）的编制并联合印发。邮政行业标准化工作也得到了国家标准委的高度重视，邮政物流和快递物流作为服务业的重要组成部分，被列入《规划》标准制修订重点领域；《快递运单》、《快递安全作业规范》和《快递信息系统技术要求》三项标准被列入了《规划》制修订标准项目。

据国家发展和改革委员会颁布的《产业结构调整指导目录（2011 年本）》，包括快递在内的邮政业被纳入国家鼓励发展的产业目录。至此，快递服务发展过程中遇到的用地难、通行难、融资难等各类难题，有望得到逐步解决。该目录于2011 年6 月1 日起施行。国务院总理温家宝2011 年6 月8 日主持召开国务院常务会议，研究部署进一步加大财政教育投入工作和促进物流业健康发展工作。会议指出，必须制定完善配套政策措施，促进物流业健康发展。并从税收、用地、推进技术创新、车辆通行等八个方面给予了指示。国务院办公厅根据指示随后公布了《国务院办公厅关于促进物流业健康发展政策措施的意见》。

国家邮政局出台多个规范性文件及规划性文件规范与规划快递市场，包括：《关于快递企业兼并重组的指导意见》、《快递企业等级评定管理办法（试行）》、《快递企业等级评定实施细则》、《快递业务操作指导规范》、《邮政业消费者申诉处理办法》、《快递行业特许经营（加盟）合同》（示范文本）、《快递业务经营许可证变更办理指南》、《邮政行业统计管理办法》。

2011 年12 月，国家邮政局正式公布《快递服务“十二五”规划》。规划提出，到2015 年，快递业务量将达到61 亿件以上，年均增长21%；快递业务收入超过1430 亿元，年均增长20%，比“十一五”末增长1.5 倍，占邮政业业务收入的比重达到55%；新增就业岗位35 万个以上，从业人员总数达到100 万。

截至2011 年年底，全国已有29 个省、区、直辖市将快递纳入了《邮政业“十二五”发展规划》或直接编制了《快递业“十二五”规划》。有24 个省、区、直辖市的邮政与快递服务被纳入地区性国民经济或物流“十二五”规划，为快递业的发展提供了政策和资源保障。

四、政府加大了对快递行业的监管力度

从《关于快递企业兼并重组的指导意见》、《快递企业等级评定管理办法（试行）》、《邮政业消费者申诉处理办法》，到《快递业务操作指导规范》、《邮政业消费者申诉处理办法》、《快递行业特许经营（加盟）合同》等，从这些2011 年国家有关部门出台的系列政策、法规、规范性文件来看，政府对快递行业的监管越来越细。部分地方邮政管理局还针对加盟企业的加盟行为出台了暂行规定或建立了快递企业责任人约谈制度，对快递企业的统计工作也制定了台账管理制度。

2011 年年初，按照国家邮政局统一部署，各省（区、市）邮政管理局开始了“规范市场秩序　维护用户权益”的大面积的专项执法检查活动。检查活动中对违规企业下达了整改通知书及作出了相应处罚，彰显政府对快递行业的监管力度日趋加大。

五、快递市场格局加速改变

自2009 年10 月1 日颁布实施的新《邮政法》确立了快递行业的市场地位以后，快递市场格局加速改变，大的行业并购、重组事件频发，促进了行业新一轮的洗牌。2011 年上半年以前，资产重组基本限于同行间，但随着快递业务量的强劲增长以及中国邮政上市步伐的加快，资本市场也开始向快递行业伸出了橄榄枝。原本从未涉足快递行业的基金、私募和投资公司纷纷蠢蠢欲动，频频与快递企业接触。特别是看到快递服务的发展速度赶不上爆发式

增长的电子商务物流需求的现状，更引发了电子商务企业加快进入物流快递领域的步伐。

1. 快递企业重组兼并、转让与融资

一是中外运—敦豪转让全一快递 100% 股权。中外运—敦豪国际航空快件有限公司（DHL）将旗下整合后的快递企业中外运全一以 100% 股权转让给深圳一家民营企业——深圳市友和道通实业有限公司。

二是鑫飞鸿与星晨急便合并重组。鑫飞鸿官方网站发布公告称，鑫飞鸿集团与星晨急便速递有限公司合并重组、并网发展。2011 年 11 月 19 日，星晨急便 · 鑫飞鸿温州分公司正式开业，成为北京星晨急便速递有限公司与鑫飞鸿快递公司合并以后，在华东大区的以“星晨急便 · 鑫飞鸿”商号正式挂牌成立的第一家分公司。

三是希伊艾斯与一邦速递组建了广东希伊艾斯快递。2011 年 11 月上海希伊艾斯（CCES）有限公司与广东一邦速递有限公司签署了合作协议，由希伊艾斯上海总部、希伊艾斯原广州分公司以及一邦速递共同持股，组建广东希伊艾斯快递有限公司，重组公司广东市场。在新公司中，一邦速递是大股东，通过与希伊艾斯股权置换，实现双方在资本上的交叉持股。除股权外，双方还将涉及资产、人员以及管理流程等多方面的重组。新公司将统一使用希伊艾斯品牌在珠三角地区拓展网络。双方重组后，每天的业务量已从 6 万件提高至 10 万件。

四是韵达快运于 2011 年下半年先后接受了复兴集团与联想集团的首轮投资。

五是港中能达速递于 2011 年上半年接受了私募基金的 5000 万元投资。

2. 相关行业纷纷涉足快递业务

一方面，出于开源；另一方面，是觊觎快递行业的高速增长，部分运输相关行业也对快递业务跃跃欲试。如中货航、德邦物流两家公司均已向国家邮政局申请了快递运营许可证。其中，中货航已经在 2011 年 3 月份开通了上海至西安、南宁和兰州三条货运快线，每日一班，以运送快件为主。部分地区的报业发行公司也纷纷涉及快递业务，如湖北日报传媒集团、鞍山报业集团和杭州日报报业集团。此外，一些长途客运公司也以班车捎带货物的形式切入快递市场。

3. 电子商务企业不断加大对配送服务的投资

京东商城在 2011 年 4 月获 C 轮融资 15 亿美元，计划全部投入物流；11 月，开始全面向合作伙伴开放物流仓储；12 月，宣布涉足干线物流。当当网在 2011 年 2 月着手牵头组建一支由当当网控股的配送服务公司；10 月，启动“百城战略”，内容为在该月底把“次日达”服务推广至全国超过 100 个城市；11 月，宣布计划在成都或重庆打造一个 10 万平方米的物流中心，用以辐射整个中西部市场。凡客在 2011 年 5 月启用成都仓储中心，11 月正式向其他电商开放配送平台。麦考林于 2011 年 7 月继在北京、上海、广州推行“1 日 2 配”后，再次进行物流提速，并且已和多家航空公司达成合作协议，在武汉、长沙、西安、海口等 20 多个城市的物流配送中实现空中运输；7 月，在江苏吴江兴建近 14 万平方米的运营中心。苏宁易购于 2011 年 6 月启用无锡物流基地，7 月在武汉开建华中物流基地，8 月启用成都物流基地，11 月启用合肥物流基地，12 月在广州开建华南物流中心。由于无法拆分，苏宁在物流领域的投入是线上线下的综合投入。2011 年 10 月，国美将以国美商城和库巴网双品牌战略布局电商市场，新五年计划是将物流基地建设作为核心战略，计划将在全国建设 50 ~ 60 个物流基地。亚马逊于 2011 年 10 月启动了国内最大的运营中心——昆山运营中心。此外，走秀网于 2011 年 8 月获 1 亿美元融资，第一件事就是自建物流中心，同年 9 月启用北京物流基地。好乐买于 2011 年 10 月在北京、上海、广州、成都启用自建物流。拉手网在 2011 年 3

月投入千万元自建同城物流。

六、行业创新配送形式

随着网购快件的迅猛增长，宅配快件的比例也越来越高。宅配快件的流程复杂程度高于商业快件，导致派送成本高、妥投率低。这使得一些快递企业不得不采取新型的派送模式，以期提高派送服务质量、降低派送成本。目前，主要采取的是与便利店合作让便利店代收代寄快件的模式。采取这种模式的案例有，顺丰速运和深圳7—11便利店及广州8字连锁便利店、武汉邮政速递和中百便民、海航天天和上海家得利超市、圆通速递和四川舞东风超市。其中，顺丰速运还投资在深圳开了20余家便利店，同时开展零售和快递业务。此外，北京还有一家企业正在探索社区共同配送的模式。

七、快递品牌综合实力排名

根据快件量、营业收入、服务范围、服务质量等综合指标，快递物流咨询网对国内快递品牌进行了综合实力排名，详见表5。

表5　　国内快递品牌排行榜

名　次	品牌名称（简称）
1	中国邮政速递物流
2	顺丰速运
3	申通快递
4	圆通速递
5	韵达快运
6	中通速递
7	汇通快运
8	海航天天快递
9	宅急送快运
10	希伊艾斯快递

八、快递人才培养日趋走向正规化及实用性

1. 政府引导快递人才培养走向正规化

为有效推进快递专业人才培养工作，国家邮政局组织编写了第一批共八本快递专业（方向）专业课程教材，以满足院校教学、企业培训和广大快递从业人员学习参考的迫切需要。这套教材的出版改变了目前全国各院校快递专业（方向）没有统一、系统的专业课程教材的局面。系列教材分为高职和研究生两个层次，高职教材共有《快递法规与标准》《快递客户服务与营销》《快递业务概论》《快递业务操作与管理》四本；研究生教材共有《快递服务法规解析》《现代快递服务科学》《电子商务与现代快递服务》《现代快递企业战略管理》四本。

2. 校企合作不断加强

2011年，广西自治区、天津市、新疆自治区、厦门市、辽宁省、吉林省等地邮政管理局都开展了促进校企合作的活动。其中，广东省还将深圳技师学院、广东省邮政培训中心、广东省邮电职业技术学院、顺丰速运有限公司华南培训基地列为广东省快递人才培养基地。同时，企业自身也加强了与学校或教育机构的人才培养合作，如顺丰速运与厦门华厦学院、圆通速递与湖州职业技术学院、韵达与上海经济管理学校、北京邮政速递物流公司与中教未来国际教育科技公司的人才培养合作都是校企合作不断加强的成功实例。

（徐　勇　快递物流咨询网首席顾问）

第四部分

行业物流

2011 年中国制造业物流

制造业作为我国国民经济的支柱产业，是我国经济增长的主导部门和经济转型的基础；制造业作为经济社会发展的重要依托，是我国城镇就业的主要渠道和国际竞争力的集中体现。因此，制造业是我国国民经济发展的核心，制造业物流也是整个行业物流的发展重点。

一、2011 年我国制造业主要指标情况

2011 年，全球经济不断恶化，大宗商品及原材料价格剧烈动荡、企业流动资金短缺、市场需求降低、对外贸易增速回落等种种情况，给正在转型中的我国制造业带来较大的影响。面对国际环境新变化和国内经济运行新情况，中央认真决策部署，努力克服各类困难，继续巩固和扩大应对国际金融危机冲击成果，工业经济呈现出生产增长较快、效益同步改善、产业结构调整稳步推进的良好格局，为国民经济实现“十二五”良好开局奠定了坚实基础。

1. 工业增加值增速情况

据国家统计局和工业与信息化部公布的数据（如图 1 所示），2011 年上半年，我国工业经济增长速度与 2010 年同期相比有所下降，表明制造业国内外市场需求趋缓，企业生产动力不足，制造业经济总体有所回落，工业经济发展呈现出稳中趋缓态势，但总体仍运行在相对较快的增长区间。进入下半年后，受外需萎缩和投资需求拉动减弱等因素影响，工业生产增速呈逐月放缓走势。其中，10 月份、11 月份、12 月份分别回落到 13.1%、12.4% 和 12.8%，但总体上仍然处在较快增长水平。2011 年，我国规模以上工业增加值第一季度增长 14.4%、第二季度增长 14%、第三季度增长 13.8%，全年增长 13.9%，增速比上年减缓 1.8 个百分点。其中，全年工业增速呈现稳中见缓的运行态势。分轻重工业看，2011 年重工业增加值增速快于轻工业，轻工业增长 13%，重工业增长 14.3%。分行业看，39 个大类行业增加值全部保持同比增长。具体数据如表 1 和图 2 所示。

2. 主营业务收入及利润率情况

根据国家统计局发布的数据，2011 年我国规模以上工业企业实现利润 54544 亿元，同比增长 25.4%。其中，2011 年 12 月当月实现利润 7907 亿元，同比增长 31.5%；其中，国有及国有控股企业当月实现利润 1446 亿元，同比增长 31.4%。在 39 个工业大类行业中，37 个行业利润比上年增长，2 个行业比上年下降。主要行业利润增长情况：石油和天然气开采业利润比上年增长 44.8%，黑色金属矿采选业增长 53%，化学原料及化学制品制造业增长 32.1%，

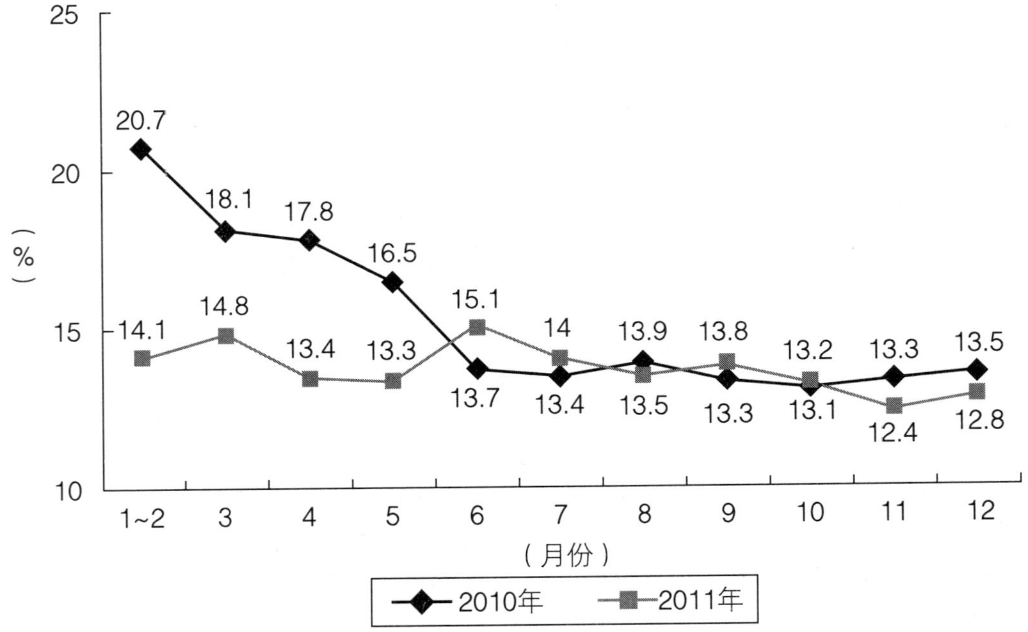

图 1 2010 年和 2011 年我国规模以上工业增加值分月同比增速走势

表 1　　2011 年我国工业增加值同比增长速度统计

月　份	工业增加值（%）	轻工业（%）	重工业（%）
2 月	14.9	13.1	15.6
3 月	14.8	12.8	15.6
4 月	13.4	11.9	14.0
5 月	13.3	12.9	13.5
6 月	15.1	13.9	15.6
7 月	14.0	12.8	14.5
8 月	13.5	13.4	13.5
9 月	13.8	12.8	14.3
10 月	13.2	12.1	13.7
11 月	12.4	12.4	12.4
12 月	12.8	12.6	13.0

资料来源：国家统计局月度统计数据，http：//www.stats.gov.cn/，作者已经进行整理。

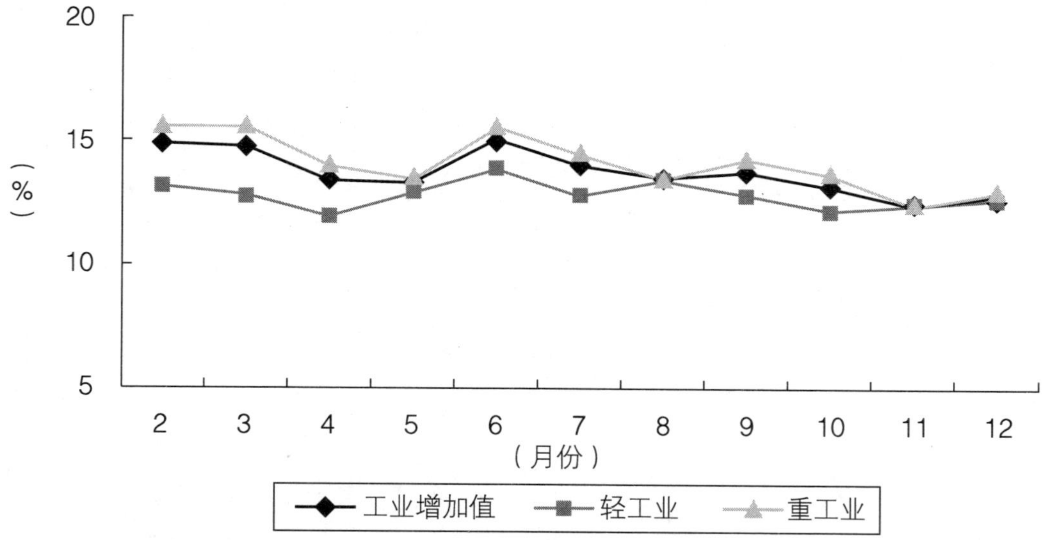

图2　2011年我国工业增加值增长数据

化学纤维制造业增长1.5%，黑色金属冶炼及压延加工业增长15.4%，有色金属冶炼及压延加工业增长51.3%，交通运输设备制造业增长17.3%，通信设备、计算机及其他电子设备制造业增长8.7%，石油加工、炼焦及核燃料加工业下降92.8%，电力、热力的生产和供应业下降11%。从图3和图4可以看出，当前我国制造业发展增速正在趋缓，运营成本不断上升，业务净利润率呈现下降趋势。

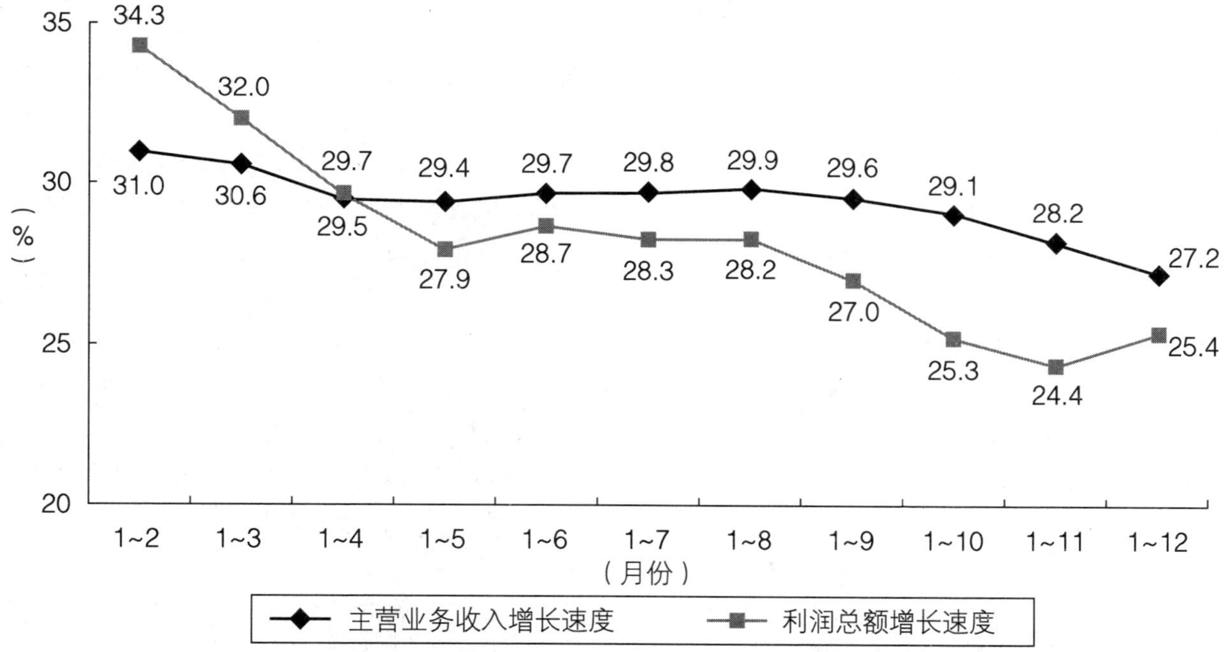

图3　2011年我国规模以上工业企业分月主营业务收入与利润增长速度走势

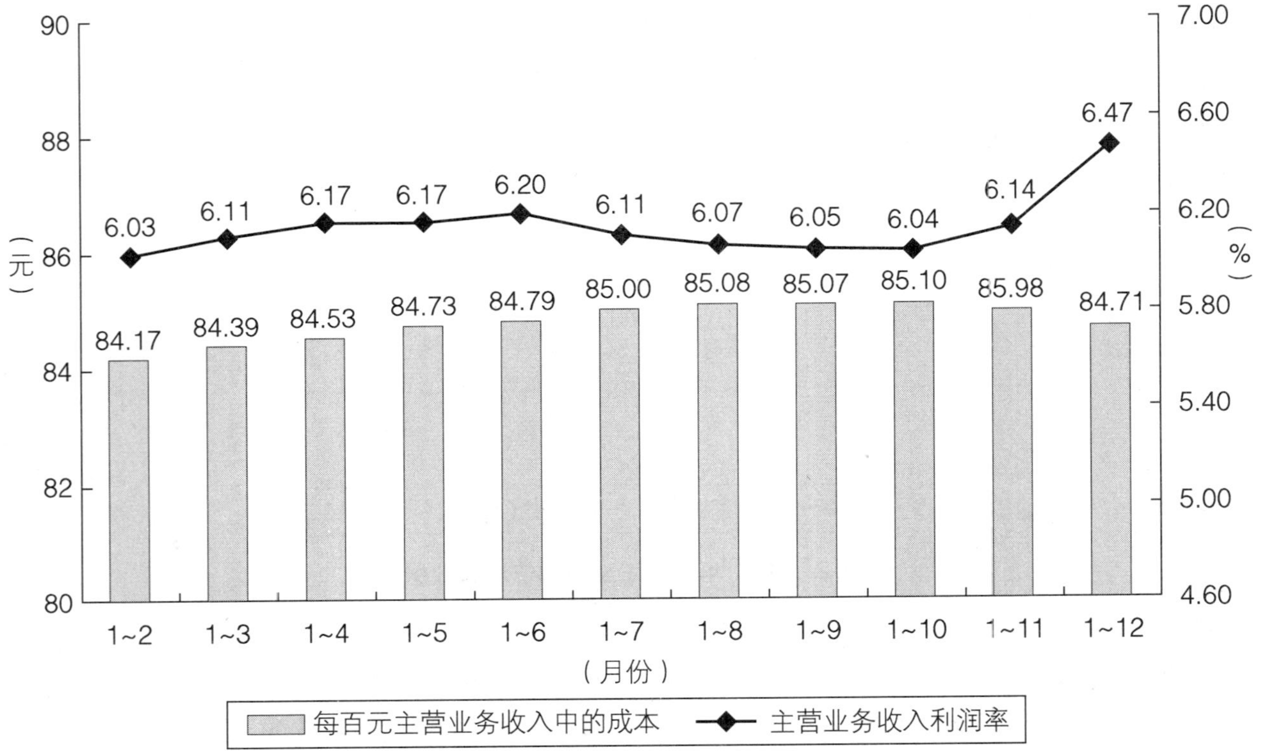

图4　2011 年我国规模以上工业企业分月每百元主营业务收入中的成本与主营业务收入利润率

3. 工业投资增速情况

据国家统计局统计，2011 年我国固定资产投资（不含农户）完成 301933 亿元，比上年增长 23.8%，增速比上年回落 0.4 个百分点。工业投资完成 129011 亿元，比上年增长 26.9%，增速比上年提高 5.3 个百分点。其中，采矿业投资 11810 亿元，同比增长 21.4%，增速比上年提高 2.8 个百分点；制造业投资 102594 亿元，同比增长 31.8%，增速比上年提高 7 个百分点；电力、燃气及水的生产和供应业投资 14607 亿元，同比增长 3.8%，增速比上年回落 4.3 个百分点。

2011 年，六大高耗能行业投资增长较快，完成投资 4.1 万亿元，比上年增长 18.3%，增幅比上年高 3.7 个百分点。工业技术改造投资完成 5.4 万亿元，同比增长 24.9%，增速比上年高 2.1 个百分点；占工业投资比重为 41.6%，比上年高 1.4 个百分点。

2011 年，在完成的工业投资中，东部地区投资 6 万亿元，同比增长 21.1%，增幅比上年高 1.3 个百分点，占比 46.6%；中部地区投资 4.1 万亿元，同比增长 35%，增幅比上年高 8.7 个百分点，占比 31.4%；西部地区投资 2.8 万亿元，同比增长 30.5%，增幅比上年高 9.6 个百分点，占比 21.4%；跨区投资 854.8 亿元，增幅比上年下降 0.9%，占比 0.7%。中部和西部地区工业投资增速均高于同期全国工业投资增速，分别比东部地区高出 13.9 和 9.4 个百分点。

4. 区域协调发展情况

区域发展协调性增强，中西部地区对工业增长贡献率继续上升。2011 年，东、中和西部地区规模以上工业增加值同比分别增长 11.7%、18.2% 和 16.8%，1～11 月，东部地区在全部规模以上工业增加值中所占比重进一步下降到 57.7%，而中、西部地区则分别上升到 24.5% 和 17.8%。

二、2011年我国制造业发展的主要特点

2011年，我国制造业面临诸多瓶颈，钱荒、电荒、用工荒和高成本、高税赋的“三荒两高”使我国制造企业面临严峻挑战。对此，中央紧急采取措施，使得我国制造业在极端恶劣的全球环境下仍然保持平稳发展。

1. 制造业发展增速持续放缓

制造业采购经理人指数（PMI）是国际上通行的宏观经济监测指标体系之一，对国家经济活动的监测和预测具有重要作用。通常以50%作为经济强弱的分界点，PMI高于50%，反映制造业经济扩张；低于50%，则反映制造业经济衰退。PMI指数及其商业报告已成为世界经济运行活动的重要评价指标和世界经济变化的晴雨表。如图5所示，2011年前10个月中国制造业采购经理人指数缓慢回落，但仍位于临界点50%以上，11月中国制造业采购经理人指数为49.0%，比上月下降1.4个百分点。这是该指数自2009年3月以来首次降至临界点——50%以下，并低于历史同期均值2.9个百分点。

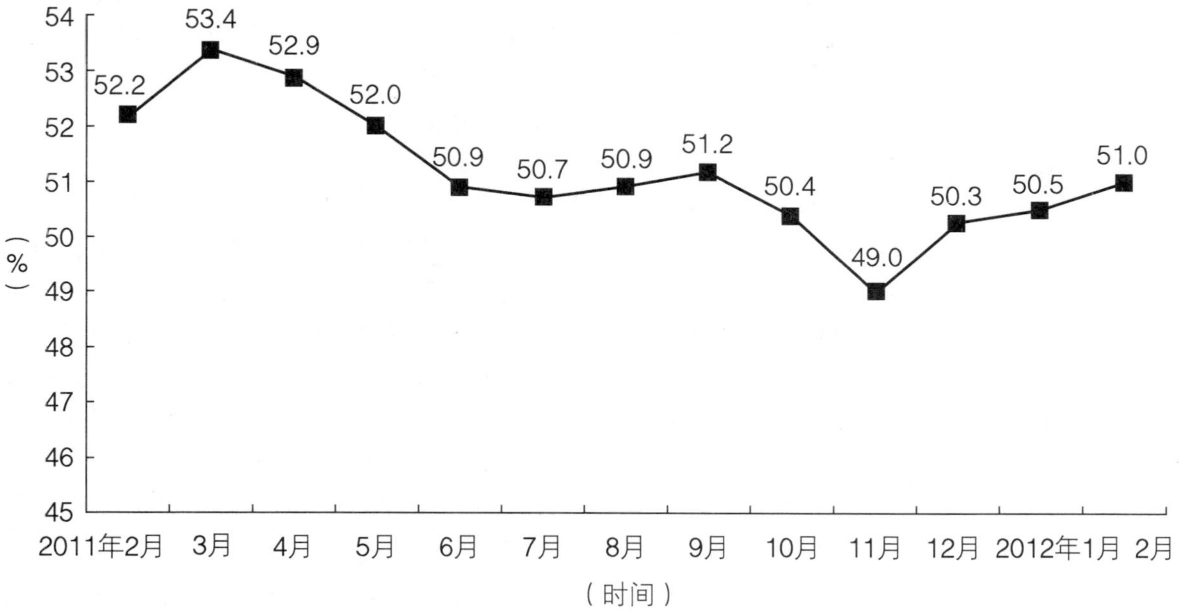

图5 2011年2月—2012年2月中国制造业PMI指数走势

另据中国物流与采购联合会发布，根据2011年10月“宏观经济预警指数”，我国经济现在正处于稳定的状态，综合多种因素判断，预计未来经济增速回调仍将平稳，出现较大波动的风险不大。

2. 内需对工业平稳增长的支撑作用增强

在外需进一步萎缩的形势下，内需对工业平稳增长的支撑作用增强。据国家统计局统计①，2011年1～11月份，规模以上工业完成销售产值同比增长28.4%，其中，内销产值增长30.7%，占全部销售产值的比重达到87.8%，同比上升1.2个百分点。出口仍保持一定增长，但增势总体趋缓。1～11月份，规模以上工业出口交货值同比增长17.3%，低于

① 工业和信息化部：工业经济总体运行平稳较快，中央政府门户网站，http://www.gov.cn/banshi/2011-12/27/content_2030895.htm，2011-12-27。

全部销售产值增速 11.1 个百分点。其中，一季度增长 20.9%，二季度、三季度分别增长 17.7% 和 17.1%，10 月份、11 月份仅增长 13.6% 和 10.1%。

3. 产业结构调整加快

产业结构调整稳步推进，新能源汽车示范推广、淘汰落后产能等重点工作进展顺利。据国家统计局统计①，2011 年 1～11 月份，高技术产业增加值同比增长 16.5%，快于全部规模以上工业 2.5 个百分点。25 个新能源汽车推广使用示范城市试点工作全面展开，纯电动汽车和插电式混合动力汽车已开始进入市场。18 个工业行业淘汰落后产能工作进展良好，电解铝、平板玻璃、煤化工等产能过剩行业调控力度加大。

4. 制造业专项规划陆续发布

2011 年中央经济工作会议提出，未来一年宏观经济政策的基本取向要积极稳健、审慎灵活。相比此前的十大产业振兴规划，“十二五”规划下的制造行业“稳”字当头，转入更加理性的发展时期，相关制造业发展规划陆续发布。

2011 年 4 月 7 日，工业和信息化部主持召开了《“十二五”工业转型升级规划》专家论证会，进一步强调工业转型升级在转变经济发展方式中的重要地位，突出自主创新、“两化”融合等内容。

2011 年 6 月 30 日，《轻工业“十二五”发展规划》通过专家论证。此规划明确提出要加快结构调整和产业布局，进一步拓展、完善产业链，加强信息化和工业化融合，研究、引导、创造消费成商业模式创新的重点。

2011 年 9 月 23 日，工业和信息化部发布了《“十二五”中小企业成长规划》，此规划是“十二五”时期继续实施“中小企业成长工程”，提高中小企业发展质量的行动纲领，是制定中小企业规划和政策的重要依据。

2011 年 10 月 24 日，工业与信息化部发布了《钢铁工业“十二五”发展规划》，此规划明确指出，“十二五”末，我国钢铁工业结构调整要取得明显进展，基本形成比较合理的生产力布局，资源保障程度显著提高，钢铁总量和品种质量基本满足国民经济发展需求，重点统计钢铁企业节能环保达到国际先进水平，部分企业具备较强的国际市场竞争力和影响力，初步实现钢铁工业由大到强的转变。

2011 年 11 月 4 日，工业和信息化部印发了《“十二五”产业技术创新规划》。此规划范围涵盖原材料、装备制造、消费品、信息产业四个领域，为促进工业转型与升级指明了方向。规划期为 2011—2015 年。

2011 年 11 月 9 日，工业和信息化部发布了《工业产品质量发展“十二五”规划》。此规划是工信部为促进我国工业产品质量持续健康发展，根据《国民经济和社会发展第十二个五年规划纲要》的要求而编制的，规划包括工业产品质量的发展现状和面临的形势，指导思想、基本原则与规划目标，主要任务，重点工程，保障措施，组织实施六部分，旨在指导“十二五”工业产品质量加快发展提升。

2011 年 11 月 25 日，工业和信息化部印发了《机械基础件　基础制造工艺和基础材料产业“十二五”发展规划》。这是工信部按照“十二五”国家工业转型升级的总体部署，大幅度提升“三基”产业整体水平，提高为装备制造业的配套能力，实现装备制造业转型升级而编制的规划。此规划明确要力争通过五年时间的努力，我国“三基”产业创新能力明显增强，加工制造水平显著提高，能基本满足重大装备的发展需要，产业发展严重滞后的局面得

① 工业和信息化部：工业经济总体运行在平稳较快的增长区间，http：//www.miit.gov.cn/n11293472/n11293877/n14395765/n14395861/n14396092/14400602.html，2011－12－26。

到改观。

工业和信息化部于2011年11月29日发布了《建材工业“十二五”发展规划》以及《水泥工业“十二五”发展规划》《平板玻璃工业“十二五”发展规划》《建筑卫生陶瓷工业“十二五”发展规划》《新型建筑材料工业“十二五”发展规划》《非金属矿工业“十二五”发展规划》5个子规划，该规划是推进未来五年我国建材工业健康发展的指导性文件。

5. 制造业企业兼并重组稳步进展

2010年9月，国务院发布了《国务院关于促进企业兼并重组的意见》（国发〔2010〕27号），提出进一步贯彻落实重点产业调整和振兴规划，做强做大优势企业。以汽车、钢铁、水泥、机械制造、电解铝、稀土等行业为重点，推动优势企业实施强强联合、跨地区兼并重组、境外并购和投资合作，提高产业集中度，促进规模化、集约化经营，加快发展具有自主知识产权和知名品牌的骨干企业，培养一批具有国际竞争力的大型企业集团，推动产业结构优化升级。

2011年6月15日，工业和信息化部正式函复福建省人民政府和鞍山钢铁集团公司，原则同意鞍山钢铁集团公司与福建省三钢（集团）有限责任公司联合重组方案。要求福建省、鞍钢和三钢按照国家有关规定，切实做好淘汰落后和控制总量工作，积极稳妥地推进联合重组，实现重组各方利益最大化。

2011年12月5日，《山西省焦化行业兼并重组指导意见》正式出台，山西焦化行业开始从“以焦为主”向“焦化并举、上下联产”转变迈出关键一步。根据该意见，通过兼并重组，到2011年年底独立焦化企业保留150户左右，到2015年年底独立焦化企业保留60户左右。到2011年年底独立焦化企业户均产能90万吨以上，到2015年年底独立焦化企业户均产能200万吨以上，形成1000万吨级特大型企业2户左右，500万吨级特大型企业5户左右，200万吨级大型企业10户左右。

三、2011年我国制造业物流发展现状

1. 制造业社会物流总额和所占比例仍呈上升趋势

根据中国物流信息中心的统计数据，2011年我国社会物流总费用仍然保持较快增长，社会物流需求增幅继续有所回落，物流业固定资产投资回落幅度持续扩大。全年社会物流总额158.4万亿元，按可比价格计算，同比增长12.3%，增幅比上年回落2.7个百分点。从构成情况看，工业品物流总额为143.6万亿元，按可比价格计算，同比增长13.1%，增幅比上年回落1.5个百分点，占社会物流总额的比重为90.2%，是带动社会物流总额增长的主要因素。表2给出了2011年我国社会物流总额变化情况，表3给出了2011年我国社会物流总额构成及其比例情况。

根据中国物流信息中心统计数据分析，2011年我国社会物流总费用为8.4万亿元，同比增长18.5%，增幅比上年提高1.8个百分点。2011年，我国社会物流总费用与GDP的比率为17.8%，同比持平，社会经济运行的物流成本仍然较高。其中，运输费用4.4万亿元，同比增长15.9%，占社会物流总费用的比重为52.8%；管理费用1万亿元，同比增长18.7%，占社会物流总费用的比重为12.2%；保管费用2.9万亿元，同比增长22.6%，增幅比上年提高2.1个百分点，占社会物流总费用的比重为35%。在保管费用中，利息费用1.2万亿元，同比增长26.3%，占保管费用的41.2%①。具体如表4所示。

① 资料来源：国家发展和改革委员会、国家统计局、中国物流与采购联合会联合发布，2011年全国物流运行情况通报，http://www.sdpc.gov.cn/jjxsfx/t20120213_461471.htm。

表 2　　2011 年我国社会物流总额变化情况

指标名称		第一季度	前两季度	前三季度	全　年
社会物流总额（万亿元）		33.6	74.7	117.7	158.4
社会物流总额增速（%）		14.2	13.7	13.4	12.3
同比增速指标（%）	农产品物流总额	3.5	2.3	3.8	4.5
	工业品物流总额	14.4	14.3	14.2	13.1
	进口物流总额	12.1	6.7	5.3	4.3
	再生资源物流总额	41.4	42.9	29.6	20.4
	单位与居民物品物流总额	20.5	18.1	17.7	18.3

资料来源：中国物流与采购联合会，www.chinawuliu.com.cn。

表 3　　2011 年我国社会物流总额构成及比例

类　别	绝对额（万亿元）	比重（%）
社会物流总额	158.4	100
农产品物流总额	2.7	1.86
工业品物流总额	143.6	90.2
进口物流总额	11.2	7.37
再生资源物流总额	0.63	0.4
单位与居民物品物流总额	0.27	0.17

资料来源：中国物流与采购联合会，www.chinawuliu.com.cn，相关数据经过推算而得。

表 4　　2011 年我国社会物流总费用变化情况

指标名称		第一季度	前两季度	前三季度	全　年
社会物流总费用（万亿元）		1.7	3.7	5.8	8.4
社会物流总费用增速（%）		17.9	18.5	18.7	18.5
社会物流总费用与 GDP 的比率（%）		17.9	18.0	18.0	17.8
同比增速指标（%）	运输费用	13.6	15.5	15.4	15.9
	保管费用	24.2	22.7	23.8	22.6
	管理费用	20.8	19.8	19.0	18.7

2. 制造业物流外包持续加速，物流信息化程度显著提升

面临竞争压力的加大和经济活动的全球化与区域化，制造企业不得不专心于自己的核心业务，专注于自己的成本降低和运行效率的提高，集中于发展核心竞争力，而将非核心的部

分业务外包。根据国家发展和改革委员会和南开大学现代物流研究中心于2011年1～4月对我国工商企业物流业务外包的总体情况的调查，近年来我国开展物流外包业务的工商企业比例逐年上升，2010年达到63.3%，比2009年增加了2.1个百分点，比2006年增加了20.7个百分点，如图6所示。这表明我国工商企业已逐步认识到物流服务外包是企业降低物流成本、专注于核心竞争力的有效途径。

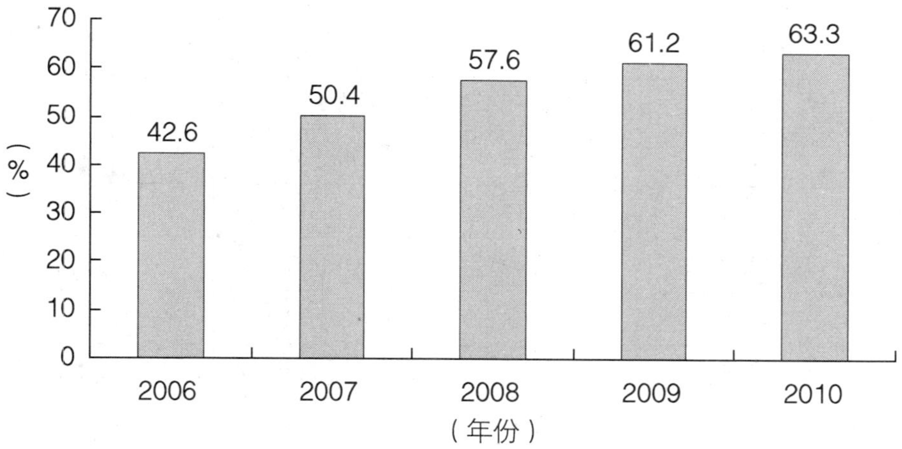

图6　2006—2010年我国工商企业采用物流业务外包的比例

根据国家发改委和南开大学现代物流研究中心于2011年1～4月对我国工商企业物流业务外包的总体情况的调查，2010年我国工商企业物流外包比例主要集中于50%～80%和80%以上，比例分别为29.1%和40.3%，两项合计占69.4%（如表5所示）。

表5　2006—2010年我国工商企业外包物流业务量占企业总物流量的比例

类别	工商企业外包物流业务量占企业总物流量的比例（%）				
	2006年	2007年	2008年	2009年	2010年
10%及以下	13.3	11	9.9	9.1	7.1
11%～30%	15.8	17.1	12.3	10.8	10.4
31%～50%	9.7	7.3	10.8	9.2	13.1
51%～80%	19.7	20.5	21.7	29.8	29.1
80%以上	41.5	44.1	45.3	41.1	40.3

资料来源：南开大学现代物流研究中心．中国现代物流发展报告（2011）[M]．北京：中国物资出版社，2011.

物流信息化是利用信息技术整合物流业务流程与物流资源，实现信息标准化和数据库管理、信息传递和信息收集电子化、业务流程电子化，进而实现规模化经营、网络化运作管理过程。随着我国近几年物流业的蓬勃发展，物流信息化受到了普遍重视，物流行业信息化投资规模不断扩大，物流信息技术装备水平有了较大提高。根据《中国现代物流发展报告

(2011)》的调研数据，如表6所示。2010年，我国工商企业使用的物流信息技术仍集中于条码技术、GPS/GIS系统和EDI系统，所占比例分别为72.5%、38.9%和37.3%，与2006年的数据对比，可以发现，我国工商企业的物流信息化认识与应用程度明显提高。

表6　　2006—2010年我国工商企业采用的物流信息技术（有多选）

类　别	我国工商企业采用物流信息技术的比例（%）				
	2006年	2007年	2008年	2009年	2010年
条码技术	48.4	58.7	62.18	67.4	72.5
GPS/GIS	41.8	43.8	42.24	37.2	38.9
EDI系统	15.4	23.3	25.38	32.6	37.3
EOS	13.2	18.5	19.69	18.6	19.1
ASS	26.4	18.5	18.52	17.2	15.7
RFID	7.3	8.3	10.32	14.3	16.2
其　他	7.7	3.7	1.76	14.0	14.1

资料来源：南开大学现代物流研究中心．中国现代物流发展报告（2011）［M］．北京：中国物资出版社，2011.

3. 制造业物流成本受到高度关注

我国工业产品产量在世界上名列前茅，但投入产出的效率不高，产业竞争力不强，这与物流业对制造业的支撑促进作用不足有一定的关系，特别是我国制造企业大部分自营物流业务，社会化程度低，物流成本高，影响了竞争力的提升。因此，为了加快制造业转型升级，根据2010年的全国重点企业物流统计调查数据，相关制造业物流成本分析陆续在2011年发布，物流成本问题日益受到关注。

2011年4月8日，《2010年钢铁物流成本分析》面向社会发布。调查企业汇总数据显示，2009年我国钢铁行业物流成本费用率为12.0%，仍然处于较高水平，比调查的全部工业企业高出2.2个百分点。若按调查的钢铁行业物流成本费用率水平推算，2009年我国钢铁企业吨钢物流费用约为924元。在物流成本构成中，运输成本占58.9%，仓储成本占2.9%，配送及物流加工成本分别占12.6%和7.8%。运输环节是控制物流成本的关键。2009年钢铁行业物流成本费用率同比下降0.3个百分点，据此推算，2009年我国规模以上钢铁企业物流成本比2008年节省132亿元，钢铁行业物流效率有所提高。从总体上看，我国钢铁物流成本依然偏高，与发达国家存在较大差距。

2011年5月13日，《2010年汽车企业物流成本分析》面向社会发布。若按调查的汽车行业物流成本费用率水平推算，2009年我国汽车行业物流费用约为457亿元，生产一辆汽车所花费的物流费用约为3300元。在物流成本构成中，运输成本仍占比最高，为46.2%；仓储成本占比7.0%，受近年来汽车企业向“零库存”、“订单式”管理方向转变，仓储成本所占比重同比下降1.3个百分点。汽车行业由于产品单位价值较高，保险成本较大，所占比重为5%，比全部工业调查企业高4.7个百分点；具有现代物流特点的流通加工、包装和配送成本分别占比5.0%、3.0%和3.5%；此外，管理费用占比达18.7%，汽车企业信息化、管理水平仍待提高。

2011年5月16日，《2010年农副食品加工业物流成本分析》面向社会发布。根据行业统计和调查企业数据推算，2009年我国农副食品加工业物流成本费用率为12.9%，同比提高0.2个百分点，比调查的全部企业高3.1个百分点，仍然处于较高水平。按此物流费用率推算，2009年我国农副食品加工业物流成本大约为3563.6亿元，比2008年增长55.2亿元。在物流成本构成中，运输成本占比54.9%，同比下降5.8个百分点，由于2009年运价的低位运行，运输成本所占比重下调。管理成本占比14%，同比上升1.8个百分点。

2011年5月31日，《2010年化工企业物流成本分析》面向社会发布。数据显示，2009年我国化工行业物流费用率为12.3%，在工业物流领域处于较高水平，高出工业行业整体平均水平2.5个百分点，高出制造业1.5个百分点。同发达国家相比，差距更大。例如，当年日本制造业物流费用率仅为4.6%，我国化工行业物流费用率为其2.7倍。从物流费用结构来看，运输费用一项独大，占比67.1%；其次为管理费用，占比15.5%；其他各项费用支出较小，占比多在5%以内。总体来看，近年来我国化工行业物流费用率不但没有下降，反而呈现稳中略升趋势。2009年，我国化工行业物流费用率为12.3%，比上年提高1个百分点。

2011年5月31日，《2010年建材行业物流成本分析》面向社会发布。数据显示，在行业需求快速发展的带动下，我国建材物流规模有了显著提升。物流费用增速基本适度，但物流费用率偏高。2009年我国建材行业全国重点企业物流费用较2008年同期增长了7%。运输成本、包装成本和管理成本成为2009年推升物流成本增长的三大主力。物流费用率达到19.5%，较2008年同期回落了0.2个百分点，高出调查的全部工业企业的物流费用率达9.7个点之多，说明建材行业的物流费用整体水平过高。

2011年6月2日，《2010年医药企业物流成本分析》面向社会发布。据全国重点企业物流统计调查数据显示，2009年我国医药制造业物流成本费用率为11.3%，与上年同期相比上升0.2个百分点，高出调查的全部工业企业物流成本费用率1.5个百分点，仍处于较高水平。2009年医药制造业物流成本费用率为11.3%，与上年同期相比上升0.2个百分点。据此推算，2009年我国医药制造业物流成本同比增加了20.2亿元。

2011年6月8日，《2010年造纸及纸制品企业物流成本分析》面向社会发布。2009年我国造纸及纸制品业物流费用率为20.3%，尽管同比下降0.5个百分点，但仍处于较高水平，比调查的全部工业企业高出10.5个百分点。2009年造纸及纸制品业物流成本中，运输成本占52.3%，是影响物流成本的主要因素。

2011年6月10日，《2010年我国有色金属行业物流成本分析》面向社会发布。按调查企业汇总数据推算，2009年我国有色金属行业物流成本中，运输成本占60.6%，是控制物流成本的重要因素。2009年有色金属行业物流成本费用率为7.3%，同比上升1个百分点，但比调查的全部工业企业低2.5个百分点。2009年有色金属行业物流成本费用率同比上升7.3%，据此推算，2009年我国有色金属行业物流成本比2008年增加210亿元。

2011年6月24日，《2010年电气机械及器材制造业物流成本分析》面向社会发布。按调查企业汇总数据推算，2009年我国电气机械及器材制造业物流费用率为5.8%，同比下降0.9个百分点，在一定程度上反映出电气机械及器材制造业物流效率有所提高。虽然我国电气机械及器材制造业物流费用率在工业行业中处于较低水平，但与日本相比，仍然存在较大差距，我国的物流运行效率有待进一步提高。

4. 中央和地方进一步推动制造业物流发展

2011年是“十二五”的开局之年，也是

我国进行产业结构调整、经济发展方式转变的关键之年，这些调整和转变既为我国制造业物流的发展带来新的机遇，也对制造业物流的发展提出新的要求。

2011 年 3 月 14 日，十一届全国人大四次会议通过的《国民经济和社会发展第十二个五年规划纲要》（以下简称《规划纲要》）有 20 多处提及有关发展物流的内容，并单列一节，再次强调“大力发展现代物流业”。《规划纲要》指出，“十二五”期间，我国将加快建立社会化、专业化、信息化的现代物流服务体系，推动重要工业品等重点领域物流发展。推广现代物流管理，提高物流智能化和标准化水平。

为进一步贯彻落实《国务院关于印发物流业调整和振兴规划的通知》（国发〔2009〕8 号）精神，2011 年 8 月 2 日，国务院办公厅下发了《国务院办公厅关于促进物流业健康发展政策措施的意见（国发〔2009〕8 号）》（以下简称“国九条”），提出要切实减轻物流企业税收负担、加大对物流业的土地政策支持力度、促进物流车辆便利通行、加快物流管理体制改革、鼓励整合物流设施资源、推进物流技术创新和应用、加大对物流业的投入、优先发展农产品物流业、加强组织协调等九项措施。“国九条”为我国制造业物流发展带来新的契机。

工业和信息化部高度重视物流工作。各地工业和信息化主管部门认真贯彻落实《物流业调整和振兴规划》和《关于促进制造业与物流业联动发展的意见》，大力推进《物流信息化发展规划（2011—2016）》的编制，积极推进国家新型工业化产业示范基地物流信息化建设评估工作。同时，工业与信息化部抓紧编制《关于促进我国物联网发展的指导意见》和《国家物联网“十二五”发展规划》。

2011 年 11 月 18 日，江苏省发布我国首个省级物流指数，弥补了我国省级物流指数的空白。江苏物流指数体系涵盖了江苏工业生产、农业生产、固定资产投资、国内国际贸易、单位与居民生活消费、物流基础设施建设、物流业务规模、社会物流成本、物流企业效益、节能环保等领域环节，体系完整、范围全面、方法科学，有利于从整体把握江苏制造业物流的发展与相关各领域相互支撑、相互促进、相互发展的状况，可为江苏各级政府制定制造业物流政策、措施、规划提供一个科学、合理、可行的参考依据。

5. 制造业物流运作标准陆续出台

近年来，随着我国制造业和物流业两业联动的深入发展，制造业各细分行业急需解决物流运作的标准问题，以提高物流运作效率，减少物流成本。因此，国内制造业物流运作标准陆续出台。

2011 年 3 月 18 日，由中国物流与采购联合会组织召开了“家电物流等重点物流领域关键技术标准研究”。2011 年 10 月 18 日，由全国物流标准化技术委员会组织的冷链物流国家标准审查会在京召开，《药品冷链物流运作规范》和《食品冷链物流追溯管理要求》两项国家标准顺利通过专家审查。此外《物流自动化系统功能安全规范》《物流仓储配送中心导轮式分拣技术规范》《基于 M2M 技术的移动通信网物流信息服务总体技术框架》《移动通信网面向物流信息服务的 M2M 平台技术要求》等 14 项物流业国家标准也在陆续制定与推动实施中。

四、2011 年制造业与物流业联动发展新进展

现代物流是提升制造企业核心竞争力的重要手段，制造业是物流业发展的需求基础。制造业与物流业联动发展，有利于我国制造业产业升级，增强国际竞争力，有利于提高物流业的服务能力，对于调整优化产业结构、转变经济发展方式具有重要意义。2011 年是发布《物

流业调整和振兴规划》的第三年，也是最后一年，制造业和物流业联动（简称“两业联动”）作为规划的九大工程之一，不断得以落实，并取得了可喜的成绩。

1. 两业联动开始进入示范阶段

2010年9月，全国现代物流工作部际联席会议办公室发布了《制造业与物流业联动发展示范工作的通知》，明确了示范原则、示范内容和任务、示范企业（项目）的标准、申报要求和流程。截至2011年3月，各地物流牵头部门在进行认真筛选的基础上，推荐了260多家企业案例，领域涵盖装备制造、钢铁、电子、汽车、化工、家电、建材、食品等主要制造行业。经专家评选，最终确定130家企业作为首批全国两业联动示范企业。可以说，这些示范案例既是企业创新探索的成果，也是联动工作成效的展示，值得学习借鉴和大力推广。此外，全国物流联席会议办公室还从示范案例中选取28个优秀案例，进行深度剖析，编辑成《全国制造业与物流业联动发展案例精编》供企业学习借鉴和参考。

2011年12月15日，国家发改委在南京召开第三届全国物流业与制造业联动发展大会。国家发改委经济运行局局长介绍了两业联动的进展，明确指出制造业与物流业联动不仅有利于发挥物流业在国民经济运行中的基础性支撑作用，也符合产业发展规律和我国经济发展的实际要求。此外，江苏省经信委还在会上介绍了江苏省制造业与物流业联动发展的情况。

2. 各级地方政府规划引导和专项资金扶持等方式落实两业联动发展工程

近年来，各级地方政府将制造业与物流业联动发展作为推动制造业物流的重要工程。根据国家发改委和南开大学现代物流研究中心于2011年1～4月对我国地方政府物流工作的总体情况的调查①，2010年我国有74.6%的地方政府部门已开始着手推动两业联动发展，各地选择联动较多的制造行业是电子及通信设备、食品/饮料/烟酒、建材、机械制造和石油化学制品等行业，所占比例分别为53.6%、47.7%、32.5%和25.1%。

在推动两业联动发展方面，安徽、河南、福建、山东、浙江、青岛、泰安和湖州等省市地方政府纷纷采取规划引导方式鼓励两业联动发展，重庆、武汉和陕西等省市采取专项资金支持方式落实两业联动发展项目。

为促进安徽省物流业加速、健康发展，安徽省人民政府办公厅于2011年10月25日下发了《关于促进物流业健康发展的实施意见（皖政办〔2011〕76号)》，提出整合物流资源等十条措施。其中，在两业联动方面，支持物流企业全面参与制造企业供应链管理，制定鼓励制造业与物流业联动发展的政策措施，组织实施一批联动发展的示范工程和重点项目。

为了进一步落实《河南省现代物流业发展规划（2010—2015年)》，河南省人民政府办公厅于2011年4月2日向有关单位转发了由省发展和改革委员会制定的《2011年推进物流产业发展工作方案》。该工作方案要求加快制造业与物流业联动发展，支持制造业与第三方物流企业建立新型战略联盟，再造内部业务流程，剥离外包物流业务。制定完善促进物流业与制造业联动发展的政策措施，鼓励制造业企业剥离内部物流业务，对因剥离物流业务新增的地方税收部分，可由同级财政在三年内按一定比例奖励给原企业。选择30户工业企业开展内部物流业务剥离试点，选择30对制造业和物流业企业实施联动示范工程，及时总结经验，逐步扩大范围。

福建省省经贸委、发展和改革委员会于2011年10月印发了《福建省“十二五”现代物流业发展专项规划》。该规划提出，要大力

① 资料来源：南开大学现代物流研究中心．中国现代物流发展报告（2011）［M］．北京：中国物资出版社，2011。

推动制造业与物流业联动发展，推动10家百亿元重点制造企业物流业务外包，实现30家以上重点工业集中区的制造企业物流业务整体外包。

山东省经济和信息化委员会积极实施《关于加快推动制造业与物流业联动发展的实施意见》，提出到2015年重点扶持和培育150户省级企业物流管理中心、100户为制造企业提供一体化服务的物流企业和50户为重点企业配套的专业化物流企业；通过优化制造企业供应链管理，将企业物流费用下降到占总成本的10%，物流成本平均下降12%以上；制造企业在不同环节、不同层次实行现代物流管理方法的企业提高到85%以上，运输、仓储等实施外包的企业比例达到65%以上。在产业集聚区和重要生产基地有针对性地规划、建设一批物流园区（中心），完善仓储、交易、配送、金融、信息等服务功能，为产业集群提供集成化、专业化、一体化的物流服务，形成商流、物流、信息流、资金流有机结合，提升企业和产业集群竞争力。

浙江省人民政府下发了《关于印发浙江省十二五物流业发展规划的通知》（浙政发〔2011〕41号），规划力求在大宗商品交易平台、集疏运网络、金融和信息支撑系统“三位一体”港航物流服务体系建设、制造业与物流业联动发展和城乡物流配送网络建设上取得突破，带动全省物流业快速协调发展。

由青岛市交通运输委牵头编制的《青岛市“十二五”现代物流业发展规划》于2011年7月24日正式出台。按照该规划，到2015年青岛市将打造成为服务山东、辐射周边、面向世界的东北亚国际物流中心，全市物流业增加值将达到1000亿元，并提出积极实施多式联运和转运设施、制造业和物流业联动发展等七项工程。

2011年3月1日，泰安市人民政府下发了《关于加快发展现代物流业的意见》，提出要突出重点，推动制造业与物流业联动发展。具体内容包括“积极推动制造企业剥离物流服务环节、加快推进制造企业物流服务社会化、大力增强物流企业一体化服务能力、促进物流业与制造业信息共享标准对接、促进物流业与制造业技术装备融合”等几个方面。

2011年8月，根据《重庆市物流业发展专项资金管理暂行办法》《2011年物流业发展专项资金总体安排使用方案》，重庆市发改委组织开展了2011年专项资金项目申报工作。其中，制造业与物流业联动发展项目可以作为重点项目进行申报，入选的重点项目将获得投资补助。

按照《武汉市现代物流业发展扶持资金管理办法》要求，为了做好2011年武汉市现代物流试点示范项目申报工作，2011年武汉市现代物流试点示范项目主要支持包括制造业与物流业联动发展在内的九个重点类型项目。

2011年，陕西省省级服务业发展专项资金重点支持现代物流基础设施建设项目，兼顾其他生产性服务业项目，优先安排列入《关中—天水经济区发展规划》《陕西省物流业调整和振兴规划实施方案》、陕西省“十二五”规划重点建设项目及2011年陕西省重点建设项目的物流等服务业项目。其中包括制造业与物流业联动发展项目，重点支持制造业与物流业联动发展的第三方物流示范项目，项目总投资一般应在1亿元以上，单项改造提升项目投资不低于3000万元。

3. 两业联动发展会议与培训广泛召开，掀起学习与认识的新高潮

2011年，两业联动发展会议和培训广泛召开，各个省市和有关协会相继开展了会议和培训，掀起了学习和认识两业联动的新高潮。

2011年1月9日，安徽省首届制造业与物流业联动发展大会在芜湖召开，来自全省17家地市的发改委、9家地市的经信委、近70家物流企业、20多家制造企业、10多家大专院

校共500多名代表参加会议。各路专家就“两业”联动献计献策，安徽省物联物流标准化技术委员会同时成立。

2011年4月15日，中国交通运输协会在北京召开了“2011年制造业与物流业联动发展年会”。年会围绕企业竞争导致利润下滑所引发的分销、仓储、配送物流的管理问题，物流服务利润不断降低的前提下如何实现两业联动以及两业联动发展的供应链管理核心问题，展开全新的探索和讨论。年会引导企业交流最佳两业联动发展模式，推进制造业物流外包以及提升物流技术装备应用水平，从而搭建有效的交流与合作平台。

2011年5月6日，2011长三角地区现代物流联动发展大会在南京召开。这是自2007年8月苏浙沪联合发起建立长三角地区现代物流联动发展联席会议制度至今举办的第5届地区现代物流联动发展大会。4年来，在长三角两省一市的共同努力下，该地区已逐步形成政府、协会和企业联盟三个层面的交流机制，培育了一批三地制造业与物流业联动示范项目，区域物流一体化发展取得长足进步。

为了研究探讨金华市物流业与制造业联动发展问题，搭建企业交流合作平台，促进产业结构调整和经济转型升级，由浙江省金华市交通局、市经委、市发改委联合主办，“金华市物流业与制造业联动发展论坛”于2011年9月29日在金华召开。

2011年11月18日，以“供应链管理创新”为主题，围绕倡导“绿色物流”和推动“制造业与物流业联运发展”为中心议题的第三届海峡两岸物流与供应链博览会在余姚隆重举办。会议提出要发挥余姚重要的交通区位优势和制造业优势，大力发展物流业，推动制造业和物流业联动发展的规模，聚合发展提升层次，增强余姚经济发展实力，为浙江省物流与制造业的发展作出积极贡献。

2011年11月20日由四川省发改委、商务厅、交通厅、成都市物流办联合主办的“2011物流业与制造业联动发展高峰论坛”在成都世纪城国际会议中心举办。论坛围绕企业竞争导致利润下滑所引发的分销、仓储、配送物流的管理问题，物流服务利润不断降低的前提下如何实现两业联动以及两业联动发展的供应链管理核心问题，展开全新的探索和讨论。

2011年12月8日，苏州地税局和苏州市物流协会共同主办的“税企心桥”2011苏州制造业与物流业联动发展大会在苏州召开，“税企心桥”2011苏州制造业与物流业联动发展大会，为制造业和物流业加强沟通交流提供了一个良好的平台，这也是对新形势下如何推动制造业和物流业联动发展的探索。

2011年12月10日，在广东省经济和信息化委员会和深圳市政府的大力支持下，广东省现代物流研究院和深圳市物流与供应链管理协会共同举办了“广东省制造业与物流业联动发展论坛”。会议围绕进一步推动广东省制造业如何降低物流成本，提高物流效率，外包物流服务，释放物流需求，推进物流服务社会化和专业化，实现制造业与物流业的良性互动发展等问题展开讨论。

制造业是指对制造资源（物料、能源、设备、工具、资金、技术、信息和人力等），按照市场要求，通过制造过程，转化为可供人们使用和利用的工业品与生活消费品的行业，包括扣除采掘业、公用业后的所有30个行业。一般来说，制造业和工业可以认为基本上是对等的，因此本文未作严格区分。

（刘伟华　葛美莹　天津大学管理与经济学部）

2011 年中国钢铁物流

2011 年是我国“十二五”时期的开局之年，我国钢铁行业总体运行态势良好。我国钢铁市场因基础设施投资和工业生产的平稳增长，需求较为旺盛，带动钢铁生产大幅增长，全年粗钢产量达到 6.83 亿吨，同比增长 8.9%；生铁产量为 6.30 亿吨，同比增长 8.4%；钢材产量为 8.81 亿吨，同比增长 12.3%。

2011 年，我国钢铁市场在供大于求和钢材金融属性日益增强的影响下波动频繁，使得钢铁流通企业判断市场走势越来越难，行业经营风险不断加大，融资难已成为影响钢铁流通企业发展的首要问题。面对严峻的形势，我国钢铁物流业整体仍表现出较强的发展潜力，借助国家不断出台的相关支持政策推动，钢铁物流行业标准开启制定，钢铁物流园区建设以及钢铁电子商务等方面发展势头强劲。

一、我国钢铁物流发展的概况

2011 年是我国钢铁物流业快速发展的一年。这一年，国家对物流业的现状和发展空前重视，钢铁物流行业迎来了国家政策的大力支持；这一年，钢铁物流发展模式不断推陈出新，物流园区建设步伐加快，钢铁电子商务不断迈上新的台阶；这一年，国内首部钢铁物流行业标准加紧制定，为钢铁物流行业健康发展提供统一的运行标准和规范治理依据。

1. 钢铁物流迎来国家政策支持

2011 年，我国钢铁物流业不断得到国家政策的支持。3 月份，《中华人民共和国国民经济和社会发展第十二个五年规划纲要》发布，突出强调“大力发展现代物流业”；8 月份，《国务院办公厅关于促进物流业健康发展政策措施的意见》（“国九条”）印发；10 月份，国务院常务会议决定从 2012 年 1 月 1 日起在上海市开展交通运输业和部分现代服务业营业税改征增值税试点工作。陆续出台的政策和措施对于钢铁物流行业的发展提供了有力的政策支持。

11 月份，《钢铁工业“十二五”发展规划》（以下简称《规划》）发布，明确了“十二五”时期钢铁行业在物流方面的重点任务就是要加强钢铁产业链延伸和协同。《规划》明确指出，要通过转变服务理念、增强服务意识，建立钢铁企业与下游用户战略合作机制，发展钢材深加工，完善物流配送体系，提升产品价值和企业服务功能，促进由钢铁生产商向服务商转变；同时鼓励钢铁企业建立钢材服务中心，联合下游行业开发钢铁新材料和下游产品，为用户提供全方位钢铁材料解决方案，实现钢铁工业与下游行业互利共赢；积极发展咨询服务、技术中介、工业设计和电子商务等钢铁服务业。而积极开展维修、仓储、物流等服务外包，以及制氧、石灰、渣处理、废钢分类加工等辅助工序外包。

《规划》首次将“钢铁服务商”作为指导性词汇，这是以往“重生产、轻流通”落后观念的重大转变，钢铁行业的流通加工、物流配送、电子商务和物流外包等产业都面临着巨大的发展机遇，钢铁工业与其他产业之间的融合发展将进一步加强。

2. 国内首部钢铁物流行业标准开启制定

2011年1月8日下午，国内首部钢铁物流行业标准正式宣布开启制定。钢铁物流行业技术标准项目属于“重点物流领域关键技术标准”中的重要项目，其中包括《钢铁物流行业规范》《钢铁物流验货操作规范》《钢铁物流分类包装标识规范》《钢铁物流中钢材实物与互联网信息交互技术规范》和《钢铁现货电子交易平台建设规范》多个重点标准项目。

为促进钢铁物流行业技术标准的制定工作按计划顺利进行，2011年9月5日和11月2日，中国物流与采购联合会钢铁物流专业委员会第二次、第三次钢铁物流标准研讨会陆续召开。第三次研讨会讨论并通过了《钢铁物流验货操作规范》等钢铁物流标准化项目子项目的课题研究方向和项目安排进度，并部署安排了下一阶段对钢厂、仓储等有关项目单位进行调研的工作。会议要求各项目小组要结合项目进展实际情况和国家标准委员会的指示精神，紧密安排下一阶段重点工作，包括研究、专访、调查、征询和执笔的具体步骤。这标志着由中国物流与采购联合会钢铁物流专业委员会牵头组织并承担主要研究工作的钢铁物流关键技术标准制定工作，已经进入新的关键阶段。钢铁物流标准体系建立后，将对行业准入、电子商务平台建设和钢铁流通经营秩序等方面起到重要规范作用，同时，能够实现钢铁消费与生产信息对称，提升我国物流运作效率、社会效益，对促进我国钢铁物流业的进一步健康有序发展发挥重要作用。

3. 建筑钢筋生产许可证再次换发

2011年6月14日，“建筑用钢筋和预应力混凝土用钢材产品生产许可证实施细则宣传会”在南京召开。会议明确，随着新版《建筑用钢筋产品生产许可证实施细则》的公布，新一轮换发证工作随之展开。这是自1987年以来，我国建筑用钢筋实行生产许可证后进行的第5次换证工作。

在仅靠企业自律尚不能完全解决钢铁行业固有问题的时候，通过提高行业准入门槛，控制生产企业数量不失为防控不合格钢筋的一种有效手段。换发建筑钢筋生产许可证的一个基本精神就是要提高产业发展水平，淘汰落后产能和装备，提升产品质量，促进钢铁行业的产业结构调整。此次建筑钢筋生产许可证的再次换发，将大大促进建筑用钢新标准和国家产业政策的实施。

4. 钢铁现货电子交易市场发展迅速

近年来，我国钢铁产业链上下游企业已逐渐意识到电子商务将为钢铁行业带来巨大发展机遇。一些钢铁企业、钢材经销商和钢铁信息咨询机构都在积极实践探索适合我国钢铁流通特色的钢铁电子商务模式。

（1）淮矿现代物流有限责任公司（以下简称淮矿现代物流）联手上海斯迪尔电子交易市场，共同探索钢铁现货电子交易升级发展。2011年6月29日，国有大型煤电企业淮南矿业集团全资子公司——淮矿现代物流有限责任公司与上海斯迪尔电子交易市场正式签署战略合作协议。淮矿现代物流将牵手江苏申特、上海屹钢联（南通宝日的螺纹钢）等钢材资源方和上海斯迪尔电子交易市场，联手打造斯迪尔电子商务平台，共同探索钢铁现货电子交易模式的升级发展。

新模式以原上海斯迪尔电子交易平台为基础，同时以淮矿现代物流遍布长江流域和华东地区的仓储基地为依托，结合申特钢厂和南通宝日的螺纹钢资源，再配合银行的参与，构筑一个嫁接于生产厂家和终端客户之间的公开、公平、公正的崭新钢铁供应链。

（2）兰格钢铁网现货电子交易平台成功启动。2011 年 11 月 8 日，唐山钢铁集团有限责任公司（以下简称唐钢）举办了首次钢材网上竞卖活动。在短短的两小时内，唐钢的协议户通过兰格钢铁网现货电子交易平台的踊跃竞拍，共购得唐钢钢材 2700 余吨。

此次兰格钢铁网举办钢材网上竞卖活动，是兰格钢铁网为钢材生产和贸易企业打造新交易模式的一次尝试，对钢铁企业缩短钢材供应链流程起到了积极的作用。兰格钢铁网为唐钢销售部门提供网上销售服务，是兰格钢铁努力打造钢铁产业服务链、为钢铁生产企业提供更多服务的新开端，也是兰格钢铁网现货电子交易平台的成功启动。

5. 龙头钢铁流通企业竞争力增强

2011 年，行业的龙头企业充分发挥自身优势不断做大做强，中国钢铁贸易企业百强首位的中国铁路物资股份有限公司（以下简称中国铁物）、5A 级物流企业中铁物资集团有限公司（以下简称中铁物资集团）在连锁经营、强强联合方面实现新的进步，中国铁物和浙江物产集团首次入围世界 500 强。

2011 年 1 月 6 日，中铁物资上海钢铁有限公司在上海正式成立。新公司是中国铁物设在上海的钢铁专业化公司，是中国铁物在上海地区的钢铁销售平台。新公司成立后中国铁物各二级企业在上海的钢铁业务将逐步纳入其统一管理，从而构建了地区钢铁专业化网络，优化了钢铁经营模式，实现了地区钢铁统一营销，有利于进一步优化营销体系，规范统一管理制度，实现整体效益最大化，加快推进中国铁物上海地区钢铁贸易一体化。为“中国铁物”实现钢铁贸易的跨越式发展奠定了基础。

2011 年 3 月 18 日，中铁物资集团与中国五矿旗下的五矿发展股份有限公司签署战略合作协议。根据协议，双方将充分依托中国铁建、中国五矿两大央企的优势平台，围绕彼此高度契合的产业链，逐步在工程项目配送、钢铁产品协同采购、重点项目投标、海外项目、原材料、信息交流等产业链上下游领域开展深度合作。

2011 年 7 月 8 日，《财富》英文网发布了 2010 年《财富》世界 500 强企业的最新排名。中国铁物和浙江物产集团两家以钢铁流通为主营业务的企业首次入围世界 500 强，分别排名第 429 位和第 483 位。这对我国的钢铁流通行业来说，是一个里程碑的飞跃，也是一个极好的样本。从长远来看，钢铁物流企业只有实现由传统流通企业向现代流通企业的转型提升，才能像中国铁物和浙江物产集团这样的企业一样具备长久坚实的核心竞争力。

6. 钢铁物流园区建设步伐加快

钢铁物流园区是区域经济和现代钢铁物流业发展到一定阶段的必然产物，作为钢铁流通和物流企业的载体，钢铁物流园区的产生、形成和发展有着极其深刻的内在规律性，是钢铁市场需求、钢铁产业链、区域经济和工业化、城镇化建设等多种驱动力作用下形成的新兴物流业态。钢铁物流园区通过将钢铁物流产业的空间集聚、钢铁产品资源的有效整合、钢铁流通业务的流程优化、传统钢铁物流服务模式的改变，有效节约土地使用，减轻道路、环境和能源的压力，对于提高钢铁物流的组织化水平和集约化程度，促进钢铁物流辐射功能和区域经济发展具有重要意义。

2011 年，我国钢铁物流园区建设步伐继续加快，并朝着大型化、专业化的方向发展。据兰格钢铁信息研究中心跟踪数据显示，2011 年我国已签约、开建和建成投运的钢铁物流园区共计 26 家，各区域钢铁物流园的建设情况如图 1 所示。

从图 1 可知，26 家钢铁物流园分布在华

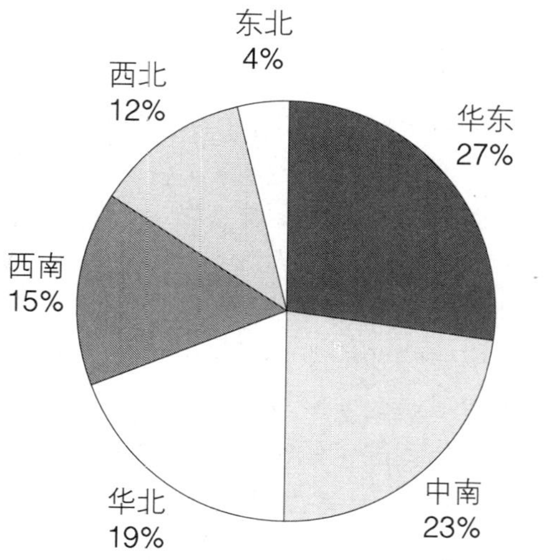

图1　2011 年我国各区域钢铁物流园区建设情况

东、中南、华北、西南、西北和东北 6 个区域。其中，华东地区钢铁物流园的数量最多，占比为 27%；东北地区钢铁物流园的数量最少，占比仅为 4%。

2011 年，我国钢铁物流园区建设较为突出的一个特点是向华北、西北和西南地区扩张明显。这是由于随着西部大开发的深入发展，国家加大了对西部地区的投入，西部地区固定资产投资的增长显著加快，西部部分地区钢材需求仍有一定空间，从而吸引较多企业投资西部钢铁物流。如 2011 年浙江物产和欧浦分别在河北省迁安市和邯郸市建设区域钢铁物流园，中铁物资和中储进军西安；年交易额计划超过 1000 亿元的西部金属材料电子交易中心项目于 2011 年 1 月落户重庆两江新区；西部地区最大的钢铁营销中心于 2011 年 4 月 27 日在成都成华区龙潭工业区破土开建。

从现有的信息看，新建设的钢铁物流园区都是通过对现有钢铁物流市场进行的科学规划、布局和调整，使之成为提供多元化服务，集现货交易、剪切加工、仓储配送、物流融资、网上交易、配套服务、生态景观等为一体的现代化钢铁物流交易中心，成为满足钢铁产业链供需双方交易的有效平台。

二、我国钢铁物流发展面临的问题

当前，我国钢铁物流业的发展正面临着很多矛盾与困境，如行业集中度低、行业标准缺失，钢材质量以次充好、假冒伪劣屡禁不止，钢铁流通企业融资难度加大，钢铁物流成本偏高，这些问题严重制约了我国钢铁物流行业的健康发展。

1. 钢铁流通行业集中度依然偏低

我国钢铁流通企业为数众多，据不完全统计，我国从事钢铁流通的企业约有 25 万家之多，我国钢铁流通行业的集中度远远低于钢铁生产甚至消费领域。我国每年有 4 亿~5 亿吨的钢材需要通过钢铁流通企业流通到终端用户，分散于众多钢铁流通企业中，极少数大企业每年也不过销售 2000 万吨左右，多数企业往往只能销售几十万吨，甚至几万吨，流通环节集中度极低。据报道，年营业收入亿元以上的法人企业不到 5%，年营业收入 500 万元以下的法人企业占 60% 以上；统计数据显示，目前我国 10 人以下的钢铁流通企业占到 65.8%，11~50 人的企业占到 31.1%，50 人以上的企业仅占 3.1%。

钢铁流通领域企业集中度低会给钢铁流通企业带来诸如议价能力差、抗风险能力弱等各种弊端。

2. 钢铁流通企业遭受融资瓶颈制约

2011 年我国政府采取趋紧的货币政策，6 次上调存款准备金率、3 次上调存贷款利率，融资难问题已经成为影响钢铁流通企业特别是中小型钢铁流通企业发展的首要问题。兰格钢铁网调查的钢铁流通业 PMI 指数显示，2011 年 12 个月中，有 10 个月的融资环境 PMI 分项指数在 40% 以下，切实反映出钢铁流通企业融资难的问题非常突出。作为钢铁流通企业来说，一方面，由于经营规模较小，自留资金不足，提供质押贷款能力有限，造成企业融资难的问题；另一方面，钢铁流通企业财务报表随意性较大，真实性差，缺乏审计和良好的连续经营记录，银行难以掌握企业家底。此外，钢铁流通行业是高风险行业，经营风险高，企业财务状况不稳定，导致银行不敢轻易贷款，加剧了钢铁流通企业融资难度。

而中小型钢铁流通企业的特点是：资产负债率高，资产主要是流动资产，负债主要是流动负债，销售净利率和销售毛利率都很低，资产周转快，资金需求量大，自有资本不能满足需求，必须经常进行融资操作，因此，融资难问题严重困扰着企业的经营发展。

3. 我国钢铁物流费用率仍然偏高

根据《社会物流统计核算与报表制度》要求，2011 年 4 ~ 12 月，国家发改委、国家统计局和中国物流与采购联合会开展了全国重点企业物流统计调查。从调查企业的情况看，2010 年我国钢铁行业物流费用率水平继续呈下降态势，物流效率有所提升。

调查企业汇总数据显示，2010 年钢铁行业物流成本费用率为 11.2%，比上年降低 0.8 个百分点，降幅同比扩大 0.5 个百分点，由此推算吨钢节约物流成本 93 元。但钢铁行业物流成本费用率仍然处于调查企业较高水平，比调查的全部工业企业平均水平高 1.5 个百分点。

2010 年我国钢铁行业物流费用与日本差距缩小。2010 年日本钢铁企业物流费用率为 6.2%，比我国低 5 个百分点。如果达到日本的水平，2010 年我国规模以上钢铁企业可节约物流成本 2765 亿元。与上年同期相比，中日企业物流费用率差距缩小 2.1 个百分点（详见图 2）。

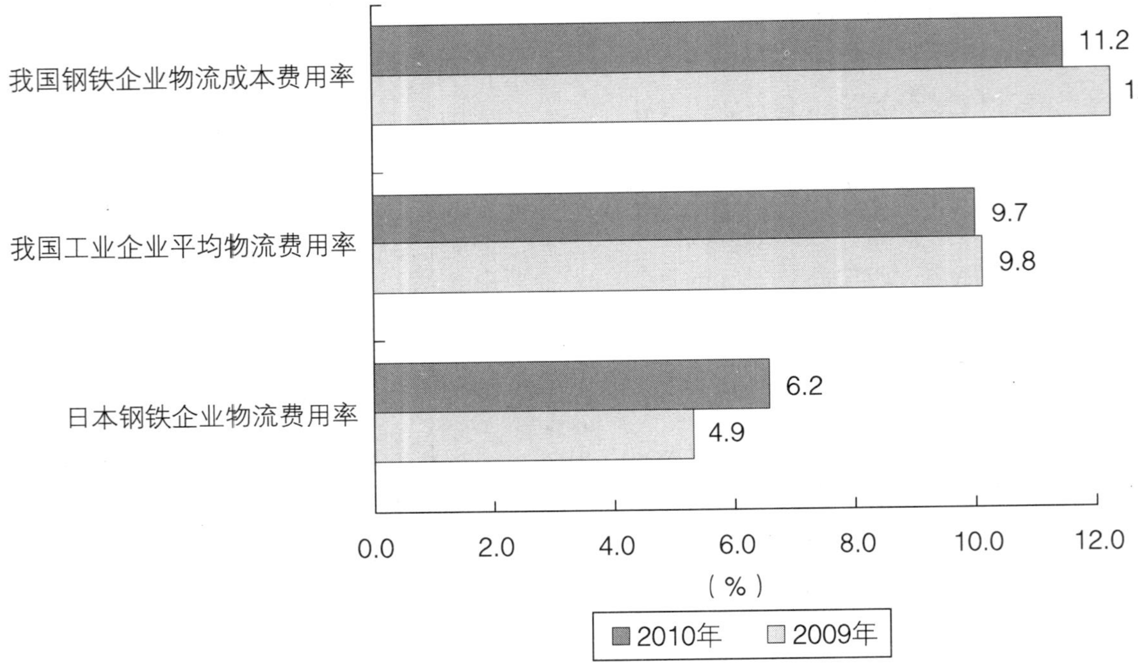

图 2　2009—2010 年钢铁企业物流费用率比较

2010 年保管环节成本占比快速提高，运输环节成本大幅下降。调查企业汇总数据显示，在物流成本构成中，运输成本占 53.7%，同比下降 5.2 个百分点；保管成本占 37.4%，同比提高 5.6 个百分点；管理成本占 9%，同比下降 0.4 个百分点。在保管成本中，仓储成本占 3.5%；配送、流通加工、包装成本占 17.8%；利息成本占 7.4%，同比提高 1.4 个百分点（详见下页表）。

2009—2010 年我国钢铁行业物流明细成本比较

成本明细	2009 年（%）	2010 年（%）	增减百分点
运输成本	58.9	53.7	-5.2
保管成本	31.8	37.4	5.6
其中：仓储成本	2.9	3.5	0.6
配送、流通加工、保证成本	—	17.8	—
利息成本	6.0	7.4	1.4
管理成本	9.4	9.0	-0.4

2010 年我国钢铁行业物流的一个显著特点是，钢铁企业物流外包比例不断提高，推动了企业物流效率提升。2010 年对外支付的物流成本同比增长 29.8%，增速快于物流成本增长 9.8 个百分点，占物流成本的比例为 70.3%，同比提高 5.3 个百分点，外包率高于全部工业调查企业 17.8 个百分点，处于工业行业较高水平。

三、我国钢铁物流发展的趋势

“十二五”时期，国家对于各行业健康发展的规范化、合理化引导将会日益加强，对于钢铁产业链相关企业来说是机遇和挑战并存。钢铁物流行业将在“十二五”规划和市场对资源有效配置的共同引导下，相关企业不断转变服务理念、增强服务意识，建立与上下游用户间的战略合作机制，在合作中求生存，在共赢中谋发展。钢铁电子商务也将迎来良好发展机遇，不断创新和完善发展模式和服务环节，促进我国钢铁物流业健康持续发展。

1. 钢铁贸易协会等日益成为引导行业健康发展的服务组织

2011 年，由钢铁贸易企业或钢铁生产企业牵头或发起，吉林省、广东省、青岛市、西安市和济南市等省、市相继建立了省级或市级的钢铁（贸易）行业协会或商会。各地钢铁（贸易）行业协会或商会的成立，一方面，可以满足钢铁流通企业经营合作的需要，通过行业协会和商会组织将当地散、乱、小的钢铁流通企业集中起来，提高集中度，增强企业自律，规范市场无序竞争，维护市场秩序，促进当地钢铁流通业的健康发展；另一方面，可以满足整合行业行政资源、提高使用效能的需要。各地钢铁流通企业的人、物、财力呈分散状态，通过行业商会的整合，集合行业的人、才、物和无形资产优势，共谋发展。此外，还可以满足广大钢铁经销商在精神生活方面的需要。钢铁流通行业中民营企业居多，大都无上级主管部门，没有组织活动。因此，需要通过行业协会或商会的集体活动找到归属感，接受行业的引导规范发展。

今后，钢铁（贸易）行业或协会商会的建立和发展将是钢铁物流业发展的一个趋势，将为钢铁生产和流通企业搭建一个交流信息的平台，为相关企业提供相互沟通和合作的机会，结束各地钢材流通企业独家独户、单打独斗的现状；对于提升钢铁流通行业的集中度，培养会员的协作意识，杜绝行业内的无序竞争起到积极的作用。

2. 钢铁企业将转型发展或布局钢铁物流领域

目前，我国钢铁企业已经进入了微利时代。原辅料、能源价格的上涨，有效需求的不足，供大于求的市场形势等导致钢铁企业利润空间下降。中国钢铁工业协会统计数据显示，2011年我国77家大中型钢铁企业利润总额只有875.3亿元，同比下降了4.51%；产品销售收入为3.6万亿元，同比增长18.65%；销售利润率为2.4%，而在2010年该利润率尚在2.91%。同时，亏损的钢铁企业已扩大到8家，亏损面达10.4%，亏损额共计32.8亿元。降本增效已成为钢铁企业经营管理的重要任务，降低成本很大一部分，就是挖掘物流的成本，钢铁企业开始重视营销活动和多元化经营，通过纵向一体化，延伸产业链控制上游原料市场和下游的分销市场，通过横向一体化，实现企业间横向联合，开展多元化经营。在钢铁主业的基础上，拓展经营范围，进入钢铁设备制造、钢铁物流、金融等领域。

在钢铁行业持续低迷情势下，各大钢厂开始将目光投向了较有潜力的钢铁物流。河北钢铁集团已明确要树立"大物流"概念，重点在京唐港和黄骅港建立两个专业化分工明确的临港钢铁基地，以深加工为主；贸易依托在香港的国际贸易公司，目标是到"十二五"末，物流的产业收入突破1000亿元。沙钢集团也计划投资约300亿元，用6~8年的时间建设玖隆钢铁物流园。沙钢集团明确表态，要将玖隆钢铁物流园打造成国内规模最大、现代化程度最高、物流成本最低、功能配套最全的国际一流、世界知名的钢铁物流园。据不完全统计，2011年，国内大中型钢铁生产企业在全国开工或者投产了16家钢材加工配送中心，在全国13个城市投资建设现代物流园。此外，由国外企业浦项制铁和日本三田通商公司在国内投资的3家钢材配送中心成功投产。值得关注的是，宝钢、鞍钢两大企业走出"国门"，分别收购了意大利NSM剪切加工中心和英国USS加工中心部分股权。钢铁企业进军物流领域将是"十二五"时期的一个重要方向，布局物流园区、加工配送中心的仓储配送项目将是各大钢铁生产企业尝试由生产型企业向生产服务型企业转变，积极延伸价值链，破解当前钢铁产业利润率低的有效途径之一。

3. 钢铁电子商务将步入快速发展轨道

"十二五"时期我国钢铁电子商务将迎来良好发展机遇，2010年6月温家宝总理考察阿里巴巴时曾指出，"电子商务要提供一个公平便捷的网上交流平台、一个真实可信的物流仓储信息平台、一个有信用的支付平台，只有这样，电子商务才会有无限的发展潜力。"2011年10月18日，商务部在2011中国（北京）电子商务大会暨电子商务博览会期间发布了《电子商务"十二五"发展指导意见》，明确了"十二五"期间，我国将着重推进完善电子商务发展环境，重点鼓励发展电子商务服务业，深化普及电子商务应用，加强示范引导，以促进电子商务发展。该意见还明确提出，到2015年我国规模以上企业应用电子商务比率将达80%以上，应用电子商务完成进出口贸易额将占我国当年进出口贸易总额的10%以上，网络零售额相当于社会消费品零售总额的9%以上。"十二五"期间，我国电子商务发展将有三大目标，即"到2015年我国电子商务法规标准体系基本形成；电子商务成为企业拓展市场、推动'中国制造'转型升级的有效手段、消费者方便安全消费的重要渠道；电子商务服务业成为我国现代商贸流通体系建设的重要组成部分。"2012年1月4日，商务部发布《"十二五"商务发展主要任务和重点工作》，由电子商务、连锁经营、现代物流构成现代流通体系建设被商务部列为"十二五"商务发展主要任务的第一位。说明国家对电子商务等现代服务业高度重视和支持，促使其加快发展。这为钢铁电子商务在"十二五"期间更加规范、有序、健康发展注入了强大动力，钢铁电子商务将步入快速发展的轨道。

（刘长庆　中国金属流通协会副会长　兰格集团董事长）

2011 年中国农产品物流①

我国是农产品生产大国，2011 年我国农产品总产量达到 17.60 亿吨（不包括木材 7272 万立方米），比上年的 17.47 亿吨（不包括木材 7284 万立方米）增加 0.13 亿吨，同比增长 0.7%。

2011 年，我国农业发展水平继续保持良好态势，全年农作物受灾面积较上年相比下降 13.2%，其中绝收面积下降 40.5%。2011 年，我国粮食产量达到 57121 万吨，实现新中国成立以来首个粮食产量的“八连增”，再创历史新高。除了木材产量略有减少之外，棉花、糖料、烤烟、茶叶、油料、肉类、禽蛋、牛奶和水产品总产量均有所提高。2011 年我国农产品产量情况如表 1 所示。

表 1　2011 年我国农产品产量情况

产品名称	产量（万吨）	产品名称	产量（万吨）
粮　食	57121	蔬　菜	67700
肉　类	7957	水　果	14200
棉　花	660	油　料	3279
水产品	5600	糖　料	12520
禽　蛋	2811	烤　烟	287
牛　奶	3656	茶　叶	162
合　计	175953		

一、2011 年我国农产品产量基本情况

2011 年，我国国内生产总值（GDP）达到 471564 亿元，比上年增长 9.2%。其中，第一产业增加值 47712 亿元，比上年增长 4.5%。

1. 粮食

2011 年，我国粮食种植面积为 11057 万公顷，比上年增加 70 万公顷。全年粮食产量达到 57121 万吨，比上年增加 2473 万吨、增产 4.5%。其中，夏粮产量 12627 万吨，比上年增产 2.5%；早稻产量 3276 万吨，比上年增产 4.5%；秋粮产量 41218 万吨，比上年增产 5.1%。自 2004 年以来，我国粮食产量已实现连续 8 年增产。2007—2011 年我国粮食产量走势如图 1 所示。

2. 肉禽蛋奶以及水产品

2011 年，我国肉类总产量为 7957 万吨，比上年增长 0.4%。其中，猪肉产量 5053 万吨，比上年下降 0.4%；牛肉产量 648 万吨，比上年下降 0.9%；羊肉产量 393 万吨，比上年下降 1.4%；年末生猪存栏 46767 万头，比上年增长 0.7%；生猪出栏 66170 万头，比上

① 本文未注明的图表数据均是作者根据国家统计局 2011 年相关资料整理得出的。

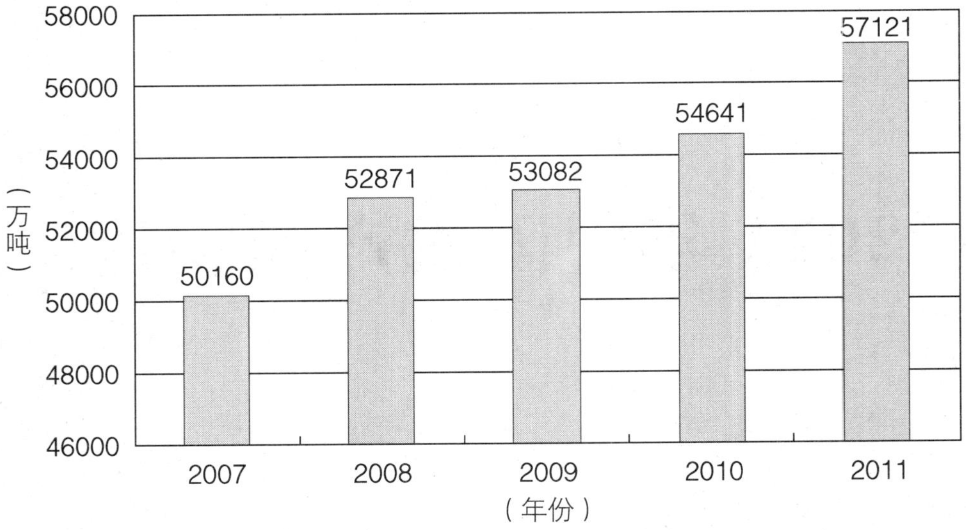

图 1　2007—2011 年我国粮食产量走势

年下降 0.8%；禽蛋产量 2811 万吨，比上年增长 1.8%；牛奶产量 3656 万吨，比上年增长 2.2%。

全年水产品产量 5600 万吨，比上年增长 4.2%。其中，养殖水产品产量 4026 万吨，比上年增长 5.2%；捕捞水产品产量 1574 万吨，比上年增长 1.9%。2009—2011 年我国肉、禽蛋、牛奶和水产品的产量情况如图 2 所示。

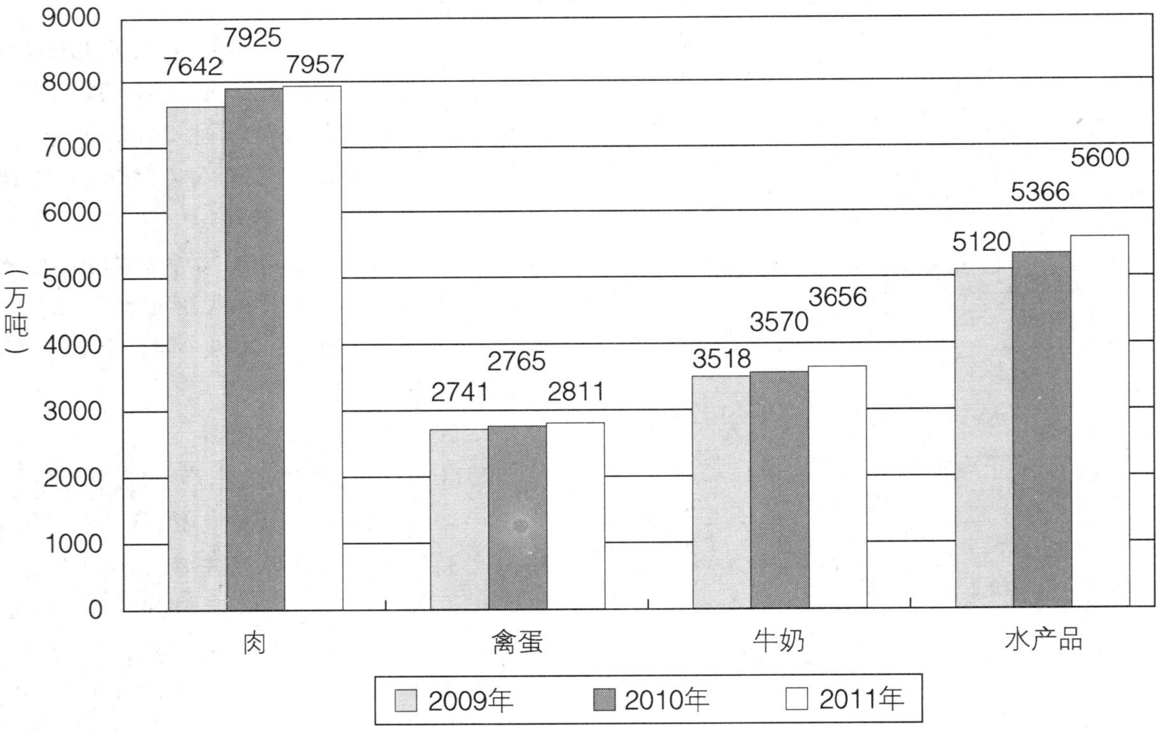

图 2　2009—2011 年我国肉、禽蛋、奶及水产品产量统计

3. 蔬菜水果

2011 年，我国蔬菜生产种植面积、单产、总产实现同步增长，全年蔬菜产量达到 6.77 亿吨，比上年增产 4%。蔬菜农药残留例行监测合格率达到 97.4%，比 2008 年提高了 1.1 个百分点。

2011 年，国家发改委发布了《全国蔬菜产业发展规划（2011—2020 年）》，提出在 2011—2020 年，全国蔬菜播种面积保持基本稳定，单产水平年均提高 1 个百分点以上。该规划将全国蔬菜产区划分为华南与西南热区冬春蔬菜、长江流域冬春蔬菜、黄土高原夏秋蔬菜、云贵高原夏秋蔬菜、北部高纬度夏秋蔬菜、黄淮海与环渤海设施蔬菜六个优势区域，将重点建设 580 个蔬菜产业重点县（市、区），提高全国蔬菜均衡供应能力。

2011 年，陕西省以 1714 万亩的水果总面积和 1420 万吨的水果总产量，超过河北、山东和广东等果品大省，首次登上我国第一水果生产大省宝座。其中，苹果种植面积达 959 万亩，产量达 960 万吨，种植面积和产量皆为全国第一。猕猴桃产量达 73.57 万吨，位居全国前列，同比增长 16.9%，成为继苹果之后陕西果业的又一新秀。陕西省已有经欧盟和我国认证的有机水果面积达 25 万亩、绿色水果面积 300 万亩，在全国处于领先地位。此外，2011 年陕西省的核桃产量达 14.3 万吨，比上年增长 1.4 倍；板栗产量达 6.85 万吨，比上年增长 31.7%；花椒产量为 5.2 万吨，比上年增长 16.1%。

4. 其他农产品

2011 年，我国全年棉花产量达 660 万吨，比上年增产 10.7%；油料产量 3279 万吨，比上年增产 1.5%；糖料产量 12520 万吨，比上年增产 4.3%；烤烟产量 287 万吨，比上年增产 5.1%；茶叶产量 162 万吨，比上年增产 9.9%；木材产量 7272 万立方米，比上年下降 10.1%。

二、2011 年我国农产品物流情况

1. 我国农产品物流总额

2011 年，我国农产品物流总额同比增长 4.5%，这已是我国农产品物流总额连续保持增长态势的第八年。但是，农产品物流总额占我国社会物流总额的比重却一直呈现下降趋势。2005—2011 年我国农产品物流发展情况如表 2 所示。

表 2　2005—2011 年我国农产品物流情况统计

年　份	农产品物流额（亿元）	社会物流总额（亿元）	农产品物流所占比例（%）	农产品物流同比增长率（%）
2005	12748	481983	2.64	6.5
2006	13546	595976	2.27	6.3
2007	15849	752283	2.11	17.0
2008	18638	898978	2.07	17.6
2009	19439	966500	2.01	4.3
2010	22355	1254130	1.78	4.3
2011	23361	1584000	1.47	4.5

注：表中数据根据国家发展和改革委员会 2011 年资料整理。

2. 农产品进出口物流

2011年，我国农产品进出口总额为1556.2亿美元，同比增长27.6%。其中，出口607.5亿美元，同比增长23.0%；进口948.7亿美元，同比增长30.8%。贸易逆差为341.2亿美元，同比扩大47.4%。农产品进出口的品种主要有：谷物（小麦、玉米、稻谷和大米、大麦）、棉花、食糖、食用油子、食用植物油、饼粕、蔬菜、水果、畜产品、水产品。

按品种分，谷物：进口544.7万吨，同比下降4.6%，进口额20.4亿美元，同比增长33.8%；出口121.5万吨，同比下降2.3%，出口额8.1亿美元，同比增长17.1%。其中，小麦进口125.8万吨，同比增长2.2%，出口32.8万吨，同比增长18.4%；玉米进口175.4万吨，同比增长11.5%，出口13.6万吨，同比增长6.9%；稻谷和大米进口59.8万吨，同比增长54.0%，出口51.6万吨，同比下降17.1%；大麦进口177.6万吨，同比下降25.0%。

棉花：进口356.6万吨，同比增长14.0%，进口额96.8亿美元，同比增长65.5%。

食糖：进口291.9万吨，同比增长65.3%，进口额19.4亿美元，同比增长114.6%。

食用油子：进口5481.8万吨，同比下降3.9%，进口额314.8亿美元，同比增长18.7%；出口91.2万吨，同比增长3.9%，出口额14.4亿美元，同比增长22.3%。贸易逆差300.4亿美元，同比扩大18.5%。其中，大豆进口5264.0万吨，同比下降3.9%；油菜子进口126.2万吨，同比下降21.1%。

食用植物油：进口779.8万吨，同比下降5.6%，进口额90.1亿美元，同比增长25.8%；出口12.4万吨，同比增长29.9%，出口额2.1亿美元，同比增长65.7%。贸易逆差88.0亿美元，同比扩大25.1%。其中，棕榈油进口591.2万吨，同比增长3.8%；豆油进口114.3万吨，同比下降14.7%；菜油进口55.1万吨，同比下降44.1%。

饼粕：进口192.4万吨，同比下降8.2%，进口额5.5亿美元，同比增长6.9%；出口58.8万吨，同比下降52.8%，出口额2.5亿美元，同比下降47.9%。玉米酒糟蛋白进口168.6万吨，同比下降46.7%，进口额4.8亿美元，同比下降35.9%。

蔬菜：出口973.0万吨，同比增长15.2%，出口额117.5亿美元，同比增长17.7%；进口16.7万吨，同比增长11.5%，进口额3.3亿美元，同比增长16.7%。贸易顺差114.2亿美元，同比扩大17.7%。

水果：出口479.5万吨，同比下降5.5%，出口额55.2亿美元，同比增长26.7%；进口341.8万吨，同比增长24.1%，进口额31.1亿美元，同比增长53.1%。贸易顺差24.1亿美元，同比扩大3.7%。

畜产品：进口额134.0亿美元，同比增长38.8%；出口额59.9亿美元，同比增长26.2%。贸易逆差74.1亿美元，同比扩大50.9%。

水产品：进口额80.2亿美元，同比增长22.7%；出口额177.9亿美元，同比增长28.7%。贸易顺差为97.7亿美元，同比扩大34.1%。2011年我国农产品进出口物流的详细情况如表3所示。

3. 粮食物流

“十二五”规划明确指出，“北粮南运”通道建设将投资68亿元，包括投资44亿元在关外建设80个大型粮食装车点、投资24亿元在关内建设60个大型粮食卸车点。其他100个物流节点项目建设投资40亿元，包括投资40亿元建设50个黄淮海等粮食物流主要通道节点项目，投资20亿元建设西部地区物流节点项目50个等。此外，还将投资10亿元建设全国粮食物流公共信息平台。“十二五”规划还

表3　　2011年我国农产品进出口物流情况

品　种	进口量（万吨）	同比增长（%）	出口量（万吨）	同比增长（%）	进口额（亿美元）	同比增长（%）	出口额（亿美元）	同比增长（%）
谷　物	544.7	-4.6	121.5	-2.3	20.4	33.8	8.1	17.1
棉　花	356.6	14.0	—	—	96.8	65.5	—	—
食　糖	291.9	65.3	—	—	19.4	114.6	—	—
食用油子	5481.8	-3.9	91.2	3.9	314.8	18.7	14.4	22.3
食用植物油	779.8	-5.6	12.4	29.9	90.1	25.8	2.1	65.7
饼　粕	192.4	-8.2	58.8	-52.8	5.5	6.9	2.5	-47.9
蔬　菜	16.7	11.5	973.0	15.2	3.3	16.7	117.5	17.7
水　果	341.8	24.1	479.5	-5.5	31.1	53.1	55.2	26.7
畜产品	—	—	—	—	134.0	38.8	59.9	26.2
水产品	—	—	—	—	80.2	22.7	177.9	28.7

注：表中数据根据中华人民共和国农业部资料整理。

要求，在粮食主产区、西部地区和后备基地新建粮食仓容2000万吨，新建烘干能力800万吨，维修烘干能力2500万吨，在36个大中城市建设成品粮应急低温储备仓100万吨等。

长期以来，我国粮食的流通方式以装袋为主，“散来包去、拆包散运”，加大了粮食物流成本。国内外大量实践证明，实现粮食“四散化”，即散装、散运、散卸、散存一体化运行，是提高粮食流通效益的必由之路，是粮食流通实现现代化的重要标记。

4. 果蔬物流

果蔬的生产具有明显的季节性和区域性，要保证果蔬的质量，重要的就是在运输流通环节中保持低温环境。目前，虽然我国已经陆续开始应用集装箱冷藏、普通冷藏车、海运冷藏集装箱、铁路冷藏车等方式运输果蔬。但是，我国水果和蔬菜总量中只有不到30%利用了低温物流，品种也仅限于一些经济效益比较高的水果，而发达国家一般在70%左右。

长期以来，我国对果蔬重生产、轻流通现象严重，对产后各环节投入相对薄弱。在果蔬生产能力大幅度提高的同时，果蔬产品在物流过程中的损耗率却仍然居高不下，供求结构性矛盾依然存在，果蔬“烂市”现象屡见不鲜，产后增值能力较差，这些都反映出我国果蔬冷链物流能力不足。我国果品的冷链物流包括采收、加工、包装、运输、销售等多个环节，任何一个环节做不到位，都会影响到产品的质量。

总体来看，发展果蔬物流应重点推广应用果蔬储运保鲜新技术，开发新型果蔬保鲜剂、保鲜材料，果蔬质量与安全快速检测技术，发展果蔬冷链储运系统，建立果蔬物流信息平台，大力发展果蔬物联网，以提高果蔬物流水平。

三、2011年我国农产品流通的基本情况

1. 收购环节

2011年，我国各类粮食经营企业收购粮食

6946 亿斤，比上年增加 896 亿斤。其中，国有粮食企业收购 2836 亿斤，比上年增加 166 亿斤；全年收购托市粮食 76 亿斤，油料 68 亿斤。初步测算，由于收购价格提高，促进农民增收约 300 亿元，有效地保护了种粮农民利益和生产积极性，有力地促进了粮食生产的“八连增”。目前，我国具有粮食收购资格的经营者达到 8.6 万家，其中，国有及国有控股企业 1.64 万家，其他经济组织等多元主体 6.96 万家。全国共有 1841 户企业取得中央储备粮代储资格，其中，粮食类企业 1665 户，取得资格仓容 1802 亿斤；油脂类企业 176 户，取得资格罐容 268 万吨。

2011 年，国家继续在主产区执行小麦、稻谷最低收购价政策，最低收购价比上年提高了 5.6% ~21.9%；继续对油菜子、大豆实行临时收储政策，价格比上年分别提高 0.35 元/斤、0.10 元/斤，还对新疆的小麦和东北地区的玉米实行了临时收储政策。

目前，我国采取直接收购、自主轮换收购、商品粮就地划转和进口划转等多种方式补充中央储备和国家临时存储库存。2011 年年底，全国地方储备粮和油库存同比分别增长 6.5%、15.9%，其中，成品粮、油储备库存分别增长 18% 和 16.5%。储备库存的充实和品种结构的调整，为保障供应、稳定市场奠定了坚实的物质基础。

2. 物流环节

2011 年，我国农产品物流总额达到 23361 亿元，同比增长 4.5%，具体情况见本文“2011 年我国农产品物流情况”。

3. 销售环节

2011 年，我国粮食部门采取竞价销售、定向销售和邀标销售等方式，累计销售成交国家政策性粮食 780 亿斤，食用植物油 152 万吨；全国 14 个省（区、市）与国家协同运作，共向市场投放地方储备粮 21.6 亿斤、食用植物油 2.3 万吨，保障了居民口粮和企业用粮需要。在各地的积极配合下，向华北、西北和南方主销区安排小麦跨省移库计划 65 亿斤，已完成 55 亿斤；向西南、西北旱灾地区调运稻谷 11 亿斤，充实了薄弱地区粮食库存，保证了灾区粮食供应。举办各类粮食产销衔接会、贸易洽谈会，粮油产品交易总量达 460 亿斤，促进了产区粮食有稳定的销路，销区粮源有可靠的保障。

4. 加工环节

2011 年，农产品加工业实现较快增长，全年规模以上企业产值突破 14 万亿元，增速超过 25%，从业人员达 1800 多万人。加工业与农业产值比提高到 1.8 : 1，食品工业占农产品加工业比重从上年年底的 44.3% 提高到 2011 年的 46.1%。2011 年前三季度，山东、广东、江苏、浙江、河南、福建、辽宁、四川、湖北、湖南等全国农产品加工业增加值前十强省份的农产品加工总量已分别占到各自省份 GDP 的 1/4 以上。中央和地方各级财政对农产品产后净化、分类分级、烘干、预冷、储藏、保鲜和包装等初加工环节的投入明显增加。中央财政当年用于扶持农产品产地初加工的资金超过 5 亿元，并决定 2012 年新增 5 亿元奖补资金，由农业部、财政部共同组织实施全国农产品产地初加工惠民工程，支持农户和专业合作组织建设一批马铃薯储藏、果蔬冷藏和干制设施，以加快扭转我国产地初加工设施简陋、产后损失严重的局面。

四、2011 年我国农产品交易市场体系

1. 农产品批发市场

市场经济条件下，我国农产品批发市场在整个农产品流通体系中处于中心地位，是联结亿万小规模生产者与消费者的重要桥梁，是商流、物流、信息流的集散中心，并承担着农产品集中、分散和价格形成功能。我国农产品批发市场在促进农业生产商品化、专业化、规模

化、区域化、标准化和农产品大市场、大流通格局的形成，以及在引导农民调整农业结构、实现增产增收和保障城镇居民的“菜篮子”、“米袋子”供应等方面，发挥着不可替代的重要作用。2011年，我国农产品批发市场综合百强（按交易量）排序在前十名的是：北京新发地农产品批发市场、商丘农产品中心批发市场、寿光农产品物流园、兰州大青山蔬菜瓜果批发市场、广州江南果菜批发市场、陕西西部欣桥农产品物流中心、南京农副产品物流中心、长沙红星农副产品大市场、东莞市信立国际农产品贸易城和郑州刘庄大型蔬菜批发市场。

（1）北京新发地农产品批发市场。北京新发地农产品批发市场是我国最大的单体农产品批发市场，供应着北京市70%以上的蔬菜、水果、肉禽蛋奶等基本生活物资。目前，北京新发地农产品批发市场正在加紧建设“环北京农产品供应护城河”，计划在北京周边农产品主产区布局多个分市场。2011年9月20日，占地900亩的大同新发地农产品批发冷链物流项目在山西省大同市隆重奠基。大同新发地农产品批发市场将被打造成一个集“农产品批发、交易、信息采集发布、食品质量安全检验监测、冷藏保鲜、冷链物流加工配送、综合配套服务”为一体的多功能、网络化、智能化新型农产品批发市场。该项目投入使用后，每年夏冬季将向北京直供蔬菜40余万吨，能使菜价降低6%左右。2011年11月11日，北京新发地国际水产城隆重举行奠基仪式。北京新发地国际水产城是北京新发地农产品批发市场为深入贯彻落实2010年1月16日温家宝总理视察新发地农产品批发市场时提出“要确保首都农副产品安全稳定供应”指示精神，确立“内升外扩”战略发展的“内升”重点项目之一。同时，也是北京新发地农产品批发市场被列入北京市“十二五”规划折子工程后，加速自身升级改造所采取的有力举措和具体行动。

（2）商丘农产品中心批发市场。商丘农产品中心批发市场现占地1700亩，总建筑面积40万平方米，是苏、鲁、豫、皖四省交界地区规模最大的农产品集散中心。目前市场内拥有商户4000多户，农产品交易已辐射到全国30个省市区。市场多年来一直呈现出繁荣发展的良好势头，交易量和交易额逐年递增，市场交易额已连续五年超100亿元。2011年1月25日，国家财政部、商务部农产品现代流通综合试点（商丘农产品市场）建设项目隆重开工。此项目建设主要包括1万吨的气调库和5000吨的低温库；4万平方米的轻钢结构交易大棚；13万平方米的交易场地的地坪硬化；还有100余个温室大棚共占地200亩的绿色有机无公害蔬菜种植基地等。

（3）兰州大青山蔬菜瓜果批发市场。该市场交易高峰期每天经营户达到2000户以上，参与经营、服务和购销的人员达10000人（次）以上，进场交易的各类车辆达到1000多辆，进入市场的蔬菜瓜果达1000多万千克，日吞吐量达1400多万千克，销售额1500多万元。货源主要来自四川省、云南省、广东省、广西自治区、海南省、江西省、陕西省和甘肃省兰州周边地区，该市场的反季节蔬菜、高档水果等，有60%主要流向西藏自治区、新疆自治区、宁夏自治区和青海省及甘肃省各地州市。

（4）泰州市农副产品中心批发市场。2011年12月，泰州市农副产品中心批发市场开业，它是江苏省现代农业综合开发示范区重点工程，立足泰州、辐射苏中（苏北）、面向华东地区。市场拥有蔬菜、果品、南北干货、食品、粮油、商业街区名特优产品超市六大交易区，农产品加工物流和商业“两个配套区”，以及电子结算、质量检测和商务服务“三个中心”，是苏中、苏北地区最大的农副产品集散地。该市场有舒适的经营场所，也有仓储及农副产品展示、配送等多项服务设施。市场专门投资了 2000 万元建设了农产品检测中心，购置了先进的检测仪器。每天都有专门的检测人员对入场农副产品进行各方面的检测，如农药残留等项目。不合格产品不允许进入市场，确保食品安全。

2. 农产品集贸市场

目前，我国农产品集贸市场的发展呈现出广大农村以集贸市场为主、城市则以菜市场和生鲜超市为主的特点。2011 年，国家有关部门进一步规范农产品集贸市场，并强调进一步降低集贸市场的摊位费以及建设公益性集贸市场。2011 年 12 月 19 日，国务院办公厅发布了《关于加强鲜活农产品流通体系建设的意见》，明确提出“要增加财政投入，通过投资入股、产权回购回租、公建配套等方式，改造和新建一批公益性农产品批发市场、农贸市场和菜市场”。

2011 年，我国首套村镇集贸市场管理信息系统研发成功。系统设计和开发了经营户登记功能、市场信息管理功能、商品与交易信息管理功能、经营者信息管理功能、新闻和消息管理功能 5 个主要功能模块；开发了用户管理、权限管理、文档档案管理、摊位管理和信用管理 5 个辅助功能模块。

3. 农产品期货市场

农产品期货市场可以把分散的供给和分散的需求有效地整合起来，形成合理的价格，并对生产和消费给予引导。因此，加快农产品期货市场建设具有重大意义。2011 年，全国期货市场累计成交量为 10.54 亿手，累计成交额为 137.51 亿元，同比分别下降 32.72% 和 11.03%。其中，农产品期货成交量、成交金额占整个期货市场的 54.33% 和 40.2%。可以看出，商品期货的交易量大约有一半是农产品期货。目前，国内不少大型粮食企业和涉农的中小企业都开始有意识地参与农产品期货交易，管理价格波动风险。

2011 年，山东乐陵市天地红电子商务中心已累计实现交易额 80 亿元，该中心是由乐陵市飞达集团投资 1.2 亿元建设的全国首家辣椒网上期货交易中心，同时，也是全省第一个采取“先建交易中心、再建交割库、完善配送系统”模式建设的电子交易中心。目前，天地红电子交易市场已在内蒙古自治区和四川省建设了 20 多个交割库。

4. 农产品电子交易市场

2011 年，农业部发布了《全国农业农村信息化发展“十二五”规划》，科学分析农业农村信息化面临的形势和实际需求，明确了“十二五”时期农业农村信息化发展的发展目标、主要任务、区域布局、重点工程和保障措施，为未来五年在农业生产、经营、管理、服务中全面推进信息技术应用提出了指导意见。大力推进农产品电子商务发展，可以帮助千家万户的农民及时获取产品和价格信息，扩大农产品及农资产品的销售和服务半径，使分散、少量、单一的农产品交易规模化、组织化，促进农产品产供销模式变革。目前，全国农村电子商务网站已超过 3 万家，其中涉农网站 6000 家以上。许多地方创新性地建立了多种农产品电子商务模式，解决了农产品流通销售过程中遇到的难题。

五、2011 年我国农产品物流基础设施建设

1. 农产品物流园区

（1）沈阳地利农副产品物流园。2011 年，沈阳地利农副产品物流园一期工程全面展开，该园是东北地区建设的最大的果蔬物流园区。项目总投资 15 亿元，由香港地利集团投资控股有限公司控股、沈阳市供销合作社联合社参股成立的沈阳地利农副产品有限公司投资兴建。建成后年交易额可达 50 亿元，拉动就业 2000 人。沈阳地利农副产品物流园的目标是建成绿色农副产品物流交易中心，并打造出一个

以农副产品物流为支撑，集物流、商务、生活、研发培训、信息与检测、农副产品加工展示交易为一体的现代化物流产业园区，形成跨省的农副产品交易集散基地。

沈阳地利农副产品物流园总占地50万平方米，拥有12万吨冷库的国际冷链物流作业区；建筑面积5000平方米的信息与检测中心；建筑面积5000平方米的研发培训中心；占地3万平方米，建筑面积8000平方米的农产品第三方物流经营区；占地2万平方米，建筑面积1万平方米的国际冷链物流管理中心；占地5万平方米，建筑面积1.5万平方米的涉农产品配套交易区；建筑面积2万平方米的农产品商务大厦；占地2万平方米，建筑面积1万平方米的生活服务配套中心。

（2）深圳海吉星国际农产品物流园。2011年10月，深圳海吉星国际农产品物流园（以下统称海吉星物流园）正式启用。作为深圳市唯一的一级农产品市场，该物流园可满足深港2000多万城市居民及珠三角地区的绿色农产品消费需求。海吉星物流园作为深圳目前最大的“菜篮子”，其建筑占地30万平方米，建筑面积82万平方米，园区内重点布局水果、蔬菜、干货、冻品、进口食品、名优特产等专业交易区，运营后初步估算年交易量可达600万吨，交易额可达300亿元。

（3）贵阳石板农产品物流园。2011年10月28日，贵阳石板农产品物流园正式建成开业，该物流园是西南地区规模最大、设施最好、配套最完善、交易手段最先进的农产品批发集散平台。物流园总用地900亩，总投资10亿元，共包括四个部分：果蔬交易区，水产蛋禽、干货交易区，商务服务区，以及三万吨库容的冷库，含低温库和恒温库两种冷藏方式。预计一期项目全部建成后，每天农产品交易量将达到2000吨以上，年交易金额35亿元左右。此外，物流园二期即将启动建设并于2012年年底投入使用，预计二期项目建成后，年交易额有望达到100亿元。

（4）中机长春物流科技园。2011年7月，中机长春物流科技园正式投入运营。该物流园是由中国农业机械化科学研究院投资12亿元开发建设的现代农业装备物流科技园区，是迄今国内最大的现代农业装备物流园。总规划面积1500亩，内设4万平方米商铺、1.2万平方米室内展馆、15万平方米室外展场，可同时容纳各类经营户200多家。

中机长春物流科技园设有“三大平台、一个中心”。“三大平台”即物流销售平台、技术交流平台、投融资平台。物流销售平台服务包括产品订单受理、网上交易、成员结盟、扩大经营等；技术交流平台服务包括建立技术资料档案，为用户提供随时查询技术信息和数据，对技术吸纳企业进行经营管理辅导，对技术转化后的产品进行销售指导，联络技术供需信息，建立用户信息反馈渠道；投融资平台服务包括资本整合及运营、企业投融资服务、财务顾问、股权投资、风险投资、中小企业成长辅导等。“一个中心”即农业科技文化交流中心，主要从事作物品种、农业生产技术、生产工具以及装备制造等方面的交流和推广。

2. 农产品“绿色通道”

2011年，我国相关部门进一步完善和落实鲜活农产品运输“绿色通道”政策，以确保蔬菜、水果等鲜活农产品运输畅通，降低流通成本，从而更好地促进农业增效、农民增收，保障“菜篮子”工程的实施和农产品价格的稳定。2011年8月，国务院办公厅发布《关于促进物流业健康发展政策措施的意见》，要求要把农产品物流业发展放在优先位置，加大政府投入和政策扶持力度，规范和降低农产品批发市场、农贸市场的摊位费等相关收费，并提高对农产品批发市场和农贸市场（含社区菜市场）公益性的认识。

以北京市为例，北京正在研究制定四个方面的措施，通过免、清、降、扶，减少农产品销售中间环节，降低流通环节费用，包括免除取缔二级及以下道路、桥梁任何形式的道路通行费收费行为；清理规范农副产品批发市场进场费、农贸市场、社区菜市场、菜店摊位费，在保证企业正常经营的基础上降低过高的收费标准，规范收费项目、收费行为，坚决制止搭车收费，必要时考虑按法定程序将摊位费纳入政府定价目录管理。

2011 年 11 月 1 日至 2012 年 2 月 1 日，为保障首都冬季市场蔬菜供应和价格稳定，北京新发地农产品批发市场免收部分品种蔬菜的入场费，并对少量混装（不超过20%）其他蔬菜品种车辆参照整车运输执行。此次免收费用的蔬菜品种包括：大白菜、土豆、洋葱、白萝卜、胡萝卜、黄瓜、西红柿和豆角 8 个品种。

为解决“最后一公里”蔬菜流通成本高居不下的问题，北京市新发地农产品批发市场在政府贴息贷款的帮助下，由企业出钱购买，定制了 2000 辆运菜车，专门用于新发地向市内二级批发市场以及零售终端运输蔬菜水果。专门运菜车可解决运菜卡车无法进入四环内社区菜市场以及客货混装面临的处罚等问题，使得到终端市场的运输效率显著提高，降低社区菜市场及超市等终端市场蔬菜价格的 10% ~20%。

3. 农产品流通追溯体系

2011 年 11 月，商务部对“十二五”期间加快肉类蔬菜流通追溯体系建设工作进行了全面部署，并明确了四大任务。一是推动制订《食用农产品质量安全追溯管理办法》及地方性法规或地方政府规章，形成国家标准、地方标准、行业标准和企业标准有机统一的肉类蔬菜追溯标准体系，加大法规标准贯彻实施力度，促进肉类蔬菜经营规范化；二是加强技术创新，加快建设以中央、省、市三级平台为主体的全国追溯管理网络，鼓励、支持各类市场和经营者提升内部管理信息化水平，大力发展现代流通，推进肉类蔬菜流通现代化；三是抓好大中城市肉类蔬菜追溯试点，全面推进城市追溯体系建设，逐步扩大到牛羊鸡鸭等畜禽产品、水果、水产品、食用菌、豆制品等主要品种，争取覆盖全国百万人口以上城市；四是开展产地或集散地批发市场追溯体系建设，支持一批大型肉类蔬菜生产经营企业打造全产业链追溯品牌，联合农业部门加快推进全过程追溯体系建设，健全肉类蔬菜追溯网络。

2011 年 11 月农业部出台了《全国农垦农产品质量追溯体系建设发展规划（2011—2015)》，以加快“十二五”期间农垦农产品质量追溯体系建设，提高农垦农产品质量安全管理水平。该规划提出，到 2015 年新建 200 家高标准全程可追溯企业和 300 家可监管企业，形成一批能体现农垦系统管理优势、在国内外市场具有一定竞争力的农产品质量追溯企业群体，推出一批涵盖农垦优势产业的质量可追溯优质农产品，基本实现农垦主要农产品质量面上监管无盲区、链上监管无缝隙、点上监管无遗漏的管理体系，为在农垦系统全面建立农产品质量追溯体系打下坚实基础。

六、2011 年农产品物流政府相关政策

1. 惠民工程进展

（1）“万村千乡市场工程”。“万村千乡市场工程”是商务部推进农村现代市场体系建设的一项重要战略性工作。截至 2011 年年底，我国累计建设或改造农家店 66.2 万个，覆盖 75% 的行政村；在大中城市，完善鲜活农产品零售网络，鼓励农产品直供直销，在有条件的社区建立生鲜超市、连锁菜店等固定售菜场所，在小、远、散等缺乏菜市场的社区设立流动售菜车、周末蔬菜直销市场等时段市场，适应不同社区不同人群需要，均取得了良好效果。

2011 年 7 月，商务部制定了《“万村千乡市场工程”信息化改造试点方案》，方案以提

高农村流通网络现代化程度，增强“万村千乡市场工程”承办企业市场竞争力为目的，坚持企业主体、市场导向、政府推动的原则，科学规划、择优选择、落实责任、加强宣传、突出重点、逐步推进，扎实做好“万村千乡市场工程”信息化改造试点工作。方案提出，到2011年12月，在16个试点地区完成7.5万家农家店信息化改造任务，“万村千乡市场工程”信息系统搭建完成并实现在线管理、移动业务、金融服务等功能。

（2）“农超对接”。目前，我国农超对接还处于初级阶段。农超对接产品销售额占总销售额的比例普遍偏低。2011年6月22日，中国连锁经营协会公布了首批43对农超对接示范项目。首批项目既包括沃尔玛、家乐福、欧尚、洋华堂等外资零售商，又包括华润万家、苏果等国内零售巨头，物美、超市发、京客隆3家北京本土零售企业也一起入围。首批推选出的43个示范项目，实际上包含了43对合作主体，即一个零售商加一个农民专业合作社（或专业公司）构成一个示范项目。

2011年10～12月，商务部、农业部联合在浙江、陕西、辽宁、湖北、四川、河北六省分六个片区开展为期三个月的“全国农超对接进万村”行动。通过搭建对接平台，推动大中城市连锁超市与农民专业合作社建立稳定的产销链条，扩大农超对接规模，促进农产品流通现代化，保障农产品市场供应。此次行动共吸引了家乐福、沃尔玛等10家全国性连锁超市以及209家地方性连锁超市与312家农民专业合作社共同参与。据调查显示，连锁超市通过农超对接采购农产品，流通成本可平均降低15%左右。

2. 2011年国家及有关部门对农产品物流的政策支持

（1）《“万村千乡市场工程”信息化改造试点方案》。2011年7月，商务部制定了《“万村千乡市场工程”信息化改造试点方案》，以促进提升农村流通网络信息化水平。商务部会同中国农业银行、中国移动通信集团公司成立“万村千乡市场工程”信息化改造试点工作小组。同时，中央财政对实施“万村千乡市场工程”信息化改造的合格农家店给予资金补贴。

该方案以提高农村流通网络现代化程度，增强“万村千乡市场工程”承办企业市场竞争力为目的，坚持企业主体、市场导向、政府推动的原则，科学规划、择优选择、落实责任、加强宣传、突出重点、逐步推进，扎实做好“万村千乡市场工程”信息化改造试点工作。主要内容包括：部署服务终端设备，服务终端设备由商业零售终端和金融零售终端组成；搭建信息系统，系统应满足各试点地区需求并主要具备农家店、流通企业及项目管理功能；丰富服务类型，包括拓展商业服务、金融服务和通信服务。

（2）国务院发布《关于促进物流业健康发展政策措施的意见》。2011年8月，国务院办公厅发布《关于促进物流业健康发展政策措施的意见》。该意见要求，要把农产品物流业发展放在优先位置，加大政府投入和政策扶持力度，规范和降低农产品批发市场、农贸市场的摊位费等相关收费。

要把农产品物流业发展放在优先位置，加大政策扶持力度，加快建立畅通高效、安全便利的农产品物流体系，着力解决农产品物流经营规模小、环节多、成本高、损耗大的问题。抓紧开展农产品增值税抵扣政策调整试点，妥善解决农产品进项税抵扣中存在的问题，鼓励大型企业从事农产品物流业，提高农产品物流业的规模效益。加大农产品冷链物流基础设施建设投入，加快建立主要品种和重点地区的冷链物流体系，对开展鲜活农产品业务的冷库用电实行与工业同价。推动农产品包装和标识的标准化，完善农产品质量安全可追溯制度。

提高对农产品批发市场和农贸市场（含社

区菜市场）公益性的认识，加大政府投入和政策扶持力度。加强农产品批发市场、农贸市场的规划和建设，新建城市居住区要严格按照相关规定，配套建设社区菜市场或相应的商业设施，不得随意改变用途。农产品批发市场用地作为经营性商业用地，应严格按照规划合理布局。土地招拍挂出让前，所在区域有工业用地交易地价的，可以参照市场地价水平、所在区域基准地价和工业用地最低价标准等确定出让底价，土地出让后严禁擅自改变用途从事商业性房地产开发，确需改变用途、性质或者进行转让的，应当符合土地利用总体规划并经依法批准。

要规范和降低农产品批发市场、农贸市场的摊位费等相关收费，必要时按法定程序将摊位费纳入地方政府定价目录管理，清理超市向供应商收取的违反国家相关法律法规的通道费。继续严格执行并完善鲜活农产品“绿色通道”政策，进一步加强管理，完善技术手段，提高车辆检测水平和通行效率。

（3）国务院发布《关于加强鲜活农产品流通体系建设的意见》。2011 年 12 月，国务院办公厅发布《关于加强鲜活农产品流通体系建设的意见》，该意见对加强鲜活农产品流通体系建设，建立平稳产销运行、保障市场供应的长效机制，切实维护生产者和消费者利益等方面做出规定。其主要目标是以加强产销衔接为重点，加强鲜活农产品流通基础设施建设，创新鲜活农产品流通模式，提高流通组织化程度，完善流通链条和市场布局，进一步减少流通环节，降低流通成本，建立完善高效、畅通、安全、有序的鲜活农产品流通体系，保障鲜活农产品市场供应和价格稳定。

（4）《全国蔬菜产业发展规划（2011—2020 年）》。2011 年 12 月，国家发展和改革委员会、农业部会同有关部门制定了《全国蔬菜产业发展规划（2011—2020 年）》。该规划要求，要通过稳面积、增单产、调结构、降损耗，来实现蔬菜数量充足、品种多样、供应均衡，从而防止价格大起大落。

该规划将全国蔬菜产区划分为华南与西南热区冬春蔬菜、长江流域冬春蔬菜、黄土高原夏秋蔬菜、云贵高原夏秋蔬菜、北部高纬度夏秋蔬菜、黄淮海与环渤海设施蔬菜六个优势区域，将重点建设 580 个蔬菜产业重点县（市、区），提高全国蔬菜均衡供应能力。提出 2011—2020 年，全国蔬菜播种面积保持基本稳定，单产水平年均提高 1 个百分点以上，2015 年达到 2300 千克/亩，2020 年达到 2500 千克/亩以上；蔬菜损耗率年均降低 1 个百分点以上。该规划预计，2020 年中国蔬菜总需求量为 58950 万吨，比上年增加 8950 万吨。满足蔬菜消费总需求和新增需求主要将通过提高单产和减少损耗解决。到 2020 年，我国人均蔬菜占有量在现有基础上增加 30 千克，蔬菜加工品增加 1000 万吨。另外，规划鼓励银行业金融机构加大对蔬菜产业发展的信贷支持力度，改进金融服务。扩大蔬菜生产信贷资金规模，健全农村金融体系，拓宽融资渠道，引导更多的信贷资金投向蔬菜产业。

（洪　涛　钱春艳　北京工商大学）

2011年中国粮食物流

2011年我国粮食生产实现“八连增”，全国粮食总产量达到11424亿斤，创造了新的历史纪录，粮食消费继续增长，粮食产需基本平衡。分品种看，稻谷产需基本平衡，但籼稻有余，粳稻不足；小麦产略大于需，但优质小麦供给不足；玉米消费需求增长较快，产需偏紧；大豆和植物油产需缺口持续扩大，对外依存度高的局面没有改变。从国际粮食供求形势看，据联合国粮农组织（FAO）2011年12月份发布的报告显示，2011—2012年度世界谷物产量预计为23.23亿吨，比上年度提高3.5%；库存消费比为21.8%，比上年度增加0.1个百分点；全球小麦和大米期末库存增长，玉米期末库存下降。全球粮食市场价格受金融因素和经济走势影响明显。

面对2011年国际粮价高涨、国内农产品价格剧烈波动，国家适时采取了一系列粮食宏观调控措施，保证了粮食供求总量、品种结构的基本平衡和市场价格的基本稳定，保护了种粮农民利益，保障了国家粮食安全，为国民经济平稳发展作出了积极贡献。

一、提高粮食最低收购价格水平

为保护与调动农民种粮积极性，进一步促进粮食生产稳定发展，考虑粮食生产成本增加等因素，2011年国家提高了小麦、稻谷最低收购价格水平，白小麦、红小麦和混合麦最低收购价格分别提高到每50千克95元、93元和93元，比2010年分别提高了5元、7元和7元；早籼稻、中晚籼稻和粳稻最低收购价分别提高到每50千克102元、107元和128元，比2010年分别提高了9元、10元和23元。继续对油菜子和大豆实行临时收储政策，每50千克价格比2010年分别提高了35元和10元。

二、充实储备粮油库存

国家采取直接收购、自主轮换收购、商品粮就地划转和进口划转等多种方式补充中央储备和国家临时存储库存。调整中央储备品种结构，适当增加粳稻收储数量。及时下达中央储备粮年度轮换计划并指导和督促落实，及时追加玉米轮换计划，满足饲料和养殖企业用粮。进一步充实地方粮油储备，增加成品粮油和小包装粮油储备，东南沿海等主销区调整地方储备结构，增加粳稻储备数量。2011年年底，全国地方储备粮和油库存同比分别增长6.5%和15.9%。其中，成品粮和油储备库存分别增长18%和16.5%。

三、适时适量安排政策性粮食投放市场

为保证粮食市场供应、维护粮食价格基本稳定，2011 年，通过采取竞价销售、定向销售和邀标销售等方式，累计销售成交国家政策性粮食 780 亿斤，食用植物油 152 万吨；全国 14 个省（区、市）与国家协同运作，共向市场投放地方储备粮 21.6 亿斤、食用植物油 2.3 万吨，保障了居民口粮和企业用粮需要。

四、提高粮食应急保障能力

按照国家粮食应急预案要求，加快粮食应急储备、加工、供应网络建设，增强粮食应急保障能力。截至 2011 年年底，各地确定的粮油应急加工定点企业增加到 5799 家，应急供应定点企业增加到 16038 家。国家专项安排向西南、西北旱灾地区调运稻谷 11 亿斤，充实了薄弱地区粮食库存，保障了受灾地区的粮油供应。

五、粮食流通基础设施和物流体系建设得到加强

制定具体措施贯彻国务院物流业健康发展实施意见，与有关部门联合印发了“十二五”农户科学储粮专项规划和管理办法。2011 年，国家有关部门安排中央补助投资 24.78 亿元，用于粮油仓储设施、粮食现代物流项目、农户科学储粮专项以及实施最低收购价政策地区仓房的维修改造。2011 年下达的 141.8 万套标准化农户储粮专项进展顺利，预计 2012 年夏粮收购前可投入使用。

六、清仓查库摸清食用植物油库存

国务院高度重视全国粮食清仓查库工作，2011 年开展了新中国成立以来首次全国食用植物油库存清查，共检查企业 5243 家、油罐 24506 个，圆满完成了清查任务。清查结果显示，全国各类油脂库存数量真实，质量总体良好，储存比较安全。这次清查摸清了库存家底，推动了各项标准制度的建立和完善，提高了油脂库存管理水平。

七、各类粮食市场主体稳步发展

目前，全国具有粮食收购资格的经营者达到 8.6 万家，其中，国有及国有控股企业 1.64 万家，其他经济组织等多元主体 6.96 万家。共有 1841 户企业取得中央储备粮代储资格，其中，粮食类企业 1665 户，取得资格仓容 1802 亿斤；油脂类企业 176 户，取得资格罐容 268 万吨。2011 年，全国各类粮食企业收购粮食 6946 亿斤，比上年增加收购量 896 亿斤。其中，国有粮食企业收购 2836 亿斤，占收购总量的 40.8%，同比下降 3.8%；非国有粮食企业收购 4110 亿斤，比上年增收 774 亿斤，占增收总量 86.4%。截至 2011 年年底，全国国家级粮食交易中心总数达到 25 个，大中型区域性、专业性粮食批发市场有 70 家，各类粮食批发市场有 448 家，全国国有粮食企业中规模以上产业化龙头企业达到 1012 家，同比增加 83 家。

八、依法管粮取得新进展

做好《粮食法》的起草和报审工作。贯彻落实国务院的部署，研究制定粮食行政管理部门深入推进依法行政的意见，发布实施粮食行业“六五”普法规划。推进两部《条例》的

实施，加强督促检查和指导，粮食最低、最高库存制度得到较好落实。基本完成粮油储藏技术规范制修订工作。全国已有 14 个省份出台了《粮油仓储单位备案管理办法》。做好粮油标准制修订工作，完成标准制修订 27 项，发布实施标准 62 项。

（韩兆轩　中国粮食行业协会）

2011 年中国汽车物流

一、2011 年汽车物流市场总体情况

2011 年，我国汽车物流市场伴随着汽车产销市场的变化平稳运行，显现以下特点。

（一）汽车物流市场小幅增长

2011 年，我国汽车物流市场总量小幅增长，汽车进出口物流业务和售后服务备件物流业务增长幅度较大，商用车物流市场较往年下降，二手车、报废汽车的物流市场平稳增长。

据中国汽车工业协会统计，2011 年我国累计生产汽车 1841.89 万辆，同比增长 0.8%；销售汽车 1850.51 万辆，同比增长 2.5%。从细分市场看，狭义乘用车实现累计销量 1231.78 万辆，实现同比增长 8.7%；商用车产销分别为 393.36 万辆和 403.27 万辆，同比下降 9.94% 和 6.31%；进口车市场表现依旧突出，年度进口首超百万辆，达到 103.89 万辆，同比增长 27.69%，累计进口金额 430.88 亿美元，同比增长 40.63%；汽车出口总体延续了上年快速增长的势头，累计出口金额 689.37 亿美元，同比增长 32.99%，其中汽车零部件首次超过 500 亿美元，达到 521.93 亿美元，占汽车商品出口总额的 75.71%，同比增长 28.60%。此外，全国二手车累计交易量达 433 万辆，同比增长 12.47%；报废汽车的更新量达 150 万辆左右。

（二）汽车物流市场面临新的机遇

2011 年，我国汽车产业加快了布局调整，主流主机企业扩张步伐加快。各国际品牌企业纷纷加大产能，一是在原有工厂基础上扩建厂房，增加新的生产线；二是企业继续完善在全国汽车生产和消费市场相对集中区域的产业布局；三是产业向市场份额大、产业基础相对较好的中西部地区转移。2011 年，汽车物流分会了解到的汽车产业扩张信息印证了上述判断。1 月份，上汽集团在南京投建百万辆基地，沈阳华晨中华 A 级车新工厂落成，吉利汽车打造杭州湾汽车产业集群，长安汽车在重庆两江新区建千亿汽车城，力帆新基地投资 35 亿元；3 月份，长城汽车天津新基地投入使用，东风日产郑州工厂 20 万辆产能建设项目开工，江淮客车万辆生产基地建成，神龙汽车公司三大系列 6 款全新发动机项目在湖北襄阳开工建设；4 月份，北汽自主品牌基地建设项目启动，陕汽 5 万辆重卡基地落户新疆乌鲁木齐；5 月份，一汽通用哈尔滨新工厂整车下线，神龙第三工厂奠基，江淮乘用车基地扩建项目动工，现代汽车正式入驻四川省建世界级商用车生产基地，一汽总投资 45 亿元的 31 个汽车零部件项目集中开工；6 月份，南海福田新能源客车厂投产，东风商用车新工厂首辆重型车装配下

线，福田多功能汽车厂投产；8月份，一汽青岛商用车基地项目奠基，东风汽车零部件投资10.5亿元建工业园；9月份，上海通用扩产30万辆，江铃集团总投资超50亿元的11个项目在南昌开工，长安福特马自达在华首家变速箱厂投建；10月份，一汽物流成都基地一期项目竣工投产，一汽大众轿车三厂建成，神龙公司武汉三厂涂装车间工程开工，北京现代第三工厂主体工程竣工，东风日产郑州60万台发动机工厂奠基。汽车产业的整体扩张不仅会对汽车的生产和销售产生影响，还会对整个流通渠道和后市产生影响，同时也对汽车物流业的发展提出了新的要求。

（三）汽车物流领军团队各领风骚

2011年，我国汽车物流行业中的各路英雄尽显本色，领军团队各领风骚。

安吉物流及旗下安吉汽车零部件、安盛船务、海通物流，长久物流，一汽物流及一汽国际物流，安达集团，中铁特货，风神物流，奇瑞物流，中信信通，深圳长航，东风车城，长安民生，同方环球，福田物流，深圳新合程，达基物流，祥龙博瑞、乔达国际是行业的领军企业；一汽集团及一汽大众、一汽轿车、一汽丰田、一汽解放、天津一汽，东风公司及东风日产、神龙汽车，上海通用，奇瑞汽车，长安汽车，中国重汽等汽车生产企业在物流和供应链管理方面处于行业领先地位；集保物流设备公司在汽车零部件物流包装方面，将国际先进经验带到国内，推动了物流设备由生产向服务转化，引领现代物流技术装备应用的潮流；法国劳尔公司作为国际领先的车辆运输车供应商，坚持不懈地与我国企业共同推进中国车辆运输车标准的改进；法国捷富凯、德国BLG、德国迈速、美国UP、华轮威尔森和NYK等一批国际领先的汽车物流企业是我国汽车物流业中外合作和交流活动中的积极因素，同时，也是推动着我国汽车物流行业的技术进步和国际化进程不可或缺的力量；上海交通大学、北京交通大学、吉利大学等高等院校，在汽车物流和供应链管理研究及推广方面享有较高声望；中国物流与采购联合会汽车物流分会在行业工作方面已经贯穿零部件物流、整车物流、售后服务备件物流、进出口物流等汽车生产和流通全产业链，在国内外汽车交流中发挥着纽带作用，在推动政策、行业研究、标准建设、信息服务等方面的工作也卓有成效，成为令行业信赖的社会组织。

（四）汽车物流行业创新活跃

2011年，我国汽车物流行业的创新非常活跃。创新主要集中在以现代信息技术与多式联运、企业运营、业务操作和装备改进的进一步融合，以及物联网在汽车物流行业的实践、物流技术装备在汽车物流行业的革新、物流和供应链管理的规划和优化、企业合作模式创新多方面。安吉物流、长久物流、一汽物流、一汽国际物流、东风有限、东风商用车、集保、福田物流、武汉长航、中国重汽、东本储运、长安福特马自达等一批企业在行业创新方面表现突出，获得行业好评。

二、2011年汽车物流行业各细分市场的情况

（一）汽车整车物流

1. 车辆运输车问题有了新的进展

2011年4～5月，中国物流与采购联合会助推央视财经频道制作播出了“聚焦中国物流顽症”系列节目，在社会上引起极大反响，也引起了政府相关部门对行业顽症问题的高度关注，对加快解决车辆运输车问题起到积极作用。

2011年5月16日，物流分会在充分听取行业企业意见和建议的基础上，向交通运输部提交了《关于解决车辆运输车公路运输问题的紧急报告》，并形成了《关于解决车辆运输车超限问题的建议》。该建议指出，治理超限工作建议应由权威部门牵头、多部门联手，与行

业协会联合制定统一的整顿方案、采取统一的整顿行动，并发挥新闻媒体和社会的监督作用，推动车辆运输车问题合理解决，尽快制定适应行业发展需要的车辆运输车新标准，推动国际通用的中置轴挂车列车作为新的车辆运输车标准，在提高运力和降低成本方面满足我国汽车产销第一大国的市场需要；对现有车辆采取过渡政策进行治理，停止罚款治超模式等。

2011 年 12 月 31 日，工信部与公安部联合发布了《关于进一步提高大中型客货车安全技术性能加强车辆〈公告〉管理和注册登记管理工作的通知》（工信部联产业〔2011〕632 号），明确将车辆运输车作为治理重点。考虑车辆运输车原有标准落后，制定新标准可使法律依据更加符合行业需求，同时推出行业未来的更新车辆，工信部装备司牵头组织了工信部产业司、公安部交管局、交通部科技司、国家质检总局执法监督司、国家认监委认证监管部以及全国汽车标委会、交通部公路科学研究院、公安部交通管理科学研究所、中国质量认证中心和中国物流与采购联合会汽车物流分会多家机构共同研究形成了一致意见。各部门将本着合理、合法、可行，并兼顾效率和安全的原则联合行动，先行开展国内外调研，在有充分科学依据基础上尽快确定我国车辆运输车长度、高度、宽度以及车型标准方案。

2. 汽车整车物流运输市场中铁路和水运的占比不断升高

2011 年，中国物流与采购联合会汽车物流分会对上年度全国汽车整车物流流量、流向进行了一次全面的调查统计，并与北京交通大学交通运输学院共同进行了分析研究，最终得出了结论：以目前我国汽车整车物流格局，各种不同运输方式在干线运输市场中的理想份额应是：铁路 55%、公路 22%、水运 23%，铁路、水运的合理运量应是目前实际运量的 7.94 倍和 3.26 倍。

尽管目前我国汽车整车物流中各种运输方式所占份额并不理想，但相关企业的积极行动正在悄悄改变着固有的运输格局。中铁特货运输公司是国内铁路系统唯一获得授权经营汽车整车物流业务的企业。近年来中铁特货运输公司一方面，对内加大管理力度，强化质量基础，全力推进铁路商品汽车物流服务能力的快速提升，同时在装备安全、备品管理以及信息系统建设方面也取得明显改善；另一方面，对外采取合资、合作等方式加强与国内主流第三方物流企业的战略合作，分别与安吉汽车物流公司成立了上海安北公司、与风神物流成立了广州东铁公司，为中铁特货运输公司铁路汽车物流业务向行业纵深发展夯实了基础，为今后铁路货运资源释放后中铁特货运输公司的大发展做好了准备。与此同时，一些汽车生产企业也已开始调整发展战略，重视铁路整车物流的开发。如一汽集团已将铁路运输作为今后整车物流的战略选择；一汽吉林汽车有限公司启用铁路运输发送整车到新疆，拓宽了公司商品车发运的新渠道，缓解了山西、内蒙古、宁夏、陕西、甘肃、青海、新疆等西北地区运输困难的局面。

安吉汽车物流公司是目前国内规模最大的汽车物流公司。公司已把调整整车物流运输结构作为未来的发展方向，在大力发展铁路运输的同时积极拓展水运业务，其直属安盛船务公司在 2011 年投入两艘 2300 车位滚装船用于沿海运输。深圳长航是我国最大的滚装船运输企业，2011 年深圳长航的汽车整车物流业务已覆盖长江航线的 5 个港口和沿海的 9 个港口，目前深圳长航凭借已有的 23 艘滚装船共计 24416 车位，在全国汽车整车水运物流中发挥着骨干作用。2011 年国内规模最大的民营汽车物流企业——北京长久物流与奇瑞汽车和大连港三方股东共同注资 3 亿元组建了中世国际物流有限公司，新公司主要经营物流业务。在建设初期拟新建汽车滚装泊位 2 个，加上奇瑞原有的汽车滚装码头，年度装卸商品车将达到 50 万辆；通过自建和购买船舶，形成拥有 11000 个车位运力的江海商品车运输船队，年商品车运量将达50万~60万辆。新公司计划开展公路、铁路联运业务，建设公铁集疏运场地，搭建公共物流平台，开发商品车国际运输航线，逐步发展成为国内领先、国际一流的物流服务商。

3. 完成汽车整车物流成本和价格指数研究

安吉汽车物流公司与中国物流与采购联合会汽车物流分会组织并联合九家行业骨干企业参与了《汽车整车物流成本等因素对价格影响的动态模型》的研究，研究内容包括设计思路、计算公式和应用方案。为使得成本模型与行业应用充分衔接，该研究在以整车物流成本模型的基础上设计了《汽车整车物流成本和价格指数》。指数的推出以及未来的应用将有助于推进行业的健康发展，为行业企业的友好合作和良性竞争奠定基础。该研究将对今后车辆运输工具标准统一后，汽车整车物流价格的形成及变动产生深远影响。

4. 商用车物流行业骨干队伍已经形成

在北京福田物流公司和北京长久物流公司两家行业核心企业的带动下，在中国物流与采购联合会汽车物流分会的组织下，一汽、东风、重汽、福田、陕汽、红岩、江淮、柳汽和依维柯等主要商用车生产企业物流部门负责人以及国内主流商用车物流企业已经形成了良好的工作机制，商用车物流行业骨干队伍已经形成。龙头企业和行业组织的携手行动，有利于推动解决制约商用车物流发展的政策问题，有利于推动业内的资源整合及建立行业信息平台，有利于物流企业与商用车生产企业共同建立可学的成本和价格形成机制，有利于遵章守法和行业自律。

5. 进口汽车物流业务备受行业青睐

在近几年国内民众汽车消费的热潮中，进口汽车已经成为富裕群体的消费新宠。2011年我国进口汽车已超过百万辆，比上年增长30%。进口汽车不断增长的势头和丰厚的物流业务利润空间吸引了众多汽车物流精英企业的参与和竞争，进口汽车物流业务成为行业热追的新的增长点。

（二）零部件物流

1. 零部件物流呈现运营外包化、模式精益化、体系标准化、规模整合化的特点

据统计，在全国排名位居前十的汽车生产企业的零部件物流业务中，有8家已实现业务外包、7家实现取货制、9家实现了包装用品标准化、8家规定并推动使用运输工具标准化。零部件物流呈现运营外包化、模式精益化、体系标准化、规模整合化的特点。风神物流、安吉零部件物流、一汽物流、一汽国际物流、深圳新合程、福田物流、同方环球、长安民生和东本储运等企业是行业内的佼佼者。

2. 《汽车零部件物流KPI构成研究》结题

汽车零部件物流企业作为不同主机企业的采购和入厂物流服务企业，需要能够形成经常性的交流机制，因而迫切需要一致性和标准化的交流语言。2011年，风神物流和中国物流与采购联合会汽车物流分会结题的《汽车零部件物流KPI构成研究》，为汽车供应链上的主机厂、供应商、物流商等各个节点企业识别出影响最终服务的一致性物流关键指标提出了解决方案。方案中统一的KPI量化数学模型，有利于行业企业对照比较发现差距，更好地为客户提供服务。

3. 汽车生产企业和物流企业创新供应链管理已形成发展新趋势

商流与物流的一体化联动是汽车生产企业优化供应链管理的关键，一体化联动要求汽车生产企业和物流企业双方建立良好的协同机制，而合作创新成为机制良好运行的具体表现，东风日产和风神物流、一汽大众和一汽国际物流、奇瑞汽车和长久物流之间的合作都堪称国内优秀的零部件物流管理案例，是行业一体化联动的表率。龙头企业的垂范标志着生产企业和物流企业创新供应链管理已成零部件物流发展的新趋势。

（三）汽车售后服务备件物流

2011年，我国汽车售后市场成为行业内新的竞争焦点。售后服务备件物流更是汽车物流行业最炙手可热的领域。相对于售前市场的巨大投资和日渐降低的利润率，汽车售后市场投入较小且投资回报相对较高的优势吸引了国内外品牌汽车企业纷纷加快了在国内售后市场布局的步伐。有数据显示，2011年我国汽车售后市场的规模已超过1800亿元。自2010年中国物流与采购联合会汽车物流分会组织首次售后服务备件物流研讨会以后，汽车生产企业固有的第三方物流企业、具有网络资源优势的国内外物流巨头和在特定地区商业配送基础良好的当地物流企业，都把目光聚焦在这一市场。借鉴进口汽车售后服务的先进理念，风神物流、一汽物流、安吉汽车零部件物流、祥龙博瑞等一批优秀企业的实践为行业发挥了引领作用，助推售后服务备件物流进入了发展的快车道。

（四）汽车出口物流

1. 汽车出口带动汽车出口物流业务升温

我国是制造业大国，制造业出口一直是拉动国内经济的主要动力，汽车产品是其中的主力军。在人民币持续升值和国际贸易壁垒的影响下，我国汽车产品走向海外依然不减的势头令国际汽车物流企业纷纷看好我国汽车出口业务。截至2011年年底，已有德国BLG、美国联合太平洋、华轮威尔森、NYK和礼诺航运多家国际汽车物流企业进入我国市场。与此同时，国内的龙头企业也为提升汽车出口物流服务积极行动。2011新年伊始，天津港环球滚装码头迎来台湾海运公司（TMT）大型滚装船——“大瓢虫”（ALADYBUG）轮的首航进港，该滚装船长228米，设计为有8700个车位。国内的龙头企业安吉物流和最大滚装企业深圳长航一直致力于实施走出去战略，长久建立了CAELOP平台专门为我国汽车出口的后市场提供全程服务。

2. 合资品牌企业开启了整车出口业务，汽车出口物流迎来新时代

2011年6月，由神龙公司生产的首批120辆标致408轿车从武汉经济技术开发区的汽车滚装码头装船起航运至埃及。此举标志着神龙汽车公司开拓海外市场战略取得了重大突破，实现了整车出口历史性跨越。神龙汽车公司开启的整车出口业务，代表了汽车出口物流新的发展趋势，即合资品牌不断加快发展步伐，转变出口方式，由低附加值产品出口返销向技术含量更高的成组散件供货的方式转变。

3. 汽车KD件出口物流业务需求旺盛

随着我国汽车产品品质的提升和国内汽车企业向国际市场拓展的成功，在金融危机后我国汽车出口量逐渐增长，2010年已经恢复到金融危机前的水平。但从出口形式上看，受到汽车进口国税率调整等因素的影响，汽车出口开始出现KD件比例上升，整车比例下降的趋势。国内汽车出口企业对于KD件的包装服务相当重视，均有相应部门进行KD件包装的设计和操作，并在KD件包装方面有所创新。然而，我国KD件出口物流业务发展时间较短，规范化程度还有待提高，KD件包装设计经验不足，汽车出口企业还需要专业的KD件第三方物流和包装服务。

三、2011年汽车物流行业的几个亮点

1. 汽车物流企业在制造业与物流业联动发展工作中发挥积极作用

2010年3月，全国现代物流工作部际联席会议办公室开展了全国制造业与物流业联动发展示范工作。安吉物流与上海通用、长久物流与奇瑞汽车和风神物流与东风日产的联动发展3个案例入选制造业与物流业联动优秀示范案例，反映出汽车物流是制造业与物流联动发展的重要组成部分。

2. 汽车主机生产企业关注物流和供应链管理已由中层上升到高层

在2011年国内举办的汽车物流领域相关交流活动中，汽车生产企业参会代表在数量增加的同时，企业高层参与的频率越来越高。这说明物流和供应链管理在贯穿汽车生产企业整个产业链，以及为产品和市场竞争带来的价值越来越为汽车生产企业的高层领导者关注。

3. 大型汽车物流企业业务不断向全产业链延伸

除长安民生、安吉物流、一汽物流等由汽车企业集团组建的第三方物流企业负责为集团提供全程物流服务外，行业内早期成立的其他第三方物流企业往往在创业时业务比较单一，但获取客户市场后，他们依靠自身的能力和良好的客户基础，业务不断向上下游延伸，随着市场需求和企业服务不断扩展和融合，这些企业由汽车制造企业的物流服务逐渐向全产业链延伸。

4. 汽车物流企业寻求上市发展

继汽车企业集团、汽车生产企业、汽车销售企业涌现上市潮后，汽车物流企业凭借自身拥有良好资源和广阔的发展前景，也积极行动来寻求借用社会资金发展壮大自己的良机。行业龙头企业长久物流已经进入上市培育期，在它的带动影响下将有更多的汽车物流企业寻求上市发展。

5. 国际间合作有了新的突破

国际知名汽车物流企业近年来积极拓展中国市场，自早期的APL和TNT分别与长安汽车和安吉物流合资后，随后不断涌现出更多的汽车物流领域国内外合作的成功案例。2011年1月，中都物流有限公司与德国迈速有限公司在北京举行了隆重的“中都物流有限公司与德国迈速有限公司合作备忘录签字仪式”，双方拟在中国成立合资公司，为戴姆勒与北汽集团的合资企业—北京奔驰提供物流服务，业务范围包括整车、生产物流以及售后物流。美国联合太平洋铁路公司积极主动加强与我国同行合作，除与中铁特货公司加强交流外，2011年多次邀请国内企业到美国访问，与国内众多企业建立友好关系。德国BLG物流集团签约北京华图供应链管理有限公司，双方拟在天津成立“BLG华图汽车技术中心”，致力于为国内外汽车厂商的车辆进出口进行改装、清洗等和装船或交付的前期准备服务。天津安达物流与澳大利亚TOLL公司也已就成立合资公司一事达成协议。

6. 信息化和标准化依旧是行业热点

我国汽车物流行业不仅是现代信息技术率先应用的领域之一，而且也是我国制造业物流标准化工作的示范领域。2011年，我国汽车物流行业开展信息化建设的热度依旧不减，通过现代信息技术满足业务流程需要、提升业务流程水平一直得到行业企业的高度关注。通过信息化，行业整体服务水平明显提高，对保障汽车产业快速增长的物流需求起到了积极作用。

2011年，我国汽车物流的标准化工作又有了新的进展，中国物流与采购联合会汽车物流分会组织行业骨干企业完成了国家质监总局委托的国家公益课题《重点物流领域关键技术标准研究》中关于汽车物流标准体系及重点标准项目的研究和制定，同时，在行业企业的支持参与下编写制定了《汽车物流服务评价指标》《乘用车公路运输绑带式固定技术要求》《汽车物流术语》《汽车零部件物流塑料周转箱尺寸系列及技术要求》《汽车物流信息系统功能及基本要求》《商品车整车物流质量监控要求》和《汽车物流统计指标体系》七项标准。其中，前四项标准已完成征询意见，后两项已开始进入征求意见阶段。此外，《汽车零部件物流器具分类及编码》《零部件包装质量规范》《汽车零部件运输路径规划与设计规范》《汽车零部件运输配载设计规范》《汽车零部件物流网络布局规划与设计规范》和《汽车零部件包装器具尺寸模数设计规范》六项零部件物流标准制订工作也已经正式启动。

（马增荣　中国物流与采购联合会汽车物流分会）

2011 年中国书业物流

2011 年，我国图书发行业面临复杂多变的发展形势，机遇与挑战同在。书业物流也发生了许多变化，最显著的是出版物物流量继续增大。据新闻出版总署统计数据显示，2010 年，全行业出版物销售总额达 2741 亿元。同时，企业数量规模增长很快，截至 2010 年年底，全国共有各类出版发行单位 112452 家，其中，总发行单位 94 家、全国性连锁经营单位 22 家、外商投资分销企业 59 家、批发单位 8541 家、零售单位 10.34 万家、区域性连锁经营单位 148 家、网上书店 157 家、读者俱乐部 92 家；全国共有各类实体书店 167882 家。如果再加上各类出版物印刷用纸张等耗材，我国出版物物流产业规模、企业规模都十分壮观。此外，书业物流基础建设仍在很多省份开展，书业物流企业除主业配送外，业务范围进一步扩大。同时，走出省域、跨区域发展也取得了新突破。

总体看，2011 年我国书业物流发展有以下三个亮点。

一、基地建设注重拓展新功能

经过前几年的大规模建设后，2011 年书业物流基地已建和在建项目仍然不少，在设计、装备等方面有了更高层次的发展，不仅着眼主业，还在第三方物流、文化产品、“走出去”等方面拓展功能。

2011 年 8 月 15 日，伴随河北省新华书店有限责任公司 70 周年华诞的是另一大手笔——总投资 3 亿多元，建筑面积 10 万多平方米的河北出版物发行中心正式开业运营。该中心是河北省委宣传部、河北出版传媒集团公司“十二五”规划建设的全省重点文化产业工程项目位于石家庄市高新技术开发区，分为 A、B、C、D 四个功能分区，集图书、音像、数码产品、文化用品的仓储展示、物流配送、订货展销、现代办公和会议培训等多功能于一体，是目前全国一流、北方最大的出版物配送展示中心。该中心引入了居于同业前列的业务信息系统、仓储管理系统、自动分拣系统、商业智能系统等软硬件设备，让物流中心从最初设计上就实行高标准，并为今后的扩容预留空间，为河北新华有效发挥发行大省强大产业平台和业务扩张、全方位为客户和读者服务、承担产业发展和公共服务一体化的功能发挥作用。

江西新华发行集团已成为第三方物流规模最大的发行集团。2011 年该集团第三方物流业务收入突破两亿元。2011 年，中文传媒发布了定向增发方案，公司将募集不超过 13 亿元投向新华文化城、现代出版物流港等五大项目，发力文化传播、物流、印刷三个领域的主业。

根据此次预案，收购现代出版物流港动用的募集资金达到6.7亿元，超过总额的一半。现代出版物流港项目由5个子项目组成，分别是赣东、赣西、赣南、赣北物流中心和南昌现代出版物流港总部。该项目充分利用江西新华发行集团图书物流网络配送渠道的优势，将极大地提高江西省城市配送、城际配送、专业配送等现代第三方物流业态发展水平。以出版物物流为基础，以第三方物流业务为核心，依托新华书店的品牌和资金优势，进一步融入当地社会经济发展，创新发展模式，形成集文化、科技、商务、服务于一体的区域物流中心和区域公共物流信息交易中心。力争打造区域内首家5A级物流企业，成为全国出版物流的示范基地。

陕西新华发行集团2011年开始兴建的西北出版物物流配送中心项目，总投资1.8亿元，占地73亩，总建筑面积5.8万平方米。主要包括出版物物流配送中心、陕西新华发行集团总部办公大楼及辅助设施。根据规划，中心年配送物流达600万件，配送商品种类40万种，每年将实现60亿元以上的文化商务产业销售收入。据悉，西北出版物物流配送中心建成投产后，将以图书、音像制品、电子出版物、文化用品等物流服务和连锁经营为主，利用新华发行集团的网络优势，通过战略合作、资本经营，形成全国最具规模的出版发行产业聚集区、西北出版物物流平台、西北规模最大的图书文化商城、中国最具特色的图书主体酒店，成为西部乃至全国最具影响力的集分销平台、产业发展平台、信息管理平台、旅游培训平台“四位一体”的文化创业平台。

广西新华发行集团2011年投入5000万元，完成了物流基地第三期工程建设和设备安装、调试，于2011年下半年启动运营，集团的目标是全力开拓第三方物流业务，使物流基地成为广西出版物仓储中心。此外，集团还积极筹备“中国—东盟文化产品物流园区”和“广西出版物发行网络体系建设”两个重大项目建设。

2011年，吉林新华发行集团着手开展“吉林省县域图书连锁经营基地”的筹建工作。计划用地10万平方米，基地建成后仓储面积可达到15万平方米，拥有经常性库存图书和音像制品不少于20万种，日平均吞吐量不小于40万册（盒），年发货可达到15亿元，年利税可达1.2亿元，并将新增就业人数岗位100人以上。在满足吉林省连锁经营的同时，也将为其他企业提供第三方物流服务设施。

新华文轩的青白江物流产业基地拟融文化商品物流配送和第三方物流为一体，建设西南最大的文化商品物流配送中心及集散枢纽。其中，文化商品物流存储能力达到60万个产品，年物流处理能力达到160亿元，可满足新华文轩未来10~20年发展的物流需要。2011年，该产业基地项目进入规划设计阶段。

二、积极拓展业务新增长点

2011年，随着图书消费形式的变化和自身更好的发展，一些省市书企物流积极涉足新领域，发力电子商务、文化用品配送和图书馆采购等业务，拓展业务新增长点。

1. 发力电子商务

2011年，随着网上购物蓬勃发展，全国有多家新华发行集团将物流基地建设和运营目标瞄准电子商务领域。

浙江新华书店集团图书物流中心承担着教材教辅发行、连锁中盘图书物流及出版社代储代运第三方物流三个功能。现在他们又新增加了两个功能：一个是博库网读者订单配送自动化流水线；另一个是文化用品的仓储物流。浙江新华电子商务起步比较早，2011年他们加大投入，加快博库书城网的建设，打造一个有中盘网站特色的购书平台，并继续与其他网上书店合作，大力推进网络销售。

辽宁北方出版物配送有限公司从提升企业自身竞争优势入手，创新经营思路，拓宽经营领域，成功地与亚马逊公司——卓越网、京东商城等电子商务运营商合作，成为其主要供货单位。2011 年，北配公司与专业网站合作销量突破 4000 万元。

福建新华发行集团 2011 年上半年开工建设了海峡出版物博览交易中心。中心是福建省首个集图书物流、交易、博览会展，海峡两岸出版数据交换及电子商务、两岸同业培训，台港澳三地区出版物进口、保税、转口一站式服务等诸多功能于一体的大型综合性文化产业项目。

河北省新华书店有限责任公司已计划大力推进电子商务平台建设，尽早实现实体店业务和电子商务的完美组合。

2. 拓展图书馆配供项目

2011 年，书企物流拓展图书馆配供项目向纵深发展，如北配公司 2004 年进入馆配市场后，坚持不懈地拓展业务，目前已在北京、上海、山东、河南、湖北、重庆、广东和广西等 21 个省区（市）建立了区域代理机构，图书馆终端客户中标率也由原来的不到 40% 提升至 50%，中标客户也由原来的大中专院校图书馆为主向公共图书馆以及中小学馆配市场渗透。2011 年，北配公司图书馆中标客户达到 327 家，项目实现销售 11000 万元。

3. 运用数字技术，发展物联网应用，实现从企业物流到物流企业的转型

2010 年安徽文化流通产值为 120 亿元，但物流市场规模达到 2000 亿元。巨大的蛋糕让皖新传媒开始转型计划。2011 年他们借助自身点多、面广、仓储和网点遍布全省的资源优势，积极寻求合作伙伴，加快组建现代物流公司，涉足第三方、第四方物流业务，实现公司由传统图书流通企业向现代物流企业的转型，从而实现由百亿元市场向千亿元市场的转型。

北配公司计划以出版物物流配送战略体系建设为突破口，以数字技术、信息技术、网络技术为驱动，以开放式、综合性、多功能集成的传统纸介质出版物和数字出版物运营平台为基础，坚持“三大产业方向”、建设“两大平台”，推进“七大产业项目”，使北配公司实现以传统纸介质出版物为产品线，以实体书店为渠道的“线下配送体系”和以数字出版物为产品线，以互联网、移动电信网络和有线电视网络“三网融合”为渠道的“线上配送体系”两翼共同发展的新格局，推动传统产业转型和升级。

三、跨区域合作取得新突破

目前，我国书业物流成本占新闻出版业总产值的比重为 20% ~25%，不仅落后于发达国家水平，而且落后于我国社会物流平均水平。总体来看，我国书业物流仍存在一些问题：一是地区和行业封锁，导致物流基础设施重复建设，而且有越建越大、越奢华的趋势，而且由于地区市场需求有限，已有设施普遍存在“吃不饱”的问题，造成资源的浪费。二是物流成本高。我国的出版物物流成本是发达国家的 2 倍以上，由于不能形成规模效应，使出版物的仓储成本、运输成本和人工成本等居高不下，同时，相当多的图书品种，一方面需求不能及时得到满足；另一方面又出现库存积压。三是行业标准化程度低。四是书目等出版信息不能共享，导致重复制作极为普遍，既造成人力、物力、财力的浪费，又存在标准不统一问题，大大影响了图书的流转效率。五是集约化程度低，发展同质化，市场竞争力不强，抗风险能力差，很难应对国际竞争。

2011 年，图书出版发行主管部门提出的组建大型发行物流集团的思路，众多好处不言而喻：可以着力打破按部门、按行政区划和行政级次分配出版资源和产品的传统体制，打破条块分割、地区封锁、城乡分离的市场格局，加

强资本、产权、信息、技术、人才等新闻出版生产要素市场建设，实现生产要素合理流动和资源优化配置。特别是通过建立新型出版物流配送体系、加大连锁经营、电子商务、搭建交易平台、规范市场秩序等方式，可以有效促进新闻出版产品和各种要素在全国范围内自由流动和充分竞争，有利于打破区域壁垒，建立统一开放的大市场大流通体系，推动更多的中国优秀出版物走向世界，增强行业的国际市场竞争力。总之，推进跨地区、跨行业、跨所有制的联合，探索建立符合市场经济要求的现代出版物流通体系，是深化出版发行体制改革的重要举措。在此背景下，2011 年，我国书业物流之间的合作取得了新进展。

2011 年 9 月，浙江出版联合集团和中原出版传媒集团签署战略合作框架协议，两大集团旗下的浙江新华书店集团与河南省新华书店发行集团同时也签署了合作协议。浙豫两大出版集团的合作，特别是双方新华书店之间的合作，将充分发挥浙江新华的技术、业务、管理优势和河南新华的区域优势、市场优势，通过业务合作模式创新、业务管理方式创新、信息技术平台创新等手段，同河南全省新华书店实现连锁经营，推进两省发行集团在物流、信息和连锁经营方面的全面业务合作，真正打破区域界限和壁垒，建立起统一开放、竞争有序、健康繁荣的现代出版物市场体系。

黑龙江新华“十二五”时期的重点项目——江北图书物流配送中心项目，2011 年春季完成建设所有审批手续进入开工建设。该项目与安徽时代出版集团进行合作，重点在黑龙江省物流基地建设和连锁经营信息化平台建设等方面进行深度合作。

在文化大发展大繁荣的机遇下，在物流业“国九条”等新政的支持下，2011 年书业物流收获颇丰，但前进的道路仍很曲折。作为微利企业，书业物流企业希望国家继续给予图书发行行业增值税、所得税返还，免征物流企业房产税、土地税等政策；统筹现有资源，制定基本竞争规则，避免企业间过多的恶性竞争和盲目扩张。

书业物流中心要实现物流任务饱和、降低物流成本、提高效益，必须深化改革，强化管理。一是要将物流中心由资源共享平台变为一个成本中心或利润中心，视同业务公司进行单独核算和考核，如果把书业物流中心只当做集团的一个业务部门，不具备独立法人资格，势必人为阻碍了第三方物流的发展进度，物流中心难以做大；二是对物流中心定位要考虑发展第三方物流，利用现有物流仓储和设备，最大限度地发挥物流中心效能。书业物流应成为出版产业发展的支柱，而不是仅为书业主业服务，要考虑物流的多种功能。总之，做物流整合体，为供应商提供高附加值咨询服务，为一般物流商整合管理目标，提高图书物流集成度，将是书业物流今后的方向。

（穆宏宇　张家口教育学院）

2011 年中国冷链物流

2011 年是国家“十二五”规划开局之年。对冷链物流发展而言是值得铭记的一年：相继出台的利好政策为我国冷链物流行业的发展带来了希望，使冷链物流企业充满信心，引领各种投资持续关注并进入冷链物流业……冷链物流行业在政府和市场的双轮推动下逐步进入快速发展的轨道。

一、2011 年重点冷链品类发展概况

1. 果蔬产品冷链市场

近年来，我国果蔬产品生产一直保持良好的发展势头，产量呈现逐年上升趋势。2010 年，我国果蔬产品产量为 86500. 80 万吨，产品冷链物流需求量为 4325. 04 万吨，冷链物流率为 5%；2011 年上半年，我国果蔬产品产量为 45615. 70 万吨，产品冷链物流需求量为 3010. 64 万吨，冷链物流率为 6. 6%。2009—2011 年 6 月我国果蔬产品冷链物流需求情况参见图 1，2009—2011 年 6 月我国果蔬产品冷链物流率情况参见图 2。

2. 肉类产品冷链市场

2010 年，我国肉类产品产量为 7925 万吨，产品冷链物流需求量为 1188. 75 万吨，冷链物

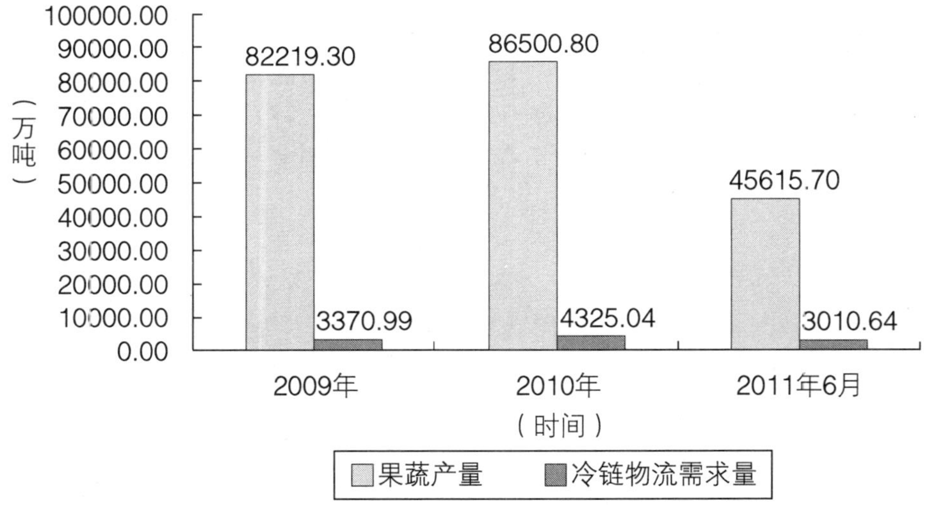

图 1 2009 年—2011 年 6 月我国果蔬产品冷链物流需求情况

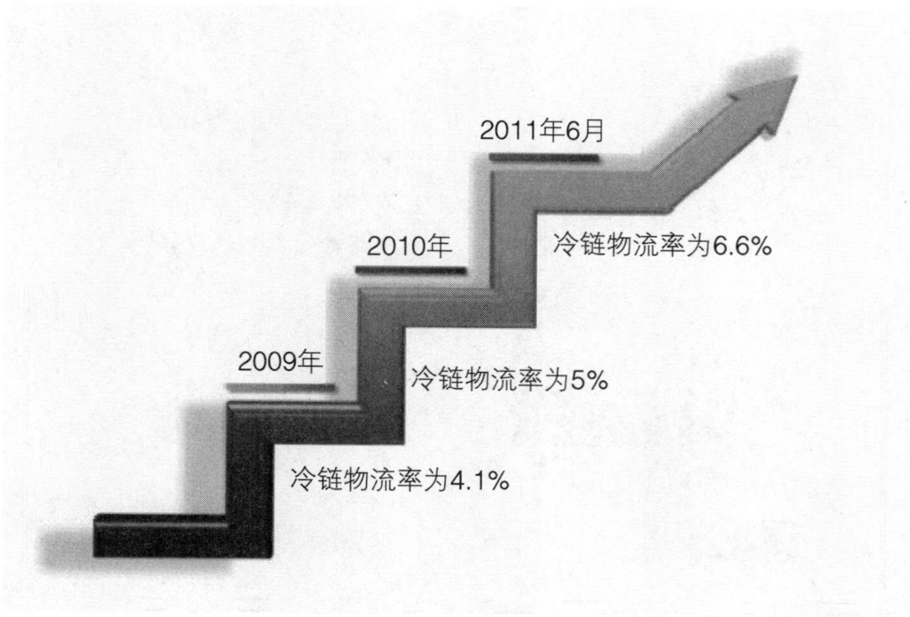

图2　2009年—2011年6月我国果蔬产品冷链物流率情况

流率为15%；2011年上半年，我国肉类产品产量为4162.5万吨，产品冷链物流需求量为717.62万吨，冷链物流率为17.24%。2009—2011年6月我国肉类产品冷链物流需求情况如图3所示。2009年—2011年6月我国肉类产品冷链物流率情况如图4所示。

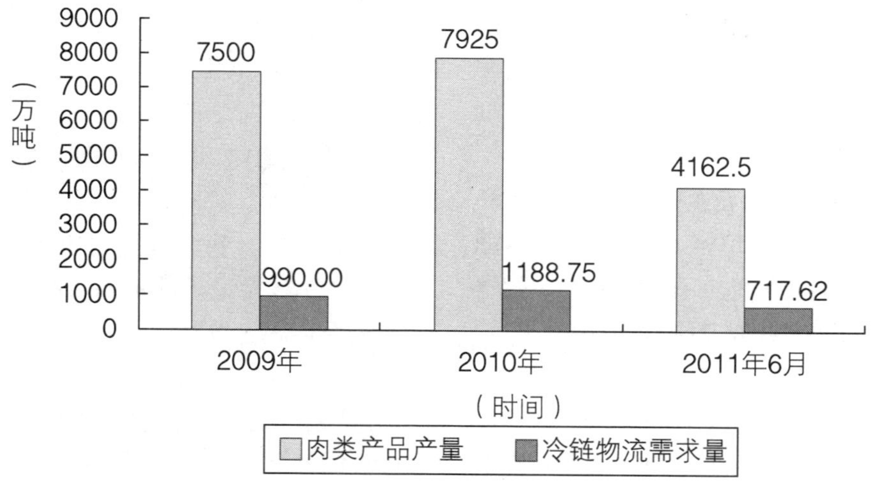

图3　2009年—2011年6月我国肉类产品冷链物流需求情况

3. 速冻产品

随着速冻零售业和连锁餐饮市场的不断发展，我国速冻食品行业的发展空间越来越宽广。一方面，随着城市生活节奏的加快和人民生活水平的提高，速冻食品需求出现持续增长的趋势，其中年轻人特别是新婚的年轻人和城市白领、金领等均是速冻食品的重要消费群体。另外，在国家支持三农政策的推动下，农村经济出现了前所未有的欣欣向荣景象，我国农村人民的生活有了明显改善，我国农村已

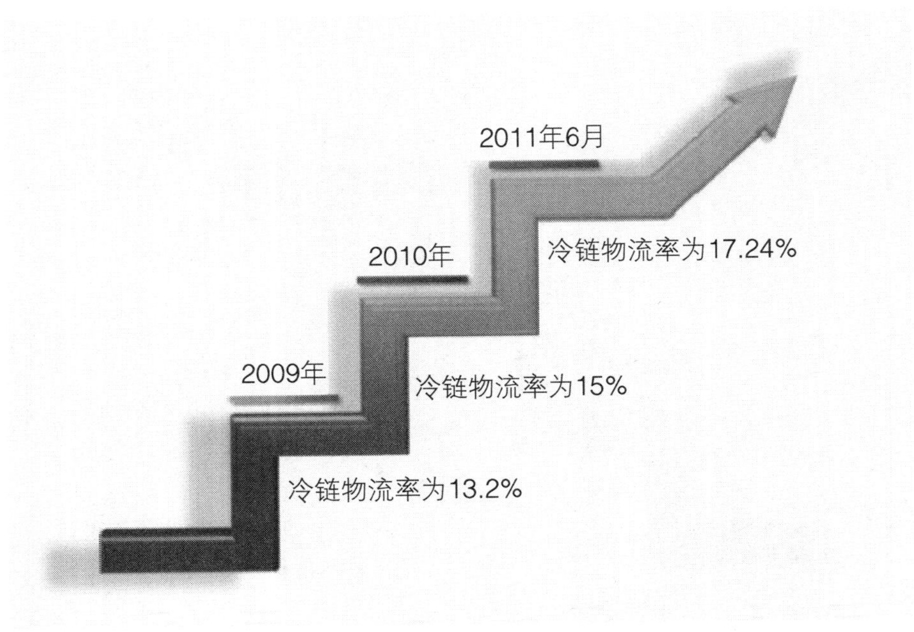

图 4　2009 年—2011 年 6 月我国肉类产品冷链物流率情况

逐渐发展成为速冻食品快速增长的新市场。另一方面，非面食速冻食品成为速冻食品的新增长点。目前，我国速冻食品主要是以水饺、馄饨、汤圆、馒头和包子为代表的面食产品。随着人们生活节奏的加快和消费观念的逐步改变和速冻保鲜技术的日臻成熟，速冻成品菜等非面食产品将成为新的需求热点和增长点。

2010 年，我国速冻米面食品产量为 297.86 万吨，同比增长率为 19.13%。当年我国速冻米面食品产量排名前 5 的省分别为：河南省 220.88 万吨、广东省 14.23 万吨、浙江省 9.35 万吨、山东省 6.79 万吨和四川省 6.74 万吨。2011 年上半年，我国速冻米面食品产量为 149.86 万吨，同比增长为 21.77%。2011 年上半年我国速冻米面食品产量排名前 5 的省市依次为：河南省 108.42 万吨，广东省 9.69 万吨，四川省 7.18 万吨，浙江省 4.48 万吨和上海市 3.13 万吨。

4. 水产品

2010 年，我国水产品的产量为 5400 万吨，水产品冷链物流需求为 1242 万吨，冷链物流率为 23%。2011 年 6 月，我国水产品的产量为 2825 万吨，水产品冷链物流需求为 710.77 万吨，冷链物流率为 25.16%。2009—2011 年 6 月我国水产品冷链物流需求情况参见图 5，2009—2011 年 6 月我国水产品冷链物流率统计见参图 6。

二、2011 年冷链物流行业重大事件

2011 年，我国冷链物流行业发生了一些重大的事件，无论是政府对冷链行业的关注和扶持，还是冷链物流行业自身的转变与升级，都对全行业的发展产生了重要的影响。中国物流与采购联合会冷链物流专业委员会经过梳理从中选取了冷链行业发展的具有重要意义的十件事。

1. 商务部、财政部启动农产品现代流通综合试点工作

2011 年 4 月 20 日，国家商务部、财政部联合印发《关于 2011 年开展农产品现代流通综合试点有关问题的通知》，决定在江苏、浙江、安徽、江西、河南、四川、陕西等省开展

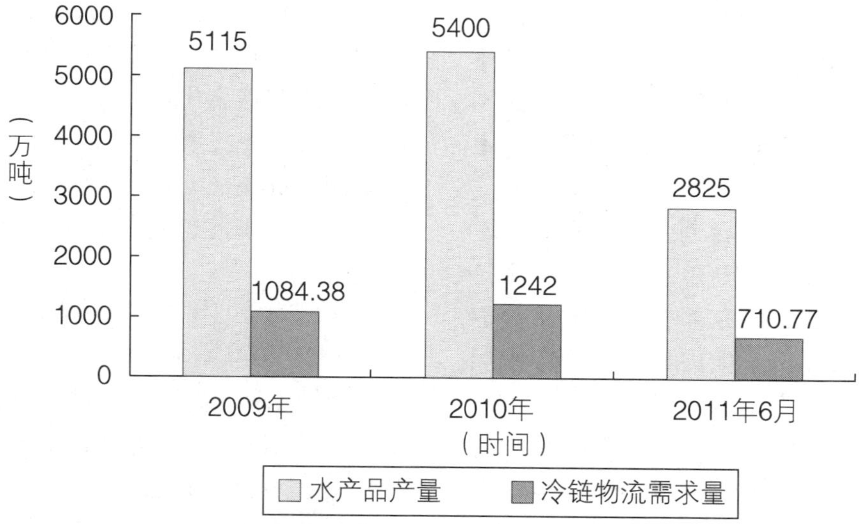

图5 2009年—2011年6月我国水产品冷链物流需求情况

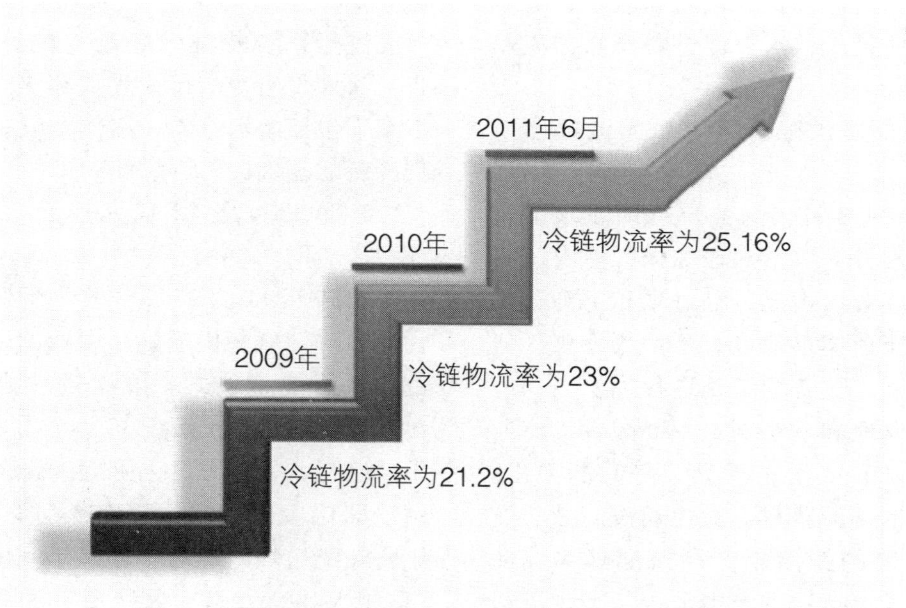

图6 2009年—2011年6月我国水产品冷链物流率情况

农产品现代流通综合试点，探索建立完善高效率、低成本、低损耗、安全通畅的农产品现代流通体系。该通知确定了2011年农产品现代流通综合试点的三项任务：一是加强农产品流通基础设施建设；二是打造稳定的现代化农产品流通产销链条，开展“农超对接”；三是推行农产品品牌化和包装化。

2. 中百收购山绿集团51%股权完善物流产业链

2011年5月31日中百集团发布公告称，旗下中百物流公司将以8000万元的价格收购武汉供销集团子公司山绿集团51%的股份，进一步补充完善其物流配送产业链。公告称，本次股权转让完成后，武汉中百物流持有山绿集团9180万股，占其总股本的51%；武汉供销集团持有山绿集团8320万股，占其总股本46.22%；武汉市供销农资物流股份有限公司持有山绿集团500万股，占其总股本的2.78%。

3. 物流“国八条”出台助力冷链行业发展

2011年6月8日，国务院总理温家宝主持召开国务院常务会议，研究部署促进物流业健康发展工作。会议提出了促进物流业健康发展的八项措施，被业界称为物流行业“国八条”。“国八条”包括的内容为：一要切实减轻物流企业税收负担；二要加大对物流业的土地政策支持力度；三要促进物流车辆便利通行；四要改进对物流企业的管理；五要鼓励整合物流设施资源；六要推进物流技术创新和应用；七要加大对物流业的投入；八要促进农产品物流业发展。

4. 国务院部署加强鲜活农产品流通体系建设

2011年10月8日，国务院总理温家宝主持召开国务院常务会议，部署加强鲜活农产品流通体系建设。会议指出，经过半年努力，我国鲜活农产品流通体系建设有了很大发展，但总体上依然薄弱。随着城镇化进程加快，一些大中城市近郊菜地和零售网点不断减少，流通环节和成本增加、“卖难买贵”等问题突出。要以加强产销衔接为重点，加快建设高效、畅通、安全、有序的鲜活农产品流通体系。此外，会议明确了包括推进产销衔接、减少流通环节、降低流通成本等在内的近期五项重点任务。

5. 中外企业联手斥资10亿元打造高端冷链项目

2011年10月11日，荣庆（临沂）物流园高端冷链物流项目合作投资签约仪式在临沂成功举行。该项目是山东荣庆集团牵手全球最大的冷链服务商加拿大Pamoja集团，强强联合在临沂共同打造的冷链物流示范性项目。该冷链物流项目规划占地430亩，将建设高端冷链物流现代仓储设施10万平方米和物流行政管理中心、物流信息中心、指挥中心、调度中心等配套工程，总投资10亿元人民币，其中Pamoja集团投资3亿元。

6.《中国冷链物流发展报告》（2011版）正式发行

2011年11月17日，在第五届中国冷链产业大会暨2011中国冷链企业领袖年会上，由中国物流与采购联合会冷链物流专业委员会组织编纂的《中国冷链物流发展报告》（2011版）正式发行。据悉，该报告动员了多名业内专家，全面系统地收集了冷链物流的相关资料，力求最大程度反映我国冷链物流发展的轨迹。报告分为三部分：一是综述报告，对冷链行业进行系统描述；二是专题分析和热点报告，深入突出冷链行业重点和热点；三是资料汇编，包括学术论文、案例、政策法规等，体现冷链的基础性和广泛性。

7. 联想控股12亿元建设“白沙洲冷链项目”

2011年11月23日，华中地区最大的冷链物流项目“联想供应链·白沙洲冷链”项目在武汉举行奠基仪式。该项目总投资12亿元，占地500亩，建筑面积30万平方米，规模为华中地区最大。据联想控股董事长柳传志介绍，白沙洲供应链项目，集农产品深加工、储存、销售、配送等冷链各个环节于一体，要打造成“联想大物流，民生白沙洲”的利民工程。这是联想控股在国内兴建的第一个农业项目。

8. 深圳市出台首个冷链物流地方标准

2011年12月1日，深圳市交通运输委员会出台《食品冷链技术与管理规范标准》（编号：SZDB/Z41－2011），并组织相关物流企业参加了《食品冷链技术与管理规范标准》的首次培训。据悉，该标准是由深圳市交通运输委员会组织制定，深圳职业技术学院、中粮集团（深圳）有限公司参与起草的深圳市标准化指导性技术文件，由深圳市市场监督管理局发布，自2011年8月1日起实施。值得一提的是，这是深圳市第一个关于冷链物流的地方标准。

9. 雨润集团投资100亿元在徐州建“全球采购中心”

2011年12月7日，中国食品龙头企业和现代农副产品物流领军企业——江苏雨润集团与徐州市人民政府在徐州正式签署合作协议，雨润集团将投资100亿元在彭城建设“徐州雨润农副产品全球采购中心”。该项目建成后，将成为淮海经济区乃至华东地区规模最大、设施服务最先进、带动农民增收最显著的现代农副产品物流平台之一。

10. 百胜中国与招商美冷签订战略合作协议

2011年12月12日，招商美冷（香港）控股有限公司（招商美冷/CMAC）和百胜中国（YUM!）在北京签署了一项战略合作框架协议。该协议的签署旨在实现未来双方在“YUM!若干物流中心的搬迁及其业务外包”和“建立满足YUM!业务发展需求的新物流中心”两个战略方向上的合作。

三、2011年冷链物流发展总体特征

1. 政府层面对于冷链物流关注加强

自2010年国家发改委出台《农产品冷链物流发展规划》以来，国家有关部门对于冷链物流行业的关注从未间断。进入2011年以来，政府将冷链物流的高度进一步提升，先是由商务部、发改委和供销总社联合发布《商贸物流发展专项规划》，强调了到2015年果蔬、肉类、水产品冷链运输率分别提高到20%、30%、36%的发展目标。而后国务院经研究部署出台了物流“国八条”，特别指出要促进农产品物流业发展。

2. 冷链基础建设投资增长

由于我国经济发展具有地域性特点，对低温冷藏产品的需求也具有地域性的特点，因此冷链物流投资建设的地域性特点也比较明显，主要集中在东部和中部地区。如山东荣庆物流投资10亿元建设高端冷链物流基地，四川省最大的肉类冷链物流配送项目——川商冷链食品有限公司成都肉类冷链物流配送项目以及江苏省苏食集团长三角地区肉类冷链物流系统等12个冷链物流项目建设。

3. 冷链行业标准逐步完善

2011年，我国冷链物流领域组织制定已完成、正在编制、已立项计划编制的国家标准和行业标准项目总计7项。这些项目既包括服务、作业、分类、信息追溯等通用性、基础性重点标准，也包括水产、医药等专业冷链物流标准。这7项冷链标准分别是《冷链物流分类与基本要求》（20075393-T-469）、《药品冷链物流运作规范》（20090300-T-469）、《冷链物流企业服务条件评估》（20091367-T-469）、《水产品冷链物流服务规范》（20091371-T-469）、《医药生物冷藏箱通用规范》（20091373-T-469）、《药品物流服务规范》（20091375-T-469）、《食品冷链物流追溯管理要求》（20100346-T-469）。冷链物流标准体系的建立，为我国冷链物流产业的发展奠定了坚实基础。

4. 内资企业发展快速

受到冷链物流市场快速发展的影响，冷链物流企业也在逐渐的成熟。中外运、安得等企业通过强化与上下游企业的战略合作与资源整合，积极拓展冷链物流业务。光明乳业、双汇等食品生产企业，均加快物流业务与资产重组，组建独立核算的冷链物流公司，积极完善冷链网络，逐步向成熟的第三方冷链物流企业，成为冷链行业主力军。

我国冷链物流发展刚刚起步，要走的路还很长。因此，政府和行业自身都需要做大量的工作，要尽快完善冷链物流的相关法律和标准，确保冷链物流的运行规范有序；要加强冷链物流知识的公众宣传，提高管理部门、冷链

物流运营者、销售商和消费者认知水平，形成良好的市场运作机制；要建立食品冷链的物流和质量信息追溯系统，实现农产品在形态变化、物权转移、管理环节变化过程中源头可追溯、流向可跟踪、信息可存储、产品可召回；要加快整合资源，以建立全国性和区域性的大型低温物流中心，并采用现代经营理念、管理手段和运作模式，提高冷链物流整体质量与效率。

（秦玉鸣　中国物流与采购联合会冷链物流专业委员会常务副秘书长）

2011年中国军事物流

2011年是“十二五”开局之年。我国军事物流紧紧围绕国防和军队建设方针，按照全面建设现代后勤战略部署和现代军事物流体系建设总体要求，紧紧围绕保障打赢、服务部队的根本职能，把握主题、抓住主线，科学安排、狠抓落实，取得了巨大成绩，为我军应对多种安全威胁、完成多样化军事任务提供了坚实的军事物流保障，实现了在新的起点上又好又快发展。

一、现代军事物流体系建设稳步推进

中央军委颁发的《全面建设现代后勤纲要》明确提出了“构建军民结合的军事物流体系”，“逐步建成集采购、仓储、运输、配送于一体的现代军事物流体系”，是深入贯彻党的十七大精神、推动后勤建设又好又快发展的重大战略举措。坚持以党的十七大精神为统揽，积极探索新形势下军地物流融合发展的新途径新方法，努力构建中国特色的现代军事物流体系，已成为当前加快中国特色军事后勤变革的一项重大课题。

2011年，以现代军事物流体系建设为牵引，立足我军物流建设实际，着力抓好保障资源、保障力量、保障功能的综合集成，不断提升适应现代信息化战争要求的体系作战保障能力，重点推进了军事物流基地建设，并就现代军事物流基地的基本模式、功能设计、建设目标、运行机制、主要任务、重点工程和实施步骤等重大问题，进行了有益探索和建设试点。2011年，全军军事物流基地建设的探索和实践试点工作正是严格按照要求实施统一领导，因而达到了预期目的。军事物流基地建设是一项复杂的系统工程，必须按照国家和军队统一部署和建设要求，科学搞好顶层设计，坚定实施统一领导。

二、军事物流核心保障能力明显增强

2011年，军队有关部门进一步完善了各种装备物资器材的供应标准，满足了部队以战略训练为重点的装备物资器材保障需要。军队通用物资全部实现面向市场集中招标采购，国际招标范围不断扩大，采购效益明显提升。按照“质量管用、数量够用、布局好用、管理能用”的总体要求，突出抓好通用被装、军用食品、军用油料、装备器材等军事物资储备计划落实，形成了规模适度、结构合理的军事物资储备格局。军队应急采购、物资回补机制日趋完善，生产储备、技术储备、军民融合储备稳步推进，基本满足部队用户应急保障、随机保障、支援保障的需要。各级军事物流相关部门通过重大演习演练检验，熟练掌握了军事物流相关组织指挥程序，探索了军事物流联合保障方法，为实施军事物流敏捷保障积累了实践经验。军事物流各保障实体坚持紧贴任务开展针对性训练，在执行救灾、处突、维和、军演、护航等重大军事任务中，锻炼提高了遂行任务保障能力。军事物流人员编组、装备配备、训练计划等有序推进，初步形成了军事物流核心保障能力。

三、军事物流智能化建设初见成效

建设智能化军事物流，保障打赢信息化战争，是现代军事物流体系建设的中心任务，其核心是实现军事物流保障手段智能化。加快发展军事物流智能化建设不仅是提升军事物流核心保障能力，加快军事物流保障力生成模式转变的战略选择，也是改造提升传统管理模式、促进“两化”融合、提升军事物流智能化水平的重要抓手。加强军事物流智能化建设，一是按照军事物流智能化建设规律，搞好顶层规划设计。研究制定军事物流信息网络建设、物资编码、自动识别、数据中心和系统开发应用等标准，加强军事物流信息系统建设，确保军事物流智能化建设有序发展。二是搞好军事物流网络建设。以军事物流信息网络为基础，重点抓好军事物流局域网建设，实现总部、基地、部队三级业务机关以及基地、重点部位的互联互通；积极探索条码、射频识别、自动化控制等技术的开发与应用，努力推动军事物流智能化建设水平的提高。三是抓好军事物流智能技术推广应用。积极推动卫星导航定位技术、现代传感技术、宽带通信技术、自动识别技术、安全监控系统、温湿度控制技术等物联网相关技术的实际运用，及时跟踪军内外物流智能技术和物联网发展，切实提高军事物流保障效益，实现保障需求实时可知、保障资源实时可视、保障方式立体机动、保障活动实时可控。

军事物流智能化建设必须坚持实用、规范、创新的发展理念，坚持“设施先行、创新驱动、重点突破、协同发展”的原则，确立应用牵引的军事物流智能化发展模式，以智能库区、智能化立体仓库、智能配送、智能安防、危化品智能监管、智能应急管理、智能电网、智能家属区八大物联网示范工程建设为核心，加快形成全面感知、可靠物流、智能处理的“智能化基地”基本框架。

四、军事物流安全防护建设硕果累累

2011 年，军队有关部门和单位切实加强了军事物流系统安全防护建设，强化了仓库综合防范能力。一是加强物防建设。按照军事物流设施安全建设相关标准要求，着力解决现有设施的防雷、防洪、防盗、消防和隐蔽伪装等方面所存在的问题，逐年安排各单位改建或整修避雷针（线、带）、排水沟（渠、涵）、围墙（刺网）、库房门窗及锁具、消防管线、消防器材站以及建筑物迷彩伪装等，使军事物流安防设施达到相关标准。二是加强技防建设。科学选配军事物流安防监控系统，充分运用视频监控、电子门禁、消防监控、温湿度监控、防雷系统、智能钥匙柜、电子巡更、电子围栏等先进技术手段，实现军事物流安全监控自动化和可视化，有效提高军事物流防护能力。三是加强人防建设。进一步健全军事物流安全管理规章制度，细化安全管理职责与分工，建立检查监督、责任追究、应急处置、安全评估等安全管理机制，实现人防、物防、技防的有机结合，切实提高军事物流安全防范系数，增强安全管理的主动权。

五、军事物流装备建设发展迅猛

2011 年，以遂行多样化军事任务军事物流保障为牵引，有关部门狠抓军事物流装备体系保障能力建设，努力探索建设现代军事物流基地所需的相关装备配备标准。按照通用性强、维修性好、集中采购、系列配置的思路，统一选配军事物流装备，加快了器材包装标准化、储运集装化、检测数字化、保养机械化、作业自动化的步伐，全面提升了军事物流装备机械化作业水平。为有关单位配备了指挥车、运输车、消防车、叉车、拣选车、大型输送机等物流基本业务功能配套装备；配置紫外消毒灯、充放电机、超声波清洗机等各类机械设备，完善组配包装、维护保养、装备维修、拣选配送等新型业务功能装备配备；进一步升级改造自动喷淋、消防报警、温湿度监控等系统功能，不断提高军事物流装备机械化、自动化水平。合理统筹军事物流装备力量结构，强化军事物流装备工作的集中统管力度，提高军事物流装备技术整体保障层次，全面推进军事物流装备成建制成系统形成综合保障能力。今后几年全军物流装备将逐步向集装化、模块化、智能化、可视化、多功能化方向发展。昆船、普天等物流装备集成商与军队有关部门建立了长期战略合作伙伴关系，在军队自动化立体仓库建设方面获取了较大的市场份额。这也说明我国军事物流步入快车道的同时，地方相关军事物流装备企业将可分享更好的经济效益。

六、军事物流理论研究百花齐放

随着现代军事物流体系建设的逐步深入，军事物流研究团队也飞速扩容。除了较早开展军事物流研究并取得丰硕研究成果的解放军后勤学院、后勤工程学院、军事经济学院、装甲兵工程学院以外，徐州空军勤务学院、军事交通学院、解放军汽车士官学校，镇江船艇学院、军械工程学院、装甲兵指挥技术学院等也开始与本单位本部门实际相结合，结合各自优势，研究具有各自特色的军事物流。地方高校如中央财经大学国防经济与管理研究院军事物流与采购研究所，吉林大学军需科技学院国防经济与军事物流研究所也积极从地方的视角深入开展军事物流的研究工作，取得了一些研究成果。随着军事物流的不断发展，现代军事物流体系建设、应急物流体系建设、军事供应链管理研究、军事物流基地建设、军事物流智能化建设、军事物流数据中心建设、军事物流标准体系建设、军事物流信息系统建设、应急物流公共信息平台建设、军事物联网建设研究、军用物资编目系统建设和军事物流文化建设的问题将成为军事物流理论研究关注的重点。

2011 年 12 月 25 日举办的第五届军事物流学术论坛吸引了来自国家发改委、中国物流与采购联合会、总后勤部、军事科学院、国防大学、后勤学院、军事经济学院、装甲兵工程学院等 20 多个军地单位的 80 余名专家学者参加。本次论坛以军事物流学科建设与发展为主题，就军事物流的学科建设、课程体系建设、教材体系建设以及现代军事物流人才培养等问题展开热烈研讨。中国物流与采购联合会应急物流专业委员会主任、后勤学院教授军事物流学科创始人王宗喜将军在论坛上做了“创建特色鲜明的军事物流学科”的发言，回顾了军事物流学科的发展历程，论述了军事物流学科建设特色及重大意义，梳理了军事物流学科的发展历程；论述了军事物流学科建设特色及重大意义，梳理了军事物流学科的主要建设成果，总结了军事物流学科建设的主要经验体会，全面展望了军事物流学科的发展前景，引起了与会代表的广泛关注。军事物流学术论坛自 2006 年创办以来，已经连续举办了五届，逐步发展成为军队内部、军队与地方之间相互交流与学习的重要平台，在增进政府部门、军队单位、物流企业以及行业协会相互了解方面发挥了积极作用。

七、军事物流文化建设多姿多彩

2011 年，全军认真贯彻党的十七届六中全会精神，大力加强军事物流特色文化建设；积极构建军事物流文化体系，大力开展以“写物流、唱物流、演物流、摄物流”为主题的群众性文化活动，开展以“励精兵、强技能、练保障”为主题的“保障尖兵”评选表彰活动。结合现代军事物流特点，创新具有军事物流特色的营院文化、仪式文化、标语文化、宿舍文化和作业文化；积极推进军事物流网络文化建设，在确保网络进军事物流基层单位的基础上，着力解决带宽窄、更新慢、终端少、人才缺等问题，充分发挥网络文化新功能。建设军事物流单位荣誉室，编写军事物流单位大史记，提炼创作“单位训词、单位歌曲、单位徽标”，有效推动了军事物流文化全面建设。

八、军事物流人才培养成果显著

随着全军物流现代化水平的大幅跃升，对军事物流人员的思想观念、军事素质、知识结构、专业技术等方面的要求越来越高。军事物流系统专业分工细、行业门类多，需要一支懂业务、善管理的高素质人员队伍。加强军事物流教育，是时代发展的必然要求，尤其在全军物流系统尚处于改革调整的关键阶段，更应加快军事物流人才的复合式培养。全军物流人才培养坚持院校教育与职业培训相结合，坚持军事物流专业的学员必须具有通军事、懂经济、善管理、强物流、精信息的复合式人才培养模式，毕业分配到部队的军事物流人才深受部队欢迎。根据2011年的情况统计，目前主要由解放军后勤学院军事物流仓储教研室承担全军仓库主任班及军事物流指挥人员中短期轮训任务，后勤工程学院、军事经济学院、装甲兵工程学院、军事交通学院、空军勤务学院、镇江船艇学院承担军事物流生长干部培训任务，解放军后勤学院、后勤工程学院、军事经济学院、军事交通学院、装甲兵工程学院专设军事物流硕士专业，后勤学院招收军事物流专业博士研究生并设有军事物流博士后流动站。

除了军事物流正规教育计划内培训任务以外，军队系统物流师及采购师培训考试工作蓬勃发展。自2003年始，中国物流与采购联合会与全国物流标准化技术委员会授权解放军后勤指挥学院军事物流工程实验室组织军队系统物流师职业资格认证工作，国家物流师职业资格认证军队分中心设在解放军后勤学院军事物流工程实验室，2007年下半年开始，军事物流工程实验室承担了军队采购师职业资格认证军队分中心的职责。按照国家物流师与采购师资格认证工作考培分离的总要求，现由解放军后勤学院军事物流工程实验室全面负责全军物流师与采购师的考试工作，截至2011年年底，解放军后勤学院、解放军后勤工程学院、解放军军事经济学院、解放军装甲兵工程学院、解放军空军后勤学院、解放军军事交通学院、解放军车辆管理学院、解放军军械工程学院、解放军镇江舰艇学院等九所院校负责军队物流师的培训工作，解放军后勤学院、解放军后勤工程学院、解放军军事经济学院负责军队采购师的培训工作，形成独特的军队物流师与采购师培训考试体系，现一直保持较大的军队物流师与采购师培训规模（2011年，全军参加物流师考试的人员有900多人）和较高的物流师和采购师考试合格率（2011年全军参考人员的合格率为60%～70%）。军事物流系统的不断完善，对专业人才的需求将更加迫切，因此，进一步完善军队物流师资格认证系统，实现军事物流及采购、运输、仓储人才的标准化认证，使我军物流人才培养走上规范化管理的轨道，为跃升我军物流核心保障能力提供强有力的人才支撑。

（龚卫锋　孙　敏　解放军后勤学院）

2011年中国应急物流

2011年是“十二五”开局之年。随着国家“十二五”规划的出台，各地区、各系统的“十二五”建设规划也相继出台，这些规划不同程度地对应急物流相关内容作了规定，并提出了要求，应急物流建设和发展迎来了一个新的历史契机。

2011年，我国应急物流的发展呈现以下五个特点。

一、应急物流军民融合式发展逐步成为社会各界的共识

应急物流活动中政府力量是主体，军队力量是骨干，但两者通常条块分割、自成体系，难以有效逾越根深蒂固的体制障碍。实践证明，只有按照军民融合式发展的思路，将军队、政府以及民间的应急物流力量有效整合起来，才能发挥出最大的效能。2011年9月24日，中国物流与采购联合会应急物流专业委员会在西安召开了“军事物流与应急物流研讨会”，与会军地代表从不同角度研讨了军地应急物流指挥平台等应急物流军民融合式发展问题。11月11日，中国物流与采购联合会应急物流专业委员会在第十次中国物流学术年会设立了“应急物流军民融合式发展”专题分论坛，与会代表研讨交流了应急物流军民融合式发展的研究成果，探讨了应急物流军民融合式发展的重点、难点和热点问题，特别研讨了应急物流军民融合式发展的机制问题。

二、军民融合式应急物流中心建设进入实质性阶段

应急物流中心是应急物流体系的重要节点，在应急物流保障中能够发挥关键的作用。2011年10月25日，中国人民解放军总后勤部与河南省签署了《关于推进应急运输与物流军民融合式发展战略合作协议》。该战略合作协议按照“平时服务、急时应急、战时能战”的要求，紧密结合国家确立的中原经济区发展战略，充分依托河南省物流产业发展优势、地处国家交通大十字架的区位优势和完善的综合运输体系，共同建设全国首个军民融合式应急投送保障基地，把军队全面建设现代后勤的成果融入中原经济区域的发展之中，建立军地一体化应急保障体系，开展应急救援物资联储、联运、联供和应急物流中心共建、共用、共管的探索试点，并重点研究基地的配套建设、运行机制、管理模式和标准规范，使国防建设与经济建设相互促进、协调发展，实现军事效益、经济效益和社会效益的有机统一，完善国家应急保障体系。西安粮食应急物流基地即西安粮

食宏观调控中心，正在按照规划抓紧推进建设进程。与“湖北物流配送应急保障动员中心”和“江苏诚信应急物流动员中心”等相类似，依靠健全的社会物流服务网络加上快捷的军事物流管理优势，实现应急物流中心的军民融合式发展，将能够极大地提升保障效率，为应对突发事件提供及时可靠的应急物资供应保障。

三、应急物流标准化建设稳步推进

继2009年10月中国物流与采购联合会应急物流专业委员会牵头、湖北物资流通技术研究所参与的公益性行业科研课题《应急物流标准体系及重点标准项目研究》正式启动以来，《应急物流企业条件评估》《应急物流包装及标识》《应急物流仓储设施设备》3个国家标准项目抓紧推进，并申报国家标准立项。2011年7月17日，江苏省高邮市诚信物流有限公司承担的《应急物流服务规范》标准项目通过专家组评审，并申报扬州市地方标准。此举标志着2009年7月依托高邮市诚信物流园区成立的“江苏诚信应急物流动员中心”经过两年的运作，在与地方和部队单位建立良好合作关系的基础上，通过健全体制、完善机制、规范管理，已经取得一定经验，逐步步入规范化、标准化的轨道。

四、应急物流在突发事件应急体系中的重要地位逐步确立

最近几年，应急物流在重大突发灾难事件中展示出来的快速提供充足可靠的物资保障的作用，受到政府应急管理职能部门的高度关注，使应急物流在突发事件应急体系中的重要地位逐步确立。2011年12月8日国务院办公厅发布《国家综合防灾减灾“十二五”规划》该规划按照统筹规划、合理分布和资源整合的原则健全救灾物资储备体系，逐步建立运力集结、资源补给、车辆维修的全国救灾物资交通运输网络，提高物资投送能力。该规划以救灾物资储备为主，在现有19个中央救灾物资储备库的基础上，新建或改扩建10个中央救灾物资储备库，省（区）、市、县各级建设1～2个本级生活类救灾物资储备库。形成分级管理、反应迅速、布局合理、种类齐全、规模适度、功能完备、保障有力符合中国国情的中央、省、地、县四级救灾物资储备库体系。该规划的发布实施，标志着我国应急物流已经取代传统的物资保障，以全新的形象进入到政府突发事件应急体系中。

五、应急物流已经深入政府决策层

随着近几年应急物流理论的宣传推广，应急物流已经深入到政府决策层。2011年3月14日，商务部、发展和改革委员会和供销总社联合印发了《商贸物流发展专项规划》（商贸发〔2011〕67号），在重点工作中提出了“完善应急物流运行机制”的要求，明确要“针对自然灾害、公共卫生事件、重大事故等突发事件具有偶然性、不确定性、非常规性、时间紧迫性等特点，突出政府层面的应急物流指挥调度和组织协调，以及商贸流通领域社会层面应急物流资源的优化整合、科学配置和统筹利用。加强应急食品、物资储备库的规划建设，建立应急物资储备管理信息系统，完善应急商品储备、调运制度和应急处理流程，形成属地为主、条块结合、分级负责、与常态物流紧密结合的应急物流运行机制。鼓励大型商贸企业、物流企业制度性参与应急物流保障体系。”《中国民用航空发展第十二个五年规划（2011年至2015年）》明确要求要“强化民航应急处置能力”、“建立民航应急工作体系”、“增强民航应急服务能力”和“提高民用航空活动危机应对能力”，提出“依托现有货运和快递航空公司，建立具有高原应急救援能力的货运机队。

充分发挥通用航空在突发事件中灵活机动的优势，重点支持大型通用航空企事业单位，根据区域特点定期演练，提高特种航空服务能力。”

我国应急物流工作起步晚，它在重大突发事件中展示的不可或缺的重要角色已经得到政府部门的认可。2011 年 3 月 14 日，第十一届全国人民代表大会第四次会议批准的《中华人民共和国国民经济和社会发展第十二个五年规划纲要》明确要求，“加强和创新社会管理”，指出“加强应急处置，更加注重应急能力建设，有效应对和妥善处置突发公共事件，最大限度地增加和谐因素，化解消极因素，激发社会活力”。可以确信应急物流将成为社会管理创新的重要内容，将会成为促进社会和谐发展的积极力量。

（王宗喜　徐　东　黄定政　解放军后勤学院）

2011 年中国生产资料市场

2011 年是我国“十二五”规划的开局之年。针对国内外复杂形势，党中央实施积极稳健、审慎灵活的宏观政策，我国经济运行实现了控物价、稳增长和调结构三管齐下的平衡发展，在物价水平总体趋稳的同时，经济增速平稳回落，基本符合国家宏观调控的预期。

与整体经济增速回落相适应，2011 年我国生产资料市场在稳步较快发展中呈现高位趋稳和增速回落的态势，销售总额与 GDP 的弹性系数为 1.43，保持在合理的区间范围内，市场表现出“走势趋缓、结构改善、价格回落、效益提高”的基本特征。从市场基本走势来看，呈现三个发展阶段：前 5 个月，市场交易活跃，需求较为旺盛，价格逐月攀升；6～9 月，市场供需增势趋缓，价格由升转降，市场保持平稳运行的基本格局；但第四季度，市场出现增速回落速度加快，价格持续大幅回落的发展态势。

根据中国采购经理指数（PMI）调查资料，2011 年制造业 PMI 全年平均水平为 51.4%，其中，四个季度的数值分别为 52.8%、51.9%、50.9% 和 49.9%；非制造业 PMI 全年平均水平为 56.8%，其中，四个季度的数值分别为 53.6%、60.5%、58.8% 和 54.5%。2011 年，我国制造业与非制造业的 PMI 均处在 50% 以上且呈现逐季下降的走势（如图 1 所示），反映出我国经济发展仍处于适度扩张期，但出现持续回调的发展态势。同时，物价过快上涨的势头得到控制，四季度购进价格指数已回落到 50% 以内。整体上宏观调控在实现了有效遏制物价过快上涨的同时，保持了经济平稳较快发展，实现了经济由政策刺激向自主增长的有序转变，经济运行的稳定性和协调性进一步增强。

在此宏观经济形势背景下，2011 年生产资料市场发展呈现以下基本特征。

一、生产资料销售总额和市场需求增速回落

1. 销售总额增速平稳下降

据中国物流信息中心统计核算，2011 年全社会实现生产资料销售总额 45.6 万亿元，按可比价格计算（下同），同比增长 13.2%，较上半年和前三季度增速分别下降 1.1 和 0.2 个百分点，较 2010 年下降 6.4 个百分点。从全年走势看，在保持稳步增长的同时，增速回落幅度呈逐步收窄之势。具体来看，前 5 个月累计增速月平均回落 0.6 个百分点，6～9 月平均回落 0.3 个百分点，10～12 月平均回落 0.1 个百分点。分季度看，一季度同比增速达到 15.8%，上半年为 14.3%，前三季度平稳回落到 13.4%，全年继续回落至 13.2%（见图 2）。从各月的生产资料销售额看，自 3 月份开始销

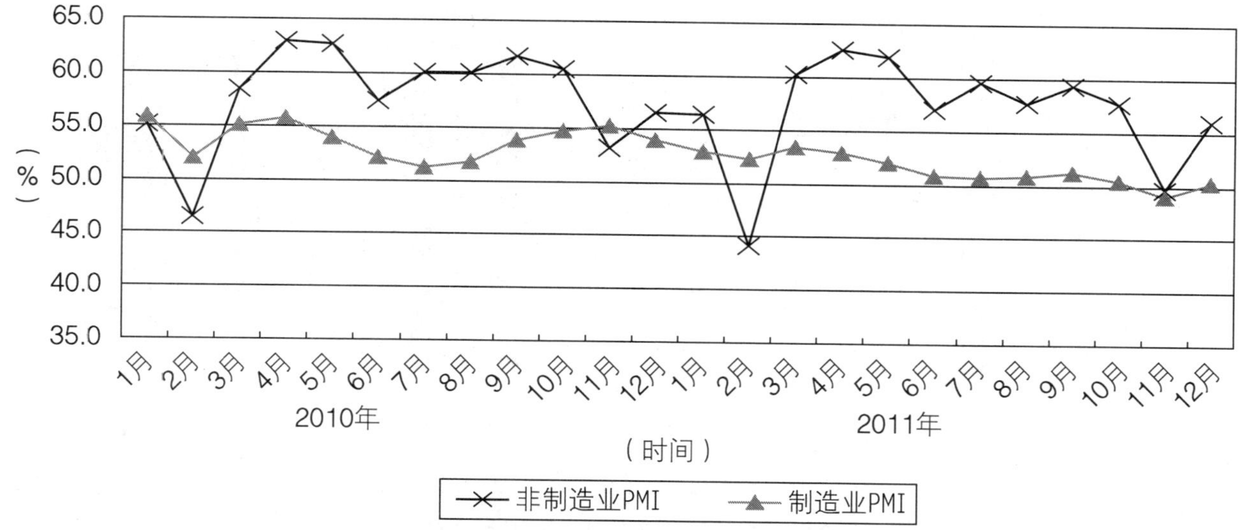

图1　2010—2011年各月中国采购经理指数（PMI）趋势

售额同比增速也呈下降趋势，而整体走势较2010年更加平稳（如图3）。

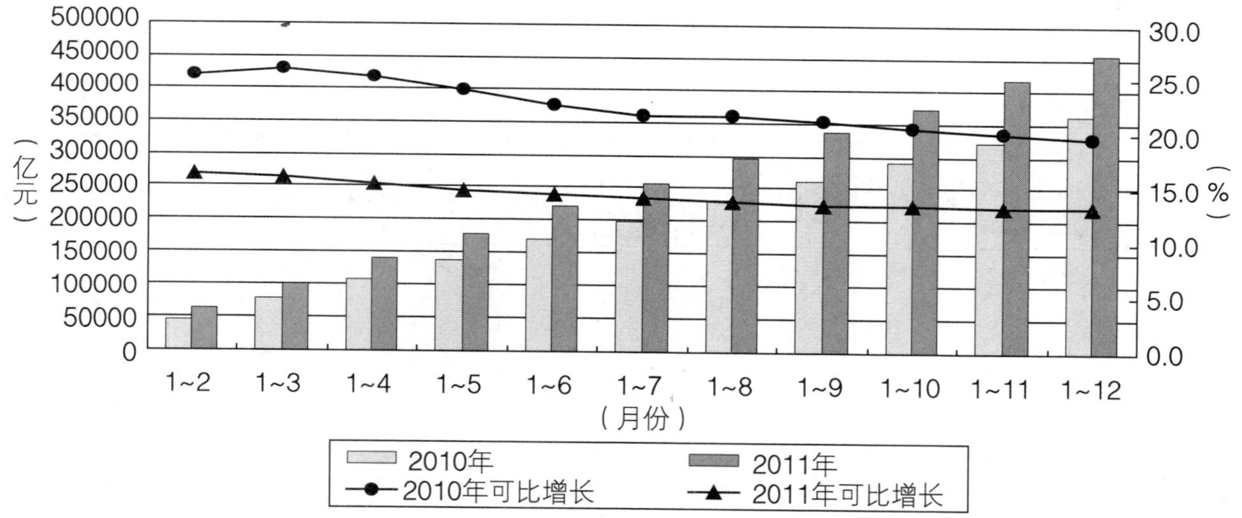

图2　2010—2011年生产资料累计销售总额及同比变化趋势

2. 市场需求持续回落

据对30种主要生产资料按可比口径统计计算（下同），2011年我国市场总需求（包括国内市场需求+出口）同比增长9.2%，已经回落到两位数以下的水平，比2010年增速下降了7.9个百分点。其中，国内市场消费需求增长9.0%，下降7.5个百分点；出口需求增长13.3%，增速更是大幅下降了18.8个百分点。制造业PMI出口订单指数亦能反映出这一问题，2011年3月份以来，出口订单指数整体处于快速下降态势，尤其是四季度出口形势更不容乐观，各月指数均在50%以下，尽管12月份该指数有所回升，但仍位于50%以下（详见图4）。

从分季度需求增长情况看，1~4季度各季同比分别增长12.1%、11.3%、11.0%和9.2%。

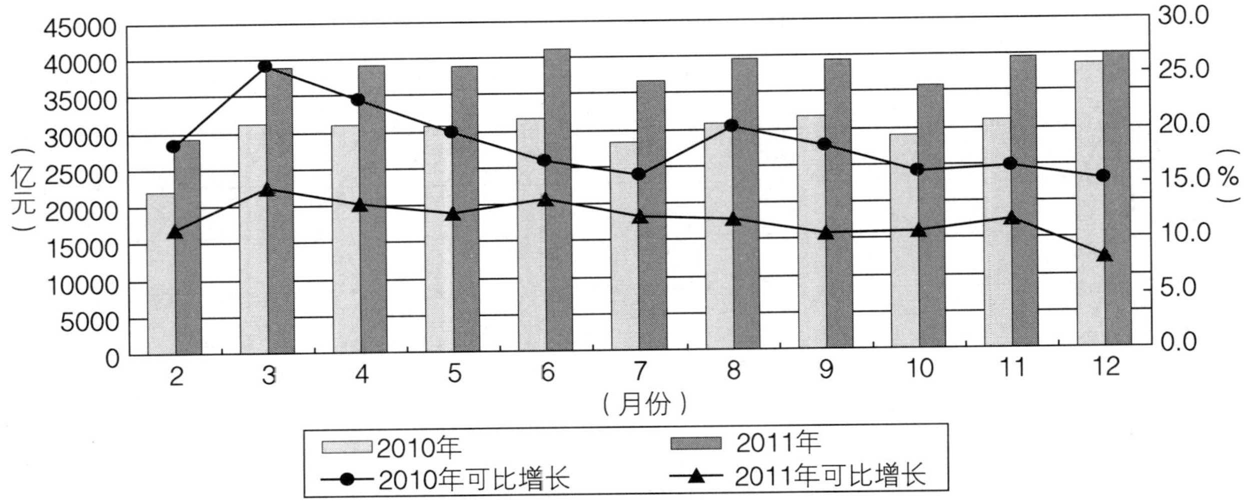

图 3　2010—2011 年各月生产资料累计销售额及同比变化情况

出现这种情况，虽然有上年同期基数较高的原因，但主要则反映出 2011 年我国生产资料市场疲软、需求低迷的发展形势（见图 4）。

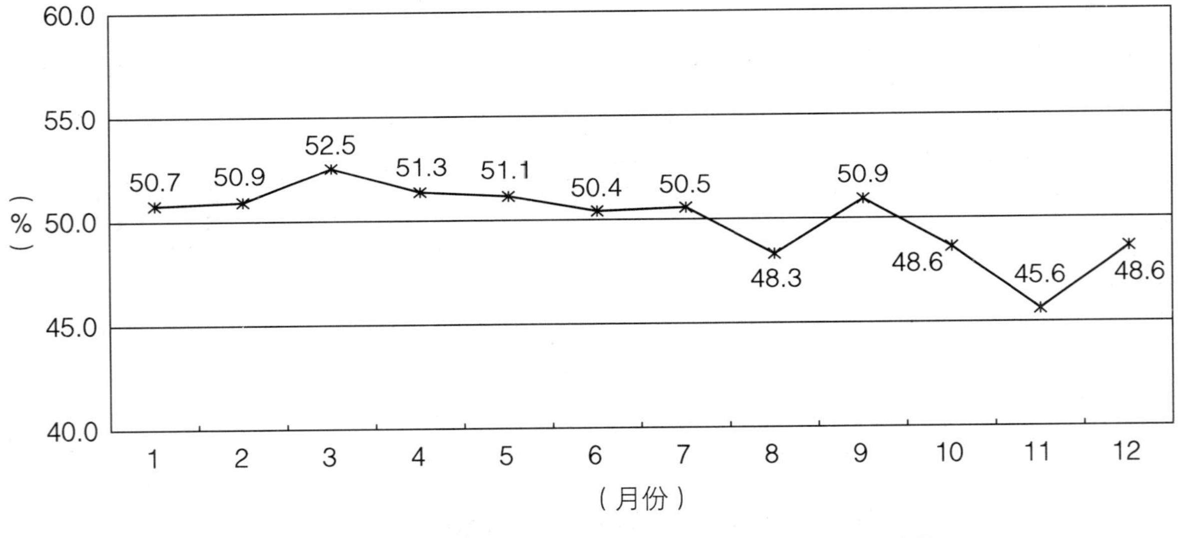

图 4　2011 年各月中国制造业 PMI 新出口订单指数趋势

从品种结构看，焦炭、汽油、煤油、粗钢及钢材、氧化铝、塑料原料等产品市场需求增速回落幅度相对较大（见图 5）。值得注意的是，粗钢需求大幅下降的同时，铁矿石的供给仍保持较大增幅，这在一定程度上可能推高钢铁行业的产能过剩；水泥在产能过剩的格局下，仍维持供给增速大于需求增速，不利于行业挤压过剩产能。

二、生产资料供需结构得到改善

1. 资源供应环境改善

2011 年，我国经济结构调整取得成效，资源供应环境得到改善。首先，我国资源保障水

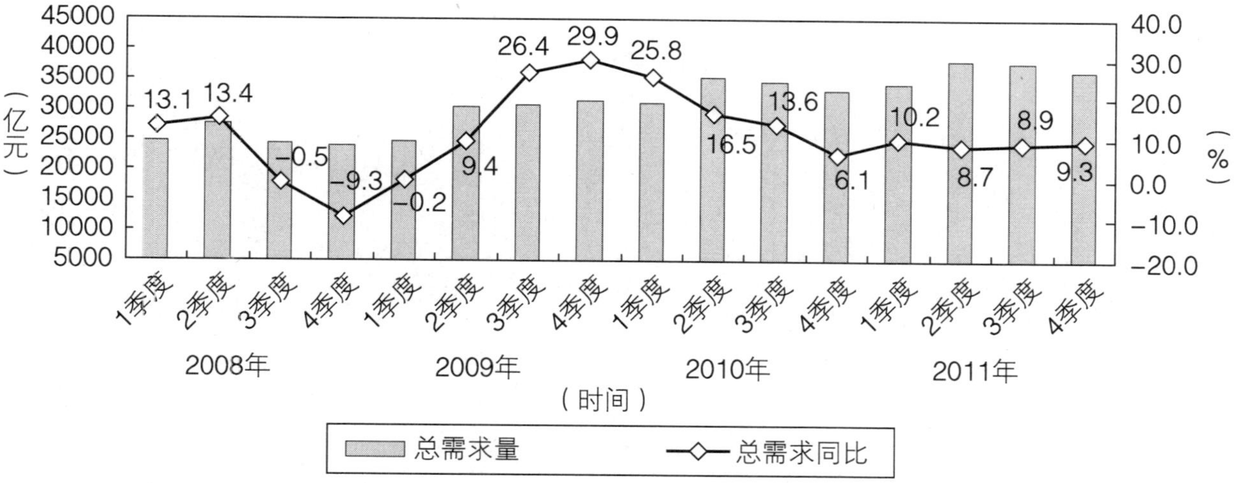

图5　2008—2011年各季度全国30种主要生产资料市场总需求情况

注：总需求包括国内市场需求加出口，总需求是按2000年不变价格加权平均计算的30种生产资料总价值量，同比及环比均具有可比性。

平有所提高，市场的稳定性增强，资源约束性矛盾不突出，经济运行过程中没有出现大面积的电荒、油荒等现象。其次，产能过剩的问题得到缓解。2010年下半年以来表现出的资源供应持续大幅增长的状况逐步得到控制，市场供大于求的压力明显缓解，尤其到第四季度，总资源同比增速已回落到近10%的水平。从走势上看，全年资源供给量表现出更为稳健的发展特征。最后，多种资源的对外依存度下降、国内资源保障能力增强。虽然原油、成品油以及天然橡胶对外依存度仍有所上升，但在30种主要生产资料中有18种生产资料的对外依存度较2010年出现了下降，其中，铁矿石、铜、氧化铝、镍、铜材、塑料原料以及合成橡胶等品种的对外依存度下降明显，较2010年分别下降2.5、2.5、7.8、6.2、1.3、2.9和4.3个百分点。

据初步统计，2011年全国30种主要生产资料资源总供给比上年增长10.0%，增速较上半年下降0.6个百分点，较上年下降3.9个百分点。分品种看，钢材、铝、氧化铝、硫酸、锌、锡、塑料原料等品种供给增速较上年降低明显，其中，钢材、锌、铝、氧化铝等产品增速分别下降2.4、15.9、8.7和7.6个百分点。这是国家继续加大结构调整力度，限制“三高”产品及部分产能过剩行业过快增长取得的成效（如图6所示）。

2. 供需结构更趋合理

整体上看，2011年我国生产资料产需衔接得到改善并趋于合理，市场整体供需关系良好。到2011年12月末，30种主要生产资料供需差率为2.7%，仍保持在3%以内的水平；从各月的情况看，除一季度外，其余各月的供需差率均维持在2%~3%的合理水平（如图7所示）。

三、价格回落，通胀压力从源头上得到缓解

2011年，我国生产资料市场价格呈现前升后降的走势，特别是四季度价格下行趋势明显。上半年，受到美元持续走弱，国际大宗商品价格持续攀升，输入型通胀、成本推动以及市场预期看涨、需求攀升等因素综合影响，我国生产资料价格整体呈现持续上涨的走势。期间由于黑色金属和有色金属价格的较大波动，

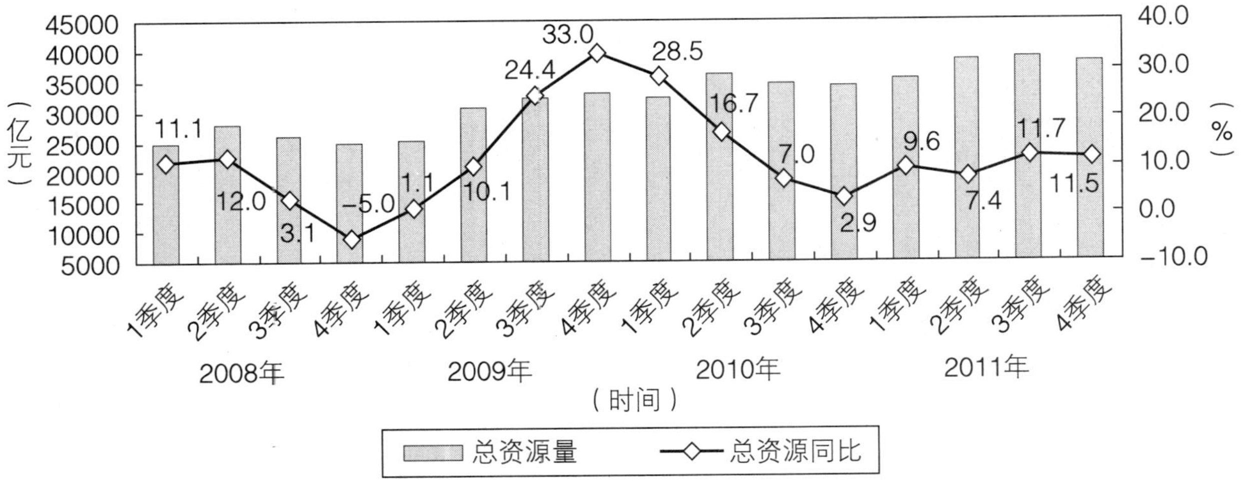

图 6　2008—2011 年各季度全国 30 种主要生产资料市场总资源情况

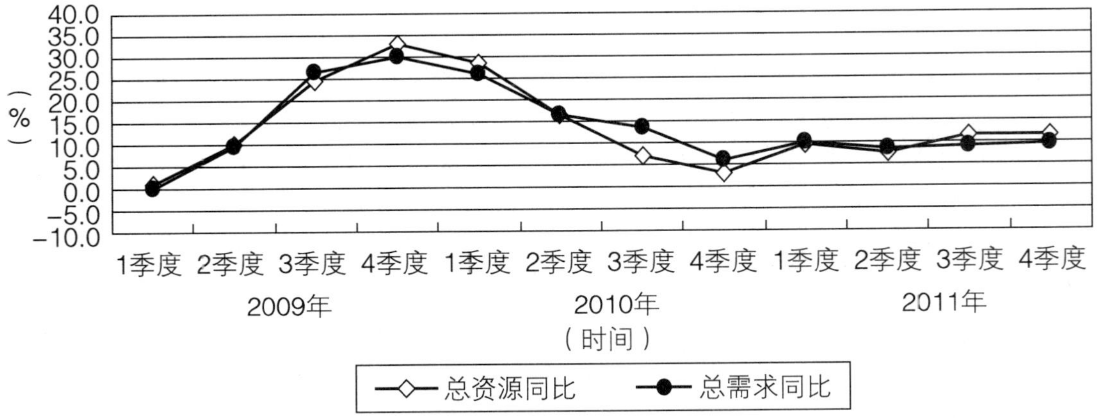

图 7　2009—2011 年各季度我国生产资料市场总资源与总需求变化情况

注：总供给等于生产量 + 进口，总需求等于国内市场需求 + 出口。

价格总水平在 2 月份和 4 月份环比涨幅较大。随着我国防通胀调控政策效应的逐渐释放，6 月份我国生产资料价格在经历了从 2010 年 8 月份开始长达 10 个月的持续上涨之后，终于走出了高位回落的行情，当月环比价格下降 0.4%。三季度各月，生产资料价格小幅波动，处于平稳运行区间。而四季度，伴随着我国宏观经济增速的回落和市场需求疲软持续，价格连续三个月出现大幅下滑。

从全年来看，累计价格比 2010 年平均上升 9.4%，与年初水平相比上升 3.4%。由于生产资料价格在整个商品价格链中具有一定的先行性，这说明通胀压力已经从源头上得到缓解。由此可以看出，我国在抑制物价过快上涨方面所采取的一系列调控措施已见成效，全年新涨价因素只有 3.4 个百分点，翘尾因素影响价格总水平上涨达到 6 个百分点（如表 1 和图 8 所示）。

从国际市场看，国际大宗商品价格涨幅明显高于国内，根据海关总署提供的统计资料核算，全年进口生产资料平均价格同比上升 14.3%，累计比年初上升 9.2%，形成新涨价因素 9.2 个百分点。其中，工业生产资料平均进口价格上升 14.1%，农业生产资料平均进口

表 1　　2010—2011 年各月全国生产资料价格总指数变化情况表　　单位:%

指标	年份	1 月	2 月	3 月	4 月	5 月	6 月	7 月	8 月	9 月	10 月	11 月	12 月
环比	2010	2.8	-0.3	1.5	3.2	-0.7	-2.6	-1.3	1.8	1.3	1.7	2.4	1.4
	2011	0.9	1.9	0.8	1.4	0.6	-0.4	-0.1	0.2	-0.5	-2.3	-1.3	-0.9
同比	2010	17.0	16.5	20.0	19.3	16.7	11.4	7.7	6.1	9.5	12.3	12.9	11.6
	2011	9.6	12.4	11.4	9.5	10.9	13.5	14.8	13.0	11.0	6.7	2.8	0.5
累计同比	2010	17.0	16.8	17.7	17.8	17.5	16.3	14.9	13.6	13.1	12.9	12.9	12.7
	2011	9.6	11.1	11.2	10.7	10.7	11.1	11.6	11.8	11.7	11.1	10.3	9.4

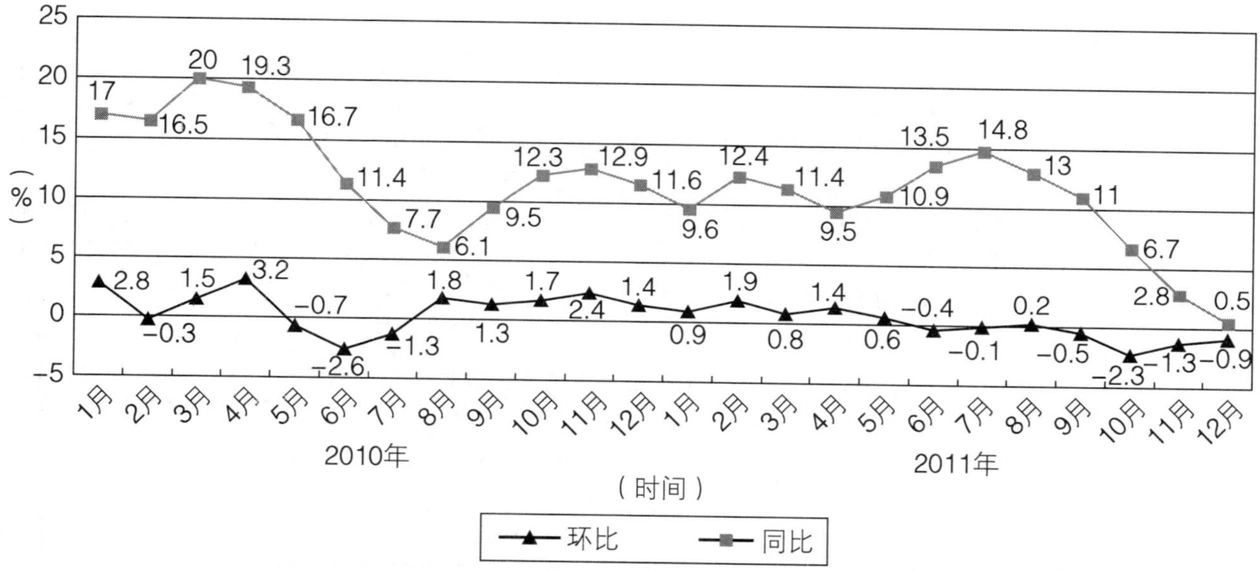

图 8　2010—2011 年各月全国生产资料价格总指数走势

价格上升 28.6%。由此说明，国际市场的输入性通货膨胀也是形成我国本轮通胀压力的重要原因。

从监测的大类品种看，2011 年黑色金属平均价格同比上升 10%、有色金属同比上升 7.8%、化工产品同比上升 11.6%、煤炭价格同比上升 9.7%、成品油价格同比上升 17.7%。

另外，生产资料价格先升后降的趋势在制造业 PMI 调查资料中也能明显地反映出来。2011 年前三季度，制造业 PMI 中购进价格指数均保持在 50% 以上，显现出经济运行面临的通胀压力较大，但 3 月份以后整体上呈现逐月下降的趋势，尤其是进入四季度后各月均下降到 50% 以下，显示出物价上涨趋势已经得到遏制（如图 9 所示）。

四、生产资料流通企业效益提高、库存水平先降后升

据对重点生产资料流通企业统计调查资料显示，2011 年我国生产资料流通行业利润实现较大幅度增长，销售利润率也有所增加。其中，利润总额同比增幅达到 43.9%，高于上年全年增幅 30 个百分点，高于上年同期 29 个百

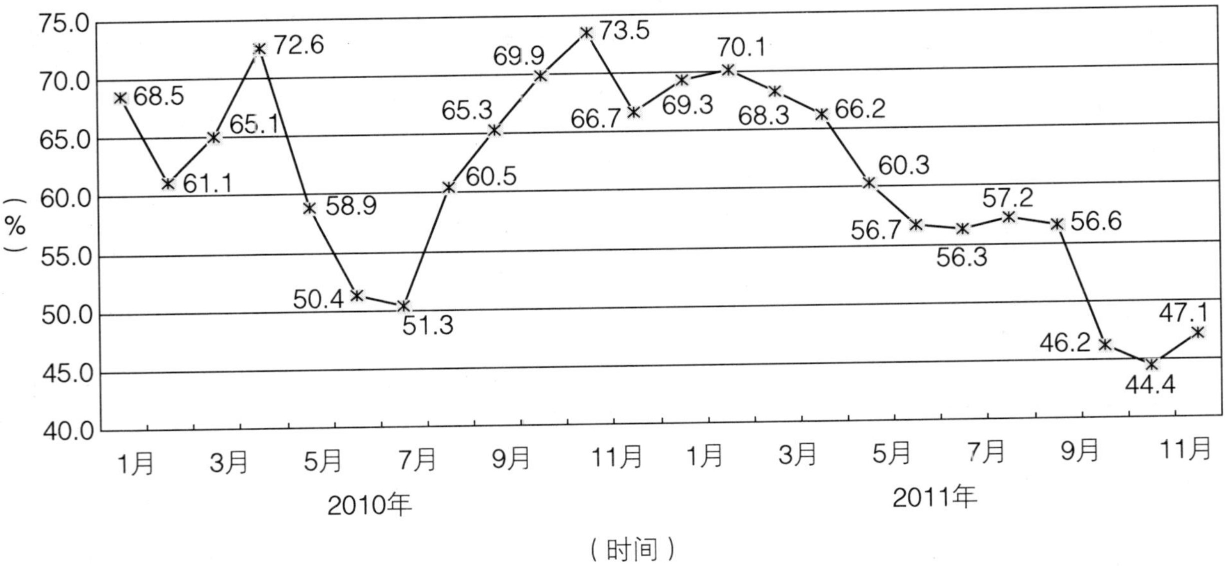

图 9　2010—2011 年各月中国制造业 PMI 购进价格指数趋势

分点；销售利润率高于上年全年 0.21 个百分点。但行业整体赢利能力仍比较低，全年月重点生产资料流通企业销售利润率仅为 2.10%，此外，利润增长率和销售利润率自下半年以来一直呈现逐月下降的基本走势（如表 2 所示）。

表 2　　2011 年各月全国重点生产资料流通企业利润情况

指　标	2011 年全年	2011 年 1 ~9 月	2011 年 1 ~6 月	2011 年 1 ~3 月	2010 年全年
利润总额同比（%）	43.9	55.4	57.7	58.8	14.9
销售利润率（%）	2.10	2.28	2.43	2.28	1.89

整体上看，生产资料流通企业经营效益的发展变化可以划分为两个阶段，前 6 个月在价格上涨等利好因素的作用下整体向好发展，销售利润率波动上行；而自 6 月开始，效益出现逐月下滑。与此变化较一致，全国 30 种主要生产资料的社会库存水平在上半年呈现整体下降的走势，而在下半年逐月回升。具体来说，2011 年 6 月末，30 种主要生产资料平均库存周转期同比下降 13.0%，其中有超过一半的生产资料库存水平较年初及上年同期都有不同程度下降，尤其是焦炭、汽油、燃料油、铝、硫酸等库存降幅较大。而自 7 月开始，库存水平逐渐上升，到 12 月末，30 种主要生产资料库存周转期较上年同期上升 8.2%，有 2/3 的品种社会库存水平有不同程度上升。

（曾庆宝　中国物流信息中心）

2011 年中国生产资料批发市场

2011 年，是我国“十二五”规划的开局之年。面对世界经济增长乏力的形势，党和政府制定了以“控通胀、稳物价”为主基调的宏观经济政策，确保了社会经济的稳定发展。2011 年，我国生产资料销售总额达到 45.6 万亿元，同比增长 13.2%。总体来看，生产资料市场的交易额比 2010 年有所增长，但增幅是自 2002 年以来最小的。

我国生产资料市场是为生产服务的生产资料交易市场，包括生产资料批发市场，也包括生产资料批零兼营市场（含批兼零、零兼批）。有些市场具有专一性，是纯粹的生产资料市场；也有些市场具有兼营性，是批零兼营市场。

国家统计局的资料表明，2011 年我国亿元以上的商品交易市场有 5075 个，比 2010 年增加了 135 个，亿元以上的商品交易市场年交易额达到 8.2 万亿元，比 2010 年增加了 1 万亿元。其中，有生产资料市场 1305 个（占亿元以上的商品交易市场总数的 26%），摊位数达到 50.32 万个，营业面积达到 2623.45 万平方米，成交金额达到 3.28 万亿元。2011 年我国亿元以上生产资料市场的相关数据统计情况如下表所示。

2011 年我国亿元以上生产资料市场相关数据统计表

生产资料市场	市场数量（个）	摊位数（个）	营业面积（平方米）	成交额（万元）
农业生产用具市场	19	5216	1476522	1664105
农用生产资料市场	35	6353	1181107	1765167
煤炭市场	18	2353	7017507	7238282
木材市场	59	18897	5525968	5942381
建材市场	210	91258	15926548	15288396
装饰材料市场	229	91116	12684560	13626425
化工材料及制品市场	41	18760	2059774	26234215
金属材料市场	289	95844	26584891	182017208

续 表

生产资料市场	市场数量（个）	摊位数（个）	营业面积（平方米）	成交额（万元）
汽车市场	181	34763	9917165	41898821
摩托车市场	13	4221	307528	947254
机动车零配件市场	79	33504	2955336	8972023
五金材料市场	75	46496	3600572	8633333
生产资料综合市场	57	54428	7341888	13673462
生产资料市场合计	1305	503209	96579366	327901072
全国商品交易市场总计	5075	3334787	262345039	820172688

资料来源：根据国家统计局，等．中国商品交易市场统计年鉴［M］．北京：中国统计出版社，2012．计算。

一、钢铁市场

2011 年，我国粗钢产量为 6.83 亿吨，比 2010 年增加 5584 万吨，同比增长 8.9%；生铁和钢材产量为 6.3 亿吨和 8.8 亿吨，同比分别增长 8.4% 和 12.3%。我国钢材市场供需差率一般在 1 个百分点以内，据此计算，2011 年我国钢材流通规模已超过 8 亿吨，销量在大宗商品流通中位居前列。然而，2010 年和 2011 年我国钢铁工业销售的净利润分别为 2.9% 和 2.4%，这一严峻的市场现实迫使钢铁工业加快转型速度。

电子商务以其快捷的交易速度、便捷的交易方式、广阔的交易范围和低廉的交易成本，为钢铁企业提供了一条能够有效实现“产供销”一体化、快速响应市场变化、提升企业核心竞争力的崭新的发展之路，因而吸引了各大钢铁企业的广泛关注。在钢铁行业产业链的源头，已有越来越多的钢铁企业意识到电子商务作为一种新兴的生产力给这一传统行业带来的强大挑战和机遇。正因如此，近年来钢铁电子交易市场在我国得到了空前的发展。

2011 年 5 月 19 日，广东乐从钢铁世界项目正式奠基，该项目完全按照我国钢铁专业市场示范区的标准进行规划建设，首期占地 3000 亩，分为现货区、加工区、仓储区和商务区四大功能区。该项目计划投资超过 100 亿元，前期投入估算约 55 亿元。广东乐从钢铁世界是由顺德地方政府和民间资本共同开发建设的政府控股项目。该项目调整了乐从的产业布局，梳理了城市空间，实现了城市规划调整与产业集约发展的有机结合，既为顺德产业发展提供了再次腾飞的平台和空间，又为品质生活之城建设奠定了基础，是乐从探索产城互动、加快区域转型升级的有益尝试。乐从钢铁世界将积极发展电子商务和物流业务，依托金融，充分发挥集群优势，进一步巩固和提升乐从钢铁市场地位，把乐从钢铁市场打造成中国钢铁贸易的战略基地。

2011 年 7 月 12 日，武钢携手 IBM 共同建设 IBM－WISCO 创新中心，标志着武钢的业务触角开始由“硬”钢铁向“软”信息产业领域延伸。IBM－WISCO 创新中心建立也预示着武钢将在钢铁信息化领域与 SAP 和惠普展开角逐。这是因为，两家世界 500 强企业牵手后将共同投资开发钢铁信息服务领域的相关业务，引进国际领先的管理理念和专业技术，开发建立全球领先的 IT 解决方案体系，打造世界一流的冶金信息化专业公司，共同推动钢铁及制造业产业升级和服务转型。武钢计划陆续推出全球钢铁行业模板、智能生产排程和智能的能源管理方案，以优化生产工序、节能减排、降低风险。武钢的上述计划一旦落实，则武钢在进行钢铁生产前均可由计算机程序给出一套科学的预测方案，精准测算出用何种方式可以实现最低消耗。

2011 年 10 月，工业和信息化部印发了《钢铁工业“十二五”发展规划》。该规划指出，“十二五”时期，钢铁工业将以结构调整和转型升级为主攻方向，加快技术改造，促进钢铁工业优化升级。该规划还提出要加强钢铁产业链的延伸和协同，积极发展咨询服务、技术中介、工业设计、电子商务等钢铁服务业。该规划强调发挥市场基础性作用，突出该规划宏观指导的原则性和方向性。该规划的出台对促进我国钢铁企业加快提高国际竞争力，推动钢铁工业加快转变发展方式，实现由注重规模扩张发展向注重品种质量效益转变具有重要意义。

2011 年，中央一号文件第一次全面深刻阐述了水利在现代农业建设、经济社会发展和生态环境改善中的重要地位，第一次鲜明提出水利具有很强的公益性、基础性和战略性，第一次将水利提升到关系经济安全、生态安全、国家安全的战略高度。“把水利作为国家基础设施建设的优先领域，把农田水利作为农村基础设施建设的重点任务，把严格水资源管理作为加快经济发展方式转变的战略举措”是中央一号文件明确提出的基本思路。随着水利设施建设加大投资政策的逐步落实，必定带来钢材市场需求的加大，进而促进我国钢材市场的日趋活跃。

二、石油交易所

随着我国能源需求量快速增加和石化产品原料市场需求不断扩大，我国的石油进口量近年来呈现增长迅猛的态势。2011 年，我国原油进口数量达 2.54 亿吨，同比增长 6%；进口金额为 1966.64 亿美元，同比增长 45.30%。我国已成为世界第二大石油消费国和第二大石油净进口国，石油进口依存度超过 55%。尽管如此，我国在国际原油价格的确定上仍然缺少话语权，而且屡屡成为国际投机商炒作油价的因素。近几年，我国的上海石油交易所、大连石油交易所和北京石油交易所发展迅速，已形成上海、大连、北京三足鼎立的格局。三大石油交易所通过竞争与合作不断推出新的交易产品和服务，在构建我国完整的石油市场交易体系、完善资源配置机制方面发挥了不可忽视的作用。三大石油交易所在为我国石油行业建立形成公平的集中交易机制、对等的信息共享机制、合理的价格发现机制、便捷的金融服务机制方面发挥了积极的作用，在为我国石油市场提供一个健康便捷的交易平台的同时促进了我国在全球石油交易中的定价权的提升。

2011 年，北京石油交易所（下称“北油所”）累计实现交易额 649.8 亿元。其中，成品油交易额为 257.4 亿元、化工产品类交易额为 257.3 亿元、燃料油交易额为 101 亿元、润滑油交易额为 34.1 亿元。2011 年 3 月 1 日，首批 40 余家会员企业与北油所签署入市协议，中国石油各业务板块资源导入进入实质性阶段。5 月，北油所成功组织了两家石油贸易公司通过电子交易系统完成了一批京标 93 号汽油的交易，此举标志着北油所现货电子交易平台已初步形成。自 2010 年 11 月 2 日完成股权重组正式运营后，北油所在交易制度设计、系统完善、股东资源投放、交易资金监管、会员管理和内部风险防控多方面做了积极有效的工作，如制定建立了包括“一个办法、一个规则及四个细则”的完整的交易体系，设计出了现货挂牌、现货竞价、协议交易三种现货交易模式，为确保会员交易顺利进行奠定了扎实的基础。目前，北油所已经具备了政策支持、资源投放、金融配套、物流引导、信息服务和国际合作等十余项综合优势，形成了集政府主导、协会指导、企业参与、专家支持于一体的国际化交易平台。

三、木材市场

2011 年，我国木材市场继续延续前几年需求增长的势头，木材的需求量和供需缺口呈逐步扩大的态势。从木材市场的总体行情来看，受原材料紧缺和人工费用、加工费用、运输费用等成本不断增加的影响，2011 年我国木材行业总体生产成本呈上涨趋势。

2011 年年初，国家发改委出台了大幅度调减东北地区森林砍伐量的政策规定。受此影响，我国东北地区全年的木材供应量明显减少。国际市场方面，由于传统的木材供应地区和国家如东南亚、缅甸等地开始实行木材封关政策，加大木材出口的控制力度，致使其 2011 年原材的出口量较往年大幅下降，直接导致市场货源紧缺、价格不断上涨，如金丝柚、坤甸、水曲柳等品种的价格每立方米均上涨了 1000 多元，梢木价格的上涨幅度达 1500 元/立方米以上，巴花的价格上涨幅度达 2000 元/立方米以上。木材价格持续上涨引发如家具、楼梯、木门、地板等木制品的价格不断走高。

一直以来我国都是全球最大的木材生产与进出口国，目前我国约 40% 以上的木材需求要靠进口解决，而且这种依赖程度已呈逐年增加的趋势。随着世界性森林资源的逐渐减少和世界各产材国为保护本国森林资源而频频出台的木材出口严控政策，我国依靠进口解决木材供给缺口的难度将会日益加大。

2011 年 7 月 9 日，由广州交易所集团及富林国际集团合作成立的富林木材交易中心正式揭牌，这是国内首家由交易所和木材市场合作建立的木材交易电子商务平台。富林木材交易中心是一个致力于木业交易制度化、电子化，采用广交所集合竞价的电子交易平台，中心成立后短期内大宗现货交易规模可达亿元，借助电子商务平台的优势可将成交量扩大数十倍乃至上百倍，还可避免因长途运输及仓储所产生的耗费。富林木业交易中心的成立，必将能够加快广东以及全国木材行业的优化升级，提供风险和价格供给，实现信息流、资金流、商务流具体整合，引导行业提升交易水平、降低交易成本、提高木材行业整体的竞争力。

2011 年 12 月 6 日，经国家林业局全国木材行业管理办公室批准，由北京奇峰乾元信息科技有限公司建立的中国木材电子交易市场正式启动并试运行。在钢铁、石油、化工、塑料、粮食等大宗商品的电子交易市场之后，我国的木材电子交易市场也得到了较快发展。中国木材电子交易市场依托大宗商品集中交易电子化平台整合了业内多种资源，有利于形成木材市场公开、公允、公平的价格发现机制，提升我国在国际木材市场中的定价话语权，提升国际贸易竞争力。

四、橡胶市场

2011 年以来，受汽车、轮胎等主要下游行业发展势头强劲的影响，我国橡胶消费需求稳步上升。然而由于天然橡胶和合成橡胶价格的不断上涨，导致了轮胎等下游工业的利润不断下滑。2011 年，我国约有 25% 的轮胎生产企业出现亏损，企业平均利润率仅为 3%。

2011 年 10 月 24 日，由联合国工业发展组织、中国商务部、泰国工业部共同主办，中国国际经济技术交流中心、东盟博览会秘书处、南宁市政府承办的“首届中泰橡胶产业发展合作研讨会”在南宁国际会展中心举行。联合国工业发展组织计划与南宁市政府合作引进资金 30 亿元，在中国—东盟物流基地建设“南宁国际橡胶交易市场”。广西临近东盟橡胶主产国（如泰国、印度尼西亚等），背靠国内橡胶消费市场（如华南经济圈、东盟经济圈），有得天独厚的优势。南宁国际橡胶交易市场的建立有利于整合我国和东盟间的橡胶贸易，结束国内橡胶行业“小、散、乱”的格局，奠定广西及南宁在我国及东盟地区橡胶产业发展中的地位。

2011 年 10 月，经昆明市国资委批准，昆明泛亚橡胶交易所有限责任公司正式成立，公司由国有资本相对控股。昆明泛亚橡胶交易所的目标是通过依托地域优势和资源优势，逐步建立以昆明为中心，辐射西双版纳、海南等中国及东南亚、南亚的橡胶主产区的经营网络，成为泛亚地区橡胶产品及相关产权的交易中心、信息中心、结算中心、仓储物流中心、定价中心及信用评估中心，把昆明泛亚橡胶交易所建成区域内影响力较大的橡胶电子交易平台，提高我国在国际橡胶交易市场中的定价话语权。昆明泛亚橡胶交易所采用先进的电子化交易模式，通过严格实施的风险管理，充分结合市场需求，低成本、高效率地为交易会员实现采购、销售、套利、套保服务，并且在规避橡胶产品价格风险的同时，通过在手现货的质押获得银行的融资支持。

2011 年 10 月 31 日，昆明泛亚橡胶交易所与中国工商银行云南省分行北京路支行、招商银行昆明分行、华夏银行昆明分行、深圳发展银行昆明分行、中国民生银行昆明分行签订战略合作协议，交易所将与银行共享客户和市场信息，根据会员企业具体情况，提供个性化深度服务方案。总体来看，我国民营橡胶生产企业的橡胶产量已经与农垦体系的橡胶产量旗鼓相当，但是除了海南和农垦两大国有集团有较强的价格话语权外，民营橡胶生产企业在市场上仍处于价格弱势。昆明泛亚橡胶交易所与多家银行的合作，一方面，能为民营橡胶生产企业贷款提供便利；另一方面，可依靠自身的橡胶市场信息优势，为银行提供企业贷款资质评估和筛选信息，有助于降低银行的贷款风险实现三方共赢。2011 年 11 月 1 日，昆明泛亚橡胶交易所正式上线。

2012 年 2 月 10 日，海南省农垦集团有限公司并购 R1（新加坡）国际私人有限公司在海口市举行了签约仪式。协议明确，海南农垦集团和海南橡胶将持有 R1（新加坡）国际私人有限公司 75% 的股权。此协议的签署，标志着海南农垦集团以及旗下的海南橡胶朝国际化的战略目标迈出了重要一步。R1（新加坡）国际私人有限公司是全球最大的橡胶贸易公司之一，拥一支优秀的管理团队和成熟的全球销售网络，具有较强的经营风险控制能力；海南橡胶拥有丰富的橡胶资源和橡胶种植经验，海南农垦集团是海南省政府直属的全资企业，具有强大的融资能力，两家企业联手并购 R1（新加坡）国际私人有限公司，标志着海南橡胶行业“走出去”的战略取得了实质性进展。此举对提升我国在世界橡胶领域的地位、增强我国在世界橡胶领域的话语权，具有积极的作用。

五、汽车市场

2011 年，我国汽车市场呈现平稳增长态势，产销量月月超过 120 万辆，平均每月产销突破 150 万辆，全年汽车销售超过 1850 万辆，再次刷新全球历史纪录。

据中国汽车工业协会统计资料显示，2011 年我国汽车产销分别达到 1841.89 万辆和 1850.51 万辆，同比增长 0.84% 和 2.45%，产销同比增长率较 2010 年分别下降了 31.6 和 29.9 个百分点。其中，乘用车市场保持平稳增长，商用车市场下降较为明显。2011 年，我国乘用车产销分别完成 1448.53 万辆和 1447.24 万辆，同比增长 4.2% 和 5.2%，同比增长率较 2010 年分别下降 29.6 和 28.0 个百分点；商用车产销分别完成 393.36 万辆和 403.27 万辆，同比分别下降 10.0% 和 6.3%，同比增长率较

2010 年分别下降 38.1 和 36.2 个百分点。

自 2010 年 6 月 1 日财政部、国家发展和改革委员会、工业和信息化部启动“节能产品惠民工程”节能汽车推广政策后，汽车生产企业加大了节能汽车研发和推广力度，节能汽车乘用车市场占有率逐月攀升，我国节能及新能源车的生产和销售工作均取得了可喜的成果。截至 2011 年 9 月，我国 1.6 升及以下排量节能汽车车型由推广前的 101 个增加到 427 个。1.6 升以下排量的乘用车市场保持了平稳发展，2011 年全年累计销售 1.6 升及以下排量乘用车 983.93 万辆，同比增长 4.0%；占汽车销售市场的 53.2%，汽车市场占有率较 2010 年增长 0.8 个百分点。

2011 年 1 月 7 日，工业和信息化部、国家发展和改革委员会、财政部在北京召开节能汽车推广专项核查启动会。全国已列入《节能产品惠民工程节能汽车（1.6 升及以下乘用车）推广目录》的 37 家企业以及 6 家国家级检测机构的 100 多名代表参加了会议。会上国家发展和改革委员会、财政部通报了节能汽车推广政策实施以来的有关情况，工业和信息化部对节能汽车推广专项核查工作进行了全面部署。节能汽车推广专项核查制度的建立，为节能汽车推广政策的实施提供了有力保障。相关部门组织了两次全国性的汽车燃料消耗量专项核查行动，在市场抽取了 148 辆样车进行油耗检测，发布了两批节能汽车推广专项核查检测结果公告。

2011 年 10 月，我国对已经发布的节能汽车推广政策进行了调整，将节能汽车推广标准提高了 8%，推广车型综合工况燃料消耗量从百公里平均 6.9 升调整为 6.3 升。各项数据表明，节能汽车推广政策对节能技术的持续进步发挥了积极的作用，节能汽车推广取得成效：2011 年 10～12 月，我国节能汽车推广车型快速发展，产量逐月攀升，列入第七批节能汽车推广目录的 49 个车型共生产 25.55 万辆。2011 年 12 月，《乘用车燃料消耗量评价方法及指标》《重型商用车辆燃料消耗量测量方法》《重型商用车辆燃料消耗量限值（第一阶段）》等一批重要标准发布，汽车产品节能管理体系将进一步完善。在新能源汽车推进方面，公共服务领域节能与新能源汽车示范推广和私人购买新能源汽车补贴试点城市混合动力汽车、纯电动汽车等节能与新能源汽车市场应用继续推进。截至 2011 年年底，全国共有 75 家汽车生产企业的 361 个车型列入《节能与新能源汽车示范推广应用工程推荐车型目录》。

2011 年，在我国汽车市场实现经济效益较快增长的同时，汽车行业的产业集中度也进一步提高。我国汽车销量排序前十名的企业（集团）销售的汽车数量占全国汽车总销售量的 87.0%，占有率同比提高 0.7 个百分点。在汽车销售方面，我国汽车市场保持了平均 4%～6% 的增速，其中，豪华轿车市场增速达 25%，豪华 SUV 市场增速更达到了 30% 以上。在世界经济发展乏力的大趋势下，我国汽车市场特别是豪华车市场的走势已经引起全球豪车生产商的格外关注。

2011 年，我国已建立了较为完善的乘用车产品节能管理体系。从汽车燃料消耗量检测方法、限值、标识等国家标准到汽车燃料消耗量公示制度、汽车燃料消耗量抽样核查制度，以及与燃料消耗量挂钩的节能汽车推广、节能与新能源汽车车船税减免等财税政策，都已建立并实施。

2011 年，工业和信息化部建立了“中国汽车燃料消耗量网站”，进一步完善了汽车燃料消耗量公示制度。全年公布了 12 批“轻型汽车燃料消耗量通告”，累计发布 127 家企业、3912 条轻型汽车燃料消耗量数据。

六、化工商品交易市场

2011 年，我国化工商品交易市场的总体情况是，无机化工产品产销走势明显强于有机化工产品，氯碱化工、氟化工、磷化工产品市场波动最为剧烈，TDI、MDI 等聚氨酯产品全年市场走势呈现弱势，多晶硅产品在 2011 年年底迎来一系列政策利好。

2011 年 7 月 8 日，依托天津危险化学品交易市场的天津滨海新区化工品交易所上线试运行。天津滨海新区化工品交易所位于天津港保税区，是国家经济战略发展的前沿地区，背靠世界排名第五的天津港，以天津的支柱产业——化工产业为交易基础。交易所借助三大实体市场的 500 余家化工企业资源，依靠全程物流、裕华张贵庄仓库仓储资源，联合成都、上海等地企业的战略加盟，与实体市场有机结合，形成线上线下交易平台全面覆盖的经营格局，成为我国北方化工原料的价格形成中心、信息交易中心、物流配送中心和仓储服务中心。天津危险化学品交易市场自 2006 年开业后，陆续新建了天津保税区分市场和天津滨海新区大港分市场，经营面积、商户数量、市场交易额和纳税额均获得成倍增长，聚集了美国、韩国、我国香港和上海等地 500 余个化工生产经营企业进驻，注册资本金超过 6 亿元，年交易规模超过百亿元，纳税 7000 万元，被列为天津滨海新区“十大现代交易市场”之一。

作为国内最大的液体化工品市场——张家港保税区化工品交易市场，在成立至今短短四年时间里成交额增长了 9 倍。其中，2011 年 1 ~ 11月，该市场累计成交量达到 545 万吨、实现交易额 183 亿元、现货交割量超 10 万吨，同比分别增长 6.8%、18.9% 和 11%，在全国 23 家化工商品市场中排名首位。目前，张家港已经成为亚洲最大的液体化工品集散地，现货价格已成为中国化工市场价格的“晴雨表”。全球化工行业 10 强中有 6 家进驻到张家港保税区化工品交易市场，同时有 18 家世界 500 强企业在此落户。通过这些国际知名企业的聚集效应，带动了化工业及以化工产品为原料的下游企业迅猛发展，同时也为保税区化工品交易市场的壮大和发展提供了有力支撑，带动了当地大宗商品交易结算中心、大宗商品分销服务平台、普洛斯张家港保税区物流基地等现代服务业的发展。张家港化工电子交易市场通过引进、消化、吸收国际先进经验，运用国内最先进的电子商务技术手段，实现交易、信息与综合性金融服务的有效结合。目前，张家港化工电子交易市场已建立了网站，积极与各国商社驻中国办事处、代理公司加强联系沟通，以最便捷的方式、最短的时间获得第一手市场信息，并为区内化工企业提供准确的市场行情。

七、建材家居市场

2011 年建材家居市场受政策性的影响较大，2011 年年初国务院新国八条房地产调控政策的出台，中央及各个地方政府对房地产市场加大了调控力度，限购、限外和限贷对建材家居市场有较大的负面影响。据统计，2011 年家电、建筑及其装潢材料的市场销售分别下降 10% 和 5.25%，这对于以房地产市场为依托的建材市场销售情况影响很大。但是，在严酷的市场中，仍有一批企业冲破重围，取得了不错的成绩。

2011 年我国水泥行业总体趋势向好，全年水泥产量达到 20.63 亿吨，同比增长 16.1%，增速同比加快 0.6 个百分点。总体来看，有两个利好因素保证了水泥市场交易量的增长。一是 2011 年中央发布的“一号文件”提出要加大公共财政对水利的投入；二是保障房的建设。在老的“4 万亿元刺激政策”对水泥行业的推动效应减弱之后，这两个建设计划保证了市场对水泥的需求。2011 年我国水泥的总产能并未增加，由于我国多地连续出现“电荒”现象，致使建材企业大面积停产。同时，伴随煤炭价格不断上涨，水泥平均价格也有所上涨，行业利润因此进一步提升。

2011年的家居建材市场延续了前两年的扩张态势，超大型市场（单体超30万平方米）不断涌现，同时一些卖场在抢占农村市场过程中打出了“迷你”牌，以个数多取胜。2011年12月16日，红星美凯龙北京第五家商场、建筑面积达15万平方米的北京朝阳路商场迎来了盛大的开业庆典，这是红星美凯龙在北京的首家第八代商场，也是首家混合业态家居卖场，商场景观式游乐园的设计让人耳目一新，打破了传统家居卖场的一贯风格。红星美凯龙第八代商场的建成不仅填补了北京朝青板块大型家居卖场的空白，也引领了一种新型商业模式——专卖店集群，强调体验式购物，集购物、餐饮、休闲、娱乐、服务五大功能于一体。截至2011年年底，红星美凯龙在北京、上海、常州、天津、南京、郑州等80个城市开店99家；居然之家在全国30个城市开店42家，其中2011年新开店14家。

2011年，欧派家居集团凭借其软硬实力快速突出重围，销售额保持40%以上的强劲增长，全年销售额突破40亿元，连续17年引领国内整体厨房新潮流。2011年2月，欧派家居集团强力启动“铸鼎计划”，将创新行政体系、升级制造体系和再造营销体系，实现由粗放到精细、由被动到主动、由满足需要到追求卓越的三大转变。同年11月20日，欧派率先推出“家居4S服务”理念（微笑服务Smile、星级尊崇Star、一个专线对接Simple和高效快速Speed），为顾客打造超“五星”的家。把整个橱柜业的服务推到了一个更高的水平。

2011年11月，工信部制定并颁布了《建材工业“十二五”发展规划》以及水泥、平板玻璃、建筑卫生陶瓷、新型建筑材料、非金属矿业5个行业的子规划。提出“十二五”期间，建材工业增加值年均增长10%以上的目标，为建材行业未来5年的发展指明了方向。

2011年，建材家居市场出现了此兴彼衰的态势，集美家居到法国巴黎开建材家居市场，百安居、家得宝、乐华梅兰等洋家居相继退出北京乃至中国市场。其中，百安居门店数由高峰期的63家下降为36家，亏损超过1.1亿欧元（约合11.1亿元人民币）。

八、金属交易市场

近几年来，我国有色金属产业步入了良性发展轨道，产业结构进一步优化，增长方式明显转变，为实现有色金属产业可持续发展奠定了基础。2012年1月，工信部发布《有色金属工业“十二五”发展规划》。该规划提出，“十二五”期间，有色金属工业结构调整和产业转型升级要取得明显进展，工业增加值年均增长10%以上，产业发展质量和效益明显改善。

2011年4月成立的昆明泛亚有色金属交易所在开盘后取得了不俗的成绩，交易业务日益增长。截至2012年1月31日，泛亚交易所现有的白银、铟和云锗三个交易品种累计成交额接近500亿元，所有交易品种均实现了实物交割，全面实现了现货贸易功能。泛亚有色金属交易所集制度创新、交易模式创新、商品融通创新、价格形成机制创新和服务模式创新五大创新优势于一身，充分发挥了交易所的定价功能。交易所强调贸易功能，同时也注重投资功能，为投资者参与有色金属行业的贸易、为国家实现有色金属的战略收储提供一个面向大众的公共渠道。

2011年8月10日，国内首家有色金属在线交易平台——中国有色金属产业园正式上线，使入驻的近1500家有色金属企业在线交易变成了现实。中国有色金属产业园平台依托中国有色金属网在有色金属行业延伸业务，有强大的公众和客户脉络关系。同时，产业园通过专业服务及先进的网络技术为大中小企业搭建安全、稳定、实用的金属行业供需平台，提供电子商铺和网上展会服务，为广大企业商家提供一个专业、诚信、便捷的网上展览展示的展台。

2011 年 12 月 20 日，央行、公安部、工商总局、银监会和证监会五部委联合发布《关于加强黄金交易所或从事黄金交易平台管理的通知》。该通知明确除上海金交所和上期所外，任何地方机构个人均不得设立黄金交易所或中心。正在筹建的，一律终止相关活动；已经营业的，立即停止新业务。此举表明，以天津贵金属交易所为典型代表的“山寨”金属交易所面临全面清盘，经历了井喷式增长的金属交易所将进入整顿期。

九、煤炭交易中心

2011 年我国煤炭生产、运输保持较快增长，市场需求旺盛，库存相对充足，价格高位趋降，市场供需除南方个别地区受诸多因素影响一度出现电煤供应偏紧外，总体基本平衡。2011 年我国煤炭进口比上年增长 11%，达到 1.824 亿吨，超越日本 1.752 亿吨的煤炭进口量，跃居世界第一。我国煤炭资源的储量远远超过石油和天然气资源，作为廉价、洁净和可靠的能源，煤炭一直都是我国重要的能源和工业原料。2011 年随着国家推进经济结构调整和节能减排、淘汰落后产能政策的出台，抑制了高能耗产业的发展，我国煤炭需求增幅有所趋缓。

2012 年 2 月 23 日，中国（太原）煤炭交易中心煤炭现货交易将正式启动运营，这是我国唯一由国务院批准建设的国家级煤炭交易中心。中国（太原）煤炭交易中心是建立在现代信息技术基础上、以电子交易平台为技术支撑，为煤炭供需双方提供服务的第三方交易市场。中国（太原）煤炭交易中心推出挂牌、竞价、邀约、现场协商四种交易模式，满足了传统销售模式向现代交易模式平滑过渡的要求；同时，充分利用煤炭现货交易的第三方煤炭电子交易平台，实现由场内交易向场外交易的时空扩展、由“一对多”向“多对多”新型交易模式的跨越。市场集煤炭交易、货款结算、融资服务、运输仓储、物流配送、信息咨询、会展商务等多种服务为一体，以把中国（太原）煤炭交易中心建设成既能实现整体自由交易，又有利于政府实施宏观调控的市场为目标。有望在国际煤炭市场形成“中国价格”，增加我国在煤焦等重要能源领域的话语权。交易中心坚持“公开、公平、公正”原则和“不改变企业的市场主体地位、不打破企业原有的管理流程和权限、不干涉企业自主交易权力”原则，为供需双方跨时空交易提供更多的选择性交易机会，打造出市场运行规范、功能齐全、层次分明、方式多样、手段先进的现代煤炭市场体系。

十、大宗商品交易市场

经过近 10 年的发展，我国大宗商品交易市场进入了前所未有的增长阶段。仅 2011 年 1～10 月，就有 58 家大宗商品电子交易市场挂牌成立，占大宗商品交易市场总数的 26.24%。2011 年我国大宗商品电子交易市场交易额已经突破 10 万亿元，大宗商品交易市场数突破 300 家。2011 年新成立的电子交易市场除了传统的农副、有色金属、化工能源等大宗商品行业以外，新增了不少药材、酒类、农产品、艺术品等大宗商品交易市场，传统行业电子交易市场还推出了不少新的交易品种。在大宗商品电子交易市场快速增长中，呈现出地域上集群化、市场多样化、交易市场产业链化、区域间政策分化明显、工业品逐渐成为电子交易市场主力军的新趋势和新特质。

大宗商品交易市场模式多样，主要有现场挂牌交易、现货远期交易、竞价拍卖交易、竞价招投标交易、在线协商交易、专场交易等，其中有些交易是国家限制的“准期货”交易。

2011年大宗商品交易市场扎堆于同一品种的现象频出。2011年7月13日，中国南京同仁堂绿金在线中药材交易中心铁岭新城区金融会馆揭牌；2011年8月由甘肃惠森药业科技集团筹建的中国中药材电子交易市场全国药材盈（文峰）中药材物联交易市场正式启动。两家专业中药材市场在成立时都宣称自己是国内首家中药材电子交易市场。这种行业之争反映了在金融投资市场不景气的情况下，大宗商品交易市场投机过度和恶性竞争的现状。

综合来看，10年来高速增长的大宗商品交易所，由于没有相配套的法律规范与部门监管，市场缺乏自律导致乱象丛生。2011年11月11日，国务院发布《国务院关于清理整顿各类交易场所切实防范金融风险的决定》，明确规定除依法设立的证券交易所或国务院批准的从事金融产品交易的交易场所外，任何交易场所均不得将任何权益拆分为均等份额公开发行，不得采取集中竞价、做市商等集中交易方式进行交易。对于井喷式增长的大宗商品交易所开始了整顿期，300多家交易所迎来了新一波的“关停并转”风潮。

（洪　涛　杜　萌　北京工商大学经济学院）

2011 年中国水泥市场

2011 年是我国“十二五”规划的开局年，在国家宏观经济全面向好的情况下，全国水泥产业结构进一步优化，水泥市场需求旺盛，水泥生产量持续增长，水泥出口量继续下降；全国散装水泥供应量稳步提升，散装水泥供应量增长率高于水泥增长率，全年散装水泥供应量突破 10 亿吨大关，平均水泥散装率首次达到 50% 以上，全国散装水泥行业继续保持平稳较快发展的态势。

一、2011 年我国水泥市场的发展情况

2011 年，我国水泥产量持续增长，效益大幅提高，散装水泥供应量增长率高于水泥增长率。在宏观调控政策和国际市场的影响下，我国水泥市场呈现出投资规模缩减、出口量跌价涨的局面。

1. 2011 年我国水泥市场发展的特点

（1）产量持续增长。2011 年，我国水泥产量为 20.62 亿吨，同比增长 10.44%，熟料 13.07 亿吨，同比增长 11%。其中：强度 42.5 及以上水泥产量 5.41 亿吨，占总产量的 25.9%，同比增长 17%。

（2）效益大幅提高。2011 年，我国水泥市场实现销售收入 9197.8 亿元，同比增长 36.9%；实现利税 1464.3 亿元，同比增长 58%；实现利润 1020 亿元，同比增长 67%，占建材工业利润总额的 36.5%。全年产销率达 96.9%。

（3）投资规模缩减。2011 年，我国完成固定资产投资 1439 亿元，同比下降 8.3%，低于建材工业固定资产投资平均增速 40 个百分点，近 5 年来首度出现负增长。投资总额在建材工业各子行业中首度退居次席，抑制产能过快增长的政策效果显现。

（4）出口量跌价涨。2011 年，我国水泥出口总量达 879.8 万吨，同比降低 10.5%；实现出口额 5.3 亿美元，同比增长 6.7%；出口水泥制品 217.5 万吨，同比增长 7.3%；实现出口额 8.7 亿美元，同比增长 67%。出口额增长明显快于出口量增长，水泥制品出口增速明显高于水泥出口，凸显产业链加快延伸、出口产品结构优化调整效果。

（5）生产集中度提高。统计资料表明，2011 年我国水泥生产行业中水泥产量排位前 10 名的企业水泥产总量共计 5.53 亿吨，占全国水泥总产量的 26.5%，比上年提高 1.2 个百分点；我国水泥生产行业中水泥产量排位在前 20 名的企业熟料产量共约 6.35 亿吨，占全国熟料总产量的 53%，而且大企业的熟料产量增速明显快于行业平均增速。

（6）产能结构优化明显。2011 年，我

国生产新型干法熟料达 11.28 亿吨，同比增长 16.7%，新型干法比重达 86.3%，比上年提高 4.9 个百分点。其中，日产 4000 吨以上的生产线占新型干法线的 37.8%，产能占新型干法产能的 59%。全年计划淘汰落后产能 1.33 亿吨。

（7）节能减排稳步推进。2011 年，我国水泥生产行业中已有 65% 以上的新型干法生产线配套建成余热发电装置，同时，水泥窑脱硝技术已开始在生产线试验示范，利用水泥窑无害化最终协同处置城市生活垃圾、污泥和固体废弃物的示范线也陆续投入试运行。此外，全国水泥生产行业脱硫石膏、窑炉飞灰无害化吸纳利用技术日趋成熟。

2. 2011 年我国水泥市场存在的问题

2011 年，我国水泥市场在发展中出现了一些需要研究解决的问题。一是重复建设出现加剧和扩大趋势。全年新投产 114 条熟料生产线，新增产能 1.65 亿吨，剔除淘汰的落后产能后，熟料产能利用率降到 77.2%，水泥产能利用率仅有 73%。二是环保治理压力加大。如现有的经济适用的工业化脱硝技术还处于试验示范阶段，尚不成熟，即便企业加大资金投入，短期内也不可能对上千条熟料生产线进行全面改造。三是利用水泥窑开展无害化最终协同处置的政策环境亟待改善，开展协同处置是水泥产业向绿色功能产业转型的重要途径，但受配套的政策影响，协同处置还难以与焚烧、填埋等行业平等竞争。四是先进产能置换落后产能难度大。新建项目与节能减排、等量或减量置换落后产能相衔接的制度亟待落实。

二、2011 年我国散装水泥市场

1. 散装水泥市场总体情况

2011 年，我国散装水泥累计供应量为 106753.95 万吨。其中，大中型水泥企业的散装水泥供应量为 87626.43 万吨，占全国散装水泥供应量的 82.08%，年增长量为 16948.12 万吨，增长率为 18.87%（见图 2），增速虽比上年 19.27% 降低了 0.4 个百分点（见图 3），但增长量仍高出上年 2426.17 万吨；全国当年的平均水泥散装率已达到 51.78%，首次突破 50%，比上年年末的 48.10% 提高了 3.68 个百分点，增长幅度是近三年来较高的一年（见图 1 和图 4）。

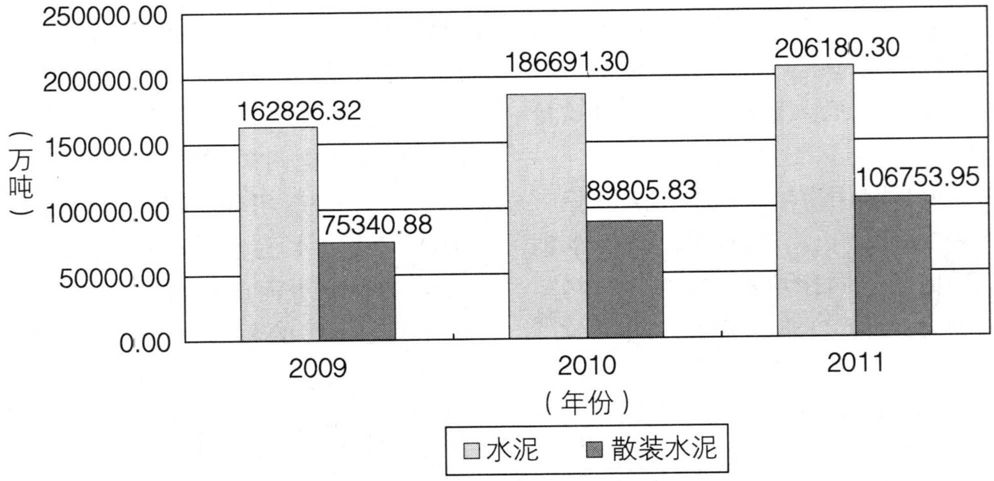

图 1　2009—2011 年全国水泥、散装水泥生产情况

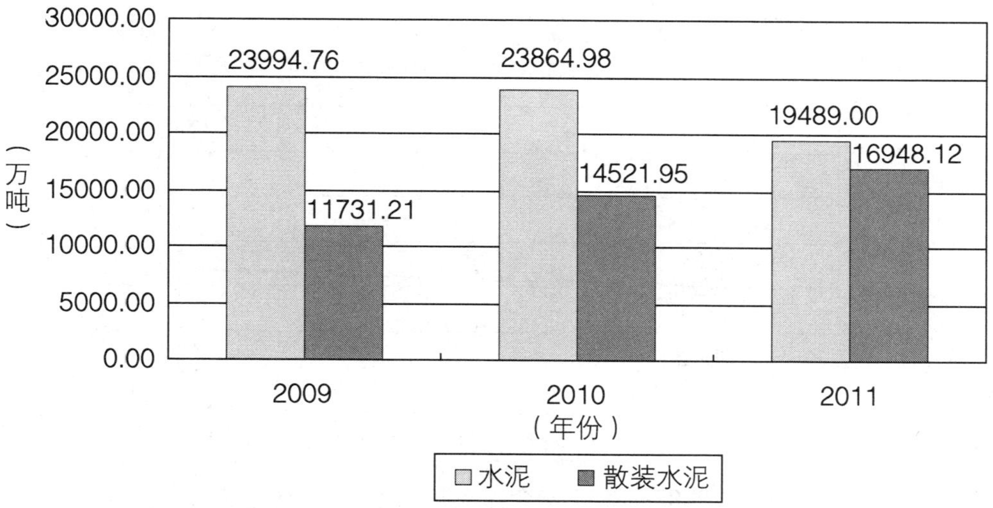

图2 2009—2011 年全国水泥、散装水泥同比增长量情况

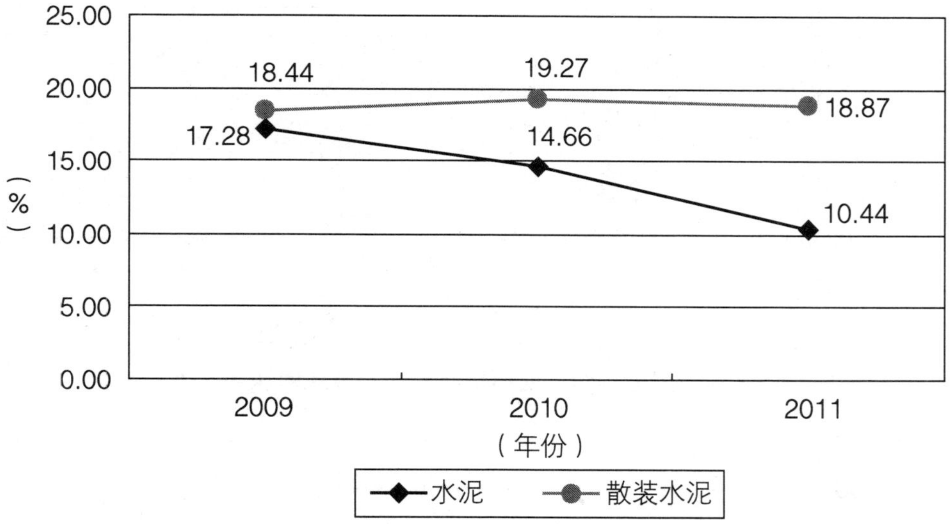

图3 2009—2011 年全国水泥、散装水泥同比增长率走势

2. 散装水泥市场的发展情况

2011 年，我国散装水泥市场格局稳中有变，具体表现在以下方面。

(1) 西部地区散装水泥市场需求相对减缓，区域市场发展差距持续缩小。如表 1 所示，2011 年西部地区散装水泥供应量为 24405.26 万吨，年增长量为 4324.05 万吨，比上年增量减少 1530.51 万吨；增长率为 21.53%，比上年 40.99% 的增长率减少了 19.46 个百分点。西部供应量占全国总量的比重略有提高，由上年的 22.36% 提高到 22.86%。而东部地区散装水泥供应量占全国供应量的比重一改长期占据全国半壁江山的局面，已由上年的 50.5% 缩小到 48.81%，缩减了 1.69 个百分点。总体看东部和中、西部散装水泥区域市场发展的差距在逐步减小。如图 5、图 6 和图 7 所示。

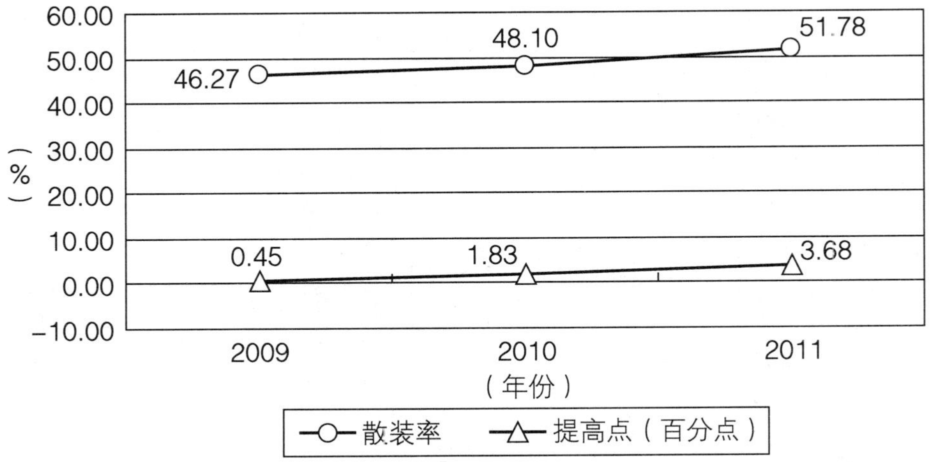

图 4 2009—2011 年全国水泥散装率及增长走势

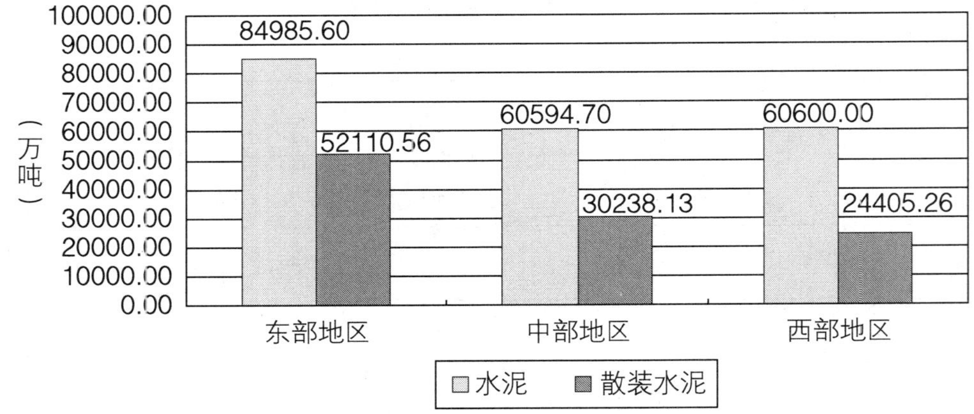

图 5 2011 年我国东、中、西部地区水泥和散装水泥生产供应情况

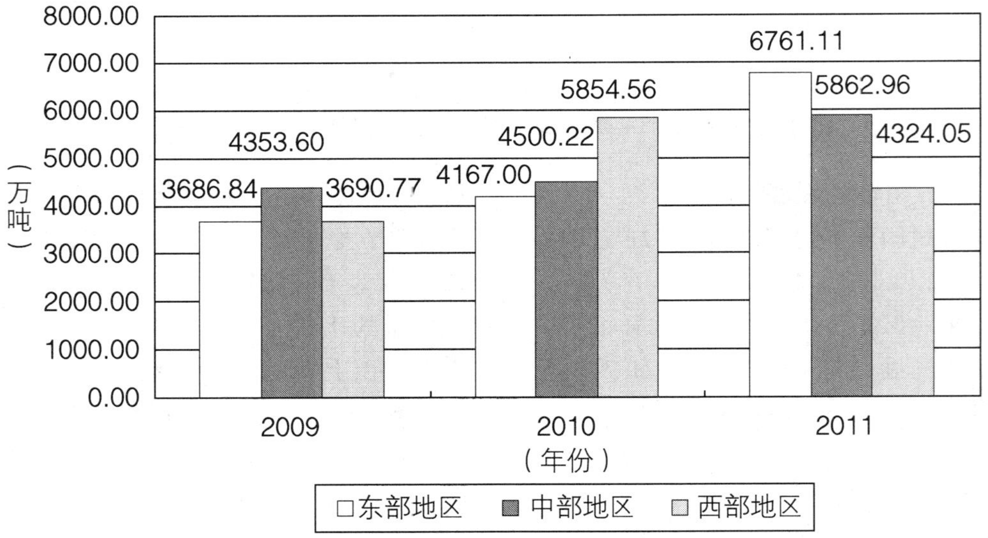

图 6 2009—2011 年我国东、中、西部地区散装水泥供应量年增长情况

表 1　　2011 年全国及东、中、西部地区水泥和散装水泥市场情况一览表

地　区	水　泥			散装水泥								
				供应量						散装率		
	生产量（万吨）	同比增长（万吨）	同比增长（%）	供应量（万吨）	同比增长（万吨）	同比增长（%）	2010 年同比增长（%）	占全国总量的比重（%）	2010 年占全国总量的比重（%）	散装率（%）	2010 年散装率（%）	散装率同比提高（%）
全国	206180. 3	19489. 0	10. 44	106753. 95	16948. 12	18. 87	19. 27	100. 00	100. 00	51. 78	48. 10	3. 68
东部地区	84985. 6	4704. 0	5. 86	52110. 56	6761. 11	14. 91	10. 12	48. 81	50. 50	61. 32	56. 49	4. 83
中部地区	60594. 7	6557. 2	12. 13	30238. 13	5862. 96	24. 05	22. 64	28. 33	27. 14	49. 90	45. 11	4. 79
西部地区	60600. 0	8227. 8	15. 71	24405. 26	4324. 05	21. 53	40. 99	22. 86	22. 36	40. 27	38. 34	1. 93

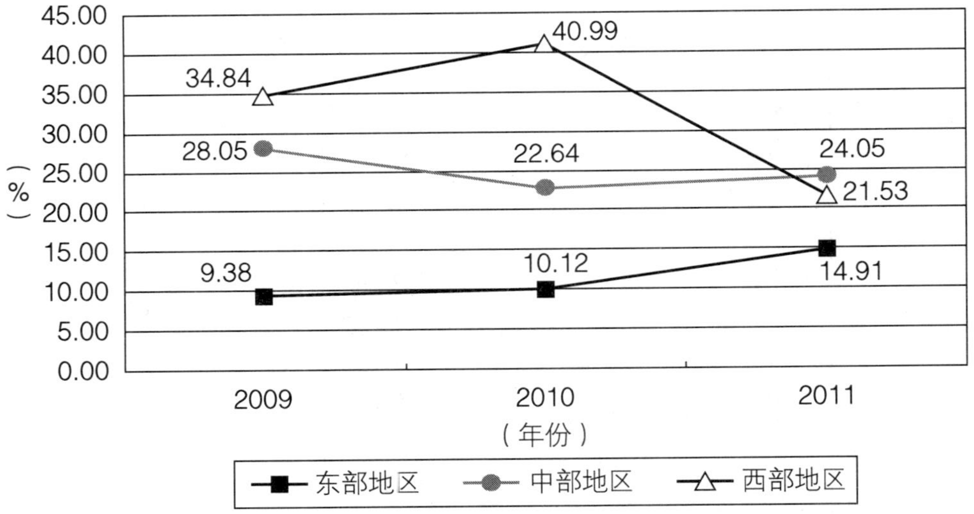

图 7　2009—2011 年我国东、中、西部地区散装水泥年增长走势

（2）我国各省（区、市）散装水泥市场的发展情况。2011 年，我国散装水泥市场发展的基本情况可从表 2 的数据中找到答案。从表 2 可以知道，2011 年我国散装水泥供应量居首位的省份仍为江苏省，全年供应量达到 11640.17 万吨；散装水泥供应量居第二位的是浙江省，山东省由 2010 年的全国第二位降到 2011 年的第三位。河南、广东、河北和四川省的散装水泥供应量依次为 6289.43、6257.86、6191.15 和 6140.57 万吨，数量相近，排序分别为第四、第五、第六和第七位。

2011 年，我国散装水泥同比增长量排在前四位的省份依次是河北、安徽、广东和浙江，增长量分别为 1595.2、1205.86、1193.86 和 1062.66 万吨，均超过了千万吨。四省增长量的总和为 5051.58 万吨，占全国增长总量的 29.84%。

2011 年，我国散装水泥同比增长率排在首位的省份是山西省，增长率为 63.26%；贵州省以 58.93% 的增长率继续排在第二位；新疆、青海和河北三省（区）的同比增长率分别位居全国第三、第四和第五位，依次为 36.45%、35.24% 和 34.71%。

2011 年，天津、上海和北京三个直辖市的水泥散装率继续保持在较高水平，依次为 96.58%、96.54% 和 93.88%，并且稳居全国水泥散装率的前三位。数据显示，江苏省的水泥散装率已达到了 78.12%，比上年提高 9.66 个百分点，高出全国平均水平 26.34 个百分点，除直辖市外在省级排列中位居全国第一；浙江省的水泥散装率为 76.54%，高出全国平均水平 24.76 个百分点，除直辖市外在省级排列中位居全国第二。江苏和浙江两省已基本达到水泥散装化水平。此外，山东和安徽的水泥散装率也分别达到了 61.36% 和 60.42%，发展前景乐观。

2011 年，我国有 19 个省（区、市）的水泥散装率还没有达到 51.78% 的全国平均水平。其中，有 17 个省（区、直辖市）的水泥散装率还未达到 50%，陕西省、吉林省、云南省、甘肃省、贵州省、内蒙古自治区和重庆市的水泥散装率低于 40%。

2011 年，我国省区散装水泥供应和水泥生产量同期自比增长位居第一名的是山西省，排序从上年的第 26 名跃居为第一名，自比提高了 13.67 个百分点；排序在第二至第八名的省区依次是江苏省、河北省、江西省、吉林省、湖北省、湖南省和宁夏自治区，其自比提高的

表2　**2011年度全国各省（自治区、直辖市）散装水泥发展情况排序**

散装水泥供应量			散装水泥同比增长量			散装水泥同比增长率			散装率			散装率同期自比提高情况			水泥生产量		
排序	地区	数量（万吨）	排序	地区	增长量（万吨）	排序	地区	增长率（%）	排序	地区	散装率（%）	排序	地区	（%）	排序	地区	数量（万吨）
1	江苏	11640.17	1	河北	1595.20	1	山西	63.26	1	天津	96.58	1	山西	13.67	1	山东	15035.6
2	浙江	9278.65	2	安徽	1205.86	2	贵州	58.93	2	上海	96.54	2	江苏	9.66	2	江苏	14899.7
3	山东	9225.12	3	广东	1193.86	3	新疆	36.45	3	北京	93.88	3	河北	7.82	3	四川	14501.1
4	河南	6289.43	4	浙江	1062.66	4	青海	35.24	4	江苏	78.12	4	江西	7.79	4	河北	13972.4
5	广东	6257.86	5	江苏	927.66	5	河北	34.71	5	浙江	76.54	5	吉林	6.36	5	河南	13666.0
6	河北	6191.15	6	河南	910.37	6	江西	29.65	6	山东	61.36	6	湖北	6.04	6	广东	12607.0
7	四川	6140.57	7	四川	848.82	7	海南	28.70	7	安徽	60.42	7	湖南	5.43	7	浙江	12122.3
8	安徽	5561.32	8	山西	774.97	8	吉林	28.40	8	新疆	53.78	8	宁夏	5.11	8	湖北	9342.9
9	湖北	4932.92	9	山东	762.96	9	黑龙江	28.37	9	湖北	52.80	9	安徽	5.10	9	湖南	9228.1
10	湖南	4825.64	10	江西	760.06	10	云南	28.15	10	辽宁	52.54	10	贵州	4.58	10	安徽	9204.7
11	广西	3872.95	11	湖南	748.19	11	安徽	27.69	11	湖南	52.29	11	重庆	4.23	11	广西	8640.1
12	福建	3398.61	12	湖北	732.77	12	甘肃	26.18	12	福建	51.72	12	新疆	4.08	12	江西	6782.2
13	江西	3323.47	13	广西	583.22	13	辽宁	24.17	13	山西	50.82	13	山东	3.99	13	福建	6570.9
14	辽宁	2989.35	14	辽宁	581.90	14	广东	23.58	14	广东	49.64	14	浙江	3.67	14	云南	6457.4
15	内蒙古	2555.81	15	贵州	572.22	15	宁夏	22.57	15	江西	49.00	15	云南	3.61	15	陕西	6430.6
16	陕西	2425.57	16	福建	538.85	16	内蒙古	21.43	16	河南	46.02	16	广东	3.60	16	内蒙古	6396.5
17	云南	2303.36	17	云南	506.03	17	重庆	20.17	17	广西	44.83	17	甘肃	3.36	17	辽宁	5690.1
18	山西	2000.11	18	内蒙古	451.05	18	福建	18.84	18	青海	44.81	18	海南	3.21	18	贵州	5000.2

续　表

散装水泥供应量			散装水泥同比增长量			散装水泥同比增长率			散装率			散装率同期自比提高情况			水泥生产量		
排序	地区	数量（万吨）	排序	地区	增长量（万吨）	排序	地区	增长率（%）	排序	地区	散装率（%）	排序	地区	（%）	排序	地区	数量（万吨）
19	重庆	1951.89	19	新疆	430.04	19	湖南	18.35	19	河北	44.31	19	黑龙江	2.66	19	重庆	4935.2
20	黑龙江	1750.44	20	黑龙江	386.85	20	广西	17.73	20	海南	44.11	20	福建	2.36	20	吉林	4221.3
21	新疆	1609.86	21	吉林	343.89	21	湖北	17.45	21	四川	42.35	21	四川	2.34	21	黑龙江	4213.9
22	吉林	1554.80	22	重庆	327.67	22	河南	16.92	22	黑龙江	41.54	22	青海	2.20	22	山西	3935.6
23	贵州	1543.28	23	甘肃	195.20	23	四川	16.04	23	宁夏	40.79	23	辽宁	2.14	23	新疆	2993.6
24	甘肃	940.88	24	陕西	178.67	24	浙江	12.93	24	内蒙古	39.96	24	天津	1.56	24	甘肃	2746.8
25	北京	918.56	25	海南	148.40	25	山东	9.02	25	重庆	39.55	25	内蒙古	0.77	25	海南	1508.5
26	上海	806.34	26	青海	121.79	26	江苏	8.66	26	陕西	37.72	26	上海	0.76	26	宁夏	1455.5
27	天津	739.35	27	宁夏	109.34	27	陕西	7.95	27	吉林	36.83	27	广西	0.71	27	青海	1043.0
28	海南	665.40	28	上海	53.96	28	上海	7.17	28	云南	35.67	28	北京	-0.77	28	北京	978.4
29	宁夏	593.69	29	天津	-30.03	29	天津	-3.90	29	甘肃	34.25	29	河南	-0.83	29	上海	835.2
30	青海	467.40	30	北京	-74.31	30	北京	-7.48	30	贵州	30.86	30	陕西	-3.40	30	天津	765.5
全国散装水泥供应总量：106753.95 万吨			全国同比增长量：16948.12 万吨			全国同比平均增长率为：18.87%			全国平均散装率：51.78%			全国平均散装率同比提高：3.68 个百分点			全国水泥生产总量：206180.3 万吨		

情况依次是9.66、7.82、7.79、6.36、6.04、5.43和5.11个百分点。表3综合系统地展示了2011年我国省区水泥散装率同期自比提高点排序位例前八名的各省区散装水泥供应量和水泥生产量的增长统计数据。从表3可以看出，位列水泥散装率同期自比提高排序前八名的各省区都有两个共同的特点：一是散装水泥的年增长量均高于水泥生产的年增长量；二是散装水泥的年增长率大幅高于水泥的年增长率。

表3　2011年我国部分省区散装水泥供应和水泥生产量的增长数据统计

地区	增长量对比（万吨）			增长率对比（%）		
	散装水泥	水泥	量差	散装水泥	水泥	量差
山西省	774.97	637.90	137.07	63.26	19.34	43.92
江苏省	927.66	-747.80	1675.46	8.66	-4.78	13.44
河北省	1595.20	1378.10	217.10	34.71	10.94	23.77
江西省	760.06	561.70	198.36	29.65	9.03	20.62
吉林省	343.89	246.70	97.19	28.40	6.21	22.19
湖北省	732.77	360.00	372.77	17.45	4.01	13.44
湖南省	748.19	526.90	221.29	18.35	6.06	12.29
宁夏区	109.34	98.00	11.34	22.57	7.22	15.35

3. 我国散装水泥消费的基本情况

2011年，我国散装水泥使用量为98895.13万吨，比上年同期增加了14974.56万吨，增长了17.84%；水泥使用量为185522.24万吨，比上年同期增加了22126.24万吨，同比增长了13.54%。散装水泥使用增长率高于水泥使用增长率4.3个百分点。散装水泥使用率为53.31%，比上年同期提高了1.95个百分点。

2011年，我国散装水泥使用量的主要构成是：预拌混凝土使用量为45329.7万吨，同比增加9232.36万吨，同比增长26.98%；预拌砂浆使用量为388.64万吨，同比增加169.52万吨，同比增长77.36%；水泥制品使用量为14520.65万吨，同比增加1019.01万吨，同比增长7.55%；分散用户的使用量为38656.14万吨，同比增加4153.67万吨，同比增长12.04%。各项使用量分别占散装水泥使用总量的比例依次为45.84%、0.39%、14.68%和39.09%（详见图8）。

在2011年我国散装水泥使用总量中，东部地区的使用量为49366.35万吨，比上年增加了5682.95万吨，同比增长13.01%；中部地区的使用量为27648.42万吨，比上年增加了5379.03万吨，同比增长24.15%；西部地区的使用量为21880.36万吨，比上年增加了3912.58万吨，同比增长21.78%（如图9所示）。东、中和西部地区散装水泥使用量在全国散装水泥使用总量的比重详见图10。东、中和西部地区散装水泥使用量的增长量占全国散装水泥使用量总增长量的比重依次为37.95%、35.92%和26.13%。

4. 我国农村散装水泥市场发展情况

2011年，我国共有农村散装水泥销售点6944个（其中，水泥生产企业所建销售点4125个，

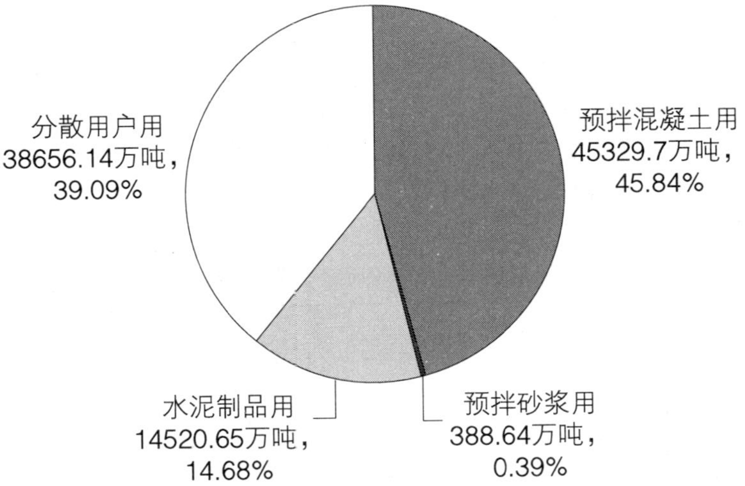

图 8　2011 年我国散装水泥使用量构成示意

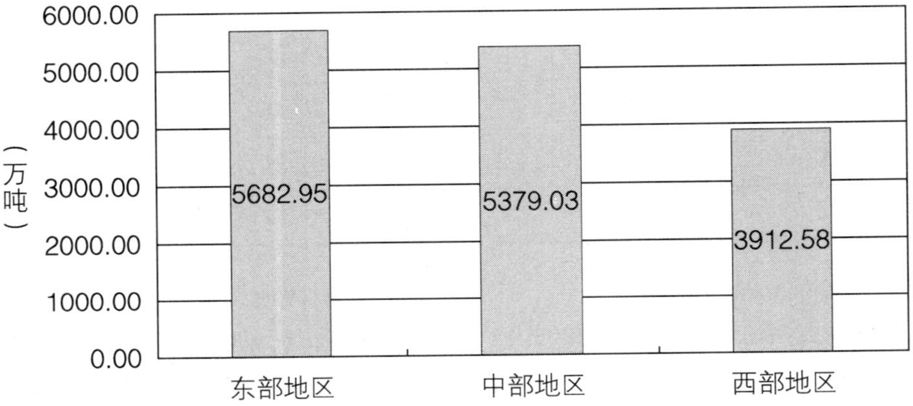

图 9　2011 年我国东、中和西部地区散装水泥使用量增长情况

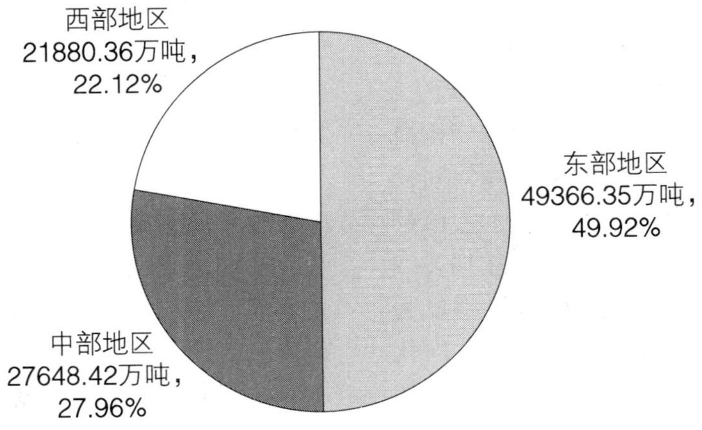

图 10　2011 年我国东、中、西部地区散装水泥使用量占全国散装水泥使用总量的比重示意

其他投资所建销售点2819个），同比增加778个，同比增长12.62%。其中，东部地区有销售点2819个、中部地区有销售点3293个、西部地区有销售点832个，分别占全国销售点总数的40.6%、47.42%和11.98%。同比网点增加最多的省份是湖北、河南和山东，依次增长194、136和104个，合计增长434个，占全国增长总数的55.78%。

2011年，我国共有散装水泥罐28761个，同比增加398个，同比增长1.4%；总容量达92.65万吨，同比增加1.9万吨，同比增长2.1%；全年销售水泥13997.23万吨，同比增加2043.05万吨，同比增长17.09%，占农村散装水泥使用量的65.53%。

2011年，我国农村水泥消费量为55112.91万吨，比上年同期增加7474.48万吨，增长率为15.69%，占全国水泥生产量206180.3万吨的比重26.73%，同比提高了1.21个百分点。

2011年，我国农村散装水泥消费量为21359.7万吨（其中，农村预拌混凝土使用量为7459.57万吨，水泥制品使用量为4089.49万吨），比2010年增加了3977.72万吨，同比增长22.88%，所占全国散装水泥消费量的比重由2010年的20.71%提高到21.6%。农村散装水泥使用率为38.76%，同比提高了2.27个百分点。

5. 散装水泥物流装备设施配套能力发展情况

2011年，我国散装水泥物流装备设施的数量明显增加，配套能力不断增强。我国已拥有散装水泥专用汽车42016辆，当年增加了3854辆，同比增长10.1%；散装水泥专用汽车装载量达134.13万吨，比2010年增加了17.97万吨，同比增长15.46%。我国已有散装水泥储罐106975个，装载量为397.19万吨，比2010年增加了23.38万吨，同比增长6.25%。我国已有散装水泥专用运输船1858艘，当年增加46艘，同比增长2.54%；装载量为177.27万吨，比2010年增加了29.22万吨，同比增长19.74%。截至2011年年末，我国共有散装水泥铁路运输专用罐车5116节，其中自备车907节，路用车4209节。我国共有散装水泥运输集装箱406个，其中自备车99个，路用车307个。

截至2011年年末，我国已有散装水泥发放库16221个，当年新增374个，同比增长2.36%；散装水泥库容量为3945.91万吨，比2010年增加了408.27万吨，同比增长11.54%；有散装水泥中转库1884个，当年新增54个，同比增长2.95%；散装水泥中转库库容量为358.13万吨，比2010年增加51.13万吨，同比增长16.88%；有散装水泥固定接收库24670个，当年新增3263个，同比增长15.24%；散装水泥固定接收库库容量为907.28万吨，比上年新增180.47万吨，同比增长了24.83%。

（武美燕　中国散装水泥推广发展协会）

2011 年中国木材与木制品市场

2011 年，面对复杂多变的国际、国内经济形势，我国木材与木制品行业积极转变发展方式，及时调整应对措施，行业经济发展总体良好。总体看，木材与木制品进出口贸易继续呈增长趋势，市场供需基本平衡，行业各项事业进展顺利，实现了“十二五”时期木材与木制品行业发展的良好开局。

一、2011 年木材与木制品行业生产概况

1. 产量稳步增长

2011 年，我国木材与木制品行业在生产方面继续保持良好的发展态势，行业工业总产值超过 2 万亿元。

初级原材料——木材，受天然林资源保护二期工程启动实施，东北、内蒙古等重点国有林区木材产量进一步调减影响，产量有所减少。据国家统计局数据，2011 年，我国木材产量为 7272 万立方米，比 2010 年同期减少 818 万立方米，同比减少 10.1%，仅内蒙古、吉林、黑龙江、大兴安岭四大森工（林业）集团公司的木材产量就比 2010 年同期减少了 517 万立方米。

2011 年，我国人造板、木家具、木门、纸及纸板、木地板等主要木质产品产量比 2010 年同期都有不同程度增长或保持基本持平，但除木家具外，其他产品增长势头放缓。2009—2011 年我国木材与木制品产量统计情况见表 1。

表 1　　2009—2011 年我国木材与木制品产量统计

名　称	单　位	2009 年	2010 年	同比增加（%）	2011 年	同比增加（%）
木　材	万立方米	7068.29	8089.6	14.45	7272	-10.10
人造板	万立方米	11546.65	15360.83	33.03	16543	7.70
木家具	万　件	20632.67	21387.84	3.66	24774.64	15.84
木　门	亿　元	600	760	26.67	880	15.80
木地板	亿平方米	3.64	3.99	9.62	3.97	-0.60
其中：强化木地板	亿平方米	2.12	2.38	12.26	2.35	-1.20
实木复合地板	万平方米	8300	8900	7.23	9070	1.90

续 表

名 称	单 位	2009年	2010年	同比增加（%）	2011年	同比增加（%）
实木地板	万平方米	4200	4300	2.38	4260	-0.93
竹地板	万平方米	2500	2530	1.20	2510	-0.79
其他地板	万平方米	220	320	45.45	323	0.94
纸及纸板	万吨	—	10035.7	—	11174	11.30

2011年，我国人造板生产量为16543万立方米，同比上年增长7.7%，增幅减少25.3个百分点，产值约2000亿元，产业集中度进一步提高。木质家具产量为24774.6万件，比上年增长15.84%；产值3144.32亿元，比上年增长31.1%，增幅减少4.1个百分点；木门增幅下降10.87个百分点。全年木地板产销量基本稳定，其中，强化木地板同比下降1.2%、实木复合地板同比增长1.9%、实木地板与竹地板产销量基本与2010年持平。另外，纸和纸板产量比2010年增长11.3%。

2. 全年木材价格先升后降

2011年，我国原木价格在上半年呈快速增升趋势，下半年呈现下滑，全年平均价格较上年有较大的涨幅。

如图1所示，我国进口木材价格综合指数2009年呈下滑趋势，2010年开始持续走高，2011年上半年继续快速上扬，但下半年开始下滑。综合指数从2011年年初的1462点，上涨到6月份的最高点1669点，也是近年来我国进口木材价格指数的历史最高点，7月份却开始下跌，11月份综合指数达到1511点，经过5个月共下跌158点。

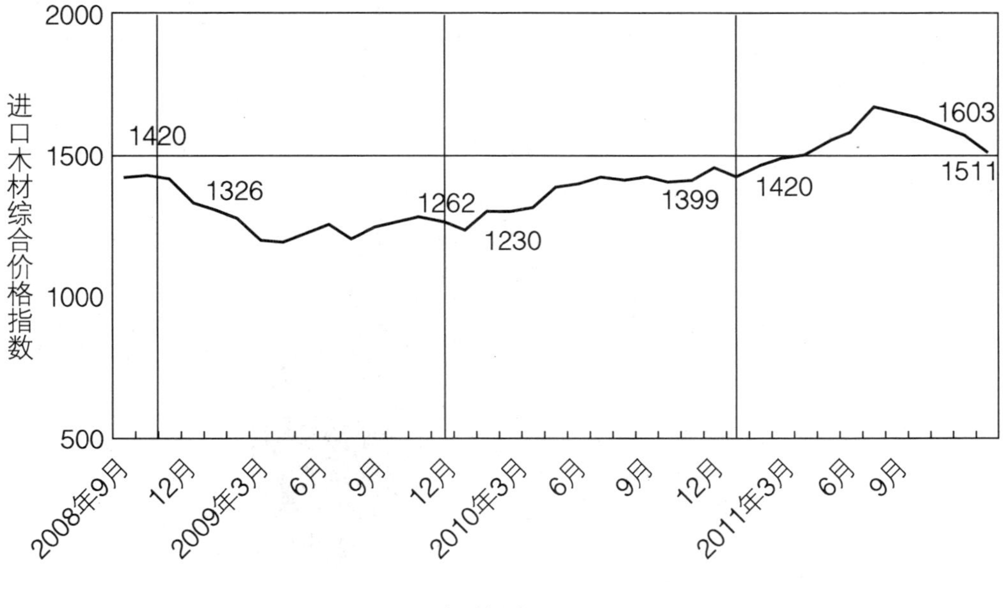

图1 2008年9月—2011年9月我国进口木材价格综合指数走势

二、木材与木制品进出口贸易情况

2011 年，我国木材与木制品贸易发生了根本性转变，由 2010 年的顺差转变成了贸易逆差（见图 2）。据海关数据统计，全年贸易总金额为 642 亿美元，同比增长 23.9%。其中，出口值为 296.8 亿美元，同比增长 10.86%；进口值为 345.2 亿美元，同比增长 37.86%。呈现出 48.4 亿美元的贸易逆差，而 2010 年贸易顺差为 17.3 亿美元。

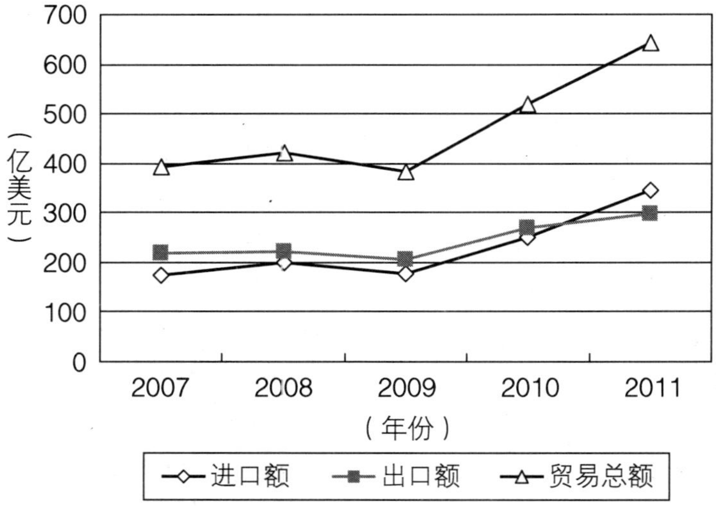

图 2　2007—2011 年我国木材与木制品进出口贸易额变化情况

1. 木材与木制品进口情况

2011 年，我国木材与木制品进口量额普遍呈增长趋势，主要进口品种依然以原木、锯材、薪材、木片、木浆和纸及纸板等原辅材料为主，2011 年我国木材与木制品进口额比例详见图 3。

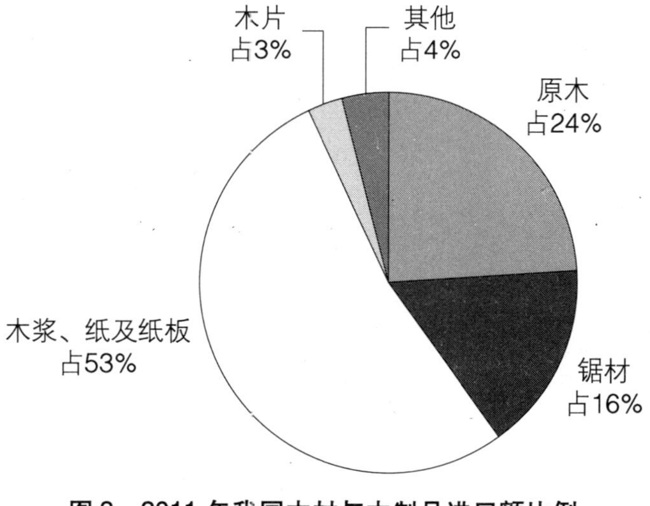

图 3　2011 年我国木材与木制品进口额比例

我国是世界上的木材（包括原木和锯材）进口大国，2011年对进口木材的依存度接近50%。全年共进口木材（包括原木和锯材）7288.2万立方米（原木材积），同比增长31.9%，进口金额达139.6亿美元。其中，进口原木4232.6万立方米，同比增长23.2%；进口金额82.73亿美元，同比增长36.27%；进口锯材2151.8万立方米（折原木材积3055.6万立方米），同比增长46.3%；进口金额56.89亿美元，同比增长48%。锯材进口增幅大大高于原木进口增幅，前者是后者的2倍。全年累计进口薪材及木片656.55万吨，同比增长41.76%；进口金额11.6亿美元，同比增长72%。全年共进口木浆、废纸及纸板4038.3万吨，同比增长17.5%；进口额181.7亿美元，同比增长36%。2011年我国主要木材产品进口量情况如图4所示。

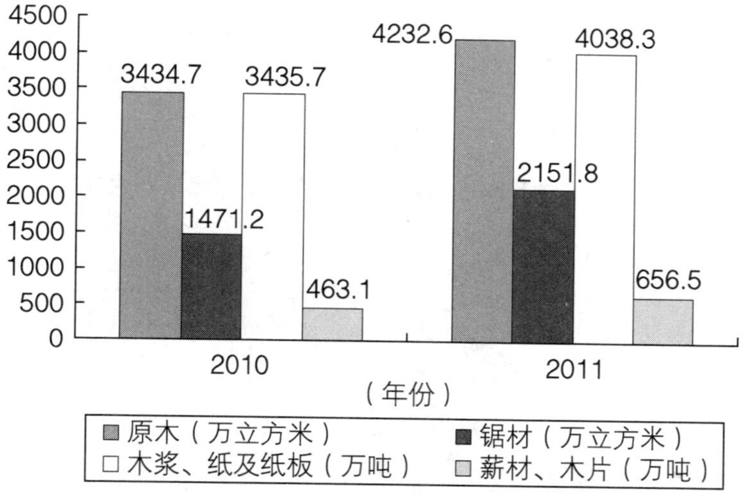

图4　2011年我国主要进口木材产品的进口量

2011年，我国主要从俄罗斯、加拿大、新西兰和美国进口木材，其进口量占我国进口木材总量的比例分别为31.4%、16.6%、12.2%和12%。与上年相比，从俄罗斯进口木材的比例下降了5个百分点，从加拿大进口木材所占比例上升了4.1个百分点，从新西兰进口木材的比例微升了0.4个百分点，从美国进口木材所占比例增加了3.3个百分点，快速赶上了新西兰材进口量。2011年，我国进口木材（原木+锯材）货源地主要国家及所占比重如图5所示。

2011年，我国进口木材（原木+锯材）的主要省区市是：江苏省、内蒙古自治区、山东省、黑龙江省、上海市、广东省、天津市、福建省和浙江省，其进口量占全国木材总进口量的比重依次为21%、18%、12%、9%、9%、9%、6%、5%和4%（详见图6）。其中，江苏省全年进口木材量为1502.09万立方米，排名全国第一，比2010年增长了35.7%；进口增长最大的地区是天津市，增幅高达近70%，其次是山东省，增长幅度为48.87%。

2. 木材与木制品出口情况

2011年，我国木材与木制品出口品种仍然以家具、人造板、木框架坐具、木地板和木门等木制品为主，其出口额占比情况如图7所示。全年累计出口木家具2.02亿件，同比下降1个百分点；出口额为113.2亿美元，同比增长7.23%。人造板出口量和出口额都有较大幅度增长。其中，胶合板全年共出口957.2万立方米，同比上升26.8%，出口额增长27.56%；

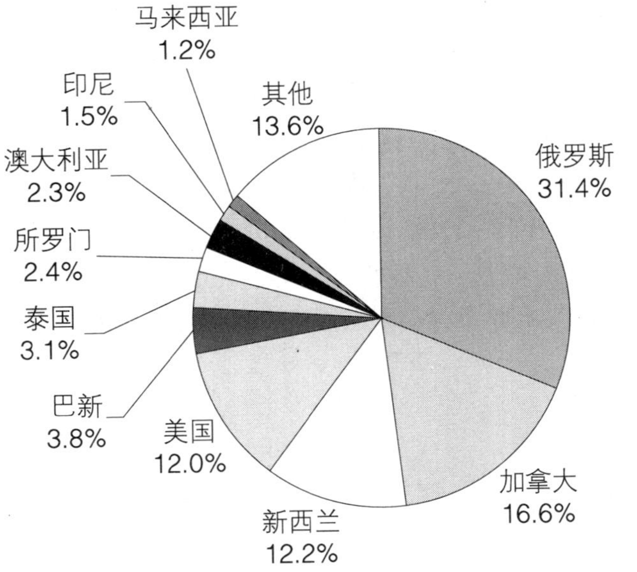

图 5 2011 年我国进口木材货源地主要国家及所占比重

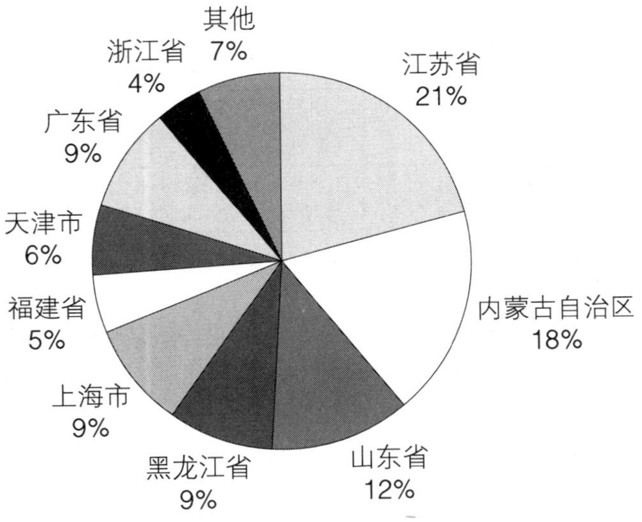

图 6 2011 年我国木材主要进口省区市及进口量所占比重

刨花板和纤维板出口量分别为 12.4 和 242.1 万吨，同比增长 19.8% 和 14.9%，出口金额分别增长 32.9% 和 19.3%；木框架坐具全年出口 87.56 百万件，比上年减少 7.56%，出口额为 58 亿美元，同比增长 3.5%；木竹地板出口量和出口额分别为 40 万吨和 6.3 亿美元，分别下降 7.52% 和 3.78%；木门出口金额为 5.79 亿美元，增长 3%。主要木制品出口有升有降。2011 年我国主要出口木制品出口量如图 8 所示。

2011 年，在我国木材与木制品出口中木家具的占比份额最大，为 38%。但与上年相比出口量有小幅下降，从表 2 显示的我国木家具前 10 位出口国情况。出口下降的主要原因是占我国木家具出口市场最大份额的美国市场萎缩造成的。欧美市场是我国木家具出口的主要市

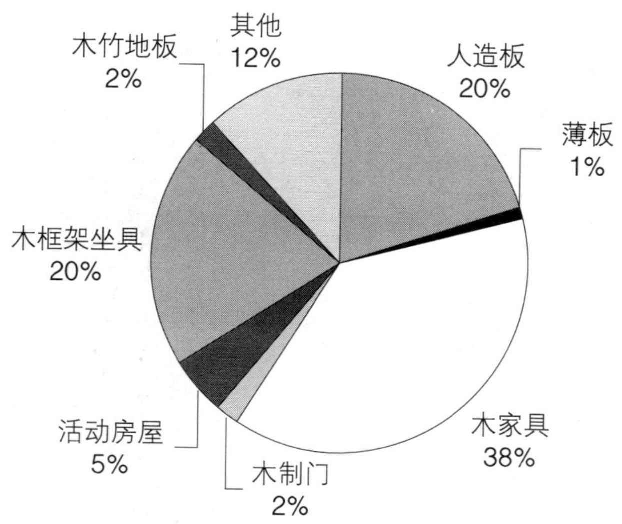

图7　2011年我国木材与木制品出口额占比示意

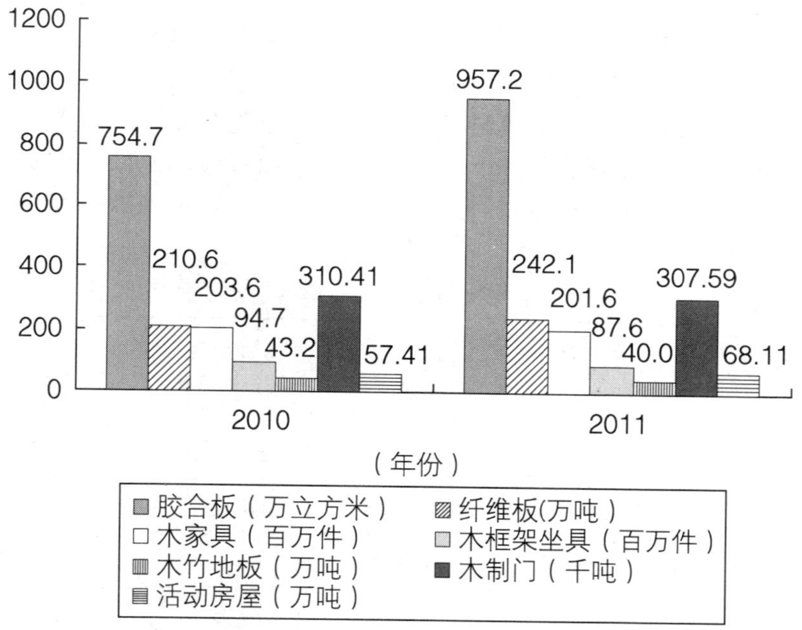

图8　2011年我国主要出口木制品出口量

表2　　2011年我国主要出口木制品——木家具前10位出口国情况

国　家	出口量（万件）	所占比重（%）	同期增长（%）	出口额（亿美元）	所占比重（%）	同期增长（%）
美　国	6360.52	31.56	−5.78	33.67	29.75	−0.67
日　本	1963.58	9.74	1.97	7.01	6.19	12.62
英　国	1001.06	4.97	0.51	4.79	4.23	5.27

续 表

国家	出口量（万件）	所占比重（%）	同期增长（%）	出口额（亿美元）	所占比重（%）	同期增长（%）
德国	925.19	4.59	0.36	3.32	2.93	18.84
澳大利亚	904.33	4.49	26.32	4.17	3.68	25.57
加拿大	694.30	3.44	0.99	3.45	3.05	2.13
法国	642.80	3.19	-4.10	2.68	2.37	13.43
新加坡	555.85	2.76	-3.25	6.38	5.63	24.90
荷兰	421.11	2.09	—	1.14	1.01	—
沙特阿拉伯	406.72	2.02	—	3.35	2.96	—
总计	20156.49	—	-0.97	113.19	—	7.24

场，2011年下半年，受美国经济不景气和欧债危机的影响，各大木质家具进口国家都减少了进口量。其中，美国进口木质家具比上年同期下降5.78%，进口金额同比下降0.67%；排名第三、第四位的英国和德国的木质家具进口量与上年基本持平，但涨幅非常小。

广东省是我国木质家具出口的最大省份，其主要出口市场是欧美国家，因此广东省的木质家具出口量也减少了1.39%（见表3）。

表3　2011年我国出口木家具排名前8位的省市情况

省市名称	出口量（万件）	所占比重（%）	同期增长（%）	出口额（亿美元）	所占比重（%）	同期增长（%）
广东省	6922.39	34.34	-1.39	51.74	45.71	9.28
福建省	3306.83	16.41	10.49	9.62	8.50	25.39
浙江省	2618.30	12.99	4.77	12.74	11.25	12.30
山东省	1827.54	9.07	0.77	9.65	8.53	16.39
上海市	1736.88	8.62	-1.02	7.20	6.36	7.18
江苏省	1268.40	6.29	-3.89	4.82	4.26	6.28
辽宁省	688.85	3.42	-21.37	2.60	2.30	-8.26
江西省	436.48	2.17	-35.80	3.17	2.80	-36.93
总计	20156.49	—	-0.97	113.19	—	7.24

3. 木材与木制品进出口价格

2011年，我国主要进口木材产品同比2010年有较大幅度上涨（见表4）。原木进口单价同比上涨10.58%，其中，针叶木原木上涨

15.79%，薪材和木片平均进口单价上涨幅度高达21.41%，木浆、纸及纸板价格上涨了15.75%。

出口价格方面，除了刨花板和木框架坐具的出口价格涨幅分别达到10.9%和12%之外（刨花板为非主要出口木制品，其出口占我国木材与木制品出口份额很小），其他主要出口木制品的出口价格涨幅都在10%以内，明显低于主要进口木材产品的进口价格（详见表4）。

表4　　2011年我国主要木材与木制品进出口单价及其变化

产品名称	单位	进口单价	同比增长（%）	出口单价	同比增长（%）
原　木	美元/立方米	195.46	10.58	—	—
锯　材	美元/立方米	264.39	1.21	—	—
胶合板	美元/立方米	—	—	453.38	0.57
刨花板	美元/吨	—	—	406.09	10.90
纤维板	美元/吨	—	—	639.55	3.75
木浆、纸及纸板	美元/吨	450.05	15.75	—	—
木家具	美元/件	—	—	56.16	8.30
薪材、木片	美元/吨	176.62	21.41	—	—
木制门	美元/吨	—	—	1882.28	3.99
活动房屋	美元/吨	—	—	2201.16	3.97
木框架坐具	美元/件	—	—	66.21	12.00
木竹地板	美元/吨	2174.88	16.45	1576.93	4.04

三、木材与木制品市场消费情况

我国是木材与木制品生产和消费大国。2011年，就表观消费量（表观消费量＝产量＋进口量－出口量）而言，我国原木消费量略有下降，降幅约为1%；人造板、木家具、木门、木地板等木制品均有不同程度的增长，其中木家具增幅最大，高达74%（详见表5）。

表5　　2009—2011年我国主要木材与木制品市场消费情况

品　种	单　位	2009年	2010年	2011年	同比增长（%）
原　木	万立方米	9872.9	11521.5	11415.0	-0.9
人造板	万立方米	8727.4	11903.5	12662.7	6.4
其中：胶合板	万立方米	3905.8	6406.3	6850.7	6.9
纤维板	万立方米	3369.6	4208.3	4519.1	7.4

续 表

品　种	单　位	2009 年	2010 年	2011 年	同比增长（%）
刨花板	万立方米	1452.0	1288.9	1292.9	0.3
木家具	万　件	3961.3	2910.8	5065.5	74.0
木　门	亿　元	570.9	724.1	842.6	16.4
木地板	亿平方米	3.0	3.3	3.3	1.3

近 5 年来，我国原木表观消费量基本维持在 1 亿立方米左右。2009 年因金融危机的影响，市场消费量有所下降，2010 年经济环境好转，市场回暖，原木消费量上升 16.7%，达到 1.15 亿立方米。2011 年，因国内木材产量调减，及整体经济环境再度放缓，使得我国原木表观消费量略有下滑，降幅不到 1 个百分点。2011 年，我国木家具表观消费量超过 2009 年历史最高纪录，再创新高。据中国家具协会预测，2011 年我国木家具的实际消费增长在 15% 左右，但木家具的库存积压较大。

2011 年，我国木门消费值达到 842.65 亿元人民币，木门产值为 880 亿元，其中近 96% 消费在国内市场。总体说，行业产销基本平衡。

四、木材与木制品市场流通方式

1. 木材与木制品流通的运输方式

长期以来，交通运输方式一直是限制我国木材流通的主要因素之一。1990 年林业部与铁道部、交通部共同制定并全面实行了全国统一的木材凭证运输管理制度，设有专门的木材检查站负责木材运输的检查监督。国产材需持有效的木材经营许可证和木材采伐许可证，以及检疫证明在当地林业主管部门办理木材运输证；进口材则凭入关手续和入关检疫证明到入关地的林业主管部门办理运输证。木材运输证主要有两种类型，一种是省内运输证，仅限于在省内运输；一种是全国运输证，可以在全国范围内运输。木材运输证在同一个流通环节自木材起运点到终点全程有效，但当木材发生交易后，进入下一个流通环节还必须重新办理运输证，且运输证必须随货同行。

我国木材与木制品流通的运输方式分铁路运输、公路运输和水路运输三种。

（1）国产木材，以铁路和公路运输为主。目前，铁路是最主要的国产木材运输方式是费用最低，主要集中在东北和内蒙古林区；公路运输是仅次于铁路运量居第二的国产木材运输方式，主要集中在南方林区；水路运输国产木材的量最小，主要是内陆河道的木材运输。

（2）进口材，主要分为两类。一类是俄罗斯进口材，其进口主要是铁路运输。中俄两国，铁路相通，且中国距离俄罗斯的主要木材产区（西伯利亚和远东地区）较近，铁路运输成本相对较低。俄罗斯进口材在国内的流通，铁路运输仍占主导地位。另一类是北美材和热带材，其进口以海运为主，在国内流通的运输方式包括铁路、公路和水路三种，华东各港口进口材主要以水路运输为主，比如长江黄金水道的木材运输；云南省各口岸进口的木材主要以公路运输为主。

（3）木制品，国内木制品运输主要以铁路和公路运输为主，木制品出口主要以水路运输为主。

2. 木材与木制品流通的市场体系及交易方式

目前，我国木材流通的市场形式和地点与木材生产、消费条件紧密相关，主要受森林资源分布、木材自然流向以及木材产地或木材进口口岸向消费地转运的条件等因素的影响。我国现阶段的木材市场总体可分为一级、二级、三级木材市场3种类型，其中，一级、二级市场主要从事批发，三级市场以零售为主。一级市场也称产地木材市场，属初级市场，主要任务是将林农分散生产的木材集中起来；对于进口材来说，主要的进口口岸就是一级木材市场。二级市场是指木材集散地中心市场，产地木材市场的木材按照其自然流向被运转到木材集散中心市场，然后再中转分拨给广大销区。它是连接产地木材市场和销地木材市场的纽带，一般设在省会城市和交通枢纽地，便于组织木材运输。三级市场是指木材销地市场，主要位于大型木材集散地附近或大中型木材消费城市的木材零售市场，主要有摊位、专卖店和超市等形式，是木材流通的最终环节。

我国木材与木制品市场流通的交易方式目前主要以现场现货交易为主，近年通过电子商务平台交易有一定的发展，但还不成规模。目前，我国家居建材类电子商务网站有百余家，大致分为垂直交易、平台式购物、网上商城和综合门户建材频道四种类型，其中垂直交易平台所占的市场份额最大，增长速度最快，2011年交易额高达400亿元。未来5年是我国电子商务的高速发展期，预计到2015年我国家居建材产品电子商务规模将达到2050亿元人民币，网购规模增长249%，网购率达到17.5%。

（谢满华　中国木材与木制品流通协会）